35,70
26/7/15

Der Zeitfaktor im Change Management

Profession
Folge 11

Wissenschaftsedition im Rainer Hampp Verlag

Peter Veil

Der Zeitfaktor im Change Management

Profession
Wissenschaftsedition im Rainer Hampp Verlag München und Mering 1999

Die Deutsche Bibliothek - CIP-Einheitsaufnahme

Veil, Peter:
Der Zeitfaktor im Change Management / Peter Veil. -
München ; Mering : Hampp, 1999
(Profession; Bd. 11)
Zugl.: Stuttgart, Univ., Diss., 1998, D93
ISBN 3-87988-385-8

Profession. Wissenschaftsedition im Rainer Hampp Verlag: ISSN 1434-6478

Liebe Leserinnen und Leser!
Wir wollen Ihnen ein gutes Buch liefern. Wenn Sie aus irgendwelchen Gründen nicht zufrieden sind, wenden Sie sich bitte an uns.

Meringerzeller Str. 16 D - 86415 Mering

http://www.hampp.de

Meinen Eltern

ADELHEID und GERHARD VEIL

Geleitwort

Die Arbeit von Peter Veil ist in einer speziellen Sparte des Managements angesiedelt, die in den letzten Jahren signifikant an Bedeutung gewonnen hat. Es handelt sich um das Management von Veränderungen, die definitionsgemäß in der Zeit stattfinden. Dennoch wurde bislang der Zeitfaktor in Veränderungsprogrammen vernachlässigt. Zwar finden sich in der Literatur vielfältige Ansätze einer zeitbezogenen Beschäftigung mit Entwicklungsphänomenen. Es fehlt allerdings die systematische Beschäftigung mit den Zeitparametern in Veränderungsprogrammen. Da die Zeit in der betriebswirtschaftlichen Forschung grundsätzlich in den letzten Jahren eine Aufwertung erfahren hat, fügt sich die Arbeit gut in die allgemeinen Trends im strategischen Management ein. Auch für die Praxis, die ja stets Veränderungsprogramme „online" durchführt, besitzt die Thematik einen hohen Stellenwert.

Eine Stärke der Arbeit ist in der Grundlagenorientierung zu sehen. Der Verfasser verfolgt das Anliegen, das Change Management auf solidere Fundamente zu setzen. Die Arbeit wendet sich also primär an die wissenschaftliche Community. Grundsätzlich hat Peter Veil aber auch den anwendenden Praktiker im Auge. Diesem liefert er einen fundierten Überblick über den Stand der Kunst in Sachen partizipativem Veränderungsmanagement.

Stuttgart, im Dezember 1998 Michael Reiß

Vorwort

Die zunehmende Globalisierung und Intensivierung des Wettbewerbs, schrumpfende Produktlebenszyklen, kleiner werdende Zeitfenster verbunden mit wachsender Komplexität, zwingen Unternehmen zu immer schnelleren Veränderungen ihrer selbst – Wettbewerbsfaktoren sind *Schnelligkeit*, *Dynamik* und *Wandel*. Verwunderlicherweise stehen die beiden ersten bisher nicht dementsprechend im Rampenlicht der Forschung und Praxis des Change Management – die Tendenz zur Statik ist unübersehbar. *Wann* eine Intervention geschieht, ist aber mindestens gleich relevant, wie *Was* geschieht. Noch wichtiger ist es, als Change Manager die Vorgänge und Zusammenhänge im Rahmen des organisationalen Wandels inhaltlich und insbesondere zeitlich zu verstehen – man benötigt eine kognitive Landkarte dieser Vorgänge. Durch die zeitbasierte Betrachtung will das vorliegende Buch gezielt sensibilisieren, motivieren, Fragen und Lösungsansätze aufzeigen und einen Baustein zur Dynamisierung Theorie und Praxis des Change Management beitragen.

Die Dissertation war anstrengend, aufreibend, aufregend und konnte nur durch die aktive Hilfe und Unterstützung vieler Personen gelingen. Die vorliegende Arbeit entstand während meiner Zeit als Doktorand bei der DaimlerChrysler AG. Hier möchte ich meinen ehemaligen Kollegen aus dem Bereich „Organisation und Datenverarbeitung Nutzfahrzeuge" danken, insbesondere Dr. Jörg Kutzim, Joachim Haehnel, Roland Zey, Andreas Homolla, Helmut Schnorr, Michael Pretz und Christian Waschnek. Auf der akademischen Seite bin ich meinem Dokorvater Professor Dr. Michael Reiß zu Dank verpflichtet. Ich hoffe, daß wir auch in Zukunft interessante Diskussionen und regen Gedankenaustausch haben werden. Herrn Professor Dr. Karl-Friedrich Ackermann danke ich für die Übernahme des Zweitgutachtens.

In meinem privaten Umfeld bin ich all denen dankbar, die mit mir diskutierten, Teile meiner Arbeit lasen, meine Launen ertrugen und mir Rückhalt gaben. Hier stehe ich insbesondere bei meiner Freundin Petra in tiefer Schuld. Ein weiterer Dank geht an meine Schwester Katja, an Thilo Beck, Harald Wagner, Oliver Mack, Axel Mayer, Dietmar Schulz, Robert Hauber und all die anderen, die mir ihre Geduld und Zeit zur Verfügung stellten.

Ich wünsche dem Leser viel Spaß und sowohl praxisrelevanten, theoretischen und ansatzweise auch philosophischen Nutzen aus der Lektüre der nicht immer einfachen Materie!

Stuttgart, im Februar 1999 Peter Veil

Inhaltsverzeichnis

Abkürzungsverzeichnis

BetrVG	**Betriebsverfassungsgesetz**
BMW	**Bayrische Motoren Werke**
BPM	**Business Process Management**
BPR	**Business Process Reengineering**
BU	**Business Unit**
PDCA	**Plan - Do - Check - Act**
CEO	**Chief Executive Officer**
CIO	**Chief Information Officer**
CIM	**Computer Integrated Manufacturing**
CIP	**Continuous Improvement Process**
CSF	**Critical Success Factor**
EVZ	**Entwicklungs- und Vorbereitungszentrum**
GBN	**Geschäftsbereich Nutzfahrzeuge**
GE	**General Electric**
GFN	**Geschäftsfeld Nutzfahrzeuge**
GM	**General Motors**
GWA	**Gemeinkosten-Wert-Analyse**
HP	**Hewlett Packard**
IBM	**International Business Machines**
IT	**Information Technology**
JIT	**Just in Time**
KHD	**Klöckner Humbold Deutz**
KVP	**Kontinuierlicher Verbesserungsprozeß**
LO	**Learning Organization**
MBE	**Mercedes Benz Erfolgsprogramm**
MIS	**Management Information System**
MIT	**Massachusetts Institute of Technology**
MOC	**Management of Change**
OE	**Organisationsentwicklung**
OGK	**Optimierung Gemeinkosten**
PIMS	**Profit Impact of Market Strategies**
ROE	**Return on Equity**
ROI	**Return on Investment**
SOR	**Stimulus - Organismus - Response**

TBM	**Time Based Management**
TQM	**Total Quality Management**
UPS	**United Parcel Service**
VIE	**Valenz - Instrumentalität - Erwartung**

Verzeichnis der Abbildungen und Tabellen

Abbildungen im Text

Tabellen im Text

Abbildungen im Anhang

1. Einleitung

1.1 Problemstellung

Vor dem Hintergrund zunehmender Globalisierung, von Fusionen, zunehmend gesättigter Märkte, etc., ist die Fähigkeit eines Unternehmens zu Flexibilität und zu einem schnellen und erfolgreichen organisationalen Wandel ein oder vielleicht sogar der entscheidende Erfolgsfaktor für das Bestehen am Markt.[1] Trotz vorhandener Erfahrungen, Ansätze, Methoden und empirischen Untersuchungen wird die Disziplin "Change Management" von vielen Unternehmen unzureichend beherrscht.[2] Eine weitere Auseinandersetzung mit dieser Thematik ist dementsprechend notwendig. Die Kategorie „Zeit" wiederum stellt ein zentrales Element des Management des Wandels dar - Veränderungsprozesse sind von ihrer Natur her grundlegend **zeitlich.** Sie schlägt sich in der Zeitlichkeit

- der Beschreibung von
- des Handelns bei
- der Ziele von
- der Wirk- beziehungsweise Funktionsweise von

Veränderungsprozessen nieder. Die Kategorie „Zeit" ist wesentliches Merkmal der Abgrenzung (bzw. **Beschreibung**) von Veränderungsprozessen (Wandel kann schnell oder langsam geschehen, früh oder spät eingeleitet werden, etc.). Sämtliche **Handlungen** (z.B. Visionsentwicklung, Motivationskampagnen, Einführungszeitpunkte von Konzepten) in einem Veränderungsprozeß finden in der Zeit statt. Ob ein Veränderungsprozeß zu einem Erfolg wird oder nicht, ist also nicht nur davon abhängig, ob man das Richtige tut, sondern gleichwertig davon, ob ein Change-Management Team dies auch zur richtigen Zeit tut.[3] Die folgenden Ausführungen deuten - zur Verdeutlichung der Thematik - exemplarisch einige der zeitlichen Gestaltungsprobleme des Change Management an, die im Rahmen der Arbeit genauer analysiert und gelöst werden.

Die Frage des richtigen Timings eines Veränderungsprozesses

Mit dem richtigen Timing eines Veränderungsprozesses wird ein wesentlicher Grundstein für den Prozeßerfolg gelegt.[4] Die Wahl des Zeitpunktes bestimmt zentrale Rahmenbedingungen des Managements des Wandels - verpaßt man das "window of opportunities" ist der Grund-

---

1 Vgl. Tushman/O'Reilly (1998), S. 30, Reiß (1995b), S. 278. Auf die Plausibilisierung der Behauptung durch unzählige Veröffentlichungen der Form "nichts ist beständiger als der Wandel" oder "die Schnellen fressen die Langsamen" soll nicht nochmals eingegangen werden.

2 Vgl. Reiß (1997a), S. 13 f.

3 Vgl. Zeyer (1995b), S. 283.

4 Vgl. Clarke (1994), S. 178.

stein zum Mißerfolg gelegt.[5] Wie sich die verschiedenen Faktoren (z.B. Ressourcenverfügbarkeit, Leidensdruck) durch anderes Timing wandeln und was sich im Einzelfall durch Abwägen aller Effekte als beste Timingstrategie ergibt, kann nur begrenzt allgemein beantwortet werden.

Langes Abwarten führt tendenziell zu steigendem Leidensdruck. Abwarten bedeutet einen Opportunitätsvorteil, da sich neue Chancen ergeben können (z.B. Inkrafttreten neuer Gesetze, Verbesserung konjunktureller Rahmenbedingungen). Durch spätes Timing steigt der Druck, kurzfristige Erfolge zu erzielen. Schubladenlösungen erhalten unter Druck den Vorzug vor Kreativität. Die Gefahr, daß sich durch längeres Abwarten der Schwerpunkt von einem innovativ und wachstumsorientierten Wandel zu einem reinen Cost-Cutting Programm verschiebt, das lediglich kurzfristige Problemlinderung erbringt und in einen "vicious circle" der Folgereorganisationen führt, steigt.[6] Stellen sich Erfolge nicht schnell genug ein, steigt die Gefahr in die Panikfalle zu geraten. Sie entsteht, wenn die Akteure des Wandels auf eine zeitweilige Verschlechterung von Kennzahlen in der Übergangsphase des Wandels (Konfusionsphase) mit verstärktem Druck, stärkerer Kontrolle oder gar durch Projektabbruch reagieren.[7] Durch die verbundene Tendenz zu autoritärem Vorgehen steigt die Gefahr, langfristig massiven kulturellen Flurschaden durch zu langes Abwarten zu erzeugen. Weitere Gefahr durch zu langes Abwarten lauert in der "Ultima Ratio Falle". Während durch frühes Eingreifen (z.B. Korrektur der strategischen Stoßrichtung) Probleme der Organisation relativ einfach behoben werden, verschlimmern sich die Probleme mit längerem Abwarten (z.B. Bereiche werden unrentabel, Personal muß abgebaut werden) - kurz der Veränderungsumfang steigt an.

Die Wahl des Zeitpunktes ist eng an die wichtige Frage nach der Ressourcenverfügbarkeit geknüpft. CLARKE bringt es mit "time major changes for the Friday afternoon before Christmas" auf den Punkt.[8] REIß ist der Auffassung, daß die Promotorenverfügbarkeit in schlechten Zeiten (spätes Timing) höher ist.[9] Ob sich Abwarten allgemein positiv auf die Ressourcenverfügbarkeit (Manpower, Zeitbudgets, Management Attention, Budgets) auswirkt, ist fraglich. Der Einfluß des Timings auf weitere Rahmenbedingungen (z.B. konjunkturelle Lage, konkurrierende Projekte, Zusammensetzung des Top Management) kann ebenfalls nur situativ ermittelt werden. Dennoch gilt tendenziell, einen Change-Prozeß so früh wie möglich zu beginnen. In Abschnitt 6.2 wird eine situative Entscheidungsheuristik vorgestellt.

5 Vgl. Bleicher (1996), S. 564.
6 Vgl. Bleicher (1996), S. 567.
7 Vgl. Hild/Schwarzgruber/Rombach (1997), S. 216., Reiß (1997e), S. 115, Herp/Brand (1996), S. 139.
8 Clarke (1994), S. 170.
9 Vgl. Reiß (1997c), S. 126.

Reihungsprobleme im organisationalen Wandel

Bei umfassenden Veränderungsprozessen von Unternehmen (Transformationen) werden *mehrere* Facetten beziehungsweise Dimensionen einer Organisation verändert (Strategien, Anreizsysteme, Organisationsformen, Unternehmenskultur, etc.). Die einzelnen Dimensionen beeinflussen sich in der Regel gegenseitig. Dementsprechend wichtig ist die *Reihenfolge*, in der die einzelnen verändert werden. Unglückliche Abfolge führt zur potentiell fatalen Abfolgeproblemen - Veränderungsprozesse scheitern. Aufgrund der wechselseitigen Abhängigkeit der Dimensionen können allgemeingültige Aussagen zur Reihenfolge nur begrenzt gemacht werden. Um im konkreten Einzelfall Reihungsmöglichkeiten zu untersuchen, muß die inhaltliche Abhängigkeit zwischen den Dimensionen *und* die zeitliche Reaktionsträgheit der Dimensionen gegenüber einer Veränderung betrachtet werden. Die zentrale Abfolgefrage des Wandels lautet "culture follows structure" versus "structure follows culture".

Kultureller Wandel stößt schnell an Grenzen, wenn die umgebenden Strukturen nicht stimmen. "Meist stehen die Dinge in einem eklatanten Widerspruch: Gefordert wird zwar das Zusammenspiel, geführt wird aber nach dem Prinzip 'Teile und herrsche'. Verlangt werden Mitdenken und Unternehmertum, kontrolliert wird nach dem Prinzip 'jeder Mensch ist ein potentieller Drückeberger und Betrüger' .... Kurz, wer sich so verhalten würde, wie es auf dem Papier verlangt wird, wäre 'unvernünftig', könnte nichts bewirken und müßte eigentlich entlassen werden. Und exakt dies passiert auch immer wieder in der Praxis."[10] Kultureller Wandel ist träger als strukturelle Veränderungen. Versucht man, den langwierigen Prozeß der Kulturveränderung im Rahmen "falscher" Strukturen (z.B. Anreizsysteme) durchzuführen, ist die Gefahr der Reihungsfalle sehr hoch. Hinzu kommt, daß struktureller Wandel nicht nur Gewinner, sondern oft *zuerst* schmerzhafte Einschnitte erzeugt. Begänne man mit einem breit angelegten Kulturveränderungsprogramm (das in der Regel Eigenverantwortung und eine Vertrauenskultur erzeugen soll) und würde danach einen schmerzhaften strukturellen Wandel einleiten, so würden positive Kulturveränderungen zu Beginn zunichte gemacht. Ein Transformationsprozeß sollte nach dem Prinzip "Unangenehmes zuerst" vorgehen. Es ergibt sich tendenziell ein "culture follows structure", was aber nicht als harte Abfolge verstanden werden darf. Durch inkrementelles Vorgehen können nacheinander einzelne strukturelle Elemente verändert werden, auf die jeweils dosierter Kulturwandel folgt. Durch Modularisierungsstrategien kann der Transformationsprozeß in einzelne weniger komplexe Orte des Wandels (z.B. Sparten, Geschäftsbereiche) zerlegt werden, an denen jeweils ein ganzheitlicher Veränderungsprozeß initiiert werden kann.[11] Der erfolgreiche Transformationsprozeß von General Electric unter Jack Welch ist im wesentlichen der genannten Reihung gefolgt. Gilt Jack Welch heute

10 Doppler/Lauterburg (1996), S. 74.

als begeisternder Visionär, so wurde er noch 1984 durch das Magazin Forbes zum grausamsten Manager gewählt.[12] Auch die Veränderungsprogramme bei der Lufthansa und bei Siemens im Rahmen des Top- Programms belegen die getroffene Tendenzaussage.[13]

Die Unfreeze-Fallen, Strohfeuerfallen[14]

Ohne entsprechende Wandlungsbereitschaft ist kein Veränderungserfolg möglich. Unbekanntes erzeugt Angst, Mißtrauen, Widerstand und gefährdet den Veränderungserfolg.[15] Dementsprechend gilt für viele Veränderungsprozesse das auf LEWIN zurückgehende "unfreeze" (Auftau- und Visionsphase) als erster Schritt des Wandels. Kommunikationskampagnen werden gestartet, um die Vision zu kommunizieren, Management-Retreats durchgeführt oder Auftaktveranstaltungen vor versammelter Belegschaft gehalten. Neben Inhalten der Visionsphase hat die Länge der Phase und der Grad an Überlappung zwischen "unfreeze" und "move" (der Phase der eigentlichen Veränderung) entscheidende Auswirkungen auf den Veränderungserfolg. Eine zu kurze Auftau-Phase steigert die Gefahr, daß die Wandelbereitschaft zu niedrig ist. Andererseits unterliegt auch die Motivation eine Halbwertsdauer, sie unterliegt der Reizabnutzung. Folgen nach der Visionsbildung, die Erwartungen hervorruft, nicht schnell genug konkrete Handlungen und Veränderungen, so tritt potentiell Frustration und Enttäuschung ein. Die Voraussetzung für das "move" ist nicht mehr gegeben. Ein abermaliger Aufbau von Veränderungsenergie ist nur sehr schwer möglich - man ist in die "unfreeze"-Falle getreten.

Während eine Veränderung in *kleinen* Gruppen nach dem "unfreeze-move-refreeze"-Schema mit sich überlappenden Phasen prinzipiell sinnvoll ist und sich die soeben beschriebene Frage nach Länge und Überlappung der Phasen stellt[16], muß man hinsichtlich einer Anwendung des Schemas auf Unternehmenstransformation bedenken, daß Wandel nicht an allen Orten eines Unternehmens *gleichzeitig* stattfinden wird. Die Vorgehensstrategie, erst das *gesamte* Unternehmen zu mobilisieren, und dann in Schwerpunktprogrammen an *verschiedenen Orten* in einer zeitlichen Sequenz Veränderungen umzusetzen, stimmt nicht mehr notwendigerweise.[17]

---

11 oder Mosaikstrategien (Vgl. Reiß (1993), S. 772 f., Reiß (1994)).

12 Vgl. Tichy (1995), S. 59.

13 Vgl. Sattelberger (1996), S. 66.

14 Unter einer "Falle" wird ein Gestaltungsproblem verstanden, das bei "falscher" Gestaltung eine spätere Gegenmaßnahme sehr schwer oder unmöglich macht ("die Falle hat zugeschnappt"). Fallen haben per definitionem einen Zeitbezug und stellen besonders kritische Gestaltungsprobleme dar. Weitere notwendige Bedingung könnte sein, daß eine Falle für den Handelnden ex ante nicht sichtbar ist - was allerdings vom Kenntnisstand des Akteurs abhängig ist und im Kontext der Arbeit vernachlässigt wird.

15 Vgl. Streich (1997), S. 243, Sattelberger (1996), S. 64, Czichos (1990), S. 429 f. zu typischen Stimmungsverläufen im Wandelprozeß.

16 Vgl. Doppler/Lauterburg (1996), S. 68, Clarke (1994), S. 73.

17 Damit werden Modelle der Unternehmenstransformation, die die Dimension "Orte des Wandels" nicht ausreichend betrachten kritisiert (z.B. Streich (1997), S. 238). Der tiefer liegende Grund hierfür ist, daß

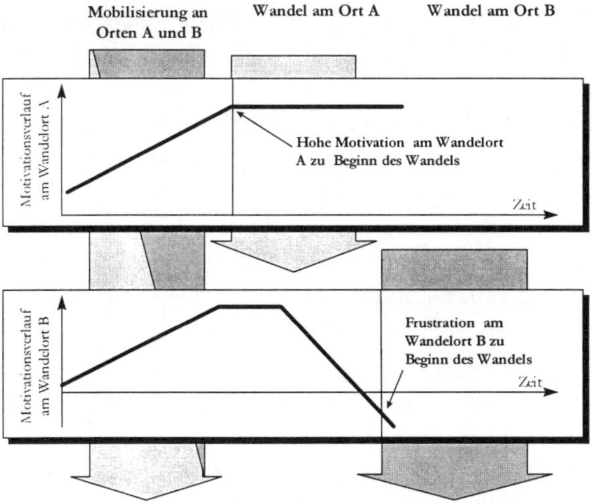

Abbildung 1-1: Der Strohfeuereffekt bei undifferenzierter Mobilisierung

Eine Mobilisierung erhöht die Bereitschaft der Betroffenen am jeweiligen Ort des Wandels, eine (lokale) Veränderung zu unterstützen. Durch die Mobilisierung wird zum gleichen Zeitpunkt die Bereitschaft *aller* Betroffenen zu organisatorischem Wandel gesteigert. Während sich für die Betroffenengruppe A die damit verbundene Erwartungshaltung in konkreten organisatorischen Wandel umschlägt, so führt die zeitliche Verzögerung bei Betroffenengruppe B (Time Gap) zu nicht erfüllten Erwartungen, da aus Sicht dieser Betroffenengruppe (noch) keine Veränderung stattfindet. Dadurch sinkt die Wandelbereitschaft und schlägt im schlimmsten Fall sogar in Frustration um - die "unfreeze"-Falle schnappt zu. Die Konsequenz aus der Argumentation ist, daß insbesondere bereitschaftsfördernde Maßnahmen immer relativ zu den Orten des Wandels getaktet werden müssen. Innerhalb des so resultierenden Rahmenschemas können dann wieder die Fragen nach Länge der Visionsphase und nach der Überlappung zur Umsetzungsphase gestellt werden. Eine pauschale Mobilisierung ist nur dann möglich, wenn es im folgenden zu einer ebenso pauschalen Umsetzung kommt.

vielmals versucht wird, das grundlegende Phasenmodell des Wandels nach Lewin (1947, 1963, 1966), das sich ursprünglich auf das Verhalten von *Gruppen* bezog, auf große Unternehmen *direkt* zu übertragen. Während eine Gruppe ein relativ homogenes Gebilde darstellt, ist dies für das vorliegende Betrachtungsobjekt nicht der Fall.

Die Partizipationsfallen

"Partizipation oder nicht" - oder umgangssprachlich formuliert „wer darf am Veränderungsprozeß mitgestalten und wer nicht" - gilt als die "Gretchenfrage"[18] im Change Management. Diese Gestaltungsfrage muß zwingend um das "wann" der Partizipation ergänzt werden. Es reicht nicht, die richtigen Personen in einen Veränderungsprozeß in der richtigen Form einzubinden. Geschieht die Einbindung (Partizipation) einer ursprünglich von der Veränderungsidee begeisterten Person (Promotor) zu *spät*, so ist sie unter Umständen durch die bisherige Ausgrenzung derart frustriert, daß ihre positive Einstellung verpufft ist. Bindet man auf der anderen Seite Promotoren zu früh und zu intensiv ein, so ist das System der Akteure (bzw. der aktiv am Veränderungsprozeß Beteiligten) möglicherweise derart groß und ineffizient, da es sich noch in einer gruppendynamischen Findungs-Phase befindet, daß der Change Prozeß an Dynamik verliert und im schlimmsten Fall schon in dieser Phase scheitert - auch im Change Management gilt „zu viele Köche verderben den Brei". Zu erfolgversprechenden beziehungsweise fatalen Strategien des Partizipationsverlaufes können kaum allgemeingültige Aussagen gemacht werden. Partizipationsstrategien haben vieldimensionale Auswirkungen die jeweils von situativen Gegebenheiten abhängig sind. Die im Einzelfall richtige Strategie ergibt sich durch Abwägen der einzelnen Auswirkungen.

Der Vorteil einer möglichst *späten Partizipation* ist, daß das Aktorensystem (in der Konzeptionsphase) nicht durch Machtteilung behindert wird.[19] Werden Betroffene sehr früh umfassend involviert, so steigt die Gefahr der Verwässerung der eigentlichen Ziele "Je mehr Betroffene am Prozeß des Wandels aktiv beteiligt sind, desto größer wird die Komplexität der Entscheidungsarenen und der Problemlösungssysteme und desto größer erscheint auch die Gefährdung der Handlungsfähigkeit."[20] Das Phänomen kann treffend *Beteiligungsfalle* genannt werden. Je mehr der angestrebte Veränderungsprozeß einem Null-Summenspiel gleicht, desto gefährlicher ist eine zu frühe und zu umfangreiche Partizipation. In diesem Szenario erzeugt die Veränderungsidee nicht nur Gewinner (z.B. höhere Arbeitsplatzsicherheit, mehr Verantwortung, mehr Freiräume), sondern auch Verlierer (z.B. Kompetenzverlust, Hierarchieabbau). Zu hohe Partizipation in der Konzeptionsphase führt schon zu Beginn des Veränderungsprozesses zu Zielverwässerung, Reibungsverlusten, Verteilungskämpfen und im schlimmsten Fall zum Versanden. Auch wenn alle (frühen) Partizipanten Promotoren sind, steigt die Gefahr der *Erstickungsfalle*, weil schlicht zu viele Akteure an der Konzeption der Veränderung beteiligt werden. Dies gilt besonders für stark vernetzte Veränderungsvorhaben (z.B. komplexe Umstrukturierung der IT-Landschaft).

---

18 Vgl. Kirsch/Esser/Gabele (1979), S. 300.
19 Vgl. Kapitel 7.4.5, Zeyer (1996), S. 78.
20 Kirsch/Esser/Gabele (1979), S. 299.

Umfangreiche Veränderungsprozesse benötigen mit zunehmender Operationalisierung der Veränderungsidee mehr Kapazität. Durch spätes Partizipationstiming steigt die Gefahr, daß Promotoren mit passendem Know-how bei der Implementierung des ausgearbeiteten Konzeptes nicht zur Verfügung stehen. Das Hauptproblem von Veränderungsprozessen ist ein Versanden in der Umsetzungsphase. Durch spätes Partizipieren steigt auch die Wahrscheinlichkeit, daß in der Implementierungsphase ein hohes Oppositionspotential vorhanden ist. Während man in den Phasen *vor* der Implementierung die Veränderungsenergie des Prozesses durch selektive Auswahl der Partizipanten (z.B. nur einige wenige Promotoren einbinden, den Rest systematisch ausgrenzen) relativ gut beeinflussen und hoch halten kann, haben in der Umsetzung sehr viele Personen Einfluß, ob man dies will oder nicht. Ist die Mehrzahl der Betroffenen in der Implementierungsphase gegen den Veränderungsprozeß bzw. die Implementierung, droht akute Versandungsgefahr - das Projekt läuft Gefahr, ein Schubladenprojekt zu werden. Die "dynamische Ausschlußfalle" schnappt zu - analog einem Bumerangeffekt wirkt führt der geringe Partizipationsgrad zu Beginn neben einer Effizienzerhöhung in der Konzeptionsphase zu einer potentiell fatalen Effizienzverschlechterung in der Umsetzungsphase. Die Gefahr, in die "dynamische Ausschlußfalle" zu geraten, ist um so höher, je ausgeprägter die Partizipationskultur in der Unternehmung ist und je höher die Verhinderungsmacht der Betroffenen ist (z.B. durch Wissen oder durch breite Machtverteilung bei einer flachen Unternehmensstruktur).

Die Aufmerksamkeitsfalle

Die aktive und authentische Unterstützung des Top Management als Auftraggeber während des Verlaufes gilt als kritischer Erfolgsfaktor für umfassende organisationale Veränderungsprozesse.[21] Während ein formales Commitment (z.B. als Sponsor) eigentlich immer stattfindet, ist die wirkliche Unterstützung seitens des Auftraggebers keine Selbstverständlichkeit. Ein typisches Bild ist, daß in der Konzeptionsphase Euphorie und Unterstützung vorherrschen, die Begeisterung in der Umsetzungsphase aber stark abnimmt - die Aufmerksamkeitsfalle schnappt zu.[22] Gründe aus der Auftraggeberperspektive sind vielfältig. Zeigen sich für den Auftraggeber plötzlich negative Konsequenzen für ihn selbst (z.B. Machtverlust)? Werden Dinge verändert, die eigentlich gar nicht den ursprünglichen Auftraggebererwartungen entsprechen? Stellen sich meßbare Erfolge viel zu langsam ein? Bringt der Veränderungspro-

[21] Vgl. Theuvsen (1997), S. 126, Hammer/Champy (1994), S. 134 ff., Nippa (1996), S. 73, Zeller (1996), S. 120, Bullinger-Stiefel (1997), S. 145, Gerpott/Wittkemper (1996), S. 160, Dernbach (1996), S. 201, Crux/Schwilling (1996), S. 220, Servatius (1994), S. 41, Nippa (1997), S. 40. Zu empirischen Aussagen siehe auch CSC Index (1994), Bullinger/Wiedmann/Niemeyer (1995) und Bashein/Markus/Riley (1994).

[22] Die Aufmerksamkeit des Top Managements gilt anderen Dingen oder sie gilt noch dem Veränderungsprozeß, aber nicht mehr als aktive Unterstützung.

zeß allgemein zu wenig Verbesserungen? Wird von ihm zu viel kapazitiver Einsatz verlangt? Werden plötzlich andere Dinge enorm wichtig? Fatal an der Aufmerksamkeitsfalle ist, daß eine einmal verlorene Aufmerksamkeit kaum noch wiedergewonnen werden kann - es handelt sich eben um eine Falle. Durch geeignete Formen der inhaltlichen und vor allem *zeitlichen* Einbindung des Auftraggebers (= Auftraggebermanagement) muß vom Auftragnehmer (z.B. Projektteam) präventiv versucht werden, den Auftraggeber “bei der Stange zu halten”, so daß er den Veränderungsprozeß aktiv und passiv fördert.[23]

Da Zeitknappheit im Top Management sehr hoch ist, ist die Zeiteffizienz der Einbindung wichtig. Zu hoher Kapazitätseinsatz (z.B. Teilnahme an *allen* Projektsitzungen) geht entweder auf Kosten anderer (effizienterer) Tätigkeiten des Auftraggebers im Veränderungsprozeß (z.B. Top Management als Kommunikator) oder kann zu Verstimmung führen, weil das subjektive Zeitbudget des Auftraggebers überstrapaziert wird. Gemeinsames Festlegen von Regeln ist allerdings Garantie dafür, daß sich der Auftraggeber auch dementsprechend verhält und eine aktiv-unterstützende Rolle einnimmt, da das Auftragnehmersystem über keine direkten Sanktionsmechanismen verfügt, dennoch müssen zu *Beginn* des Veränderungsprozesses die Vorstellungen hinsichtlich Ziel, Ist-Zustand, Gestaltungsspielraum (“was ist erlaubt”), möglichen negativen Konsequenzen für den Auftraggeber und Erfolgsmaßen zwischen Auftraggeber und Auftragnehmer abgeglichen werden.[24] Ebenfalls zu Beginn müssen die Regeln der Zusammenarbeit zwischen Auftraggeber und Auftragnehmer geklärt werden. (z.B. Top 1 in jeder Vorstandssitzung, aktives Sponsorship).[25]

Kontinuierliche Erfolgs- und Fortschrittsnachrichten sind im *Prozeßverlauf* das richtige Mittel, um die Motivation des Auftraggebers zu sichern. Wenn der Auftraggeber selbst unter hohen Erfolgsdruck steht, sind schnelle Erfolge (Quick Hits) besonders wichtig. Um den Auftraggeber mental einzubinden und informiert zu halten und sich als Auftragnehmer abzusichern beziehungsweise für einen fortlaufenden Abgleich der Vorstellungen zwischen Auftragnehmer und Auftraggeber zu sorgen, ist eine Einbindung an allen wichtigen Entscheidungspunkten der Veränderungsprozesses in nicht zu großem zeitlichen Abstand notwendig.[26] Gerade in der *Konzeptionsphase* sollte der Auftraggeber auch gezielt in die Entscheidungs*vorbereitung* einbezogen werden. Nur so kann man sicherstellen, daß Konzeptvorschlägen ohne tiefere Reflexion seiten des Auftraggebers voreilig zugestimmt wird (z.B. die potentiellen

---

[23] Nach Berger/Schwenker (1996), S. 1047 ist ein typischer Mißerfolgsfaktor von Veränderungsprojekten, daß sich das Commitment des Auftraggebers im Prozeßverlauf verliert, sobald dem Auftraggeber Ausmaß der Veränderungen und Implikationen für das eigene Verhalten deutlich werden.

[24] Vgl. Herp/Brand (1996), S. 131, Doppler/Lauterburg (1996), S. 93.

[25] Vgl. Barbitsch (1997a), S. 30, Thom/Bayard (1997), S. 159, Patak/Rattay (1997), S. 92 f.

[26] Vgl. Nippa (1996), S. 73, der nicht kontinuierliche Top Management Beteiligung als Mißerfolgsfaktor identifiziert.

Risiken eines neuen Geschäftsmodells werden unterschätzt). In einem solchen Fall käme es spätestens in der Umsetzung des Veränderungskonzeptes zu enormen Reibungsverlusten. Eine zeiteffiziente Umsetzung der Einbindung in die Entscheidungsvorbereitung kann beispielsweise durch Aktionslerngruppen geschehen, an denen der Auftragnehmer teilnimmt. Die zeitliche Belastung des Auftraggebers aus seiner Rolle als Akteur im Veränderungsprozeß (z.B. Reden auf Kick-off-Veranstaltungen) kann durch unterstützende Maßnahmen seitens des Prozeßteams und durch Fokussierung der Aktivitäten des Auftraggebers auf wichtige Interventionen mit Signalwirkung minimiert werden.

Neben einer richtigen zeitlichen Gestaltung des Veränderungsprozesses spielt "Zeit" auch eine wesentliche Rolle bei der Bestimmung der **Ziele** beziehungsweise Gütegrößen des Wandels, ohne die kein zielführendes Change-Controlling möglich ist.[27] Exemplarisch seinen einige zeitbezogenen Fragen angesprochen, die sich ein Change Management Team stellen muß: Welche zeitbezogenen Größen (z.B. Fortschrittsindikatoren, Geschwindigkeitsmaße) sind unter welchen Umständen sinnvoll? Wann und in welcher Form ist ein "Time based Change Management" sinnvoll? Wie oft und wann sollten Erfolgs- und Fortschrittsmaße im Veränderungsprozeß gemessen werden?

Konkrete Handlungsanleitungen (z.B. hinsichtlich des Auslösezeitpunktes, der Organisationsform oder des Partizipationsverlaufes) liefern hilfreiche Ansatzpunkte zu einem erfolgreichen Change Management. Mindestens genauso wichtig ist, daß man als Change Manager eine konzeptionelle Landkarte darüber besitzt, wie ein Change-Prozeß "funktioniert" (**Funktionsmodell**, Wirkmodell). Dazu zählt neben Wissen über die relevanten Stellhebel (z.B. Informationspolitik, Projektorganisation) und Einflußfaktoren (z.B. Widerstände, Ressourcenverfügbarkeit), Wissen über die inhaltlichen und insbesondere zeitlichen Wirkungen der Faktoren aufeinander.[28] Wer die Dynamik des Change Managements versteht, kann abschätzen, welche Hebel ihm in der spezifischen Situation zur Verfügung stehen, wie sich seine potentiellen Handlungen heute auf den weiteren Verlauf des Veränderungsprozesses auswirken und auf welche Signale (z.B. Verhalten zentraler Promotoren) ein Agent des Wandels besonders achten muß. Dieses Wissen hilft, im konkreten Fall die "richtigen" Handlungs- und Reaktionsstrategien zu wählen.

Die Ausführungen machen deutlich, daß der Faktor "Zeit" eine zentrale, vielschichtige, komplexe und in der Praxis nur teilweise beherrschte Dimension des Change Management darstellt. Ein Change Manager, der diese Zeitlichkeit des Wandels versteht und in ihrer Vernetzung beherrscht, hat wesentlich bessere Erfolgsaussichten. Um so erstaunlicher ist es, daß

---

27 Daß ein Change-Prozeß Zielgrößen benötigt scheint offensichtlich und wird nicht weiter begründet.

es in der Fülle der Veröffentlichungen und theoretischen Abhandlungen über das Change Management noch keine *umfassende* Untersuchung über den Zeitfaktor darin gibt.[29] Die vorliegende Arbeit stellt sich dem beschriebenen Praxis- und Forschungsdefizit bezüglich einer ganzheitlichen Betrachtung des Zeitfaktors im Change Management.

1.2 Ziele der Arbeit und wissenschaftstheoretische Einordnung

Die Arbeit folgt grundsätzlich der Ansicht von ULRICH, wonach die Betriebswirtschaftslehre als anwendungsorientierte Sozialwissenschaft zu verstehen ist.[30] Unter dieser Prämisse verfolgt die Arbeit

- ein **Übersichtsziel**, hinsichtlich der Fragestellung "Aspekte der Zeit im Change Management",
- ein **Deskriptionsziel** zur Analyse wichtiger zeitbezogener Begriffe, Fragestellungen, Kategorisierungen, etc.,
- ein **Erklärungsziel**.[31] Das Wissen über das "know why" ist einerseits als Wert an sich zu verstehen.[32] Andererseits stellt das "know why" unter Umständen eine wichtige "Vorstufe" dar, aus der entscheidungsorientierte Aussagen gewonnen werden können.
- ein **normatives** (bzw. präskriptives) **Ziel**, indem konkrete entscheidungsorientierte Aussagen hinsichtlich zeitbezogener Fragestellungen im Change Management getroffen werden sollen (z.B. die Frage nach einem guten Auslösezeitpunkt einer Veränderungsinitiative) und insbesondere

Sucht man nach der Identifikation eines begrifflichen Rahmens (Deskriptionsziel) nach *Antworten* zu Zeitfragen der Gestaltung im Change Management (z.B. was sind optimale Zeit-

28 Vgl. Doppler/Lauterburg (1996), S. 187, die betonen, daß gerade diese Aspekte oftmals nicht betrachtet werden. Siehe auch Carnall (1997), S. 74, Osterhold (1996), S. 63 und Miller (1997), S. 77 f.

29 Vgl. Rüegg-Stürm (1998), S. 6. Carnall (1997), S. 74: "Basically most studies of change are rather narrowly focused on what is being changed and are treated in a rather static way ... Rarely is any attempt made to carry out a longitudinal study ... but even less often is there any real attempt to examine the dynamics ...." Was *nicht* heißt, daß in keiner Arbeit (implizit) Zeitaspekte behandelt werden. Man denke beispielsweise an Phasenmodelle. Ausführlich hat sich Perich (1992) mit der Organisationsdynamik befaßt, allerdings hauptsächlich (lediglich) aus einer allgemeinen Deskriptions- und Erklärungsperspektive. Vgl. auch Pümpin (1992), S. 160 ff., Pümpin/Imboden (1991), S. 48 ff.

30 Vgl. Ulrich (1982), S. 1 ff. Damit ist primär ein Grad an Wissenschaftlichkeit gemeint. Nach Ansicht des Verfassers stehen praxisrelevante Aussagen zu großen Teilen in keinem Widerspruch zu Kernelementen wissenschaftlichen Arbeitens (z.B. Prämissenklärung, klare Begriffsdefinitionen). Zur Entscheidungsorientierung in der Betriebswirtschaft siehe auch Kirsch (1972), S. 155 ff.

31 Zur entsprechenden Unterscheidung in Entdeckungszusammenhang, Begründungszusammenhang und Entscheidungszusammenhang siehe Raffeé/Abel (1979).

punkte der Partizipation von Betroffenen), so stellt sich die Frage nach einer geeigneten *Vorgehensstrategie*. Idealtypischerweise kann zwischen einer induktiven und einer deduktiven Strategie unterschieden werden.[33] Während ein *induktiv-empirischer Ansatz* versucht, aus einer Fülle von Wahrnehmungspunkten Zusammenhänge bzw. Korrelation zu identifizieren und so zu Gestaltungsaussagen zu kommen, stellt man im Rahmen einer *deduktiven-modellhaften* Strategie plausible Grundannahmen auf und leitet durch logische Schritte Zusammenhänge und Gestaltungsaussagen ab.

Im Rahmen der Arbeit wird aus mehreren Gründen eine deduktive Basisstrategie verfolgt. Erstens wird durch eine deduktive Orientierung auf dem Weg zu Antworten eine Begründung mitgeliefert. Diese Orientierung fördert auch das Übersichtsziel. Zweitens gestattet ein deduktiver, modellorientierter Ansatz eine höhere Transferierbarkeit des Wissens (=Universalität). Die Kenntnis der treibenden Kräfte eines zeitlichen Gestaltungsproblems (z.B. eine Modellvorstellung, wie sich Zeitpunkte der Partizipation von Betroffenen auf die Veränderungsenergie des Prozesses auswirkt) ermöglicht es einem Rezipienten, auch Handlungsheuristiken für andere Gestaltungsfragen zu entwickeln. Drittens sind zeitliche Gestaltungsfragen oftmals von vielen Faktoren abhängig und die Wirkzusammenhänge erscheinen komplex und vernetzt. Antworten auf Zeitfragen der Gestaltung zu finden ist auch daher schwer, weil "Zeit" eine wertfreie Größe ist und so der Zeitpunkt einer Handlung *an sich* egal ist. Entscheidend, ob sich der gewählte Zeitpunkt einer Handlung gut oder fatal auf den Erfolg der Veränderungsinitiative auswirkt, sind mit diesem Zeitpunkt assoziierte *Inhalte* (z.B. war schon genügend Aufbruchsstimmung unter den Betroffenen vorhanden oder nicht). Ein empirischer Ansatz kommt in diesem Kontext schnell an seine Grenzen.[34] Eine deduktive Strategie ermöglicht es, einen Veränderungsprozeß in seiner Dynamik zu beschreiben. Durch einen modellhafen Zugang zu dynamischen Effekten (z.B. Diffusionseffekte, Zeitbomben, Lernkurven), erhält man über eine Vorstellung vom Change Management, die neben den inhaltlichen Wechselwirkungen insbesondere die dynamischen Wirkungen beachtet. Dies ist bessere Grundlage, um mögliche Gestaltungsalternativen zu untersuchen.

Die Vorgehensstrategie stellt einen Idealtypus dar. Trotz deduktiver *Grund*tendenz der Vorgehensstrategie der Arbeit wird an geeigneten Stellen auch empirisch-induktiv vorgegangen

32 Vgl. Reiß (1993b), S. 132, der im Rahmen des Komplexitätsmanagements darauf hinweist, daß das "know how" immer durch ein "know why" abgesichert sein muß.

33 Zu den Begriffen Deduktion, Empirismus, Konstruktivismus, etc. siehe beispielsweise Raffeé/Abel (1979).

34 Ein weiteres Problem liegt in der Gewinnung von Information. Information ist nicht objektiv, sondern wird subjektiv wahrgenommen. Zentrales Problem spielt die oftmalige Vertraulichkeit von Information, oder deren (politische) Schönung. Auch wenn die Arbeit scheinbar nur im Rahmen der Fallstudien empirisch arbeitet, so liegen dem Erstellungsprozeß eine Vielzahl empirischer Inputs zugrunde (z.B. Be-

(zum Beispiel in Form von Fallstudien oder durch Beispiele[35]). In Realität ist das Themenfeld "Change Management" derart komplex, lückenhaft und eklektisch bunt, daß oftmals ein pragmatischer Weg begangen werden muß.[36] Der Anspruch ist also explizit *nicht*, ein geschlossenes (Meta-)Funktionsmodell der Dynamik des Change Management "aus einem Guß" zu entwerfen. Dennoch erscheint es sinnvoll, ein wissenschaftstheoretisch klares Ideal im Hinterkopf zu haben.[37] Ein modellorientiertes Vorgehen darf keinesfalls mit dem (prinzipiell für soziale Systeme nicht haltbaren[38]) Anspruch gleichgesetzt werden, ein mathematisch exaktes Erklärungs- beziehungsweise Funktionsmodell des Change Management anzustreben. Das Ziel einer sozialwissenschaftlichen Untersuchung muß vielmehr sein, qualitative, nichtdeterministische (und nur partiell geschlossene) Modellvorstellungen anzustreben.[39] Allerdings ist es an manchen Stellen sinnvoll, Anleihen aus den Formalwissenschaften und deren (mathematischer) Notation zu machen, weil dort ein Gedanke so klarer ausgedrückt werden kann.[40]

Abgrenzungsstrategie und Vorgehensprinzip der Arbeit

Es ist klar, daß aufgrund beschränkter Kapazität der Arbeit nicht alle Ziele gleichermaßen verfolgt werden können und eine Priorisierung und Einschränkung erfolgen muß.[41] Insbesondere ergibt sich ein Spannungsfeld zwischen dem Übersichtsziel (allgemeiner Deskriptionsansatz, umfassende Erklärungsperspektive, Analyse vieler Gestaltungsfragen) und dem Ziel, konkrete Aussagen zu Gestaltungsproblemen und Funktionsprinzipien zu treffen.

Aus diesem Grund wird in der Arbeit versucht Zeitfragen auszugrenzen, die entweder ausführlich untersucht worden sind oder trivial erscheinen. Insbesondere das Projektmanagement hat sich umfassend mit der Analyse zeitlicher Abläufe, Zeitpunkte, Zeitfolgen, etc. aus einer pri-

---

obachtungen, Eigenaufschriebe, Interviews). Vgl. hierzu und zum Ansatz der "grounded theory" Eisenhardt (1989).

35 Allerdings sollte man mit unkritischer Übernahme von in der Literatur beschriebenen Beispielen vorsichtig sein, da diese in der Regel positiv verfärbt sind (Vgl. Bungard (1996), S. 258, Scott-Morgan (1994)). Außerdem sind Beispiele nur hilfreich, wenn man den jeweiligen Kontext offenlegt. Andernfalls kann man Beispiele leicht mißbrauchen, um quasi jede Behauptung zu stützen. Letztlich setzt die integrative Zielsetzung der Arbeit und der wissenschaftliche Anspruch dem Beispieleinsatz Grenzen. Aus diesen Gründen wird in der Arbeit nicht übermäßig mit (zitierten) Beispielen gearbeitet. Ähnlich Argumentation läßt sich auch für die Beschreibung von Instrumenten führen.

36 Vgl. Reiß (1997a), S. 20.

37 Vgl. obige Aussagen zum Grad der Wissenschaftlichkeit der Arbeit.

38 Ein Beispiel sind Modelle aus der Mikroökonomie, die teilweise mathematisch "schön" sind, dies aber durch eine hohe Realitätsfremde erkaufen (Vgl. allgemein Varian (1996), Brösse (1998), Reiß (1998), Pindyck/Rubinfeld (1998)). Ein anderes Beispiel liefert Hempelmann (1997), S. 437 f.

39 Zum Modellbegriff und verschiedenen Arten von Modellen siehe Krallmann (1996), S. 11.

40 Vgl. Bohm (1980), S.24 ff. zur Rolle der Sprache.

41 Da es viele wichtige *inhaltliche* Gestaltungsaspekte gibt (z.B. Organisationsgrad, Qualifizierung, Motivierung, Involvierung) die *alle* über der Zeit gestellt werden können, ergibt sich ein Vielfaches an zeitbezogenen Aspekten (=normatives Ziel der Arbeit), die analysiert werden *könnten*, was nicht möglich ist.

mär sachlichen Perspektive befaßt (z.B. Phasenmodelle).[42] Daß Qualifikation beispielsweise nicht zu frühzeitig erfolgen sollte oder Information über ein Veränderungsprojekt im Zeitverlauf an Detaillierung gewinnen kann, scheint trivial.[43]

Zur weiteren Einschränkung des Umfanges der Arbeit wäre eine mögliche idealtypische Strategie, *zuerst* auf einige inhaltliche Aspekte zu fokussieren (z.B. auf die Frage der Partizipation von Betroffenen bei der Einführung von Groupware aus der Sicht des Projektleiters) und sich darauf *isoliert* einzelnen Aspekten der zeitlichen Ausgestaltung zuzuwenden (z.B. Zeitpunkt, Zeitdauer, Zeitmuster, Zeithorizont). Dadurch würde dem normativen und dem erklärenden Ziel der Arbeit zwar intensiv, aber nur mit einem sehr beschränkten Fokus gedient. Dem Übersichtsziel der Arbeit würde nur unzureichend Rechnung getragen (in deskriptiver, normativer und erklärender Hinsicht). Außerdem zeigt sich, daß Gestaltungsfragen nur manchmal unabhängig voneinander beantwortbar sind. Gerade bei einer dynamischen Betrachtung scheint eine integrative Perspektive notwendig, die die Wechselwirkungen von Ereignissen und Handlungen über der Zeit beschreiben kann.[44] Durch die isolierte Betrachtung von Einzelaspekten steigt außerdem die Gefahr, daß Redundanzen insbesondere hinsichtlich des jeweils zugrunde liegenden Erklärungsmodells entstehen.[45]

Auf der anderen Seite ist klar, daß es prinzipiell unmöglich ist, eine *konkrete,* für alle Szenarien (z.B. radikale Unternehmenstransformation versus lokale und sanfte Anpassung eines Prozeßablaufes), Situationen (z.B. enorme Konfliktintensität versus weitestgehender Konsens) und alle Fragen der zeitlichen Gestaltung des Wandels anwendbare integrierte dynamische Gesamtperspektive zu entwerfen. Ein allgemeingültiges dynamisches Modell - wenn es das gäbe (als Grundplattform) - hätte einen hohen Abstraktionsgrad. Zur beschriebenen prinzipiellen Problematik kommt hinzu, daß - wie angedeutet - der Stand der Forschung zum Change Management eher einer Vielzahl von verschiedenen Perspektiven und Ansätzen gleicht, als einem homogenen und geschlossenen Theoriegebäude. Ein zu einseitiger Schwerpunkt der Arbeit auf die Entwicklung eines allgemeinen Dynamikansatzes würde zu einem sehr hohen Abstraktionsniveau der Arbeit führen. Die Konsequenz wäre mangelnde praxeologische Relevanz.

Zur Auflösung des angedeuteten Spannungsfeldes scheint die in Abbildung 1-2 angedeutete Strategie der *stufenweisen Fokussierung und Konkretisierung* sinnvoll. In der Übersichts- und Grundlagenperspektive (1. Stufe) wird eine allgemeiner Zugang zur Kategorie „Zeit“ erarbei-

---

42 Zum Projektmanagement siehe beispielsweise Burghardt (1993), Dennis (1997), Lock (1997), Madauss (1994), Mende/Bieta (1997), Patzak/Rattay (1997), Reiß (1995c), Reiß (1995a), Walker (1998).

43 Vgl. Zeyer (1995), S. 284 f.

44 Vgl. Doppler/Lauterburg (1996), S. 187.

45 Was sich auch an den anfangs aufgeführten Beispielen zeigt. Das zugrunde liegende dynamische Wirkprinzip ist jeweils sehr ähnlich.

tet, die Rolle der Zeit als Abgrenzungsgröße des organisationalen Wandels analysiert, ein generisches Raster der potentiellen zeitlichen Gestaltungsaspekte (-fragen) entworfen und auf die Frage der Rolle der Zeit als Zielgröße des organisationalen Wandels eingegangen. Darauf aufbauend wird auf der Stufe 2 ein allgemeiner Bezugsrahmen zur Beschreibung und Erklärung der Dynamik des organisationalen Wandels entworfen. Mit diesem "groben" Rahmen werden "grobe" Zeitfragen (Auslösezeitpunkt, Dauer, allgemeine Vorgehensstrategie über der Zeit, mögliche Phasenfolgen im Transformationsprozeß) analysiert. Was während des *Verlaufes* eines Veränderungsprozesses *genauer* geschieht (="feinere" Gestaltungsfragen), ist Fokus des weiteren Ganges der Arbeit (3. Stufe). Dazu wird das *Objekt* des Wandels eingeschränkt und für diesen Spezialfall ein *konkreteres* Funktionsmodell des Wandels entwickelt. Auf der Basis dieses Rahmens werden ausgewählte Fragen des zeitlichen Verlaufs analysiert.

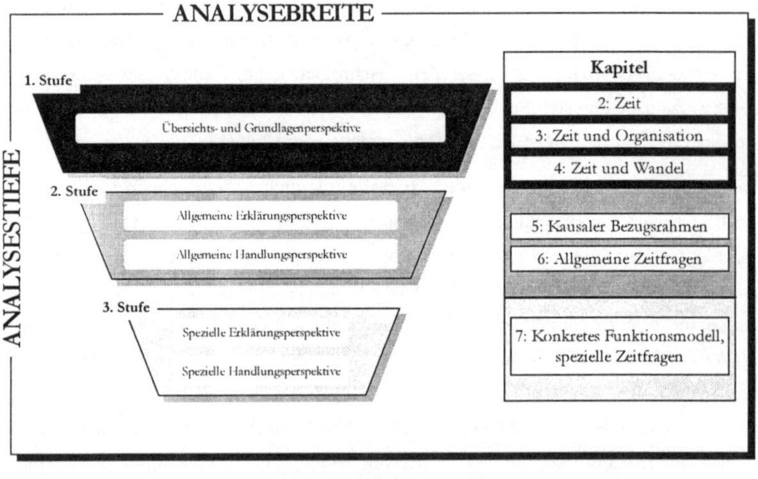

Abbildung 1-2: Vorgehenslogik der Arbeit

Das beschriebene geschachtelte Vorgehen ermöglicht es, neben einer umfassenden Deskription *zugleich* eine ganzheitliche (und abstrakte) *und* (im Rahmen der Spezialfälle) konkrete dynamische Funktionsvorstellung des Change Management zu entwerfen. *Parallel* hierzu werden auf den verschiedenen Stufen wichtige Zeitfragen der Gestaltung analysiert und so eine Balance zwischen Erklärung (*wie* wirkt etwas über der Zeit im Change Management) und Handlung (*wann* sollte man was tun) geschaffen.[46] Nach Ansicht des Verfassers wird neben inhaltlichem Neuland durch die Arbeit auch solches hinsichtlich der Vorgehensmethode betreten, da eine Brücke zwischen Übersichtsperspektive versus Detailperspektive *und* Erklärungsperspektive versus Handlungsperspektive geschlagen wird. Mit anderen Worten, das "entweder-oder" wird durch "sowohl-als auch" im Rahmen eines vernetzten und konsistenten Ansatzes abgelöst. Die Praxis erhält neben konkreten Analysen zu wichtigen Zeitfragen der Gestaltung Impulsen zu einer enorm wichtigen Dynamisierung des Denkens und Verstehens im Change Management.

1.3 Gang der Arbeit

Grundlage für die Arbeit ist eine Analyse des Zeitbegriffes, was in **Kapitel 2** geschieht. Nach einer knappen Übersicht über Zugänge zum Phänomen "Zeit" und damit verbundener Probleme wird ein pragmatischer Zeitbegriff identifiziert, der der weiteren Arbeit zugrunde gelegt wird. In **Kapitel 3** werden Rollen der Zeit im Kontext "Organisation" untersucht (z.B. ob Zeit eine Ressource beziehungsweise ein knappes Gut ist, welche Rolle „Zeit" als strategischer Erfolgsfaktor spielt). Aufgrund der hohen Relevanz wird kurz auf Time Based Management und dessen Implikationen eingegangen. **Kapitel 4** stellt ein Übersichtskapitel dar, in dem der Zeitbegriff mit dem Begriff "Wandel von Organisationen" verknüpft wird. Zu Beginn wird beschrieben, warum und in welcher Form Zeit eine zentrale Größe für Change Management darstellt. Darauf wird der Begriff "organisationaler Wandel" genauer abgegrenzt. Es zeigt sich, daß "Zeit" ein wichtiges Abgrenzungsmerkmal für organisationalen Wandel ist. Um Aussagen über "gute" Handlungsweisen im Change Management zu machen, ist ein *Zielsystem* notwendig. In diesem Zusammenhang wird untersucht, welche Rollen "Zeit" als Gütemaß im Management des Wandels spielen kann und sollte. Folgend wird „Zeit" aus einer *Handlungsperspektive* untersucht und es werden generische Zeitfragen des Management des Wandels formuliert (z.B. Dauern, Sequenzen, Phasen, Muster). Da Zeitfragen nur auf der Basis von Inhalten (*Was* sind die möglichen Interventionen) gestellt werden können und mögliche Antworten primär über eine inhaltliche Perspektive gefunden werden, werden in **Kapitel 5** verschiedene *Erklärungsperspektiven* des organisationalen Wandels untersucht (Selektionsmodelle, Entwicklungsmodelle, Lernmodelle, etc.). Dazu wird das Schema von TÜRK erweitert, indem eine grundlegende Klassifikation danach unternommen wird, welche *Handlungsfreiheit* einer Managementperspektive eingeräumt wird (und inwiefern organisationaler Wandel ohne Einfluß von zielgerichtet handelnden Akteuren geschieht).[47] Aus dieser Über-

---

[46] Dennoch ist klar, daß die Arbeit eher eine Übersichtsarbeit ist, als eine Detail- und Tiefenanalyse. Zu den meisten Gestaltungsfragen könnte man jeweils eine eigenständige Arbeit schreiben. Beispielsweise befaßt sich Dalheimer (1998) nur mit der Frage „evolutionärer versus revolutionärer Wandel".

[47] Vgl. Türk (1989), S. 24 ff.

sicht wird zum Abschluß des Kapitels ein eklektischer *Bezugsrahmen* abgeleitet, der eine sinnvolle dynamische Grundperspektive des Change Management bietet.

Kapitel 6 geht auf allgemeine Fragen der zeitlichen Gestaltung eines Veränderungsprozesses ein. Zentral sind Aspekte des *Timings*, der *Dauer* und der prinzipiellen *Vorgehensstrategie* (radikales versus sanftes Vorgehen). Der zweite Teil des Kapitels widmet sich *Abfolgeproblemen* eines unternehmensweiten und tiefgreifenden Wandels ("Corporate Transformation"). Im Vordergrund stehen verschiedene Ansätze zu Vorgehensmodellen. Am Ende des Kapitels wird ein aus den einzelnen Ansätzen extrahiertes Vorgehensmodell vorgestellt. In **Kapitel 7** wird der Versuch unternommen, die bisher sehr allgemeine dynamische Wirkperspektive für strukturelle Veränderungsprozesse zu konkretisieren. Dies geschieht durch Kombination eines kybernetischen Ansatzes mit der LEWIN'schen Perspektive, Wandel als Kraftfeld zwischen Promotoren und Opponenten zu begreifen. Wie erfolgreich ein Change-Prozeß verläuft, ist im Endeffekt eine Frage der Akteure des Wandels. Im zweiten Teil von Kapitel 7 wird daher auf das spezielle (und zentrale) Gestaltungsfeld "Zeitstrukturen der Partizipation" eingegangen. Von Interesse sind Fragen nach Partizipationszeitpunkten beziehungsweise Zeitverläufen des Partizipationsumfanges, nach Partizipationsintensitäten, etc. verschiedener Gruppen (Betroffene, Stabsbereiche, Interessenvertretungen, etc.) unter verschiedenen situativen Bedingungen (z.B. Konfliktintensität der geplanten Veränderung). **Kapitel 8** dient einem kurzen Ausblick und Fazit. Der **Anhang** ist einer Einzelfallstudie gewidmet, die sich mit Partizipationsverläufen in Veränderungsprozessen befaßt und die Ergebnisse aus Kapitel 7 unterstützt. Fallstudien scheinen für das genannte Untersuchungsobjekt und -ziel formaleren Methoden[48] (z.B. Fragebogenmethode) überlegen, da sie mehr Flexibilität ermöglichen und der Komplexität besser Rechnung tragen. Zur Datensammlung wurden multiple Quellen wie Veröffentlichungen, Interviews[49], Projektprotokolle, Selbstaufschriebe, etc. benutzt.[50] Mit der Fallstudie[51] konnten Hypothesen widerlegt werden oder empirisch untermauert werden, was Einfluß auf die Thesen (bzw. Gestaltungsheuristiken) in Kapitel 7 hatte.[52]

---

48 Vgl. zu Methoden der empirischen Sozialforschung Friedrichs (1990), Alteslander (1984), Meinefeld (1995), Schewe/Hill/Esser (1993).

49 Die Interviews wurden anhand eines offenen Leitfadens geführt.

50 Zur Triangulation als Methode der Erfassung und Analyse verschiedener Datenquellen siehe Bruns/Kaplan (1987), S. 1 f. Insgesamt wurde zur Datenerhebung ein Caseleitfaden verwendet, der dem Verfasser als Checkliste wichtiger Informationsfelder hinsichtlich der Hypothesen diente.

51 Vgl. Eisenhardt (1989).

52 Der (erzwungenen) Abfolge Hypothesen - Empirie liegt also in Wirklichkeit ein Feedback-Loop zugrunde: Hypothesen - Empirie - Modifizierte Hypothesen.

2. Zeit als Dimension

„Dreifach ist der Schritt der Zeit, zögernd kommt die Zukunft herangezogen, pfeilschnell ist das Jetzt entflogen, ewig still steht die Vergangenheit“

(Friedrich Schiller)[1]

Bevor Aspekte der Zeit in Veränderungsprozessen untersucht werden, ist es sinnvoll den Begriff der „Zeit“ an sich zu beleuchten. Ohne eine Ergründung dieses Begriffes erscheinen darauf aufbauende Überlegungen auf einer brüchigen Basis.[2] Obwohl die Zeitthematik inzwischen in einer unübersehbaren Flut von Veröffentlichungen betrachtet wird und „Zeit“ dementsprechend als Grundgröße in verschiedensten Variationen verwendet wird, unterbleibt oftmals eine genauere Klärung der Begriffe und Definitionen.[3] Nach Ansicht des Autors liegt dies daran, daß Zeit ein Konstrukt zu sein *scheint*, das uns wohl vertraut, bekannt, und damit hinlänglich definiert ist.

2.1 Probleme bei der Begriffsdefinition von Zeit

Was ist Zeit? Während diese Frage aufgrund des alltäglichen und normalen Umgangs mit der Zeit einfach zu beantworten scheint[4], trifft man bei näherer Analyse auf eine Vielzahl von Ansätzen und Erklärungsversuchen aus den verschiedensten Kategorien der Wissenschaft, die sich über lange Zeit herausgebildet haben und miteinander venetzt sind. „Physiker und Philosophen webten über Jahrhunderte an einem geometrischen Netz von Raum und Zeit, um möglichst viele Informationen über die Wirklichkeit einzufangen. Manchmal waren die Netzmaschen zu weit oder zu eng oder nicht reißfest genug.“[5] „Zeit“ hat seit dem Altertum die Wissenschaft beschäftigt.[6] Während in der Antike die Zeitbetrachtung aus einer eher my-

---

1 Zitiert nach Payk (1989), S. 69.

2 Vgl. Corazza (1985), S. 11.

3 Vgl. Bitzer (1991), S. 22, Stanko/Ritsert (1994), S. 7. Als exemplarische Beispiele seien Klenter (1995), Gemünden (1992), Perillieux (1987) genannt.

4 Vgl. Perich (1992), S. 223 f., der die Elemente Linearisierung, Standardisierung, Ökonomisierung und Perpetuierung unterscheidet. Vgl. Stanko/Ritsert (1994), S. 9 f. zu einer plakativen Übersicht, wo und wie der Zeitbegriff in der Alltagssprache (unreflektiert) verwendet wird.

5 Mainzer (1994), S. 12.

6 Vgl. dazu z.B. Deppert (1989), Wendorff (1988), S. 8 f. Für eine allgemeine Betrachtung der Zeit als Kategorie in der Geschichte siehe Seibt (1983), S. 145 ff. Um einen Einblick über Zeitwahrnehmung im altägyptischen Denken zu gewinnen, siehe Assmann (1983), S. 189 ff. Eine Einführung in das Zeitverständnis in den drei asiatischen Hochkulturen Babylon, Iran, Indien zu erhalten, siehe Colpe (1983), S. 225 ff. Schließlich zeigt bspw. Cancik (1983), S. 257 ff. den Unterschied zwischen jüdisch-christlicher und hellenisch-römischer Zeitvorstellungen auf. Wendorff (1989), S. 7, hebt hervor, daß insbesondere die

thisch-metaphysischen Perspektive geschehen ist, so wurde in der klassischen Mechanik ein objektiver, mechanistischer und invarianter Zeitbegriff in den Vordergrund gestellt.[7] „Time is the most fundamental aspect of our experience. Its properties have intrigued and bafled philosophers, theologians and scientists for centuries. Questions about the nature of time, ist global and microscopic structure continue to fill books an provoke experimental research.“[8] Während man denken könnte, daß es letztendlich nur einen richtigen Zeitbegriff geben könne, der deren Wesen erfaßt, trifft man auf fast ebenso viele Deutungen und Antworten zum Wesen der Zeit, wie es Denker gab (und gibt), die sich damit beschäftigten.[9] „Ausgehend vom ursprünglichen, verträglichen Nebeneinander der subjektiven Zeit und der kosmischen Uhr der Himmelskörper stehen wir heute vor einem komplexen Zeitbegriff, mit tiefgreifenden philosophischen Implikationen. Komplexer ist die Zeit geworden, weil ihre Pfeilrichtung in so verschiedenen Gebieten der Wissenschaft wie Physik, Kosmologie und Biologie nicht mehr getrennt betrachtet werden kann.“[10] Die Ausführungen deuten an, daß es mehrere Zeitbegriffe geben kann, je nach Perspektive und Erkenntnisziel. „Auffassungen und Definitionen von 'Zeit' sind eher Ausdruck von Weltanschauung und Kulturform als klärende Begriffe. Dies liegt nicht an semantischen Unzulänglichkeiten, sondern daran, daß es 'die Zeit' nicht gibt.“[11]

Der Zeitbegriff ist nicht nur komplexer geworden, er scheint in vielerlei Hinsicht *überhaupt* noch unbefriedigend gelöst.[12] „'Was ist Zeit' fragte sich schon Augustinus. 'wenn mich niemand danach fragt, so ist's als ob ich's wüßte, will ich es einem Fragenden erklären, so weiß ich's nicht'.“[13] Die Zeit scheint erlebbar, doch in der Erkenntnissphäre kaum faßbar. Dies liegt nicht zuletzt daran, daß jeder Definitionsversuch zyklisch erscheint. Es scheint unmöglich „Zeit“ zu definieren, ohne auf ihrerseits schon zeitliche Bezugsgrößen zu referenzieren.[14] Die Frage „Was ist Zeit“ - in dieser Form gestellt - ist unter Umständen für den Menschen

„westliche Zivilisation“ sich seit ihrer „Geburt“ im vorderen Orient durch eine besondere Zeitsensibilität auszeichnet.

7 Vgl. Kuhn (1996), S. 14. Zu einer guten Zusammenstellung relevanter Quellentexte zum Zeitphänomen siehe Kniebe (1993), S. 275 ff.

8 Davies (1992), S. 1284.

9 Vgl. Pöppel (1983), S. 369, Luhman (1976), S. 134.

10 Blaser (1983), S. 15.

11 Payk (1989), S. 69.

12 Vgl. Purser (1986), S. 41, der Zeit als „geheimnisvolle Dimension“ bezeichnet. Siehe zu einer umfassenden Analyse Schad (1993), S. 233 f. Vgl. auch Luhman (1976), S. 134, Breuer (1984), S. 56, Fraser (1991), S. I.

13 Auerbach (1993), S. 155.

14 Vgl. Stanko/Ritsert (1994), S. 18 ff., die in einem imaginären Dialog verschiedene Philosophen und Naturwissenschaftler (z.B. Aristoteles, Newton, Leibnitz, Kant) zu Wort kommen lassen. Vgl. auch Bieri (1972), S. 14.

prinzipiell nicht zu beantworten zu schwer. Sie übersteigt potentiell das menschliche Denken und ist insofern vielleicht eine „verbotene" Frage.[15]

2.2 Zielanspruch des Abschnittes

Die knappen Ausführungen zeigen, daß es aufgrund der faktischen und prinzipiellen Komplexität des Zeitbegriffes nicht Ziel der Arbeit sein kann, hierzu eine umfassende Übersicht zu erarbeiten. Ein derartiger - notwendigerweise philosophischer - Versuch müßte „stümperhaft" scheitern und wäre dem Ziel, sich mit (praxisorientierten) Managementaspekten zu befassen nicht dienlich. Um zu einer praxisnahen Arbeitsdefinition des Zeitbegriffes zu kommen, soll dennoch ein kurzer Überblick über Inhalte und Hauptideen zum Zeitbegriff gegeben werden.

Man kann durch verschiedene Kategorisierungen versuchen, eine Übersicht über den Zeitbegriff zu gewinnen. Man könnte sich beispielsweise an den verschiedenen Wissenschaftsdisziplinen orientieren[16], an der historischen Einordnung der Vertreter, einer Klassifikation der wichtigsten Vertreter, oder schließlich versuchen, die verschiedenen Aussagen zum Zeitbegriff an sich in ein Raster einzuordnen. STANKO/RITSERT differenzieren im Rahmen einer ausführlichen Analyse des Zeitbegriffs ein mehrdimensionales Raster, das nach den Begriffspaaren objektive versus subjektive Zeit, individuelle versus kollektive Zeit, singuläre versus plurale Zeit unterscheidet.[17] Da dieses Raster für die Zielsetzung des Abschnitts zu differenziert erscheint, wird versucht, Zeit anhand einer dichotomen Einteilung[18] in „Zeit als (objektives) Gefäß" versus „Zeit als (subjektive) Idee" zu unterscheiden.[19] Diese begriffliche Aufteilung ist verwandt mit der Aufteilung nach objektiver versus subjektiver Zeit, die oftmals verwandt wird.[20] „Im kontinuierlichen Fluß des Geschehens dient die reale Zeit dem Menschen als Orientierungsmittel, mit dessen Hilfe er beobachtete Ereignisse und eigene Handlungen koordiniert und in eine Relation bringt. Offenbar kann diese Koordination nur gelingen, wenn gesellschaftliche Konventionen es ihm ermöglichen, sich an einem objektiven Zeitmaß zu orientieren. Andererseits ist die reale Zeit aber auch Objekt unserer Erfahrung. Je nachdem, was in ihr geschieht, empfinden wir den Ablauf als rasend schnell oder quälend langsam. Dieser jedermann geläufige Tatbestand hängt damit zusammen, daß die Zeit nicht selbst wahrgenommen werden kann, sondern nur das, was in ihr geschieht. Objektiver

15 Vgl. Pöppel (1983), S. 370. Wobei Wittgenstein (1918) allerdings der Auffassung ist, daß wenn sich eine Frage überhaupt stellen läßt, sie auch beantwortet werden kann.

16 Und dabei nach Physik, Chemie, Astronomie, Biologie, Anthropologie, Soziologie, Psychologie, Religion, Geschichte, Ökonomie, etc. differenzieren. Zu einer Übersicht über Veröffentlichungen in den verschiedenen Disziplinen siehe Perich (1992), S. 249 f.

17 Vgl. Stanko/Ritsert (1994), S. 14.

18 Zur dichotomen Betrachtung des Zeitbegriffes siehe z.B. Wendorff (1987), S. 70.

19 Vgl. Kniebe (1993a), S. 11 f.

Zeitfluß und subjektives Zeitempfinden müssen also nicht übereinstimmen - ein Umstand, der eine konzeptionelle Unterscheidung zwischen objektiver und subjektiver Zeit nahelegt."[21] Ohne zu stark auf Detaillierungen einzugehen sei darauf hingewiesen, daß eine Zeitvorstellung die unabhängig vom Wahrnehmenden konzipiert ist (objektiv im Sinne von STANKO/RITSERT) auch für alle universell (singulär) gilt. Andererseits muß ein Zeitbegriff, der nur durch den subjektiven Beobachter existiert, nicht automatisch plural sein. Dies kommt insbesondere in der KANT'schen Auffassung des Zeitbegriffs zum Ausdruck. Für KANT gilt „Tempus non est absolutum."[22] Nach KANT ist die Zeit nichts, das für sich selbst Bestand hat, sie existiert nicht losgelöst von uns, ist also subjektiv. Auf der anderen Seite ist der KANT'sche Zeitbegriff „objektiv" in dem Sinne, als daß Zeit für alle Menschen eine Dimension ist, in der sie ihre Erfahrungen machen.[23] „(Wir müssen) an Kant erinnern, der die Zeit als eine Kategorie verstanden hatte, deren wir uns, ganz im Sinne Newtons, nicht entledigen können, die wir also als gegeben nehmen müssen. Allerdings verlegte er den Grund dafür von der Weltenobjektivität in die Organisation der menschlichen Natur, die uns diese und nur diese Auffassung von Zeit erlaube. Damit war der Zeit zwar etwas von ihrer universalen Realität genommen, die Newton für gegeben hielt, unser Menschsein war aber um so fester an das Zeitkonzept gebunden, das wir - ob naiv oder besonnen - allgegenwärtig unserem Weltverständnis unterlegen."[24] Daher kann Kant eher einer Newton'schen Auffassung des Zeitbegriffes zugeordnet werden.[25] Es ist zweitrangig, ob Zeit durch die Beobachtung zustande kommt, interessant scheint primär, ob Zeit für alle Individuen gleich ist oder nicht. Für das weitere Vorgehen soll von der beschriebenen Problematik abstrahiert werden.

Historische Aspekte zum Zeitbegriff

Die ersten philosophischen Überlegungen zum subjektiven versus objektiven Wesen der Zeit gehen auf die vorsokratische Philosophie in der griechischen Antike zurück. Die Auseinandersetzung wurde darüber geführt, ob Zeit etwas reales sei, oder ob es etwas höheres in Form einer zeitlosen Realität gäbe.[26] PARMENIDES[27] (5. Jh. v. Chr., sogenannte „elatische Schule") und seine Schüler versuchen zu zeigen, daß nur das Seiende real ist und der Wandel nur eine

20 Vgl. Bitzer (1991), S. 14. Payk (1989), S. 70 spricht von psychologischer Zeit und physikalischer Zeit.
21 Hüpen (1995), S. 49.
22 Vgl. KrV B 54 (Stanko/Ritsert (1994), S. 34).
23 Vgl. Stanko/Ritsert (1994), S. 29. Vgl. Kniebe (1993), S. 12 Zum Disput zwischen Kant und Wittgenstein, nachdem Zeit nur eine der möglichen Realitätskonstruktionen darstellt siehe Fromm (1979).
24 Kniebe (1993), S. 12 f.
25 Vgl. Auerbach (1993), S. 138, Mainzer (1994), S. 21. Dies tut beispielsweise Bitzer (1991), S. 16 nicht.
26 Vgl. Hörz (1996), S. 1002.
27 Auch Platon mit seiner „Ideenlehre" kann zu den Vertretern des „Seienden" gerechnet werden. (Vgl. Fraser (1991), S. 48).

Illusion der Sinne.[28] Parmenides Schüler ZENON versucht durch seine „vier Beweise" (von denen der bekannteste der Wettlauf zwischen Achilles und der Schildkröte ist) zu zeigen, das die Grundannahme der Wirklichkeit der Zeit zu Paradoxien im Unendlichen führt.[29] Als Gegenpunkt stellen sich HERAKLIT von Ephesos und ARISTOTELES dar, für den die Welt die Gesamtheit der Ereignisse ist. „Dies entspricht der Ansicht, daß die Bewegung etwas Reales ist, eine fundamentale Beschaffenheit der Realität darstellt. Sie wenden sich damit gegen das Streben zur Elimination der Zeit aus der Wirklichkeit, gegen das Bemühen, einen Gegensatz von Bewegung und Wirklichkeit in dem Sinne zu begründen, daß das wahrhaft Wirkliche als unveränderlich betrachtet wird."[30] Indem ARISTOTELES Zeit als wahrhaftig ansieht, wird der Grundstein für eine Objektivierung des Zeitbegriffs gelegt.

2.3 Objektive Zeit - Zeit als Container

Die Entwicklung des Zeitbegriffs als „unveränderliches Gefäß"[31], in dem sich die Abläufe der Welt nur einordnen können, wurde entscheidend durch die Naturwissenschaften, insbesondere durch die Physik geprägt. Die Physik nimmt eine pivotale Stellung ein, da der physikalische Zeitbegriff auch in anderen Wissenschaften verwandt wird.[32] In der Physik hat sich der Zeitbegriff nach EIGEN kontinuierlich gewandelt.[33] Einen Grundstein für einen wissenschaftlichen Zeitbegriff in der Physik hat GALILEI gelegt, der bei seinen Fallversuchen die Bewegung eines Körpers als Funktion einer äußeren, universellen Größe „Zeit" darstellte.[34] Galilei stellt einen „Grenzfall" zwischen beiden Zeitkonzeptionen dar, da er durch seine Pendelversuche zur Entstehung eines objektiven Zeitmaßes beitrug, aber diesen wieder mit dem (subjektiven) Schlagen des menschlichen Pulses verglich.[35]

NEWTON hat diesen Gedanken in seiner „philosophiae naturalis principia mathematica"[36] präzisiert, indem er die Zeit als eine (von allen Referenzsystemen) unabhängige Variable definiert hat, die als absolute Zeit einen gleichmäßigen Ablauf hat. „Die absolute, wahre und mathematische Zeit verfließt an sich und vermöge ihrer Natur gleichförmig, und ohne Bezieh-

28 Vgl. Brockhaus (1994), Bd. 42, S. 470.

29 Vgl. Auerbach (1993), S. 149. Siehe auch Hofstadter (1995). Die Beweisführung von Zenon konnte allerdings erst im Jahre 1882 von Cantor widerlegt werden.

30 Hörz (1996), S. 1003.

31 Vgl. Kniebe (1993), S. 12, Payk (1989), S. 70.

32 Vgl. Hörz (1996), S. 1005.

33 Vgl. Eigen (1983), S. 35. Vgl. zu einer Übersicht über den physikalischen Zeitbegriff Audresch/Mainzer (1994), Mainzer (1994), S. 21 ff.

34 Vgl. dazu und zum folgenden Blaser (1983), S. 3 ff.

35 Vgl. Kniebe (1993a), S. 28.

36 Vgl. im Orginal „Principia Mathematica II" (Newton (1687)).

ung auf irgend einen äußeren Gegenstand.“[37] Die Zeit wird mit dem Begriff Dauer belegt. Die Zeit in diesem Sinne besitzt eine chronologische und eine chronometrische Komponente.[38] Der Newtonsche Zeitbegriff ist absolut und universell (singulär). Die objektive Zeit stellt ein homogenes und universales Ordnungssystem dar, das die Basis für eine zeitliche Meßbarkeit, Vergleichbarkeit und auch Standardisierbarkeit bietet - ein Raster in das sämtliche Ereignisse eingeordnet werden können. Ereignisse und Handlungen können hinsichtlich Abfolge und Dauer präzise beschrieben werden, ohne Bezug auf den konkreten Inhalt zu nehmen.[39] Um die Zeit zu messen und zu standardisieren ist ein Zeitmaß notwendig, das als gesellschaftliche Konvention ein „objektives“ Zeitmaß darstellt. Dieses Maß ist zwar definierbar (es ist nur wichtig, daß ein solches Instrument existiert), aber wie andere Grundmaße (z.B. der „Urmeter“) weltweit standardisiert und kann so einen gemeinsamen Nenner für Abläufe geben. Um die physikalische (metrische) Zeit zu definieren, werden zwei Grundtypen von Erscheinungen benutzt:[40] Die Periodizität anderer Vorgänge (Planetenumlaufzeiten, Pendelschwingungen, Molekülschwingungen, etc.) und monoton ablaufende Vorgänge (z.B. geradlinige Bewegung im Raum, radioaktiver Zerfall, Wasseruhr).[41] Die grundlegenden Meßinstrumente sind die Uhr[42] und der Kalender.[43] Zusammenfassend läßt sich so die Auffassung vertreten: „Time is what the clock reads.“[44]

Bemerkenswert ist, daß mit dieser Zeitauffassung die Zeit keine Richtung aufweist, also Zukunft und Vergangenheit prinzipiell austauschbar sind.[45] Dennoch blieb der offensichtliche Widerspruch zwischen einer zeitsymmetrischen NEWTON'schen Auffassung und dem Erleben von Zeitrichtung[46] in der den Menschen umgebenden Welt nur latent. Weitgehend isoliert von der Mechanik hat sich die Wärmelehre - die Thermodynamik- entwickelt.[47] Während CARNOT im Sinne einer Thermostatik gleichgewichtige Zustände untersuchte, führte CLAUSIUS mit seinem zweiten Hauptsatz der Thermodynamik eine eindeutige Richtung der Zeit ein. Durch dieses Prinzip konnte man beispielsweise erklären, warum ein einseitig erhitzter Stab in einem Endzustand eine homogene Temperaturverteilung aufweist - eben ein thermodynamisches Gleichgewicht - und nicht umgekehrt. Hierzu wird der Begriff der „Entropie“ als Maß der

37 Newton (1872), S. 25. Vgl. auch Aichelberg (1988), Auerbach (1993), S. 138
38 Vgl. Hüpen (1995), S. 50, Hüpen (1994), S. 4.
39 Vgl. Bitzer (1991), S. 15, Brockhaus (1994), Bd. 24, S. 471.
40 Vgl. zur Messung der Zeit Parker (1987), S. 362 f., Eigen (1983),S. 36 f., Blaser (1983), S. 8 f.
41 Vgl. Lüscher (1983), S. 366, Stanko/Ritsert (1994), S. 159 f.
42 Die „Chronometrie“ zur Bestimmung von *Längen* der Zeit.
43 Die „Chronologie“ zur Bestimmung von *Lagen* der Zeit. Wendorff (1989), S. 11 spricht von einer Dreigliederung nach den Begriffen Tag, Jahr, Geschichte.
44 Vgl. Considine (1994), S. 3101. Zur Entwicklung der Zeitmeßinstrumente siehe Dohrn- van Rossum (1992), Dohrn- van Rossum (1989), S. 49 ff., Considine (1994), S. 310 f.
45 Vgl. Prigogine/Stengers (1984), S. 213 ff.
46 Insbesondere das Erlebnis von Geburt und Tod als extreme Form der zeitlichen Richtung.
47 Vgl. Blaser (1983), S. 3.

Irreversibilität eingeführt.[48] Der unausweichliche Endpunkt - das Ende der Zeit[49]- ist der Wärmetod als völlige Gleichverteilung der Energie.[50] Als positives Gegenstück dieser Perspektive kann man die Evolution verstehen. Die Thermodynamik offener Systeme befaßt sich mit dem Entstehen von Ordnung aus Unordnung.[51]

Erst mit BOLZMANN brach der Konflikt zwischen einer gerichteten Zeitauffassung aus der Thermodynamik und einer symmetrischen Auffassung aus der klassischen Mechanik offen aus.[52] Ein möglicher Ausweg aus diesem Dilemma kann darin bestehen, „daß man in der Thermodynamik Systeme zu beschreiben sucht, über die schon wegen der statistischen Behandlung, aber eben auch grundsätzlich, die detaillierte mikroskopische Information nicht zugänglich ist. Das System folgt dann Gesetzen, die mit mikroskopischen Bewegungsgleichungen in Widerspruch stehen können.“[53]

Die Vorstellung von einer absoluten, singulären Zeit wurde schon von LEIBNITZ kritisiert. LEIBNITZ plädiert dafür, nur die Ordnung der Dinge als absolut zu betrachten, mit anderen Worten, nach NEWTON hat das Universum eine Uhr, nach LEIBNITZ ist es eine.[54] LEIBNITZ argumentiert, daß Zeit sich nicht von den Geschehnissen trennen läßt, Raum und Zeit nicht unabhängig von den Objekten existent sein können.[55] Spätestens Einsteins spezielle Relativitätstheorie aus dem Jahre 1905 hat gezeigt, daß die Newtonsche Zeitvorstellung unzureichend ist.[56] Zeit wird nach Einstein beim Übergang von einem Bezugssystem in ein anderes transformiert. Mit anderen Worten, Zeit ist nicht absolut, sondern nur relativ (subjektiv) zum jeweiligen Bezugssystem zu verstehen.[57] Ein für alle Systeme geltendes Zeitmaß wurde als nicht zutrefflich verworfen. Sowohl in der Relativitätstheorie als auch in der Quantenmechanik wird die aktiv partizipierende Rolle des Beobachters evident. Alle Beobachtungen oder Messungen stellen hier einen Eingriff in den stattfindenden Prozeß dar. Dadurch wird der Zeitbegriff in den Naturwissenschaften subjektiviert.[58] Während es noch heute ein weitverbreitetes Ideal der theoretischen Physik ist, ein Bild einer stabilen und sich dem Werden ent-

---

48 Zum Entropiebegriff vgl. Fraser (1991), S. 336f, Prigogine/Stengers (1984), S. 257 ff.

49 Vgl. Heidegger (1989) oder Wheeler (1983), S. 17 ff.

50 Vgl. Lehmann-Waffenschmidt (1995), S. 110 ff., Briggs/Peat (1990), S. 134 ff.

51 Vgl. Prigogine/Stengers (1984), S. 257 ff.

52 Zu Boltzmanns Zeitpfeil vergleiche Eigen (1983), S. 41.

53 Blaser (1983), S. 5.

54 Vgl. Brockhaus (1994), Bd. 24, S. 471, Mainzer (1994), S. 25.

55 Vgl. Eigen (1983), S. 35.

56 In diesem Zusammenhang sind auch Palàgi und Minkowski zu nennen, die erkannt hatten, daß Masse, Raum und Zeit relative Größen sind. (Vgl. Payk (1989), S. 72).

57 Vgl. Mainzer (1994), S. 33 f., Brockhaus (1994), Bd. 24, S. 471, Blaser (1983), S. 7.

58 Vgl. Gribbin (1984), S. 235 ff.

ziehenden Welt zu entwerfen, finden auch eher evolutorisch orientierte biologische Modelle Eingang in die Physik (z.B. PRIGOGINE, EIGEN, HAKEN).[59]

2.4 Subjektive Zeit - Zeit als Idee

Die idealtypische Gegenposition zum objektiven (vom Menschen als Erfahrenden und von Inhalten beziehungsweise Ereignissen losgelösten) Zeitbegriff stellt die Auffassung der Zeit als eine durch die subjektive Wahrnehmung des Menschen konstituierte Größe dar.[60] Die Funktion der Zeit besteht nach dieser Sichtweise darin, die Sinneseindrücke und Vorstellungen zu ordnen.[61] Die Zeit ist nicht, sondern sie wird erlebt. Je nachdem, welche Aspekte der Konstruktion der Zeit beziehungsweise der Wahrnehmung für alle Menschen identisch sind, entsteht eine individuell konstruierte Zeitvorstellung.[62]

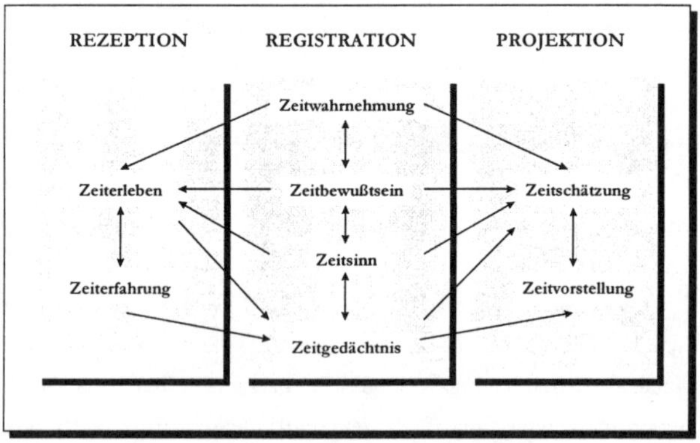

Abbildung 2-1: Struktur der menschlichen Zeitwahrnehmung (Verändert übernommen nach Payk (1989), S. 71)

Die psychologische Forschung hat gezeigt, daß es einen „Zeitsinn“[63] gibt, der sich durch bestimmte Klassen der subjektiven Erfahrung der Zeit beschreiben läßt.[64] Grundlegend kann

---

59 Vgl. Prigogine/Stengers (1984), S. 213 ff.

60 Vgl. Hörz (1996), S. 1003.

61 Vgl. Einstein (1940): „Wissenschaft ist der Versuch, der chaotischen Mannigfaltigkeit der Sinneserlebnisse ein logisch einheitliches gedankliches System zuzuordnen“ (Zitiert nach Pöppel (1983), S. 371).

62 Im Extremfall ist so auch ein individuelles Wahrnehmungsschema möglich, das Zeit gar nicht kennt. Zum Disput zwischen Kant und Wittgenstein siehe Fromm (1979). Zu „Zeitlosigkeit“ siehe Fraser (1989), S. 61 f.

63 Vgl. Payk (1989), S. 70. Pöppel (1983), S. 382 spricht von einem „primären Zeiterleben“.

man von folgenden vier „primären[65]“ Erlebniskategorien der Zeit ausgehen:[66] Die Erfahrung von Gleichzeitigkeit, von Folge, von Jetzt und schließlich von Dauer. „Der Zeitsinn - als ‘Sinn’ allerdings nicht vergleichbar mit den übrigen sensorischen Leistungen - ist als Voraussetzung für alle Vorgänge zeitlicher Erfahrung beim Menschen schlechthin anzusehen.“[67] Das Zeitbewußtsein bedeutet das unmittelbare Erfassen des Stattfindenden, also die Gegenwart.[68] Daraus resultiert ein Gefühl für Dauer und Folge. Zeiterleben spiegelt das subjektive Empfinden (Bewerten) des Erlebten wider.[69] Der rezeptive Bereich bildet die Quelle der Zeitvorstellung, die unter Verwendung des Gedächtnisses sowohl erinnerte als auch antizipierte Zeitentwürfe organisiert.[70]

Die skizzierte Betrachtung sieht Zeit als Form des Werdens und Vergehens, in der sich ständig das unmittelbar erlebte „Jetztbewußtsein“ in ein „Vergangenheitsbewußtsein“ wandelt. Zeit wird also durch das Erleben von Wandel wahrgenommen. Jedes Ereignis besitzt hierbei seine Eigenzeit.[71] „Zeit besitzt hier keine Eigenschaften; es werden lediglich räumliche Attribute auf das Zeitliche übertragen, da Raum- und Zeiterleben nicht voneinander getrennt werden können. Dies bedeutet, daß konkrete Zeit nur als erlebte Zeit definiert werden kann, als Mitbewußtsein und Miterleben an allen Vorgängen; ein ‘leerer’ Zeitstrom erscheint demzufolge widersinnig.“[72] Um den „mitfließenden Charakter“ der Zeit zu betonen, kann man von einer „perspektivischen Zeit“ sprechen.[73] Die Konsequenz des angerissenen Zeitbegriffes ist, daß eine Pluralität der Zeiten existiert. Dadurch geht der Zeit die intrapersonelle Vergleichbarkeit ab.[74] Einher mit der insbesondere seit der Jahrhundertwende aufkommenden Subjektivierung des Zeitbegriffes geht die Kritik am objektiven Zeitbegriff. BERGSON kritisiert 1912 die Behandlung der Zeit in den Naturwissenschaften, HEIDEGGER spricht von einem

64 Zu einer detaillierten Ausführung zur Klassifikation der subjektiven Erfahrung der Zeit siehe Pöppel (1978).

65 Im folgenden werden noch daraus abgeleitete „sekundäre“ Zeiterlebnisse definiert.

66 Vgl. Pöppel (1978). Dieser Umstand kann auch als „Universalität der Zeit“ beschrieben werden (Vgl. Perich (1992), S. 220, Bieri (1972, S. 13)).

67 Payk (1989), S. 70. An dieser Stelle sei auf das besprochene Problem der Zirkularität der Definitionen verwiesen. Ein Beispiel einer zirkulären Definition der subjektiven Zeit stellt Bitzer (1991), S. 17 dar, wenn er sich zur Definition (zirkulär) auf den Begriff „Zeitabschnitte“ bezieht.

68 Der Augenblick stellt also den Punkt des unmittelbaren Erlebens dar. Zum Begriff der „Gegenwart“ siehe Pöppel (1989), S. 7 ff. Auch schon Augustinus hat sich mit dieser Tatsache befaßt. Er war - genau wie in Abbildung 2-1 dargestellt - auch der Meinung, daß Zeit nicht vom Bewußtsein zu trennen ist und daß man eigentlich nur das unmittelbare „Jetzt“ wahrnimmt. Vergangenheit besteht nur in der Erinnerung, Zukunft nur in der Erwartung. (Vgl. Störig (1990), S. 229).

69 z.B. ob ein Erlebnis langweilig erscheint oder nicht.

70 Vgl. hierzu die sogenannte „A-Reihe“ von McTaggart. Sie bildet Ereignisse in die Kategorien „Vergangen“, „Gegenwärtig“ und „Zukünftig“ ab. (Vgl. Brockhaus (1994), Bd. 24, S. 471, Hörz (1996), S. 1004).

71 Zum Begriff der Eigenzeit vgl. Nowotny (1989), Nowotny (1992), S. 481 f.

72 Payk (1989), S. 72. Vgl. auch Kniebe (1993), S. 13 f.

73 Vgl. Winston (1982), S. 15.

74 Vgl. Bitzer (1991), S. 17.

„vulgären" Zeitbegriff.[75] RUDOLF STEINER beginnt sein Werk „Wahrheit und Wissenschaft" (1958) mit dem Satz, „die Philosophie der Gegenwart leidet an einem ungesunden Kantglauben."[76]

Die heutige (westliche) Realität scheint einseitig vom objektiven Zeitbegriff geprägt.[77] Zeitliche Regelungen und Normierungen bestimmen den Alltag. „Die herrschende Auffassung von Zeit, die fest mit dem wissenschaftlichen Weltbild verknüpft ist, ist ohne Rücksicht auf Einsteins Ideen die eines Gefäßes geblieben, das den Erscheinungen Raum gibt, sich in ihm abzuspielen, während es selbst mit exaktem Maß unveränderlich weiter schreitet. Alle Anstrengungen werden darauf verwandt, das Maß der Zeit immer objektiver, sicherer, genauer zu machen."[78] Durch das Primat eines objektiven Zeitbegriffes konnten Voraussetzungen zur Synchronisierung von Leistungen geschaffen werden, was Grundvoraussetzung der arbeitsteiligen Gesellschaft ist.[79] Durch zunehmende Zeitwirtschaft (die wiederum durch zunehmende Arbeitsteilung bedingt ist) werden Güter zwar preiswerter, aber die Zeit wird knapper. Dies führt zu verstärktem Zeitdruck und zu psychischen Belastungen für den Menschen.[80] Der Mensch erscheint dadurch zutiefst unfrei. Der Alltag wird durch die Uhr, durch Zeitknappheit, etc. bestimmt. "Zeitnot ist ein so allgegenwärtiges Problem, daß kaum jemand nach den Ursachen fragt."[81] ORTMANN stellt in Anlehnung an GEBSER die These auf, daß die Unfreiheit der Menschen in den Industriegesellschaften des 20. Jahrhunderts in ihrer Verkettung an die Zeit begründet ist. „Es ist allerdings die Verkettung an einen erschöpften und deshalb falsch gewordenen Begriff von Zeit, der uns in eine schwer zu bewältigende Zeitnot und Unfreiheit bringt."[82]

Verbunden mit der angedeuteten Kritik am „Diktat der Uhr" wird von vielen Autoren eine Korrektur des Zeitbegriffes beziehungsweise der Zeitauffassung gefordert. Etwas blumig formuliert beispielsweise AUERBACH: „Wir fordern also eine Vermenschlichung der Zeit, denn alle diese (nicht objektiven; der Verf.) Tendenzen sind in uns Menschen wahrnehmbar."[83] Eine zentrale Forderung ist die Entschleunigung der Gesellschaft im allgemeinen und der Unternehmenspraxis im besonderen.[84] Durch Entschleunigung soll den Menschen nicht nur

---

75 Vgl. Hörz (1996), S. 1003, Heidegger (1927).

76 Vgl. Auerbach (1993), S. 15.

77 Zu einem Überblick über die historische Entwicklung von Zeiteinflüssen auf die Betriebswirtschaft siehe Kuhn (1996), S. 19 f., Sundhoff (1979).

78 Kniebe (1993a), S. 28.

79 Vgl. McGrath/Rotchford (1983), McGrath (1983), S. 69 f., Rifkin (1989).

80 Vgl. Brockhaus (1994), Bd. 24, S. 474.

81 Schräder-Naef (1989), S. 17.

82 Ortmann (1996), S. 241.

83 Auerbach (1993), S. 29.

84 Vgl. Götz/Lackner (1996), Götz/Lackner (1995), Roggenkamp (1993), S. 56, Rechtschaffen (1993), Unterstöger (1992), Edelbacher/Starmüller (1992), Müller Wichman (1991).

ein freieres Dasein ermöglicht werden, sie wird von manchen Autoren auch als sine qua non für den Fortbestand der Menschheit erachtet.[85] Damit das Ziel einer entschleunigten Gesellschaft beziehungsweise Organisation nicht nur ein normativer, aber nicht realisierbarer Anspruch bleibt, ist es notwendig, daß eine entschleunigte Unternehmung auch in einer Wettbewerbssituation überlegen ist.[86] Dies scheint oftmals fraglich. Wenngleich die Überlegungen fundamentalen Charakter haben, so sollen und können sie an dieser Stelle nicht weiter vertieft werden. Nach diesem - zugegebenermaßen sehr knappen - Ausflug in Aspekte der Definition und der Philosophie der Zeit soll nun ein pragmatischer, „realer[87]“ Zeitbegriff festgelegt werden, der dem weiteren Gang der Arbeit zugrunde gelegt wird.

2.5 Ein pragmatischer Zeitbegriff

Aus mehreren Gründen ist es nicht sinnvoll, für das weitere Vorgehen „Zeit“ entweder *nur* als subjektive Idee oder *nur* als objektive Größe zu sehen.[88] Wie beschrieben ist ein objektiver Zeitbegriff (mit seinem Meßinstrumentarium) eine grundlegende Realität[89] der arbeitsteiligen Gesellschaft und für deren Synchronisation unerläßlich. Zudem entsprechend die Objekte der zeitlichen Struktur dem den Menschen umgebenden Mesokosmos, die Zeitdauern sind typisch menschliche Dauern.[90] Der Newtonsche (ontologische[91]) Zeitbegriff mit einer kontinuierlich und gleichmäßig[92], unabhängig vom Beobachter ablaufenden Zeit[93] scheint so für menschlich-irdische Verhältnisse völlig auszureichen.[94]

Dennoch scheint es zu kurz gegriffen, Zeit nur als „alles was die Uhr ist[95]“ zu sehen, da trotz dieses primär objektiven, vom Menschen dissoziierbaren Zeitbegriffes auch die erkenntnislogische Perspektive eine Rolle spielt. Aus der Sicht eines subjektiven Zeitkonzeptes findet sich der Mensch auf dem Zeitstrahl, und ist also ein Teil des Betrachteten.[96] Daraus ergibt sich

---

85 Gedankliche Extrapolationen zu ultimativen Beschleunigung finden sich bei Virilio (1992).

86 Vgl. obige Autoren. Vgl. auch Purser (1986), S. 41 f., der zeigt, daß zeitsparende Einrichtungen oftmals nicht zu Zeitgewinn, sondern zu verstärktem Zeitdruck, höherer Zeitknappheit und Ineffizienz führen.

87 Vgl. Hüpen (1995), S. 49. Damit ist die Zeit gemeint, mit der wir es in der Wirklichkeit zu tun haben. Allerdings gibt es auch zu diesem Begriff verschiedenen Terminologien. So spricht beispielsweise Seitz (1988), S. 169 von „faktischer Zeit“, Georgescu-Roegen (1988), S. 39 von „historischer Zeit“, oder Helmstädter (1995), S. 33 ff. von „wirklicher Zeit“.

88 Vgl. Blaser (1995), S. 53, Kuhn (1996), S. 18, Bitzer (1991), S. 20.

89 Und da der Anspruch der Arbeit nicht philosophisch-normativ ist, kann der vorherrschende (objektive) Zeitbegriff als situative Bedingung übernommen werden.

90 Vgl. Eigen (1983), S. 37.

91 Vgl. Deppert (1989).

92 Vgl. z.B. Hauser (1995), S. 800 ff.

93 Die durch Messung diskretisiert und per gesellschaftlicher Konvention standardisiert wird.

94 Vgl. Hüpen (1995), S. 50.

95 Vgl. Considine (1994), S. 3101, Haber (1987), S. 51, Klenter (1995), S. 16.

96 Vgl. Hüpen (1995), S. 52.

der Zugang zu einem subjektiven, perspektivischen und (im Gegensatz zum Newtonschen Zeitbegriff) gerichteten Zeitkonzept.[97]

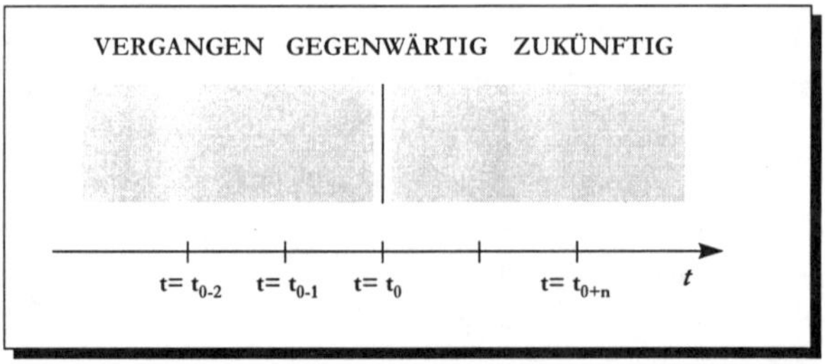

Abbildung 2-2: Der Zeitstrahl

Neben dem „Mitfließen" des Individuums umfaßt ein subjektives Zeitkonzept mehr, da jeder Mensch die Zeit erlebt und bewertet.[98] Vor dem Hintergrund einer mechanistisch ablaufenden Zeit entwickelt der Mensch seine persönlichen Ideen, Erinnerungen oder Emotionen.[99] „Aus dem homogenen Fluß der objektiven Zeit werden in sich heterogene, mit dem jeweils Erlebten verknüpfte, subjektiv wahrgenommene Momente, deren Summe nicht mehr in Kalenderzeiten meßbar ist, sondern zu einer komplexen Größe aus objektiven Zeitfluß, Anzahl von Ereignissen und Erlebnisintensität der Erinnerung wird."[100] Die Bewertung des Zeiterlebnisses hängt verschiedensten konstitiutiven und situativen Aspekten ab. Begrifflich kann man diesen Unterschied als Differenzierung zwischen *Zeitstruktur* und *Zeiterfahrung* verstehen.[101] „Das subjektive Zeitkonzept tritt jedoch notwendigerweise hinzu, weil alle Modelle der Wirtschaftstheorie an zentraler Stelle Verhaltenshypothesen zu ökonomisch handelnden Individuen enthalten, deren Erfahrungen und Erwartungen, Bewertungen und Entscheidungen dann mit ins Blickfeld geraten, will man sie nicht nur wie bloße Automaten behandeln."[102]

Für das weitere Vorgehen wird also ein geschachtelter Zeitbegriff angenommen. Die Erkenntnisse laufen stets in der (mechanistischen) Zeit ab. Daher wird von einem „Primat der objektiven Zeit" ausgegangen. Dieses kommt insbesondere zum Tragen, wenn es um leistungswirtschaftliche Prozesse geht (Durchlaufzeiten, Customer Response Zeiten, Entwicklungszeiten,

---

97 Der Begriff kommt daher, daß der Akteur in der Zeit nach den Dimensionen Vergangen - Gegenwärtig - Zukünftig differenziert. Vgl. auch Winston (1982), Hüpen (1995), S. 52.

98 Vgl. zum subjektiven Zeiterleben Cohen (1981), Fraisse (1985), Fraser (1989), Nowotny (1989), Pöppel (1983), Payk (1989), Revers (1985).

99 Vgl. Fischer (1991), S. 5.

100 Hüpen (1995), S. 52.

101 Vgl. Hüpen (1995), S. 52, Elias (1984).

102 Hüpen (1995), S. 53.

etc.). Auf der Basis einer objektiven (diskretisiert und standardisiert gemessenen) Zeit wird dieses Maß von den Individuen wahrgenommen, interpretiert und gegebenenfalls subjektiv verzerrt (z.B. Empfinden von Langeweile oder Zeitdruck[103]).[104] Es ergibt sich ein Wechselspiel zwischen beiden Zeitbegriffen.[105] Aufgrund der begrifflichen Schachtelung, daß subjektives Zeiterleben *in* einem objektiv stattfindenden Zeitkontext stattfindet, kommt es zu keinen Widersprüchen.

2.6 Zeit und Rechtzeitigkeit

Auch wenn dies in der Umgangssprache teilweise nicht deutlich zur Geltung kommt („Sich Zeit nehmen", „Zeit ist Geld"), haben die Ausführungen gezeigt, daß die Zeit *an sich* nicht beeinflußbar ist. Die Zeit stellt (Wie „Raum") ein Gerüst dar, *in* dem sämtliche Ereignisse eines Wandelprozesses stattfinden. Umgekehrt bedeutet dies, daß sämtliche Ereignisse eine Zeitdimension (Lage, Länge) besitzen. „Zeit" ist also eine *Deskriptionsgröße*. In Kapitel 4.6 wird von „Zeit als *Gestaltungsgröße*" gesprochen. Streng genommen scheint dies wie ausgeführt nicht korrekt. Gemeint ist damit die Gestaltung von Interventionen *über* der Zeit (z.B. früher oder später Einstieg in ein Qualifikationskonzept). *Ob* die Lage/Länge einer Intervention eine für einen Akteur gestaltbare Größe darstellt oder nicht, hängt davon ab, ob dieser Akteur die nötige Verfügungsgewalt über die zeitliche Gestaltung hat.

Ein weiterer wichtiger Aspekt ist die *Wertfreiheit* der Zeit an sich. Von der Zeit (bzw. der zeitlichen Lage einer Intervention in Change Management) an sich geht keine Wirkung (Kausalität) aus.[106] Entscheidend sind die mit der zeitlichen Lage/Länge verbundenen inhaltlichen Kräfte. Im Umkehrschluß heißt dies, daß Aussagen über „gute" Zeitstrukturen von Interventionen nicht über den Zeitbegriff gefunden werden können, sondern nur über Zuhilfenahme von inhaltlichen Überlegungen. Entscheidend ist die *Rechtzeitigkeit*. Zeit hat einen *Symptomcharakter*. Dies ist ein wesentlicher Grund dafür, daß in Kapitel 5 (und Kapitel 7) nach der Analyse der Zeitfragen Überlegungen zu kausalen Wirkmodellen von Wandelprozessen angestellt werden (Ursachenebene), die Zugang zur Beantwortung von Zeitfragen ermöglichen. Zusammenfassend läßt sich sagen, daß die Zeit eine wichtige Aktionsgröße ist, aber keine eigenständige Erklärungsgröße.[107]

---

103 Zur „Logik" des Zeitdrucks vergleiche Purser (1986), S. 42.

104 Vgl. Brockhaus (1994), Bd.24, S. 474.

105 Vgl. Kuhn (1996), S. 18, der dies auch konstatiert, andererseits die Begriffe nicht als geschachtelt, sondern (fälschlicherweise) als gleichrangig nebeneinander ansieht.

106 Vgl. Corazza (1985), S. 8, Bitzer (1991), S. 24.

107 Im obigen Sinne!

Im Change Management spielt das Phänomen „Zeit“ eine integrale Rolle, da jeder organisationale Wandel in beziehungsweise über der Zeit geschieht. Neben Inhalten der Veränderung kommt der *zeitlichen* Gestaltung der Aktionen im Change Prozeß eine zentrale Rolle zu (Vorgehenstaktiken, Reihenfolgefragen, Zeitpunkte, Zeitallokation, etc.). Vor diesem Hintergrund ist eine genauere Strukturierung des Zeitbegriffes sinnvoll.

Die in der Betriebswirtschaft vorherrschende Vorstellung kann als „Zeit ist alles, was die Uhr ist„ umschrieben werden. Zeit exisitiert unabhängig vom den Akteuren (Unternehmen, Menschen, Sozialsystem, etc.) in Form eines kontinuierlichen Flusses. Die chronologische Komponente bezieht sich auf die Abfolge, die chronometrische Komponente auf die Dauer. Die sogenannte „objektive“ Zeit ist stellt ein homogenes und universales Ordnungssystem dar, das die Basis für Meßbarkeit, Vergleichbarkeit und Standardisierbarkeit bietet.

Aus Sicht der Psychologie und Soziologie zeigt sich, daß der Zeit auch eine subjektive Komponente zugewiesen werden muß – Zeit wird nicht nur erlebt, sondern auch erfahren. Am Change Prozeß Beteiligte entwickeln aus dem homogenen Zeitfluß heraus heterogene, mit dem Erlebten verknüpfte und subjektiv wahrgenommene Momente, die sich zu einem komplexen Erlebnis aus objektiver Zeit, Ereignisdichte und Erlebnisintensität verbindet. Zeit wird wahrgenommen, interpretiert, vergessen oder subjektiv verzerrt (z.B. Zeitdruck oder Langeweile). Gerade umfassende Change Prozesse haben nur Aussicht auf Erfolg, wenn von den Betroffenen die Zeit intensiv und negativ wahrgenommen wird, nur dann entsteht der nötige Zeit- und Leidensdruck.

3. Der Zeitfaktor im Kontext von Wettbewerb, Markt und Unternehmen

Genauso wie das gesamte menschliche Erleben und Handeln sind auch Unternehmen in den Verlauf der Zeit eingebettet und als dynamische Gebilde zu verstehen. Da Zeit eine Grundkategorie ist, ist Zeit auch eine wichtige Kategorie für den unternehmerischen Kontext. Jedes ökonomische Handeln vollzieht sich *im* Zeitverlauf unter zeitlichen Nebenbedingungen.[1] Genauso haben die das Handeln determinierenden Umfeldfaktoren einen Zeitbezug, da auch sie in der Regel einer Veränderung über der Zeit unterliegen.[2] Die Aussage „Time Matters[3]" scheint unmittelbar einsichtig.

3.1 Zeit als Rahmen des organisatorischen Handelns

Der Faktor „Zeit" hat eine lange Tradition in der Betriebswirtschaftslehre und der Volkswirtschaftslehre.[4] So hat beispielsweise schon ADAM SMITH auf die Zeitersparnis durch Arbeitsteilung hingewiesen.[5] Wenn auch für ihn die Zeit keine Zielgröße sondern eine Gestaltungsgröße darstellte, um die Produktivität zu steigern, so hat SMITH doch scheinbar die Zeit schon als knappe Ressource erkannt. Als weiterer Beleg kann BENJAMIN FRANKLIN's berühmtes Zitat „Time is Money" angeführt werden: „Remember that TIME is money. He that can earn Ten Shillings a Day by his Labour, and goes abroad, or sits idle one half of that Day, tho' he spends but Sixpence during his diversion or idleness, ought not to reckon That the only expence; he has really spent or rather thrown away Five Shillings besides".[6] (Hervorhebungen im Orginal).

Zeitliche Strukturierung[7] erfüllt in einem arbeitsteiligen System im wesentlichen eine Regulierungsfunktion durch Koordination und dadurch möglicher Kontrolle. Darüber hinaus erfüllt Zeit eine Orientierungsfunktion. In der Orientierungsfunktion bildet die Zeitordnung ein geistig-sinnhaftes Bezugssystem zur Kennzeichnung kollektiver Verarbeitungsformen und Wertmaßstäbe. Zeitliche Aspekte stellen einen zentralen Aspekt der Ablauforganisation (beziehungsweise der Prozeßorganisation[8]) dar. Das Projektmanagement hat eine Vielzahl

---

1 Vgl. Biervert/Held (1995a), S. 26.
2 Vgl. Kern (1992), S. 41, Simon (1989).
3 Vgl. Bievert/Held (1995), S. 7.
4 Vgl. Kern (1992), S. 41.
5 Vgl. Kuhn (1996), S. 19, Sundhoff (1979).
6 Zitiert nach Bievert/Held (1995), S. 7.
7 Probst (1987), S.57 nennt dies „substantielles Organisieren".
8 Vgl. zur Prozeßorganisation z.B. Steinbuch (1998), Mischak (1997), S. 3 f., Kirchmer (1998), Corsten (1996), Scheer u.a. (1997), S. 29 f., Dernbach (1996), Gaitanides (1983), Gaitanides u.a. (1994),

von Ansätzen und Techniken[9] zur optimalen zeitlichen Abstimmung hervorgebracht (z.B. Vorgehensmodelle[10] oder Methoden zur Analyse von Parallelisierungsmöglichkeiten).

In der Industriellen Revolution wurde der Mensch einer stark zunehmenden zeitlichen Rigidifizierung durch immer stärkere Anpassung an den Rhythmus der Maschinen unterworfen.[11] Diese Zeitdisziplinierung gipfelte Anfang dieses Jahrhunderts im Rahmen des durch TAYLOR geprägten Scientific Management.[12] Dort wurde die Leistungserstellung durch Vorgabe exakter Arbeitsschritte und insbesondere Arbeitszeiten (Dauern, Zeitpunkte) angestrebt. Im weiteren Verlauf der Entwicklung von Produktionsstrukturen hat sich allerdings gezeigt, daß in dynamischeren Umfeldern eine *starre* Zeitdisziplinierung innerhalb der Organisation nicht sinnvoll ist. Heute versucht man optimale zeitliche Strukturen eher durch flexible und sich selbst regelnde Systeme (z.B. KanBan-Prinzip als Beispiel eines Pull-Prinzips im Gegensatz zu Push-Prinzipien), kulturelle Kopplungen (z.B. Team-Arbeit, engere Lieferantenanbindungen) und moderne Informations-, Kommunikationstechnologien[13] (Workflow, Workgroup, SAP R/3, Lotus Notes, Internet) zu erreichen.

3.2 Zur steigenden Bedeutung des Zeitfaktors

Trotz obigen Aussagen wird in einigen Quellen kritisiert, daß die betriebs- und volkswirtschaftliche Betrachtung und Theoriebildung dem Zeitfaktor bis vor kurzem nur unzureichend Rechnung trug.[14] Zur Begründung der tendenziell statischen Modellbildung in der Vergangenheit kann man zwei zentrale Begründungsrichtungen identifizieren, und zwar „Komplexität" und „Notwendigkeit".

Unter „Komplexität" zeitlicher Modelle soll verstanden werden, daß die Dynamisierung von Betrachtungen komplex ist.[15] Wie im letzten Kapitel beschrieben worden ist, erweist sich die Zeit bei genauerer Betrachtung als ein sehr abstraktes Analyseobjekt. Folglich existiert eine natürliche Tendenz zur Bildung statischer Modelle.

Gaitanides/Sjurts (1995), S. 61 f., Gomez (1998), S. 62 f., Hammer (1997), Kamiske/Füermann (1995), S. 142 f., Falkner (1998), Mayer (1997), S. 42 f.

9 z.B. Projektablaufpläne, Gantt-Charts, Pert-CPM (Vgl. Patak/Rattay (1997), S. 168, Mende/Bieta (1997), S. 76., Lock (1997), Busch (1991)).

10 z.B. Wasserfallmodelle, evolutionäre Vorgehensmodelle, Simultaneous Engineering.

11 Vgl. Rifkin (1989), S. 105.

12 Vgl. im Orginal Taylor (1911, 1996). Siehe auch Kanigel (1997), Spender (1996), Gaugler (1996).

13 Zur zentralen Rolle der IT als Enabler vgl. Davenport/Short (1990), IBM (1995).

14 Vgl. dazu z.B. Stanko/Rissert (1994), Weber (1996), S. 37 oder Biervert/Held (1995), S. 9, die behaupten: „Zeit ist - zumindest in der deutschsprachigen Ökonomik - derzeit kein Thema". Vgl. auch Kern (1992), S. 42.

15 Currie/Steedman (1990) sprechen vom „größten Problem der Theoriebildung" (Vgl. Biervert/Held (1995), S. 9). Vgl. auch Klenter (1995), S. 3, Stalk (1988), S. 46.

„Notwendigkeit" bezieht sich darauf, daß in der Vergangenheit stabilere Rahmenbedingungen für den organisatorischen Kontext gegolten haben - statische Modelle waren folglich oftmals ausreichend.[16] In der industriellen Entwicklung in Europa läßt sich seit Mitte des 19. Jahrhunderts eine kontinuierliche Zunahme der Innovationsgeschwindigkeit insbesondere in den Bereichen Forschung und Entwicklung feststellen.[17] In Verbindung damit stehen kontinuierlich abnehmende Produktlebenszeiten. So sind die Marktzyklen im Anlagenbau von 1981 bis 1991 um 39,6% geschrumpft, im Maschinenbau um 32,4% und in der Elektrotechnik um 46%.[18] BRAUN kommt in einem 50-Jahre Vergleich zu dementsprechend drastischeren Ergebnissen.[19] „Eine Branche, in der Beschleunigung auf höchstem Niveau läuft, ist die Mikroelektronik-Industrie. ... Beispielsweise hat es sich inzwischen fast als Gesetzmäßigkeit etabliert, daß alle zwei Jahre Speicherchips marktreif werden, die die vierfache Speicherkapazität ihrer Vorgängergeneration bieten. Das bedeutet, daß sich die Speicherfähigkeit der Chips im Zeitverlauf exponentiell entwickelt."[20] Als Folge davon machen Unternehmen einen immer größeren Teil ihres Umsatzes mit immer jüngeren Produkten. Als Beispiel sei das Zitat von Siemens, „wir machen 50% unseres Umsatzes mit Produkten, die es vor fünf Jahren noch nicht gab" genannt.[21] Verstärkt werden diese Tendenzen durch einschneidende Technologiesprünge (z.B. Internet), allgemein sinkende Transaktionskosten[22] (durch Deregulierung der Märkte, Globalisierung[23], Informationstechnologie, weltweite Konzentrationstendenzen, etc.).[24] Hinzu kommt die Tatsache, daß der Wettbewerb in der Vergangenheit wesentlich härter geworden ist. Märkte sind heute in der Regel Käufermärkte und keine Verkäufermärkte. Dadurch wird die Zeit als zeitliche Gestaltung im Sinne des richtigen Timings und schnellerer Bedarfsdeckung relevant. Opportunitätskosten durch eine nicht optimale zeitliche Stimmigkeit der Leistungserbringung können nicht mehr toleriert werden.[25] Die Kundenanforderungen sind in Hinblick auf Lieferzeit, höhere Termintreue oder gestiegene Erwartung an die Flexibi-

---

16 Zu den Einflußfaktoren des Zeitwettbewerbs siehe Gemünden (1992), S. 3, Reichwald (1990). Vgl. zur zunehmenden Dynamik der Umwelt z.B. Stalk (1988), Schwickert (1995), Lübbe (1995), Bellmann (1995), Stalk (1988), Geschka (1993), Wildemann (1992), Wildemann (1995), Wildemann (1992b), Pümpin (1991), Pümpin (1992), Gemünden (1992).

17 Vgl. Lübbe (1995), S. 68. Zu empirischen Befunden siehe bspw. Wildemann (1992), Fraunhofer Institut (1991), Braun (1990).

18 Vgl. Bitzer (1991), S. 37. Weitere vergleichbare Untersuchungen finden sich z.B. bei Wildemann (1991), S. 248 f.

19 Vgl. Braun (1990), S. 52.

20 Backhaus/Gruner (1994), S. 22.

21 Vgl. Gemünden (1992), S. 1.

22 Vgl. Bonus (1994), S. 17. Zum Transaktionskostenbegriff siehe Williamson (1996), Eigler (1996), Saalbach (1996).

23 Vgl. z.B. Douthwaite/Tiefenbacher (1998), Cohen (1998), Ludwig (1998), Hauser/Bortis (1998).

24 Vgl. Gemünden (1992), S. 4. Allerdings gibt es auch Anzeichen, daß Kunden zunehmende Innovationsgeschwindigkeit als Verwirrung und nicht als Wertsteigerung wahrnehmen (Bauer (1996), S. 99).

25 Zum Konzept der „zeitlichen Stimmigkeit" vgl. Krüger (1988), S. 27 f..

lität des Lieferanten wesentlich gestiegen.[26] Durch die zunehmende Dynamik der Märkte kommt der Zeit als Koordinationsmedium von Handlungen eine steigende Bedeutung zu.[27]

Eine weitere durch zunehmende Dynamik bedingte zentrale Herausforderungen ist, in einer mit immer stärkeren Prognoseunsicherheiten behafteten Zukunft (d.h. eine langfristige Planung ist angesichts der Komplexität kaum noch möglich, das Unternehmen kann nur adaptiv reagieren), schnell und richtig auf Veränderungen zu *reagieren.*[28] Das Zusammentreffen von zunehmender (dynamischer) Komplexität und sinkender Zeit, die zur Reaktion verbleibt, wird auch Zeitschere genannt.[29] Die „response time" muß dementsprechend kurz sein. Nur wenn die Anpassungsgeschwindigkeit des Unternehmens höher ist, als die Änderungsgeschwindigkeit der Umwelt, hat es die Fähigkeit zu agieren und nicht nur zu reagieren.[30]. Die Aussage, daß in Zukunft die Schnellen die Langsamen fressen werden und nicht die Großen die Kleinen, wird immer treffender.[31] Eine zweite (zeitbezogene) Herausforderung besteht für Unternehmen darin, daß sie trotz Kontraktion der Produktlebenszyklen und *gleichzeitiger* Extraktion der Produktentwicklungszeiten profitabel sein müssen.[32] Die Zeitfenster, in denen eine Leistung gewinnbringend verkauft werden kann, werden immer kleiner. Obwohl es in der Literatur kontrovers diskutiert wird, kommt dadurch der „First-Philosophie" oder der „frühen Folge" eine immer stärkere Rolle zu.[33]

Aufgrund der angedeuteten Wichtigkeit von Zeitaspekten für Unternehmen in extrem dynamischen, chaotischen und käuferdominierten Märkten, wird der Faktor Zeit (bzw. das Zeitmanagement[34]) seit Beginn der neunziger Jahre in der Managementlehre intensiv behandelt.[35] Bedeutung kommt der Veröffentlichung von STALK aus dem Jahr 1988 zu.[36] Um unter den beschriebenen (zeitbezogenen) Veränderungen der organisationalen Rahmenbedingungen erfolgreich zu sein, müssen Organisationen dem Zeitfaktor dementsprechend mehr Rechnung

---

26 Vgl. Hässig (1994), S. 249.

27 Vgl. Lübbe (1995), S. 68.

28 Klenter (1995), S. 2 nennt dies „erste Zeitfalle".

29 Vgl. Bleicher (1996a), S. 347.

30 Vgl. Wildemann (1992), S. 20, Bleicher (1996), S. 454, Klopp/Greth/Baisch (1998), S 32.

31 Vgl. Luhmann (1984), S. 46, der treffend sagt, daß der Schnellere solange etwas anderes tun kann. Vgl. auch Großfeld (1994), S. 111, Beecker (1996), S. 40, Hoover (1990), S. 4, Wengenroth (1997), S. 71.

32 Vgl. Klenter (1995), S. 2 der dies „zweite Zeitfalle" nennt. Siehe auch Gemünden (1992), S. 7. Allerdings ist es fraglich, ob die Aussage zunehmender Entwicklungszeiten stimmt. So sind gerade in der Automobilbranche die Entwicklungszeiten fallend. Allerdings scheint der Korridor zwischen Entwicklungszeit und Lebenszeit immer schmaler zu werden. (Siehe auch Schertler (1995), S. 29).

33 Vgl. Vidal (1995), S. 43 f. oder Schertler (1995), S. 30. Zu einer Übersicht über (kontroverse) empirische Aussagen siehe Gemünden (1992), S. 16. , Vgl. auch Perillieux (1987), S. 34 ff., Schwickert (1995), S. 26, Clement/Litfin/Vanini (1998), S. 226.

34 Vgl. Bellmann (1995), S. 768.

35 Vgl. Klenter (1995), S. 3.

36 Vgl. auch Stalk/Hout (1997), S. 187 f.

tragen.[37] Insbesondere werden Innovationsgeschwindigkeit, Schnelligkeit, Reaktionsfähigkeit und Flexibilität zu zentralen Wettbewerbsfaktoren von Unternehmen.[38] Nach ISTVAN ist Zeit der strategiebeherrschende Faktor der neunziger Jahre.[39] Es herrscht weitestgehende Einigkeit, „Zeit" als strategischen Erfolgsfaktor zu behandeln.[40] Bedeutung kommt dem von der Boston Consulting Group propagierten Ansatz des Time Based Management zu.[41] „Es handelt sich bei TBM um einen strategisch ausgerichteten, kundenbezogenen Ansatz zur Veränderung mit Hilfe der Leitgröße Zeit. Ziel ist Zeiteffizienz in allen Abschnitten des Leistungserstellungsprozesses - unter Einschluß von Lieferanten und Kunden - zum Ausbau, zum Erhalt oder zur Rückgewinnung von Wettbewerbsanteilen."[42]

Allerdings ist zu kritisieren, daß unter „Zeit" in der Literatur verschiedenste Aspekte subsumiert werden und ein dementsprechend uneinheitliches Begriffsverständnis vorliegt.[43] „Zeitmanagement[44]", „Time Based Management" und „Speed Management" werden oftmals synonym für wechselnde Inhalte verwendet.[45] Insbesondere wird oftmals von *Zeit* gesprochen und (nur) die *Beschleunigung* von (Innovations-) Prozessen gemeint.[46] Insofern hat sich der Großteil der Veröffentlichungen lediglich mit einzelnen Aspekten der Zeit befaßt und nicht mit einer ganzheitlichen Betrachtung des Zeitfaktors in Unternehmen.[47] Eine weitere Problematik ist die oftmals unklare Abgrenzung zwischen Erfolgsfaktor, Wettbewerbsfaktor, Gestaltungsfaktor, Potentialfaktor, etc. Um trotz der angedeuteten Problematik einige wichtige Aspekte des Zeitfaktors im Kontext von Unternehmen zu beleuchten und um - in Anbetracht der eigentlichen Zielsetzung der Arbeit - dennoch nicht zu umfassend auf Zeitaspekte in Organisationen einzugehen, werden im weiteren einige Begriffsklärungen vorgenommen, anhand

37 Zu einer Übersicht über Zeitvorteile durch Geschwindigkeitserhöhung in den verschiedenen Bereichen eines Unternehmens sieh Dichtl (1995), S. 33 f.

38 Vgl. z.B. Schwickert (1995), S. 15.

39 Vgl. Istvan (1994), S. 559 f.

40 Vgl. Wildemann (1994), S. 119, Bitzer (1991), S. 34, Schwickert (1995), S. 36, Bauer (1996), S. 99.

41 Vgl. Stalk/Hout (1990), Oetinger (1994), Hostettler (1997).

42 Bellmann (1995), S. 769.

43 Zu dieser Problematik siehe insbesondere Klenter (1995), S. 3.

44 Vgl. Bellmann (1995), S. 768.

45 Vgl. Bitzer (1991), S. 31.

46 Was aber nur *ein* zeitlicher Aspekt ist. So ist für Bitzer (1991), S. 32 eine „zeitbasierte Wettbewerbsstrategie" im wesentlichen eine Geschwindigkeits- beziehungsweise Beschleunigungsstrategie. Zu einer differenzierten Analyse des Zeitfaktors im strategischen Management siehe auch Knyphausen (1993), S. 143 f.

47 Diese Aufgabe stellt sich Klenter (1995), einen weiteren ganzheitlichen Ansatz stellt Steinbach (1997) vor.

derer jeweils Zeitaspekte diskutiert werden. Den Abschluß bilden einige Überlegungen zum durch das Speed Management verfolgte Beschleunigungsgebot.[48]

3.3 Zeit als knappes Gut?

Entsprechend dem oben angeführten Zitat von BENJAMIN FRANKLIN aus dem Jahre 1748, wird Zeit meist als etwas Wertvolles aufgefaßt, als etwas, das man nicht vergeuden sondern sinnvoll nutzen sollte. Diese Auffassung heißt nichts anderes, als den Faktor Zeit als ein knappes Gut zu behandeln.[49] Bei genauerer Betrachtung stellt sich die Frage, ob dies richtig ist (d.h. die Zeit an sich als ein ökonomisches Gut zu betrachten).[50] Ökonomische Güter zeichnen sich durch die zwei Eigenschaften Knappheit und Nützlichkeit aus. Daß Zeit nicht unbegrenzt zur Verfügung steht, scheint außer Frage (so hat der Mensch nur eine begrenzte Lebenserwartung).[51] Für den organisatorischen Kontext gilt dies nicht ohne weiteres, da Organisationen nicht notwendigerweise eine begrenzte Lebenserwartung haben. Eine ähnliche Argumentation läßt sich hinsichtlich der Nützlichkeit führen. Es ist nicht die Zeit an sich, die zu einem Nutzen oder einer Bedürfnisbefriedigung führt.[52] Nutzen entsteht durch Güterkonsum oder Produktionsprozesse. Die Zeit an sich kann also nicht als Gut bezeichnet werden. Dennoch hat sie sehr ähnliche Eigenschaften. „Obwohl die Zeit nicht als ökonomisches Gut bezeichnet werden kann, so besitzt sie dennoch einen Wert, der sich durch die Gesamtheit der in einer beliebigen Zeiteinheit möglichen produktiven oder konsumptiven Tätigkeit ausdrücken läßt; die Zeit ist immer Zeit-für-etwas."[53] Der Wert der Zeit entsteht mittelbar, indem sie nutzbringend für Tätigkeiten eingesetzt werden kann.[54]

Um die Bedeutung des Zeitfaktors nicht nur als Erfolgsdimension hervorzuheben, sondern auch zu verdeutlichen, daß Zeit ein wesentlicher Aspekt jeder Faktorkombination der Leistungserstellung ist, wird die Zeit zum Teil als *Produktionsfaktor*[55] identifiziert.[56] Die

---

48 Womit zum Ausdruck kommt, daß Beschleunigung beziehungsweise Geschwindigkeit nur *ein* (wichtiger) Zeitaspekt ist.

49 Vgl. Hüpen (1995), S. 48, Beecker (1996), S. 33. Als Beispiele siehe Case (1990), S. 279 f., Linden (1990), S. 279 f., Bellmann (1995), S. 768, Schwickert (1995), S. 27.

50 Vgl. auch Kapitel 3.3.

51 Die eher philosophischen Fragestellungen nach dem Sinn von Zeitoptimierung soll hier nicht aufgegriffen werden. Die Tatsache, daß Zeit für das Individuum knapp ist, ist durch eine Vielzahl von Ansätzen, Methoden, Techniken des persönlichen Zeitmanagement aufgegriffen worden.. Zum individuellen Zeitmanagement siehe beispielsweise Haynes (1991), Scott (1993), Kitzmann (1992), Müller-Klement (1995), Seiwert (1997), Covey/Merill/Merill (1997), Gempper (1995), Graichen (1997) Regenscheid (1997), Müller (1997), Breise-Neumann (1997).

52 Zum akzessorischen Charakter siehe Kapitel 2.6.

53 Ott (1966), S. 138, zitiert nach Hüpen (1995), S. 54.

54 Vgl. Biervert/Held (1995a), S. 17.

55 Oder auch „Ressource sui generis". Vgl. Kern (1992), S. 43, Kuhn (1996), S. 13, Beecker (1996), S. 33., Bellmann (1995), S. 768.

Argumentation beruft sich im wesentlichen darauf, daß bei jedem Leistungserstellungsvorgang Zeit - die in der Regel knapp ist - verbraucht wird.[57] Dieser Ansicht soll nicht gefolgt werden. Die Zeit kann nicht als Produktionsfaktor verstanden werden, da sie weder erworben, reproduziert noch hergestellt werden. Zeit ist in den Faktoren wie Arbeit und Naturkapital (im Sinne von natürlichen Wachstums- oder Sterbeprozessen) enthalten Der Faktor Zeit kann also lediglich als Attribut beziehungsweise weitere Dimension der primären und derivativen Produktionsfaktoren gesehen werden. Da alles Handeln in der Zeit stattfindet, kommt der Zeit oftmals die Rolle eines Ersatzmaßstabs zu. Zusammenfassend kann man schließen: Die Zeit ist kein Gut, kein orginärer Produktionsfaktor, auch keine strategische Ressource[58], wohl aber eine Handlungsdimension bzw. ein Ersatzmaßstab.[59] In diesem Zusammenhang kann man „Zeit" aus Wettbewerbssicht als Wettbewerbsvorteil (beziehungsweise -strategie) und als strategischen Erfolgsfaktor identifizieren.

Unter einem *Wettbewerbsvorteil*[60] soll eine charakteristische Eigenschaft der erstellten Leistung (des Produktes) verstanden werden, die aus Kundensicht ein wichtiges Leistungsmerkmal betrifft, durch das sich ein Unternehmen positiv von seinen Wettbewerbern differenzieren kann. Dazu zählen insbesondere die Dimensionen Kosten, Qualität, Zeit, Flexibilität, Erzeugnisvielfalt und Service. Ein Wettbewerbsvorteil ist eine Größe oder genauer eine Fähigkeit, über die der Wettbewerb ausgetragen wird. Salopp könnte man formulieren: Was müssen die Produkte eines Unternehmens am Markt für Eigenschaften haben, um erfolgreich zu sein. Wettbewerbsvorteile müssen durch das Unternehmen im Rahmen seiner Handlungsmöglichkeiten geschaffen werden.[61] Eine *Wettbewerbsstrategie* beinhaltet sowohl die differenzierenden Wettbewerbselemente, über die konkurriert werden soll, als auch deren Umsetzung durch das Unternehmen.[62]

Unter einem *strategischen Erfolgsfaktor* soll eine Fähigkeit oder Eigenschaft eines Unternehmens verstanden werden, die durch gezielten Einsatz das Unternehmen in die Lage versetzt,

56 Vgl. Hässig (1994), 250, Schwickert (1995), S. 49, Perich (1992), S. 423.

57 Vgl. dazu und zum Folgendem Kern (1992), S. 43 f.

58 Vgl. Beecker (1996), S. 33, Kuhn (1998), S. 138. Vgl. Kapitel 2.6 zur entsprechenden Definition von „Handlungsdimension".

59 Zur Unterscheidung vgl. Klenter (1995),S. 22.

60 ausführlicher zu Wettbewerbsvorteilen und Begriffsdefinition siehe Ghemawat (1986), Simon (1988), Porter (1996).

61 Zu Beispielen, wie Wettbewerbsvorteile geschaffen werden können siehe Drösser (1997), Fussan (1997) oder Wingert (1997).

62 Zur Formulierung einer Wettbewerbsstrategie muß man die Teilbereiche: Wettbewerber im Marktsegment, Ersatzprodukte, Lieferanten, potentielle Konkurrenten und Abnehmer betrachten. Zum Begriff der Wettbewerbsstrategie siehe beispielsweise Porter (1997), Hässig (1994). Es scheint allerdings nicht mehr zeitgemäß, den Kunden als „Abnehmer" zu betrachten. Für eine plastische Beschreibung zur Rolle des Kunden siehe Fuchs (1995), S. 37 ff. Außerdem sollte bei der Formulierung einer Wettbewerbsstrategie auch die organisationale Leistungsfähigkeit berücksichtigt werden.

langfristig Wettbewerbsvorteile zu erringen.[63] Man kann auch von „Disziplinen der Exzellenz“ sprechen. [64] Die Analyse und Identifikation von Erfolgsfaktoren haben eine lange Tradition in der Betriebswirtschaft. Hervorzuheben ist beispielsweise das PIMS-Programm.[65] Ein strategischer Erfolgsfaktor bezieht sich nicht notwendigerweise direkt auf das Produkt. Er kann sich auch auf innengerichtete Eigenschaften[66] der Unternehmung (z.B. schlanke Organisationsform, flexible Unternehmensprozesse) oder auf ressourcenorientierte Eigenschaften (z.B. guter Zugang zu Rohstoffen) beziehen. Welche Faktoren für welches Unternehmen als besonders relevant sind, wird immer noch kontrovers diskutiert und variiert je nach Marktsegment und Wettbewerbsumfeld des Unternehmens. Der Zeitfaktor wird allerdings in keiner der empirischen Arbeiten als expliziter Erfolgsfaktor diskutiert.[67] Dennoch kann die Zielgröße Zeit als ein strategischer Erfolgsfaktor gesehen werden, der generelle Gültigkeit hat.[68] Als Unterbau zur Fähigkeits- und Zielebene der Unternehmung werden die *Potentialfaktoren* als im Sinne von Faktorkombinationen gestaltbare Dimensionen definiert. Die Gestaltung der Potentialfelder eines Unternehmens führt zu bestimmten Fähigkeiten der Unternehmung. Zur Potentialebene gehören insbesondere die Faktoren Personal, Organisation und Technik, die zeitlich und sachlich konfiguriert werden können. Die Potentialfaktoren lassen sich nach verschiedenen Dimensionen ordnen.[69] Eine Möglichkeit besteht in der Abgrenzung nach den Ebenen operative Aktivitäten, strategische Aktivitäten und normative Aktivitäten.[70] Eine andere - prozeßorientiertere - Möglichkeit ergibt sich durch die Orientierung an der Porterschen Wertschöpfungskette.[71] Zu einer differenzierteren Analyse ist hierbei eine Unterscheidung nach operativen Zyklus (Durchlaufzeit, Lieferzeit) und nach innovativen Zyklus (Produktentwicklungszeit, Markteinführungszeit) sinnvoll.[72]

---

63 Vgl. Klenter (1995), S. 21.
64 Vgl. Peters/Waterman (1982).
65 Vgl. zum PIMS-Programm Klenter (1995), S. 27 oder bspw. Barzen/Wahle (1990) oder Buzzel/Gahle (1989). Weitere prägende Arbeiten sind der Ansatz von Peters/Waterman (1982) und das „McKinseymodell“ von Pascale/Athos (1982). Eine neuere Arbeit legen Collins/Porras (1994) vor. Zu strategischen Erfolgsfaktoren im „Lean Management“ siehe Reiß (1993c), S. 174.
66 Vgl. beispielsweise Reiß (1993d), S. 136, der Komplexitätsmanagement als einen kritischen Erfolgsfaktor sieht.
67 Vgl. Klenter (1995), S. 28.
68 Vgl. Klenter (1995), S. 29.
69 Vgl. Klenter (1995), S. 24, Kaluza (1990), S. 254, Schwickert (1995), S. 46, Beecker (1996), S. 35, Kuhn (1996), S. 25, Perich (1992), S. 424.
70 Vgl. Schwickter (1995), S. 37, Gomez/Zimmermann (1997), Bleicher (1996a), S. 350.
71 Vgl. Kuhn (1996), S. 25, Porter (1996), S. 62.
72 Vgl. Bitzer (1991), S. 30, Gemünden (1992), S. 1.

3.4 Zeit als Wettbewerbsvorteil

Bis in die siebziger Jahre galt der Kostenfaktor als dominierender Wettbewerbsfaktor. Der Wettbewerbsfaktor Qualität ist erst seit den achtziger Jahren zu einem mindestens gleichwertigen Wettbewerbsfaktor aufgestiegen. Seit Anfang dieser Dekade spricht man vermehrt vom Faktor „Zeit“ als dritten Wettbewerbsfaktor.[73] Zum Teil wird in der Literatur die Flexibilität als weiterer eigenständiger (strategischer) Wettbewerbsvorteil angesprochen.[74] Dies soll hier nicht geschehen, da Flexibilität unter dem Zeitfaktor subsumiert wird. Verschiedentlich werden auch noch Service und Vielfalt als Wettbewerbsfaktoren angesprochen. Auch diese Faktoren können allerdings - je nach Definition - auch in das klassische „magische Dreieck“ aus Zeit, Qualität und Kosten integriert werden.[75]

Unter dem Wettbewerbsfaktor Zeit sind verschiedenste Aspekte subsumiert:[76] Dazu gehören das genaue Timing der Leistungserbringung[77], die Schnelligkeit der Lieferung des Produktes, die Flexibilität im Eingehen auf Sonderwünsche, die Schnelligkeit der Auskunftsfähigkeit oder auch die Dauer eines Garantievertrages[78] etc. Gerade im Bereich des Service spielt der Zeitfaktor (z.B. in Form garantierter Response-Zeiten oder 24-Stunden Service) eine immer wichtigere Rolle. Welche Wichtigkeit die einzelnen Faktoren relativ zueinander und zu den anderen Wettbewerbsfaktoren haben, hängt von den einzelnen Märkten, Gegebenheiten und Strategien der Unternehmungen ab.[79] So ist beispielsweise im Nutzfahrzeuggeschäft der Marke Mercedes-Benz die absolute Liefergeschwindigkeit weniger wichtig als das Einhalten des versprochenen Liefertermins im Sinne von Timing.[80] Genauso ist es für ein JIT-Unternehmen fatal, wenn Lieferungen nicht dem exakten Timing entsprechen, während dies für ein nicht-JIT-Unternehmen zwar störend, aber nicht fatal ist. Gerade bei Automobilzulieferern ist neben Timing auch die schnelle Lieferzeit wichtig.[81] In diesem Zusammenhang kann es für einen Kunden wichtig sein zu wissen, in welchem zeitlichen Status einen Auftrag besitzt. Ein Beispiel für den innovativen Einsatz einer solchen Zeittransparenz als Wettbewerbsvorteil

---

73 Vgl. Gerpott (1994), Stalk/Hout (1990), Hirzel u.a. (1992), Wildemann (1992), Gemünden (1993), Gemünden (1992), S. 18.

74 Vgl. z.B. Kaluza (1993), Sp.1173 ff.

75 Vgl. Abbildung 4-5.

76 Vgl. Bitzer (1991), S. 55, der nach den Bedürfniskategorien Zeiteinsparung, Pünktlichkeit, Zeitflexibilität und Aktualität/Novität unterscheidet.

77 Vgl. Hässig (1994), S. 251.

78 An dieser Stelle wird exemplarisch deutlich, daß nicht nur kurze Zeitdauern unter dem Zeitaspekt verstanden werden dürfen.

79 Und damit auch die Preisprämie, die ein Kunde für einen Zeitvorteil zu zahlen bereit ist.

80 Was eine interne Studie im Rahmen des Reengineering-Programms *plus100* - das 1994 begonnen wurde - ergeben hat (Vgl. Anhang dieser Arbeit).

81 Zu Vorteilen schneller Lieferzeiten bedingt durch die Anspruchspsychologie des Kunden vgl. Dumaine (1989), S. 54, Perich (1992), S. 428.

liefern Logistik-Unternehmen wie United Parcel Service (UPS), TNT, DHL oder FedEx.[82] Jeder Kunde hat per Internet die Möglichkeit, den genauen zeitlichen und räumlichen Status seines Auftrages zu erfahren.

Obwohl sich nach Definition Wettbewerbsmerkmale auf Eigenschaften des *Produktes* beziehen, liegt „Zeit“ in einer weiteren indirekten Form als Wettbewerbsfaktor vor. Um am Markt aktuelle, wettbewerbsfähige und innovative Produkte anzubieten, müssen diese zeitnah beziehungsweise aktuell sein.[83] Festzuhalten bleibt allgemein, daß zeitbezogene Dimensionen der erbrachten Leistungen wesentlich an Wichtigkeit gewonnen haben.

3.5 Zeitwettbewerb und zeitbezogene Gestaltung der Leistungserstellung

Neben Beiträgen zum Innovationsmanagement sind - wie angesprochen - unter dem Zeitbegriff umfassende Betrachtungen zu den Thematiken Speed Management, Zeitwettbewerb und Time Based Management entstanden.[84] Tendenziell gehen diese Arbeiten von einer Dominanz des Geschwindigkeitszieles aus und erheben dies als entscheidende Zielgröße des organisatorischen Handelns und Gestaltens. Begründet wird dies durch die enorme Dynamik der organisationalen Umwelt und damit, daß eine Zeitoptimierung in vielen Fällen auch zu einer Optimierung anderer Ziele der Organisation beiträgt.

„Zeitwettbewerb“ steht für einen ganzheitlichen Ansatz, mit dem Ziel die Zeiteffizienz von Unternehmen zu erhöhen. Das Ziel ist eine Reduktion der Durchgangszeit - bezogen auf den Produktentstehungszyklus[85] und auf den Auftragsabwicklungsprozeß. „Speed Management“ gilt als Management Ansatz, der von „Geschwindigkeit“ als zentralen Erfolgsfaktor ausgeht und nach geschwindigkeitsorientierten Gestaltungen sucht.[86] Das Ziel ist es, das Unternehmen (sowohl innovativer als auch operativer Zyklus) als ein “Quick Response System“ zu gestalten.[87] „Es hat zum Ziel, ein Unternehmen in seinem Auftreten nach Außen und in seiner Gestaltung flexibler und schneller zu machen. Die gezielte Verankerung des Geschwindigkeitsaspektes in allen Denk- und Verhaltensweisen sollen meßbare Wettbewerbsvorteile erreicht werden. Der Grundsatz des ‘design to time’ im Speed Management beinhaltet zudem eine weitere Interpretation des Begriffs Geschwindigkeit. Geschwindigkeit wird zu einem

---

82 Vgl. o.V. (1998), S. 49. Entsprechende Internetadressen sind beispielsweise http://www.FedEx.com, http://www.dhl.com oder http://www.tnt.com (Stand: 21.07.1998).

83 Vgl. Bitzer (1991), S. 60.

84 Andere Begriffe sind „fast cycle capacity“, „time-based competition“ oder „quick response management“ (Vgl. Beecker (1996), S. 44).

85 Bzw. den Innovationsprozeß. Ein Innovationsprozeß kann durch früheren Beginn, kürzeren Entwicklungsprozeß und durch schneller Markteinführung beschleunigt werden (Riekhof (1997b), S. 126 f.).

86 Speed Management ist auch von der „Lean-Welle“ als wichtiger Faktor angesehen worden (Reiß (1993c), S. 173).

Wert für die Unternehmensleistung selbst; sie ist ein Qualtätsmerkmal und nicht nur ein Ziel, das zu erreichen ist. Ein umfassendes Speed Management verfolgt damit den Anspruch, über den Hebel Zeit auch die beiden anderen Elemente des 'magischen Dreiecks', Qualität und Kosten, im Unternehmen positiv zu beeinflussen."[88] BEECKER definiert ähnlich: „(Unter Speed Management wird; der Verf.) ein Gestaltungskonzept verstanden, mit dem zeitsensitive Faktoren der Unternehmensprozesse identifiziert, und darauf aufbauend Geschwindigkeitsstrategien entwickelt und evaluiert werden. Diese erhöhen die Wertschöpfungskapazität des Systems, wodurch eine höhere Wertschöpfung pro Zeiteinheit erzielt, und auf der normativen Ebene der Wert sowie die Zeit- und Handlungsautonomie der Unternehmung erhöht bzw. gesichert wird."[89]

Nur am Rande sei erwähnt, daß eine konzeptionelle Unterscheidung zwischen *Geschwindigkeit* und *Flexibilität* notwendig ist. Eine hohe Geschwindigkeit (z.B. des Produktentstehungsprozesses) bedeutet primär einen effizienten Einsatz von Zeit. Dadurch ist allerdings noch nicht ausgesagt, daß tatsächlich „gute" Produkte entstehen - mit anderen Worten, daß die Zeit effektiv eingesetzt wurde. Insofern stellt das Flexibilitätsziel ein umfassenderes Ziel dar, das das Geschwindigkeitsziel als Teilziel umfaßt. Flexibilität beinhaltet nicht nur Schnelligkeit, sondern Schnelligkeit in eine sinnvolle *Richtung* und vor allem die Fähigkeit zum Richtungswechsel, was durch „Geschwindigkeit" als Raum-Zeit-Bewegung nicht ausgedrückt werden kann. Speed Management heißt also nicht unbedingt Flexibilitätsmanagement. Diese begriffliche Erweiterung zum Speed Management hat in der Literatur zum Beispiel unter den Schlagwörtern „atmende Fabrik"[90], oder „agile competition"[91] Beachtung gefunden.[92] Die getroffene (wichtige) begriffliche Unterscheidung wird allerdings nicht immer klar voll' zogen.[93]

Speed Management wird über eine integrierte Gestaltung verschiedenster Hebel verfolgt.[94] Betrachtet werden muß sowohl die Hard Fact Ebene als auch die Soft Fact Ebene des Unter-

87 Vgl. Bitzer (1991), S. 73 ff.
88 Schwickert (1995), S. 45.
89 Beecker (1996), S. 44.
90 Beispielsweise bezeichnet sich die Volkswagen AG als atmende Fabrik. „Im Volkswagen - Konzern werden alle Geschäftsprozesse grundlegend auf den Kundenwert und schnelle Marktreaktion eingestellt - vom Innovationszyklus bis hin zur Liefergeschwindigkeit. Dafür haben wir den Begriff des „atmenden Unternehmens" geprägt". (Schuster (1997), S. 111). Zu entsprechenden Aussagen über Mercedes-Benz siehe Fischer (1997a), S. 19.
91 Vgl. Belz/Schögel (1998), S. 43, Song (1997), Goldmann (1996), Anderson (1997), Schuh u.a. (1998), S. 22.
92 Vgl. auch Morrison (1997), S. 51 ff.
93 Im Speed Management (z.B. bei Schwickert (1995)) wird zwar auch der Flexibilitätsaspekt betont, dann aber schwerpunktmäßig auf Geschwindigkeit fokussiert.
94 Vgl. Perich (1992), S. 453. Vgl. ausführlicher Bitzer (1991), S. 107ff. („operativer Aktivitätszyklus"), Bitzer (1991), S. 216 ff. („innovativer Aktivitätszyklus"), Gemünden (1992), S. 26 f., Kirschbaum (1995).

nehmens.[95] Speed Management beginnt mit einer normativen Zeitkultur und endet mit einer zeitorientierten Ausgestaltung der operativen Unternehmensaktivitäten.[96] Es müssen *sämtliche* Schlüsselprozesse wie Entwicklungszyklen, Produktionszyklen, Patentlaufzeiten, etc. betrachtet werden. Eine besondere Rolle spielt die Abkehr von einer funktionalen Organisationsstruktur zu einer prozeßorientieren Organisationsstruktur. Damit verbunden stehen Forderungen nach verstärkter Delegation, Hierarchieabbau und Einsatz multifunktionaler Teams, die komplette Teilaufgaben übernehmen können.[97] Die Wertschöpfungsketten müssen hinsichtlich Parallelisierungsmöglichkeiten, Synchronisationspotentialen, Doppelarbeitsvermeidung, Standardisierungsoptionen[98], etc. untersucht werden.[99] Besondere Bedeutung kommt dem Management von Schnittstellen zu, da hier oftmals Zeitverluste entstehen.[100] Empirische Untersuchungen zeigen, daß in administrativen Prozessen bis zu 90% reine (nicht wertschöpfende) Liegezeiten sind.[101] Weiterer Stellhebel der Beschleunigung ist ein zeitbasiertes Controlling, daß zeiteffizientes Verhalten konsequent belohnen muß. Unzweifelhaft ist auch die Rolle der Informationstechnologie (z.B. Workflow- oder Workgroupsysteme) als zentraler Enabler zur Beschleunigung von Prozessen.[102] Dadurch ist es nicht nur möglich, Prozesse im lokalen Umfeld zu beschleunigen, sondern auch im globalen Rahmen (z.B. hat Lufthansa seine Call Center in verschiedenen Zeitzonen postiert. Volkswagen strebt dies im Rahmen des Produktentstehungsprozesses an, um so eine rund-um-die-Uhr Entwicklung zu ermöglichen). Trotz zunehmender Wirksamkeit von elektronischen Kommunikationsmedien hat sich gezeigt, daß räumliche Nähe ein komplexitätsreduzierender Faktor ist, durch den Zeitvorteile erzielt werden können. [103] Im operativen Zyklus geschieht dies beispielsweise durch Gruppenarbeit, im innovativen Zyklus durch Produktentwicklungszentren (z.B. das FIZ bei BMW, das Entwicklungszentrum von Chrysler oder das EVZ bei Mercedes-Benz (im Bau)).

Kirschbaum (1997), S. 20. Zu den Erfolgsfaktoren von Zeitwettbewerbern siehe Steinle/Kirschbaum (1997), S. 22.

[95] Zu diesem Begriff im speziellen und die herausragende Bedeutung der „soft facts" für den Unternehmenserfolg siehe Grässle (1993), Braun (1996), S. 140 f. Gerade der Aspekt der Unternehmenskultur, oder allgemeiner gesprochen des Faktors „Mensch" kommt nach herrschender Auffassung eine zentrale Rolle zu (z.B. Doppler/Lauterburg (1996), Hammer/Champy (1994), Zahn (1996), S. 292 f., Dierkes/Hähner/Raske (1996), S. 315 ff.)

[96] Zum St. Galler Management-Modell siehe Gomez/Zimmermann (1997), Schwickert (1995), S. 46.

[97] Vgl. Kirschbaum (1997), S. 20.

[98] Vgl. Fromm (1992), S. 10, der der Ansicht ist, daß Variabilität der größte Feind der Total Cycle Time sei.

[99] Vgl. Boutellier/Hänggi (1996), S. 31, zu Möglichkeiten der Prozeßzeit-Verkürzung siehe Banaschek (1995), S. 15 f., Kieninger (1994), S. 233 f.

[100] Vgl. Kieninger (1994), S. 244.

[101] Vgl. Kirschbaum (1997), S. 19.

[102] Zur zentralen Rolle der IT als Enabler vgl. Davenport/Short (1990), IBM (1995).

[103] Vgl. zum Komplexitätsbegriff Reiß/Gassert/Horvárth (1993), Reiß (1993d), Reiß (1993b), Reiß (1994b).

Eine andere Möglichkeit insbesondere zur Flexibilitätserhöhung und Steigerung der Response-Kapazität stellen virtuelle Unternehmen dar.[104] Für Unternehmen wird es immer wichtiger, sich in virtuellen Organisationen oder Netzwerken zusammenzuschließen.[105] Diese „Unternehmen auf Zeit" werden insbesondere für Unternehmen in innovativen Branchen (z.B. Multimedia, Service, Versandhandel) zum strategischen Erfolgsfaktor. Ein exemplarisches Praxisbeispiel ist die angekündigte Partnerschaft zwischen SAP, HP und Volkswagen zur Verkürzung der Produktentwicklungszeit.[106]

Speed Management heißt insbesondere im innovativen Zyklus (d.h. Produktentstehungsprozeß) nicht, *jede* Aktivität so schnell als möglich zu verrichten. Es muß vielmehr darum gehen, nicht nur punktuell zu beschleunigen, sondern es muß eine ganzheitliche Ausgestaltung des Unternehmenssystems an der Zielgröße Zeit erfolgen.[107] Geschwindigkeit soll aus einem Systemgedanken verfolgt werden, Geschwindigkeit ist die Resultierende aus einem komplexen, vernetzten System - der Organisation. Ein hervorstechendes Beispiel sind Zeitstrukturen schneller Innovationsprozesse. Es hat sich gezeigt, daß der entscheidende Unterschied zwischen dem typisch „asiatischen" Innovationsansatz und der klassisch „westlichen" Vorgehensweise in einem scheinbar sehr langsamen Fortschritt in der Initialphase lag, durch den ein kompensierender Geschwindigkeitsvorteil in den Folgephasen erreicht werden konnte.[108] So hat ein Mercedes-Benz-internes Benchmark gezeigt, daß ein japanischer Wettbewerber einen wesentlich späteren Design-Freeze hatte, aber in seiner Gesamtentwicklungszeit und insbesondere in seinem Zeitbedarf bist zum Erreichen der Kammlinie wesentlich niedriger lag.[109] Ähnliche Prinzipien beschreibt das „Consensus Management".[110] Es wird plausibilisiert, daß sich der verstärkte Abstimmungsaufwand in einer Initialphase lohnt, da der anfängliche Geschwindigkeitsnachteil durch (harmoniebedingte) Beschleunigung in der Entscheidungs-Umsetzungsphase mehr als wett gemacht wird. Gefahr besteht durch die Dringlichkeitsfalle. Ein falsch verstandener Zeitdruck kann dazu führen, daß das Dringliche vor dem eigentlich Wichtigen erledigt wird, was lediglich zu einer Scheingeschwindigkeit führt.[111]

---

104 Vgl. Gomez/Zimmermann (1998), Goldmann (1996), Müller (1997), Krystek (1997), S. 35 f., Magretta (1998), S. 82. Zu einer kritischen Analyse siehe Weibler/Deeg (1998), S. 116.

105 Vgl. Reiß (1996), S. 10 und Reiß (1997), S. 26 zu einer differenzierteren Betrachtung. Zur Reduktion von Komplexität durch Netzwerke siehe Bellmann/Mildenberger (1996), S. 121 ff. Insbesondere in der Textilindustrie ist diese Strategie erfolgreich (Dieckmann (1997), S. 139).

106 Laut Meldung in der „Tagesschau" vom 09.06.1997.

107 Schwickert (1995), S. 16, Beecker (1996), S. 44.

108 Vgl. Stalk/Hout (1990), S. 118, Perich (1992), S. 442, Paashuis (1998).

109 Dies hat auch die Studie von Womack/Jones/Roos (1997) gezeigt.

110 Vgl. Hübner (1989), S. 152 f.

111 Vgl. Hirzel (1993), S. 96.

3.6 Differenzierte Betrachtung - unbegrenzte Beschleunigung?

Die kurzen Ausführungen haben gezeigt, daß Flexibilität und insbesondere Geschwindigkeit als wettbewerbsdifferenzierende Faktoren immer wichtiger werden. Es ist jedoch fraglich, ob unbegrenzte Beschleunigung für jedes Unternehmen unabhängig von der konkreten Wettbewerbssituation zu einem nicht mehr hinterfragten Dogma werden darf. Gäbe es keine Widersprüche zwischen einem Beschleunigungsziel und anderen potentiellen Zielen der Unternehmung oder wäre das Geschwindigkeitsziel gegenüber den anderen Zielen des Handelns dominant, so könnte das Zielsystem jeder Unternehmung auf das Zeitziel reduziert werden. Ohne in eine detaillierte Analyse einzusteigen, seinen hierzu einige differenzierende Anmerkungen angeführt.

Ob und wie weit das Zeitziel den operativen Zyklus dominieren sollte, hängt von den Produkten und der Wettbewerbsdifferenzierung ab. Zeitorientierung in den Auftragsabwicklungsprozessen ist zwar eine wichtige Zielgröße, sollte aber nur in einzelnen Fälle dominant sein. Wenn Zeit *die* strategische Zielgröße sein soll, dann bei stark zeitsensitiven Gütern.[112] Entscheidend ist, ob eine Beschleunigung an sich überhaupt einen zusätzlichen Kundennutzen erbringt. „So ist es aus Sicht eines Kunden möglicherweise vollkommen irrelevant, ob eine Leistung statt in 72 Stunden bereits in 48 Stunden zur Verfügung gestellt werden kann, wenn er diese Leistung im Rahmen seines eigenen Leistungserstellungsprozesses jeweils donnerstags um 15.00 Uhr benötigt.“[113]

Wie schon im letzten Abschnitt angedeutet birgt einem übermäßige Geschwindigkeitsorientierung im Unternehmen die Gefahr, daß Beschleunigung mit Linearisierung gleichgesetzt wird. Dies ist potentiell schädlich für das Geschwindigkeitsziel selbst, als auch für weitere Ziele der Unternehmung. In der Managementliteratur herrscht Einigkeit, daß Unternehmen immer weniger als determinierte Maschinen- oder Uhrwerkmodelle zu verstehen sind und der Ressource Mensch als mitdenkendem Mitarbeiter eine immer zentralere Rolle zukommt. Scheinbar „überflüssige“[114] Zeit als organisatorischer Slack ist hier wesentlich, wenn der Mitarbeiter nicht in eine vorbestimmte und ausführende Rolle gedrängt werden soll.[115]

Dies betrifft sowohl geplanten Zeitslack (bspw. im Qualitätsdenken durch Verbesserungsgruppen die einmal wöchentlich zusammen kommen) als auch ungeplanten Slack (z.B. in Entwicklungsbereichen durch Innovationsfreiraum[116]). Darunter soll Freiraum verstanden

---

112 Vgl. Perich (1992), S. 430.

113 Bellmann (1995), S. 775.

114 Überflüssige Zeit soll als Zeit verstanden werden, die nicht direkt einer vorher festgelegten zu erstellenden Leistung zugeordnet werden kann.

115 Siehe Edelsbacher/Starmüller (1992), S. 88.

116 Das Unternehmen 3M dient oftmals als Beispiel (Vgl. Bitzer (1991), S. 306).

werden, der nicht auf ein bestimmtes Wertschöpfungsziel ausgerichtet ist. Insbesondere unter dem Gesichtspunkt der Innovation scheint zeitlicher Freiraum eine conditio sine qua non.[117] Der auf das Individuum wirkende Zeitdruck kann neben einer Innovationsbremse noch weitere (negative und für das Unternehmen schädliche) Konsequenzen hervorrufen: Dringliches wird vor Wichtigen getan, Arbeitsmotivation sinkt, Krankheitsstände können steigen oder die Fluktuationsrate steigt durch Zeitdruck. Man darf also Beschleunigung nicht so realisieren, daß es zu einem Verlust der scheinbar nicht wertschöpfenden Tätigkeiten kommt. Eine verbundene Gefahr von zu linearen Beschleunigungsversuchen ist, daß zwar schneller neue Güter produziert werden, aber keine besseren im Sinne des Kunden.[118] Bei ihrer Analyse des in Japan forcierten Zeitwettbewerbes kommen STALK/WEBBER zu folgender Aussage: „(This; der Verf.) approach to time-based competition has produced efficiency, but efficiency that does not meet or create needs for any customer. By translating time-based competition into an internal excercise designed, the Japanese have lost sight of the real value of competing on time: it creates a closer, tighter feedback loop between the company's customers and the company's employees. That, in turn, gives employees the opportunity to learn more about particular customers and to create value for them and to do it faster than the competition."[119]

Vertreter des Speed Managements argumentieren, daß eine ganzheitliche Zeitorientierung im wesentlichen komplementär zu Qualitäts- und Kostenzielen ist.[120] Bezüglich Qualität wird argumentiert, daß es nur zu einem reibungslosen und schnellen Produktionsprozeß kommen kann, wenn ein umfassendes Qualitätsmanagement betrieben wird.[121] Nach Ansicht des Autors muß dieser Aspekt differenziert betrachtet werden.[122] Eine einseitige Zeitorientierung nach dem Motto „quick and dirty" kann sehr wohl zu Qualitätsproblemen führen.[123] Eine umgekehrte Argumentation scheint fruchtbarer: Wenn in allen Prozeßschritten getreu dem Prinzip „Do it right the first time" gearbeitet wird, entsteht ein Qualitätsprodukt zu paretominimalen Zeiten. Für das Verhältnis zwischen Zeit- und Kostenzielen ist eine differenzierte Betrachtung notwendig. Während bis zu einer bestimmten Grenze eine simultane Zielver-

117 Vgl. Strebel (1998), S. K7, Bickenbach/Soltwedel (1996), S. 9. Nach einer aktuellen Studie nehmen sich allerdings 83% der Führungskräfte keine Zeit, innovative Ideen reifen zu lassen, oder billigen dies ihren Mitarbeitern zu (vgl. o.V. (1998a), S. 7).

118 Was auf den beschriebenen Unterschied zwischen reiner Geschwindigkeit (Effizienzziel) und Flexibilität (Effektivitätsziel) anspielt.

119 Stalk/Webber (1993), S. 98 f..

120 z.B. Schwickert (1995), S. 66, Bellmann (1995), S. 771, Stalk (1994), S. 574 f., Gerpott/Wittkemper (1991), Wildemann (1991), Schmelzer (1992), Hoover (1990), Lingg (1992), S. 74.

121 Vgl. Mattes (1992), S. 217 ff.

122 Vgl. auch Gemünden (1992), S. 30 f. zu einer kritischen und differenzierten Sichtweise.

123 Vgl. Perich (1992), S. 429.

folgung[124] möglich ist, kommt es danach potentiell zu Zielkonflikten.[125] Zu den potentiellen Kosten der Beschleunigung gehören auch Risikokosten, die beachtet werden müssen. Insbesondere im operativen Umfeld hat zeitlicher Spielraum die Rolle einer Schlupfvariablen, die Schnittstellen- und Reibungsprobleme auffangen kann. Verliert eine Organisation diesen Spielraum, so können sich selbst kleinste Probleme fatal auf das Gesamtsystem auswirken; die Kosten für Produktionsausfälle schnellen nach oben. Eindrucksvoll zeigen dies JIT-Betriebe, bei denen es z.B. bei Verzögerungen der Anlieferung sehr schnell zu einem völligen Erliegen der Produktion kommt.[126]

Die Vorteile höherer Innovationsgeschwindigkeit sind schon in Kapitel 3.2 angedeutet worden. Wettbewerbsvorteile des Faktors „Zeit" liegen in Pioniergewinnen, Erfahrungseffekten, Marktanteilen, Standardsetzung, Kundennutzen.[127] Allerdings ist die Beschleunigung des innovativen Zyklusses auch mit Risiken und potentiellen Gefahren verbunden. Die Probleme zunehmender Innovationsgeschwindigkeit werden durch die von BRAUN thematisierte Beschleunigungsfalle dokumentiert, die zeigt, daß neben kürzeren Amortisationsdauern insbesondere das Risiko für ein Unternehmen steigt.[128] Die entscheidende Frage ist, ob ein einzelnes Unternehmen den Gestaltungsfreiraum hat, um der Beschleunigungsfalle zu entkommen, oder ob es sich um eine klassische Gefangenendilemma-Situation handelt.[129] „Die Computerbranche ist eine der am stärksten wachsenden Branchen. Fast alle Firmen haben trotz der hohen Wachstumsraten zeitweise eine unbefriedigende Gewinnsituation. ... Trotz dieser offensichtlichen Probleme ist kein Unternehmen in der Lage, aus der Beschleunigungsspirale auszuscheren, da man in diesem Fall sofort den Anschluß an den Markt verlieren würde und nicht mehr wettbewerbsfähig wäre. Den Unternehmen bleibt also oftmals keine andere Wahl, als das Beschleunigungsrennen mitzumachen - selbst wenn man erkennt, daß es im Abgrund endet."[130] Hat man es hier also mit inhärenten Problemen des Marktmechanismus zu tun, der nur durch äußere Eingriffe (z.B. institutionelle Regelungen) gelöst werden kann?

---

124 Vgl. bspw. Wildemann (1992d), S. 29, der über Kosteneinsparungen durch JIT-Konzepte berichtet oder Stalk (1988), S. 41 f., der über Kostenverbesserungen japanischer Unternehmen durch Zeitorientierung schreibt.

125 Vgl. Götzer (1991), S. 114. Es darf allerdings nicht verschwiegen werden, daß es zu diesem Punkt widersprüchliche Ansichten gibt. So sieht beispielsweise Schwickert (1995), S. 63 ff. diese Problematik in seinem Beitrag zu Speed Management nicht.

126 Was sich jüngst in der Automobilindustrie beispielhaft gezeigt hat, als Ford seine Produktion stoppen mußte, nachdem der Lieferant der Türschlösser nicht anlieferte (Vgl. Stuttgarter Zeitung vom 4.7.1998, S. 13). Allerdings soll auch die (positive) Kehrseite des fehlenden Slacks nicht verschwiegen werden. Gerade das sofortige Auftreten eines Fehlers zwingt automatisch zu einer Ursachenbeseitigung - anders formuliert können Fehler nicht mehr verdeckt werden.

127 Vgl. Reiß (1992), S. 62.

128 Vgl. Braun (1991), S. 51 ff., Backhaus/Gruner (1994), S. 21 ff.

129 Zum Gefangendilemma siehe ausführlicher Axelrod (1997), Seidenbiedel (1996), Locher (1989), Fogel (1996), Stähler (1996).

130 Backhaus/Gruner (1994), S. 44. Zum IT-Markt aus Sicht von IBM siehe Wengenroth (1997), S. 72.

Sollte dies so sein, so wären die Chancen für solche Institutionen vor dem Hintergrund der Renaissance des weltweiten Neoliberalismus denkbar schlecht.[131]

Ob ein Zwang zur Teilnahme am Innovationswettbewerb besteht, oder ob ein Unternehmen einen gewisse Gestaltungsspielraum hat, in dem es sein Innovationstempo bestimmen kann, hängt von den Präferenzen der Käufer ab.[132] Dazu müßte die (künstliche) Langsamkeit entweder inverse Eigenschaften haben oder der Verbraucher müßte einen anderen zusätzlichen Nutzen durch sie wahrnehmen (z.B. niedrige Kosten).[133] Spätestens wenn der Kunde Innovationen nicht mehr wahrnehmen kann, sinkt für ihn auch der Grenznutzen einer höheren Innovationsgeschwindigkeit.[134] In diesem Gestaltungsfenster kann ein Unternehmen sein Innovationstempo bestimmen und ist nicht durch Automatismen des Marktes gezwungen, so schnell wie möglich zu sein. Ein Beschleunigungsverhalten sollte dann angestrebt werden, wenn es zu einem echten und langfristigen Wettbewerbsvorteil führt, oder wenn der Markt es aufgrund einer Gefangenendilemma-Situation erzwingt.[135]

Auch aus einer normativ-ökologischen Perspektive kann man Bedenken gegenüber unbegrenzter Beschleunigung der Wettbewerbsdynamik äußern.[136] Diese sind beispielsweise negative ökologische Konsequenzen durch steigenden Ressourcenbedarf, Forcierung einer „Wegwerf-Gesellschaft"[137], Orientierungslosigkeit der Gesellschaft, Verlust von Sein-Werten aufgrund von Überbetonung der Haben-Werte.[138] Solche Aspekte sprengen allerdings den Rahmen der Betriebswirtschaft und sollen hier trotz ihrer Wichtigkeit nicht weiter verfolgt werden.

Insgesamt zeigen sich Zweifel an einer „naiven" Beschleunigungsperspektive.[139] Eine dominierende Rolle - wie im Speed Management oder im Time Based Management - sollte der Geschwindigkeit im Zielsystem der Organisation nicht *pauschal* eingeräumt werden. Dies ist

---

131 Zum Neoliberalismus vergleiche ausführlicher z.B. Dombois (1997), Kelley (1997), Zinn (1997), Gabriel/Boff (1997), Rennings (1997), Schui (1997).

132 Als Beispiel, wie sich ein zeitbasiertes Wettbewerbsumfeld gegenseitig beschleunigen kann und damit in toto keine Wettbewerbsvorteile schafft, siehe die Beschreibung von Stalk/Webber (1993), S. 98 der japanischen Industrie.

133 Bitzer (1991), S. 307 führt an: „Gut Ding will Weile haben. Wir lassen uns Zeit für die Entwicklung und Herstellung ihres Fahrzeuges". Nach Ansicht des Autors scheint ein solcher Ausweg aus der Beschleunigungsfalls sehr hypothetisch und unrealistisch. Für eine sehr plastische Beschreibung von Vorteilen der Langsamkeit siehe z.B. Nadolny (1995).

134 Dies gilt insbesondere für die Automobil- und Unterhaltungselektronik Industrie (Vgl. Backhaus/Gruner (1994), S. 40).

135 Vgl. Eisenhardt/Brown (1998), S. 66.

136 Vgl. grundlegend Nowotny (1989), Luhmann (1968), Rifkin (1989).

137 Vgl. Bitzer (1991), S. 310. Zu Vorteilen der Langsamkeit auf individueller Ebene siehe Rechtschaffen (1993), S. 32, Unterstöger (1992), S. 3.

138 Zur Haben-Orientierung versus einer Sein-Orientierung vergleiche Fromm (1996).

139 Vgl. auch Bellmann (1995), S. 771.

nur bei wirklichen Zeitwettbewerbern sinnvoll.[140] Dennoch ist dem Faktor „Geschwindigkeit“ seine Wichtigkeit aus genannten Gründen nicht abzusprechen. In wieweit Geschwindigkeit *das* dominierende Ziel im Unternehmen sein soll, hängt von Produkten, deren Zeitsensitivität, deren zeitbezogenen Differenzierungsfaktoren und insbesondere vom Wettbewerbsumfeld ab. Damit sind die Ausführungen zu diesem Themenfeld abgeschlossen. Im folgenden wird vom Gesamtfeld „Markt, Wettbewerb und Unternehmen“ auf den Wandel von einzelnen Organisationen fokussiert und dieser unter Zeitaspekten untersucht.

140 Vgl. Dewan/Mendelson (1998), S. 595.

Mit zunehmender Dynamik des unternehmerischen Umfeldes kommt dem Zeitfaktor eine dramatisch ansteigende Bedeutung zu. Die Halbwertszeit technologischer Innovationen sinkt ständig, das Know How einer Wissensgesellschaft ist im Cyberspace quasi per Tastendruck abrufbar, Produklebenszyklen schrumpfen, technologische Fortschritte verlaufen teilweise exponentiell. „Zeit" im Sinne von Innovationsgeschwindigkeit wird so zu einem integralen Erfolgsfaktor vieler Branchen. Zusätzlich werden die Zeitfenster, in denen eine Leistung verkauft werden kann, oftmals kleiner. Pioniere oder frühe Folger werden hinsichtlich des Markteintrittes immer erfolgreicher. Durch einschneidende Technologiesprünge (z.B. Internet), sinkende Transaktionskosten (z.B. durch Deregulierung der Märkte, weltweite Konzentrationstendenzen), zunehmend gesättigte (und damit käuferdominierte) Märkte ist zusätzlich die allgemeine Wettbewerbsintensität deutlich gestiegen. Der Zeitfaktor im Sinne besserer zeitlicher Koordination (d.h. Timing) bewirkt Effizienzsteigerung, hat aber auch Effektivitätsbedeutung für die unternehmerische Leistungserstellung. Kundenanforderungen sind im Hinblick auf Lieferzeit, Termintreue und Flexibilität z.B. im Rahmen des Just-in-Time deutlich gestiegen. Neben den Zeitgrößen Geschwindigkeit und Timing kommt auch der Flexibilität beziehungsweise Reaktionsfähigkeit als dritter Zeitdimension eine angestiegene Bedeutung hinsichtlich des Unternehmenserfolges zu. In einer mit immer höheren Prognoseunsicherheiten behafteten Zukunft stellt sich neben die unternehmerische Planung die Anforderung, unter Unsicherheit schnell und flexibel zu reagieren.

Insbesondere in dynamischen Branchen wird Zeit zum strategiebeherrschenden Faktor. Es gilt, das Unternehmen als ein „quick response system" auszugestalten. Das Ziel ist einerseits eine Verkürzung der Durchlaufzeit bezogen auf operative und innovative Prozesse, aber auch eine Erhöhung der Flexibilität im Sinne einer atmenden Fabrik. Die Implementierung des Zeitfaktors erfolgt über verschiedenste Stellhebel. Es beginnt mit einer normativen Zeitkultur und endet mit einer zeitorientierten Ausgestaltung sämtlicher Unternehmensaktivitäten, insbesondere der Kernprozesse. Wichtig ist die Abkehr von funktionalen Organisationsformen zu einer prozeßorientierten und loser gekoppelten Strukturierung (z.B. durch Netzwerkansätze). Wertschöpfungsketten müssen vor allen bezüglich zeitlicher Optimierungsmöglichkeiten wie Synchronisationspotentialen, Parallelisierungsoptionen etc. untersucht werden. Herausragende Bedeutung kommt dem Management beziehungsweise der Vermeidung von Schnittstellen zu, die oftmals Hauptverursacher von Zeitverlusten sind.

Zeitoptimierung heißt allerdings nicht, jede Aktivität zu im Unternehmen zu beschleunigen, es muß vielmehr im Sinne des Systemgedankens eine ganzheitliche Ausgestaltung der Unternehmung an der Zielgröße Zeit erfolgen. Außerdem ist Zeitoptimierung nicht vollständig komplementär zur Optimierung weiterer Qualitäts- und Kostenziele. Eine exklusive Ausrichtung der Unternehmung an der Zielgröße Zeit ist somit nicht sinnvoll – wohl aber wichtig!

4. Rollen der Zeit im organisationalen Wandel

In den vergangenen Kapiteln sind das Zeitphänomen allgemein und das Zeitphänomen im Kontext von Unternehmen betrachtet worden. Kapitel 4 (und das Kapitel 5) stellen Integrationskapitel der Arbeit dar, die einerseits nach außen eine Anknüpfung an die vorangegangenen Teile darstellen, indem der Zeitbegriff mit dem Begriff Change Management verknüpft wird und eine Übersicht über die Aspekte der Zeit im Change Management gegeben wird. Dazu wird zuerst der Begriff "Wandel" beziehungsweise "Change Management" spezifiziert. Danach wird eine Klassifikation der verschiedenen Rollen der Zeit im Wandelprozeß vorgenommen in den einzelnen Abschnitten detaillierter untersucht. Andererseits untersucht Kapitel 5 verschiedene Erklärungsmodelle der Dynamik des Wandels und bildet durch den in Kapitel 5.3 abgeleiteten Bezugsrahmen die Grundlage für die Analyse von Zeitfragen im Change Management.

Wandel als Analyseobjekt der Organisationsforschung

In der aktuellen Organisationsforschung ist organisationaler Wandel[1] ein integrales Objekt der Betrachtung.[2] Aus einer praxeologischen Perspektive ist die Begründung hierfür einfach, da sich die Dynamik des organisationalen Umfeldes erheblich erhöht hat und damit ebenso dynamisierte Betrachtungen nötig sind.[3] Allerdings ist diese Entwicklung relativ jung, denn Organisationsforschung hatte lange aus einer primär statischen, allenfalls komparativ-statischen Perspektive stattgefunden.[4] So sind traditionelle organisationstheoretische Ansätze wie das Scientific Management[5], Bürokratische Ansätze oder Human-Relations Ansätze quasi ganz azeitlich, weil von einem statischen Ziel ausgegangen wird.

Wenngleich kein abrupter Paradigmenwechsel stattgefunden hat, können die späten siebziger Jahre als Reorientierungszeit angesehen werden.[6] Situative Ansätze als wesentliche Vertreter der Organisationsforschung dieser Episode gehen von der Idee des "fit" zwischen Organisation und Umwelt aus.[7] Dadurch wird Veränderung zwar in das Konzept integriert, aber in einer statisch-komparativen Form. Der eigentliche *Prozeß* der Veränderung ist von untergeordneter Bedeutung, da es durch einen ökonomischen Determinismus wiederum nur einen

1 Synonym "Organizational Change", Wandel von Organisationen", "Veränderung von Organisationen".
2 Vgl. u.a. Wiegand (1996), S. 78, Sydow (1992).
3 Vgl. Cevey/Prange (1998), S. 113, Hinterhuber/Valdani (1998), S. 4 f. und auch Kapitel 3.
4 Vgl. Pettigrew (1985), S. 15, Perich (1992), S. 119. Dies heißt allerdings nicht, daß keinerlei Auseinandersetzung mit Veränderung stattgefunden hatte. Als Beispiel sei Lewin's Phasenkonzept des unfreeze-move-refreeze angeführt. (Vgl. Lewin (1947)).
5 Vgl. im Orginal Taylor (1911, 1996). Siehe auch Kanigel (1997), Spender (1996), Gaugler (1996).
6 Im deutschsprachigen Raum gelten sicherlich Kirsch/Esser/Gabele (1977) oder Kirsch/Esser/Gabele (1979) als ein richtungsweisende Werke. Türk (1989) erwähnt Hannan/Freemann (1977).

optimalen "fit" geben kann. Darüber hinaus werden Veränderungen der Umweltkonstellation im situativen Ansatz nur am Rande betrachtet. Die heutige Vielfalt an Ansätzen zu organisationalem Wandel und insbesondere zum Management dieses Wandels ist kaum überschaubar und schwer zu strukturieren.[8]

Organisationaler Wandel und Zeit

Der Zusammenhang zwischen den Begriffen "organisationaler Wandel" und "Zeit" ist grundlegend und offensichtlich: Wandel kann nur *über* der Zeit verstanden werden, da Wandel als die Veränderung von mindestens einem Merkmal über mindestens zwei Zeitpunkte definiert ist.[9] So kann Wandel als ein abgeleiteter Begriff (beziehungsweise zusammengesetzter Begriff) verstanden werden, der sich aus Betrachtungsmerkmalen eines zugrunde liegenden Objektes und aus einer definierten Zeitspanne zusammensetzt. Man erkennt schon hier, daß (organisationaler) Wandel ein generisches Konzept ist, und es dementsprechend viele Differenzierungen und Ausprägungen gibt. Über diesen Zusammenhang hinaus können folgende weitere Rollen der Zeit im Kontext von organisationalem Wandel identifiziert werden. Zeitaspekte können Zielgrößen oder Gütemaße für Wandelprozesse sein.[10] Insbesondere vor dem Hintergrund zunehmender Dynamik des organisationalen Umfeldes wird beispielsweise die Zeitdauer eines Wandelprozesses zentral. Dauert ein Wandelprozeß zu lange, sind potentiell die (ursprünglich sinnvollen) Ziele des Prozesses veraltet, der Wert des erreichten Zielzustandes gering. Aus einer Gestaltungsperspektive stellen neben dem Inhalt der verschiedenen Interventionen (z.B. Kommunikationskampagne), der Art der Ausführung (z.B. durch schriftliche Medien), den Trägern (z.B. durch eine externe Beratungsgesellschaft) Zeitaspekte eine mindestens gleichwertige Bestimmungsgröße dar. Geschieht beispielsweise die Kommunikation zu spät, hat die Gerüchteküche der Organisation potentiell eine negative und angstbeladene Grundstimmung unter den Betroffenen erzeugt, was zu enormen Reibungsverlusten führen kann. Um Aussagen über Handlungsaspekte zu begründen und herzuleiten, ist eine dynamische (d.h. zeitbezogene) Vorstellung der Wirkweisen im organisationalen Wandel notwendig. Daher hat die Zeit (Dynamik) viertens eine Erklärungsrolle.[11]

---

7 Vgl. auch Kapitel 5.2.1.1.

8 Vgl. Wiegand (1996), S. 81, Türk (1989). Die Vielzahl an Perspektiven auf organisationalen Wandel wird sowohl im Kapitel 4.1 als auch Kapitel 5 offensichtlich, wenn Möglichkeiten der Abgrenzung des Wandelbegriffes beziehungsweise potentielle Erklärungsperspektiven betrachtet werden.

9 Vgl. Türk (1989), S. 52. Damit wird nicht der Abgrenzung nach Reiß (1997a), S. 9 gefolgt, der nur tiefgreifende Veränderungen als Wandel verstanden wissen will.

10 Siehe Kapitel 3.

11 Dies bedeutet explizit *nicht*, daß die Zeit eine eigenständige Erklärungsgröße ist (Siehe Kapitel 1 und Kapitel 2.7).

4.1 Organisationaler Wandel als Betrachtungsobjekt - Zeit als Abgrenzungsmerkmal

Um sich mit Zeitaspekten des Wandels zu befassen, ist eine Abgrenzung und Klärung der Begriffe Wandel und Change Management nötig. "Eine fundierte Beschäftigung mit den Herausforderungen des Change Managements muß mit der Abklärung der 'tragenden Säulen' des Konzeptes beginnen: 'Was ist Wandel?', 'Was ist Management?' und 'Welche Verbindungen zwischen Wandel und Management sind relevant?'".[12] Das Kapitel hat eine Doppelfunktion Es soll eine allgemeine Begriffsabgrenzung (und gegebenenfalls Begriffseingrenzung) leisten und dabei die Rollen der Zeit offenlegen.

Sehr vereinfachend kann ein Wandelobjekt (Netzwerk von Unternehmen, Unternehmen, Abteilung, etc.) dadurch charakterisiert werden, indem man verschiedene Dimensionen (z.B. Strukturen, Personen, Prozesse) und realistischerweise verschiedene Orte (z.B. physisch oder bezogen auf die Aufbauorganisation) identifiziert. Damit läßt sich organisationaler Wandel anhand folgender Basisdimensionen charakterisieren:[13]

- Die *Breite* des Wandels ergibt sich einerseits aus dem Anteil der betroffenen Bereiche des Unternehmens. In Abbildung 4-1 wird von *Orten* des Wandels gesprochen. Die zweite Bestimmungsgröße ergibt sich aus der Anzahl der veränderten organisationalen Dimensionen (Personalveränderungen, Kulturveränderungen, Prozeßveränderungen, Technologieveränderungen).
- Die *Tiefe* des Wandels beschreibt das Delta zwischen der Ausprägungen der einzelnen Dimensionen im momentanen Zustand und im Endzustand (beziehungsweise dem angestrebten Zustand).
- Die *Weite* des Wandels ergibt sich in diesem Zusammenhang aus dem Produkt von Breite und der Anzahl der betroffenen organisationalen Dimensionen. Ein Veränderungsprozeß hat eine große Weite, wenn sich erstens die entsprechenden Veränderungen in den meisten oder gar allen Subeinheiten einer Organisation vollziehen (=globale Veränderung) und zweitens wenn die meisten organisationalen Dimensionen tangiert werden. Es ist offensichtlich, daß die Bestimmungsmerkmale nicht unabhängig von einander sind. Tendenziell wird eine tiefe Veränderung gleichzeitig eine weite Veränderung sein.
- Die *Geschwindigkeit* des Wandel stellt die dritte Basisgröße dar. Geschwindigkeit ist eine zusammengesetzte Größe aus *Umfang* der Veränderung (=Weite*Tiefe) durch Dauer der Veränderung.

---

[12] Reiß (1997a), S. 7. Zu ergänzen ist noch die grundlegende Frage "Was ist eine Organisation".

Eine wichtige zusammengesetzte Größe ist die *Radikalität* des Wandels. Ein radikaler Wandel ist umfangreich und hat eine hohe Geschwindigkeit.[14]

Die Überlegungen zeigen, daß nicht jeder umfassende und tiefgreifende Wandel (=revolutionärer Wandel) auch ein radikaler Wandel ist.[15] "Mitunter wird der globale Charakter des Wandels mit der Radikalität der geplanten Veränderung gleichgesetzt. Dieser Kurzschluß ist besonders für die Ansätze der Transformation, des Umbruchs, Abbruchs alter Ordnungen und der Management-Revolutionen typisch."[16] Radikalität ist ein Maß, das nicht nur über den Umfang (den Grad) der Veränderung verstanden wird, sondern immer nur im Kontext der benötigten Zeit. Es ist möglich, bei der Betrachtung eines *kurzen* Zeitabschnittes lediglich einen partiellen Wandel zusehen, während man bei längerer Betrachtungsperiode einen tiefgreifenden Wandel wahrnimmt. Auch ein sanfter Wandel (=kleine Wandelgeschwindigkeit) kann tiefgreifend sein.[17] Abbildung 4-1 zeigt eine Übersicht über die Begrifflichkeiten und Zusammenhänge.

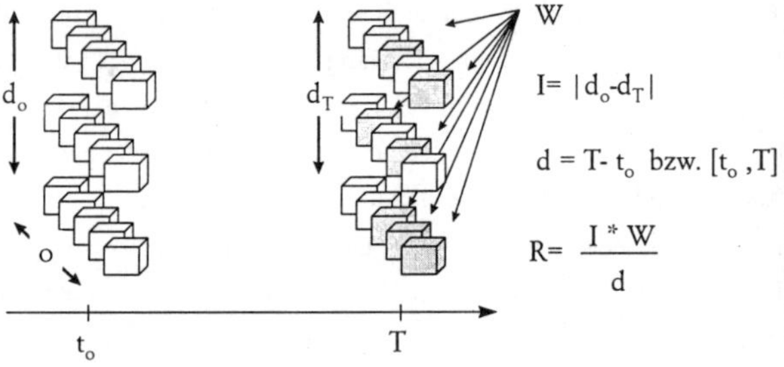

t_0	Startzeitpunkt
T	Ende des Planungszeitraumes
l	Länge der Change Initiative
d_o, d_T	Anfangs- beziehungsweise Endzustand der organisationalen Dimensionen
I	Intensität beziehungsweise Tiefe der Veränderung
W	Weite der Veränderungsinitative
R	Revolutionsgrad der Veränderungsinitative
o	Orte des Wandels

Abbildung 4-1: Definition der relevanten Variablen zur Beschreibung des Management des Wandels

13 Vgl. Reiß (1997a), S. 18.

14 Zu einer anderen Abgrenzung siehe Gallivan/Hofmann/Orlikowski (1994), S. 325 f., die auch begriffliche Unklarheiten kritisieren, radikalen Wandel aber nur über die Tiefe der Veränderung definieren.

15 Ein tiefgreifender, aber langsamer Wandel kann als stille oder sanfte Revolution verstanden werden.

16 Reiß (1997a), S. 7.

17 Vgl. Reiß (1997a), S. 10.

Zu einer genaueren Analyse des Wandelbegriffes läßt sich eine Unterscheidung anhand statischer Kriterien und anhand dynamischer Kriterien beschrieben werden. Statische Kriterien beziehen sich auf die Inhalte der Veränderung, dynamische Kriterien auf den Zeitverlauf.[18]

4.1.1 Statische Abgrenzung des Wandelbegriffs

Grundlegend kann eine Organisation auf den verschiedensten Aggregationsniveaus untersucht werden. Auf der einen Seite des Spektrums liegen Betrachtungen, die ein gesamtes Wirtschaftssystem betreffen (im Extremfall die gesamte globale Ökonomie), auf der anderen Seite eine auf das einzelne Individuum betrachtende Perspektive. "Prozesse des Wandels finden auf allen Ebenen des Wirtschaftslebens statt, vom gesellschaftlichen Wandel bis hin zum persönlichen Wandel."[19] Eine grobe Einteilung des organisationalen Wandels in vier Ebenen scheint sinnvoll.[20]

- *Individuum*: Aus dieser Perspektive betrachtet man insbesondere verhaltenswissenschaftliche Aspekte (z.B. Motivation, Fähigkeiten oder Ängste als auch Aspekte, die sich auf die Einordnung des Individuums in den organisatorischen Rahmen beziehen (z.B. Stellenbeschreibungen, Kompetenzen, Arbeitsanweisungen)). Organisatorischer Wandel auf dieser Ebene befaßt sich beispielsweise mit Verhaltensänderungen, mit Reaktionen des Individuums auf Wandel des Umfeldes (z.B. Opposition oder Promotion) oder mit Barrieren und Pathologien, die Veränderungen des Einzelnen behindern.
- *Gruppe*. Auf diesem Aggregationsniveau liegt der Fokus auf Beziehungsstrukturen zwischen den Individuen. Aus einer eher psychologisch-verhaltensorientierten Perspektive seien Begriffe wie Mikropolitik oder Koaltionstheorie genannt. Aus eher sachlich-rationaler Perspektive ist beispielsweise die aufbau- und ablauforganisatorische Gestaltung von Bereichen und Abteilungen von Interesse. Organisatorischer Wandel befaßt sich mit eher strukturellen Veränderungen und/oder verhaltensorientierten Veränderungen wie Gruppenprozessen, Beziehungsstrukturen oder Rollenveränderungen.
- *Organisation*. Diese Ebene betrachtet die Organisation als Gesamtes und befaßt sich beispielsweise mit strukturellen Aspekten, Führungssystemen, strategischen Fragen oder Umweltfaktoren. Aus einer psychologisch-verhaltensorientierten Perspektive

18 Allerdings ist auch eine statische Einteilung insofern zeitlich, daß sie sich immer auf ein Delta zwischen zwei Zeitpunkten bezieht.

19 Reiß (1997a), S. 7.

20 Vgl. zum folgenden Perich (1992), S. 124 f., der allerdings nach sechs Aggregationsniveaus differenziert. Ferner siehe Perrow (1986), S. 194 f.

sind Fragen der Organisationskultur wie Symbole oder kollektive Denk- und Verhaltensmuster von Interesse.

- *Supraorganisation.* Hierunter werden sämtliche Perspektiven zusammengefaßt, die nicht nur die einzelne Organisation im Fokus haben sondern darüber hinausgehen (Netzwerke, Populationen, Wirtschaftssysteme).

Unter dem Ziel, sich mit organisationalen Wandel zu befassen, ist das primäre Betrachtungsobjekt die Organisation. Dies wird für den weiteren Gang der Untersuchung angenommen. Dies heißt allerdings nicht, daß supraorganisationale Aspekte auf der einen Seite oder individuelle Aspekte auf der anderen Seite nicht zu betrachten sind.[21] Aus einer systemischen Perspektive ist es offensichtlich, daß beide angesprochenen Ebenen sich auf den Wandel des Systems "Organisation" auswirken. Es wird sich zeigen, daß individuelle Barrieren in Form von Akzeptanzbarrieren ein zentrales Problem des organisatorischen Wandels darstellen (vgl. Kapitel 7) und so Verständnis für Ansatzpunkte einer erfolgreichen zeitorientierten Gestaltung des *organisatorischen* Wandels nur über eine Analyse der individuellen Betrachtungsebene möglich ist. Eine weitere Annahme für den weiteren Gang der Arbeit ist, daß eine etablierte (d.h. nicht in Gründungs- oder Niedergangsphase befindliche) und hinreichend große Organisation angenommen wird.

Um organisationalen Wandel genauer zu beschreiben, müssen die bisher nicht spezifizierten Dimensionen einer Organisation beziehungsweise einer Unternehmung identifiziert werden. Je nach Sicht, was eine Organisation ist, ergeben sich die dimensionalen Abgrenzungen des Wandels. Wird eine Organisation als ein mechanistisches System gesehen, so ergeben sich im wesentlichen sachliche Wandeldimensionen. [22] Sieht man Organisation primär als politische Gebilde, so stehen Koalitionen, Einfluß- und Austauschbeziehungen im Vordergrund. Werden Organisationen als kulturelle Gebilde gesehen, so beziehen sich Wandeldimensionen primär auf Deutungsmuster, mentale Modelle oder Symbole. Eine der bekanntesten Einteilungen organisationaler Dimensionen liefert das 7-S Modell von PETERS/WATERMAN.[23] Es unterscheidet nach vier "weichen" S (Staff, Skills, Style, Superordinate Goals) und drei "harten" S (Systems, Structure, Strategy). Diese Einteilung deutet auch an, es organisationale Dimensionen gibt, die strukturell (z.B. Aufbauorganisation) sind und Dimensionen, die immateriell sind (z.B. Fachwissen oder Organisationskultur).

21 Vgl. Reiß (1997a), S. 7.

22 Vgl. grundlegende Autoren wie Galbraith (1983), Chandler (1977), Chandler (1993), Ansoff (1988), Ansoff (1984), Ansoff (1988), Porter (1996), Porter (1997).

23 Vgl. Waterman/Peters/Phillips (1980), Waterman/Peters/Phillips (1991), S. 309.

Vergleichbar mit anthropologischen Modellen wird teilweise versucht, Organisationen anhand von Schichten beziehungsweise Ebenen zu betrachten.[24] Wegweisend war hierbei die von FRENCH/BELL entwickelte Analogie der Organisation zu einem Eisberg, von dem das 1/8, das aus dem Wasser herausragt, den strukturellen Elementen einer Organisation entspricht und die restlichen 7/8 den informalen und kulturellen Aspekten.[25] Während einige Autoren nach drei organisationalen Ebenen unterscheiden, reicht nach allgemeiner Ansicht eine Unterscheidung nach lediglich zwei Ebenen, der Oberflächenstruktur der Organisation und der (kulturellen) Tiefenstruktur aus.[26] "Als *Tiefenstruktur* bezeichnen wir somit das 'organisatorische Unbewußte', insofern es (im Normalfall) bewußter organisatorischer Gestaltung nicht ausgesetzt ist, aber dennoch im Unternehmen weitreichende Wirkung ausübt. Die Unternehmungskultur als Gesamtheit eingelebter Werte, Normen und Weltbilder gehört hier dazu, ebenso wie gruppengebundene 'kognitive Strukturen', welche über die notwendigerweise lückenhaft 'offiziellen' Regelungen hinaus jede Entscheidung im Unternehmen entscheidend vorbestimmen. Last but not least gehören für uns etablierte Individual- und Gruppeninteressen zur Tiefenstruktur des Unternehmens."[27] (Im Original kursiv). Die Oberflächenstruktur des Unternehmens beinhaltet alle sichtbaren Elemente wie Strukturen, offizielle Regelungen, Arbeitsabläufe, Know How, etc. Während die Tiefenstruktur immateriell ist, hat die Oberflächenstruktur sowohl materielle beziehungsweise strukturelle Anteile als auch immaterielle Anteile (z.B. Fachwissen).

Im weiteren wird folgende (auf Unterscheidung nach Oberflächenstruktur versus Tiefenstruktur und struktureller Manifestation versus immaterieller Manifestation aufbauende) zweidimensionale Konzeption zugrunde gelegt. Zu den strukturellen Dimensionen gehören:[28]

- Träger, als Personen beziehungsweise Gruppen, die Einfluß auf das Unternehmen ausüben. Neben dem oberen Management ist zumindest teilweise auch das mittlere Management zu berücksichtigen.[29]
- Struktur. Hierunter fallen die Aspekte der Aufbauorganisation und der Ablauforganisation.

[24] Vgl. Perich (1992), S. 137 f. Ordnet man die Dimensionen einzelnen Schichten zu, so ergibt sich die Tiefe des Wandels nicht mehr aus dem Grad der Veränderung einzelner Dimensionen, sondern primär aus der Lage der veränderten Dimensionen im entsprechenden Schichtenmodell.

[25] Vgl. French/Bell (1977), Bleicher (1997), S. 226.

[26] Vgl. Krüger (1997), S. 825. Vgl. Müller-Stewens (1995), S. 145, Veil (1995), S. 97, Doppler/Lauterburg (1996), Töpfer/Mehdorn (1995), Imai (1996).

[27] Gomez/Müller-Stewens (1994), S. 155.

[28] Vgl. Krüger (1997), S. 79, Krüger (1988), S. 27 ff. In einer anderen Veröffentlichung führt Krüger noch den Wandel des Produktmixes und den Wandel der Unternehmensstandorte an (Vgl. Krüger (1994b), S. 206, Krüger (1993)). Dies soll hier nicht getan werden.

[29] Vgl. allerdings als Gegenbeispiel das Modell von Peters/Waterman (1981), die "people" zu den weichen Faktoren zählen.

- Systeme, als Führungsmodelle, Anreiz- und Kontrollsysteme sowie das Informations- und Kommunikationssystem der Unternehmung.
- Realisationspotential. Darunter werden Aspekte wie Verfügbarkeit und Auslastung der Produktionsfaktoren subsumiert.

Daneben müssen in der Oberflächenstruktur des Unternehmens noch - wie angesprochen - immaterielle Aspekte wie Fachwissen oder Kernkompetenzen eingeordnet werden. Auch die Strategie[30] insbesondere in Form von Markt- und Wettbewerbsstrategien ist dort einzuordnen. Zur Tiefenstruktur werden die in obigen Zitat angedeuteten Elemente gezählt.

Durch ein Ebenenmodell wird impliziert, daß von den tieferen Ebenen eine stärkere Kausalität auf die darüberliegenden Ebenen ausgeht als umgekehrt. Ein Wandelprozeß auf einer tiefer liegenden Ebene wird in der Regel eine Veränderung auf der höheren Ebene nach sich ziehen und nicht umgekehrt. Wandel auf einer tiefen Ebene wird in der Regel auch ein Wandel an vielen Orten sein. Wandel einer tiefen Ebene der Organisation ist ein umfassender Wandel nach obiger Abgrenzung, da in diesem Fall "automatisch" eine gleichzeitige Veränderung der Oberflächenstruktur stattfindet und Wandel an vielen Orten stattfindet. Gleichzeitig ist der Wandel einer tiefen Ebene auch ein tiefgreifender Wandel. Dies reflektieren auch aktuelle Change-Ansätze, die hervorheben, daß tiefgreifender Wandel nur in Form von Gestaltwandlungen möglich ist, d.h. beispielsweise, daß kulturelle Deutungsmuster der Organisation nicht geändert werden, ohne daß es auch zu einer Veränderung auf der strukturellen Ebene kommt. Für das Management des Wandels als zielgerichtete und bewußte Gestaltung heißt dies, daß nur bestimmte Veränderungsziele konsistent sind.[31] Für den Prozeß eines tiefgreifenden organisatorischen Wandels bedeutet dies, daß über den gesamten Verlauf die kausalen Abhängigkeiten der einzelnen Dimensionen zu beachten sind und eine getrennte Veränderung der einzelnen Schichten nur sehr begrenzt möglich ist.[32]

Entsprechend der aufgeführten Dimensionen kann man verschiedene Arten des organisationalen Wandels identifizieren. Die grundlegendste Kategorisierung kann anhand der Fundamentalität des Wandels geschehen. Es werden die Kategorien "einfacher Wandel" und "fundamentaler Wandel" unterschieden. Einfacher Wandel bezieht sich auf Veränderungen in der Oberflächenstruktur, fundamentaler Wandel bezieht sich auf Veränderungen in der Tiefenstruktur. Allerdings wird dieses Begriffspaar in der Literatur mit verschiedensten Namen belegt. So differenziert beispielsweise GREINER nach evolutionären Wandel und revolutio-

---

30 Hierzu gehört auch die Identifikation der relevanten Geschäftsfelder der Unternehmung.
31 Zu Konsistenzansätzen siehe Kapitel 5.2.2.1.2.
32 Vgl. Krüger (1997), S. 825.

nären Wandel[33], AGYRIS/SCHÖN nach Single-Loop Learning und Double-Loop Learning[34], PIAGET nach Assimilation und Akkomodation[35], LEVY/MERRY nach Transition und Transformation[36] und schließlich WATZLAWICK U.A. nach Wandel erster Ordnung und Wandel zweiter Ordnung.[37]

REIß identifiziert korrespondierend zu den drei Sektoren des Unternehmensgeschehens (Ressourcen, Struktur, Strategie) vier verschiedene Archetypen des organisationalen Wandels, die alle tiefgreifende Veränderungen darstellen.[38] Der *Strategiewandel* wird durch eine strategische Neuorientierung ausgelöst und pflanzt sich durch Interdependenzen weiter ins Unternehmen fort. Die tiefgreifendste Form stellt die Konversion dar. Der *Ressourcenwandel* als zweiter Archetypus bezieht sich auf Veränderungen der ökologischen Ressourcen, der Humanressourcen oder der technologischen Ressourcen. *Strukturwandel* bedeutet umfassende Veränderungen in der Aufbau- und Ablaufstruktur der Unternehmung. Der *Unternehmungswandel* als vierter Archetypus umfaßt alle genannten Sektoren und stellt den umfassendsten Veränderungsprozeß sowohl hinsichtlich Breite als auch hinsichtlich Tiefe des Wandels dar.

Andere Forscher, denen eine Zweiteilung der Formen des organisationalen Wandels zu grob scheint, klassifizieren *vier Ebenen* des Wandels.[39] Diese Ebenenstruktur wird dem weiteren Gang der Arbeit zugrunde gelegt. Allerdings sind diese Schichten nicht klar voneinander trennbar, da sie sich in der Praxis oftmals überlagern.[40]

- *Restrukturierung*: Bedeutet das Verändern von Strukturen, Prozessen, Systemen und entsprechenden Realisationspotentialen. KRÜGER zählt hierzu beispielsweise das Lean Management oder Business Reengineering und sieht solche Initiativen in der Regel in einem übergeordneten tiefgreifenden Wandel stattfinden.[41] Nach Ansicht des Verfassers ist eine solche Einordnung unglücklich, da beispielsweise Lean Management auch deutliche kulturelle Implikationen hat.
- *Reorientierung*: Bezieht sich insbesondere auf die strategische Ebene wie Aufbau von strategischen Partnerschaften, Besinnung auf Kernkompetenzen oder Aufbau neuer Geschäftsfelder.

33 Vgl. Greiner (1972).
34 Vgl. Agyris/Schön (1979).
35 Vgl. Piaget (1985).
36 Vgl. Levy/Merry (1986).
37 Vgl. Watzlawick u.a. (1992). Siehe auch Nadler u.a. (1995), Daft (1992), Wilson (1992). Vgl. auch Kapitel 5.2.2.1.2.
38 Vgl. Reiß (1997a).
39 Vgl. Krüger (1994a), 199 f., Krüger (1997), S. 823f, Perich (1992), S. 154f, Tushmann/Romanelli (1985), Kimberly/Quinn (1984). Allerdings werden leicht abweichende Begrifflichkeiten gewählt. Die Aufzählung orientiert sich an der Begriffswahl von Krüger (1997).
40 Vgl. Krüger (1997), S. 823, Servatius (1994), S. 41.
41 Vgl. Krüger (1997), S. 824.

- *Revitalisierung*: betrifft die Veränderung von grundlegenden Formen des Verhaltens wie neuer Führungsstil, partizipative Ansätze oder Abflachen der Hierarchie.
- *Remodellierung*: Bedeutet quasi einen völligen Neuanfang und zielt auf einen Paradigmenwechsel im Glaubenssystem der Organisation.

Im weiteren Verlauf der Arbeit sind sowohl fundamentale Veränderungsprozesse beziehungsweise Remodellierungen Objekt der Analyse (Kapitel 5 und Kapitel 6) als auch einfache Formen des organisationalen Wandels beziehungsweise Restrukturierungen.

4.1.2 Dynamische Abgrenzung des Wandelbegriffs

Neben inhaltlichen Kriterien können - wie angesprochen - zeitliche Aspekte der Veränderung zur Klassifikation des Wandels benutzt werden. Diese beziehen sich auf die Dauer (insbesondere Geschwindigkeit) des Wandels, auf den Zeitpunkt der Veränderung und letztlich auf dessen Verlaufsform.[42]

Zentrales zeitliches Abgrenzungsmerkmal ist die *Geschwindigkeit* des Wandels. Das Spektrum reicht von einem langsam-graduellen Veränderungsprozeß (kontinuierliche Episoden) bis hin zu einem schlagartigen und abrupten Wandel (diskontinuierliche Episoden). Oftmals wird mit diesem Begriffspaar das Paar hartes und direktes Eingreifen versus sanftes und revolutionäres Eingreifen gleichgesetzt, das sich auf den Interventionsgrad bezieht.[43] REIß gliedert das Spektrum der Veränderungsmodelle dementsprechend hinsichtlich Umfang der Veränderung und Interventionsstrategie.[44] Bei genauerem Betrachten ist die angesprochene Gleichstellung fraglich, da auch ein autoritäres Eingreifen einen langsamen Veränderungsprozeß anstreben kann.[45] Auch die *Radikalität* des Wandels ist - wie in Kapitel 4.1 beschrieben - ein geschwindigkeitsbasiertes Klassifikationsmerkmal für organisationalen Wandel. Im Gegensatz zum Geschwindigkeitsmaß ergibt sich Radikalität nicht nur durch die Dauer der benötigten Veränderung, sondern setzt noch einen hohen Veränderungsumfang voraus.

Eine weitere zeitliche Abgrenzung des organisationalen Wandels kann anhand des *Beginns* des Wandels geschehen. Beginnt ein Wandelprozeß zu einem Zeitpunkt, zu dem schon ein offensichtlicher Misfit zwischen Status quo und einem "guten" organisationalen Zustand herrscht und dadurch in der Regel die Handlungsalternativen begrenzt sind, so findet ein reaktiver Wandel statt. Proaktiver oder antizipatorischer Wandel findet dann statt, wenn noch kein unmittelbarer und objektiver Zwang vorhanden ist. Antizipatorischer Wandel ist immer

42 Zur Unterscheidung zwischen Chronos und Kairos siehe Bleicher (1996) und Kapitel 2.
43 Vgl. Reiß (1997a), S. 15.
44 Vgl. Reiß (1997a), S. 10.
45 Vgl. zu genaueren Ausführungen Kapitel 6.1.

ein bewußter Willensakt und so als geplanter beziehungsweise intendierter Wandel per Definition zu verstehen. Antizipatorischer Wandel ist eng mit Theorien der subjektiven Wahrnehmung verbunden, was in Kapitel 6.4.2 nochmals zur Sprache kommt. NADLER/TUSHMAN kombinieren dieses zeitliche Kriterium mit der Tiefe des organisatorischen Wandels und identifizieren vier charakteristische Typen des organisationalen Wandels.[46] Die vier Typen des Wandels lassen sich auf einer Intensitätsskala anordnen. Tuning stellt die schwächste Form dar, Recreation die intensivste.[47]

Proaktiv	Tuning	Reorientation
Reaktiv	Adaption	Recreation
	Incremental	**Fundamental**

Tabelle 4-1: Reaktiver versus proaktiver Wandel (nach Nadler 1989, S. 71)

Ein weiteres zeitliches Abgrenzungscharakteristikum des Wandels ist der *Verlauf* des Wandels. Viele der existierenden Partialmodelle des Wandels beziehen sich nicht nur auf einen Inhalt (was-Komponente) des Wandels, sondern gehen auch von einer bestimmten zeitlichen Verlaufsform des Wandels aus (wie-Komponente).[48] Gerade bei Langfristbetrachtungen ist es sinnvoll, nach zyklisch schwingenden Veränderungen und linear gerichteten Veränderungen zu unterscheiden.[49] Auch gerichtete Veränderungen können verschiedenste Zeitstrukturen aufweisen. So zeigt der *Linearitätsgrad*, in wieweit eine Veränderung geradlinig auf einen Endzustand zusteuert. Andere Muster können sich beispielsweise aus der zeitlichen Verteilung der einzelnen Abschnitte des Wandels ergeben.

Schon im letzten Kapitel wurde angedeutet, daß auch die komparativ-statische Abgrenzung des Wandelbegriffs insofern zeitlich ist, daß sie zwei Zeitpunkte der Betrachtung voraussetzt. Dies erscheint keineswegs unproblematisch, denn je nach Wahl der Zeitpunkte ergeben sich

46 Vgl. Nadler/Tushman (1986).

47 Vgl. Nadler (1989), S. 73.

48 Daher wird in Kapitel 7 auch nicht von Reengineering die Rede sein, sondern von einem umfassenden strukturellen und prozeßorientierten Wandel. Reengineering sagt im allgemeinen Praxisverständnis neben dem "was" auch einiges über das "wie" aus (zur Abgrenzung der beiden Komponenten siehe Reiß (1997a), S. 23 und Reiß (1997b), S. 37).

49 Vgl. Reiß (1997b), S. 88. Reiß verdeutlicht dies anhand der Frage, ob die Managementmoden der letzen Jahre (TQM, Lean Management, Reengineering, Lernende Organisation, etc.) tatsächlich zu Fortschritt führen, oder auf der Stelle treten, also zyklisch sind.

unter Umständen verschiedene Formen des Wandels.[50] Eine Möglichkeit diese Willkürlichkeit der Zeitpunktwahl auszuschließen, wäre Kriterien für Anfangs- und Endpunkte eines Veränderungsprozesses zu definieren.[51] Allerdings weisen gerade neuere Veröffentlichungen darauf hin, daß Wandel etwas ständig Stattfindendes ist, und nicht ein erklärungsbedürftiger Ausnahmefall.[52] Dementsprechend schwierig ist der Versuch, organisationalen Wandel nach herausragenden Start- und Endzeitpunkten abzugrenzen. Hinsichtlich einer Managementperspektive kann Wandel danach abgegrenzt werden, ob er "automatisch" oder durch planende Akteure entstanden ist.[53]

Im weiteren Gang der Arbeit sind insbesondere diskontinuierliche Veränderungsprozesse von Interesse, wobei proaktive Aspekte (insbesondere in Kapitel 6) und reaktive Aspekte (tendenziell in Kapitel 7) untersucht werden. Die definitorische Abgrenzung des Begriffs Change Management geschieht im folgenden Kapitel.

4.1.3 Management des Wandels

Nachdem verschiedene Formen und Klassen des Wandels abgegrenzt wurden, muß auf die Verbindung zwischen Wandel und Management eingegangen werden.[54] *Management* des Wandels (oder besser gemanagter Wandel) zeichnet sich dadurch aus, daß bestimmte Akteure (z.B. das Top Management) nachvollziehbar bewußt[55] und vorsätzlich *versuchen*[56], die Veränderung einer oder mehrerer organisationaler Dimensionen[57] zu einem Zeitpunkt t_0 zu beginnen und sich dieser Vorgang über ein (geplantes) Zeitintervall $[t_0,T]$ erstreckt.[58] Allerdings darf

---

50 Vgl. Wiegand (1996), S. 161, der sich auf Mayntz (1987), S. 19 und Woodman (1989), S. 164 bezieht, wonach die Betrachtung von Veränderung eine "second order abstraction" ist, bei der man erstens zwei Gegebenheiten vergleichen muß und zweitens die Erhebungszeitpunkte vergleichen muß.

51 Man kann z.B. Krisen als Startpunkte definieren. Zu Krisen und deren Rolle als Auslöser von Veränderungen siehe beispielsweise Staehle (1994), S. 851 f., Hurst (1995), Barton (1993) Wilson (1992) oder Sommer (1994), S. 42. Praxisbeispiele insbesondere aus dem deutschsprachigen Raum nennen Bochum/Dörrenbächer (1994).

52 Vgl. Schreyögg (1996), S. 471 f., Maucher (1994), S. 19, um nur einige Beispiele zu nennen.

53 Zu emergenten Phänomenen siehe Schreyögg (1996),S. 405 f., zur "organisierten Anarchie" siehe March (1994).

54 Vgl. Reiß (1997a), S. 7.

55 Zum Beispiel durch die Erteilung eines Projektauftrages oder der Einrichtung einer Projektorganisation. In einer aggregierteren Sichtweise kann darunter auch die Verankerung als strategisches Ziel beziehungsweise die Aufnahme in den Planungshorizont verstanden werden.

56 Dies zeigt, daß die Akteure nicht über unbegrenzte Gestaltungsmacht verfügen.

57 Damit wird bewußt offengelassen, ob das Ziel des Wandels eine Erhöhung der Wandlungsfähigkeit der Organisation sein soll (z.B. durch Installation eines Geschäftsprozeßmanagement (Vgl. Fries (1994), Veil (1995)), eines KVP-Prozesses (Vgl. Imai (1996), Töpfer/Mehdorn (1995)) oder "lediglich" ein Wandel ohne diesen Effekt stattfinden soll.

58 Auch die Abgrenzung des Endzeitpunktes einer Veränderungsinitative ist nicht einfach. Hier soll insbesondere nach den Kriterien Übergang in die Linie (erfolgreiches Projekt), Versanden (nicht erfolgreiches Projekt), offizieller Abbruch (nicht erfolgreiches Projekt) unterschieden werden. Die Definition zeigt

der Planungszeitraum nicht als "harte" Größe verstanden werden.[59] Gerade vor dem Hintergrund des inkrementellen Ansatzes im Change Management kann der Planungshorizont durchaus mehrere Meilensteine enthalten, an denen unter Umständen das Ziel in Form einer rollierenden Planung neu formuliert wird. Wichtig ist, daß es eine konstante Aktorenperspektive als Rolle gibt und daß ein strategischer zeitlicher beziehungsweise inhaltlicher Horizont definiert ist .

Die Ausführungen machen deutlich, daß es im nachhinein keineswegs einfach ist, zwischen einem geplanten (gemanagten) und einem ungeplanten (emergenten) Wandel einer Organisation zu unterscheiden, da man *ex post* rekonstruieren muß, was die treibenden Kräfte der Veränderung waren. Die unterscheidende Frage ist wie angesprochen, ob es Akteure gab, die die (resultierende) organisationale Veränderung bewußt angestrebt haben.[60] Die Gefahr, daß ein emergenter Wandel vom Management ex post rationalisiert wird (und so als bewußter Wandel gelten soll) ist relativ hoch. Um als Forscher dieser Gefahr aus dem Weg zu gehen, kann man beispielsweise die Existenz einer Verankerung in der Organisationsstruktur (z.B. Projektteam) sowie zum Zeitpunkt des Wandels vorhandene zukunftsgerichtete Merkmale des Veränderungsprozesses (z.B. Meilensteinplanung, Vision) als Abgrenzungskriterien benutzen.

Zur Kategorisierung von Formen des Management des Wandels kann man nach der (inhaltlichen und zeitlichen) Art des Wandels und nach der Interventionsstrategie unterscheiden. Abbildung 4-2 zeigt eine entsprechende Kategorisierung.[61] Letztere lassen sich insbesondere in sanfte (indirekte) und harte (direkte) Interventionsmethoden unterteilen.[62] Sanfte Interventionsmethoden versuchen das Organisationssystem nicht direkt steuernd zu verändern, sondern indirekt durch Kontextsteuerung. Derartige Ansätze werden auch Evolutionsansätze

---

auch, daß es problematisch sein kann, nur das de facto realisierte Ergebnis zu messen. Ist eine Veränderungsinitiative ein Mißerfolg (es hat sich im Extremfall nichts verändert), so kann es dennoch Aktoren gegeben haben, die *versucht* haben, die Organisation zu wandeln.

59 Vgl. auch Reiß (1997c), S. 126, der fragt, ob es derartige Start- und Endzeitpunkte gibt. Verneint man dies, dann entzieht man auch der gesamten Betrachtungsperspektive "Management des Wandels" seine Abgrenzungsgrundlage.

60 Auf die Unterschiede der Zeitperspektive zwischen einer *ex ante* bzw. perspektivschen Sicht und einer *ex post* Sicht wird in Kapitel 4.3 noch eingegangen. Siehe auch Kapitel 2.

61 Die Abbildung zeigt auch , daß Reiß zwischen Management des Wandels und Change Management unterscheidet. "Wandel repräsentiert nur eine Spielart von 'Veränderungen', die durch das Management gemeistert werden müssen. Nur die 'tiefgreifenden' Veränderungen definieren nach herrschender Auffassung das Betätigungsfeld von Change Managern." (Reiß (1997a), S. 10). Um nicht in ein begriffliches Durcheinander zu geraten, soll im Rahmen der Arbeit Management des Wandels dem Begriff Change Management gleichgesetzt werden. Eine Abgrenzung nach den zwei genannten Dimensionen erscheint ausreichend.

62 Vgl. Reiß (1997a), S. 10. Allerdings ist das Raster in dem Sinne unvollständig, daß nur nach dem Umfang des Wandelobjektes (statisches Abgrenzungsmerkmal) und nicht auch nach dynamischen Abgrenzungsmerkmalen unterschieden wird.

genannt. Das Gegenstück bilden harte Interventionen, durch die das System direkt verändert werden soll. Hybridansätze wählen einen Mittelweg.

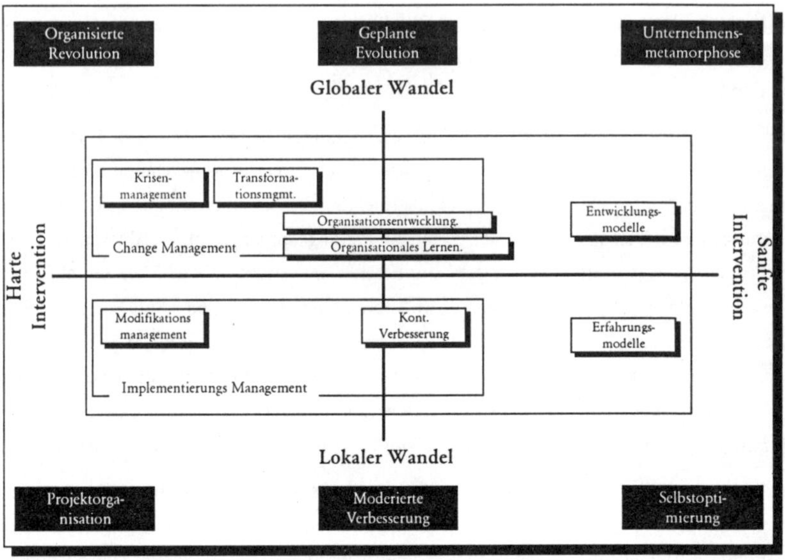

Abbildung 4-2: Kategorien des Wandels nach Reiß (1997a), S. 10

Es stellt sich die Frage, welche Dimensionen einer Organisation einer gezielten und bewußten Veränderung durch welche Interventionen überhaupt zugänglich sind. Zur Beantwortung dieser Frage muß eine Analyse der treibenden Kräfte des organisationalen Wandels vorgenommen werden, was in Kapitel 5 geschieht. Während insbesondere ältere Ansätze von einem hohen Machbarkeitsgrad des geplanten Wandels ausgingen, sind andere Ansätze wesentlich pessimistischer und sehen nur einen geringen Handlungsspielraum durch sanfte Interventionsmethoden. Im Vorgriff auf Kapitel 5 sei schon gesagt, daß Hybridansätze als Mischform am realistischsten erscheinen. Diese fußen auf der Annahme des gemäßigten (Management-) Voluntarismus, der in Anschnitt 5.2.2 genauer besprochen wird.[63]

Nachdem eine Abgrenzung der Begriffe Organisation, Wandel von Organisationen und Management des Wandels erfolgt ist, kann sich die Arbeit dem nächsten Aspekt - der Analyse von Gütemaßen des organisationalen Wandels und der Rolle des Zeitfaktor hierbei - zuwenden.

63 Als Managementkonzepte sind vor allem der St. Galler Ansatz, die Münchener Schule um Kirsch, der logische Inkrementalismus nach Quinn oder Ansätze des kontrollierten Chaos zu nennen (z.B. March (1994)).

4.2 Gütemaße des Change Management - Zeit als Zielgröße

Die Bewertung von organisationalen Zuständen stellt eine zentrale Aufgabe in der betriebswirtschaftlichen Forschung dar. Ohne eine Vorstellung darüber, was "gut" und was "schlecht" ist, sind keinerlei handlungsorientierte (bzw. präskriptiven oder normativen) Aussagen möglich. Anhand eines Gütemaßes läßt sich der Erfolg eines Veränderungsprozesses als Folge von Interventionen über der Zeit seitens der Akteure bestimmen. Daraus wiederum sind Aussagen hinsichtlich eines "guten" Handelns im Veränderungsprozeß ableitbar. Formaler ausgedrückt heißt das Optimierungsproblem:[64] "Identifiziere diejenigen der möglichen Interventionen zu jedem Interventionszeitpunkt, die die erwartete Güte des Ergebnisses optimiert".

Im Zusammenhang der Arbeit sind in diesem Kapitel *zwei* Ziele zu verfolgen. Einerseits muß ein Gütemaß erarbeitet werden, an dem sich die handlungsorientierten Ausführungen der folgenden Abschnitte orientieren können. Zweitens soll die Rolle des Zeitfaktors im Zusammenhang mit der Erfolgsmessung selbst analysiert werden. Es wird sich zeigen, daß "Zeit" ein zentrales Element der Erfolgsmessung ist. Die Grundfrage des Kapitels ist, woran der Erfolg eines Veränderungsprozesses gemessen werden kann.[65]

4.2.1 Der Zeitfaktor bei der Erfolgsmessung des organisationalen Wandels

So einleuchtend die Notwendigkeit von expliziten Erfolgsmaßen für normative Aussagen im Change Management ist[66], um so stärker unterscheiden sich die verschiedenen Ansätze, wie organisationale Veränderungsprozesse beurteilt und bewertet werden sollen.[67] Neben der inhaltlichen Verschiedenheit der Konzepte sind verschiedenste Begriffsdefinitionen und Abgrenzungen des Objektes der Messung vorzufinden.[68] "Für den Begriff der Effizienz ist zunächst zu konstatieren, daß weder hinsichtlich des Begriffsinhaltes noch bezüglich der Be-

---

64 Dieser Begriff soll nicht den Anschein erwecken, daß es sich tatsächlich um ein Optimierungsproblem handelt, daß durch Operations Research - Methoden gelöst werden kann. Die formale Ausdrucksweise soll insbesondere zu *konzeptioneller* Klarheit verhelfen.

65 Vgl. Insbesondere Knopf (1976), S. 170. Er betont, daß nur der Prozeß an sich untersucht wird und in seinen Ausführungen von der Bewertung der Wirkung des Reorganisationsinhaltes abstrahiert wird. Wie sich noch zeigen wird, ist eine derartige Einschränkung äußerst problematisch und nur unter bestimmten Grundannahmen sinnvoll. Es wird allerdings der Auffassung gefolgt, daß - egal wie das Gütemaß konkret festgelegt ist - das Maß eine Güteaussage über den Veränderungsprozeß machen muß.

66 Darüber besteht in der Literatur ein weitestgehender Konsens. Vgl. z.B. Knopf (1976), S. 90, Kirsch/Esser/Gabele (1979), S. 12ff, Kirsch (1978), Gzuk (1975). Manche Arbeiten wie z.B. Mohr (1997), die normative Aussagen über das Change Management generieren, legen den verwendeten Gütemaßstab gar nicht offen. Hadamitzky (1995), S. 234 betont mit Bezug auf Albach (1989), S. 23, daß zahlreiche Bewertungskonzepte ohne ausreichenden theoretischen Bezug formuliert sind und so auch die abgeleiteten normativen Aussagen auf einem wackeligen Fundament stehen.

67 Vgl. Hadamitzky (1995), S. 226, Gabele (1992), Sp.2199f, Knopf (1976), S. 4, Mayer (1975), S. 4, Senge (1994).

68 Vgl. Hadamitzky (1995), S. 239. Nach Hadamitzky gilt heute noch weitestgehend das Zitat von Knopf.

griffsverwendung in der Literatur eine einheitliche Linie festzustellen ist. ... Die Begriffsverwirrung ist vollkommen, wenn unterschiedliche Begriffe für vermeintlich denselben Tatbestand verwendet werden."[69] Begriffe, die mit der Erfolgsmessung assoziiert werden sind Effektivität ("die richtigen Dinge tun"), Effizienz ("die Dinge richtig tun"[70]), Erfolg, Nutzen, Kosten, Qualität, Zeit, Aktion, Effekt, etc.

Nach Ansicht des Verfasser liegt die Ursache der Begriffsproblematik einerseits darin, daß eine verursachungsgerechte Zuordnung von Effekten (insbesondere Nutzenbestandteilen wie Kostenersparnis oder Kundenzufriedenheit) zu organisationalen Veränderungsprozessen oftmals schwierig ist und daß organisatorischer Wandel stets auf sich selbst bezogen ist. Um eine organisationale Veränderung zu bewirken, muß eben ein Teil dieser Organisation (z.B. finanzielle Mittel. Manpower, Wissen) benutzt werden, um damit das Ziel (z.B. mehr Gewinn, neue Strukturen) zu erreichen. Eine zur Erfolgsmessung enorm wichtige Differenzierung nach Inputs und Outputs ist aufgrund dieser Reflexivität schwierig. Angesichts der beschriebenen Problematik würde eine umfassende Analyse von Möglichkeiten und Strategien der Erfolgsmessung den Rahmen der Arbeit sprengen. Daher werden die Ausführungen zu Erfolgsmaßstäben relativ knapp gehalten und es wird auf die zitierte weiterführende Literatur verwiesen.

In der betriebswirtschaftlichen Literatur wird meist von *ökonomischen* Basiszielen der Akteure ausgegangen. Es ist fraglich, ob dadurch viele Ansätze nicht zu kurz greifen, da es Akteuren unter Umständen eher um Machtgewinn, Eitelkeiten und ähnliches geht, als um Erschaffen von ökonomischen Mehrwert für das Unternehmen. Dies gilt auch für Aspekte der Kostenseite. Sind in manchen Fällen den Akteuren Aufwendungen im gesamtorganisationalen Sinne nicht egal, solange nicht das persönliche Umfeld betroffen ist?[71] Die Folgen eines in der Forschung verwendeten Gütemaßstabes, der nicht dem der relevanten Akteure entspricht, für die die normativen Aussagen gemacht werden sind zweifach: Die Aussagen sind für die Akteure nicht brauchbar, da sie ein aus ihrer Sicht "falsches" Ziel optimieren. Außerdem wird ein wissenschaftlich abgeleitetes "gutes" Verhalten in der Praxis kaum oder nur zufällig zu beobachten sein. Wenngleich es sicherlich interessant wäre, optimales Handeln hinsichtlich oben angedeuteter alternativer Zielsysteme abzuleiten wird die Arbeit im weiteren davon ausgehen, daß das Ziel des Handelns durch ökonomische Ziele bestimmt wird, an denen prinzipiell die Güte eines Veränderungsprozesses festgemacht wird. Dieses Zielsystem soll als

69 Knopf (1976), S. 162.
70 Vgl. Reiß (1995b), S. 278.
71 Für eine süffisante aber scharfsinnige Beschreibung siehe Noll/Bachmann (1995), S. 9 ff. Einen ausführlichen Praxisbericht liefert Goedevert (1996), S. 180 ff., 195 ff.

konstant angesehen werden. Ohne die Annahme der Konstanz der Ziele (wie auch immer diese aussehen), wären keine normativen Aussagen möglich.[72]

Die Güte eines Veränderungsprozesses kann anhand eines (fiktiven) Vergleichs der beiden Szenarien "die Interventionen wurden durchgeführt" und "die Interventionen wurden nicht durchgeführt" ermittelt werden. Die Güte eines Veränderungsprozesses kann - analog zu Investitionsproblemen - durch die Auswirkungen auf den Wertestrom der Organisation gemessen werden. Die diskontierten positiven (Nutzen) und negativen (Kosten) Auswirkungen auf den Wertestrom ergeben die Güte des Veränderungsprozesses.[73] Dieses Maß kann auch als Effektivität bezeichnet werden, indem es den Grad der Verbesserung der Zielkriterien beschreibt. Aus dem Verhältnis von positiven Wertestrom und negativen Wertestrom ergibt sich die Inputeffizienz. Sie drückt aus, wie gut der Einsatz der Kostenbestandteile war und ist insbesondere im Falle knapper Ressourcen von Interesse. Zur Komplexitätsvereinfachung wird im folgenden der Schwerpunkt auf die Effektivitätsbestimmung des organisationalen Wandels gelegt und in diesem Zusammenhang auch von Erfolg gesprochen. In Einklang mit der angelsächsischen Literatur wird dies auch "Effizienz" genannt.[74]

Zur Operationalisierung des Wertestroms müssen Ersatzindikatoren (z.B. Kundenzufriedenheit, Prozeßqualität, Mitarbeitermotivation, Marktanteil, Overheadanteil, direkte Kosten) herangezogen werden. Die hiermit verbundene enorme Problematik wird später aufgegriffen und soll an dieser Stelle außen vor bleiben. Die einzelnen Zieldimensionen zeigen einen dynamischen Verlauf (z.B. Qualitätseinbußen zu Beginn und ein Qualitätsanstieg gegen Ende des Veränderungsprozesses). Durch Aggregation lassen sich zwei Kurven ermitteln. Die Nutzenkurve stellt den Verlauf der positiven Effekte dar, die Kostenkurve den Verlauf der negativen Effekte.[75] Abbildung 4-3 stellt eine Prinzipskizze hinsichtlich eines möglichen Verlaufes des Zusatznutzens und der anfallenden Kosten dar. In der Abbildung zeigt sich, daß nach Beendigung der Veränderungsinitiative der Zusatznutzen gegenüber dem Basisfall "keine Veränderung" potentiell wieder abnimmt. Diesem Verlauf liegt die Annahme einer "Halbwertszeit" des Nutzens zugrunde.[76] Dadurch wird (teilweise) der Dynamik des Unternehmenskontextes Rechnung getragen.

72 Zur Problematik beziehungsweise Unmöglichkeit der Vergleichbarkeit von Alternativen unter verschiedenen Zielsystemen siehe beispielsweise Child (1972), S. 14.

73 Hinsichtlich des Investitionscharakters von Veränderungsinitiativen siehe z.B. Bühner (1991), S. 12 f., Waragai (1989).

74 Vgl. Knopf (1976), S. 164. "Effizienz" ist also ein Oberbegriff. Zu einer ausführlichen Analyse siehe Grabatin (1981), Hadamitzky (1995), S. 235, Scholz (1992), Sp. 533.

75 Vgl. Grimmeisen (1997), S. 151, der in diesem Zusammenhang von einem Lebenszyklusmodell spricht.

76 Zur Erfolgsmessung von Veränderungsinitiativen über Halbwertszeitkonzepte siehe Fischer/Schmitz (1997), S. 384 ff.

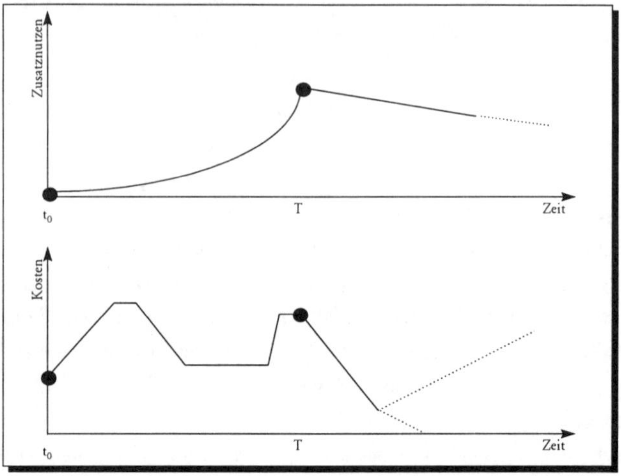

Abbildung 4-3: Prinzipskizze zur Erfolgsmessung eines Veränderungsprozesses

Die Kostenkurve kann prinzipiell jede Verlaufsform annehmen. Die Skizze deutet an, daß es möglich ist, daß auch Kosten *nach* der Beendigung des Veränderungsprozesses entstehen können. Genauso wie das Nutzenmaß muß auch das Kostenmaß ganzheitlich also inklusive von Folgekosten gemessen werden. Zu den Kosten gehören tatsächliche out-of-pocket-costs und Opportunitätskosten. Die Skizze macht den inhärenten Zeitbezug und damit die Wichtigkeit des Zeitfaktors deutlich. Will man die *gesamten* Nutzen beziehungsweise Kosten aus obigen Verläufen ermitteln, so muß der Zeitbezug durch Diskontierungsmethoden explizit betrachtet werden.

Obiges Konzept bewertet die Güte eines Wandelprozesses am de facto realisierten Ergebnis bezüglich der zugrunde gelegten Zielfunktion. Die Frage, in wieweit ein Veränderungsprozeß seine ursprünglich angestrebten (inhaltlichen[77]) Ziele erreicht, wird durch einen solchen Güteindikator nicht beantwortet. Einige Autoren argumentieren, daß man von der Beurteilung des Zieles an sich absehen sollte und die Güte beziehungsweise die Qualität eines Veränderungsprozesses über den Grad der *Zielerreichung* definieren sollte.[78] Abbildung 4-4 zeigt, daß zu einer dynamisch vollständigen Beschreibung eines Reorganisationszieles neben der *inhaltlichen* Dimension auch eine *zeitliche* Spezifizierung vorgenommen werden muß. Unter dem Ziel - das von den Akteuren selbst spezifiziert wird und das prinzipiell jeglichen Inhalt haben

[77] Vgl. Zeyer (1996), S. 136 f.

[78] Vgl. Hadamitzky (1995), S. 228, Knopf (1976), S. 88 ff., Bouhs (1987), Pfohl/Zöllner (1991), S. 323 ff., Pfohl/Linn/Kunz (1989), S. 220 ff.

kann - der Intervention wird eine Aussage verstanden, aus der hervorgeht, welche der organisationalen Dimensionen verändert werden sollen (z.B. Kernprozesse, Marketingkonzept, Führungsebenen). Dies soll das "aktionsseitige Ziel" genannt werden. Diese Zielformulierung wird in der Regel durch ein "effektseitiges Ziel" ergänzt.[79] Es besagt, wie die "Stellschraube" gedreht werden soll beziehungsweise, was dadurch erreicht werden soll (z.B. Reduktion um zwei Führungsebenen, Beschleunigung des Produktentstehungsprozesses um 30%[80]).

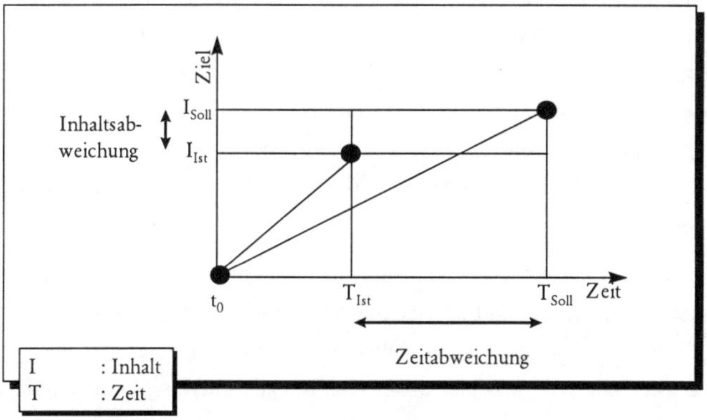

Abbildung 4-4: Prinzipskizze zur Erfolgsmessung eines Veränderungsprozesses anhand der ex ante formulierten Zielvorstellung

Zur Bewertung der de facto erreichten Veränderung muß das Tupel aus Zeitabweichung und Inhaltsabweichung bewertet werden. Formal ausgedrückt entspricht dies einer Funktion im dreidimensionalen Raum, die jedem Zeit-Inhalts-Tupel einen Nutzen beziehungsweise einen Opportunitätsschaden zuordnet.[81] Nur so sind die verschiedenen Ergebnisse vergleichbar und eine Optimierung kann vorgenommen werden. An dieser Stelle ist es kaum möglich, allgemeingültige Aussagen zu treffen, da diese vom situativen Kontext und vom Objekt/Inhalt des Wandelzieles abhängen. Befindet sich ein Unternehmen beispielsweise in einer akuten Krise, so mag ein Verschieben von nötigen Restrukturierungen für das Unternehmen fatal sein. Handelt es sich um eine strategische Krise, so ist eine (gewisse) Zeitabweichung nicht weiter tragisch.

79 Vgl. Zeyer (1996), S.136 f.

80 Der *Zeitfaktor* spielt auch eine wesentliche Rolle bei der Effektbeschreibung an sich.

81 Geht man davon aus, daß das formulierte Sollziel ein nutzenseitiges Optimum darstellt, bedeutet jede Abweichung weniger Nutzen und damit Opportunitätsschaden.

Hinsichtlich des interorganisationalen Vergleich kann man argumentieren, daß "vor allem solche Unternehmen Wettbewerbsvorteile erzielen, die den strukturellen Wandel zum richtigen Zeitpunkt einleiten und schneller bewältigen als die Konkurrenz. Dabei sind reorganisationsbedingte Zeitvorsprünge eher höher einzustufen als Pioniergewinne, die auf technische Innovationserfolge zurückzuführen sind, weil sich der Imitationsschutz nicht allein auf technische Innovationserfolge stützt, sondern in erster Linie von soziokulturellen Faktoren bestimmt wird, die kaum oder nur mit einem hohen finanziellen Aufwand zu kopieren sind."[82] Das Zitat macht deutlich, daß schneller Wandel mit tendenziell hohem Nutzen zu bewerten ist, da dadurch relativ lang andauernde Wettbewerbsvorteile geschaffen werden. Ein weiteres Argument für eine zunehmend höhere Bewertung von Zeitvorteilen ist die zunehmende Dynamik der organisationalen Umwelt. Wie in Kapitel 3 beschrieben, hängt der organisationale Erfolg immer mehr davon ab, inwiefern das Wandeltempo der Organisation an das der Umwelt angepaßt werden kann.[83]

Auch die Bewertung einer Inhaltsabweichung kann nur situativ erfolgen. Der Schaden hängt im wesentlichen von den Teilbarkeitseigenschaften des Wandelobjektes ab. So ist beispielsweise eine komplexe Anlage oder ein Softwareprogramm unter Umständen völlig wertlos, wenn der kleinste Fehler die gesamte Anlage oder das gesamte Programm lahmlegt.

Aus *methodischer* Sicht scheint eine an der Zielerreichung festgemachte Meßvorschrift potentiell vorteilhaft, da ein formuliertes Ziel eines Veränderungsprozesses (z.B. Abbau von zwei Hierarchieebenen) in der Regel wesentlich konkreter und eine Erfolgsmessung daher leichter operationalisierbar ist als die Messung des Einflusses eines Veränderungsprozesses auf die Gesamteffizienz der Unternehmung. Prinzipiell problematisch scheint allerdings, daß es insbesondere in umfangreicheren Veränderungsprozessen fraglich ist, ob zu Beginn ein vollständig formuliertes Ziel (in der Handlungsebene und in der Effektebene) existiert. Nach Ansicht des Verfassers ist die Wahrscheinlichkeit, daß ex post Ziele konstruiert werden, die mit dem Ergebnis übereinstimmen, relativ groß und aus der Sicht der Akteure durchaus zu verstehen. Auch wenn ein Ziel schon ex ante formuliert ist, ist es fraglich, ob die (strikte) Umsetzung des formulierten Zieles und das so resultierende zielbezogene Gütemaß die tatsächliche Güte des Veränderungsprozesses aus einer Totalperspektive widerspiegelt.

Reduziert man das Bewertungsproblem der Güte darauf, ob angestrebte Veränderungen des organisationalen Systems tatsächlich umgesetzt werden, so muß man annehmen, daß das (vorhandene und formulierte) Ziel "gut" ist.[84] Ist dies nicht der Fall, so kann sich die Zielerreichung ad absurdum führen und es entsteht eine potentielle Paradoxie zwischen hohem Ziel-

82 Hadamitzky (1995), S. 258.

83 Vgl. z.B. Warneke (1992), S. 9.

erreichungsgrad und negativen Nutzen aus einer Totalperspektive. Insbesondere vor dem Hintergrund immer dynamischerer Umfeldsituationen ist es wichtig, im Form von Double-Loop Lernprozessen seine Grundannahmen zu hinterfragen und nicht blind ein einmal definiertes Ziel zu verfolgen.[85] Ein *rein* an der Zielerreichung der Veränderungsidee orientiertes Gütemaß greift für komplexe Veränderungsprozesse nach den gemachten Ausführungen meist zu kurz.[86] Modellstrukturen, die von einer vorformulierten Zielvorstellung ausgehen, die darauf lediglich umgesetzt wird, sind zwar konzeptionell einfacher zu handhaben, bilden aber die Realität des Change Managements nur unzureichend ab.

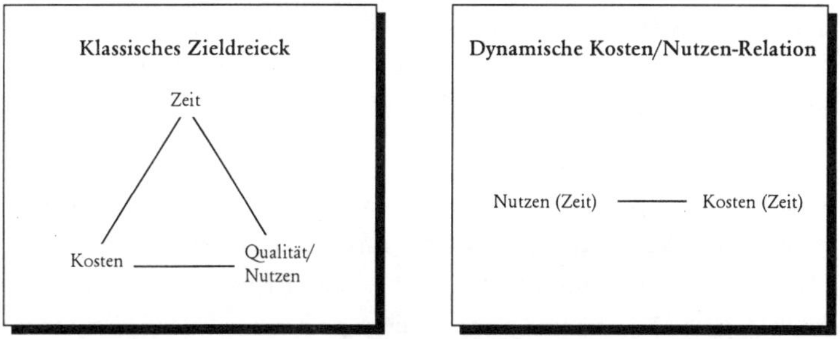

Abbildung 4-5: Alternativen zur Integration des Faktors "Zeit" in das System der Gütemessung

Im vorgestellten Ansatz zur Erfolgsmessung von Veränderungsinitativen spielt der Zeitfaktor eine integrale Rolle, indem Kosten- und Nutzenbestandteile *über* der Zeit formuliert werden. Ein (scheinbar) anderer oft verwendeter Ansatz versucht, zur Erfolgsmessung nach Zeit-Qualität-Kosten zu differenzieren und "Zeit" als explizite Gütegröße zu beschreiben.[87] In der Regel dabei wird unter "Zeit" (implizit) die Geschwindigkeit der Veränderung verstanden und als (Input-)Effizienzkriterium bezeichnet.[88] Verfolgt man diese Strategie, so müssen drei

---

84 Vgl. Hadamitzky (1995), S. 229.

85 Vgl. Kapitel 5.2.2.4.

86 Allerdings besteht die Möglichkeit, das Ziel eines organisatorischen Wandels derart abstrakt zu formulieren (z.B. Steigerung des Unternehmenswertes), daß eine definitorische Übereinstimmung zwischen gesamtorganisatorischen Gütemaß und Ziel des Wandels besteht. Im Text wird davon ausgegangen, daß in der Regel Ziele konkreter sind (z.B. Beschleunigung eines Kernprozesses).

87 z.B. Reiß (1995b), S. 281.

88 z.B. Zeyer (1996), S. 140, Reiß (1995b), S. 281. Vgl. auch Hadamitzky (1995), S. 260, der versucht eine zeitliche Effizienz als Umsetzungsgeschwindigkeit zu verstehen. Allerdings zieht er als Indikatoren der Veränderungsgeschwindigkeit beispielsweise den Grad der Partizipation heran, was sehr fraglich ist (Vgl. auch S. 265, auf der eingeräumt wird, daß "dies diese Überlegung allerdings der in der Literatur vertretenen und empirisch belegten Auffassungen (widerspricht; der Verf.), daß tiefgreifende Veränderungen mit einer hohen Mitarbeiterbeteiligung zwangsläufig langsamer verlaufen müssen, als Reorganisationen, an denen nur wenige Fachleute gestaltend mitwirken und die überwiegende Mehrheit damit

Dimensionen wieder zu einem Gesamtgütemaß aggregiert werden. Zur Bewertung der Qualität beziehungsweise des Nutzens muß wie angeführt neben der inhaltlichen auch eine zeitliche Bewertung erfolgen. Auch auf der Kostenseite muß eine zeitbasierte Bewertung erfolgen. Man erkennt, daß Zeit sowohl Teil der Nutzenstruktur als auch der Kostenstruktur ist. Es scheint daher nicht sinnvoll, den Zeitfaktor (künstlich) vom Gütemaß Qualität/Nutzen versus Kosten abzukoppeln.[89] Die Konzeption einer dynamischen analog Abbildung 4-5 scheint vorteilhafter.[90] Zusätzlich wird diese Konzeption durch die Tatsache gestützt, daß andernfalls potentiell unklar ist, ob sich im Zieldreieck „Zeit" auf eine Eigenschaft des Veränderungsprozesses bezieht oder auf eine Eigenschaft des Ergebnisses (z.B. der schnellere Auftragsabwicklungsprozeß). In der dynamischen Kosten-Nutzen Relation ist klar, daß Zeit als Dimension des Ergebnisses zu Nutzen- beziehungsweise Kostenbestandteilen (z.B. bei Prozeßverlangsamung) zählt, während „Zeit" als Charakteristikum des Prozesses durch die Dynamik integriert wird.

Die bisherigen Betrachtungen erscheinen aus *prinzipieller* Sicht sinnvoll beziehungsweise schlüssig, sind aber in der Umsetzung mit Problemen der kausalen Zurechenbarkeit zwischen der Ursache - der Folge von Interventionen über der Zeit innerhalb des Change-Projektes - und der Auswirkung auf das Gütemaß geprägt.[91] Dies gilt insbesondere für die Nutzenkomponente. Eine Organisation ist statisch und dynamisch komplex. Viele untereinander vernetzte Aktivitäten verursachen als *Gesamtheit* die organisationale Performance. Das Bestimmen der Differenz des Gütemaßes zwischen dem "Basisfall" der Nichtintervention und der tatsächlichen Intervention erscheint komplex oder sogar zu komplex, um gelöst zu werden.[92] An dieser Stelle setzt die organisatorische Effizienzforschung an. Sie versucht, Ersatzkriterien zu identifizieren, anhand derer die Güte eines Organisationszustandes beziehungsweise eines Veränderungsprozesses gemessen werden kann.[93]

Das Ergebnis von Ansätzen zur Effizienzmessung ist in der Regel ein mehrdimensionales Indikatorensystem. Damit verbunden ist die Notwendigkeit einer Aggregationsvorschrift, um

beauftragt ist, vorgedachte Konzepte umzusetzen"). Aus diesem Indiz kann man auf massive Verortungsschwierigkeiten des Zeitfaktors als eigenständige Zielgröße schließen, was den hier verfolgten Ansatz bestärkt.

89 Es sei allerdings angemerkt, daß die Qualität später auf ein *statisches* und ein *dynamisches* Qualitätsmaß zurückgeführt wird.

90 Bei genauerem Betrachten stellt man fest, daß *inhaltlich* zwischen der integrierten Betrachtung von Inhaltsabweichung und Zielabweichung und der parallelen Betrachtung von Zeit und Qualität kein Widerspruch besteht, sondern daß die integrierte Betrachtung den anderen Ansatz umfaßt und so die Wechselwirkungen zwischen Inhalts- und Zeitabweichung besser darstellt.

91 Vgl. Kirsch/Esser/Gabele (1979), S. 13 oder Kirsch/Esser/Gabele (1978).

92 Vgl. Picot (1990), S. 109, Hadamitzky (1995), S. 234.

93 Vgl. Knopf (1976), S. 142, der darauf hinweist, daß ein Effizienzmaß für Veränderungs*prozesse* nicht einem Effizienzmaß für organisationale Zustände gleichgesetzt werden darf.

aus der Vielzahl der Indikatoren einen Index als Ersatzgütemaß zu konstruieren.[94] Zu kritisieren ist an vielen Indikatorensystemen, daß sie unzureichend theoretisch und methodisch fundiert sind und so potentiell zu Schwächen der darauf aufbauenden Aussagensysteme führen. Die Effizienzforschung von Reorganisationsprozessen befindet sich immer noch in einer Phase der Heterogenität und mangelnder Präzisierung.[95] Aus diesem Grunde steht (noch) kein allgemein anerkanntes und standardisiertes Konzept zur Messung der Effizienz von organisationalen Veränderungsprozessen zur Verfügung.[96] Vielmehr existieren Vorgehensmethoden zur jeweiligen Ermittlung der Effizienzindikatoren. "Die wissenschaftliche Inangriffnahme der empirischen Effizienzmessung muß sich auf eine theoretisch angebbare Position zurückführen lassen und die muß die empirische Meßmethode explizieren."[97] Eine *fundierte* Herleitung von Effizienzindikatoren muß offenlegen,[98]

- welches *theoretische Konstrukt* beziehungsweise welche Idealvorstellung hinsichtlich eines Effizienzmaßes zugrunde gelegt wird. Hierzu zählen der aufgabenorientierte Ansatz, der Personenorientierte Ansatz, der Zielmodell-Ansatz, der System-Mittel-Ansatz, der "organizational health" versus Störgrößen Ansatz, der "managerial effectiveness" Ansatz und der Leistungspotential-Ansatz;
- welche *Vorgehenslogik* zur Ableitung der konkreten Indikatoren verwendet wird. So verwendet KNOPF eine sechs-Stufen-Prozedur, während andere Autoren sich mit weniger Schritten begnügen.[99]

Der Ansatz zur Ableitung eines Indikatorensystems von KNOPF - der sich ausführlich mit der Thematik befaßt hat - erweist sich im Kontext dieser Arbeit als günstig, da er von der Ableitungslogik her äußerst umfassend ist und außerdem als Grundkonzept zur Beurteilung von Reorganisationen die hier vertretene Grundauffassung der Güte als Kosten/Nutzen-Kalkül teilt. Da KNOPF allerdings den Nutzen als Zielerreichungsgrad sieht - was nach den obigen Ausführungen zu kurz greift - müssen dementsprechende inhaltliche Modifikationen vorgenommen werden. Vor der Bestimmung der eigentlichen Indizes muß eine Analyse möglicher Dimensionen der Messung geschehen.[100] Aus diesen Dimensionen wird durch eine entsprechende Aggregationsvorschrift das originäre Gütemaß rekonstruiert. Die Dimensionen können in verschiedenen Beziehungstypen zueinander stehen. "Die Dimensionen können aus verschiedenen logischen Ebenen oder auf einer Ebene liegen. Gzuk spricht in vergleichbarer

94 Vgl. Knopf (1976), S. 153.
95 Vgl. Hadamitzky (1995), S. 244.
96 Vgl. auch Scholz (1992), Sp. 534 f.
97 Knopf (1976), S. 142.
98 Vgl. Knopf (1976), S. 142 ff., Gzuk (1975), S. 112 ff.
99 Vgl. Knopf (1976), S. 172.
100 Vgl. Knopf (1976), S. 172.

Weise davon, daß unter den Effizienzdimensionen sowohl mit hierarchischen (entsprechend ihrem relativen Gewicht, das ihnen beispielsweise in globalen Expertenurteilen zugeordnet wird) als auch mit äquivalenten Beziehungen zu rechnen ist."[101]

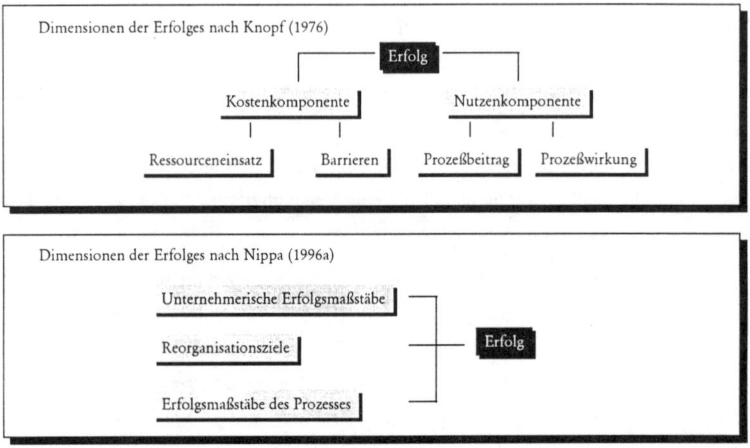

Abbildung 4-6: Ausgewählte Dimensionen der Erfolgsmessung

Unter Ressourceneinsatz versteht KNOPF ein Tupel von Meßgrößen, das Personalbedarf, finanziellen Aufwand, zeitlichen Aufwand und den Methodenaufwand beinhaltet. Diese Meßgrößen sind relativ leicht monetär bewertbar. Wichtig ist allerdings, daß einerseits mit kalkulatorischen Kosten gearbeitet wird und andererseits Opportunitätskosten mit integriert werden. Zu kalkulatorischen Kosten zählen beispielsweise Personalkosten von Mitarbeitern. Opportunitätskosten fallen an, wenn beispielsweise Mitarbeiter für andere wertschöpfende Aufgaben nicht zur Verfügung stehen.[102] Knopf subsumiert die Opportunitätskosten allerdings unter den "Barrieren". Dazu zählen weiterhin Konflikintensität, sachlich bedingte Widerstände und personelle Widerstände. Es ist nicht unmittelbar einsichtig, warum das hier subsumierte Konfliktpotential lediglich einen Kostenfaktor darstellen soll. Die Argumentation, daß dadurch die Nutzenkomponente geschmälert wird, erscheint ebenso plausibel. An dieser Stelle wird eine konzeptionelle Schwäche des Ansatzes von KNOPF klar, da gerade Konfliktfaktoren sich sowohl auf die Kostenkomponente auswirken können, als auch auf die Nutzenkomponente. Diese Schwäche kann man beheben, wenn derartige Faktoren nicht unter der Subdimension "Nutzen" oder der Subdimension "Kosten" zusammengefaßt werden, sondern *über* diesen

---

101 Knopf (1976), S. 175.
102 Vgl. Zeyer (1996), S. 139.

Dimensionen angesiedelt werden und *direkt* das Verhältnis Kosten-Nutzen beeinflussen.[103] Bei der Analyse der Nutzenkomponente nach KNOPF muß man sich bewußt sein, daß seiner - schon kritisierten - Ansicht nach der Erfolg immer dem Zielerreichungsgrad gleichzusetzen ist. Unter dem "Prozeßbeitrag" versteht Knopf Indikatoren, die den Grad der Aktivität des Prozesses beschreiben. Die "Prozeßwirkung" umfaßt Indikatoren, die messen, wie weit der Prozeß wirklich sein Ziel erreicht hat. Diese Aufteilung erscheint allerdings in ihrer Operationalisierung nicht ganz stringent, da Knopf beispielsweise eine "Belebungswirkung" nicht als Prozeßbeitrag versteht, sondern als Prozeßwirkung.

Während KNOPF eine hierarchische Struktur von Erfolgsdimensionen identifiziert, ist eine andere potentiell sinnvolle Kategorisierung die Clusterung nach mehreren Dimensionen je nach Ort der Messung (Abbildung 4-6).[104] In diesem Zusammenhang unterscheidet beispielsweise NIPPA nach "klassischen unternehmerischen Erfolgsmaßstäben", "inhaltlichen Reorganisationszielen" und "Erfolgsmaßstäben des Prozesses" klassifiziert und nicht explizit nach Kosten und Nutzenbestandteilen differenziert.[105] Zu den unternehmerischen Erfolgsmaßen zählen "Steigerung der Effizienz, des Ergebnisses, der Produktivität oder Zeitreduzierung, Schnelligkeit, Reaktionsfähigkeit. Weitere Kriterien lassen sich um Kunden, Mitarbeiter, Kosten und die Wettbewerbssituation gruppieren."[106] Neben der Problematik der Bestimmung des kausalen Zusammenhanges, ist auf dieser Ebene eine verursachungsgerechte empirische Bestimmung kaum möglich. Zur Dimension „inhaltliche Reorganisationsziele" gehören Aspekte der Verhaltens-, Struktur- und Prozeßoptimierung, wie „Abbau von Hierarchieebenen, Delegation, sowie Ablauf-/Prozeßoptimierungsziele, verbesserte Kommunikation, Identifikation mit dem Unternehmen sowie konsequente Führung." [107] Es besteht die Möglichkeit - wie angesprochen - nach aktionsseitiger Güte (z.B. Veränderung der Prozesse) und effektseitiger Güte (z.B. Beschleunigung der Durchlaufzeit um 25%) zu unterscheiden.[108] Unter "Erfolgsmaßstäbe des Implementierungsprozesses" versteht NIPPA beispielsweise Minimierung der Ängste oder die Einhaltung von Meilensteinterminen.[109]

HADAMITZKY greift bei seinem Beurteilungsansatz auf eine Unterscheidung nach Effektivität und Effizienz zurück.[110] Wie bei KNOPF wird der Nutzen beziehungsweise die Effektivität dadurch bestimmt, inwiefern angestrebte und realisierte Reorganisationsziele übereinstimmen. Unter der Effizienz versteht HADAMITZKY das Zieldreieck von Zeit-Qualität-Kosten des

103 Dies entspricht der Inputeffizienz.
104 Vgl. Nippa (1996a), S. 8.
105 Vgl. Nippa (1996).
106 Nippa (1996), S. 8.
107 Nippa (1996), S. 8.
108 Vgl. Zeyer (1996), S. 138.
109 Nippa (1996), S. 8.
110 Vgl. Hadamitzky (1995), S. 250 ff.

Gestaltungs*prozesses*. Unter der Qualität des Prozesses will der genannte Autor nicht den Grad der Zielerreichung verstanden wissen, sondern die "Güte organisationaler Lernprozesse". Und weiter "Sie stellt in stärkerem Maße verhaltensorientierte Aspekte in den Vordergrund und bemißt den Reorganisationserfolg anhand des Auftretens sachlicher, personeller und organisatorischer Barrieren sowie aufgrund von Korrekturmaßnahmen, die zur Beseitigung von Fehlern und Widerständen notwendig sind."[111] Mit dieser Aufteilung will der obige Autor erreichen, daß der Erfolg nicht bedingungslos an der Erreichung des ursprünglichen Zieles festgemacht wird.[112] Es ist allerdings fraglich, ob ein Lernprozeß nicht genauso zur Erhöhung der Effektivität beitragen kann, wie zur Erhöhung der Effizienz.

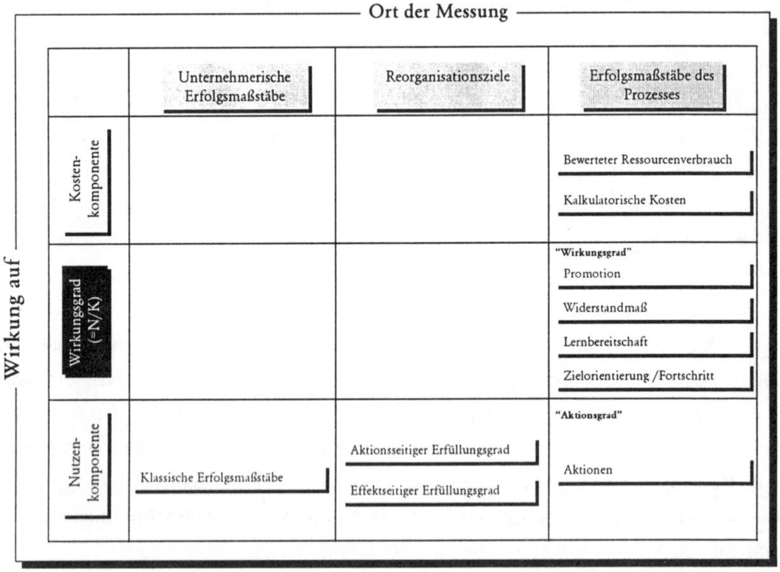

Abbildung 4-7: Indikatorenstruktur der Erfolgsmessung

Da keiner der Ansätze für sich völlig überzeugt, zeigt Abbildung 4-7 ein Schema der Dimensionen zur Gütemessung, das die einzelnen Ansätze kombiniert und als Grundstruktur für die Erfolgsmessung im weiteren Verlauf der Arbeit zugrunde gelegt wird.

Die Matrix der Zieldimensionen besteht aus den Dimensionen "Art der Wirkung" und "Ort der Messung". Die Unterscheidung nach *drei* Wirkmöglichkeiten, die neben einer Nutzen-

[111] Hadamitzky (1995), S. 251.

[112] Was der genannte Autor in seinen vorausgegangenen Ausführungen vehement kritisiert hat.

und Kostenwirksamkeit auch eine direkte Wirksamkeit auf das Verhältnis der Größen differenziert resultiert aus der Kritik am KNOPF'schen Ansatz, die zeigte, daß manche Dimension sowohl auf die Nutzen- als auf die Kostendimension wirken kann. Die Dimension "Ort der Messung" läßt Ergebnisse aus der Arbeit von NIPPA einfließen. Am Prozeß selbst werden auf der Kostenseite der bewertete Ressourcenverbrauch gemessen, was im wesentlichen der der Dimension "Ressourceneinsatz" bei KNOPF entspricht. Um auf die Wichtigkeit von Opportunitätskosten hinzuweisen, wird eine weitere Kategorie "kalkulatorische Kosten" gebildet. Auf der Nutzenseite wird der Aktionsgrad verortet. Er gibt an, wie hoch das Aktivitätsniveau ist. Der Aktionsgrad sagt explizit nichts über die Güte der Aktionen aus, sondern nur, *daß* etwas getan wird.[113] Der Großteil der Dimensionen der Prozeßmessung wird allerdings direkt dem Wirkungsgrad zugeordnet. Die Lernbereitschaft drückt aus, ob und wie stark die Bereitschaft zur Hinterfragung von Annahmen war und wie stark ein situativ-opportunistisches Verhalten angestrebt wurde. Als Gegenpol dient die Dimension "Zielorientierung".[114] Sie drückt aus wie gut sich der Prozeß an den jeweiligen Zielen orientiert hat und diese vorangebracht hat.[115] Ein zentrales Meßkonstrukt bildet das Dimensionspaar "Promotion" - "Widerstandsmaß", das ausdrückt, mit welchen Barrieren der Prozeß konfrontiert war und wie stark auf der anderen Seite die Energie war, den Prozeß voranzutreiben.[116] In Kapitel 7.4 wird beschrieben, daß unter Umständen diese Meßgröße als stellvertretendes Konstrukt für die gesamte Erfolgsmessung verwendet werden kann. Dadurch wäre die Ableitung von Handlungsaussagen wesentlich vereinfacht.

Unter den angedeuteten Bedenken wird der Erfolg auch anhand des Zielerreichungsgrades bewertet.[117] Dies ist nicht mit einer Dichotomisierung nach Wandelkonzept und Wandelprozeß gleichzusetzen, es drückt nur aus, daß der Prozeß des Wandels auch anhand des Zielerreichungsgrades also des Konzeptes gemessen werden kann.[118] Es wird dabei die Unterscheidung in aktionsseitige und effektseitige Zielerreichung (beziehungsweise Qualität) gemacht.[119]

Auf unternehmerischer Ebene kommen die von NIPPA erwähnten "klassischen unternehmerischen Erfolgsmaßstäbe" zum tragen.[120] Diese sind allerdings relativ schwierig in einen kau-

113 Im wesentlichen entspricht diese Dimension dem "Prozeßbeitrag" nach Knopf (1976).

114 Damit wird klar, daß man beide Dimensionen auch als Begriffspaar zusammenfassen könnte.

115 Im wesentlichen entspricht diese Dimension dem "Prozeßwirkung" nach Knopf (1976).

116 Krüger (1997), S. 823 spricht in diesem Zusammenhang vom "Akzeptanzziel". Reiß (1995b), S. 278 sieht in der Akzeptanz ein Effektivitätskriterium.

117 Vgl. Nippa (1996a), S. 7, der diese Annahme insbesondere dadurch plausibilisiert, daß nur so eine Abgrenzung zu ungeplanten und nicht intendierten Wandel möglich ist (Vgl. auch Staehle (1994)).

118 Vgl. z.B. Grochla (1982), S. 8 f.

119 Vgl. Zeyer (1996), S. 137 f.

120 Diese können aus den strategischen Erfolgsfaktoren eines Unternehmens abgeleitet werden. Zu diesem Thema siehe auch Kapitel 3.4.

salen Zusammenhang mit dem Veränderungsprozeß und dessen Inhalten zu bringen (Dies war letztendlich der Ausgangspunkt für alternative Meßdimensionen). Aus diesem Grund ist eine Thesenableitung anhand dieser Kriterien relativ schwierig. Man muß sich entweder auf Expertenurteile verlassen, oder versuchen eine Bereinigung der Erfolgsmaßstäbe um die anderen im relevanten Zeitraum stattgefundenen Aktivitäten vorzunehmen. Eine andere Möglichkeit besteht darin, konkretere Ersatzmaßstäbe zu finden, die "näher" am Reorganisationsobjekt liegen.[121] Dies kann allerdings nur in Abhängigkeit vom konkreten Untersuchungsobjekt geschehen.

$$\text{Nutzen} = \frac{R}{P} * W * S$$

Realisiert (R)	(Tatsächlich erreichtes Ziel - Startzustand)
Plan (P)	(Geplantes Ziel - Startzustand)
Weite (W)	Angestrebte Sprungweite
Schwierigkeit (S)	Anspruchsniveau des Ausgangszustandes

Abbildung 4-8: Nutzenmaß des Wandels in Abhängigkeit von der Zielerreichung

Für konkrete empirische Erhebungen müssen zur Vergleichbarkeit der Objekte Erfolgsmaße, die sich auf die Zielerreichung der einzelnen Wandelprozesse beziehen, normiert werden (oder die Grundgesamtheit ist derart beschaffen, daß die Ziele der verschiedenen Objekte identisch sind). Der Grund ist offensichtlich, da ein Veränderungsprozeß, der ein sehr "weit" entferntes Ziel anstrebt (beispielsweise eine Durchlaufzeitreduzierung um 50%) und nur eine 25%ige Verbesserung erreicht, im Endeffekt nicht schlechter bewertet werden sollte als ein Prozeß, der von Anfang an ein modererateres Ziel verfolgt (z.B. eine Durchlaufzeitreduzierung um 25%) und dieses auch erreicht.[122] Aus Abbildung 4-8 ist ein weiteres sinnvolles Relativierungsmaß erkennbar. Mit dem "Schwierigkeitsniveau" wird unterstellt, daß es aufwendiger ist, einen schon optimierten Prozeß nochmals zu optimieren, als einen noch nicht optimierten Prozeß. Formal verbirgt sich dahinter die Annahme zunehmender Grenzkosten der Optimierung. Die Bestimmung von konkreten Indikatoren soll an dieser Stelle aus Umfangsgründen nicht geschehen.

---

121 Was wie beschrieben schwierig ist und dazu geführt hat, Erfolgsmaße zu identifizieren, die sich am Prozeß beziehungsweise an seinen Ergebnissen orientieren.

122 Vgl. Nippa (1996a), S. 9, der diesen Zusammenhang nicht berücksichtigt und so zu potentiell *tautologischen* Ergebnissen kommt: " Die Gruppe derjenigen, die die Zielvorgaben für unrealistisch hält (n=15), weist gegenüber der Kontrastgruppe (n=8) deutlich geringere Erwartungen hinsichtlich des allgemeinen Zielerreichungsgrades geplanter organisatorischer Veränderungsprozesse ... auf".

In den prinzipiellen Ausführungen zur Erfolgsmessung des Wandels wurde über den Investitionscharakter eines Veränderungsprozesses die Wichtigkeit des Zeitfaktors sowohl zur Ermittlung des Nutzens als auch der Kosten beschrieben. Die Zeitlichkeit der vorgestellten Effizienzmatrix entsteht durch Dynamisierung *sämtlicher* Dimensionen der Matrix. Die Dynamisierung der "klassischen Erfolgsmaßstäbe" geschieht analog Abbildung 4-4, die auf einen Barwert diskontiert werden. Die Dynamisierung der "Reorganisationsziele" stellt wie schon angesprochen ein oftmals nur situativ zu lösendes Problem dar. In der einfachsten Form kann dies geschehen, indem der Zielerreichungsgrad hinsichtlich der Dauer relativiert wird (siehe Abbildung 4-9).

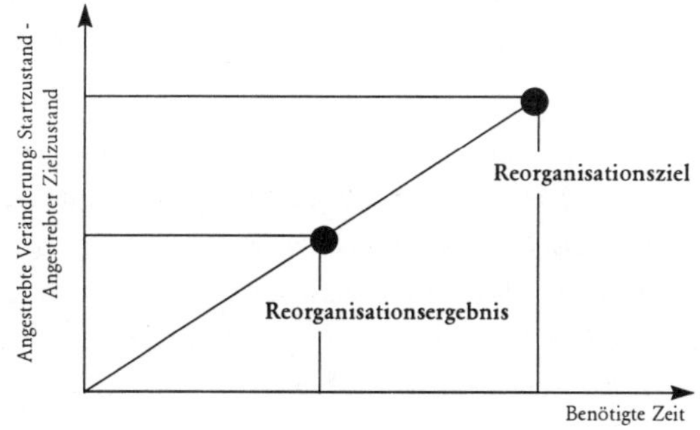

$$\text{Nutzen} = \frac{\frac{R}{P} * W * S}{T}$$

Realisiert (R) = (Tatsächlich erreichtes Ziel - Startzustand)
Plan (P) = (Geplantes Ziel - Startzustand)
Weite (W) = Angestrebte Sprungweite
Schwierigkeit (S) = Anspruchsniveau des Ausgangszustandes
Dauer (T) = Dauer der Change Initiative

Abbildung 4-9: Nutzenmaß in Abhängigkeit der inhaltlichen und zeitlichen Zielerreichung

Ein Erfolgsmaß nach Abbildung 4-9 hat allerdings den Nachteil, daß damit lediglich die realisierte Veränderungsgeschwindigkeit abgebildet wird. Es kann nicht unterschieden werden, ob ein ermittelter Nutzen (bzw. Opportunitätsschaden) durch zeitliche oder durch inhaltliche Faktoren entstanden ist. Szenario A und Szenario B führen zum gleichen Ergebnis. Eine andere Möglichkeit ist, die (künstliche) Proportionalität zwischen der inhaltlichen und der zeitlichen Dimension aufzugeben und einen Zeitnutzen *und* einen Inhaltsnutzen als Indikatoren zu benutzen, die dann allerdings wieder gemeinsam bewertet werden müssen. Dies entspräche dem eingangs auf prinzipieller Ebene kritisierten Ansatz, zwischen Zeit und Inhalt zu trennen. Eine

Dynamisierung der Prozeßdimensionen erlaubt auf der Kostenseite eine Diskontierung des Aufwandes und damit eine Barwertermittlung. Die restlichen Indikatoren stellen durch den Zeitbezug Intensitätsmaße über $[t_0;T]$ beziehungsweise Durchschnittsmaße des Prozesses dar.

4.2.2 Time Based Change Management?

Im vorgestellten Bewertungssystem spielt der Zeitfaktor eine wesentliche Rolle, da sämtliche Bewertungen *über* der Zeit formuliert werden. Im Time Based Management wird "Zeit" zur dominierenden *expliziten* Zielgröße beziehungsweise Gütegröße des organisatorischen Handelns erhoben.[123] Es stellt sich die Frage, ob und in welcher Form "Zeit" ein (dominierendes) explizites Gütemaß organisatorischer Veränderungsprozesses ist. In Verbindung mit organisatorischem Wandel sind insbesondere folgende zeitbasierte Gütemaße von Interesse:

- Die *Dauer* eines Veränderungsprozesses. Sie mißt die Zeitspanne von Beginn bis zu dem durch bestimmte Kriterien (z.B. Auflösung der Sekundärorganisation, Herausgabe des Abschlußberichtes) festgelegten Ende des Veränderungsprozesses.
- Die *zielbezogene Wandelgeschwindigkeit*. Sie setzt die Existenz eines Sollkonzeptes voraus und mißt die Dauer, die zum Erreichen des Zielzustandes benötigt wird.
- Die *prozeßbezogene Wandelgeschwindigkeit*. Sie abstrahiert vom Ziel des Wandels (das unter Umständen nicht formuliert ist) und gibt lediglich die durchschnittliche Geschwindigkeit des Veränderungsprozesses an, ohne eine Richtung zu präzisieren.[124]

Wenn ein Zeitmaß dominierendes Gütemaß organisationaler Veränderungsprozesse wäre, dann müßte die Optimierung des Zeitmaßes ("Das Richtige tun") und weitere Optimierungen unter dieser Bedingung ("Die Dinge richtig tun") stets zum optimalen Ergebnis führen.[125] Aus der *Dauer* eines Wandelprozesses können keine Aussagen über seine Güte getroffen werden. Der Grund liegt darin, daß eine reine Betrachtung der Zeitspanne nichts über die dabei erreichte inhaltlicher Veränderung aussagt. Die Dauer kann durch Abbruch oder Zielerosion eines Veränderungsprojektes genauso verkürzt werden, wie durch eine Beschleunigung hinsichtlich des angestrebten Veränderungszieles oder durch Veränderung des Zieles selbst. Auch aufwandsseitig kann wenig ausgesagt werden. Wird Verkürzung durch Weglassen erreicht, so wird der Aufwand fallen.

---

123 Vgl. Kapitel 3.

124 Genaugenommen muß man von der *Momentan*geschwindigkeit sprechen. Dies kann im Extremfall dazu führen, daß sich zu jedem Zeitpunkt viel ändert (hohe Momentangeschwindigkeit des Wandels), sich aber alles in allem nichts verändert hat, wenn eine zyklische (kreisförmige) Veränderung vorliegt.

125 Vgl. Reiß (1995b), S. 278.

Ein zeitbezogenes Maß wäre, die Güte des Wandels anhand der durchschnittlichen Momentangeschwindigkeit des Wandels während des Prozesses zu messen (*prozeßbezogene Wandelgeschwindigkeit*).[126] Nutzenseitig lassen sich daraus wenige Aussagen ableiten, da durch das Maß nicht klar ist, in welche *Richtung* sich der Wandelprozeß bewegt. Mißt man den Nutzen einseitig an der prozeßbezogenen Wandelgeschwindigkeit, so wird im Extremfall reiner Aktionismus einem zielgerichteten Wandel gleichgesetzt. REIß spricht von einer *Aktionismusfalle*, wenn viele Personen unkoordiniert eigene Initiativen starten.[127] Die Aktionismusfalle kann auch dadurch entstehen, wenn die Güte einer Veränderung einseitig am Grad der Aktivität gemessen wird.

Eine andere Möglichkeit ist, die Dauer bis zum Erreichen des Zieles zu messen (*zielbezogene Wandelgeschwindigkeit*). Das Maß setzt voraus, daß das Ziel tatsächlich erreicht wird. Wird das Ziel nicht erreicht, so wäre das Maß gleich unendlich. Es könnte nicht ausgesagt werden, ob der Veränderungsprozeß abgebrochen wurde oder im Verlauf des Prozesses ein alternatives opportunistisches Ziel definiert wurde, daß konsequent verfolgt und erreicht wurde. Nutzenmäßig ist ein derartiges Zeitmaß nur sinnvoll, wenn das inhaltliche Ziel des Wandels unbedingt erreicht werden soll und auch inhaltlich "gut" ist, d.h. im Prozeßverlauf keine Zielanpassung stattfindet. Vor dem Hintergrund zunehmender Dynamik der Unternehmensumwelt wächst die Gefahr, daß ein ursprünglich "gutes" inhaltliches Ziel des Wandels "veraltet".[128] Ein zu spätes Erreichen des Zieles kann den Nutzen dadurch selbst gefährden. Schnelligkeit der Zielerreichung ist dadurch potentiell mit Vorteilen verbunden.

4.2.3 Beschleunigungsstrategien im Change Management

Auch wenn die zielbezogene Beschleunigung des Wandels *nutzenseitig* sinnvoll ist, ist es als (dominierendes) Gütemaß nur sinnvoll, wenn der Zusatznutzen durch höhere Geschwindigkeiten *grundsätzlich* höher ist als die minimal entstehenden Zusatzkosten. Nur dann kann man uneingeschränkt für ein "Time Based Change Management" argumentieren.[129]

Zur Beantwortung dieser Frage müssen die verschiedenen Strategien der Beschleunigung des Wandels auf ihre Kostenwirksamkeit untersucht werden. Die offensichtlichste Möglichkeit der Beschleunigung des Wandels liegt in der *Ressourcenerhöhung*. Eine Ressourcenerhöhung

126 Vgl. Zeyer (1996), S. 140, wonach unter zeitlicher Hinsicht insbesondere die Geschwindigkeit der Veränderung interessiert.

127 Vgl. Reiß (1997c), S. 114.

128 Zu Veränderungen von Projektzielen siehe Patzak/Rattay (1997), S. 303f, Pümpin/Imboden (1991), S. 19.

129 Reiß (1995b), S. 281 nennt dies die Idealkombination. Die Frage ist aber, ob dieses Ideal erreichbar ist, oder mit inhärenten Widersprüchen behaftet ist.

bedeutet eine Erhöhung der Momentankosten.[130] Ob die Kosten *insgesamt* (der Prozeß benötigt ja weniger Zeit) steigen, kann nicht pauschal ausgesagt werden. Abbildung 4-10 zeigt eine Prinzipskizze zur Abhängigkeit Dauer-Kosten des Wandels in Abhängigkeit vom Ressourceneinsatz.

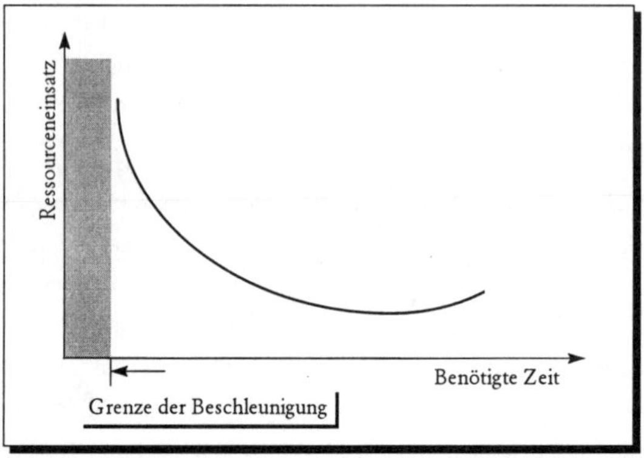

Abbildung 4-10: Ressourceneinsatz und Zeitbedarf des Wandels

Die Abbildung deutet an, daß es eine natürliche Grenze der Beschleunigung gibt. Dieser liegt die Annahme zugrunde, daß Vorgänge nicht unendlich beschleunigt werden können. Es gibt insbesondere Grenzen des individuellen und kollektiven Lernvermögens.[131] Hieraus ergeben sich auch Beschränkungen der maximalen Wandelgeschwindigkeit. "In einem schwierigen Balanceakt müssen Führungskräfte ihre Mitarbeiter den Zwang zum Wandel spüren lassen, ohne daß sie davon überwältigt werden."[132] Eine Überschreitung der Veränderungskapazität der Individuen führt zu Barrieren und damit Reibungsverlusten im Veränderungsprozeß.[133] Man kann daher ähnlich wie in der Physik *Zeitkonstanten* des Wandels identifizieren, die den maximalen Veränderungsgrad der Unternehmung beschreiben.[134] Ein erhöhter Ressourceneinsatz erbringt dabei keinerlei weitere Beschleunigung. Es ist auch anzunehmen, daß mit zunehmender Beschleunigung der Grad der Ressourcenerhöhung steigt, da die Organisation beispielsweise mit höheren Reibungsverlusten zu kämpfen hat.

130 Allerdings kann auch das Brook'sche Gesetz greifen, wonach zusätzliche Ressourcen zu einer Verlangsamung des Projekte führen können. (Vgl. Reiß (1995b), S. 281).
131 Zum organisationalen Lernen siehe Kapitel 5.2.2.4.
132 Heifetz/Laurie (1997), S. 59.
133 Vgl. Clarke (1994), S. 181. Zu natürlichen Lerngeschwindigkeiten siehe (Senge (1990), S. 62-63)
134 Siehe auch Kapitel 7.4.4.2.

Die Abbildung geht auch davon aus, daß eine Verlangsamung nicht *pauschal* zu niedrigeren Ressourcenbedarf führt.[135] Ab einer bestimmten Geschwindigkeit des Wandels (beziehungsweise Langsamkeit) steigt der Ressourceneinsatz tendenziell wieder. Gerade der *Zeitdruck* (oder "sense of urgency") ist ein wesentlicher Erfolgsfaktor des Wandels. Wird organisationaler Wandel zu langsam durchgeführt, so sinkt das Interesse, verfällt Wissen, sinkt der Grad der Zielorientierung.[136] Zusätzlich werden Zeitdauern weniger *intensiv* genutzt.[137] Es ist daher anzunehmen, daß der Ressourceneinsatz ab einem gewissen Grad an Langsamkeit wieder ansteigt.[138]

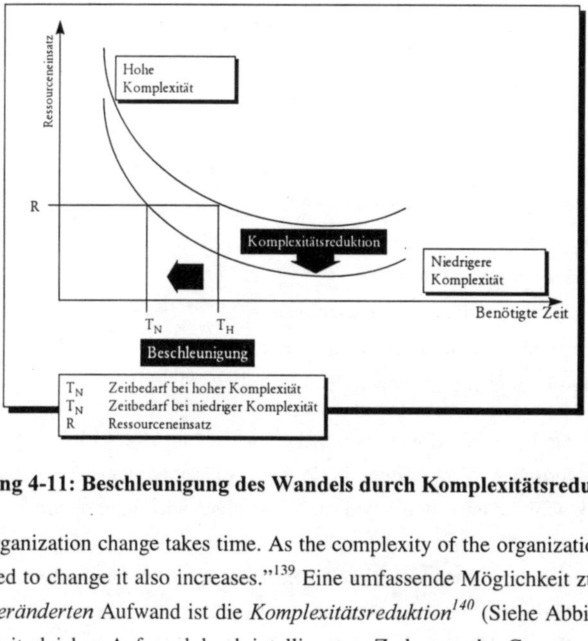

Abbildung 4-11: Beschleunigung des Wandels durch Komplexitätsreduktion

"Large-scale organization change takes time. As the complexity of the organization increases, the time required to change it also increases."[139] Eine umfassende Möglichkeit zur Beschleunigung bei *unveränderten* Aufwand ist die *Komplexitätsreduktion*[140] (Siehe Abbildung 4-11). Dadurch kann mit gleichen Aufwand durch intelligentere Zerlegung des Gesamtproblems eine

135 Ober umgekehrt formuliert, daß eine Beschleunigung des Wandels durchaus Kostenvorteile durch geringeren Ressourcenbedarf bringen kann. Siehe auch Kapitel 3.5, in dem gezeigt wird, daß Beschleunigung, Kosten und Qualität durchaus harmonieren können.

136 Vgl. Reiß (1997b), S. 36.

137 Vgl. Wildemann (1992), S. 19.

138 Was der Aussage von Zeyer (1996), S. 135 widerspricht, wonach effektives Change Management *grundsätzlich* mehr Zeit bedarf.

139 Nadler (1989), S. 79.

140 Zum Komplexitätsbegriff siehe Reiß (1993d), S. 54 f., Reiß (1993b), S. 132 f., Reiß (1994b), Köster (1998).

Beschleunigung ohne Zusatzkosten erreicht werden.[141] Komplexitätsreduktion kann durch Aspekte der inhaltlichen Richtigkeit und Aspekte der zeitlichen Richtigkeit geschehen.[142] Zur inhaltlichen Richtigkeit zählen beispielsweise Einsatz von Promotoren[143], Auswahl geeigneter Kommunikationsinstrumente, etc. Zur zeitlichen Richtigkeit zählen beispielsweise Fragen des Timings und der Abfolge. Bei der Komplexitätsreduktion spielt der Standardisierungsgrad eine wichtige Rolle.[144] Durch Modularisierung ist zumindest eine teilweise Entkopplung von Teilprojekten voneinander möglich, was das Parallelisierungspotential erhöht. Es gibt eine Vielzahl an komplexitätsreduzierenden Prinzipien zur Beschleunigung ohne erhöhten Aufwand beziehungsweise zusätzliche verdeckte Kosten:[145]

- Beschleunigung der Aktivitäten auf dem kritischen Pfad
- Unnötigen Slack rausnehmen[146]
- Vorgezogene Folgeaktivitäten (Überlappung)
- Anwendung des Simultanprinzips (Simultanisierung)
- Zeitgleiche gemeinsame Aktivitäten (Parallelisierung)
- Nutzung von Referenzlösungen
- Verzicht auf die bestmögliche Lösung
- Verbot nachgereichter Wünsche
- Aufhebung der iterativen Variantenauswahl
- Vorziehen und parallele Bearbeitung kritischer Aktivitäten
- Vorsorge für mögliche Störungen (Eventualfallpläne)

Eine zentrale Strategie der Komplexitätsreduktion ist die Modularisierung verbunden mit einer organisatorischen Verankerung in Projektorganisation und Zirkelorganisation. "Zu diesem Zweck wird die angestrebte 'globale' Gesamtveränderung in mehrere 'lokale' Veränderungsumfänge zerlegt. Diese überschaubaren Arbeitspakete lagert man dann aus der Projektorganisation in die vorhandene Zirkelorganisation aus. Hierdurch lassen sich Projektkosten reduzieren und gleichzeitig der akzeptanzförderliche Partizipationsgrad erhöhen."[147] Eine ähnliche Strategie der Vereinfachung kann durch *Linearisierung* geschehen. Dies bedeutet,

141 oder Modularisierung (Reiß (1995b), S. 281). Vgl. auch Schuh/Schwenk/Speth (1998), S. 82
142 Vgl. Krüger (1988), S. 27 f., Krüger/Schwarz (1997), S. 79 f., Pümpin (1992), S. 159 ff.
143 Vgl. Pümpin (1992), S. 129.
144 Vgl. Reiß (1995b), S. 281.
145 Vgl. Büchi/Chrobok (1997), S. 87. Vgl. auch Herp/Brand (1996), S. 135, Nippa/Klemmer (1996), S. 185. Aus den Erkenntnissen des Simultaneous Engineering lassen sich entsprechende Aussagen für das Change Management ableiten (z.B. Hofmann/Bungard (1996), S. 1089, Matz (1998), Paashuis (1998)).
146 In Prozeßanalysen zeigt sich, daß nicht wertschöpfende Leerzeiten bis zu 80% betragen (Rieckhof (1997a), S. 12).
147 Reiß (1995b), S. 280.

daß weniger Episoden der Reflexion und der Konzeptanpassung stattfinden.[148] Auch hier ist ex post eine Beschleunigung ohne Kosten sichtbar. Durch Entfernen von Slack im Veränderungsprozeß wird allerdings gleichzeitig das Flexibilitätspotential reduziert.[149] Unter Umständen kann so eine Beschleunigung realisiert werden oder aber eine Verlangsamung (z.B. aufgrund vermehrter unvorhergesehener Widerstände in der Implementierung). Aus diesem Grund ist die Bewertung schwierig. Eine potentiell gefährliche Möglichkeit der Beschleunigung ist, den *Partizipationsgrad* im Wandelprozeß zu verringern.[150]

Aktionsseitig heißt eine Beschleunigung des Wandels nicht pauschal, daß *alle* "atomaren" Tätigkeiten auch an so schnell wie möglich stattfinden müssen.[151] Die Ursache liegt im systemischen Charakter des Betrachtungsobjektes. Anhand der Beschleunigung von Entwicklungsprozessen hat Japan schon vor langem gezeigt, daß eine lokale Verlangsamung von Prozessen zu einer globalen Beschleunigung führen kann.[152] Die Komplexitätserhöhung zu Beginn des Wandels (z.B. durch höheren Partizipationsgrad oder Gateways) wird durch die Komplexitätsreduktion in der Implementierungsphase (z.B. durch weniger Reibungsverluste oder weniger Fehler) überkompensiert und führt so insgesamt zu einer Verkürzung der Totaldauer des Wandels. "Effizienzverbesserungen in Organisationen folgen einem merkwürdigen Zeitparadoxon. Je mehr Zeit und damit Aufwand man in der Anfangsphase investiert, um so geringer wird im späteren Verlauf der notwendige Bedarf an Zeit und Aufwand."[153] Die letzte Möglichkeit zur Beschleunigung liegt in einer *verdeckten Zielerosion*, durch die de facto Komplexität verringert wird.[154] Analytisch ist dieser Fall allerdings schwierig zu betrachten, da dies eine nutzenseitige Auswirkung hat.

Die Ausführungen machen deutlich, daß es *aufwandsseitig* nicht möglich ist, die Geschwindigkeit (beziehungsweise Beschleunigung) des Wandels eindeutig mit Kostenwirkungen zu assoziieren. Es gibt durchaus aufwandsneutrale oder sogar aufwandsreduzierende Aspekte der Beschleunigung des Wandels. Eine Beschleunigungsstrategie ist auf jeden Fall sinnvoll, solange die Kosten des Wandels durch eine Beschleunigung fallen. Komplexitätsreduzierende Möglichkeiten sollten immer ausgeschöpft werden, da so ceteris paribus der Aufwand sinkt. Ob man die Komplexitätsreduktion in Beschleunigung umsetzt oder in eine Aufwandsersparnis durch weniger Ressourcenbedarf, hängt situativ vom Zusatznutzen der Beschleunigung ab. Ab einer bestimmten Geschwindigkeit des Wandels ist eine weitere Beschleunigung aller-

148 Vgl. Reiß (1997a), S. 25, Reiß (1997d), S. 107.
149 Vgl. Grimmeisen (1995), S. 295.
150 Vgl. Patzak/Rattay (1997), S. 299. Vgl. ausführlich Kapitel 7.5.
151 Vgl. auch Pümpin (1992), S. 245 f. und die Ausführungen in Kapitel 3.
152 Vgl. Riekhof (1997b), S. 130. Siehe hierzu auch Kapitel 3.5.
153 Roth (1997), S. 62.
154 Vgl. Zeyer (1995), S. 288.

dings *immer* mit höheren Kosten verbunden. In diesem Fall ist ein Zielwiderspruch zwischen Beschleunigung und Kosten beziehungsweise Nutzenverlust vorhanden. Da die Kosten ab einem gewissen Punkt asymptotisch ansteigen, ist eine *totale* Beschleunigungsstrategie nicht anzustreben. Dennoch gibt es Fälle, in denen die Nutzenvorteile durch Beschleunigung die dann entstehenden Kostennachteile sehr lange aufwiegen und ein "time based change management" sinnvoll werden kann. Dies ist insbesondere dann der Fall, wenn sich das Unternehmen in einer offensichtlichen und akuten Krisensituation befindet oder das organisationale Umfeld extrem dynamische ist.

"Zeit" ist als *explizites* und *dominierendes* Gütemaß mit erheblichen konzeptionellen Problemen belastet. Das sinnvollste Maß ist die zielbezogene Wandelgeschwindigkeit. Allerdings ist dieses Maß insgesamt nur sinnvoll, wenn das formulierte Ziel auf jeden Fall erreicht werden soll und außerdem inhaltlich vollständig und "gut" ist und darüber hinaus die Zeitvorteile sehr hoch sind. Ist dies nicht der Fall, führt die einseitige Optimierung der zielbezogenen Wandelgeschwindigkeit zu einer übertriebenen Durchsetzungsorientierung gegebener Ziele, Aktionismusgefahr und potentiell mangelnder Kostenorientierung.[155] Während "Zeit" eine wichtige Größe bei der Erfolgsmessung des Wandels ist, ist es nur in Ausnahmefällen sinnvoll, explizite Zeitmaße zum *dominierenden* Erfolgsmaß zu erheben. Tendenziell wird die Geschwindigkeit des Wandels aber immer wichtiger, da die Dynamik des Umfeldes ebenso zunimmt.

4.3 Dimensionen der zeitlichen Gestaltung - Zeit als Gestaltungsgröße des Management des Wandels

Nachdem im letzten Kapitel sowohl das Betrachtungsobjekt des Wandels als auch das zugrunde gelegte Erfolgsmaß (allgemein und unter Zeitaspekten) präzisiert wurde, wird im folgenden die Frage nach den eigentlichen zeitbezogenen Fragen der Gestaltung im Change Management beantwortet. Die Zeitstruktur der Interventionen ist wie schon mehrmals angesprochen, eine ebenso wichtige Gestaltungsdimension wie die Frage nach dem Inhalt der Interventionen.

4.3.1 Die Zeitfragen

Geplanter oder intendierter organisationale Wandel ist die Veränderung eines zunächst beliebigen Objektes (z.B. Prozesse eines Geschäftsbereichs) durch eine geplante Folge von zu-

155 Zur Unterscheidung in Konzeptanpassung und Kontextanpassung siehe Reiß (1995), S. 295, Reiß (1997a), S. 25.

nächst beliebigen Aktionen durch zu konkretisierende Akteure. Dementsprechend können Zeitfragen der Gestaltung des organisationalen Wandels generisch (unabhängig vom konkreten Inhalt) definiert werden. In einer ersten Kategorisierung lassen sich drei Typen solcher Zeitfragen identifizieren. "Die Wahl des geeigneten *Zeitpunktes*[156] (*'Kairos'*) eines Vorhabens zur Überwindung der Soll-Ist-Diskrepanz von Managementphilosophien und der Versuch, seine mögliche *Zeitdauer* abzuschätzen und in der Zielvorgabe zu terminieren sowie die zeitliche Gestaltung des Handlungsablaufes während der Veränderung, stellen die beiden wesentlichen Fragen eines zeitlichen *Innovationsmanagements* dar."[157] (Im Original kursiv). Zeitdauer und die zeitliche Gestaltung des Handlungsablaufes werden unter dem Begriff "Chronos" subsumiert (vgl. Abbildung 4-12).

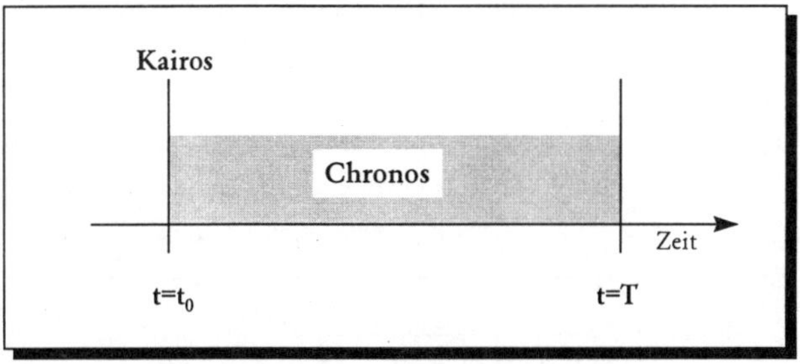

Abbildung 4-12: Chronos und Kairos

Während das Timing eine von den anderen Zeitmaßen unabhängige Größe ist, sind die Dauer (zeitliche Extension) und die Gestaltung der Handlungsfolgen eng miteinander verknüpft sind, da die Dauer eine *Resultierende* der zeitlichen Handlungsfolge ist. Ein weiteres abhängiges Zeitmaß ist die (angestrebte) *Geschwindigkeit* der Veränderung. Auch sie resultiert aus der (zeitlichen) Gestaltung des Handlungsablaufes.

Insgesamt haben Zeitfragen die über ein Objekt gestellt werden können, den Charakter einer unendlichen Schachtelung. Jedes Objekt, hinsichtlich dessen Fragen des Timings und der Dauer gestellt werden können (z.B. Transformation eines Konzerns), kann auf einer detaillierteren Ebene als Menge von Objekten (Interventionen, Teilprojekte, etc.) beschrieben werden. Aus der zeitlichen Strukturierung dieser Objektmenge ergibt sich die Zeitstruktur des Handlungsablaufes (=Innenstruktur) und die resultierende Dauer. Die Teilobjekte (z.B. Neuausrichtung der Vertriebsstruktur im Rahmen eines Transformationsprozesses) können aber-

---

156 Man kann inhaltsgleich auch den Begriff Timing verwenden (Vgl. Zeyer (1995), S. 284).

157 Bleicher (1996), S. 563. Seltsam ist allerdings, daß Bleicher drei Aspekte aufführt, aber nur von zweien spricht.

mals als Menge von Sub-Teilobjekten (z.B. Informationskampagne, Beratereinsatz, etc.) aufgefaßt werden (Vgl. Abbildung 4-13).

Während diese Schachtelung intuitiv klar erscheint, so ist keineswegs offensichtlich, wie zwischen einem Teil eines Veränderungsprozesses (z.B. Teilmodul Qualifizierung) und zwei eigenständigen Veränderungsinitiativen unterschieden werden kann. Ohne detailliert auf diese Problematik einzugehen, könnte man beispielsweise Unterscheidungskriterien wie eigenständiger Lenkungsaussschuß, keine personelle Vernetzung, keine geplante Zusammenarbeit, eigenes Budget, etc. finden. Festzuhalten bleibt, daß man die Basiselemente - die zeitlich gestaltet werden sollen - klar definiert und so der Schachtelungsproblematik aus dem Weg geht. So ergeben sich mit den vorangegangenen Überlegungen eindeutig die in Abbildung 4-13 identifizierten Klassen Innenstruktur (Handlungsablauf) und Außenstruktur (Timing, Dauer und Geschwindigkeit). Letztere umfaßt die Zeitfragen, die von den konkreten Interventionen abstrahieren und einen Veränderungsprozeß als *ein* Objekt („black box") betrachten, wobei Dauer und Geschwindigkeit aus der Innenstruktur resultieren. Diese Klassifikation erscheint mit den angestellten Überlegungen sinnvoller als diejenige nach Abbildung 4-12.

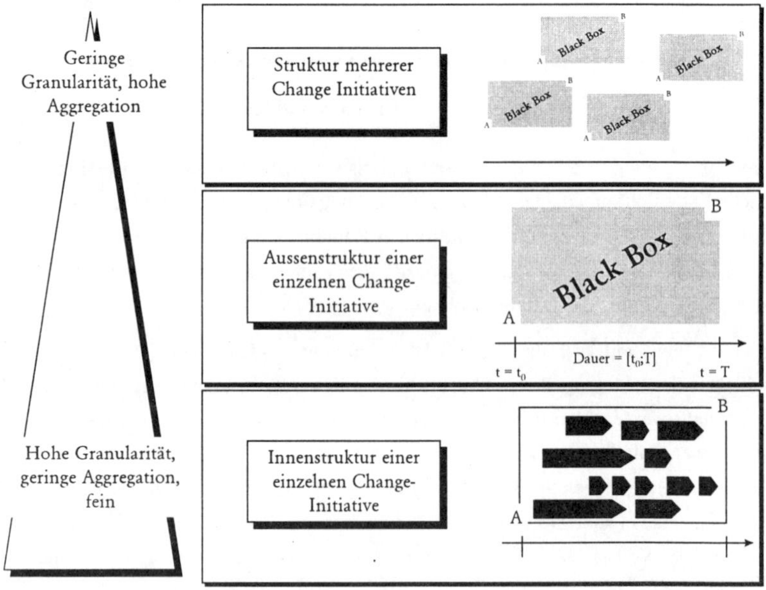

Abbildung 4-13: Ebenenstruktur von Zeitaussagen

Eine Frage, die eigentlich dem Handlungsablauf (also der Innenstruktur) zuzuordnen ist, allerdings auf einer sehr aggregierten Betrachtungsebene gestellt wird, ist der Grad der Synoptik (Planungshorizont) einer Veränderungsinitiative.[158] Der Grad der Synoptik hat allerdings unmittelbare Auswirkungen auf die Gestaltungsmöglichkeiten der zeitlichen Innenstruktur.[159] Abnehmende Synoptik bedeutet auch abnehmende Planbarkeit des Zeitverlaufs des Wandels. Dies liegt daran, daß dazu der Zielzustand der Veränderung bekannt sein muß. Ein zunehmender Inkrementalismus bedeutet nichts anderes als steigende Offenheit der Zukunft und abnehmende Spezifizierung des Zielzustandes. Ein weiterer Aspekt betrifft die geplante Geschwindigkeit des Wandels. Synoptisches Vorgehen bedeutet nicht automatisch ein schnelles Vorgehen. Auch bei ganzheitlich-synoptischer Planung ist ein gradueller (langsamer) Systemübergang möglich.

4.3.2 Die zeitliche Innenstruktur eines Wandelprozesses

Während Timing, Dauer, Geschwindigkeit und Planungshorizont relativ homogene Zeitfragen sind (da sie das Wandelobjekt als *ein* Element betrachten), ist die Zeitstruktur des Handlungsablaufes vieldimensional und komplex. Die "Grundmasse", aus der Zeitstrukturen generiert werden, ist das in Abbildung 4-14 dargestellte Feld der potentiellen Interventionen über dem Zeitrahmen der organisationalen Veränderung. Jede Intervention besitzt eine zeitliche Lage und eine zeitliche Extension. Abbildung 4-14 zeigt, daß eine inhaltlich identische Intervention mehrmals vorkommen kann. Größen die die Innenstruktur eines organisationalen Wandels beschreiben, sind beispielsweise Modularisierungen, Reihenfolgen, Parallelitäten, Überlappungen, etc.

Zur Formulierung der verschiedenen Zeitfragen ist es ausreichend, nach verschiedenen Interventionen zu unterscheiden. Die genaue Kenntnis der Inhalte (z.B. Qualifikation, Information, Motivation) ist unerheblich. Zur Motivation seien die Möglichkeiten der Abgrenzung möglicher Interventionen jedoch kurz angedeutet. Die Abgrenzung der Interventionen kann nach verschiedenen Kriterien erfolgen. Die offensichtlichste Abgrenzung besteht darin, eine Aktion nach dem *Charakter ihres Inhaltes* abzugrenzen. Eine andere Möglichkeit ist, eine Abgrenzung nach *zeitlichen Kriterien* vorzunehmen. Dies erscheint allerdings nicht sinnvoll.[160] Eine weitere Abgrenzungsdimension ist, nach den *Trägern der Aktion* oder nach dem *Ort der Wirksamkeit* zu unterscheiden. Nach Ansicht des Verfassers ist das grundlegende Identifikationsmerkmal einer Intervention der Charakter des Inhaltes (z.B. Informieren). Darauf auf-

158 Zur genauen Definition siehe Kapitel 6.4.4.3.5.
159 Vgl. auch Gallivan/Hofman/Orlikowski (1994), S. 325.
160 Vgl. Knopf (1976).

bauend können einer Intervention weitere Dimensionen zugeordnet werden wie zeitlicher Bezug (z.B. Planen), räumlicher Bezug (z.B. Werk 19) oder personaler Bezug (durch den Betriebsrat). Um eine inhaltliche Klassifikation der Interventionen vorzunehmen, ist einerseits eine Vorstellung von den organisationalen Dimensionen nötig (siehe Kapitel 4.1), andererseits müssen dazu die Triebkräfte von organisationalen Veränderungen untersucht werden. Daher kann eine inhaltliche Spezifikation erst *nach* einer Übersicht über Erklärungsmodelle des Wandels geschehen.

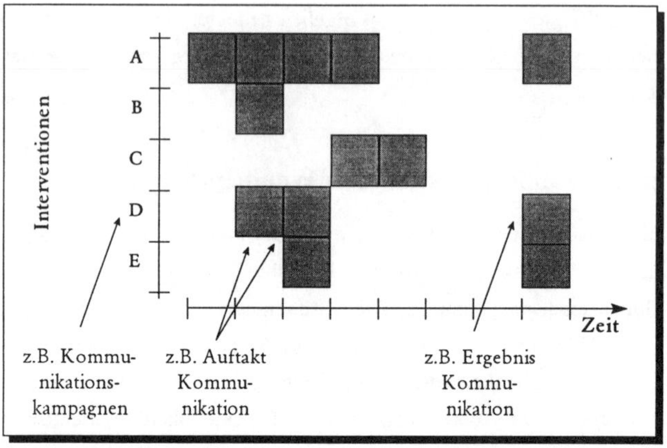

Abbildung 4-14: Prinzipskizze des zeitlichen Interventionsraumes

Auf der Basis von Abbildung 4-14 lassen sich Zeitfragen konstruieren, indem man entweder ein Zeitpunkt fixiert und nach Gestaltungsmöglichkeiten zu diesem Zeitpunkt fragt, oder indem man eine oder mehrere Interventionen fixiert und nach deren Gestaltung über der Zeit fragt. Letzteres entspricht einer perspektivischen Sicht auf die Zeit.[161]

Zeitfragen aus einer perspektivischen Sicht

Aus einer perspektivischen Sicht auf den Veränderungsprozeß lassen sich verschiedene Kategorien von Zeitfragen konstruieren. Es ist sinnvoll nach Fragen zu unterscheiden, die nur eine Handlung betreffen (Basisspezifikationen) und Fragen, die die zeitliche Gestaltung von zwei (mehreren) Handlungen betreffen (Sequenzspezifikation). Basisspezifikationen können sich auf die *Lage* oder auf die *Länge* beziehungsweise Extension einer Intervention beziehen. Da eine einzige Intervention im Verlauf des Veränderungsprozesses mehrmals stattfinden kann,

[161] Siehe auch Kapitel 2.

können auch zeitliche *Verlaufsmuster* zu den Basisspezifikationen gezählt werden (vgl. Abbildung 4-14). Beispiele hierfür sind zyklische versus lineare Entwicklungen oder zunehmende versus abnehmende Entwicklungen einer Intervention. Für Verlaufsmuster ist es hilfreich, nach der Intensität einer Intervention zu differenzieren (siehe unten).

Sequenzspezifikationen werden sinnvollerweise in die Subklassen *Abfolgen* als Richtungsrelation (Wird Aktion A vor Aktion B durchgeführt, oder B vor A) und *Abständen* als Distanzrelation unterschieden. Die Frage nach Abständen zwischen zwei Aktivitäten kann weiter differenziert werden: *Parallelisieren* (Simultanisieren), *Überlappen* (Staffeln), *Synchronisieren* (Takten) und (zeitliches) *Entkoppeln.* Synchronisieren bedeutet eine zeitliche Abstimmung von zwei Vorgängen. Voraussetzung für Taktungsbedarf ist, daß die jeweiligen Vorgänge voneinander inhaltlich abhängig sind und sich dementsprechend räumlich und zeitlich abstimmen müssen. Beispielsweise ist es in einem arbeitsteiligen System wichtig, daß ein Takt (Uhrzeit) vorgegeben ist, der einen gemeinsamen Nenner bildet, anhand dessen eine Abstimmung zwischen den Elementen vorgenommen werden kann.[162] Als plastisches Beispiel mag eine Fertigungsstraße dienen. Arbeiten die Maschinen dort nicht synchron, ist eine Pufferung der Outputs der einzelnen Stationen notwendig, was bei einer sychronen Taktrate entfällt. Synchronisation kann erheblich zur Reduktion von Schnittstellenaufwand und so zur Komplexitätsreduktion eines Veränderungsprozesses beitragen. Der Begriff *Timing* ist eng mit dem Begriff Synchronisation verbunden. Entkoppeln bedeutet, eine zeitliche Verknüpfung zwischen zwei Elementen aufzuheben. Ob eine Entkopplung möglich ist und wie sich eine Entkopplung auswirkt hängt von der Abhängigkeit zwischen den Elementen ab. Insofern ist der Entkopplungsbegriff eng mit dem Modularisierungsbegriff verbunden.

Bisher wurde eine Intervention oder das Verhältnis zwischen zwei Interventionen betrachtet. Natürlich kann man auch Zeitstrukturen untersuchen die sich auf das Verhältnis von drei bis "sehr vielen"[163] Interventionen beziehen. Derartige Zeitfragen werden im weiteren *Zeitmuster* genannt. Das bekannteste Muster ist die *Phasenstruktur*. Wenngleich in der Literatur eine Vielzahl an Phasenmodellen zum organisationalen Wandel angegeben werden, so wird diese Begrifflichkeit meist nicht explizit definiert. Folgende Definition gibt Antwort auf die Frage, was Phasen sind: Zwei Mengen A und B von Interventionen liegen in aufeinanderfolgenden Phasen A und B, wenn für alle Elemente B_i der Menge B gilt, daß es kein Element der Menge A gibt, das nicht vor dem Beginn der Intervention B_i beendet ist. Neben den Phasenstrukturen können beliebig viele weitere Musterstrukturen untersucht und definiert werden.

---

162 Siehe auch Kapitel 2.

163 Die maximale Zahl ist dadurch beschränkt, wieviele Interventionen insgesamt beschrieben worden sind.

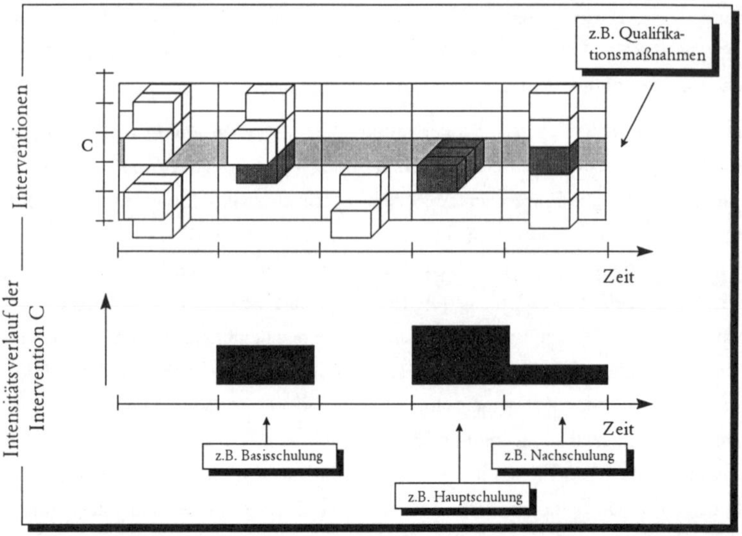

Abbildung 4-15: Darstellung von verschiedenen Intensitäten der Intervention

Obige Überlegungen gehen davon aus, daß eine Intervention entweder stattfindet oder nicht stattfindet. Dies kommt einer binären Sichtweise gleich und greift zu kurz, wenn die Interventionen verschiedene Intensitätsmaße aufweisen können.[164] Abbildung 4-15 verdeutlicht dies anhand der Basisfrage „Lage und Extension einer einzelnen Intervention".

Durch die hinzukommende dritte Dimension kommen eine Vielzahl von zeitorientierten Gestaltungsfragen hinzu. Im einfachsten Fall kann man, wie in Abbildung 4-15 geschehen, Aussagen über den *Intensitätsverlauf* einer einzelnen Intervention (einer Menge von Interventionen) treffen. Eine derartige Aussagen *umfaßt* die (binäre) Frage nach Lage und Länge dieser Intervention. Durch die Längsschnittperspektive können auch Abstandsfragen integriert werden. Aus der Analyse des Verlaufes mehrerer Interventionen ergeben sich (implizit) Aussagen zu Überlappungen, Parallelitäten, Synchronitäten, Phasen, Muster etc. Da sich diese Verlaufsperspektive als sehr fruchtbar erweist und einer perspektivischen Zeitsicht entspricht, wird sie in einem Großteil der kommenden Analysen als Bezugsrahmen gewählt.

[164] Auch wenn die einzelne Intervention nur binäre Eigenschaften haben soll, kann man bei aggregierten Betrachtungsperspektiven immer Intensitätsmaße definieren, indem eine Aufsummierung der einzelnen binären Interventionen stattfindet.

Die angeführten Grundfragen der Zeitstruktur können auf verschiedenen Aggregationsebenen gestellt werden. Auf einer höheren Aggregationsebene werden mehrere "atomare" Interventionen nach bestimmten Kriterien gruppiert und als Einheit betrachtet. *Zeitliche Vorgehensstrategien* beziehen sich in der Regel auf derartige aggregierte Betrachtungen.

Zeitpunktsichten

Der letzte Abschnitt hat Zeitaspekte aus einer Verlaufssicht über der Zeit betrachtet. Quasi senkrecht dazu steht die Zeitpunktperspektive, die aus der Sicht eines fixen Zeitpunktes (z.B. der Projektstart als markanter Zeitpunkt) Aussagen über die Gestaltung der Handlungen zu diesem Zeitpunkt trifft.[165] Wie unschwer zu erkennen ist, können aus den dynamischen Sichten Zeitpunktaussagen abgeleitet werden und umgekehrt aus mehreren Zeitpunktaussagen dynamische Aussagen konstruiert werden. Dennoch erscheint es fruchtbar, eine zeitpunktbezogene Perspektive als eigenständige Ergänzung zur Zeitverlaufsperspektive zu sehen, denn schon im Vorgriff auf das weitere Vorgehen sei gesagt, daß in der zu entwickelnden Modellstruktur des organisationalen Wandels Verlaufsaussagen der Handlungen über die Abfolge mehrere Zeitpunktsichten abgeleitet werden.

4.3.3 Komplexität von Zeitaussagen und Vorgehensstrategie der Arbeit

Schon jetzt deutet es sich an, daß es insbesondere für das Chronos (als Verlaufsperspektive) äußerst schwierig ist, allgemeingültige Zeitstrukturaussagen zu treffen. Während Fragen der zeitlichen Gestaltung Teil des Interventionsraumes sind, liefert die Zeit als wertfreie Dimension keine direkten Hinweise auf gute oder schlechte Zeitpunkte/Zeitextensionen. "Gute" ("rechtzeitige") Zeitstrukturen der Interventionen müssen immer über inhaltlich-situative Gegebenheiten gefunden werden.[166] Entscheidend ist nicht die zeitliche Lage/Länge an sich, sondern daß damit eine bestimmte "günstige" inhaltliche Konstellation verbunden ist. Nur wenn die im entsprechenden Fall relevanten inhaltlichen Faktoren selbst feste Zeitlagen besitzen, entstehen absolute (d.h. nicht situative) Zeitaussagen.

---

165 Zu den unterschiedlichen Zeitkonzeptionen und insbesondere zu einer perspektivischen Sicht auf die Zeit siehe Kapitel 2.6.

166 Siehe Kapitel 2.7. Im Verlauf der Arbeit ist mehrmals verdeutlicht worden, daß normative Handlungsaussagen von der gewählten Aktorenperspektive abhängig sind. Daß diese hier nicht explizit definiert wird liegt daran, daß die Überlegungen dieses Abschnittes einen generischen Charakter haben, d.h. von der konkreten Perspektive unabhängig sind. Aus *jeder* Perspektive wird die Zeitstruktur der Interventionen als Handlungsabsicht konzipiert. Für jede Perspektive gelten die im Test angestellten prinzipiellen Ausführungen. Welche Handlungsabsichten *konkret* umsetzbar sind und zusätzlich zu einem "guten" Ergebnis führen hängt von der Aktorenperspektive ab und wird später diskutiert.

Ein Reorganisationsprozeß besitzt eine zeitliche Extension. Legt man eine vereinfachte diskretisierte Zeitauffassung zugrunde, so besteht er aus dementsprechend vielen Situationen (Zeitschritten), in denen jeweils ein situativer Kontext vorhanden ist. Dadurch entsteht eine additive Komplexität des situativen Kontextes. Abbildung 4-16 zeigt, daß - wären fiktive situative Einflußgrößen bekannt - sich die Gesamtzahl der situativen Größen, die Einfluß auf den Gütegrad einer Zeitstruktur der Intervention hat, in Abhängigkeit der Feinheit der Zeitschritte aufaddiert. Dementsprechend unwahrscheinlicher werden allgemeingültige beziehungsweise absolute (d.h. vom situativen Kontext unabhängige Zeitstrukturaussagen).

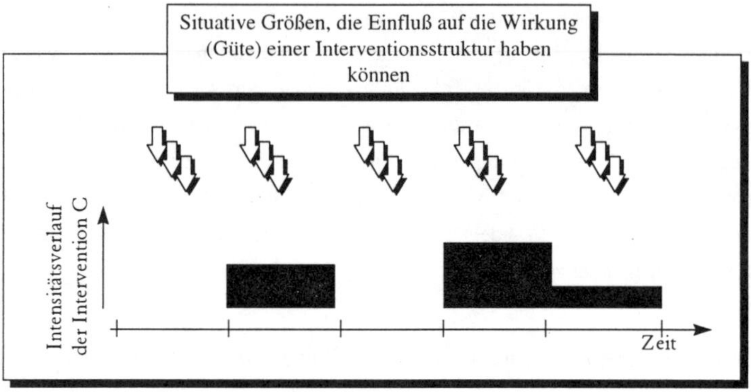

Abbildung 4-16: Additive Komplexität der situativen Einflüsse im Prozeßverlauf

Hinsichtlich einer Ableitung von Gestaltungsaussagen aus einem zu entwickelnden dynamischen Kausalmodell des Wandels kommt durch die zeitliche *Extension* des Change-Prozesses eine weitere Schwierigkeit hinzu. Im Vorgriff auf das zu entwickelnde Wirkmodell ist offensichtlich, daß die einzelnen Interventionen zu den einzelnen Zeitabschnitten in der Regel Auswirkungen auf den situativen Kontext der Interventionen *zukünftiger* Zeitabschnitte haben. Diese Wirkungen müssen bekannt sein, um Aussagen über "gute" Zeitstrukturen der Interventionen zu treffen. In Realität wird man dies nur partiell ermitteln können, was in Kapitel 7.4 noch ausführlich besprochen wird. Gründe liegen in prinzipiellen Indeterminismen (z.B. chaotische Effekte, nicht-rationales Verhalten der Akteure, etc.) und in Unvollkommenheiten eines Modells.

Ein weiteres Problem ist, daß Zeitfragen je nach Kontext verschieden gestellt und beantwortet werden können. Um Zeitfragen inhaltlich stellen zu können und zu analysieren, muß wie angesprochen insbesondere hinsichtlich der Untersuchung des Handlungsablaufes eine Spezifizierung des Wandelobjektes (z.B. Einführung von Lean Management, Abteilungsrestrukturierung, Unternehmenstransformation, Geschäftsbereichsbildung, Visionsfindung), der Aggregationssebene und der Betrachterperspektive vorangehen. Je nach Objekt des Wandels stellen sich manche Gestaltungsfragen anders oder unter Umständen gar nicht.

Man kann als weiterer Problempunkt nicht davon ausgehen, daß die relevanten Gestaltungsfragen unabhängig von der gewählten Aktorenperspektive sind (z.B. Top Management versus externer Berater). In diesem Zusammenhang muß man zwischen eher lenkbaren Größen und eher nicht lenkbaren Größen unterscheiden. "Bevor die Unterscheidung angegangen wird, ist (nochmals) klar festzustellen, wer der Problemlöser, Gestalter und Lenker in der vorliegenden Problemsituation ist. Je nachdem, welche Kompetenzen und welche 'Macht' er besitzt, sind bestimmte Elemente lenkbar oder nicht."[167] Je nach konkreter Aktorenperspektive und situativen Gegebenheiten ist die zeitliche Gestaltung einer Intervention möglicherweise keine Interventionsvariable mehr. Die Gründe hierfür können vielfältig sein: Kapazitätsgrenzen, finanzielle Grenzen, Machtprobleme, massiver Widerstand, Mangel an Promotoren, etc.[168] In vorliegender Arbeit wird die zeitliche Gestaltung einer Intervention als ein Ziel beziehungsweise eine Absicht eines bestimmten Akteurs verstanden. Da eine Absicht ein Willensakt ist, ist er frei gestaltbar. Durch diese Konzeption der Gestaltung von Willensakten kann daher bei der Abgrenzung des potentiellen Interventionsraumes zunächst noch von der konkreten Aktorenperspektive abstrahiert werden.

Auch wenn Zeitfragen der Gestaltung trotz der Verschiedenheit der Wandelszenarien identisch *stellbar* sein sollten, kann eine konkrete *Antwort* verschieden sein, je nachdem, um welches Wandelobjekt und welche Aktorenperspektive es sich handelt. Das Objekt des Wandels selbst ist in einem Kontext verankert, der Restriktionen bestimmt (z.B. konjunkturelle Situation, Abhängigkeit von anderen Veränderungsprozessen, etc.).

Die Spezifität von Zeitfragen (hinsichtlich Stellbarkeit und insbesondere Beantwortung) steigt mit zunehmenden Detaillierungsgrad der Analyse. Insbesondere konkrete Zeitfragen sollten daher anhand eines konkreten Szenarios (Objekt, Nebenbedingungen, Interventionsmöglichkeiten, Effizienzkriterien) analysiert werden. Das umfassendste Szenario "Unternehmenstransformation aus Top Management - Perspektive" hätte den Vorteil, daß anhand dieses Szenarios analysierte Zeitfragen einen hohen Grad an Allgemeingültigkeit aufweisen, da alle anderen Szenarien Spezialfälle sind. Der entscheidende Nachteil wäre, daß eine detaillierte Analyse enorm komplex wäre und es kaum möglich wäre, die Analyse auf ein konkretes

167 Probst/Gomez (1997), S. 947. Vgl. auch Büchi/Chrobok (1997), S. 61 f. Die Möglichkeit zur lenkenden Einflußnahme ist begrenzt. Eine prinzipiell gute Idee ist untauglich, wenn die nötige Interventionsvariable dem Akteur nicht zur Verfügung steht. Vgl. auch Ulrich/Probst (1991), S. 176 f., Gomez (1981).

168 Vgl. Zeyer (1996), S. 134

Erklärungsmodell des Change Managements aufzubauen. Aus diesem Grund muß hinsichtlich des Zielanspruches der Arbeit eine andere Lösung gefunden werden.

Da es ein wesentliches Ziel der Arbeit ist, einen Beitrag zu einer *ganzheitlichen* Betrachtungsweise von Zeitaspekten im Change Management zu leisten und gleichzeitig detailliert und konkret Aussagen zu Zeitfragen der Gestaltung zu machen (und dies möglichst auf ein Erklärungsmodell zu beziehen), scheint ein *gestuftes Vorgehen* optimal.[169] Im folgenden Kapitel 5 wird ein allgemeiner Bezugsrahmen ausgearbeitet. In Kapitel 6 werden auf Basis dieses Bezugsrahmens *unabhängig* vom konkreten Szenario Fragen des Timings, der Dauer und der allgemeinen Vorgehensstrategie analysiert. Der Grund ist, daß derartige Zeitfragen universell stellbar sind, in ihrer Kausalität vom konkreten Szenario weitestgehend unabhängig scheinen (d.h. die Kausalität ist generisch) und die Wirkprinzipien auf einer aggregierten Ebene analysiert werden können. Eine genaue Spezifizierung des Szenarios verengt den Blick unnötig. In Kapitel 6.4.4 werden anhand des (umfassenden) Szenarios "Unternehmenstransformation" auf einer aggregierten Ebene Aspekte der Abfolgegestaltung des Wandels untersucht. Im Vordergrund stehen Fragen der zeitlichen Abfolge des Vorgehens hinsichtlich verschiedener Strukturdimensionen (z.B. Strategie, Abläufe, Organisationsform, etc.), die sich insbesondere im Kontext einer Totaltransformation ergeben. Anhand der Transformationsperspektive können Aussagen zur Abfolge mehrere Veränderungsprozesse beziehungsweise zum Portfolio von Veränderungsprozessen gemacht werden. Daneben werden weitere Zeitfragen wie der Verlauf des Führungsstils untersucht. Das Ziel ist primär, Übersicht zu vermitteln.

Kapitel 7 bezieht sich auf die detaillierte Analyse der zeitlichen Innenstruktur einer primär strukturellen, eigenständigen Veränderungsinitiative. Ziel des Kapitel ist es, (aufbauend auf den allgemeinen Bezugsrahmen) ein dynamisches Prozeßmodell zu skizzieren und Zeitfragen der Gestaltung detailliert zu stellen. Diese Perspektive bildet den Rahmen zur zeitorientierten Untersuchung des Gestaltungsfeldes "Partizipationsverläufe" in Kapitel 7.5. Ziel ist es, anhand von (wenigen) Gestaltungsfragen eine detaillierte Untersuchung vorzunehmen.

Das Spannungsfeld zwischen Redundanz, Konsistenz und Spezifität kann durch die genannte zweistufige Vorgehensstrategie optimal aufgelöst werden. Außerdem bleibt die Logik der Arbeit schlüssig in ihrem Vorgehen, "vom Groben zum Feinen" hinsichtlich der Analyseobjekte zu gehen. Die beschriebene Vorgehensstrategie erlaubt ein in sich konsistentes, an Ganzheitlichkeit orientiertes Vorgehen, ohne sich dadurch aus Kapazitätsgründen nur in einer abstrakt-allgemeinen Beschreibungsebene zu befinden.[170]

---

169 Vgl. auch die Argumentation in Kapitel 1.

170 Wie die beispielsweise bei Bleicher (1996), S. 563 ff. der Fall ist.

Eine zusätzliche gravierende Problematik die bisher noch nicht angesprochen wurde ist, daß die bisherigen Überlegungen von der Prämisse vollständiger Informationen ausgegangen sind. *Ex post* ist bekannt, welche situativen Bedingungen zu den einzelnen Zeitabschnitten herrschten. Ex post kann so auch (unter den obigen Einschränkungen) eher ermittelt werden, welche Zeitstrukturen der Interventionen sinnvoll waren beziehungsweise gewesen wären. Normative Aussagen hinsichtlich des zeitlichen Vorgehens im organisationalen Wandel jedoch richten sich auf die *Zukunft*. In Realität muß man von der - aus der Modellperspektive unangenehmen - Vorstellung ausgehen, daß zukünftige Ereignisse nur sehr unvollständig antizipiert werden können. Konkret bedeutet dies, daß aus der ex post Perspektive abgeleitete normative Aussagen für die zu spezifizierenden Akteure die unvollständige Wissensbasis dieser berücksichtigen müssen. In diesem Rahmen können dann Interventionsstrukturen (als *Handlungspläne*) angegeben werden, die hinsichtlich der erwarteten Zukunft "gut" sind.[171]

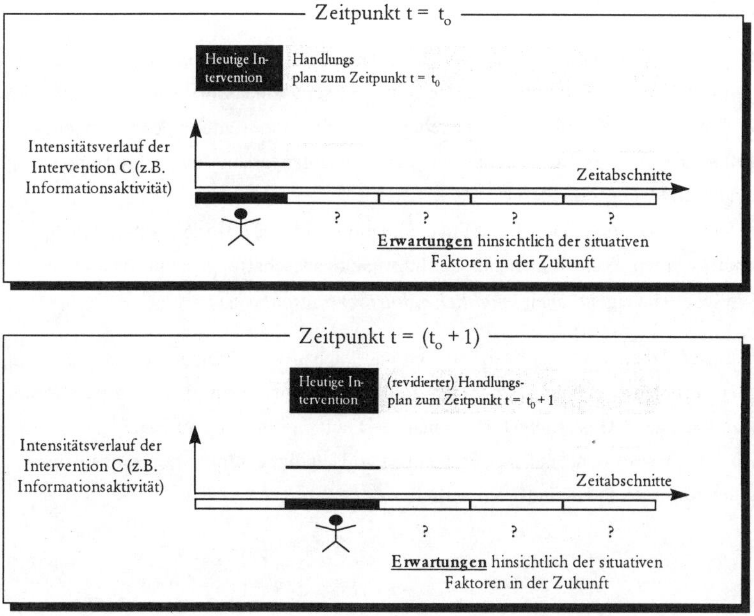

Abbildung 4-17: Normative Aussagen als Folge von Handlungsplänen bezogen auf die jeweilige Wissensbasis der Akteure im Zeitverlauf

171 Unter "gut" wird auch subsumiert, ob die vorgesehene Intervention überhaupt zum konkreten Zeitpunkt t_i (noch) eine Interventionsvariable darstellt!

Da sich die Wissensbasis der Akteure im Zeitverlauf ändert, ergibt sich als normative Aussage in der Regel nicht ein Handlungsplan (der zu Beginn der Veränderungsinitiative festgelegt wird und im gesamten Prozeßverlauf des organisationalen Wandels befolgt wird), sondern eine Folge von Handlungsplänen, die sich auf die jeweilige (aktuelle) Wissensbasis des Akteurs beziehen.[172] Die Argumentation ist identisch, wenn die kausalen Wirkungen der Interventionen nicht oder nur partiell bestimmbar sind, was im letzten Absatz diskutiert wurde (die gleiche Problematik resultiert einmal aus der Unvollkommenheit der Modellvorstellung (abhängige Variablen) und einmal aus der unvollkommenen Bestimmbarkeit der zukünftigen situativen Faktoren (unabhängige Variable)). Abbildung 4-17 verdeutlicht die Argumentation anhand einer Prinzipskizze.

Unter den gemachten Überlegungen zerfällt jede potentielle Zeitverlaufsfrage der Gestaltung (z.B. der Verlauf der Informationspolitik) in *drei* Zeitfragen, die analysiert und beantwortet werden müssen:

- *Wie oft* soll der Handlungsplan revidiert werden und was ist der angestrebte *Planungshorizont* (im Extremfall kann es sinnvoll sein, einen einzigen Aktionsplan zu Beginn der Change-Initiative zu erstellen und sich daran während des gesamten Verlaufes zu halten; es findet dann keinerlei Konzeptanpassung statt, das Handeln ist rein durchsetzungsorientiert[173]).
- *Welche Information* über die heutige Situation und die erwartete Zukunft soll beschafft werden. Welche Intensität der Informationsbeschaffung ist sinnvoll.
- Wie sehen die eigentlichen *inhaltlichen Interventionspläne* aus.

Im Verlauf der Arbeit wird aus methodischen und kapazitiven Gründen zunächst vom angesprochenen Problem der unvollständigen Information abgesehen. Unter dieser Prämisse werden zeitbezogene Gestaltungsfragen analysiert und normative Aussagen angestrebt. In Kapitel 6.4.4.3.5 wird dann auf das Problem unvollständiger Information eingegangen. Die Überlegungen werden in Kapitel 7.5.6 vertieft.

---

172 Es sei angemerkt, daß es auch Interventionsstrukturen gibt, die von eintretenden situativen Ereignissen unabhängig sind. In einem solchen speziellen Fall können "gute" Interventionsstrukturen direkt aus der ex post - Perspektive abgeleitet werden. Die unvollständige Wissensbasis spielt keine Rolle.

173 Zu den Begriffen Konzeptanpassung und Kontextanpassung siehe Reiß (1997d), S. 93. Reiß verwendet diese Begriffe primär mit dem (engeren) Fokus auf das Implementierungsmanagement.

Kapitel 4 strukturiert die Zeitaspekte, die im Change Management vorkommen. Zeitliche Aspekte können als Abgrenzungsmerkmal des organisationalen Wandels verwendet werden. Egal, ob man sich mit Reorganisationen, TQM, Reengineering, Wissensmanagement befaßt – Veränderungsprozesse haben zeitliche Charakteristiken. Wandel kann schnell oder langsam erfolgen beziehungsweise aktiv oder reaktiv geschehen.

Ein professioneller Change Prozeß geschieht zielorientiert – Zielgrößen haben sowohl inhaltlichen (z.B. Umsetzung einer Prozeßorganisation) als auch zeitlichen Charakter. Vor dem Hintergrund wettbewerbsseitiger Dynamik müssen Veränderungen nicht nur qualitativ gut ein, sie müssen in der Regel auch schnell geschehen. „Zeit“ wird als Veränderungsgeschwindigkeit zu einem zentralen Erfolgsmaß im Change Management. Aus den Zielgrößen des Change Management leitet sich ein professionelles Change Controlling ab, das konsequenterweise auch zeitbasiert erfolgen muß. Exemplarisch seien einige zeitbezogene Fragen angesprochen, die sich ein Change Management Team stellen muß: Welche zeitbezogenen Größen (z.B. Fortschrittindikatoren, Geschwindigkeitsmaße) sind wann sinnvoll; wie oft und wann sollten Erfolgs- und Fortschrittsmaße im Veränderungsprozeß gemessen werden; durch welche Methoden (z.B. life cycle costing, Investitionsüberlegungen) kann der Zeitpunkt des Eintretens von Kosten- oder Nutzeneffekten im Change Management bewertet werden?

Sämtliche Handlungen (z.B. Visionsentwicklung, Motivationskampagnen, Einführungszeitpunkte von Konzepten) in einem Veränderungsprozeß finden in der Zeit statt. Ob ein Veränderungsprozeß zum Erfolg wird oder nicht, ist stark davon abhängig, ob man das Richtige auch zum richtigen Zeitpunkt tut (insbesondere vor dem Hintergrund knapper Ressourcen, die zu einer Priorisierung zwingen). Zentral für Change Manager ist die Rolle der Zeit als Handlungsgröße. Man kann zwischen Basisspezifikation (betreffen nur eine Handlung, insbesondere Timing und Dauer) und Sequenzspezifikationen (betreffen mehrere Handlungen) unterscheiden. Sequenzspezifikationen umfassen Abfolgen, Abstände, Parallelisierungen, Entkopplungen, Synchronisierungen, etc. Im Rahmen des Projektmanagements, der Prozeßanalysen und des Innovationsmanagements haben zeitliche Betrachtungen eine lange Tradition. Das Management organisationaler Veränderungsprozesse, die neben einer sachlichen insbesondere eine soziale und kulturelle Dimension haben, ist bisher weniger unter zeitlichen Aspekten untersucht worden.

5. Dynamische Erklärungsmodelle für das Change Management

5.1 Ziel und Vorgehen des Kapitels

Wie in Kapitel 1 beschrieben, sollen im Rahmen der Arbeit zeitorientierte Gestaltungsaussagen des Change Management aus einer möglichst deduktiven Wissenschaftsperspektive abgeleitet werden. Aus diesem Grund ist eine Auseinandersetzung mit Kausal- beziehungsweise Erklärungsmodellen des Change Managements notwendig. Eine zu wählende Erklärungsperspektive ermöglicht weiterhin, die potentiellen Interventionen eines zu definierenden Akteurs inhaltlich zu konkretisieren. Damit können die in Kapitel 4.6 formulierten generischen Zeitfragen konkretisiert werden. Letztlich ist es ein wesentliches Ziel der Arbeit, Beiträge zu einer Dynamisierung von Change-Modellen zu leisten.

Um einen realistischen Anspruch gerade hinsichtlich des letzten Punktes zu gewährleisten, ist eine kurze Zusammenfassung des Forschungsstandes zum Change Management hilfreich. Nach REIß gibt es zur Zeit keine gesicherte Theorie des Managements des Wandels.[1] "Alle praktisch oder wissenschaftlich tätigen Mitglieder der 'Change Community' müssen mit einzelnen Mosaiksteinchen arbeiten, die sie dann zu einem alles andere als lückenlosen Gesamtkonzept zusammenstellen. Diese Integrationsaufgabe wird dadurch kompliziert, daß die Szene durch eine Vielfalt von teilweise sehr gegensätzlichen Strömungen geprägt ist."[2] "Das verfügbare Wissen zum Change Management besteht im wesentlichen aus einer (eklektizistisch) 'bunten', zugleich aber nicht harmonisierten Sammlung von Detailwissen, das insgesamt eine mehr oder weniger tragfähige, wenn auch nicht lückenlose 'Basis' für die Tätigkeit eines Change Managers abgibt. Statt aus einer eigenständigen und integrierten Theorie des Wandels wird die Wissensbasis des Change Managements aus Wissensbausteinen gebildet, die aus unterschiedlichsten Theoriesparten stammen, vor allem aus dem Wissensfundus von Macht-, Marketing-, Konflikt- und Veränderungsmodellen."[3] Existierende Modelle des Wandels unterscheiden sich so erheblich hinsichtlich dem Bezugsobjekt des Wandels[4] und der gewähl-

---

1 Vgl. Reiß (1997a), S. 20. Es gibt erst recht keine *dynamische* Theorie des Management des Wandels. Dies Aussage ist nur eine logische Konsequenz der Tatsache, daß es auch nicht die Theorie des Wandels von Organisationen gibt, was eine Voraussetzung für eine einheitliche Theorie des *Management* des Wandels wäre.

2 Reiß/Rosenstiel/Lanz (1997), S. 5.

3 Reiß (1997a), S. 20.

4 Vgl. Reiß (1997a), S. 23, wonach man nach den Dimensionen Kontextfokus und Konzeptfokus differenzieren kann. Unter Kontextfokus versteht Reiß, daß das Ziel des Wandels nicht ein konkretes inhaltliches Konzept (z.B. Reengineering) ist, sondern einen Zustand zu schaffen, in dem die Organisation selbst veränderungsfähig ist. Allerdings kann beides unter der *Ziel*komponente des Wandels subsumiert werden. Die Wegkomponente des Wandels muß sich mit Prozeßstrukturen der Zielerreichung befassen (z.B. dem Partizipationsgrad).

ten fundamentalen Erklärungsperspektive.[5] Aufgrund dieser unsicheren Wissensbasis werden teilweise sehr polarisierte Vorstellungen hinsichtlich "richtigen" Handeln vertreten.

Als gemeinsamen Nenner der verschiedenen Ansätze sieht REIß eine Differenzierung nach *statischen Basismodellen* und *dynamischen Basismodellen*.[6] Zu den statischen Basismodellen zählen Vorstellungen hinsichtlich Widerständen in Veränderungsprozessen, die definitorische Abgrenzung zwischen Akteurssystem (Change Agents) und Klientensystem (Change Targets) und Vorstellungen hinsichtlich der Kernprozesse des Change Managements. Allerdings schließt REIß auch dynamische Aspekte wie "Kernprozesse des Change Managements" mit ein, was nach Erachten des Autors nicht unter statischen Aspekten eingeordnet werden kann. Zu den dynamischen Basismodellen zählt REIß vor allem Vorstellungen über den typischen Ablauf eines Change Prozesses. An dieser Stelle ist damit nicht von Kausalstrukturen (im Sinne eines Erklärungsmodells) die Rede, sondern von Aktionsstrukturen über der Zeit. Während eine mechanistisch-rationale Perspektive zu dem klassischen Phasenschema von Problemlösungsprozessen tendiert, folgt ein biologisch-evolutionäres Transformationsverständnis der Folge von Variation, Selektion und Retention. Als dritte Grundvorstellung identifiziert REIß die Hybridmodelle. Dazu zählen Modelle von Innovationsprozessen und Modelle der Einstellungsänderung, hier vor allem das Modell unfreeze-move-refreeze nach LEWIN.[7] REIß subsumiert unter Basismodellen Aspekte von allgemeinen Begriffsdefinitionen, Vorstellungen darüber wie der Interventionsraum aus Sicht der Akteure gestalten werden soll und schließlich Vorstellungen über die Wirkmechanismen in Change Prozessen.

Drei Ursachen können für die Vielfalt und Unvollständigkeit und partielle Widersprüchlichkeit des Wissens und der Modelle über Veränderungsprozesse identifiziert werden.[8] Erstens ist das Change Management wie angesprochen eine Modeerscheinung der vergangenen Jahre gewesen, was teilweise Quantität der Erkenntnis vor Qualität der Erkenntnis stellt. Es ist erstaunlich, mit welcher Pauschalität in Veröffentlichungen von Change Management gesprochen wird, ohne nach Objekten, Inhalten, Zeitpunkten, Rahmenbedingungen des Wan-

---

5 Vgl. Kapitel 5.2 zu Selektionsmodellen, Entwicklungsmodellen, Evolutionsmodellen, etc.

6 Vgl. Reiß (1997a), S. 24 f.

7 Zu einer knappen Zusammenfassung siehe beispielsweise Zeyer (1996), S. 134 f.

8 Die Defizite sind ein wesentlicher Grund, weshalb Veränderungsprozesse trotz des inzwischen unüberschaubaren Berges an Veröffentlichungen zu Erfolgsfaktoren, Vorgehensprinzipien und Fallstricken immer noch Episoden mit erheblicher Mißerfolgsquote darstellen. So spricht Hammer (1994) von einer 80%igen Mißerfolgsquote, Reiß (1997b), S. 36 geht von einen Fehlschlagsrisiko von 50-75% aus, die Studie von ILOI (1997), S. 15 kommt allerdings zu weit weniger dramatischen Zahlen: "Während ein relativ hoher Anteil von 57% der befragten Unternehmen einen Umsetzungsgrad von mehr als 80% angibt, liegt der Erfolgsgrad bei immerhin 43% der durchgeführten Veränderungsprojekte unter 60% der ursprünglich angestrebten Projektziele." KPMG (1996), S. 3 geben eine sehr differenzierte Antwort zum Erfolgsgrad in Abhängigkeit vom *Objekt* des Wandels. Danach sind 20% der Quality Management Initiativen Mißerfolge, 12% der Prozeßredesigns und nur 6% der Restrukturierungen. Nippa (1996), S. 21 ermittelt einen durchschnittlichen Erfolgsgrad von 59%.

dels zu differenzieren.[9] Zweitens erscheint das Forschungsfeld "Management des Wandels" noch in der Entwicklung und damit zwangsläufig von Wissensdefiziten geprägt. Organisationaler Wandel als Prozeß zeitlicher Extension wird durch eine Vielzahl von jeweils zeitspezifischen Umständen bestimmt, was einen dynamischen, umfassenden und in sich geschlossenen modellhaften Ansatz äußerst komplex und damit zum gegenwärtigen Forschungsstand faktisch unmöglich macht. Drittens und entscheidend ist, daß es neben der Formulierung einiger generischer Aussagen wahrscheinlich prinzipiell nicht möglich ist, ein allgemeingültiges Modell des Wandels zu erstellen und daraus pauschale Gestaltungsaussagen abzuleiten. Da organisationaler Wandel immer ein sozialer Wandel ist, muß ein Kausalmodell das Verhalten der Akteure beschreiben und modellieren. Es ist offensichtlich, daß sich der Mensch in seinem Denken, Verhalten und Tun nicht vollständig und im Extremfall sogar deterministisch beschreiben läßt - der Mensch ist und bleibt ein zentrales Rätsel der Philosophie. In Kapitel 4.6.3 wurde neben der prinzipiellen Komplexität schon auf die dazukommende faktische Komplexität hingewiesen.

Unter den beschriebenen Umständen ist es sinnvoll, in diesem Kapitel eine Übersicht über grundlegende dynamische Wirkvorstellungen hinsichtlich des "warum" des Wandels von Organisationen über der Zeit (=Unternehmensdynamik[10]) zu erarbeiten.[11] Das Objekt des Wandels ist das gesamte Unternehmen, der Zeitrahmen ist strategisch, beziehungsweise umfaßt die Lebensdauer einer Unternehmung.[12] Die Betrachterperspektive liegt außerhalb des Objektes "gesamtes Unternehmen". Die verschiedenen Ansätze zur Unternehmensdynamik werden hinsichtlich der treibenden Kräfte des Wandels untersucht. Einen Schwerpunkt der Untersuchung bildet die Frage, in wie weit eine jeweilige Perspektive dem Top Management (=dominierende Koalition) Handlungsfreiraum zugesteht, oder umgekehrt formuliert, welchen Stellenwert zwingende und unbeeinflußbare dynamische Wirkverläufe haben. Diese Frage ist für Gestaltungsfragen des Change Management zentral, da sie hinterfragt, ob und wie weit Change gemanagt werden kann.[13] Je stärker kausale Automatismen ausgeprägt sind, desto wahrscheinlicher können typische dynamische Muster des Wandels von Unternehmen erkannt werden, was in den einzelnen Abschnitten jeweils analysiert wird. Diejenigen dynamischen

9 Vgl. beispielsweise Holzamer (1996), Osterhold (1995), Krebsbach-Gnath (1992), Grässle (1993) oder Kobi (1996).

10 Zum Begriff vgl. Weitzel (1996), Kistner/Schmidt (1991), Pümpin (1992), Pümpin/Imboden (1991).

11 Es geht also erst um "change" und nicht um "change *management*". Dieser Ansatz ist nach Meinung des Autors besser, da diese Perspektive allgemeiner ist, also eine Akteursperspektive beinhaltet. So kann das Ziel einen *allgemeinen* Bezugsrahmen zu erstellen und Überblick über mögliche Erklärungsmodelle des Change Management zu vermitteln besser verfolgt werden. Außerdem kann an existierende Ansätze der Organisationsdynamik angeknüpft werden. Es liegt eine schärfere Abgrenzung des Modellbegriffes vor, als dies bei der Abgrenzung nach Reiß (1997), S. 24 f. der Fall ist.

12 Vgl. zur Abgrenzung Kapitel 4.4.

13 Vgl. Schreyögg (1996), S. 405 f.

Modelle, die für den zu bildenden Bezugsrahmen besonders relevant sind (z.B. Lernmodelle oder Systemtheorie) werden vertieft analysiert.[14] Aus der Kenntnis der Eigenschaften der verschiedenen grundlegenden Ansätze zur Unternehmungsdynamik ist es möglich, Aussagen hinsichtlich einer sinnvollen prinzipiellen dynamischen Wirk- und Erklärungsperspektive für Change *Management* zu machen, was in Kapitel 5.3 geschieht.[15] Da dieser Bezugsrahmen einen sehr aggregierten und abstrakten Charakter hat, stellt sich das Kapitel nicht die (prinzipiell und faktisch) unlösbare Aufgabe der Entwicklung eines allgemeingültigen und allumfassenden Metamodells des Change Management, das allen konkreten Fragestellungen (Akteursperspektiven, Objekte des Wandels, Schwerpunkte des Wandels, Charakteristika des Wandels, etc.) zugrunde gelegt werden kann.

5.2 Modelle der Unternehmensdynamik

Ein grundlegendes Werk zur Unternehmensdynamik ist "The population ecology of organizations" von HANNAN/FREEMAN.[16] Seitdem ist eine fast unüberschaubare Menge an Literatur mit verschiedensten Erklärungsperspektiven, Konzepten und spezifischen Fragestellungen erschienen.[17] Lange Zeit hat sich die Organisationsforschung auf die Strukturierung von Wandeltheorien anhand des Organisations-Umweltverhältnisses beschränkt und danach differenziert, ob eine Organisation in der Lage ist, sich an Veränderungen der externen Umwelt anzupassen (Adaptionsperspektive) oder nicht (Selektionsperspektive).[18] Neuere Theorien nehmen Abstand vom strengen Umweltdeterminismus und gehen von einer (teilweise) Unabhängigkeit der Organisation von ihrem Umfeld an (z.B. die "strategic choice view"[19]).[20]

Um im Rahmen der Arbeit eine Übersicht über die verschiedenen Ansätze geben zu können, ist ein Klassifizierungsschema sinnvoll. In den letzten Jahren haben sich mehrere Publikationen mit der Strukturierung von Erklärungstheorien des organisationalen Wandels beziehungsweise der Unternehmungsdynamik befaßt.[21] Im deutschsprachigen Raum kommt der Klassifizierung nach TÜRK eine herausragende Stellung zu, da sich zeitlich folgende Veröf-

14 Dies erscheint sinnvoller, als die Vertiefung erst *nach* der Auswahl der Elemente des Bezugsrahmens vorzunehmen.

15 Ab Kapitel 6. wird ein Perspektivenwechsel von der allgemeinen "Außenperspektive" in die Akteursperspektive(n) zum Management des Wandels vollzogen.

16 Vgl. Hannan/Freeman (1977).

17 Vgl. Wiegand (1996), S. 81.

18 Vgl. Levinthal (1991), Burgelmann (1991), Wiegand (1996).

19 Vgl. Weick (1985), Child (1984), Sydow (1985).

20 Vgl. Wiegand (1996), S. 85, Üsdiken (1992), S. 207 f.

21 z.B. Astley/Van den Ven (1983), Hannan/Freeman (1989), Türk (1989), Perich (1992, 1993), S. 169 ff., Steinle (1994), S. 857 ff. Wiegand (1996), S. 81 ff., Mohr (1997), S. 44 ff.

fentlichungen stark an ihm ausgerichtet haben.[22] TÜRK klassifiziert im Gegensatz zu anderen Autoren Ansätze zur Unternehmensdynamik nicht anhand von organisationstheoretischen Kriterien, sondern bildet diese in ein von ihm entwickeltes Klassifikationsschema ab, das sich im wesentlichen an verschiedenen Erklärungsrichtungen der Triebkraft des organisationalen Wandels orientiert. Um Überschaubarkeit zu gewährleisten, bildet TÜRK drei Grundkategorien Entwicklungsmodelle, Selektionsmodelle und Lernmodelle. Entwicklungsmodelle gehen davon aus, daß die Unternehmungsdynamik durch den Zustand der Umwelt weit weniger beeinflußt wird, als durch organisationsinterne Zwänge. Selektionsmodelle räumen der Umwelt eine dominante Stellung ein. Eine Organisation kann sich wenn überhaupt nur begrenzt der Umwelt anpassen, um einer negativen Selektion zu entgehen. Lernmodelle gehen davon aus, daß weder externe noch interne Zwänge über die Entwicklung der Organisation entscheiden. Im Rahmen eines solchen schwachen Determinismus besitzt die Organisation (bzw. die dominierende Koalition) die Möglichkeit, die Organisation zu verändern und weiterzuentwikkeln. Obwohl der Ansatz von TÜRK ein prinzipiell gutes Raster für die Strukturierung von Modellen der Unternehmungsdynamik ist, sind - insbesondere vor dem Hintergrund des Zieles der Arbeit - einige Ansatzpunkte zur Weiterentwicklung zu erwähnen. Primär erscheint das Raster unvollständig, da Lernmodelle nicht einzige Erklärung für Veränderungen bei Annahme eines schwachen Determinismus sind.[23] Da weiterhin organisationales Lernen in den letzten Jahren zu einem wichtigen Forschungsgegenstand geworden ist und der Wissensstand dementsprechend differenzierter und umfassender geworden ist, sollte eine strengere Abgrenzung der Lernmodelle vorgenommen werden, als dies bei TÜRK der Fall ist. In der Klasse eines eingeschränkten Managementvoluntarismus gibt es neben Lernmodellen weitere Kategorien von Erklärungsansätzen eines schwache Determinismus (z.B. Innovationsmodelle, Machtmodelle, Marketingmodelle). Systemtheoretische Erklärungsansätze der Unternehmungsdynamik (z.B. Selbstorganisation, Autopoiese) werden bei TÜRK nur grob analysiert. Da auch dieses Forschungsfeld stark an Aufmerksamkeit gewonnen hat, sollte diese Kategorie explizit aufgenommen werden.

Hinsichtlich des *Management* des Wandels ist die Frage nach den Akteuren des Wandels von Interesse.[24] Es ist von Interesse, ob die Akteure des Wandels abstrakte Systeme[25], Gruppen, Kollektive oder Individuen sind. Für das Ziel der Arbeit ist es von besonderer Relevanz, die Managementperspektive, d.h. die Freiheitsgrade bewußt handelnder Akteure zu identifizieren.

---

22 Vgl. Türk (1989). An Türk orientieren sich beispielsweise Wiegand (1996), Steinle (1994) oder mit Einschränkungen auch Perich (1992).

23 Oder umgekehrt formuliert: Türk nimmt eine sehr weite und schwammige Abgrenzung des Begriffes "Lernmodelle" vor. Determinismus bedeutet, daß Kräfte oder Kriterien den Wandel von Unternehmen bestimmen (=determinieren, erzwingen), die einem aktiven Management wenig Handlungsfreiraum lassen.

24 Vgl. Türk (1989), S. 54.

25 Geschieht Wandel in Anlehnung an Adam Smith's (1776/1937) "unsichtbare Hand"?

Da TÜRK die Freiheitsgrade von Akteuren nur implizit thematisiert, muß dessen Analyse erweitert werden, indem jede identifizierte Klasse (bzw. jeder Erklärungsansatz) hinsichtlich dieser Frage untersucht wird. Um die Komplexität möglichst gering zu halten, soll an dieser Stelle das Top Management als Gestalter betrachtet werden. Aus den genannten Gründen ist es für den Kontext der vorliegenden Arbeit sinnvoll, eine *managementorientierte Weiterentwicklung*[26] des Schemas nach TÜRK und darauf aufbauender Arbeiten vorzunehmen, das *erstens* eine größere Anzahl an Erklärungsmodellen der Dynamik umfaßt und *zweitens* die verschiedenen Klassen bezüglich der Rolle des Managements einordnet. Da die Freiheitsgrade des Managements von den Freiheitsgraden der Organisation gegenüber der Umwelt abhängig sind, ist das in Abbildung 5-1 dargestellte zweidimensionalen (Meta-) Rasters sinnvoll.[27]

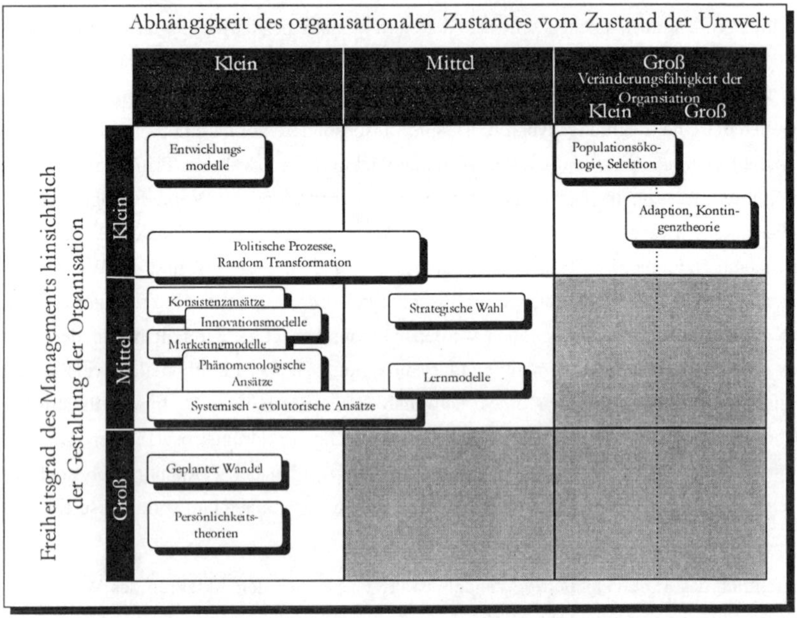

Abbildung 5-1: Klassifikationsschema zur Systematisierung von dynamischen Erklärungsmodellen des organisationalen Wandels

Eine grundlegende Problematik bei der Einordnung von Wandelmodellen in obiges Raster ist, daß sie teilweise nicht eindeutig ist. Die gilt insbesondere für systemtheoretische und evoluto-

26 Türk (1989), S. 52 selbst sieht sein Schema auch als einen weiterzuentwickelnden Strukturierungsversuch.
27 Perich (1992) geht auf die Frage nach der Rolle aktiver Gestalter ein, allerdings nur am Rande.

rische Ansätze. Die Ursache liegt in der Universalität dieser Theorien bezüglich der Erklärung von Dynamik, die auf verschiedene Weisen ausgestaltet werden können und so zu verschiedenen Einschätzungen hinsichtlich der Managementperspektive führen kann. Diese Problematik zeigt sich beispielsweise bei WIEGAND, der zuerst ein Ordnungsraster aufstellt, dann aber (redundant) auf einzelne Organisationstheorien eingeht.[28] Hier soll auf doppelte Einordnungen der einzelnen Ansätze verzichtet werden und eindeutig im obigen Rasters klassifiziert werden. Sind (insbesondere systemtheoretische) Erklärungsmodelle sowohl für mehr als auch für weniger voluntaristische Erklärungssichten des organisationalen Wandels geeignet, so wird der jeweilige Erklärungsansatz in die Kategorie eingeordnet, für die er die höchste Tendenz besitzt. Weiterhin sind teilweise innerhalb der einzelnen Kategorien noch feinere Abstufungen möglich, was aus Komplexitätsgründen nicht abgebildet wird.[29] Eine weitere Grundannahme der folgenden Argumentation ist, daß der Erfolg am Markt die Voraussetzung für organisationales Bestehen ist. In diesem Sinne kann man der Umwelt eine dominante Rolle einräumen, daß die Umwelt den Markt umfaßt, der wiederum Grunddeterminante des organisationalen Bestehens ist. Der Begriff "Erfolg am Markt" wird allerdings sehr weit aufgefaßt. Erfolg am Markt wird definiert als eine Bedingung, wonach der Zufluß an Ressourcen (Kapital, Güter, etc.) nicht kleiner als der Abfluß sein kann.[30] Damit wird nicht notwendigerweise ein vollkommener Markt vorausgesetzt.[31] Unternehmen können ihre Umwelt beeinflussen (insbesondere im Oligopol- oder Monopolfall). Die Wettbewerbsbedingungen können unvollkommen sein. Erfolg am Markt kann durch verschiedenste politische und strategische Prozesse der Umweltbeeinflussung verbessert werden (z.B. durch Lobbyismus oder durch Bestechungsgelder).

Es ist schon jetzt abzusehen, daß realistische Erklärungsansätze der Organisationsdynamik von einem gemäßigten Managementvoluntarismus ausgehen. Ansätze die einen fast uneingeschränkten Handlungsfreiraum des Managements postulieren, scheinen ebenso unrealistisch wie Ansätze, die von einer erdrückenden Fremdbestimmung des Managements ausgehen. Hinsichtlich der Beschreibungs- und Analysereihenfolge der einzelnen Ansätze orientiert sich die Arbeit entlang des Kontinuums zwischen wenig Einfluß - gemäßigte Einfluß - hoher Einfluß

---

28 Vgl. Wiegand (1996), S. 78 ff.

29 Vgl. Perich (1992), S. 188, der versucht verschiedene Ansätze auf einem *Kontinuum* zwischen Determinismus und Voluntarismus abzutragen. Allerdings verortet Perich nur einen Teil der von ihm vorgestellten Ansätze.

30 In der Sprache der modernen Systemtheorie kommt dies einem energetisch offenen System gleich.

31 In einem vollkommenen Markt wird die effiziente durch die "unsichtbare Hand" sichergestellt (Adam Smith), während Chandler (1977) für unvollkommene Märkte von der sichtbaren Hand des Managements spricht, indem es aktiv auf die Umwelt Einfluß nimmt.

des Managements.[32] Die einzelnen Ansätze werden in der Regel anhand der Aspekte allgemeine Beschreibung des Ansatzes, Aussagen zu Zeitverläufen des Wandels, Rolle eines aktiven Managements im organisationalen Wandel und schließlich Kritik analysiert.

5.2.1 Tendenziell geringer Managementvoluntarismus

Erklärungsperspektiven dieser Kategorie beschränken die Möglichkeit intendierten Managementhandelns stark. Die Dynamik einer Organisation wird durch andere Faktoren determiniert. Man geht von einer prinzipiellen Machtlosigkeit der offiziell dominierenden Koalition aus. Dies heißt, daß zwischen Managementeingriffen und dem organisationalen Wandel (langfristig) kein signifikanter Zusammenhang besteht.[33] Veränderungsprozesse werden durch ein Prinzip der "unsichtbaren Hand" erklärt. Es liegt eine deterministische Sichtweise vor, indem die Veränderungen durch Kraftfelder verursacht werden, die einer intendierten Managementhandlung nicht zugänglich sind. Man kann zwischen Umweltdeterminismen und Inweltdeterminismen unterscheiden. Beim *Umweltdeterminismus* ist die Unternehmung ein Spielball von Kräften im Organisationsumfeld.[34] Die Organisation ist entweder gar nicht reaktionsfähig oder lediglich reaktionsfähig im Sinne einer Adaption. Beim *Inweltdeterminismus* bestimmen organisationsinterne Zwänge[35] die Dynamik der Organisation. Im extremsten Fall nimmt man an, daß die historischen Ursprungsbedingungen dominant prägend für den Gesamtlebenszyklus der Organisation sind. Eine andere Form besteht darin, daß der Innendeterminismus im "genetischen Code" der Organisation verankert ist. Dadurch entstehen typische Kausalmuster, die inhärent mit fortschreitenden Alter und der Entwicklung einer Organisation verbunden sind (teleologisches Prinzip). Als dritte Form zeigt sich ein Inweltdeterminismus in Form von Random Transformation Theories (als Ausprägung der politischen Prozeßtheorien). Diese sind zwar nicht im Sinne von Vorhersagbarkeit deterministisch, aber in dem Sinne, daß sie nicht durch Managementeingriffe überlagert werden können.[36] Die Organisation ist zwar nicht Spielball der Umwelt, aber Sklave von Innendeterminismen.[37]

---

32 Die andere Möglichkeit wäre, sich an der inhaltlichen Relevanz für den zu entwickelnden Bezugsrahmen zu orientieren. Während beide Vorgehensweisen Vorteile haben, ist erstere insbesondere hinsichtlich des Übersichtsziels der Arbeit sinnvoll und wird daher verfolgt.

33 Vgl. Hannan/Freeman (1984), S. 151. Die dominierende Koalition ist gegenüber der Organisation nicht dominant.

34 Vgl. Perich (1992), S. 191.

35 Aus der Sicht des Managements.

36 Hier wäre unter Umständen der Begriff der „Robustheit" passender.

37 Vgl. in diesem Zusammenhang insbesondere die Ansätze der "organisierten Anarchie" (March/Ohlsen (1979), March/Ohlsen (1986) und March (1994)).

5.2.1.1 Selektionsmodelle, Populationsökologische Ansätze

Selektionsmodelle basieren auf der Anwendung von Prinzipien der darwinschen Evolution auf Unternehmungen. Im biologischen Kontext verläuft der Evolutionsprozeß nach folgender Abfolge. In einer Variationsphase kommt es zu zufälligen Veränderungen der vorhandenen Population. Die folgende Selektion wählt diejenigen Populationsmitglieder aus, die den Umweltbedingungen besser angepaßt sind, als die Konkurrenten. Die Retention besagt, daß sich der Umwelt besonders gut angepaßte Populationsmitglieder besser Fortpflanzen, als die restliche Population. Dieser Zyklus wiederholt sich ständig und führt so zu Weiterentwicklung oder zum Ausstreben von Populationen.[38]

Selektionsmodelle haben im organisatorischen Kontext in der Regel nicht die Einzelorganisation als Betrachtungsobjekt, sondern Populationen von Organisationen.[39] Je nach Zeithorizont unterscheidet man nach den Forschungsbereichen "Evolution von Organisationsformen" (Betrachtung langfristiger Evolutionsprozesse) und der „Populationsökologie", die sich mit mittelfristigen Zeithorizonten befaßt.[40] Im folgenden ist letztere von Interesse. Der Population Ecology Ansatz wurde stark durch HANNAN/FREEMANN[41] und ALDRICH/MCKEVELY geprägt.[42] Populationsökologische Ansätze gehen von einem Selektionsmechanismus der Umwelt aus, in der sich Organisationen bewähren müssen. In Anlehnung an die zugrunde liegende Darwinsche Evolutionstheorie bedeuten Veränderungen von Organisationsformen (blinde) Variationen. Dadurch bewähren sich einige Formen besser als andere in der Umwelt und haben so eine höhere Überlebensfähigkeit (Selektion). Andere Organisationsformen sind nicht viabel und sterben ab. Gangbare oder erfolgreiche Organisationen können sich erhalten oder gar ausbreiten (Retention). Die Umweltereignisse sind keine Ursachen für Veränderungen von Organisationsformen, sondern sind eher als Rahmenbedingungen zu betrachten.[43]

Das stukturelle Beharrungsvermögen (Inertia) einer *einzelnen* Organisation ist der gemeinsame Kern aller populationsökologischen Modelle. Sie negieren auf *Organisationsebene* die Fähigkeit zur Anpassung beziehungsweise Veränderung. Als Ursachen von strukturellem Beharrungsvermögen lassen sich interne und externe Gründe identifizieren.[44] Zu den internen

---

38 Zu einer ausführlichen Beschreibung siehe Weiner (1995), S. 126 ff.

39 Vgl. Tushman/O'Reilly (1998), S. 33. Allerdings existieren auch Ansätze, die das Selektionsmodell auf organisationsinterne Elemente anwenden und so eine Dynamik der Gesamtorganisation ermöglichen (z.B. bei Reiß (1997a), S. 26). Die Anwendung eines organisationsinternen Selektionsmechanismus beläßt das Management dennoch in einer sehr schwachen Rolle.

40 Vgl. Türk (1989), S. 84.

41 Vgl. Hannan/Freemann (1977), Hannan/Freemann (1984), Hannan/Freemann (1989), Aldrich (1982), Aldrich (1984), Aldrich (1986), McKleveley (1983)

42 Vgl. Mohr (1997), S. 52.

43 Vgl. Türk (1989), S. 56.

44 Vgl. Wiegand (1996), S. 98, Hannan/Freeman (1984), Hannan/Freeman (1989), Kieser (1992), Havemann (1992).

Ursachen gehören beschränkte Kapazität der Akteure, politische Prozesse[45], beschränkende Interpretationsmuster der Akteure, Macht der Gewohnheit[46] oder "sunk costs" (z.B. Investitionen in Personalentwicklung, spezielle, nicht marktfähige Produktionsanlagen). Zu den externen Faktoren gehören Barrieren des Marktes, hohe Transaktionskosten, etc. Das scheinbare Dilemma, warum prinzipiell wandlungsunfähige Organisation dennoch oft eine lange Lebensdauer haben wird von HANNAN/FREEMANN damit begründet, daß gerade dieses Inertia Berechenbarkeit signalisiert und so andere Organisationen das Vertrauen haben, Marktbeziehungen einzugehen. HANNAN/FREEMANN kehren damit die ursprüngliche Argumentation um und behaupten, daß so gerade große und alte Organisationen (mit hoher Trägkeit) eine geringe Nettomortalitätsrate haben. Konzeptionell laufen die Autoren Gefahr einer zirkulären Argumentation.[47] Eine andere Möglichkeit dieses scheinbare Dilemma aufzulösen ist, auf den unterschiedlichen Zeithorizont und die unterschiedliche Analyseebene von Populationsökologischen Ansätzen und eher adaptiven Ansätzen zu verweisen. Während Selektionsprozesse insbesondere für von der Umwelt stark abhängige (insbesondere kleine Organisationen) in einer langfristigen Perspektive wirkt, kommt bei tendenziell mächtigeren Organisationen und einem eher mittelfristigen Zeithorizont die Adaptionsperspektive zum Tragen.[48] LEVINTHAL argumentiert, daß Selektionsperspektive und Adaptionsperspektive konzeptionell nicht voneinander trennbar sind.[49] Das Ergebnis der populationsökologischen Perspektive ist aus organisationstheoretischer Sicht paradox, da zielgerichtetes organisationales Gestalten ad absurdum geführt wird.[50] Im Gegenzug tritt ein unbeherschbarer Ausleseprozeß in den Vordergrund, dessen zukünftige Auwahllogik verborgen bleibt.[51] Als Erklärungsfaktoren für unternehmerischen Erfolg dominieren Zufall und Glück.[52]

Zeitverläufe des organisationalen Wandels der einzelnen Unternehmung weisen aus populationsökologischer Sicht die Eigenschaft aus, daß die jeweiligen Verlaufskurven sehr statisch sind, beziehungsweise im Falle negativer Selektion abbrechen. Der steuernde Einfluß des Managements auf Wandel ist wie angesprochen sehr klein.[53] Das Management ist im

45 Vgl. Schreyögg (1996), S. 415. Kilduff (1993), Pfeffer (1992), Türk (1993), Wiegand (1996), S. 98 ff.
46 Mit der Tendenz, Gewohntes beizubehalten beschäftigt sich beispielsweise der Ansatz der kognitiven Dissonanz (Feistinger (1978), Feistinger (1978a), Raffeé/Sauter/Silberer (1973), Stein (1987)) . Siehe auch Rosenstiel (1997), S. 205.
47 Vgl. Wiegand (1996), S. 101.
48 Vgl. Scott (1992).
49 Vgl. Wiegand (1996), S. 84, Levinthal (1991).
50 Vgl. Staehle (1994), S. 861, Schreyögg (1996), S. 92.
51 Vgl. Kieser (1995), Kieser (1988).
52 Vgl. Schreyögg (1996), S. 92.
53 Vgl. Staehle (1994), S. 861.

Rahmen der starken Fremdbestimmung lediglich in der Lage, diesen Zustand abzufedern, indem es sich an folgende Regeln hält:[54]

- *Variation*: Organisationen sollten vielseitig und experimentierfreudig sein und ein möglichst differenziertes Portfolio an Kompetenz- und Strukturangeboten entwickeln.
- *Selektion*: Die Mitglieder der Organisation müssen die Regeln kennen, nach denen das Management intern selektiert und selbst zur Experimentierfreude angeregt werden.
- *Retention*: Bewährte Elemente der Organisation (z.B. Patente, Experten) müssen an die Organisation gebunden werden, um ihr erhalten zu bleiben.
- *Kampf*: Um Trägheit und Selbstgefälligkeit in der Organisation zu verhindern, sollte interner Wettbewerb zwischen den Mitgliedern der Organisation gefördert werden (z.B. durch Bildung von Profitcentern).

Als Fazit folgt, daß populationsökologische Ansätze die Analogien zur darwinschen Evolutionslehre durch den dominanten Fatalismus überstrapazieren.[55] Populationsmodelle stellen eine Gegenposition zu Theorien des organisationalen Lernens dar. Insbesondere größere Organisationen haben zumindest partiell die Macht, ihre Umwelt *aktiv* zu beeinflussen. Außerdem scheinen Organisationen zu Veränderungen fähig und bewußte Akteure können zumindest begrenzt zielorientiert handeln.[56] Man kann das Prinzip der Selektion (und damit den Fatalismus) entschärfen, indem man den Begriff der geplanten Variation einführt. Damit ist die Veränderung kein Zufall mehr, sondern zumindest zum Teil ein absichtsgeleitetes und intelligentes Verhalten.

5.2.1.2 Adaptionsmodelle: Kontingenztheoretische Ansätze, situative Ansätze, Kybernetik I

Der Mitte der 60iger Jahre in der USA und Großbritannien entwickelte "situational approach" ("contingency approach") sieht in seiner dynamischen Ausprägung die Unternehmung als ein System, das in seine Umwelt eingebettet ist und stark von ihr abhängig ist.[57] Im Gegensatz zur Selektionsperspektive sind Organisationen jedoch fähig, sich an eine geänderte Umwelt anzupassen, um so einer negativen Selektion durch mangelhaften System-Umwelt-Fit zu entgehen.

---

54 Vgl. McKelvey/Aldrich (1983).

55 Vgl. Staehle (1994), S. 862.

56 Vgl. Kieser (1995), S. 247 f.

57 Vgl. Woodward (1958), Burns/Stalker (1971). Hier ist insbesondere vom *klassischen* (mechanistischen) situativen Ansatz die Rede. Zur Unterscheidung siehe Morgan (1986).

Nach einem Stimulus-Response-Schema muß die Organisation auf Veränderungen des Umfeldes reagieren.

Von der inhaltlichen Logik liegt der (mechanistische) situative Ansatz nah bei kybernetischen Ansätzen (Kybernetik I).[58] Der zentrale Unterschied des situativen Ansatzes zu einem (älteren) systemtheoretischen Ansatz besteht darin, daß der situative Ansatz ein dediziert empirischer Ansatz ist.[59] Die übergreifende Definition und Verwendung von Systemkonzepten geht auf den Biologen LUDWIG V. BERTALANFFY[60] zurück, der in den 30iger Jahren eine Theorie offener biologischer Systeme entwickelt hat und durch Verallgemeinerung versucht hat zu einer allgemeinen Systemtheorie zu gelangen. Der Anwendungsbezug für die Wirtschaftswissenschaften gelang allerdings erst durch die Verbindung mit der Kybernetik - der Wissenschaft von der Regelung und Steuerung von Systemen. Grundsätzlich kann man mit MARUYAMA[61] zwei Phasen der Entwicklung der Kybernetik unterscheiden.[62] Die Kybernetik I basierte noch auf einem tendenziell regelungstechnischen und mechanistischen Vorstellungsmodell und fokussiert auf Mechanismen der Abweichungsanalyse, Rückkopplung und der Soll-Ist-Vergleiche.[63] Hauptvertreter der Kybernetik I sind beispielsweise ASHBY[64], FORRESTER[65], BEER[66], FLECHTNER[67] oder WIENER.[68] Die Kybernetik I wurde im deutschsprachigen Raum insbesondere von ULRICH, BLEICHER, PROBST und MALIK in die Betriebswirtschaftslehre übertragen und bildet die Basis des St. Galler Managementansatz.[69] Der folgenden teilweise fundamentalen Kritik der Anwendung eines solch mechanistisch-technischen Vorstellungsmodells wurde durch die Entwicklungen im Kontext der Kybernetik II entgegnet, die in Kapitel 5.2.2.3 vorgestellt wird.

Zeitverläufe des Wandels sind aus einer kontingenztheoretischen Sicht identisch, indem sich Veränderungen der Umwelt immer in Veränderungen der Organisation niederschlagen. Das Managementhandeln kann tendenziell als quasi-mechanisches Anpassungshandeln verstanden

58 Vgl. Staehle (1994), S. 47.
59 Vgl. Staehle (1994), S. 47.
60 Vgl. Bertalanffy (1972). Zum Ansatz der "General Systems Theory" siehe Bertalanffy (1951), S. 302.
61 Vgl. Maruyama (1963), S. 323 ff.
62 Vgl. auch Kormorek (1991), Malik (1992).
63 Vgl. insbesondere die Arbeiten von Forrester (1961, 1969, 1971). Ein aktuelleres Beispiel findet sich bei Dörner (1994), S. 22 ff.
64 Vgl. Ashby (1957).
65 Vgl. Forrester (1961), Forrester (1969), Forrester (1971).
66 Vgl. Beer (1959), Beer (1966).
67 Vgl. Flechtner (1970).
68 Vgl. Wiener (1948).
69 Vgl. Ulrich (1968), Ulrich/Probst (1991), Probst (1992a), Probst/Gomez (1991), . Probst/Gomez (1991a), Probst/Gomez (1997), Malik (1992).

werden.[70] Ändert sich die Umwelt, so löst die Erwartung eines kommenden Misfit Managementhandeln aus und stellt so den externen und internen Fit wieder her.

Zu *kritisieren* ist an genannten Ansätzen die tendenziell mechanistisch-deterministische Vorstellung der Situation, wonach es nur einen optimalen Fit gibt. Ein weiterer Kritikpunkt ist die unterstellte Einseitigkeit der Abhängigkeit der Unternehmung von seiner Umwelt. Unternehmen haben durchaus die Möglichkeit, aktiv in den Markt (als Selektionskriterium) einzugreifen, was in Abschnitt 5.2.2 aufgegriffen wird. Letztendlich ist der unterstellte Rationalitätsgedanke zu kritisieren.

5.2.1.3 Entwicklungsmodelle

Zu den bekannten Entwicklungsmodellen gehören Ansätze von LIEVEGOOD[71], LIPITT/SCHMIDT[72], MINTZBERG[73], GREINER[74] QUINN/CAMERON[75], und ADIZES.[76] Einen aktuellen Ansatz liefern GOMEZ/ZIMMERMANN, die eine Synopse der Entwicklungsmodelle auf Basis des St. Galler Managementmodells anstreben.[77] Innerhalb der Entwicklungsmodelle hat sich eine Vielzahl an verschiedenen Klassifizierungen entwickelt. Während beispielsweise LEVY/MERRY[78] nach einer Lebenszyklusperspektive und einer Entwicklungsperspektive differenzieren, unterscheidet TÜRK[79] nach Lebenszyklusmodellen, Wachstumsmodellen und Kristallisationsmodellen. MOHR[80] ist der Ansicht, daß eine derartige Feingliederung nicht sinnvoll sei und verzichtet bei seinen Ausführungen auf eine Differenzierung. Dieser Auffassung ist auch WIEGAND[81], der Wachstums- und Kristallisationsmodelle als Formen von Lernmodellen sieht.[82] SCHOLZ stellt sich der Frage gar nicht.[83] Nach Ansicht des Autors ist die Unterscheidung verschiedener Subtypen von Entwicklungsmodellen problematisch, da die Ansätze nicht klar getrennt werden. Im weiteren wird keine Differenzierung vorgenommen.

---

70 Vgl. Kubicek (1987).
71 Vgl. Lievegood (1974), Gomez/Zimmermann (1997), S. 143.
72 Vgl. Lippitt/Schmidt (1967), S. 102 ff.
73 Vgl. Mintzberg (1984), Mintzberg (1983), S. 283 ff., Mintzberg (1991), S. 286 ff., Gomez/Zimmermann (1997), S. 150 f. Mintzberg untersucht anhand der Leitfrage, ob es eine Abfolge von kohärenten Machtkonstellationen gibt. Siehe auch Kapitel 5.2.2.1.2 und Türk (1989), S. 66 f.
74 Vgl. Greiner (1972) S. 119 ff.
75 Vgl. Quinn/Cameron (1983), S. 33 ff.
76 Vgl. Adizes (1988).
77 Vgl. Gomez/Zimmermann (1997), S. 154.
78 Vgl. Levy/Merry (1986), S. 229 ff.
79 Vgl. Türk (1989), S. 59.
80 Vgl. Mohr (1997), S. 45.
81 Vgl. Wiegand (1996), S. 88.
82 Vgl. Kapitel 5.2.2.4.
83 Vgl. Scholz (1997), S. 204 f.

Entwicklungsmodelle basieren auf der Annahme, daß Organisationen bestimmte gerichtete Muster von Veränderungsprozessen durchlaufen.[84] Diese Ansätze gehen von einer systemimmanenten Triebkraft des organisationalen Wandels aus und implizieren eine schwache Abhängigkeit der Organisation vom Zustand der Umwelt.[85] Durch einen "genetischen Code" der Organisation wird eine endogene Dynamik unterstellt, die der Entwicklung des Systems eine eindeutige Richtung gibt (teleologischer Determinismus).[86] Diese Gesamtentwicklung kann tendenziell nicht beeinflußt werden, sondern lediglich unterstützt werden.[87]

Entwicklungsmodelle implizieren mehr oder weniger klar abgrenzbare Episoden oder Phasen im Leben einer Organisation. In der Regel sind Krisen der Auslöser für den Übergang von einem Lebensabschnitt in den anderen.[88] Die möglichen Muster des zeitlichen Entwicklungsverlaufes lassen sich nach dem in Abbildung 5-2 angedeuteten Raster klassifizieren.[89] Den verschiedenen Zeitverläufen der Organisationsdynamik im Rahmen der Entwicklungsmodelle ist gemeinsam, daß

- sie eine immanente, gerichtete Entwicklungslogik von Anfang an unterstellen .
- eine konsekutive Abfolge von Entwicklungsphasen stattfindet.
- sie von einer diskontinuierliche Abfolge von Entwicklungsstufen (Gestalten, Konfigurationen) ausgehen.[90]

Offen bleibt, ob sich insgesamt ein Zyklus ergibt (Geburt - Reifung - Absterben - Tod[91]), sich ein stationärer Zustand einstellt (als unendlich lange Entwicklungsstufe), ein unendlich langer Wachstumsprozeß eintritt, das Modell unvollständig ist (so spart das Modell von GREINER[92] die Sterbephase, die (notwendigerweise) zu einem Lebenszyklus gehört auf) oder sich ein schwingender Zustand einstellt (wie z.B. bei HURST[93]). Im weiteren werden die Ansätze von

84 Vgl. auch die Begriffsabgrenzung bei Perich (1992), S. 160, der unter Entwicklungsmodellen alle Ansätze subsummiert, die eine hohe Unabhängigkeit vom Umwelteinflüssen annehmen. Dies widerspricht explizit der Abgrenzung nach Türk (1989), S. 55, der hier gefolgt wird. Vgl. auch Gomez/Zimmermann (1997), S. 143 f.

85 Manche Autoren unterscheiden allerdings nach extern und intern induzierten Wachstumsmustern (vgl. Scholz (1997), S. 204). Externe Wachstumsmuster werden oftmals über Konkurrenzdruck auf dem Markt begründet, wie bei Gertz/Baptista (1996).

86 Vgl. Türk (1989), S. 55.

87 Vgl. Türk (1989), S. 57.

88 Vgl. Greiner (1972), S. 41 ff. Zu Krisen als Auslöser des Wandels siehe auch Staehle (1994), S. 851.

89 Vgl. Türk (1989), S. 60, der allerdings nur zwei Strukturen des Gestaltwandels unterscheidet. Gomez/Zimmermann (1997), S. 192 verdeutlichen eine zirkuläre Entwicklung anhand des Pendelbewegung zwischen Zentralisierung und Dezentralisierung. (vgl. auch Gomez (1992), S. 167 f.)

90 Vgl. Türk (1989), S. 60.

91 Was man ein Lebenszyklusmodell im engeren Sinne nennen könnte.

92 Siehe nächster Absatz.

93 Vgl. Hurst (1995), S. 104 ff.

QUINN/CAMERON, von GREINER, von ADIZES und von HURST aufgrund ihrer Relevanz für die vorliegende Arbeit etwas genauer beschrieben.

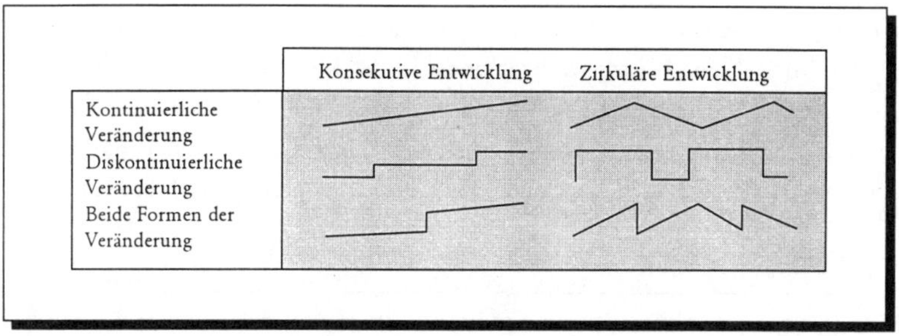

Abbildung 5-2: Mögliche Muster der Dynamik im Kontext von Entwicklungsmodellen

QUINN/CAMERON[94] vergleichen neun Entwicklungsmodelle miteinander und leiten daraus ein Metamodell ab, das aus den Stadien Unternehmertum, Gemeinschaft, Bürokratisierung und Restrukturierung besteht. Zur Beschreibung verwenden sie ein zweidimensionales Ordnungsraster, mit den Dimensionen "Flexibilität versus Kontrolle" und "interne versus externe Kontrolle". Es zeigt sich, daß in jeder Stufe ein bestimmtes Effizienzmodell vorliegt. In der Phase "Unternehmertum" ist es das Ziel, Ressourcen zu erschließen, Ideen zu generieren, Wachstumsorientierung zu generieren und zu erhalten. Die Mittel, um diese Ziele zu erreichen sind Außenorientierung, wenig Planung und Kontrolle (schlanke Organisationsformen) und persönliches Leadership und Dominanz. Die Kollektivitätsphase steht unter dem Zeichen hohen persönlichen Einsatzes, engen sozialen Austausches, Gemeinschaftssinn und immer noch wenig formalisierten Strukturen. In der Formalisierungs- beziehungsweise Formalisierungsphase entsteht die formale Organisation mit dem Fokus auf Rationalität als leitende Maxime. In der letzten Phase der Restrukturierungsphase wird der Bürokratisierung gegengesteuert. Die Organisation geht in einen Dauerzustand der Adaption und der Veränderung über. Bemerkenswert ist, daß des Sterben der Organisation nicht thematisiert wird. Nach Ansicht des Verfassers ist das Modell nicht als ein Lebenszyklusmodell anzusehen, sondern eher als ein Partialmodell, das sich mit dem Erwachsen-werden der Organisation befaßt.[95]

94 Vgl. Quinn/Cameron (1983), S. 33 ff. Siehe auch Türk (1989), S. 62 f.

95 Mit der Frage, wie Veränderungen zu gestalten sind, so daß der Niedergang der Organisation zu verhindern ist befassen sich beispielsweise Beatty/Ulrich (1991).

Das hauptsächlich aus Erkenntnissen aus der Beratungspraxis entstandene Modell von GREINER ist das bekannteste der Entwicklungsmodelle.[96] GREINER unterscheidet prinzipiell nach evolutionären Phasen eines relativ harmonischen Organisationswachstums und durch (intern bedingte) Krisen verursachte revolutionäre Phasen.[97] Dadurch entsteht ein charakteristisches Wechselspiel aus Phasen der Evolution und der Revolution.[98] Der genannte Autor räumt den Akteuren die begrenzte Möglichkeit der Antizipation der Krisen ein, nicht aber die grundlegende Aktionskompetenz, diese Krisen zu umgehen. GREINER spart die Frage nach dem Tod von Organisationen und auch die Frage, ob Krisen grundsätzlich bewältigt werden aus.[99]

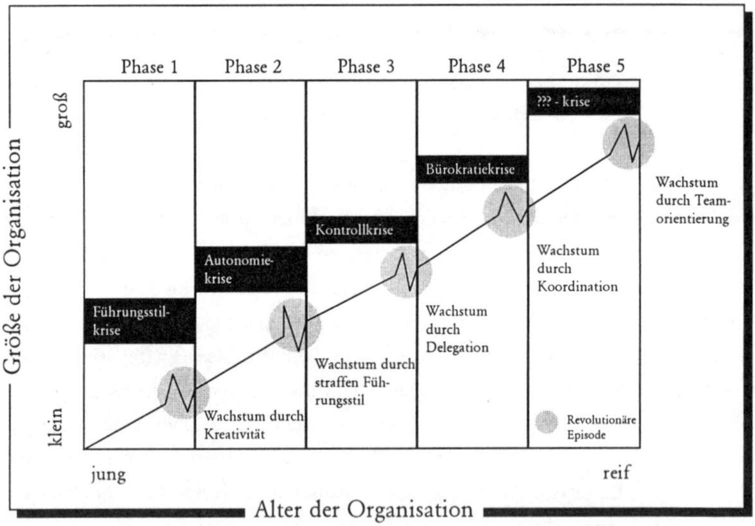

Abbildung 5-3: Das Krisenmodell nach Greiner (1972), S. 41[100]

Mit dem Phänomen des Todes beziehungsweise des Niedergangs einer Organisation befaßt sich insbesondere ADIZES.[101] Wie GREINER geht ADIZES von fünf Wachstumsphasen aus, die

96 Vgl. Greiner (1972).
97 Gomez/Zimmermann (1997), S. 145
98 Lievegood (1974) grenzt ähnlich eine Pionierphase, eine Differenzierungsphase, eine Integrationsphase und nach Glasl/Lievegood (1993) eine Assoziationsphase ab. Zu einer aktuelleren Darstellung siehe Bleicher (1996a), S. 355. Auch das Modell des Stanford Research Institute baut teilweise auf Greiner auf (Vgl. Gomez/Zimmermann (1997), S. 143).
99 Vgl. Scholz (1997), S. 205.
100 Zu einer Differenzierung des Musters in Abhängigkeit des Marktwachstums siehe Greiner (1998), S. 56.
101 Vgl. Adizes (1979), Adizes (1981), Adizes (1988), S. 84 ff.

inhaltlich allerdings anders ausgestaltet sind. Die Werbephase entscheidet, ob sich aus einer Geschäftsidee überhaupt eine Organisation entwickelt. In der Kindphase findet ein unbefangenes Ausprobieren von Möglichkeiten statt. Die Startphase markiert, daß die Organisation aus den "Startlöchern" kommt. In der Erwachsenenphase hat sich das Unternehmen mit Erfolg am Markt etabliert und kommt in der Reifephase zu ihrer vollen und auch maximalen Entfaltung, was durch die Stabilitätsphase beibehalten wird. Im folgenden durchläuft die Organisation einen zwingenden, prinzipiell nicht aufzuhaltenden Alterungs- und Sterbeprozeß. In der Aristokratiephase läßt die erfolgsgenerierende Ergebnisorientierung der Akteure nach, ein Sättigungsffekt tritt ein. In der Episode der Frühbürokratie beginnt die Suche nach Schuldigen, was zu internen Machtkämpfen führt, die die Problematik weiter verstärken. In einer Bürokratiephase ist das Unternehmen durch Formalismen dominiert und befaßt sich mit sich selbst, was schließlich die Phase des Todes einleitet.

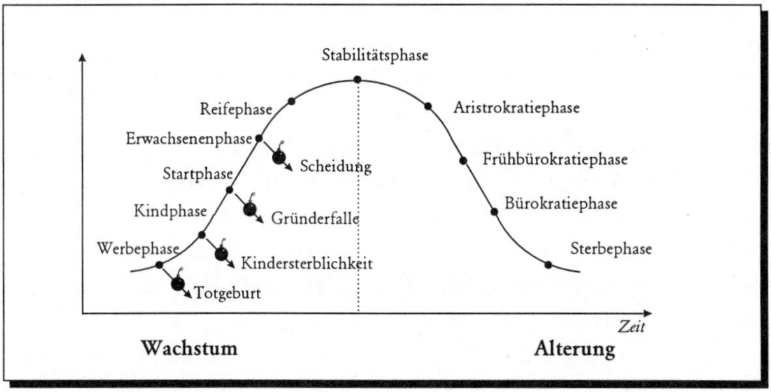

Abbildung 5-4: Zeitliche Entwicklungsmuster einer Organisation nach Adizes (1988), S. 84[102]

Auch ADIZES spricht dem Management Möglichkeiten zur Handlung nicht grundsätzlich ab. So ist es in einer Startphase wichtig, Teams zu verankern, die den bürokratischen Aufwand gering halten sollen. In einer Erwachsenenphase sollte man ein sukzessives Lösen des Abhängigkeitsverhältnisses von den Unternehmensgründern anstreben. In der Reifephase soll Dezentralität angestrebt werden, um zu verhindern, daß die Organisation in die Stabilitätsphase wechselt. In der Stabilitätsphase sollte man verstärkt neue, jüngere Mitarbeiter einstellen und die Unternehmensmission neu definieren, um das Unternehmen agil zu halten. Für die

102 Aus Scholz (1997), S. 208.

Bürokratie- und Todesphase schließlich empfiehlt ADIZES die sofortige Zusammenarbeit mit externen Beratern.

Ein Beispiel für ein zyklisches Entwicklungsmodell gibt HURST.[103] In Anlehnung an die Ökologie (konkret anhand der Waldbewirtschaftung) einen Kreislauf mit vier Phasen ab. In einer Wachstumsphase sind Ressourcen billig, beschränkende Nebenbedingungen klein. In einer Bewahrungsphase wird das Vorhandene verteidigt und perfektioniert. In Phasen der kreativen Zerstörung werden insbesondere die trägen Bereiche (z.B. Hierarchien) zerstört, es überleben, flexible, schlanke und kleine Elemente. In der Erneuerungsphase bilden diese Bereiche ein Netzwerk aus und schaffen die Voraussetzung für eine erneute Wachstumsphase. HURST sieht innerhalb dieses Rahmens Platz für rationales Managementhandeln, um den Kreislauf zu lenken.[104]

Problematisch an den Lebenszyklusmodellen sind insbesondere eine starke und unter Umständen nicht gerechtfertigte Anlehnung an entwicklungsbiologische Prinzipien und eine unbefriedigende Erklärung der treibenden Kräfte der Entwicklung. Organisationaler Wandel wird "in die Nähe des mystisch-unerklärbaren"[105] gerückt. WIEGAND ist der Ansicht, daß solche Triebkräfte nur durch individuelle und kollektive Lernprozesse nachvollzogen werden können. Entwicklungsmodelle thematisieren die Eingriffsmöglichkeiten des Managements verschieden genau. Wichtig ist nach Ansicht der meisten Autoren ein altersabhängiges Problemlösungsverhalten. *Im* Rahmen des (prädeterminierten) Ablaufes ist eine zielgerichtete Steuerung möglich. Das Management hat also - sofern es als bewußter Akteur identifiziert - wird einen meist einen begrenzten Einfluß, der tendenziell vollziehender und implementierender Natur ist, was wie beschrieben problematisch scheint.

5.2.1.4 Random Transformation Theories

Im Gegensatz zu Entwicklungsmodellen versuchen Random Transformation Theories (als Ausprägung politischer Prozeßtheorien) organisatorischen Wandel aus einer Perspektive zu erklären, die das Individuum in den Mittelpunkt der Betrachtung rückt. Sie sehen die Organisation als intraorganisationale politische Arena, die eine integrale Quelle des organisatorischen Wandels bildet.[106]

---

103 Vgl. Hurst (1995), S. 104 ff.
104 Vgl. Hurst (1995), S. 104 f.
105 Wiegand (1996), S. 92.
106 Vgl. Schreyögg (1996), S. 409 f.

Wichtig zum Verständnis politischer Prozesse ist der Machtbegriff Die Macht gibt den (relativen) Einfluß an, den ein Individuum in einer Organisation hat.[107] "Macht ist die Form des Einflusses, bei der eine Person, eine Position oder die Organisation über die Chance verfügt, die Verhaltensänderung auch gegen den Willen anderer durchzusetzen."[108] Man kann zwischen den verschiedensten Formen der Macht differenzieren. In der Literatur werden eine Vielzahl von *Qualitäten* der Macht angesprochen und damit Bezug auf die *Quellen* der Macht genommen.[109] Dabei werden zwei Basiskategorien der Macht differenziert. Die personalen Machtgrundlagen beziehen sich auf Fähigkeiten die in der Person liegen, wie Charisma oder besondere Fertigkeiten. Die bekannteste Typologie personaler Machtgrundlagen stammt von FRENCH/RAVEN[110] und unterscheidet nach: Bestrafungsmacht, Belohnungsmacht, legitime Macht, Vorbildmacht, Expertenmacht und Informationsmacht.[111] Wie auch STAEHLE feststellt, ist die Klassifikation "recht willkürlich und inkonsistent"[112], da sich die Dimensionen überschneiden und zum Teil durch strukturelle Elemente beschrieben werden. Die strukturellen Machtgrundlagen entstehen durch Rolle beziehungsweise Position einer Stelle und sind unabhängig von der spezifischen Person. Einfluß auf die "power-based influence" haben sowohl die hierarchische Verankerung der Stelle als auch ihre strategische Position als Ausdruck der Knappheit. In Realität sind die verschiedenen Quellen der Macht nicht voneinander unabhängig und additiv verknüpft, sondern komplexer miteinander verbunden. Wichtig zum Verständnis politischer Prozesse ist weiterhin der "Enactment" - Begriff, wonach Individuen durch ihr Wahrnehmen und ihre subjektiven Deutungen in Handlungen und damit Impulse zur organisatorischen Gestaltung umsetzen.[113]

Das ständige Austragen von Interessenkonflikten und das Neuverhandeln der Machtgefüge und Strukturen durch momentane Interessenkoalitionen und politische Kampagnen führt zu ständigen Spannungen, Turbulenzen und organisatorischen Veränderungen. Die hier treibenden Kräfte der Veränderung sind endogen, also weitestgehend entkoppelt von Umwelteinflüssen.[114] Organisationen werden als Kontexte betrachtet, in denen ständig wechselnde Individuen, Ziele, Wertvorstellungen, Probleme, Machtansprüche aufeinandertreffen vorübergehend interagieren und dann wieder auseinanderfließen.[115] Organisatorischer Wandel als ein

---

107 Genauer gesagt ist Macht nur eine Form des Einflusses (Staehle (1994), S. 377). Zum Machtbegriff siehe auch Mende/Bieta (1997), S. 46, Schreyögg (1996), S. 415.

108 Staehle (1994), S. 377.

109 Vgl. auch Al-Ani (1993), S. 130 ff.

110 Vgl. French/Raven (1959).

111 Wobei letztere von Raven/Kruglansky (1970) hinzugefügt wurde.

112 Staehle (1994), S. 379.

113 Vgl. Weick (1988), S. 306. Vgl. allgemein Weick (1977), Weick (1979), Weick (1985), Weick (1995).

114 Vgl. allgemein Mintzberg (1985), Pettigrew (1980), Pfeffer (1981)

115 Das Konzept der organisierten Anarchie nach March/Ohlsen (1979), March/Ohlsen (1985) entfernt sich noch weiter vom herkömmlichen Konzept des Entscheidungsprozesses (Schreyögg (1996), S. 410).

tendenziell chaotischer und zufallsbestimmter Prozeß beschrieben ("random transformation theories"[116]). Dementsprechend können kaum oder keine Aussagen über allgemeine Muster der Organisationsdynamik gemacht werden.

Random Transformation Theories (insbesondere das Konzept der organisierten Anarchie) räumen einer Managementperspektive verschiedene aber grundsätzlich eher begrenzte Kompetenz zur bewußten und absichtsgeleiteten Intervention ein. Räumt man einer dominierenden Koalition eine (partielle) Handlungsfreiheit ein, so kann man beispielsweise nach Marketingmodellen[117], Zwangsstrategien, politischen Taktiken, etc. unterschieden werden.[118]

Mit den Random Transformation Theories (als Ausprägung der politischen Prozeßtheorien) wird der Blick zum Verständnis der Organisationsdynamik auf politische Prozesse und damit auf individuelle Ziele, auf Absichten und den Einfluß von Akteuren gelenkt. Dies ist nach Einschätzung des Verfassers sehr sinnvoll, wenngleich es fraglich ist, dadurch als tendenziell nicht steuerbaren Prozeß zu begreifen. Politische Prozeßtheorien, der phänomenologische Ansatz, Lernmodelle und Innovationsansätze sind miteinander verwandt. Der Grund ist, daß genannte Ansätze stark auf organisationsinterne Kräfte abstellen. Die Ansätze erklären das Zustandekommen von Impulsen zur organisationalen Veränderung zwar auf verschiedenene Weise (Enactment, Innovation, Lernerfahrung, etc.), gehen aber von einer identischen Logik aus, um zu erklären ob sich dieser Impuls durchsetzt oder nicht, nämlich durch eine Interaktion von subjektiv deutenden Individuen mit verschiedensten Vorstellungen, Handlungsmöglichkeiten, etc. in der organisationalen Handlungsarena. Daß dieser Abschnitt sehr kurz gehalten wurde liegt daran, daß im Rahmen der Lerntheorien auf jeden Fall auf subjektive Deutungen und auf individuelle Wahrnehmung eingegangen werden muß und dort eine Vertiefung stattfindet.

5.2.2 Eingeschränkter Managementvoluntarismus

Im Rahmen des eingeschränkten Voluntarismus (Interaktionismus) wird von einem Zusammenwirken von voluntaristischen und deterministischen Kräften ausgegangen, wobei eine grundsätzliche Veränderbarkeit der Organisation unterstellt wird. Sine qua non für Modelle des eingeschränkten Managementvoluntarismus ist, daß die Organisation zu einem

116 Hannan/Freeman (1984, 1989) sehen in der "Random Transformation Theory" eine dritte, die Selektions- und Adaptionsperspektive ergänzende Grundkategorie des Wandels. Diese untersucht Wandel, der nicht nur durch Umweltdeterminismen oder durch bewußtes und absichtsgeleitetes Handeln einer dominierenden Koalition gesehen werden kann.

117 Vgl. Kirsch/Esser/Gabele (1979), S. 98 f., Reiß (1997c), S. 21.

118 Zu genaueren Ausführungen über politische Prozesse und deren Steuerbarkeit siehe Neuberger (1995), Schreyögg (1996), S. 413 ff.

Mindestgrad unabhängig von ihrer Umwelt angesehen wird.[119] Das Management ist in seinem Gestaltungsspielraum dennoch eingeschränkt, was an externen Rahmenbedingungen (z.B. Gesetzgebungen), internen Zwängen (z.B. eingeschränkte Macht, teleologische Prozesse) oder an Einschränkungen liegen, die im Management selbst vorhanden sind (z.B. festgefahrene Denkmuster). [120] In der Selbstbegrenzung des Managements kommt die "bounded rationality" der Akteure zum Vorschein, wonach diese nur begrenzte Fähigkeiten zur Informationsaufnahme und Informationsverarbeitung haben. Zur Selbstbegrenzung tragen auch nicht hinterfragte kognitive Muster der Informationsinterpretation und der Strategien der Informationssuche bei. Ein weiterer Effekt entsteht durch politische Prozeßstrukturen in der dominierenden Koalition selbst, die sich im Extremfall vollständig lähmen kann.

5.2.2.1 Neosituative Ansätze

Der situative Ansatz ist in Kapitel 5.2.1.1 als Ansatz vorgestellt worden, der sich mit dem eigentlichen Prozeß das Wandels nur implizit befaßt, da es lediglich den "one best way" gibt, wie sich Organisationen optimal an ihre Umwelt anpassen kann. Aus der konzeptionellen und methodischen Kritik am klassischen situativen Ansatz hat sich dieser in Form eines verhaltenswissenschaftlichen situativen Ansatzes weiterentwickelt und kann nach Ansätzen der strategischen Wahl und nach konsistenztheoretischen Ansätzen unterschieden werden.[121]

5.2.2.1.1 Ansatz der strategischen Wahl

Zentrale Kritikpunkte am Konzept des situativen Ansatzes waren der Umweltdeterminismus und rein rational handelnde Akteure. Als Ausweg aus dem Determinismusvorwurf wird die Idee organisationaler Spielräume als Weiterentwicklung des situativen Ansatzes eingeführt, innerhalb derer eine (strategische) Wahl möglich ist.[122] Das Verhältnis der Organisation zu ihrer Umwelt ist im Ansatz der strategischen Wahl interaktionistisch. Nicht nur die Umwelt determiniert die Struktur, sondern auch die Organisation kann ihr Umfeld beeinflussen.[123] Unter den von der Umwelt vorgegebenen Rahmenbedingungen findet organisatorischer Wandel nicht durch abstrakte Automatismen statt sondern dadurch, daß bewußte Akteure

119 Zum Begründung von organisationalen Freiräumen gegenüber der Umwelt siehe Sydow (1985), S. 266 f.

120 Vgl. Perich (1992), S. 193.

121 Zum folgenden siehe insbesondere Staehle (1994), S. 53 f.

122 Wenngleich dafür auch verschiedenste Begrifflichkeiten verwendet werden: Kubicek (1980) spricht von begrenzter Wahl, Bobbit/Ford (1980) von Entscheiderwahl und Child (1972) von der strategischen Wahl. Zu einer Übersicht über Herkunft und Art von Spielräumen zur freien Entscheidung siehe beispielsweise Sydow (1985b).

123 Vgl. Perich (1992), S. 178.

(Organisationsgestalter), die einer Vielzahl von Zwängen unterliegen, eine Wahl treffen.[124] Als zentrale Vertreter dieses Ansatzes seinen KUBICEK und SCHREYÖGG genannt, auf die etwas detaillierter eingegangen wird.

KUBICEK[125] sieht den Freiraum des Organisationsgestalters (der dominierenden Koalition) insbesondere durch in der Vergangenheit getroffene Entscheidungen geprägt, die heute Realitäten geschaffen haben, die Rahmenbedingungen seines momentanen Handlungsfreiraumes darstellen.[126] In einem zwei-Stufen-Ansatz, werden auf der ersten Stufe Grundsatzentscheidungen (Sachziel der Organisation, Formalziel der Organisation, Struktur der inneren Macht- und Herrschaftsordnung, Sozialstruktur und Unternehmenskultur) getroffen, die sämtliche Entscheidungen der zweiten Stufe einschränken. Bei KUBICEK ist die dominierende Koalition (die Rahmenbedingungen unterliegt) der (einzige) aktive Auslöser und Gestalter von Veränderungen.[127] Organisatorischer Wandel ist nach dieser Modellvorstellung intendiert beziehungsweise geplant. Für zufälligen, emergenten Wandel bleibt wenig Raum.

Für SCHREYÖGG[128] sind Organisationen ein Verbund widerstreitender Interessen (Siehe auch Kapitel 5.2.1.4). Dadurch wird zusätzlich zum Konzept der Beschränkungen der Begriff der individuellen Absichten, Ziele und Wahrnehmungen eingeführt und der situative Ansatz in eine verhaltensorientiert-konstruktivistische Richtung weiterentwickelt. Die Wechselwirkung zwischen subjektiver Interpretation und existierenden Strukturbedeutung vertritt auch GIDDENS[129] mit seiner Strukturationstheorie, wonach beide Begriffe als ein zirkulär verknüpftes Konstrukt gesehen werden müssen. Im Rahmen der Strukturbedingungen findet eine subjektive Wahrnehmung statt, die zu Handlungen führt, die ihrerseits wiederum auf die Strukturbedingungen wirken. Durch die verhaltenstheoretische Komponente ist dieser Ansatz eher in der Lage, auch zufälligen, nicht durch das Management bewußt angestoßenen Wandel zu erfassen.

5.2.2.1.2 Konsistenztheoretische Ansätze

Der Konsistenzansatz hat sich seit den 70iger Jahren aus der Kontingenzforschung entwickelt.[130] Mit der Arbeit von KHANDWALLA[131] wurde dem Organisationsstruktur-Umwelt-

124 Vgl. Staehle (1994), S. 55.
125 Vgl. Kubicek (1980).
126 Durch diese Idee der zeitlichen Vernetzung ist eine Nähe zu Entwicklungsmodellen erkennbar. Dadurch daß Entscheidungen der Vergangenheit als primäre Restriktion betrachtet werden, impliziert Kubicek eine hohe Unabhängigkeit der Organisation von der Umwelt.
127 Vgl. Staehle (1994), S. 55. Dies kommt auch bei Child (1972) als Begründer des Konzeptes zum Ausdruck.
128 Vgl. Schreyögg (1978).
129 Vgl. Giddens (1984), Rüegg-Stürm (1998), S. 8.
130 Vgl. ausführlich Scherer/Beyer (1998), S. 335 ff.

Fit (Kongruenz-Effizienz-These) die These entgegengestellt, daß die innere Stimmigkeit (Konsistenz) der Organisation höheren Einfluß auf die Unternehmenseffizienz hat. MINTZBERG[132] als einer der wesentlichen Vertreter faßt diese Einsicht als Konfiguationsthese zusammen, die aussagt, daß es bestimmte besonders erfolgreiche strukturelle Muster von Gestaltungsfaktoren der Organisation gibt (Archetypen). Die organisationalen Archetypen stellen Attraktorzustände dar, die eine natürliche Harmonie aufweisen und besonders stabil sind. Der Grund dafür ist, daß in solchen Archetypen der Konfiguration die wechselseitigen Abhängigkeiten sehr gut abgestimmt sind.[133] Auch MILLER/FRIESEN sind der Ansicht, daß Organisationen eine natürliche Tendenz haben, aus der Vielzahl der möglichen Linearkombinationen der Gestaltungsdimensionen bestimmte Konfigurationen (Quanten) zu entwickeln.[134]

Konsistenztheoretische Ansätze weisen inhaltliche Nähe zu Entwicklungsmodellen auf, da sie von einer weitreichenden Entkopplung der Organisation vom Zustand ihrer Umwelt ausgehen und da sie auch die Entwicklungsgeschichte von Organisationen berücksichtigen. Dennoch sind sie abzugrenzen, da sie weniger über einen teleologischen Determinismus argumentieren. “But not all organizations pass through transitions or the same set of stages, nor do they depart from similar positions or have common destinations.”[135]

Von Interesse ist insbesondere der zeitliche Verlauf des organisationalen Wandels und dessen Kausalität des Wandels. Es ist zu klären, ob sich die Entwicklung solcher Attraktorzustände durch Automatismen, Selektion, Managementvoluntarismus, subjektive Deutungsmuster, durch Imitationsmechanismen etc. herausbilden, oder grundlegend, ob sich solche Typen überhaupt immer herausbilden. Im folgenden wird zur Beantwortung der gestellten Fragen auf zwei wesentliche Vertreter des konsistenztheoretischen Ansatzes genauer eingegangen, und zwar auf die Ausführungen von MILLER/FRIESEN und von HININGS U.A.

MILLER/FRIESEN argumentieren, daß zur Beschreibung und Erklärung des Wandels eine ganzheitliche Perspektive sinnvoll ist, wonach die Organisation in eine Umwelt eingebettet ist und die Umwelt auch das Selektionskriterium einer Organisation darstellt.[136] Einfluß auf die Leistungsfähigkeit einer Organisation haben sowohl Kontingenzelemente als auch (organisa-

---

131 Vgl. Khandwalla (1973), der in einer Studie über 79 US-amerikanische Unternehmen untersuchte und eine deutliche Korrelation zwischen der internen Konsistenz der Organisation und der Unternehmenseffizienz herausfand. Er schloß daraus, daß die Gestalt als Struktur der organisatorischen Gestaltungsfelder untereinander wesentlich mehr Einfluß auf den Erfolg hat, als der Fit der Kontingenzfaktoren hinsichtlich der Umwelt. Zur Entwicklung des Konsistenzansatzes siehe auch Child (1984).

132 Vgl. Mintzberg (1979).

133 Vgl. Mintzberg (1981) S. 103 ff.

134 Vgl. Miller/Friesen (1980a), Miller/Friesen (1980b), Miller/Friesen (1982), Miller/Friesen (1984).

135 Greenwood/Hinings (1988), S. 303 (zitiert nach Wiegand (1996), S. 118).

136 Vgl. allgemein Miller/Friesen (1984).

tionsinterne) Konsistenzelemente.[137] Ihrer Argumentation nach bewegt sich die Organisation ständig in einem Spannungsfeld zwischen Konsistenz- und Kontingenzstreben. Die (Opportunitäts-)Kosten eines Misfits zur Umwelt müssen gegenüber dem Aufwand für einen Archetypenwechsel gegenübergestellt werden, der potentiell teuer als auch risikoreich ist. Aus einer rational orientierten Managementperspektive heraus argumentieren die Autoren, daß organisatorischer Wandel in Form von Quantensprüngen verlaufen sollte und nicht als ein gradueller Veränderungsprozeß (Piecemeal Change). Quantum Change bedeutet, mit organisationalen Veränderungen so lange zu warten, bis sich ein geradezu erdrückender Leidensdruck eingestellt hat und dann einen revolutionären Übergang zu einem neuen Archetypus zu vollziehen. Ihre Argumentation basiert im wesentlichen darauf, daß die organisationalen Dimensionen derart vernetzt und voneinander abhängig seien, daß eine isoliert-modulare Veränderung von einzelnen Dimensionen mit sehr hohen (Transaktions-) Kosten verbunden sei. MILLER/FRIESEN können mit der obigen Argumentation den Wandel nicht *erklären*, da sie den Veränderungsprozeß aus einer rein rationalen Effizienzperspektive beschrieben haben und den Prozeß des Wandels nicht genauer beschreiben. Der Ansatz hat eher den Charakter eines komparativ-statischen Plausibilitätsansatzes, der einige Anleihen aus quasi-biologischen Konzepten macht.[138] Die Leistung von MILLER/FRIESEN ist eher die Identifikation von statistisch-signifikanten "transition archetypes". Ein konzeptionelles Problem ihrer Argumentation ist der Verweis auf einen quasi-Automatismus der Steuerung des Wandels über die organisatorische Effizienz. Folgt man konsequent einer solchen Argumentation, so wären die Akteure keine aktiven Gestalter, sondern wie in der Adaptionsperspektive oder Entwicklungsperspektive lediglich vollziehend Handelnde.

Wesentliche Weiterentwicklungen des konsistenztheoretischen Ansatzes wurden von HININGS U.A. geleistet.[139] Sie nehmen Abstand von dem oben kritisierten rational-effizienzorientierten Erklärungsansatz von MILLER/FRIESEN. Die Autoren verstehen Organisationen aus interpretativen Perspektive. Organisationen sind durch ein Werte- und Glaubenssystem geprägt, was zur Strukturbildung führt. Dadurch, daß das vorhandene organisationale Interpretationsschema die Handlungsweisen der Akteure prägt, kommt es in der Regel zu strukturellen Manifestationen der Organisation, die wiederum tendenziell des vorherrschende Interpretationsschema

---

137 Daher sehen Miller /Friesen (1984) ihren Ansatz nicht als Substitut des Kontingenzansatzes sondern als Erweiterung, die sich gegen eine Überbetonung der Abhängigkeit der Organisation vom Zustand der sie umgebenden Umwelt richtet.

138 Vgl. Wiegand (1996), S. 114. Diese Kritik gilt auch Mintzberg (1981, 1983), da Miller/Friesen dessen Grundkonstrukte im wesentlichen übernehmen.

139 Vgl. zur Grundlage Ranson/Hinings/Greenwood (1980). Vgl. zu den Weiterentwicklungen: Hinings/Greenwood (1988), Greenwood/Hinings (1988), Hinings/Brown/Greenwood (1991), Greenwood/Hinings (1993).

replizieren. Die Tendenz zur Strukturerhaltung beziehungsweise Strukturextrapolation[140] einer Organisation wird durch einen positiven Feedback Loop[141] zwischen der Interpretation der Akteure und der Struktur der Organisation erklärt. Nach GREENWOOD/HININGS hat die Organisation hat die Tendenz mit Veränderungen, die nicht konsistent zum vorherrschenden Interpretationsmuster sind, so lange als möglich zu warten.[142] Zudem sehen GREENWOOD/HININGS Organisationen als interessensgeleitete Koalitionen, wonach der vorherrschende organisationale Archetyp ein Kompromiß widerstreitender Interessensgruppen ist. Die genannten Autoren sehen das Verlassen eines Archetypus als sehr unwahrscheinlich an.[143] Sie identifizieren Einflußfaktoren auf einen potentiellen Archetypenwandel (Umweltfaktoren, Verschiebung der Interessengruppen, Strukturveränderungen, Veränderungen in den interpretativen Schemata, Verschiebung der Machtkonstellation), arbeiten diese aber nicht differenziert zu einem dynamischen Erklärungsmodell aus.[144] Insgesamt können auch GREENWOOD/HININGS organisationalen Wandel nicht erklären.[145]

Ein fruchtbarer Ansatz zur Erklärung der Dynamik im Konsistenzansatz ist es, sich Organisationen als Kraftfelder von stabilisierenden (selbstverstärkenden) und verändernden Kräften vorzustellen.[146] Stabilität ist nicht als Statik zu verstehen, sondern als Selbstverstärkung, als Tendenz des Erhaltens und Reproduzierens einer bestehenden Konfiguration.[147] Diese Selbstverstärkung ist der Grund dafür, daß man zwei polarisierte Muster der Veränderung einer Organisation erkennen kann: Episoden der Verstärkung und weiteren Optimierung der bestehenden Gestalt und Episoden des Übergangs von einem organisationalen Archetypen in einen anderen. Evolutionäre, stabilisierende Veränderungen sind der Normalfall in Organisationen. In solchen Stabilitätsphasen finden inkrementelle Veränderungen statt. Inkrementaler Wandel kann durch verschiedene Dimensionen eines selbstverstärkenden Prozesses erklärt werden: Deutungsmuster bewähren sich, eingeschlagene Strategien haben Erfolg, Kosten sinken durch Lernkurveneffekte, bestehende Machtkoalitionen sichern sich gegen potentielle Gefahren ab, etc.[148] Wandel funktioniert nach dem "piecemeal-incremental approach".[149] Das Gegenstück zum Verharren in einem Archetypus stellt der angesprochene „quantum change"

---

140 Greenwood/Hinings (1988), S. 310 f. nennen dies "design inertia".

141 Zu verschiedenen Archetypen von organisationalen Feedbackmuster siehe Senge (1990), Senge (1994), Kim (1994), S. 5.

142 Vgl. allgemein Greenwood/Hinings (1988).

143 Vgl. auch die Studie Greenwood/Hinings (1993), S. 152 ff., die diese Aussage untermauert.

144 Laughlin (1991), S. 209 ff. schreibt nicht dem Einfluß der Organisation unterliegenden Umweltereignissen eine dominante Rolle als Auslöser des Wandels zu.

145 Vgl. Wiegand (1996), 116.

146 Vgl. Kapitel 7.4, wo der Kraftbegriff als zentrales Erklärungskonstrukt eines Veränderungsprozesses definiert und benutzt wird.

147 Vgl. Perich (1992), S. 215.

148 Vgl. allgemein Greenwood/Hinings (1988), Tushman/Romanelli (1985).

149 Vgl. Miller/Friesen (1982), S. 868 ff.

dar. In solchen Episoden ändern sich nicht nur einzelne Dimensionen der Organisation oder isolierte Bereiche, sondern es kommt zu einem tiefgreifenden und weitreichenden organisatorischen Wandel.[150] Das System "Organisation" tritt in eine Instabilitätsphase, die dann in ein neues Ordnungsmuster umschlägt.[151] Solche Transitionsphasen sind in der Regel sehr kurz, sie vollziehen sich revolutionär, was mehrere Gründe hat. In der Regel ist der Leidensdruck (beziehungsweise die Diskrepanz zu einem optimalen Zustand) zum Auslösezeitpunkt sehr hoch, da aus Gründen der Unsicherheit, der Tendenz zur Strukturerhaltung, der Komplexität und der Wandelkosten trotz vorhandener Diskrepanz mit Veränderungsmaßnahmen gewartet wurde. Weiterhin verstärkt sich die "Unordnung" durch die hohe Vernetzung des Systems selbst und beschleunigt sich als selbstverstärkender Effekt. *Wenn* es also dazu kommt, daß ein bestehender Archetyp aus dem Gleichgewicht gerät, *dann* ändern sich sehr viele Dimensionen der Organisation auf einmal. Die angedeutete Logik orientiert sich an Theorien der Selbstorganisation, der Autopoiese, der Komplexitätstheorie, etc., auf die in Kapitel 5.2.2.3 genauer eingegangen wird.

Im Rahmen des konsistenztheoretischen Ansatzes lassen sich mehrere allgemeingültige Aussagen über Verlaufsformen des Wandels einer Organisation treffen: Aus phänomenologischer Sicht verändern sich Organisationen im Zeitablauf durch eine Iteration von evolutionären (convergence[152], evolution[153], inertia[154], momentum[155]) und revolutionären Episoden (revolution[156], upheaval[157], reorientation[158], transformation[159], quantum change[160]). Die insgesamt entstehende Sequenz der Evolutions- und Revolutionsphasen erlaubt es, konsistenztheoretische Ansätze als "punctuated equilibrum models[161]" zu verstehen. Während der evolutionären Episoden befindet sich die Organisation in einem bestimmten Archetypus, einer bestimmten Konfiguration. Die revolutionären Episoden sind relativ selten. Normalerweise beginnt und endet eine revolutionäre Episode in einem bestimmten Archetypen, wobei es auch möglich ist, daß eine Organisation bei einer disruptiven Veränderung in den Ausgangsarche-

150 Vgl. Miller/Friesen (1980), S. 870 f. (Vgl. ausführlicher Perich (1992), S. 216).
151 Greenwood/Hinings (1988), S. 307 sprechen von einem Prozeß des Entkoppelns und des Neukoppelns.
152 Vgl. Tushman/Romanelli (1985).
153 Vgl. Tushman/Romanelli (1985).
154 Vgl. Greenwood/Hinings (1988).
155 Vgl. Miller/Friesen (1984).
156 Vgl. Tushman/Romanelli (1985).
157 Vgl. Tushman/Romanelli (1985).
158 Vgl. Greenwood/Hinings (1988).
159 Vgl. Greenwood/Hinings (1988).
160 Vgl. Miller/Friesen (1984) (Vgl. ausführlicher Perich (1992), S. 215).
161 Vgl. Greenwood/Hinings (1993), S. 1053, Perich (1992), S. 216 oder grundlegend Gersick (1991) zu den "punctuated equilibrum models"

typen zurückfällt.[162] Einige Autoren identifizieren idealtypische "organizational tracks", denen eine Veränderung der Organisation folgen kann.[163] Abbildung 5-5 deutet an, daß die Abstände zwischen revolutionären Episoden verschieden sein können. Weiterhin zeigt die Abbildung, daß der Wandel keine eindeutige Richtung aufzeigen muß, sondern (langfristig) in Zustände zurückkommen kann, in denen sich das Organisationssystem schon befand.

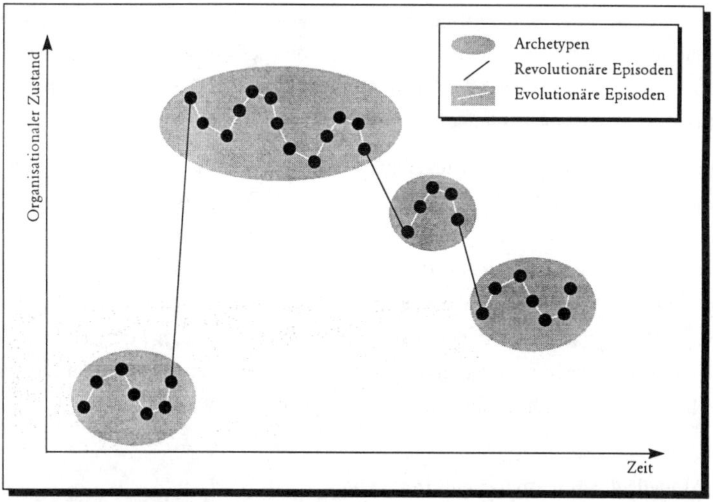

Abbildung 5-5: Verlauf des organisationalen Wandels nach dem "Punctuated Equilibrum Approach"(Weiterentwickelt nach Perich (1992), S. 217)

Der Einfluß des Managements bezüglich organisationalem Wandel ist im Rahmen der kontingenztheoretischen Ansätze beschränkt. Nach dem konsistenztheoretischen Ansatz ist eine Organisation relativ autonom gegenüber der Umwelt bezüglich seiner Effizienz. Organisatorische Veränderungen geschehen nicht durch von der Umwelt determinierten Automatismen. Vielmehr entscheiden organisationsinterne Interpretationsmuster der Akteure, Machtkonstellationen, etc. über die Extrapolation oder das Verlassen eines bestehenden Archetypen. Dennoch hat auch die Umwelt beziehungsweise die Relation zwischen Umwelt und Organisation Einfluß auf die Organisation. Misfits zwischen Organisation und Umwelt führen auch

[162] Vgl. Lauglin (1991), Greenwood/Hinings (1988), Greenwood/Hinings (1993), Hinings/Greenwood (1988).

[163] Vgl. z.B. Laughlin (1991), S. 210 ff, der "evolution", "rebuttal", "reorientation" und "colonization" unterscheidet. Laughlin erklärt die verschiedenen Wandeltypen im wesentlichen durch bestimmte Klassen von Umweltveränderungen.

in der Argumentation der Konsistenztheorie irgendwann zu einem so hohen Leidensdruck durch Effizienzverluste, daß ein Quantum Change ausgelöst wird. Durch die Konfigurationsthese wird Managementhandeln inhaltlich begrenzt. Die Mehrzahl der konzeptionell-wissenschaftlichen und auch der praxisnäheren konsistenztheoretischen Ansätzen betont die Interdependenz der organisationalen Konfigurationsdimensionen und damit auch die verbundenen Widerstände eines evolutionär inkrementellen Wandels.[164] Neben der inhaltlichen Einschränkung liegt eine zeitliche Einschränkung des Managementhandelns vor, da es unwahrscheinlich ist, daß die dominierende Koalition zu jedem beliebigen Zeitpunkt bestehende Muster und Konstellationen aufbrechen kann.[165] Unter den beschriebenen Rahmenbedingungen ist ein eingeschränkter Managementvoluntarismus möglich.

Im Rahmen einer konstruktiven Kritik muß man feststellen, daß ein totaler Wandel eines Unternehmens in der Realität sehr selten stattfindet.[166] Das konsistenztheoretische Modell muß als ein idealisierendes Konzept gesehen werden. In der Realität wird sich keine so deutliche Trennbarkeit der Episoden finden und Unterscheidungen zwischen evolutionären und revolutionären Episoden der Veränderung über der Zeit müssen auf einer Tendenzbasis getroffen werden. Relativiert man den besprochenen Ansatz in dieser Form, so bietet er eine fruchtbare Grundperspektive zur Analyse und Erklärung von Zeitstrukturen der Veränderung und Möglichkeiten und Grenzen das aktiven Managements des Wandels.

5.2.2.2 Modelle der Kreativität und Innovation

Theorien der Innovation und der Kreativität sehen den wesentlichen Treiber von organisatorischen Wandel in Organisationsmitgliedern und deren Fähigkeit und Bereitschaft, kreativ und unternehmerisch zu agieren.[167] Der Fokus der Betrachtung ist nicht ein abstraktes System, sondern bewußt wahrnehmende, subjektiv deutende und willentlich agierende Individuen. Organisatorischer Wandel ist als sich-bewußt-werden von Neuem und dessen Umsetzung konzipiert. Damit überlappen sich Innovationstheorien mit Lerntheorien (vgl. Kapitel 5.2.2.4) und der phänomenologischen Perspektive (vgl. Kapitel 5.2.2.5). Unter Innovationen versteht man Änderungen (über der Zeit), die neu für eine Organisation sind. Man unterscheidet drei Arten von Innovationen: Programminnovationen, Verfahrensinnovationen und schließlich

[164] Vgl. Wiegand (1996), S. 120.

[165] Wiegand (1996), S. 120 kritisiert, daß dennoch insbesondere in der US-amerikanischen Managementliteratur oftmals das Bild einer sehr weitreichenden Machbarkeit von "Quantum Leaps" durch die Managementelite oder Berater vermittelt wird. Seiner Auffassung nach vermitteln Methoden und Vorgehensstrategien den Eindruck hoher Beliebigkeit.

[166] Vgl. Kapitel 6.4. zur „corporate transformation".

[167] Vgl. Perich (1992), S. 163.

Strukturinnovationen.[168] Während sich die Mehrzahl der Forschungsarbeiten mit Programm- und Verfahrensinnovationen befaßt, sind hier Strukturinnovationen als Änderungen in der Organisationsstruktur von Interesse. Strukturinnovationen sind tendenziell komplexere Betrachtungsobjekte als die anderen beiden Typen. Bei Strukturinnovationen liegt eine zirkuläre Kausalität zwischen der Innovation (die die Struktur verändert) und der Struktur, die Rahmenbedingungen für die Innovationsaktivitäten darstellt, vor.

Charakteristische Muster des Zeitverlaufs organisationalen Wandels sind kaum zu erkennen, da - nach Annahme - organisationaler Wandel nicht durch bestimmte Ereignisse ausgelöst wird (z.B. Krisen) und auch nicht in deterministischer Abhängigkeit zu bestimmten Faktoren steht. Auch im Rahmen des Innovationsansatzes geht man davon aus, daß tiefgreifende und grundlegende Innovationen in Organisationen relativ selten auftreten.[169]

Ansätze der Innovationsforschung haben gezeigt, daß kreative oder innovative Prozesse nicht gänzlich zufällig ablaufen, sondern angeregt oder gedämpft werden können. Dies geschieht sowohl durch strukturelle als auch personelle Rahmenbedingungen.[170] Zu Faktoren die die Innovationsfreundlichkeit einer Organisation beeinflussen gehören beispielsweise vergangener Erfolg der Organisation, Alters- und Personalstruktur, Struktur der Umwelt, Ressourcenzugang oder Zusammensetzung des Managements.[171] Die Fragen nach der faktischen Gestaltbarkeit von organisationalem Wandel (bzw. der Gestaltung von innovationsfreundlichen Rahmenbedingungen) durch ein aktives Management werden unterschiedlich beantwortet. So geht beispielsweise das Innovationsmodell von WILSON[172] von einem Machbarkeitsparadigma des Managements aus. Es beschränkt den Beitrag der restlichen Organisationsakteure auf die Emergenz einer Innovationsidee. Das Management entscheidet, ob es zu Innovation kommt. Es ist fraglich, ob man nach dieser Sicht noch von einem eingeschränkten Managementvoluntarismus sprechen kann. Andere Ansätze sind deutlich kritischer gegenüber der willentlichen Gestaltbarkeit von (Struktur-)innovationen durch ein aktives Management. FRESE beispielsweise stellt ein dreiteiliges Phasenschema eines Innovationsprozesses auf. Nach der Generierungs- und der Annahmephase nennt der das Durchsetzen einer Innovation als dritte und entscheidende Phase. In der Innovationsforschung zeigt sich die Implementierungsphase oftmals als kritische Phase. Der zentrale Grund ist der Widerstand der Betroffenen aufgrund negativer Erwartungen wie einer befürchteten Verletzung des Anreiz-Beitrags-Gleichgewichts. Im Innovationsprozeß spielen subjektive Deutungen, Erfahrungen und Ideen der Akteure eine große Rolle. Der Prozeß der Strukturinnovation ist in weiten

168 Vgl. Frese (1992), S. 297 f.
169 Vgl. Frese (1992), S. 297 f.
170 z.B. durch neue, jüngere Mitarbeiter, Mitarbeiter aus anderen Bereichen, etc.
171 Vgl. Frese (1992), S. 298.

Abschnitten relativ ungeordnet. Organisationaler Wandel aus der Innovationsperspektive ist der Prozeß vieler Akteure. Trotz der angedeuteten Einschränkungen ist das Management nicht pares inter pares, sondern verfügt über besonders hohen Einfluß in der Organisation. Das Management hat insgesamt im Rahmen des eingeschränkten Voluntarismus die Rolle, günstige Umstände für organisationalen Wandel zu schaffen. Darauf soll hier nicht weiter eingegangen werden, da sich eine sehr ähnliche Perspektive im Kapitel 5.2.2.3 und im Kapitel 5.2.2.4 ergibt, wo eine differenziertere Betrachtung stattfindet.

5.2.2.3 Neuere Systemtheorie

Systemtheoretische Ansätze sind schon in Kapitel 5.2.1.2 vorgestellt wurden. Situative und an der Kybernetik I orientierte Ansätze beschreiben organisatorischen Wandel als Ergebnis eines Stimulus-Response-Schemas, wonach die Organisation nach einem homöostatischen Gleichgewichtszustand in Abhängigkeit von der Umweltsituation strebt.[173] Solche (älteren) Systemansätze - und die abgeleiteten Modelle des Wandels - basieren auf der Annahme, daß Organisationen überwiegend allopoetische Systeme sind.[174] Der Zustand der Umwelt bestimmt die Ausprägung der organisationalen Dimensionen und damit den Wandel der Organisation über der Zeit. Daher spricht man auch von offenen Systemen.

Wirft man einen Blick in die organisationale Praxis so zeigt sich, daß ein auf der Theorie offener Systeme aufgebauter Erklärungsansatz des organisationalen Wandels über der Zeit zu kurz greift. Organisationen erscheinen zwar in die Umwelt eingebettet und physisch-materiell untrennbar verknüpft, dennoch weisen sie parallel hohe Autonomiegrade und Fähigkeiten zur Selbstbestimmung auf - sie erscheinen zwar energetisch offen und dennoch informativ (partiell) geschlossen. Die Kausalität eines Umweltereignisses auf das Organisationsverhalten ist für einen außenstehenden Beobachter oftmals nicht sichtbar. Das erläuterte Erklärungsdefizit gilt nicht nur für die Organisationslehre. Seit Anfang der 60er Jahre haben sich weitestgehend unabhängig voneinander in diversen Wissenschaftsbereichen Ansätze entwickelt, die sich mit Phänomenen der Ordnung, der Autonomie, des Ungleichgewichts, der Selbstbestimmung und des Wandels von Systemen befassen. Seitdem haben sich die einzelnen Forschungsrichtungen wegen der prinzipiellen Ähnlichkeit des Erkenntnisgegenstandes gegenseitig beeinflußt, befruchtet und überlagert. Fast jeder der Wissenschaftler hat im Laufe seines

172 Vgl. Wilson (1966), S. 193 ff. (Vgl. ausführlicher Frese (1992), S. 298).

173 Vgl. Richter (1995), S. 12

174 Vgl. Bellmann/Mildenberger (1996), S. 139.

Wirkens seinen Erkenntnisgegenstand ausgeweitet und auch seinen Standpunkt verändert.[175] Auch wenn man inzwischen die verschiedenen Ansätze unter dem begrifflichen Dach der Selbstorganisation beziehungsweise der neueren Systemtheorie zusammenfaßt, sind die Ansätze noch stark divergierend hinsichtlich Annahmen, Aussagen, Begrifflichkeiten und Erkenntnisgegenstand.[176]

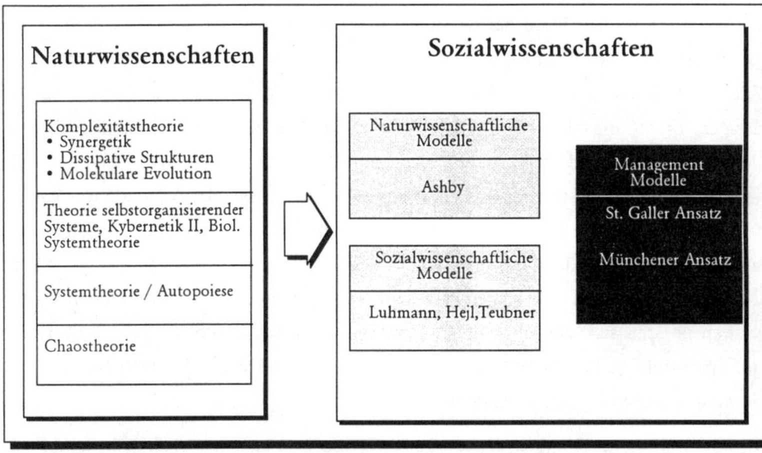

Abbildung 5-6: Entwicklungspfade der Systemtheorie und der Evolutionsbiologie (Weiterentwickelt nach Mildenberger (1997))

Das beschriebene Wissenschaftsfeld hat den Charakter einer emergenten Theorie. Dementsprechend vielfältig sind auch die Übertragungen der ursprünglich naturwissenschaftlichen Konzepte in den sozialwissenschaftlichen Bereich. Hinzu kommen teilweise methodisch-begriffliche Defizite.[177] Es ist allerdings nicht im Sinne dieser Arbeit eine ausführliche Kritik vorhandener Publikationen vorzunehmen, vielmehr soll konstruktiv eine knappe Übersicht über den Stand der Forschung vermittelt werden, um damit auf Zeitstrukturen des Wandels einzugehen. Die Strategie des Abschnittes ist, die wichtigsten Ansätze in ihrem Orginalkontext vorzustellen und in einem zweiten Schritt eine Übersicht der verschiedenen

175 So hat bspw. Haken (1981, 1984) seine Lasertheorie zu einer allgemeinen Theorie der Synergetik erweitert. Siehe auch Prigogine/Stengers (1981, 1984), die ihre naturwissenschaftlichen Ergebnisse auf erkenntnistheoretische Fragen erweitern.

176 Vgl. Mildenberger (1997), S. 2, Richter (1995), S. 12.

177 Vgl. z.B. Ringlstetter (1988), S. 62 der auf eine "Sprachverwirrung" bei Malik (1984), S. 197 hinweist (nach Weber (1996a), S. 51). Ein Übriges tut auch die Vielzahl der populärwissenschaftlichen Werke, wie z.B. Wheatley (1992). Vgl. auch die Kritik von Kieser (1995), S. 251.

Übertragungen in den Sozialwissenschaftlichen Kontext zu geben (Vgl. Abbildung 5-6) Dies wird ergänzt um Verlaufsmuster des organisationalen Wandels und um die Frage nach der aktiven (voluntarischen) Rolle des Managements.

5.2.2.3.1 Komplexitätstheorie

Unter dem begrifflichen Dach der Komplexitätstheorie werden HAKEN'S Lasertheorie, dissipative Strukturen, die allgemeine Theorie der Synergetik und die biochemische Evolution vereint.[178] Der deutsche Physiker HERMAN HAKEN zeigte Anfang der 60er Jahre, wie im Laser kohärentes Licht entsteht. Laseraktive Atome werden aktiviert und einen thermischen Ungleichgewichtszustand versetzt. Hieraus entsteht durch spontane Ordnung kohärentes Licht. Diese Ordnungserstellung entsteht muß nicht von außen geleistet werden, sondern wird vom Licht selbst verursacht. Die Theorie der dissipativen Strukturen stammt vom belgischen Forscher I. PRIGOGINE, der für seine Arbeiten, die sich mit dem Entstehen von Ordnungszuständen in chemischen Substanzen befassen, den Nobelpreis erhielt. Grundphänomen dieser Strukturen ist, daß sich ausgelöst durch Fluktuationsprozesse nicht berechenbare Ordnungsmuster herausbilden. PRIGOGINE hat seine Ergebnisse (ähnlich wie HAKEN) auf ein allgemeineres Modell der Synergetik ausgedehnt.

Selbstorganisation im Sinne der Synergetik ist die Potenz eines Systems, seinen eigenen Zusand aufgrund von Umweltbedingungen zu verändern.[179] Die Umweltbedingungen haben für das System lediglich den Charakter von Kontrollparametern, die Impulse für eine Veränderung des Systems geben können (Katalysatoreffekt). Sie haben jedoch keinen Einfluß auf die Art der Strukturveränderung des Systems und bilden das Pendant zum Perturbationsbegriff in der Systemtheorie. Durch die Kontrollparameter kommt es zu einem ständigen Austausch mit der Umwelt. Trotz makroskopischer Stabilität kommt es so zu einer ständigen Fluktuation um einen imaginären Gleichgewichtszustand. Bleibt der Kontrollparameter unter einem bestimmten Schwellenwert, so sind die stabilisierenden Kräfte des Systems dominant und halten es in einem quasistationären Zustand. Ab einem kritischen Wert des Kontrollparametern werden die bewährenden Kräfte schwächer und es kommt zu einer Verminderung der Adaptionsfähigkeit des Systems, zum sogenannten "kritischen Langsamer-werden". Es setzt ein selbstverstärkender Effekt ein, der das System immer weiter von einem stabilen Zustand entfernt und die bewahrenden Kräfte weiter schwächt. Das System wird labiler und die Wirkung äußerer Einflüsse immer stärker. Während im Normalfall stabile Moden auftreten, die durch das System wieder abgefangen werden können, kann es auch zu instabilen Moden

178 Zur Begriffsabgrenzung siehe bspw. Bellmann/Mildenberger (1996), S. 138.

179 Vgl. zum Folgenden ausführlicher Prigogine/Stengers (1984), Mildenberger (1997).

kommen. In diesem Fall nähert sich das System immer mehr einer Symmetriephase in der mehrere mögliche Zustände gleich wahrscheinlich werden. Im Zustand maximaler Instabilität geschieht die Wahl der Mode, in die das System fallen wird durch geringste Fluktuation, die sogenannte kritische Fluktuation führt zur Symmetriebrechung. Nach dieser kritischen Fluktuation nähert sich das System durch das Versklavungsprinzip bedingt einem neuen stabilen Zustand. Die kritische Fluktuation ist die entscheidende Determinante des Prozesses der Selbstorganisation und wird als Ordnungsparameter bezeichnet, da sie die Freiheitsgrade des Systems bestimmt. Eine ähnliche Argumentationslinie verfolgt der Chemiker EIGEN[180], der nach Experimenten mit RNA-Viren die Theorie formulierte, daß Evolution durch die Replikation von Erbmaterial mit gewissen Fehlern geschehe, wobei die Fehlerrate einen kritischen Wert nicht überschreiten darf. Weitere ähnlich gelagerte Ansätze stammen von KAUFFMAN[181], LANGTON[182] und BACK/CHEN.[183]

5.2.2.3.2 Biologische Systemtheorie, Kybernetik II

Im Gegensatz zu einer am (statischen) Maschinenmodell orientierten Kybernetik I orientiert sich die Kybernetik II eher an biologischen Systemen. Der zentrale resultierende Unterschied ist, daß diese im Unterschied zu technischen Systemen durch das Merkmal der Evolution gekennzeichnet sind.[184] Eine Rückkopplung findet nicht nur zwischen Umwelt und den Systemparametern statt, sondern auch zwischen Umwelt und der Struktur des Systems selbst.[185] Dadurch kann sich das System selbst in seiner Gestalt verändern. Man kann nach drei Arten der Veränderung unterscheiden: Kurzfristige Anpassungen, langfristige Anpassungen und schließlich Selektion.[186]

Die Theorie einer Kybernetik zweiter Ordnung geht auf MARAYAMA zurück.[187] Er versuchte, Strukturwandel durch positive Feedbackprozesse zu erklären, die gestaltbildend auf das System wirken. Ein anderer wichtiger Vertreter ist FOERSTER, der die Kybernetik um Grundkonzepte der Eigenwertbildung, der Abweichungsverstärkung und der operationellen Geschlossenheit erweitert hat.[188] Ohne derartige Konzepte ist die Selbstorganisation von

---

180 Vgl. Eigen/McCaskill/Schuster (1988), Eigen/Schuster (1979), S. 2 f.

181 Vgl. Waldrop (1992), S. 162 f., Kauffmann (1991), S. 90 f., Kauffmann (1991a).

182 Vgl. Langton (1986), Langton u.a. (1992).

183 Vgl. Back/Chen (1991), S. 46 ff.

184 Hier zeigt sich exemplarisch, wie eng Systemtheorie, Evolutionstheorie, etc. miteinander vernetzt sind.

185 Die Kybernetik II wird auch "Kybernetik der Kybernetik" genannt. Man kann dies als eine Metakybernetik verstehen, wonach Rückkopplungen nicht nur innerhalb des Systems wirken, sondern auch auf die Konfiguration des Systems.

186 Vgl. allgemein Capra (1988).

187 Vgl. Maruyama (1963), S. 63 ff. Vgl. auch Koenig/Vollmer (1994), S. 23, Bertalanffy (1972), S. 128 ff.

188 Vgl. Foerster (1960), S. 31 f. oder Foerster (1984), S. 3 f.

Systemen nicht darstellbar. In engem Zusammenhang mit der Kybernetik II steht das Gesetz der erforderlichen Varietät von ASHBY.[189] Es besagt, daß ein System nur dann langfristig überlebt, wenn dessen Lenkungsvarität mindestens so hoch ist, wie die Varietät der Umwelt. Das Konzept stammt ursprünglich aus der Informationstheorie. Organische Systeme verfolgen simultan zwei Strategien, um mit der Komplexität der Umwelt umzugehen. Einerseits sind sie bemüht, Umweltvarietät zu reduzieren. Das System reagiert nicht auf den Zustand der Umwelt, sondern in Abhängigkeit der Ausprägung des jeweils vorherrschenden internen Modells. Parallel dazu generieren Systeme Varietät. Ein weiteres wesentliches Element, das insbesondere dem St. Galler Ansatz zugrunde liegt, ist das Konzept der spontanen Ordnung von HAYEK[190], wonach Verhaltensregeln, die die spontane Ordnung bewirken, das historisch gewachsene Ergebnis eines Evolutionsprozesses ist.

Um trotz der konzeptionellen Nähe zur im nächsten Abschnitt beschriebenen biologischen Systemtheorie Verschiedenheiten zu sehen, muß man sich vergegenwärtigen, daß die Kybernetik II vor den Arbeiten zur Autopoiese von VARELA und MATURANA entstanden ist. Während in deren Arbeiten und der daraus abgeleiteten Systemtheorie die Selbstreferenz eine wichtige Rolle spielt (und dadurch eine konstruktivistische Sichtweise erschlossen wird), wird dies in der Kybernetik II nur am Rande thematisiert. Die Kybernetik II orientiert sich im wesentlichen noch an der Annahme der objektiven Wahrnehmung beziehungsweise der objektiven Information.

5.2.2.3.3 Autopoiese

Das Konzept der Autopoiese geht auf die chilenischen Kognitionsbiologen H. MATURANA und F. VARELA zurück, die sich ursprünglich mit der Frage befaßten, was Leben sei und was ein lebendes System zu einer geschlossenen autonomen Einheit werden läßt, unabhängig von seiner Fortpflanzung.[191] Lebende Systeme sind nach ARISTOTELES - im Gegensatz zu unbelebten Systemen - durch die Fähigkeit zur Autopoiese gekennzeichnet, der Fähigkeit, sich aus sich selbst hervorzubringen.[192] MATURANA definiert daher autopoietische Systeme als Netzwerke der Produktion von Bestandteilen, die in rekursiver Weise an der Realisierung des

189 Vgl. Ashby (1956), S. 206 ff., Scholz (1997), S. 184. Zu Implikationen des Theorems für das Management siehe Kieser (1995), S. 268.

190 Vgl. Hayek (1969, 1980), Kieser (1995), S. 259.

191 Vgl. zum Folgenden Kirsch/zu Knyphausen (1991), S. 78 f., zu Knyphausen (1988), S. 224 ff., zu Knyphausen (1981). Bellmann/Mildenberger (1996), S. 138 f., Kirsch (1992), S. 231 ff.

192 Vgl. z.B. Störig (1990), S. 174 f.

Netzwerkes und damit der Produktion der Bestandteile mitwirken und das Netzwerk als eine räumliche Einheit verwirklichen, in dem sich die Bestandteile befinden.[193]

Autopoietische Systeme weisen typische Eigenschaften auf. Die Elemente des Systems sind zirkulär miteinander verknüpft, weswegen VARELA[194] von organisationeller Geschlossenheit spricht.[195] Gleichzeitig erscheinen die Systeme materiell-energetisch offen (z.B. Rohstoffe, Produkte). Das System ist mit insgesamt immer noch abhängig von der Umwelt, diese Abhängigkeit ist jedoch lediglich eine schwache Kausalität. Umgekehrt formuliert haben autopoietische Systeme eine partielle Autonomie von der Umwelt: Das System ist abhängig von der Umwelt, wird aber durch sie nicht determiniert. Die Argumentation beinhaltet einen Perspektivenwechsel hinsichtlich der Selektionswirkung der Umwelt.[196] Die Umwelt bestimmt nicht mehr, was geschieht, sondern nur noch, was möglich ist und was nicht. Der Systemzustand bestimmt den Handlungsfreiraum des Systems, weswegen man von Strukturdeterminiertheit spricht. Diese Struktur bestimmt auch, die das System mit Umweltereignissen umgeht. Diese stellen primär ein Rauschen beziehungsweise eine Perturbation dar, aus dem das System je nach seiner strukturellen Beschaffenheit Ordnung filtert und reagiert (oder auch nicht). Aus diesem Grunde ist es für einen neutralen Beobachter nicht möglich, das Zusammenspiel zwischen System und Umwelt gemäß einem Input-Output-Modell zu beschreiben. Das Eigenbehavior des Systems kann nur vorhergesagt werden, wenn dessen interner Zustand bekannt ist.[197]

Das Konzept der Autopoiese ist gleichzeitig ein Konzept der Kognition. Die Umwelt wird nur durch systemspezifische Interpretationsmuster wahrgenommen. Das autopoietische System arbeitet als kognitives System, das von seiner Umwelt Beschreibungen anfertigt. Die Umwelt ist so nicht objektiv a priori gegeben, sondern wird vom System generiert oder anders gesagt erfunden. Eine solche Sicht entspricht einer konstruktivistischen Grundperspektive, was für Übertragungen in einen sozialwissenschaftlichen Kontext von Interesse ist.[198]

5.2.2.3.4 Übertragungen in den organisationalen Kontext

In diesem Kapitel geht es um Anwendungen beziehungsweise Übertragungen der vorgestellten Ansätze in den Kontext sozialer Systeme im allgemeinen und in den Kontext

---

193 Vgl. Maturana (1982), S. 158.

194 Vgl. Varela (1984), S. 25 f. oder Varela (1987), S. 120 f.

195 Dies darf nicht als Rückschritt in Kybernetik I - Ansätze verstanden werden, deren Schwächen durch die Kybernetik II überwunden werden sollte (vgl. Kirsch/zu Knyphausen (1991), S. 79, Bühl (1982), S. 417 ff., Schreyögg (1996), S. 91).

196 Vgl. Maul (1993), S. 715 f.

197 Vgl. Kirsch/zu Knyphausen (1991), S. 81.

198 Vgl. Schmidt (1987a), S. 11 ff.

von Organisationen im speziellen.[199] Nach Abbildung 5-6 gibt es zwei idealtypische Übertragungen. Historisch älter sind Versuche, Organisationen durch die biologische Systemtheorie[200] (Kybernetik II) zu beschreiben, was zu unterschiedlichen Konzepten des evolutionären Managements führt.[201] Die zweite Hauptströmung strebt an, das Autopoiesekonzept als Basis zur Erklärung von Organisationen und deren Veränderung zugrunde zu legen (Theorie sozialer Systeme). Ob überhaupt eine Übertragbarkeit biologischer Konzepte in die Sozialwissenschaften möglich ist, ist keineswegs unumstritten.[202] SCHNEIDER verdichtet die Kritik auf einen Punkt: "Den Ausschlag gegen eine Lösungsidee aus der Biologie für den Aufbau einer Theorie der Unternehmung gibt der Sachverhalt, daß weder die Institution Unternehmung noch einzelne Produkte aus eigener Kraft Nachkommen zeugen."[203] Die beschriebenen Übertragungsalternativen sind idealtypisch, die Grenzen zwischen den Ansätzen verschwimmen zunehmend, da in neueren Entwicklungen beispielsweise der St. Galler Schule (als Vertreter der ersteren Übertragungsstrategie) auch Elemente der Autopoiese und des radikalen Konstruktivismus verwendet werden.[204]

Biologische Ansätze

Eine zentrale Rolle der Anwendung der biologisch-evolutionären Übertragungsstrategie spielt der St.Galler Ansatz, der sich auf den von ULRICH entwickelten Systemansatz bezieht.[205] Dieser Ansatz war historisch zuerst an einer Kybernetik I orientiert, hat aber eine Entwicklung zur Kybernetik II vollzogen.[206] Dennoch greift der St.Galler Ansatz immer noch bei Reihe von Methoden auf den technischen Systembegriff der Kybernetik I zurück.[207] Nach MALIK als wesentlicher Vertreter der biologisch-evolutionären Übertragungsstrategie ist das Grundproblem des Managements die Beherrschung von Komplexität.[208] MALIK greift auf den

199 Schreyögg (1996), S. 91 spricht von "Theorien selbstreferentieller Systeme".

200 Vgl. bspw. Kirsch (1972), Malik (1984), Ulrich (1968) oder Fuchs (1973).

201 Vgl. Koenig/Vollmer (1994), S. 20, Königswieser/Lutz (1992), Servatius (1991), Malik (1989).

202 z.B. Reinhard (1993). Auch Varela (1981) verneint dies tendenziell. Vgl. auch Bellmann/Mildenberger (1996), S. 139, Kieser (1995), S. 258, Kirsch/zu Knyphausen (1991), S. 75, Kirsch (1992), S. 231 ff.

203 Schneider (1996), S. 111 .Zu einer Gegenargumentation, die die Vorteile einer systemisch-evolutorischen Sicht hervorhebt siehe beispielsweise Sachs (1997), S. 101 f.

204 Vgl. Malik (1992), Probst (1987), Ulrich/Probst (1988), Koenig/Vollmer (1994), S. 21. Vgl. hierzu auch Kirsch/zu Knyphausen (1991), S. 77: "Das hier angesprochene kybernetisch-funktionalistische, auf der Differenz von System und Umwelt aufbauende Grundmodell ist heute in der Systemtheorie selber freilich nicht mehr im gleichen Maße paradigmenprägend, wie das in den sechziger und siebziger Jahren noch der Fall gewesen sein mag."

205 Vgl. das grundlegende Werk von Ulrich (1968): "Die Unternehmung als produktives soziales System"

206 Vgl. Staehle (1994), S. 42.

207 Vgl. bspw. Probst/Gomez (1991, 1991a, 1997). Zu dieser Kritik siehe auch Wiegand (1996), S. 137, Kieser (1995). Wiegand fordert eine Unterteilung in systemtheoretische und systemische Ansätze und ordnet den St.Galler Ansatz als eklektischen Ansatz explizit unter den systemischen Ansätzen ein.

208 Vgl. allgemein Malik (1992).

Ansatz von ASHBY zurück und grenzt die systemisch-evolutionäre Perspektive von der konstruktiv-technomorphen Perspektive ab. Während beim technomorphen Ansatz Veränderungen einem expliziten Gestaltungswillen zugeschrieben werden, bejaht die systemisch-evolutionäre Sichtweise die Komplexität der Realität, die nicht beherrschbar ist.[209] Der evolutionäre Ansatz fordert eine neue Rationalität, der sich mit der Beherrschung selbstorganisierender Systeme befaßt.[210] Dazu wird gefordert, nicht so sehr die einzelnen Elemente beherrschen zu wollen, als vielmehr Rahmenbedingungen für Selbstorganisation zu generieren.[211]

Die konkreten Gestaltungsaussagen bezüglich der Rolle des Managements im organisatorischen Wandels bleiben allerdings oft vage und sind teilweise an der Grenze zu esoterisch-normativen Ratschlägen - so soll das System mit Respekt, Bescheidenheit und Zurückhaltung behandelt werden. Systemisches Management erscheint oft als Frage der richtigen Einstellung.[212] Mitarbeiter sollen "das Chaos lieben lernen."[213] Auf methodischer Ebene liefert der St.Galler Ansatz ein Fülle von Werkzeugen des systemorientierten Denkens, die oftmals einer Systemvorstellung aus der Kybernetik I entsprechen.[214] KIESER kritisiert am St.Galler Ansatz, daß er bei einer konkreten Anwendung nicht zu wesentlich anderen Ansätzen führe, als konventionelle Konzepte der Organisationsgestaltung.[215] Weiterhin wird eine nur schwache Integration der zugrunde liegenden Konzepte, eine vage Formulierung der zentralen Begriffe, unzureichende Klärung der Übertragbarkeit und unzureichende empirische Fundierung kritisiert.

Nach Ansicht des Verfassers muß die Kritik abgeschwächt werden, da der St.Galler Ansatz zwar kein allumfassendes Erklärungsmodell ist, aber in die richtige Richtung des systemorientierten Denkens zeigt, auch wenn dieses teilweise noch an kybernetischen Konstrukten festgemacht ist. Außerdem wird mit der Annahme der Selbstorganisation die Vorstellung aufgehoben, daß Organisationen vollständig und zielgerichtet gesteuert werden können, was einem eingeschränkten Managementvoluntarismus entspricht.[216] "Gestalter setzen häufig Änderungsprozesse in Gang, die sie nur z.T. kontrollieren können: Ihre Pläne enthalten unrealistische Annahmen; ihre Maßnahmen zeigen Konsequenzen, die sie nicht vorhersahen; ihre Maßnahmen lösen u.U. andere Probleme als diejenigen, die sie ursprünglich lösen sollten, usw. Gestalter verfügen ... nur über eine 'begrenzte Rationalität' und somit sind Erklärungen

209 Die Unterscheidung zwischen technomorphen und systemischen Agieren geht auf den Wirtschaftswissenschaftler Hajek (1969) zurück (Vgl. Richter (1995), S. 21).
210 Vgl. Kieser (1995), S. 259.
211 Vgl. Göbel (1993), S. 394, Chrobok (1993), S. 385.
212 Vgl. Kieser (1995), S. 260.
213 Servatius (1994a), S. 162.
214 Vgl. Koenig/Vollmer (1994), S. 21.
215 Vgl. Kieser (1995), S. 261.
216 Vgl. Scholz (1997), S. 194.

des organisationalen Wandels, die allein auf die Rationalität der Gestalter abstellen, zwangsläufig unvollständig.[217] Ein weiterer Kritikpunkt der systemisch-evolutionären Perspektive liegt in den Grenzen der prinzipiellen Erklärungskraft biologischer und kybernetischer Analogien bei der Übertragung auf soziale Systeme.[218] Der von MALIK vollzogene Paradigmenwechsel vom technomorphen hin zum biologisch-evolutionären System erscheint zwar notwendig, nicht aber hinreichend.[219] Es ist sinnvoll, das biokybernetische Modell um sozialwissenschaftliche Elemente zu erweitern. Aus diesem Grund wird in aktuelleren Überlegungen dem konstruktiven, interpretativen Aspekt mehr Bedeutung beigemessen.[220] "Selbstorganisation kann auch in einem individualpsychologischen Sinne so ausgelegt werden, daß die Organisationsmitglieder die Organisationswirklichkeit interpretativ konstruieren. Eigene Erfahrungen, Intentionen, Methoden und so weiter werden anderen 'unterschoben', 'Tatsachen' werden nicht objektiv rezipiert, sondern konstruiert."[221]

Ein am beschriebenen Erklärungsmodell orientierter Ansatz des organisationalen Wandels räumt dem Management- wie angesprochen - eine nur begrenzte Steuerbarkeit ein. Diese liegt insbesondere im Setzen von Rahmenbedingungen und der Förderung von Selbstorganisation. Wichtig ist die Kontextsteuerung, wonach nicht direkt interveniert wird, sondern eine indirekte Intervention durch setzen von Kontexten vorkommt. Als Steuerungsprinzipien sieht SCHEURER das Schaffen von Dezentralität und Redundanz, die Förderung dezentraler Steuerungsinformation, das Schaffen von losen Kopplungen, Schaffen von "sanften" Steuerungsmechanismen und die Vorhaltung von strukturellem Potential.[222] Die Perspektive erlaubt sowohl evolutionären als auch revolutionären Wandel. Stabilität darf nicht als Ruhe mißverstanden werden, durch die Konstruktion des Ansatzes befindet sich das System ständig in einem dynamischen Prozeß. Die evolutorischen Aspekte machen deutlich, daß die Entwicklung des Systems zeitabhängig ist, da der heutige Zustand das Ergebnis von vergangenen Vorgängen ist. Dadurch ist eine hohe Individualität der organisationalen Entwicklungspfade zu vermuten.

Nur am Rande sei die Strategie erwähnt, angesprochene Ansätze der Thermodynamik offener Systeme oder die Chaostheorie als Erklärungskonstrukt für organisationale Veränderungspro-

217 Vgl. Kieser (1995), S. 237. Vgl. auch Hayek (1969), S. 34 oder Malik (1992). Das Verhalten von sozialen Systemen ist Ergebnis von menschlichen Handeln, aber weniger das konkrete Ergebnis menschlicher Intentionen und Pläne vor der Veränderung. (Vgl. Richter (1995), S. 21).

218 Vgl. Dachler (1984), Schreyögg (1996), S. 91, Staehle (1994), S. 44.

219 Dies haben die St.Galler Forscher auch selbst erkannt. Vgl. z.B. Ulrich (1983, 1984). Als Beispiel eines aktuellen Ansatzes, der tendenziell biokybernetisch orientiert ist siehe Chrobok (1993), S. 384 f.

220 Luhman (1984) fordert eine "konstruktivistische Wende" auf Basis der Autopoiese. Vgl. Schreyögg (1996), S. 91.

221 Göbel (1993), S. 392.Vgl. auch Servatius (1994a), S. 163.

222 Vgl. Scheurer (1997a), S. 373 f.

zesse zu wählen, da sie seltener verfolgt wird.[223] Auch hier wird dem Management nur ein begrenzter Steuerungsspielraum eingeräumt.

Sozialwissenschaftliche Ansätze

Der schon angedeutete Hauptkritikpunkt an den naturwissenschaftlich orientierten Übertragungsstrategien ist, daß sie dem *konstruktiven* Aspekt nur teilweise Rechnung tragen. Der überwiegende Teil der aktuellen Forschung von sozialen Systemen befaßt sich damit, wie es bei einer Vielzahl von Handlungsalternativen zu Sinngenerierung und Formen des rationalen Handelns kommen kann.[224] Das Konzept der Autopoiese stellt einen Ansatz dar, der geeignet scheint, der genannten Kritik zu begegnen.[225] Obwohl die Theorie autopoietischer Systeme den Anspruch erhebt, einen sehr umfassenden Rahmen der theoretischen Analyse bereitzustellen, haben sich bisher relativ wenige Autoren mit der Übertragung in den organisationstheoretischen Bereich befaßt.[226] Vertreter sind beispielsweise KIRSCH[227], HEJL[228], MORGAN[229], PROBST[230], BROEKSTRA[231], GERKEN[232], MAUL.[233] Während das Konzept der Autopoiese im biologischen Bereich weitestgehend akzeptiert ist, herrscht wie erwähnt hinsichtlich der Übertragbarkeit Uneinigkeit.[234] Zur Übertragung des autopoietischen Konzeptes in den sozialwissenschaftlichen Kontext gibt es grundlegend zwei Möglichkeiten:

- Man kann Individuen als autopoietische Systeme begreifen, durch deren Interaktion soziale Systeme konstituiert sind. Dies entspricht dem methodologischen Individualismus[235] beziehungsweise einer biologischen Anwendungsstrategie.[236] Typisch für diese Ansätze ist, daß sie soziale Systeme als Systeme höherer Ordnung begreifen. Der überwiegende Teil dieser Ansätze kommt zu dem zwingenden Schluß, daß

223 Vgl. Scheurer (1997), S. 217, Scheurer (1997a), Servatius (1994), S. 117 ff.
224 Vgl. Staehle (1994), S. 44.
225 Vgl. z.B. Maul (1993), S. 718 f. Schreyögg (1996), S. 91 ist der Meinung, daß zwar die Theorie selbstreferentieller Systeme in Verbindung mit einer konstruktivistischen Perspektive zunehmende Akzeptanz findet, dies aber nicht bedeutet, daß das Konzept der Autopoiese als Basis dienen muß. Nach Ansicht des Autors ist dies nicht richtig, da bei entsprechender Auslegung die Autopoiese einer Theorie selbstreferentieller Systeme in Verbindung mit einer konstruktivistischen Perspektive *entspricht*.
226 Vgl. Kirsch/zu Knyphausen (1991), S. 77.
227 Vgl. Kirsch (1992).
228 Vgl. Hejl (1986, 1987).
229 Vgl. Morgan (1986).
230 Vgl. Probst (1987).
231 Vgl. Broekstra (1986).
232 Vgl. Gerken (1986).
233 Vgl. Maul (1993).
234 Vgl. Kieser (1995), S. 259, Bellmann/Mildenberger (1996), S. 139, Varela (1981), Kickerts (1993), S. 261 f.
235 Vgl. Bellmann/Mildenberger (1996), S. 139.
236 Vgl. Kirsch/zu Knyphausen (1991), S. 83.

soziale Systeme keine autopoietischen Systeme sind, beziehungsweise einen erläuterungsbedürftigen Grenzfall darstellen.[237]

- Die zweite - insbesondere von LUHMANN[238] verfolgte - Strategie ist, autopoietische Systeme ex ante auf der Ebene einer allgemeinen Systemtheorie zu konzipieren, die als Spezialfall die Theorie sozialer Systeme enthält, die dann per Definition autopoietisch sind. Für diese Konzeption ist charakteristisch, daß Kommunikation als Basiselement des sozialen Systems konzipiert wird und nicht lebende Systeme (Individuen).

Zwischen diesen polarisierten Positionen gibt es Vertreter von gradualistischen Konzeptionen der Autopoise wie beispielsweise TEUBNER.[239] Während für TEUBNER ein soziales System hin zu einer selbstreferentiellen Geschlossenheit tendiert, sehen andere Autoren wie KIRSCH[240] eine solche Entwicklung eher als einen erläuterungsbedürftigen Grenzfall.

		Individuen als Elemente der Autopoiese	Kommunikation als Elemente der Autopoiese
Autopoiese (Selbstreferentielle Geschlossenheit) sozialer Systeme	Ex definitione ja	-	**Luhmann**
	empirischer Grenzfall	**Maturana (Kirsch)**	-
	empirisch wahrscheinlich	-	**Teubner**
	ex definitione nein	Hejl	-

Tabelle 5-1: Positionen in der Autopoiese-Diskussion nach Kirsch (1992), S. 232

HEJL[241] konzipiert Individuen als Elemente sozialer Systeme, die in Interaktion treten können. Unter Umständen ist eine *Parallelisierung* der kognitiven Kontexte der Individuen möglich. Die einzelnen Systeme sind aber nur partielle Elemente der Organisation. Wie kann es dann überhaupt zu einem System höherer Ordnung kommen, wenn die einzelnen Elemente operational geschlossen sind?[242] Grundsätzlich kann das Individuum auf zwei Arten auf eine Perturbation reagieren. Eine Möglichkeit ist, daß die Perturbation trivialisiert wird und keine weitere Parallelisierung stattfindet. Wenn die Beherrschbarkeit einer Situation gefährdet scheint, kommt es zur Parallelisierung. Je nachdem wie vollständig die Parallelisierung ist,

---

237 Vgl. Kirsch/zu Knyphausen (1991), S. 96.
238 Vgl. allgemein Luhmann (1995, 1990, 1987, 1986, 1984, 1982).
239 Vgl. Teubner (1990, 1989, 1987).
240 Vgl. Kirsch (1992), S. 231 ff.
241 Vgl. Hejl (1987, 1986, 1984, 1982, 1982a), Kirsch/zu Knyphausen (1991), S. 85.
242 Vgl. Bellmann/Mildenberger (1996), S. 141.

kann ein soziales System theoretisch autopoietische Züge aufweisen. Dies ist aber nach HEJL nur eine theoretische Finalität, zu der es in der Realität nicht kommt. Aus diesem Grunde charakterisiert HEJL soziale Systeme als synreferentiell und nicht als autopoietisch oder zumindest selbstreferentiell. Synreferenz bedeutet, daß die Bildung von sozialen Systemen nur damit erklärt werden kann, daß die Elemente des Systems (Individuen) sich während der Interaktion auf parallelisierte Zustände ihrer Gehirne beziehen.[243] Weiterhin produzieren Unternehmen ihre Komponenten nicht (also die autopoietisch konzipierten Individuen). Dieser Argumentation folgt im wesentlichen auch VARELA[244], der sozialen Systemen zwar Autonomie zuspricht, aber die Eigenschaft der Autopoiese verneint .

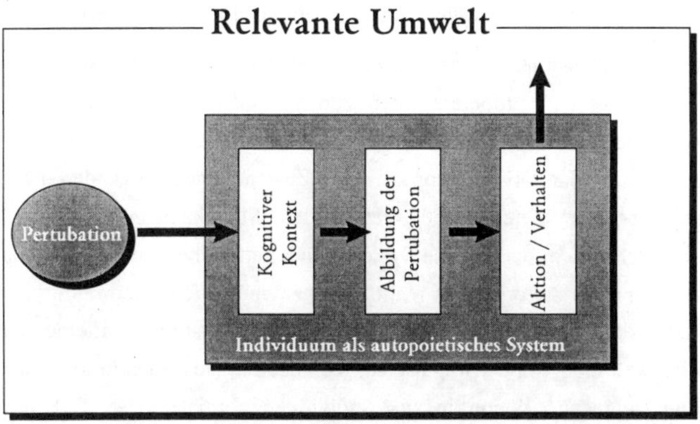

Abbildung 5-7: Das Individuum als autopoietisches System (Modifiziert nach Bellmann/Mildenberger (1996), S. 139)

LUHMANN gilt als *der* Vertreter, der soziale Systeme per definitionem als autopoietische Systeme konzipiert. Für ihn ist das Atom eines sozialen Systems kein physisch existentes Individuum sondern eine Entscheidung. Die Elemente emergieren erst durch einen autopoietischen Prozeß der Kommunikation. Damit ist das Sozialsystem im dem Sinne autopoietisch, daß es aus Entscheidungen besteht und die Entscheidungen aus denen das System besteht durch das System selbst generiert werden. Den Versuch einer vermittelnden Interpretation[245] der Anwendung der Autopoiese auf soziale Systeme unternimmt TEUBNER.[246]

243 Vgl. Kirsch/zu Knyphausen (1991), S. 85.

244 Vgl. Varela (1987), S. 119 f.

245 Es ist fraglich, ob man überhaupt von einer widersprüchlichen Sichtweise sprechen muß, oder nicht besser von einer komplementären Sichtweise sprechen sollte (Vgl. Kirsch/ zu Knyphausen (1991), S. 88, Kirsch (1992), S. 231 f.).

246 Vgl. insbesondere Teubner (1987).

KIRSCH/ZU KNYPHAUSEN vermuten, daß Autopoiese so als ein Fluchtpunkt interpretiert werden kann, der aber nur unter bestimmten Konditionen erreicht wird.[247] TEUBNER stellt einen ähnlichen Zusammenhang dar, wie er in HEJL'S Parallelisierungsthese von sozialen Systemen zum Ausdruck kommt, bezieht sich methodisch jedoch auf die Argumentation von LUHMANN, wonach Kommunikation das Basiselement sozialer Systeme ist. Er geht von zwei Grundpostulaten aus wonach

(a) soziale System in dem Maße Autonomie gewinnen, in dem sie selbstreferentielle Zyklen implementieren und
(b) im Finalzustand nur dann zu einem autopoietischen System werden, wenn alle zyklisch verknüpften Systemkomponenten zu einem Hyperzyklus verkettet sind.

Am Beispiel des Rechtssystems skizziert er drei Eskalationsstufen "Selbstbeobachtung", "Selbstkonstitution" und "Autopoiese" der zunehmenden Autonomie gesellschaftlicher Systeme. Autopoiese erscheint nicht als eine rein zweiwertige Entscheidung, sondern stellt einen graduellen Prozeß dar. Ob ein autopoietischer Zustand eine zwingende Finalität darstellt oder nicht kann auf zwei Arten beantwortet werden. Man kann erstere These durch die Argumentation unterstützen, daß soziale Systeme eine natürliche Tendenz zur Kanalisierung haben. Nach Ansicht des Autors ist es realitätsnäher, eine differenzierte Antwort zu geben, wonach ein soziales System einerseits eine Tendenz zu Assimilation der Elemente hat, aber in einer offenen Umwelt lebt, von der Impulse zur Veränderung ausgehen (allopoetischer Anteil, z.B. durch Anteilseigner) . Weiterhin sind Individuen normalerweise Teil von mehreren Systemen (s.o.) und bringen so zwangsläufig neue Kontexte und Interpretationen in das vorliegende Sozialsystem. Letztlich ist Zusammensetzung der Akteure nicht konstant sondern fluktuiert. Vollständige Autopoiese erscheint so als ein erklärungsbedürftiger Spezialfall.[248]

In Verbindung mit autopoietisch orientierten Managementansätzen ist primär die Münchener Schule um KIRSCH zu nennen. Wie die St.Galler geht auch sie von einer Komplexität einer Organisation aus, die eine Beherrschung unmöglich macht und sich mit der Position eines gemäßigten Voluntarismus begnügt.[249] Durch "Guidance" des Systems lassen sich allerdings Rahmenbedingungen schaffen, die die Systemevolution kanalisieren können. Nach KNYPHAUSEN stehen Selbstorganisation und Fremdorganisation komplementär zueinander.[250] KIRSCH konzipiert die Komplexität primär als Folge eines Interessenpluralismus in der Organisation. Als wichtiger Unterschied zum St. Galler Ansatz ist die Betonung der Kommunikation als

247 Vgl. Kirsch/ zu Knyphausen (1991), S. 92.
248 Vgl. Kirsch/ zu Knyphausen (1991), S. 96. Alltagsgemeinschaften besitzen i.d.R. keine "operational closure".
249 Vgl. Kirsch (1992), S. 537.
250 Vgl. zu Knyphausen (1991), S. 52

wichtiges Handlungselement des Managements zu nennen.[251] Dazu wird gefordert, die Grundhaltung eines "Kontextpartisanen" zu überwinden, der seine persönlich-subjektive Deutung als absolute Wahrheit ansieht. Wie auch beim St.Galler Ansatz sind die Handlungsanleitungen teilweise blumig-emotional formuliert. Es ist beispielsweise die Rede von "ästhetischer Rationalität"[252] oder "ko-evolutionärer Gelassenheit".[253] Fragt man nach den konkreten Unterschieden zu "traditionellen" Managementansätzen, ergibt sich, daß ein Veränderungsmanager der Münchener Schule besonderen Wert auf Kommunikation[254] legt und eher als Prozeßberater[255] denn als Expertenberater fungiert, sonst aber keine revolutionär anders gearteten Strategien verfolgt. Man muß die Kritik allerdings insofern relativieren, als daß die Münchener ihren Ansatz auch als Grundlagenforschung einordnen.[256]

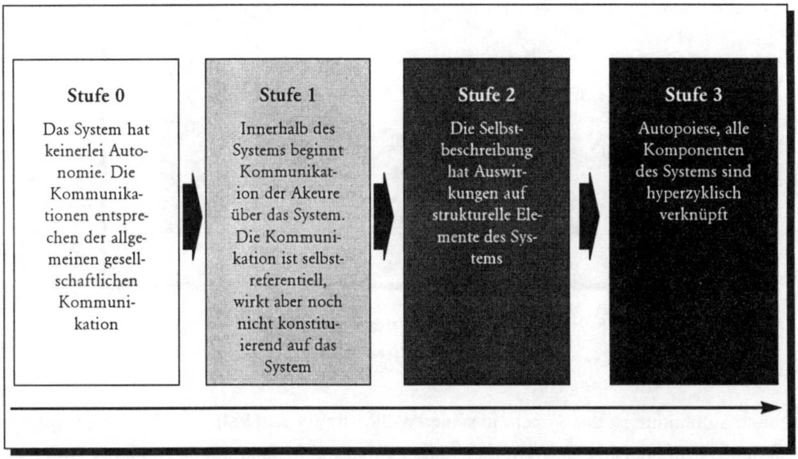

Abbildung 5-8: Entwicklungsstufen eines sozialen Systems nach Teubner (1987)

Je nach Anwendungsstrategie der Autopoiese lassen sich unterschiedliche Aussagen hinsichtlich des Verlaufes organisationaler Veränderungen über der Zeit treffen. Im folgenden wird aus Gründen des Umfanges nur auf die von TEUBNER vertretene Strategie fokussiert. Eng

251 Zum kommunikativen Handeln in Organisationen vgl. Kirsch (1992), S. 81 f.

252 Vgl. zu Knyphausen (1988).

253 Vgl. Kieser (1994), S. 205, Kirsch (1992), S. 465 f.

254 So analysiert Kirsch (1992), S. 31 ff. sorgfältig die Theorie des kommunikativen Handelns nach Habermas (1981, 1981a, 1984, 1984a), um zu zeigen, daß dieser das Potential von verständigungsorientierten Handeln nicht hoch genug einschätzt. (Vgl. Kieser (1994), S. 212).

255 Vgl. zur Unterscheidung zwischen diesen beiden idealtypischen Beratungsansätzen Koenig/Vollmer (1994), S. 42 ff.

256 Vgl. Kirsch (1992), S. 21 ff.

verbunden mit der Fragestellung nach organisationalen Wandelpfaden ist die Rolle des Umwelteinflusses. Dieser ist verschieden, je nach Entwicklungsgrad der Organisationen (siehe Abbildung 5-8). Auf Stufe 3 hat das System "Organisation" hohe Unabhängigkeit von der Umwelt erreicht.[257] Als autopoietisches System ist eine Immunisierung gegenüber der Umwelt erfolgt. Wenn man davon ausgeht, daß eine Organisation im Laufe der Zeit an Autonomie gewinnt, so nimmt propotional dazu der Einfluß der Umwelt ab, was die diesem Abschnitt zugrunde liegende Minimalforderung nach zumindest partieller Autonomie der Organisation von ihrer Umwelt erfüllt. Durch den abnehmenden Umwelteinfluß mit zunehmender Autonomisierung durch die teleologische Grundannahme vermittelt die Theorie sozialer Systeme im Sinne TEUBNERS ein sehr statisches Bild.[258]

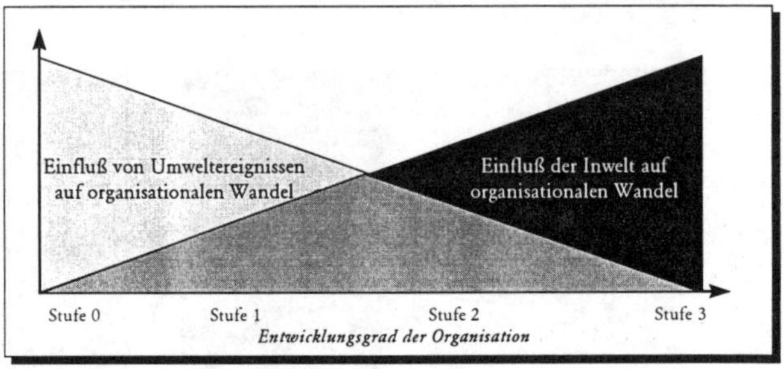

Abbildung 5-9: Kausaler Einfluß der Umwelt und der Inwelt auf organisatorischen Wandel

Bei hoher Autonomie ist das System in seiner Wahrnehmungsvielfalt geschlossen. Damit wird die Menge der möglichen Linearkombinationen von Situationen, die nicht trivialisiert werden können, *kleiner*. Es gibt zwei grundlegende Möglichkeiten der langfristigen Entwicklung des Systemzustandes. Das System kann sich entweder immer weiter stabilisieren beziehungsweise homogenisieren. Dies geschieht, wenn die Menge der individuellen Realitätskonstruktionen immer homogener wird. Die andere Möglichkeit wäre ein schwingender Zustand des Systems. Dies geschähe, wenn die Auflösung einer Inkompatibilität wiederum eine andere erzeugen würde. Ein langfristig schwingender Zustand scheint allerdings unwahrscheinlich, da auch dies kognitiv von den Individuen erfaßt wird und in der Regel eine Homogenisierung erzeugen wird, da alle Elemente hyperzyklisch verbunden sind.

---

257 Vgl. Masuch (1997), S. 229, der von "self sealing structures" spricht, die im Extremfall den Kollaps einer Organisation hervorrufen können. Siehe insbesondere S. 233, wo der Autor die Dynamik eines solchen "vicious circle" skizziert.

258 Vgl. Bellmann/Mildenberger (1996), S. 146.

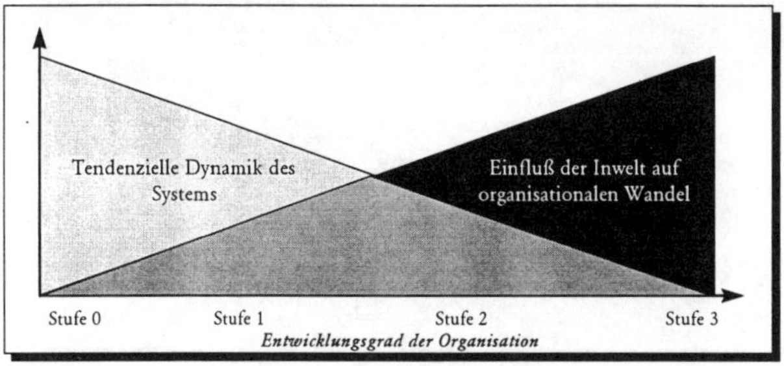

Abbildung 5-10: Tendenzielle Dynamik des Systems in Abhängigkeit der Autonomie (Langfrist-Perspektive)

Wenn man eine autopoietische Finalität annimmt, so ergeben sich für den Zeitverlauf des Wandels von Organisationen folgende *Tendenz*aussagen:

- Es sind sowohl stabile als auch instabile Episoden möglich.
- Die Organisation besitzt eine Tendenz zur Stabilität.
- Der Einfluß des Managements nimmt im Zeitverlauf tendenziell ab.
- Der Einfluß der Umwelt nimmt im Zeitverlauf tendenziell ab.
- Die Häufigkeit von instabilen Episoden nimmt im Zeitverlauf ab.

Folgt man dem Argumentationsmuster von HEJL oder TEUBNER, wonach ein autopoietischer Zustand entweder ex definitione nicht möglich ist oder nur theoretisch denkbar ist und gibt die teleologische Tendenz auf, so lassen sich wesentlich weniger Gemeinsamkeiten zwischen den Pfaden des organisationalen Wandels zweier Organisationen finden. Man kann konstatieren, daß sowohl stabile, als auch instabile Episoden möglich sind, daß die Umwelt keinen deterministischen Einfluß ausübt, daß das Management zwar Veränderungen anstoßen kann, nicht aber den Verlauf der Veränderung determinieren kann. Darüber hinaus scheint jeder zeitliche Entwicklungspfad organisationsindividuell.

Die Rolle des Managements beim Wandel von Organisationen aus der Sicht autopoietischer Systeme entspricht wie angesprochen einem eingeschränkten Voluntarismus. Das Management kann durch Fremdorganisation partiell organisatorischen Wandel initiieren. Ist das System noch relativ offen (d.h. Perturbationen lösen eine strukturelle Veränderung aus), so ist auch der Einfluß eines intentional agierenden Managements noch relativ hoch. Ist das System sehr autonomisiert - die meisten Perturbationen werden also nicht mehr wahrgenommen - so wird es auch immer schwieriger, organisationalen Wandel auszulösen, da das System weitestgehend immunisiert ist.

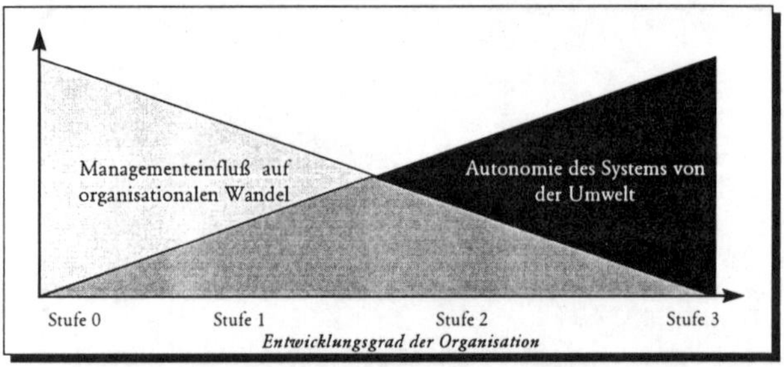

Abbildung 5-11: Möglichkeiten der intendierten Veränderung durch Change Agents

Ohne zu tief in die - wie beschrieben - widersprüchliche Diskussion um Anwendbarkeit und Übertragbarkeit systemtheoretischer Konzepte einzusteigen, scheint die moderne Systemtheorie eine fruchtbare Plattform zur Beschreibung der Dynamik des organisationalen Wandels darzustellen. Dies gilt insbesondere für Ansätze, die konstruktive Aspekte der individuellen Wahrnehmung und Handlungsmotivation darzustellen vermögen. Autopoietische Ansätze sind hierfür gut geeignet. Theorien sozialer Systeme enthalten wichtige Elemente eines zu konzipierenden sinnvollen Bezugsrahmens für den weiteren Gang der Arbeit. Erstens wird eine grundlegend systemische Sichtweise eingenommen. Zweitens ist ein Einfluß der Umwelt zwar vorhanden, determiniert die Organisation jedoch nicht. Drittens werden als Elemente des Systems potentiell Individuen gesehen (HEJL), die subjektive Deutungen haben, kommunizieren (TEUBNER) und so kollektive Muster hervorbringen können (LUHMANN). Viertens ist der Einfluß von Akteuren (bzw. einer dominierenden Koalition) beschränkt und zwar durch Eigenlimitationen (z.B. beschränkte Wahrnehmungsvielfalt) als auch durch Fremdlimitationen (z.B. Umweltbedingungen). Fünftens erlaubt es insbesondere individualistische Übertragungsstrategie der Autopoiese eine Verbindung zwischen einer Mikroperspektive (den Individuen) und einer Makroperspektive (der Organisation) herzustellen. Allerdings wurde in den Ausführungen auch deutlich, daß insbesondere das autopoietische Prinzip ein sehr abstraktes Erklärungsmodell ist und es potentiell schwer ist, von einer derart hohen Abstraktionsebene zu konkreten, managementorientierten Fragestellungen und Handlungsaussagen zu kommen.

5.2.2.4 Lernmodelle

Modelle des organisationalen Lernens lassen sich als Theorien der epigenetischen Optimierung zusammenfassen.[259] Lernmodelle stellen die organisationsinterne Effizienz in den Vordergrund und nicht die extroverse Bewährung. Sie unterstellen kognitive, auf Einsicht beruhende Lernprozesse und die Fähigkeit (und damit die *Anwendung* der Fähigkeit) einer Organisation, sich durch Feedback aus der Umwelt selbst zu verändern und unterstreichen den aktivistischen Charakter des organisatorischen Handelns.[260] Die Organisation kann sich verändern und kann auch Einfluß auf ihre Umwelt nehmen. Grundlage für Lernmodelle ist ein Mindestfreiheitsgrad des Systems von seiner Umwelt. Die Umwelt determiniert das System beziehungsweise den Systemzustand nicht vollständig. Die Organisation hat zumindest partielle Autonomie von der Umwelt. Moderne Theorien des organisationalen Lernens betonen den kommunikativ-subjektiven Charakter einer Organisation und basieren konzeptionell meist auf Ansätzen interpretativer Organisationsforschung oder auf Theorien sozialer Systeme.[261]

In diesem Abschnitt soll untersucht werden, inwieweit Lernprozesse organisationalen Wandel und dessen Zeitverläufe erklären können, beziehungsweise Lernprozesse mit organisationalen Wandel gleichzusetzen sind, welche charakteristischen Zeitverläufe des organisationalen Wandels identifiziert werden können und welche Rolle einem bewußt handelnden Management eingeräumt wird.[262] Um dies zu leisten, ist als notwendige Bedingung eine Klärung des Begriffs des organisationalen Lernens und die Analyse des organisationalen Lernprozesses notwendig. Da wesentliche Elemente organisationaler und individueller Lerntheorien für den weiteren Gang der Arbeit fruchtbar sind, ist die Analyse von Lerntheorien als potentielle Erklärungsmodelle des organisationalen Wandels etwas umfassender angelegt.

Problematisch ist allerdings, daß es keine auch nur annähernd allgemein akzeptierte Theorie beziehungsweise ein dominierendes Konzept des organisationalen Lernens gibt.[263] Der Begriff des organisationalen Lernens wurde vor mehr als drei Dekaden von HERBERT SIMON geprägt.[264] Zum organisationales Lernen liegt inzwischen ein wahre Flut von Beiträgen vor,

---

[259] Vgl. Türk (1989), S. 57. Dies bedeutet die Entwicklung des Organismus durch aufeinanderfolgende Neubildungen.

[260] Vgl. Wiegand (1996), S. 92. Perich (1992), S. 180.

[261] Vgl. Schüppel (1994), S. 24.

[262] Vgl. Belardo/Crnkovic (1998), S. 41.

[263] Huber (1991), S. 88 ff. behauptet sogar, daß kein konzeptioneller Kern zu erkennen sei.

[264] Vgl. Wahren (1996), S. 4. Eck (1997), S. 155 sieht die Wurzeln eher in Arbeiten von Terreberry (1967) und Thompson (1967).

die von verschiedensten Lernkonzepten ausgehen und verschiedenste Schwerpunkte legen.[265] Begriffsstrategien und Definitionen sind verschieden, Grundannahmen der Modelle werden teilweise nicht offengelegt.[266] Eine weitere Problematik liegt in differierenden Begriffsauffassungen, unscharfen Abgrenzungen und oftmaligen Vermischung und parallelen Benutzung von Begrifflichkeiten *innerhalb* der einzelnen Ansätze des organisationalen Lernens.[267] Es existieren mehrere Ansätze zur Systematisierung[268], die selbst aber kein konsistentes Lernmodell hervorbringen.[269] Eine Gliederung der Modelle erscheint schwierig, da insbesondere die aktuellen Ansätze in vielfacher und oft verwirrender Weise eklektischen Bezug auf traditionelle Theorien des Lernens nehmen.[270] Daher ist es auch nicht verwunderlich, daß bestehende Erklärungsmodelle des organisationalen Wandels qua Lerntheorien noch keine zufriedenstellenden Antworten gegeben haben.[271] Aus genannten Gründen kann im folgenden nur eine schlaglichtartige Übersicht gegeben werden, die prinzipielle Zusammenhänge zwischen Zeitverläufen des Wandels, der Rolle des Managements und Theorien des organisationalen Lernens als Erklärungsansatz aufzeigt.

Vom Vorgehen her ist es sinnvoll, zuerst eine Übersicht über individuelles Lernens zu geben. Dies hat dreierlei Ursachen: Einerseits greifen quasi alle Ansätze des organisationalen Lernens auf individuelles Lernen zurück. Individuen sind die Agenten des organisationalen Lernens.[272]

---

265 Wichtige Vertreter sind March/Olsen (1975, 1990), Agyris/Schön (1978), Hedberg (1981), Duncan/Weiss (1979), Pautzke (1989), Senge (1990) und Kim (1993). Garvin (1993) , S. 78 beschreibt treffend: Scholars ... have jumped on the bandwagon, beating the drum for 'learning organizations' and 'knowledge-creating companies'... Yet despite the encouraging signs, the topic in large remains murky, confused and difficult to penetrate." Pedler/Boydell/Burgoyne (1994), S. 59 behaupten, daß der "gedankliche Rahmen des Konzeptes noch keineswegs durchgängig definiert und ausgeleuchtet ist ...". Senge (1990) ist der Auffassung, daß Lernarchitekturen noch nicht konsistent entwickelt worden sind. Eine süffisante Auflistung, was in der Praxis unter organisationalen Lernen verstanden wird und wie praxisnahe "Forscher" (z.B. Horst Wildemann) unter dem Konzept altbekannte Heilsformen verkaufen liefert Wahren (1996), S. 8-10.

266 Vgl. Wahren (1996), S. 4. Fiol/Lyles (1985), S. 811 kritisieren das begriffliche Durcheinander bei der Betrachtung organisationalen Wandels.

267 Wiegand (1996), S. 311 verweist hier auf in sich widersprüchliche Unterscheidungen bei Schreyögg/Noss (1995) oder Doz/Prahalad (1993).

268 Beispielsweise von Shrivastava (1983), Pautzke (1989), Wiegand (1996), Pawlowsky (1994), Reinhardt (1993), Huber (1991), Fiol/Lyles (1985). Duncan/Weiss (1979), Kim (1993), Sackmann (1993), Wahren (1996).

269 z.B. Geißler (1994), S. 79 ff., der seinen Ansatz als "Rohentwurf" versteht. Wahren (1996), S. 103 ff. liefert nach seiner ausführlichen (und guten) Übersicht "Ansatzpunkte" einer Theorie. Wiegand (1996), S. 323 versteht sich "auf dem Weg zu einem konzeptionellen Bezugsrahmen".

270 Vgl. Wiegand (1996), S. 172.

271 Türk (1989) hat noch eine unscharfe Definition von Lernmodellen, er subsummiert darunter mehrere verschiedenen Ansätze. Perich (1992), der sich sonst konzeptionell auf Türk in seinem Klassifikationsschema für organisationale Veränderungsprozesse bezieht, bildet daher als dritte Kategorie der Wandeltheorien die Adaptionsperspektive statt der Lernperspektive und stellt Lernmodelle als nur *einen* Ansatz innerhalb dieser Kategorie dar. Mohr (1997), S. 56 ff. listet einige Aspekte von Lerntheorien auf, ohne auf den wesentlichen Punkt, wie Lernen organisationalen Wandel *erklären* kann zu fokussieren.

272 Vgl. z.B. Shrivastava (1983), Probst/Büchel (1994), S. 17.

Zweitens werden auf organisationaler Ebene Konzepte benutzt (z.B. mentale Modelle oder Tiefenstruktur des Wissens), die ihren Ursprung auf der individueller Ebene haben. Drittens kann auf individueller Ebene untersucht werden, in welcher Form Lernen mit Verändern beziehungsweise Handeln verbunden ist. Im Anschluß an die individuelle Betrachtungsperspektive werden verschiedene Ansätze des organisationalen Lernens beschrieben. Anhand wissensbasierter Lernmodelle wird auf die Fragestellung eingegangen, wie damit organisationales Handeln beziehungsweise Verändern erklärt werden kann, welche Rolle eine dominierende Koalition einnimmt und welche typischen Zeitverläufe des organisationalen Wandels erkennbar sind. Den Abschluß bilden ein knappes Fazit.

5.2.2.4.1 Individuelles Lernen

Auf die Fragen "was ist Lernen?" und "woran erkennt man Lernen?" gibt es unterschiedlichste Antworten, ohne daß es *die* Antwort gibt.[273] Oftmals wird Lernen als inhärent dynamischer Prozeß über die Veränderung der individuellen Wissensbasis definiert.[274] Wissen ist als integrales Element der menschlichen Kognition eng mit allen anderen Bereichen der menschlichen Psyche verwoben.[275] Menschen nehmen ihre Umwelt kognitiv beziehungsweise subjektiv wahr. Kognitives Wissen ist unverzichtbar, um Sinneseindrücke zu ordnen und in der Umwelt handeln zu können. Nach SEGLER kann man unter Wissen folgendes verstehen: "Im Sinne einer offenen Definition verstehen wir unter 'Wissen' dabei alles, was der jeweilige Akteur zur Generierung von Aktionen, Verhalten, Lösungen, etc. verwendet, unabhängig von der Rationalität und Intentionalität der Wissenselemente..."[276]

Man kann verschiedene Arten des Wissens unterscheiden. In einer ersten Annäherung kann Wissen in die Basiskategorien Oberflächenwissen und Tiefenwissen unterteilt werden.[277] Mit TOLMAN[278] bildet ein Organismus eine vorläufige Landkarte ("Cognitive Map") der relevanten Umwelt, was hier tendenziell mit Oberflächenwissen gleichgesetzt wird.[279] Des-

[273] Eine sehr umfassende Bestandsaufnahme verschiedener Theorien des individuellen Lernens siehe allgemein Bower/Hilgard (1983, 1984) oder Holzkamp (1993).

[274] Zum Wissensbegriff vergleiche auch Bower/Hillgard (1983), Schüppel (1994) S. 10, Probst/Büchel (1994) S. 24, Pawlowsky (1994). Ausführlich befaßt sich auch Eck (1997), S. 155 ff. mit dem Wissensbegriff.

[275] Vgl. Schüppel (1994), S. 10.

[276] Segler (1985), S. 138 (Zitiert nach Wiegand (1996), S. 163 f.).

[277] Vgl. Schüppel (1994), S. 10. Man kann allerdings auch feiner klassifizieren. Sackmann (1992) beispielsweise differenziert nach "dictionary knowledge", directory knowledge", "recipe knowledge" und letztendlich "axiomatic knowledge". Siehe ausführlicher auch Probst/Büchel (1994), S. 24 f.

[278] Vgl. Tolman (1932). Siehe ausführlicher Staehle (1994), S. 199.

[279] Es soll nicht der Eindruck entstehen, daß die gemachten Zuordnungen von Wissensbestandteilen zu Tiefen- und Oberflächenwissen eindeutig ist. Tolman (1932) differenziert die kognitiven Landkarten nicht nach diesen Wissensbestandteilen. Dennoch ist die Aufteilung sinnvoll, da insbesondere das Tiefenwissen

weiteren besitzt jedes Individuum Tiefenwissen, das grundlegend die Realitätswahrnehmung und das Agieren in der Umwelt steuert. Insbesondere ist das axiomatische Wissen - in dem das "warum" des Handelns abgelegt ist - Teil der Tiefenstruktur.[280] Diese Tiefenstruktur wird von KIM in Anlehnung an SENGE als Menge mentaler Modelle beschieben: "Senge describes mental models as deeply held internal images of how the world works, which have a powerful influence on what we do because they also affect what we see. ... Mental models represent a person's view of the world, including explicit and implicit understandings. Mental models provide the context in which to view an interpret new material, and they determine, how stored information is relevant to a given situation. ... Mental models not only help us to make sense of the world we see, they can also restrict our understanding to that which makes sense within the mental model."[281]

Sowohl Tiefen- als auch Oberflächenwissen kann in explizites und implizites Wissen unterteilt werden.[282] Tiefenwissen ist allerdings tendenziell unreflektiert und daher oftmals als implizites Wissen abgelegt. Die Konsequenz ist, daß auch Lernvorgänge bewußt oder unbewußt ablaufen können und so auch möglicher Wandel im Verhalten bewußt oder unbewußt sein kann. Daß Wissensgenerierung ein automatischer und kontinuierlicher Prozeß ist, verdeutlicht insbesondere der Ansatz von NONAKA.[283] NONAKA/TAKEUCHI identifizieren vier Hauptprozesse der Wissensumwandlung beziehungsweise Verteilung: von implizit zu implizit, von implizit zu explizit, von explizit zu implizit und von explizit zu explizit.[284]

Eine zweite Strategie zur Definition des Lernens besteht darin, es über Verhaltensänderung in vergleichbaren Situationen zu verstehen. Dies entspricht einer behavioristischen Perspektive.[285] Die Definition aus der Beobachterperspektive hat den Vorteil, daß Lernen so empirisch verifizierbar ist, hat aber den Nachteil, daß damit der Begriff des Lernens unglücklich definiert ist, weil mit "Lernen" in der Regel nicht mit Verhaltensänderung deckungsgleiche Phänomene beschrieben werden sollen. Im weiteren wird daher individuelles Lernen als

grundlegend bestimmt, wie ein Individuum die Welt wahrnimmt und auch nach welchen Normen und Zielsetzungen gehandelt wird.

280 Kim (1993), S. 38 ff. identifiziert kein Oberflächenwissen, beschreibt die mentalen Modelle aber als grundlegende Strukturen, die daher dem Tiefenwissen zugeordnet werden können.

281 Kim (1993), S. 39.

282 Vgl. Nonaka (1991, 1992, 1994), Nonaka/Takeuchi (1997), Bonora/Revang (1993).Zum Folgenden Wiegand (1996), S167. Der Begriff des "tacit knowledge" stammt ursprünglich von Polanyi (1985, 1966).

283 Vgl. allgemein Nonaka (1991, 1992).

284 Vgl. Nonaka/Takeuchi (1997), S. 9, Nonaka/Takeuchi (1995).

285 Vgl. die Stimulus-Response Ansätze, die sich in die Hauptrichtungen des klassischen Konditionierens und des operanten Konditionierens aufteilen. Das klassische Konditionieren geht auf den russischen Physiologen Pawlow (1927, 1972) zurück. Operantes beziehungsweise instrumentelles Konditionieren geht auf Skinner (1973) beziehungsweise Thorndike (1931) zurück. Da Stimulus-Response Theorien für das organisationale Lernen weniger von Bedeutung sind, wird auf weitere Ausführungen verzichtet.

Veränderung der (allgemeinen) Wissensbasis eines Individuums aufgefaßt.[286] Dies kommt auch in der Definition von KOLB zum Tragen, nach der Lernen "the process whereby knowledge is created through the transformation of experience"[287] ist.

5.2.2.4.2 Der individuelle Lernvorgang

Der Lernvorgang wird durch verschiedene Prozesse beschrieben. Während die behavioristischen Reiz-Reaktions-Theorien die Erfahrung als einzige Quelle des Lernens betrachten, gehen die kognitivistischen Ansätze von einer Dominanz des menschlichen Bewußtseins aus.[288] Erfahrungen bilden die Ausgangsbasis von Lernprozessen, das Lernen im engeren Sinne ist aber ein kognitiver Vorgang Zu den kognitiven Lerntheorien zählen beispielsweise die Ansätze von DEWEY[289] und BATESON.[290]

Der Ansatz von BATESON ist wegen dessen Unterscheidung von Stufen des Lernens von besonderen Interesse. Indem er auf RUSSELS logische Typenlehre zurückgreift, unterscheidet der genannte Autor eine fünfstufige Hierarchie des Lernens.[291] Danach ist ein reines Anpassungslernen genauso möglich, wie höhere Stufen des Lernens als "deutero lernen". Durch höhere Lernprozesse werden die Rahmenbedingungen verändert, innerhalb derer das Anpassungslernen stattfindet. ARGYRIS/SCHÖN greifen diese Unterscheidung in ihren Lernmodellen auf und trennen in Anlehnung die getroffene Differenzierung nach Oberflächen- und Tiefenwissen nach Single-Loop Learning und Double-Loop Learning.[292]

Mit den sozial-kognitiven Theorien des Lernens findet eine Schwerpunktverlagerung vom individuumszentrierten Ansatz zu einem eher interaktionistisch orientierten Ansatz statt. Interaktionistische Ansätze untersuchen das Zusammenwirken mehrerer Individuen im Lernprozeß. Neben Ansätzen von MILLER[293] und MILLS[294] ist vor allem der Ansatz von BANDURA[295]

---

286 Dies ist inhaltlich nah an der Definition von Weiß (1990), Bower/Hilgard (1983), Wiegand (1996), S. 342, wonach Lernen eine relativ überdauerende Veränderung von Fähigkeiten und Fertigkeiten sei. Die Definition greift allerdings in sofern zu kurz, als der handlungsleitende Kontext (Effizienzkriterien des Handelns als Teil des Tiefenwissens) nicht thematisiert wird und die Definition lediglich Oberflächenwissen betrachtet.

287 Kolb (1984), S. 38.

288 Damit wird der Rationalismus als Basiskonzept herangezogen. Dies ist nach Ansicht des Autors eine Schwäche von Lernmodellen, emotionale Aspekte bleiben weitestgehend außen vor. Schüppel (1994), S. 23 ist der Meinung, daß auch motivationale Aspekte ausgeblendet bleiben.

289 Vgl. allgemein Dewey (1951).

290 Vgl. allgemein Bateson (1985, 1983).

291 Vgl. Russell/Whitehead (1910) (in Wiegand (1996), S. 353). Danach benötigt jedes System (also auch jede Veränderungshandlung) ein Metasystem, in dessen Rahmen es agiert. Je nach Ebene können so verschiedene Stufen des Lernens unterschieden werden.

292 Vgl. Argyis/Schön (1978), S. 18 ff. Siehe auch Bach/Homp (1998), S. 141 oder zu einer praktischen Umsetzung Scheurer/Zahn (1998), S. 176.

293 Vgl. allgemein Miller (1986).

wegen seines Umfangs und seiner Rezipienz in der Managementliteratur von Interesse. Insbesondere können Individuen am Modell, d.h. durch Beobachtung anderer Individuen oder Gruppen lernen.

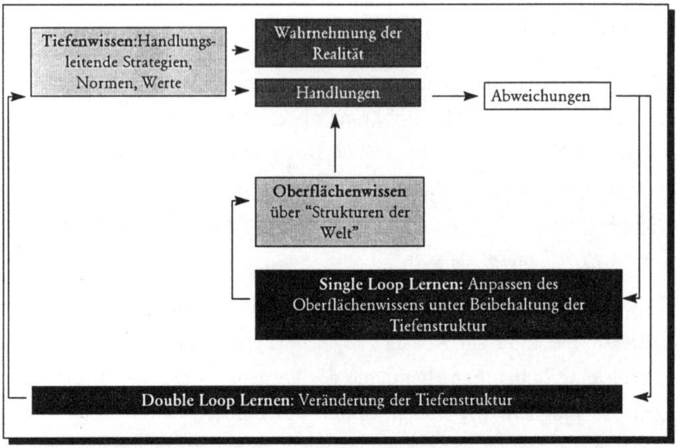

Abbildung 5-12: Single-Loop und Double-Loop Learning nach Argyris (1990) (Verändert übernommen aus Wahren (1996), S. 53)

Modelle des organisationalen Lernens beziehen sich oftmals auf Theorien des Erfahrungslernens[296] beziehungsweise auf kreisförmigen Lernmodelle.[297] Kreisförmige Lernmodelle basieren in der Regel auf einem prinzipiell identischen Lernprozeß. Insbesondere das vierphasige Modell von LEWIN, das er im Rahmen seiner Erforschung von Gruppenprozessen entwickelt hat bildet das Grundmodell vieler zirkulärer Lernmodelle.[298] In der aktuelleren Managementforschung und Ansätzen des organisationalen Lernens hat das Lernmodell von KOLB vielfach Verwendung gefunden.[299] In der Essenz besteht das Lernmodell des genannten Autors aus einem Kreislauf mit vier Phasen. Durch den Wahrnehmungsprozeß sammelt das Individuum konkrete Erfahrung. Entsteht so divergentes Wissen, wird dieses intentional analysiert und bringt assimiliertes Wissen hervor, welches wiederum die Basis für Theoriebildungen in der individuellen Wissensbasis ist. Die so veränderte Struktur bildet die Basis für

294 Vgl. allgemein Mills (1969).

295 Vgl. allgemein Bandura (1979).

296 Vgl. Wiegand (1996), S. 363. Der Begriff ist allerdings meines Erachtens unglücklich, da mit dem Erfahrungsbegriff auch behavioristische Lernmodelle belegt sind (Vgl. Bower/Hilgard (1983), S. 19 f.). Die darunter subsumierten Lernmodelle basieren aber durchgehend auf einer zirkulären Verknüpfung von Erfahrung und Kognition.

297 Vgl. zum Folgenden vor allem Wahren (1996), S. 24 ff.

298 Vgl. allgemein Lewin (1963).

neue Lernvorgänge. Damit wird deutlich, daß Lernen immer ein von der Historie abhängiger Prozeß ist, da die heutige Wissensbasis rekursiv generiert worden ist. Lernen ist also zeitlich gebunden. Im Modell von KOLB kommt auch das Zusammenspiel von konkreter Erfahrung und abstrakter Kognition sowie das Zusammenspiel von Aktion und Reflexion deutlich zum Tragen.

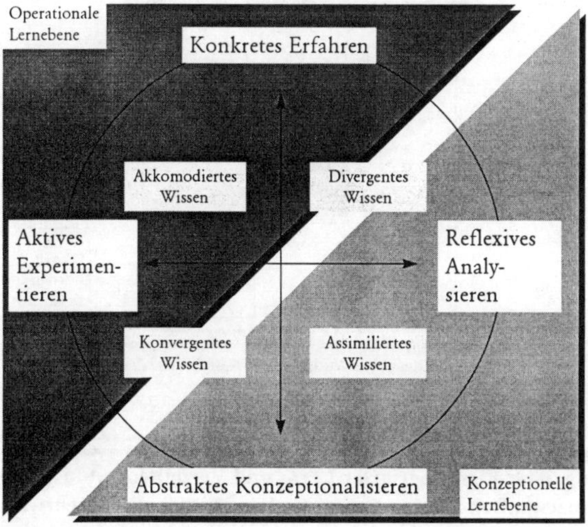

Abbildung 5-13: Das Prozeßmodell des zyklischen Lernens (Weiterentwickelt nach Kolb (1984), S. 22)

Eine wesentliche Schwäche des Modells ist nach Ansicht des Verfassers, daß verschiedene Ebenen von Lernprozessen nicht expliziter Teil des Modells sind (vgl. Abbildung 5-12). Dies ist insbesondere kritisch hinsichtlich des Anliegens des Kapitels nämlich zu klären, wie Lernen auf Verhalten wirkt. Der Grund ist, daß - wie angesprochen - das konkrete Handeln des Menschen stark von der Tiefenstruktur - der Wissensbasis, die die Werte und Normen (also die Ziele) des Handelns beinhaltet - beeinflußt.[300] Diese Schwäche versucht das integrative Lernmodell von KIM zu beheben.[301] Es integriert das oben beschriebene zyklische Lernmodell von KOLB und erweitert es um Aspekte der Wissensspeicherung. Die mentalen Modelle stellen den individuellen Kognitionsrahmen dar, *innerhalb* dessen der Erfahrungslernzyklus à la Kolb stattfindet. "The concept of mental models differs from the traditional

299 Vgl. allgemein Kolb (1984).
300 Vgl. Argyris (1990), S. 94.
301 Vgl. Kim (1993), S. 38 ff.

notion of memory as a static storage because mental models play an active role in what an individual sees and does. Mental models represent a person's view of the world, including explicit and implicit unterstandings."[302]

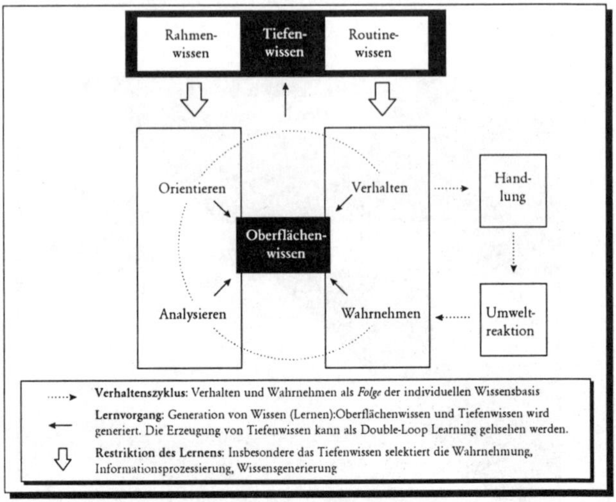

Abbildung 5-14: Ein integrierter Lern- und Verhaltenszyklus. Integration von prozeßhaften Lernen und statischen Wissen (Weiterentwicklung nach Kim (1993), S. 40)

KIM trennt die mentalen Modelle in Rahmenwissen (Frameworks) und in Routinewissen (Routines). Die Frameworks beinhalten das "know why" und bestimmen *warum* ein Individuum handelt, und woran es die Auswahl von Handlungsalternativen orientiert (Finalität des Lernens und Handelns). Teil der Frameworks sind auch die kognitiven Verarbeitungsmuster (Lernstrategien). Die Routines sind Faktenwissen in Form von "know how". Mit KIM können Routinen bewußt oder unbewußt sein. Nach Ansicht des Autors herrscht einiges an konzeptioneller Verwirrung um den Ansatz von KIM.[303] So konzipiert beispielsweise SCHÜPPEL darauf aufbauend ein Modell, das Routinen als Oberflächenwissen innerhalb des Tiefenwissens auffaßt, dann aber vollständig vom (ursprünglichen) Oberflächenwissen abstrahiert.[304] WAHREN versteht die Routinen tendenziell als Oberflächenwissen.[305] Die Verwirrung hat ihre Ursache darin, daß KIM'S Modell die mentalen Modelle als Wissensspeicher konzi-

302 Kim (1993), S. 39.
303 Vgl. auch Kim/Senge (1994), S. 280.
304 Vgl. Schüppel (1994).
305 Vgl. Wahren (1996), S. 24 ff.

piert, aber nicht explizit zwischen Oberflächenwissen und Tiefenwissen trennt.[306] Es scheint sinnvoll, die Routinen und das Rahmenwissen als Tiefenwissen zu konzipieren. Damit stellen die Routinen einen Rahmen der Wahrnehmung und des Lernens dar und bestimmen mit, wie und ob Umweltsituationen wahrgenommen werden. Der Kognitionsrahmen als Vereinigungsmenge von Oberflächenwissen und Tiefenwissen (Rahmenwissen, Routinewissen) bestimmt durch das Routinewissen einerseits, wie auf Umweltreize eingegangen wird und wie mit ihnen umgegangen wird (Interpretation), andererseits bestimmt er die grundlegenden kognitiven Verarbeitungsmuster und die individuellen Handlungsstrategien durch das Rahmenwissen. Der Kognitionsrahmen stellt den Rahmen des Handelns und des Lernens dar. Vorige Argumentation macht deutlich, daß das Modell von KIM sinnvollerweise um einen Wissensspeicher für Oberflächenwissen ergänzt wird. Abbildung 5-14 zeigt eine Erweiterung von KIM'S Modell als Modell des Lernens und Handelns.

Das Modell betont durch den kognitiven Rahmen, daß Umweltreize das menschliche Handeln und Lernen nicht determinieren, sondern lediglich Perturbationen darstellen. Der Lernprozeß ist selbstreferentiell, da die Tiefenstruktur nicht nur Ergebnis des Lernprozesses ist, sondern diesen auch strukturiert. Die Wissensbasis des Handelns ist zugleich die Wissensbasis des Lernens.

5.2.2.4.3 Der Lernvorgang und individueller Wandel

Nachdem ein konzeptionelles Lernmodell vorgestellt worden ist, kann die Frage beantwortet werden, wann, wie und ob Lernen neben einer Veränderung der Wissensbasis (kognitiver Wandel[307]) zu individuellem Wandel führt. Da ein Individuum sich nicht in seiner strukturellen Zusammensetzung wandeln kann, kann mit individuellem Wandel nur ein *Verhaltenswandel* gemeint sein.

Geht man von einer grundlegenden Rationalitätsthese aus und sieht von emotionalen Aspekten ab, dann ist menschliches Handeln und Verhalten zielorientiert.[308] Nach den gemachten Ausführungen kann man in Lernmodellen Ziele und Normen des individuellen Handelns in der Tiefenstruktur der Wissensbasis einordnen. Verhalten ist vom situativen Kontext abhängig. Dadurch kann es bei gleicher Wissensbasis und einem geänderten Kontext auch zu geänderten Handeln kommen. Genauso kann bei geänderter Wissensbasis das Verhalten konstant sein, wenn der situationale Kontext widrig ist. Das *Variationspotential* des Handelns

---

306 Ein Indiz dafür, daß Kim (1993) die mentalen Modelle tendenziell als Tiefenwissen sieht ist, daß er damit *Double-Loop* Lernprozesse assoziiert.

307 Genaugenommen kann man nicht sagen, daß Lernen zu einem kognitiven Wandel *führt*. Lernen *ist* kognitiver Wandel.

308 In dieser Form ist ein Teil des Tiefenwissens die Motivation des Individuums.

ergibt sich durch die individuelle Wissensbasis. Wann führt eine geänderte Wissensbasis bei einem *vergleichbaren* Kontext zu veränderten Handeln?. Eine Veränderung in der individuellen Wissensbasis muß nicht notwendigerweise zu Verhaltensänderung im vergleichbaren Kontext führen.[309] Solche "Verhaltensparadoxien" entstehen durch drei idealtypische Konstellationen (vgl. Abbildung 5-15).

- Bisher wurde Lernen als allgemeine Veränderung der Wissensbasis definiert. Wissen ist in der Regel situativ. Damit ist es möglich, daß Wissen zwar *allgemein* die Verhaltensmöglichkeiten erhöht haben kann, aber nicht für einen konkret vorliegenden Kontext. Es bringt beispielsweise nichts, wenn ein Mensch, der sich in Frankreich verständlich machen will, nun einige Ausdrücke auf chinesisch gelernt hat. Die Wissensbasis ist zwar größer geworden, aber in einem für den vorliegenden Kontext nicht relevanten Bereich.
- Eine weitere Möglichkeit ist, daß sich zwar Verhaltenspotential vergrößert hat, aber das in der Tiefenstruktur veranlagte Zielsystem des Handelns derart ist, daß kein vorteilhafteres beziehungsweise effizienteres Verhalten möglich ist. Die Wissensbasis hat sich zwar verändert, aber hinsichtlich des dominierenden Zielsystems des Handelns sind keine "besseren" Verhaltensmöglichkeiten generiert worden.
- Der dritte charakteristische Typus liegt vor, wenn sich durch einen Lernvorgang das individuelle Rahmenwissen zwar in Form von anderen Zielen und Normen des Handelns verändert hat (Das Individuum *will* sich anders verhalten), die kognitive Landkarte aber keine alternativen Handlungsmöglichkeiten aufweist. Ein solcher Zustand ist weitestgehend hypothetisch, verdeutlicht aber, daß das Lernen ein zeitlich träger, d.h. Zeit beanspruchender Vorgang ist.

Obige Ausführungen zeigen, daß es schon auf einer individuellen Ebene schwierig ist, Wandel einem Lernprozeß gleichzusetzen. Dennoch sind Lernprozesse ein zentrales Erklärungsprinzip von Verhaltensänderungen in vergleichbaren Kontexten.[310]

[309] Von Mohr (1997), S. 57 wird dies zwar postuliert, nicht aber ausgeführt.
[310] Das andere zentrale Erklärungsprinzip sind nichtrationale Anteile der menschlichen Psyche.

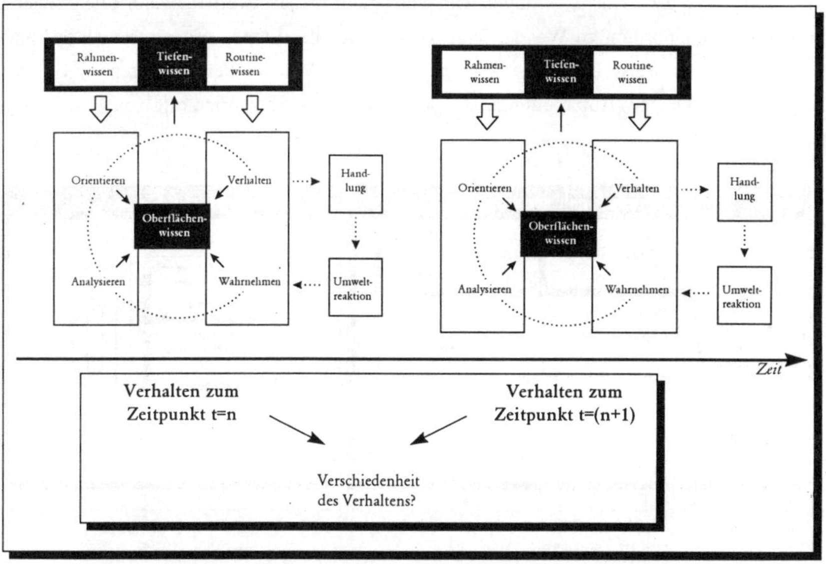

Abbildung 5-15: Der prinzipielle Zusammenhang zwischen Tiefenwissen, Oberflächenwissen, situativen Kontext und dem Verhalten

5.2.2.4.4 Organisationales Lernen

Bevor auf organisationales Lernen und dessen Relation zu organisationalem Wandel eingegangen wird, sei nochmals kurz angedeutet, wie dieser definiert ist.[311] Organisationaler Wandel ist die Veränderung des Zustandes der Organisation hinsichtlich der Grunddimensionen, die eine Organisation charakterisieren (Siehe Kapitel 4.4). Diese umfassen strukturelle Elemente (z.B. Prozesse, Strukturen, EDV-Systeme, Gebäude, Artefakte[312]) und immaterielle Faktoren.

Die immateriellen Elemente werden in Oberflächenebene (z.B. Fach- und Sachwissen, Marktwissen, etc.) und Tiefenebene (z.B. Organisationskultur, Werthaltungen, Selbstverständnis) unterteilt.[313] Abbildung 5-16 zeigt eine definitorische Orientierung für die Begriffe Dimensionen der Organisation, Wandel der Organisation, organisationaler Wandel und organisationales Verhalten. Organisationaler Wandel *kann* zu einem geänderten organisationalen Verhalten

311 Vgl. ausführlicher Kapitel 4.4.
312 Vgl. CSC (1993), S. 6.
313 Vgl. Hilse/Fischer/Willke (1997), S. 571 f.

("organizational behavior"[314]) führen. Um die Frage zu beantworten, wann und inwiefern Lernen der Organisation zu Wandel führt, organisationales Lernen organisationalen Wandel erklärt beziehungsweise Lernprozesse organisatorischen Wandel gleichzusetzen sind[315], muß zunächst eine (knappe) Aufarbeitung der organisationalen Lerntheorien erfolgen.

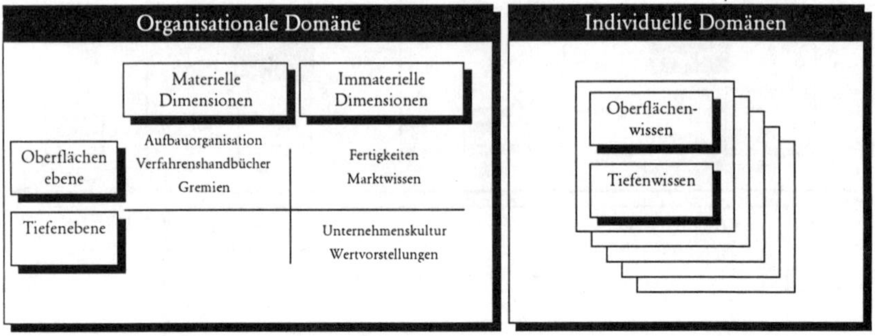

Definition:	**Wandel der Organisation** ist die Veränderung der organisationalen Domäne und oder einer oder mehrerer individueller Domänen.
Defintion:	**Organisationaler Wandel** ist die Veränderung der *organisationalen* Domäne.
Definition:	**Organisationales Verhalten** ist die dynamische Resultierende aus dem Zustand der Organisation.

Abbildung 5-16: Abgrenzung der Dimensionen Organisation, Wandel der Organisation, organisationaler Wandel und organisationales Verhalten

Eine Möglichkeit Lerntheorien zu kategorisieren, bietet die Aufteilung nach den in Tabelle 5-2 beschriebenen Perspektiven.[316] Wie angedeutet nehmen kollektive Lerntheorien zumindest indirekt Bezug auf individuelle Lerntheorien. Organisationales Lernen basiert letztendlich auf individuellen Lernprozessen.[317]

314 Zum Begriff des "organizational behavior" siehe allgemein z.B. Robbins (1998), Steers/Black (1996), Hersey/Blachchard/Johnson (1996), Nelson/Quick (1997), Carrell/Jennings/Heavrin (1997), George/Jones (1996), .Adler (1997), Nicholson (1997).

315 Dieser Aspekt wird bei vielen Autoren wie Mohr (1997), S. 57, Perich (1992), S. 183 oder Staehle (1994), S. 863, die sich mit Lernmodellen als kausale Erklärungsgrundlage für organisationalen Wandel befassen kaum oder gar nicht betrachtet.

316 Vgl. Eberl (1996), S. 19.

317 Teilweise werden die *drei* Ebenen Individuum-Gruppe-Organisation zur Beschreibung organisationalen Lernens unterschieden (z.B. Geissler (1994), Senge (1990, 1994), Pawlowsky (1994)).

Perspektive	Wesentliche Vertreter
anpassungsorientierte Perspektive	March/Ohlsen (1976), Levitt/March (1988)
kulturelle Perspektive	Argyris/Schön (1979)
wissensorientierte Perspektive	Duncan/Weiss (1979), Pautzke (1989)
informations- und wahrnehmungsorientierte Perspektive	Daft/Huber (1987), Huber (1991)
systemisch-kybernetische Perspektive	Senge (1990)
politische Perspektive	Huff/Chappell (1994), Crozier/Friedberg (1979)

Tabelle 5-2: Perspektiven des organisationalen Lernens und wesentliche Vertreter

Individuen sind die Agenten des organisationalen Lernens. Dennoch ist organisationales Lernen mehr als die bloße Akkumulation von individuellen Lernprozessen.[318] Ein zentrales Differenzierungsmerkmal zwischen Theorien des organisationalen Lernens ist die Konzeption des Übergangs von individuellen Lernen zu kollektiven Lernen. Grundsätzlich kann man vier Erklärungsstrategien des Übergangs identifizieren:[319]

1. Organisationales Lernen ist lediglich eine Metapher, es gibt streng genommen kein organisationales Lernen im eigentlichen Sinne.[320]
2. Organisationales Lernen wird als individuelles Lernen unter organisationalen Rahmenbedingungen konzipiert.[321] Für diese Ansätze ist es typisch, daß die Erklärung von organisationalen Veränderungen kaum thematisiert wird.
3. Organisationales Lernen wird als ein durch die Individuen emergiertes Phänomen konzipiert. Ausgangspunkt sind Lernleistungen der Individuen. Die Emergenz organisationalen Lernens zeigt sich durch irreversible Veränderungen. Auf der anderen Seite bestimmen die organisationalen Lernprozesse der Vergangenheit das Lernen heute.
4. Organisationales Lernen wird aus systemtheoretischer Sicht beschrieben.

Erklärungsstrategie drei ist nach Einschätzung des Verfassers am sinnvollsten und wird auch von den meisten Vertretern des organisationalen Lernen propagiert. Eines der bekanntesten Modelle ist der Ansatz von MARCH/OHLSEN.[322] Sie definieren organisationales Lernen als Adaptionsprozeß. Das Modell ist als Zyklus des individuellen Wahlverhaltens konzipiert.

318 Vgl. Mohr (1997), S. 57, Probst/Büchel (1994), S. 18.
319 Vgl. Wiegand (1996), S. 315 ff.
320 z.B. Klotz (1993) oder McGill/Slocum/Lei (1992).
321 z.B. Shrisvastava (1983, 1986), Duncan/Weiss (1979), Cyert/March (1995), March/Ohlson (1975,1976), Hedberg (1981), Senge (1991, 1990a, 1991), Fiol/Lyles (1985), Argyris/Schön (1978), Pedler/Boydell/Burgoyne (1991, 1994).

Veränderungen werden so als das Ergebnis menschlichen Verhaltens ausgedrückt, wobei sie von individuellen Erfahrungslernen ausgehen. Lernen ist ein individueller Prozeß, der sich als organisationale Veränderungen auswirkt und so wieder das Lernen und Handeln der Individuen beeinflußt. Bezüglich der Geschwindigkeit des Lernens hat MARCH eine differenzierte Auffassung.[323] Langsames Lernen hat seiner Einschätzung nach Vorteile bei Kompetenzfallen (Spezialisierung) und bei Erfahrungsarmut. Ein Problem ist nach LEVITT/MARCH, daß kontinuierlicher Wandel ständige Veränderung hervorruft und so die Komplexität der Organisation erhöht.[324] Sie präferieren daher seltene diskontinuierliche Veränderungen. Diese Aussage ist allerdings normativ, eine Erklärung, wie dies geschieht unterbleibt. MARCH schlägt ein Alternieren von "exploitation" und "exploration" vor.[325] Auch hier unterbleibt weitestgehend die Erklärung, wie dies geschehen soll.[326]

Neben den Ansätzen von MARCH stellen die Arbeiten von ARGYRIS/SCHÖN die bekannteste Theorie des organisationalen Lernens dar.[327] Es gibt in jeder Organisation "Theories of Action", die das Handeln bestimmen. Organisationales Lernen passiert dann, wenn Organisationsmitglieder erkennen, daß ihre "Theories-in-Use" nicht zu den erwarteten Ergebnissen führen. ARGYRIS geht von einer Hierarchie der (kreisförmig konzipierten) Lernprozesse aus, in der sowohl single-loop als auch double-loop Lernprozesse möglich sind (Siehe Abbildung 5-12). Aus dem individuellen Lernen wird ein kollektives Lernen, indem es in das "organizational memory" aufgenommen wird. Wie diese Aufnahme geschieht und wann es in welcher Form dabei zu strukturellen Veränderungen der Organisation kommt, wird nicht klar beantwortet. Seit den 70er Jahren konzentriert sich ARGYRIS im Rahmen seiner Theoriebildung des Lernens auf die Gestaltung von Veränderungen. Danach kann Lernen durch Interventionen unterstützt werden. Der Interventionist spielt eine wesentliche Rolle im Veränderungsprozeß. ARGYRIS impliziert ein Beschränkung der Fähigkeit zur Selbsterkenntnis und auch Grenzen des (fundamentalen) organisatorischen Wandels aus eigener Kraft. Insgesamt liegt der Ansatz von ARGYRIS sehr nahe an der traditionellen Organsationsentwicklung.[328]

Organisationales Lernen als Veränderung der kollektiven Wissensbasis

Im letzten Abschnitt wurde der Prozeß des organisationalen Lernens als ein durch die individuellen Lernleistungen ausgelöster Vorgang definiert, der zu organisationalen Verän-

322 Vgl. allgemein March/Ohlson (1975,1976).
323 Vgl. allgemein March (1991).
324 Vgl. Levitt/March (1988), S. 335.
325 Vgl. March (1991), S. 71 ff.
326 Vgl. Wiegand (1996), S. 198.
327 Vgl. allgemein Argyris/Schön (1978). Siehe auch Argyris (1992, 1985, 1982, 1977).
328 Vgl. Wiegand (1996), S. 222.

derungen führt. Die Abgrenzung, wann organisationales Lernen genau stattgefunden hat ist allerdings noch sehr unscharf und muß präzisiert werden. Organisatorisches Lernen ist ein zeitbezogener Prozeß, der zu einem Ergebnis führt. Damit kann eine begriffliche Abgrenzung beziehungsweise eine Definition des organisationalen Lernens anhand des Ergebnisses des Prozesses als auch anhand des Prozesses selbst geführt werden.[329] Gängige Abgrenzungen orientieren sich meist an der Finalität des Lernprozesses, also am Ergebnis ("Organisatorisches Lernen ist ein Prozeß, der zu ... führt"). Das Ergebnis des organisationalen Lernens wird entweder aus einer normativen Perspektive, anhand eines geänderten organisatorischen Verhaltens, oder auf der Basis geänderter Dimensionen der Organisation abgegrenzt.

Organisationales Lernen kann durch geändertes Verhalten der Organisation beschrieben werden. Diese Interpretationen knüpfen Lernen somit definitorisch an organisationalen Wandel als Strukturveränderung beziehungsweise Verhaltensveränderung. Dies entspricht prinzipiell der behavioristischen Begriffsstrategie auf individueller Ebene. ARGYRIS/SCHÖN sind der Auffassung, daß Lernprozesse erst stattgefunden haben, wenn eine Lösung eines Problems tatsächlich implementiert worden ist.[330] TÜRK vertritt eine vergleichbare Auffassung, denn seiner Meinung nach ist ein Lernprozeß erst abgeschlossen, wenn es zu operativen Veränderungen gekommen ist.[331] Allerdings ist diese Abgrenzungsstrategie kritisch zu betrachten. FIOL/LYLES beispielsweise treten für eine Trennung von Lernen und Verhalten bei der Definition des Lernbegriffs ein.[332] Nach Ansicht der genannten Autoren muß man zwischen Lernergebnissen ("Change Levels") und Lernniveaus ("Kognitive Veränderung") unterscheiden. Aus den Dimensionen resultieren vier Grundtypen. FIOL/LYLES kritisieren die Vermischung dieser beiden Dimensionen in den bisherigen Ansätzen des organisationalen Lernens. Das kognitive Lernen kann in lower- und higher-level learning aufgeteilt werden. Auch HUBER vertritt eine deutliche Trennung zwischen Kognition/Interpretation und Handlung.[333] Er impliziert so, daß Lernen (zumindest im engeren Sinne) als kognitiver Prozeß verstanden werden muß, der unter Umständen zu einem geänderten Verhalten führt. Der problematische Zusammenhang zwischen Lernen und Verhalten wurde schon beim individuellen Lernen beschreiben. In der Definitionssicht von HUBER beziehungsweise FIOL/LYLES *sind* organisationale Lernprozesse gleich organisationalen Wandel innerhalb der immateriellen

329 Übersichten über verschiedene Definitionen geben beispielsweise Wahren (1996), S. 6 f. oder Garvin (1993), S. 80.

330 Vgl. allgemein Argyris/Schön (1978).

331 Vgl. Türk (1989), S. 57.

332 Vgl. Fiol/Lyles (1985), S. 803 ff.

333 Vgl. Huber (1991). Damit kann eigentlich nur organisationales Verhalten oder Handlung als Veränderung der strukturellen Elemente der Organisation ("reflexive Handlung") gemeint sein. Der Grund ist, daß ein kollektive Lernprozeß als kognitiver Vorgang *prinzipiell* nur stattfinden kann, wenn Interaktion (Handlung) zwischen den Individuen stattfindet.

Dimension, *führen* aber nicht notwendigerweise aber zu strukturellen Wandel der Organisation.

Eine andere Abgrenzungsstrategie verfolgen normative Ansätze. Sie verlangen als notwendige Bedingung für einen Lernprozeß, daß etwas "besser" geworden sein muß.[334] Dieser Ansicht ist beispielsweise TÜRK, da nach seiner Auffassung Lernprozesse in der Regel einen gerichteten Optimierungspfad bezüglich der implizierten Zielgröße darstellen.[335] Derartige Definitionen haben den Vorteil, daß Lernen einem veränderten Handeln gleichgesetzt werden kann.[336] Die Frage ist, woher eine solche Zielgröße kommt und wer eine solche Zielgröße festlegt. Außerdem können so Prozesse des Lernens, die sich auf das implizierte Zielsystem selbst (und dessen potentielle Veränderung) beziehen, nicht thematisiert werden. Organisationales Lernen kann also nicht nur durch verbesserte Zustände, als ein epigenetischer Optimierungspfad hin zu einem absoluten, zeitlich invarianten Ziel definiert werden.[337]

Insbesondere die aktuelleren Konzepte sehen in Lernvorgängen meist die Veränderung der kollektiven Wissensbasis als dem von allen[338] Mitgliedern geteilten Wissens.[339] PROBST/BÜCHEL definieren wie folgt: "Unter organisationalem Lernen ist der Prozeß der Erhöhung und Veränderung der organisationalen Wissensbasis, die Verbesserung der Problemlösungs- und Handlungskompetenz, sowie die Veränderung des gemeinsamen Bezugsrahmens von und für Mitglieder innerhalb der Organisation zu verstehen."[340] Diese Definition erscheint insofern problematisch, als daß sie implizite normative Grundannahmen beinhaltet. PAUTZKE definiert organisationales Lernen als die "Nutzung, Veränderung und Fortentwicklung der organisatorischen Wissensbasis."[341] Es ist nach Ansicht des Verfassers fraglich, ob die Nutzung der Wissensbasis ein Lernprozeß sein kann. Man sollte eher sagen, daß die Nutzung der Wissensbasis eine Ressource für organisationale Lernprozesse darstellt.

---

334 Fiol/Lyles (1985) sind in ihrer Bestandsaufnahme von Ansätzen organisationalen Lernens der Meinung, daß allen Ansätzen gemeinsam ist, daß organisationales Lernen die Leistungsfähigkeit und die Handlungsfähigkeit der Organisation verbessert

335 Vgl. Türk (1989), S. 57.

336 Der Grund ist, daß nach der Rationaliätsannahme Handeln *zielgerichtet* erfolgt. Eine "bessere" Alternative hinsichtlich des Zieles kommt so automatisch zur Anwendung. Das Handeln kann sich in organisationalen Verhalten ausdrücken oder zu Handlungen führen, die sich auf die Transformation der Organisation selbst beziehen.

337 Huber (1991) kritisiert in diesem Zusammenhang, daß Lernen keine höhere Effizienz zur Folge haben muß.

338 Allerdings widersprechen sich manche Definitionen selbst, wenn im Verlauf der jeweiligen Argumentation nur noch von Lernprozessen einer *Elite* gesprochen wird.

339 Vgl. Pawlowsky (1994), Schreyögg/Noss (1995).

340 Probst/Büchel (1994), S. 17.

341 Pautzke (1989), S. 89.

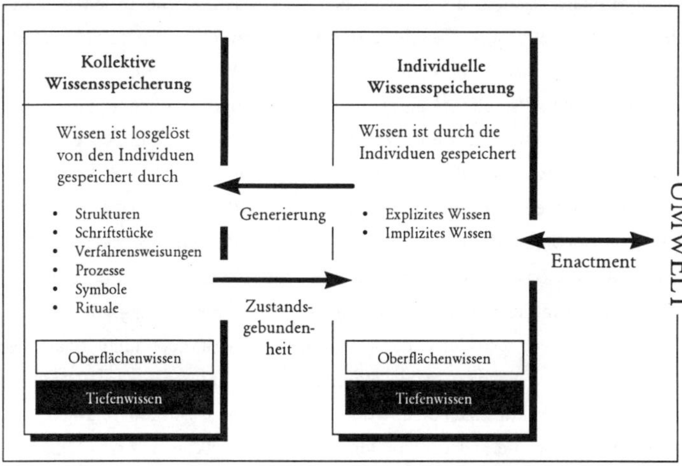

Abbildung 5-17: Die kollektive Wissensbasis (In Anlehnung an Walsh/Ungerson (1991), S. 64, Wiegand (1996), S. 327, Wahren (1996), S. 182)

Aufgrund der angesprochen Schwierigkeiten sollen organisationale Lernprozesse als eine (wert- und finalitätsfreie) Veränderung der von den Organisationsmitgliedern geteilten Wissensbasis verstanden werden. Dies kommt auch in der Definition von WIEGAND zum Tragen, wonach sich durch organisationale Lernprozesse das Wissenspotential erhöht und dadurch die Freiheitsgrade der Organisation zum Handeln erhöhen (organisationales Lernen wird also durch die Anzahl der Optionen definiert).[342] Die kollektive Wissensbasis ist das von den Organisationsmitglieder geteilte Wissen. Die Wissensspeicherung geschieht einerseits immateriell durch die Individuen, andererseits strukturell und von den Individuen losgelöst *in* der Organisation. Abbildung 5-17 zeigt auch, daß die gesamte Organisation als Wissensspeicher konzipiert ist.

Organisationales Lernen und organisationalen Wandel bei wissensbasierten Lernmodellen

Nachdem organisationales Lernen als Veränderung der in Abbildung 5-17 dargestellten Wissensbasis definiert ist, kann sich die Arbeit dem eigentlichen Prozeß des organisationalen Lernens zuwenden. Einen guten Ausgangspunkt der Überlegungen bietet der Ansatz von MÜLLER-STEWENS/PAUTZKE. In Anlehnung an MARCH/OHLSEN konstruieren die genannten

342 Vgl. Wiegand (1996), S. 324.

Autoren organisationales Lernen als ein vierphasiges Modell.[343] Sie gehen von der dominanten Rolle des Individuums aus.[344] In der ersten Phase wird eine Idee durch ein Individuum generiert und als Spielregelvorschlag kollektiviert. In dieser Phase kommt es zur (kollektiven) Entscheidung, ob die neue Spielregel aufgenommen wird und möglicherweise institutionell verankert wird. Dieses institutionalisierte Wissen (z.B. in Form von Aufbauorganisation, Stellenbeschreibungen, etc.) wie auch das nicht strukturell gespeicherte Wissen bestimmt wiederum den Kognitionsrahmen der einzelnen Individuen. MÜLLER-STEWENS/PAUTZKE heben durch ein Zitat von HINDERER die Asymmetrie zwischen strukturellen Wandel als Wandel der dokumentierten Wissensbasis und einem Wandel im Tiefenwissen durch Lernprozesse hervor:[345] "Ein Wandel in der Oberflächenstruktur kann sich unabhängig von einer Veränderung der Tiefenstruktur bzw. des Weltbildes vollziehen und wirkt auch nicht zwangsweise auf dies zurück. Im Gegensatz dazu zieht ein Wandel des Weltbildes in der Regel auch eine Veränderung der Tiefenstruktur nach sich, wobei dies aber auch zeitlich verzögert geschehen kann.... Eine grundsätzliche Veränderung in der Oberflächenstruktur läßt sich längerfristig nur aufrecht erhalten, wenn sie durch eine korrespondierende Veränderung in der Tiefenstruktur und in den Weltbildern abgesichert wird."[346] Insgesamt bietet das Modell von MÜLLER-STEWENS/PAUTZKE zwar einen konsistenten Kreislauf, differenziert aber nicht ausreichend nach Tiefenwissen beziehungsweise Oberflächenwissen und vor allem nach struktureller beziehungsweise mentaler Speicherung des Wissens. Dies wäre für das Anliegen des Kapitels nötig.

Differenzierter gehen WAHREN und KIM vor.[347] Das integrierte Modell von KIM greift auf die Arbeiten von MARCH/OHLSEN, ARGYRIS/SCHÖN, HEDBERG, DAFT/WEICK und KOLB zurück. Der Ansatz basiert auf einem kreisförmigen Modell des individuellen Lernens, der auf Kreismodellen von LEWIN, KOLB und KOFMAN fußt. KIM differenziert zwar nach Oberflächenwissen und Tiefenwissen, modelliert allerdings nicht die Repräsentationsform des Wissens, was vor dem Hintergrund "organisationaler Wandel" aber wichtig wäre. WAHREN unterscheidet zwar Repräsentationsformen, unterschiedet aber nicht nach Oberflächen und Tiefenwissen. Abbildung 5-18 stellt eine Synopse der genannten Modelle dar.

---

343 Vgl. Müller-Stewens/Pautzke (1994), S. 193 ff.

344 Was der dem Kapitel zugrunde liegenden Annahme entspricht, daß organisationales Lernen ein durch die Individuen emergentes Phänomen ist.

345 Vgl. Müller-Stewens/Pautzke (1994), S. 197.

346 Hinderer (1986), S. 309.

347 Vgl. allgemein Wahren (1996), Kim (1993), Schüppel (1994).

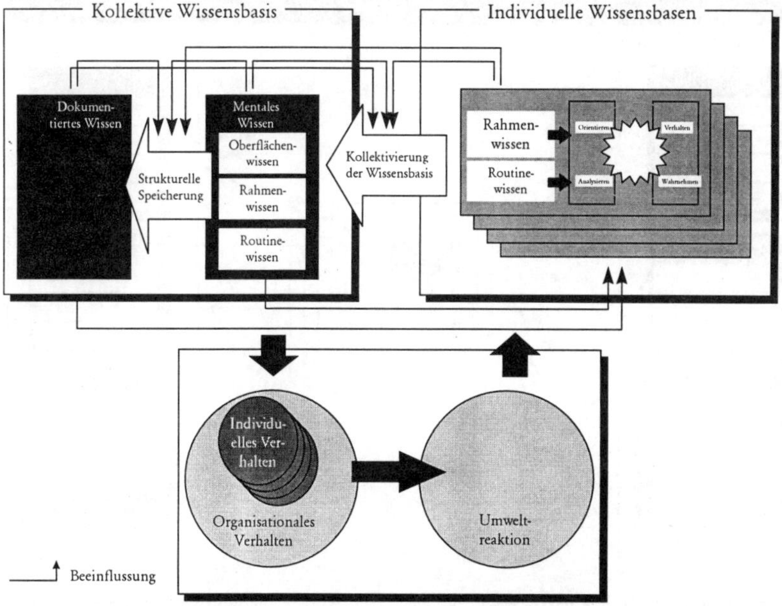

Abbildung 5-18: Übersichtsmodell des organisationalen Lernens (Modifiziertes Modell nach Wahren (1996), Kim (1993), S. 98, Kim (1994), S. 44)

Der Prozeß des Lernens verläuft selbstreferentiell. Das zeitpunktbezogene Wissen ist das Ergebnis vergangener Lernprozesse und beeinflußt zukünftige Lernprozesse. Grundlage des Lernens ist die individuelle Lernleistung, die durch Kommunikation und organisationales Handeln zur mentalen und materiellen Kollektivierung des Wissens führt. Organisationales Lernen ist kein rein kognitiver Vorgang, sondern besteht aus (Inter-)aktionen. Der eigentliche kognitive Vorgang findet nur beim individuellen Lernen statt. Dieses individuelle Wissen aber kann kollektiviert und in kollektiven Speichersystemen abgelegt werden. Auf der anderen Seite wird der Lernprozeß im engeren Sinne von der kollektiven Wissensbasis beeinflußt. Die Wechselwirkung zwischen Individuum und Organisation wird insbesondere von den systemtheoretisch argumentierenden Forscher hervorgehoben.[348] Über die Zeitachse gesehen führt der Lernprozeß nach dem in Abbildung 5-19 skizzierten Schema zu Veränderungen der Organisation (Verlauf des organisationalen Wandels) .

348 Wie beispielsweise Argyris/Schön (1978), Morgan (1986), Hedberg (1981) oder Pautzke (1989).

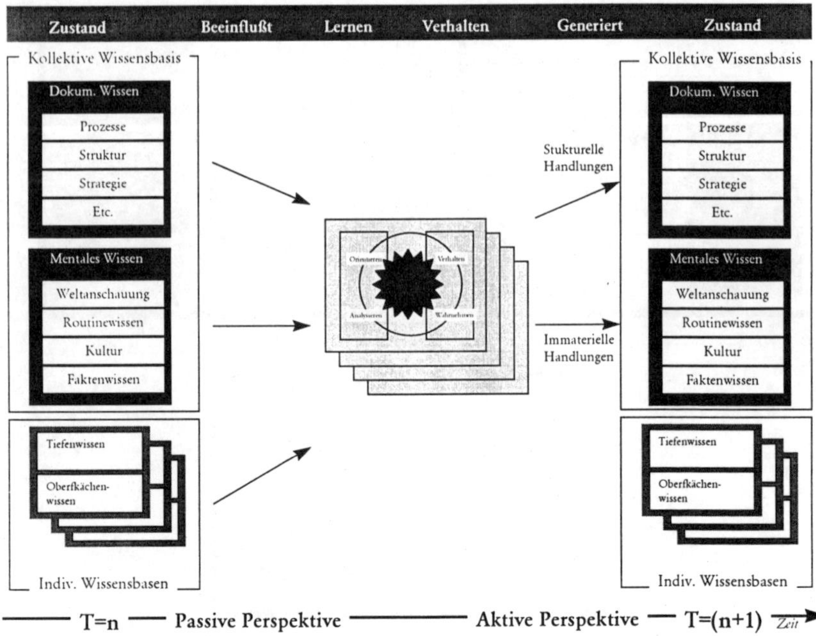

Abbildung 5-19: Unterteilung des Lernprozesses in eine passive und eine aktive Perspektive (Weiterentwicklung nach Wiegand (1996), S. 491)

Während die passive Perspektive den Lernvorgang beeinflußt, geschieht der organisationale Lernprozeß im engeren Sinne (aktive Perspektive) durch Handlungen. Die wesentliche Rolle der Kommunikation zur Kollektivierung von Wissen wurde schon erwähnt.[349] Organisationales Lernen als Veränderung der kollektiven Wissenbasis ist definitorisch ein organisationaler Wandel, da sich (zumindest) immaterielle Dimensionen der Organisation ändern. Faßt man die potentielle Speicherung des geänderten Wissens durch *strukturelle* Aspekte (z.B. Kapitalstruktur des Unternehmens) auch noch als Teil des Lernvorgangs auf (="strukturelles Lernen"), so ist ein organisationaler Lernprozeß immer ein organisationaler Wandel. Tut man dies nicht, so *ist* organisationales Lernen ein organisationaler Wandel der immateriellen Dimensionen der Organisation und *führt* (möglicherweise) zu einem strukturellen organisationalen Wandel.

349 Vgl. zur Kommunikation Mohr (1997), S. 141 ff.

Insbesondere zur Erklärung von strukturellen Veränderungen (="strukturelles" Lernen[350]) sind Lernmodelle nach Ansicht des Verfassers lückenhaft. Der Grund ist, daß das jeweilige Machtpotential der einzelnen Akteure wesentlich darüber entscheidet, welche Ideen, Grundannahmen und insbesondere strukturelle Veränderungsvorhaben sich auf organisationaler Ebene durchsetzen. Damit muß eine kollektive Lerntheorie beispielsweise auf Machttheorien zurückgreifen, um den Prozeß des kollektiven (strukturellen) Lernens ausreichend zu erklären und zu beschreiben.[351] Die meisten Lernmodelle lösen die Problematik der Durchsetzung von Ideen und des Verlaufs der kollektiven Handlungen eher definitorisch, indem sie Organisationen als Oligarchiemodelle[352] mit einer dominanten Koalition konzipieren und kollektives Lernen auf das Lernen einer Elite beschränken.[353] Das hat den (theoretischen) Vorteil, daß die angedeutete Problematik gerade des *strukturellen* Lernens/Wandels elegant umgangen werden kann. Hat die dominierende Koalition gelernt (und ist in sich einig), dann stellt die strukturelle Implementierung im kollektiven Wissensspeicher kein schwerwiegendes Problem dar.

Die Kritik muß allerdings relativiert werden, da es auch Autoren gibt, die die Rolle des Managements differenzierter sehen. So ist PETTIGREW der Auffassung, daß das Management zwar einen wesentlichen Hebel besitzt, dennoch nur einen unter vielen Einflußfaktoren auf organisatorischen Wandel darstellt.[354] Auch GEIßLER nennt einen Zustand des übermächtigen Einflusses der dominierenden Koalition "glücklich" - aber eben nicht alltäglich.[355] Aus obigen Gründen sind die Lernmodelle unter der Kategorie "begrenzter Managementvoluntarismus" verortet. Das Management hat als Akteur im organisationalen Lernprozeß folgende Aktionsmöglichkeiten:

- Setzen von Rahmenbedingungen.
- Fördern von organisationalen Lernprozessen.
- Kanalisierung von Lernprozessen.
- Eigenes Lernen und verbundene Umsetzung.
- Ausspielen des Machtvorsprungs in der Umsetzung.

Geht man von der Oligarchieannahme aus, so ist die dominierende Koalition eigentlich keinen allgemeingültigen Zeitmustern des Wandelverlaufs unterworfen, jeder Pfad des Wandels

---

350 Damit ist der Teil des (handlungsorientierten) Lernprozesses gemeint, der zu *strukturellen* Veränderungen der Organisation führt.

351 Vgl. Probst/Büchel (1994), S. 64, Schreyögg (1996), S. 414, Neuberger (1995).

352 Vgl. Pautzke (1989). Duncan/Weiss (1979), S. 79 ff. sehen Organisationen als absichtsvolle offene Systeme. Organisationaler Wandel geschieht durch absichtsvolle Entscheidung der dominierenden Koalition. Shrivasatva (1983) sieht Lernen als den Wandel des Bezugsrahmens der dominierenden Koalition.

353 z.B. Pautzke (1989), Schüppel (1994). Auch Senge (1990, 1994) bezieht sich im wesentlichen auf die Interpretationsmuster einer Elite.

354 Vgl. allgemein Pettigrew (1987). Siehe auch die empirische Studie von Pettigrew/Whipp (1993).

durch Lernen ist organisationsindividuell. Strukturen ergeben sich höchstens durch den Lernmechanismus, *unter* dem die dominierende Koalition agiert, beziehungsweise durch bestimmte Ziele die optimale Handlungsstrategien bestimmen. Da verschiedene Ebenen des Lernens thematisiert werden, sind sowohl revolutionäre als auch evolutionäre Veränderungen möglich. Ein Wandel des organisationalen Tiefenwissens (insbesondere der "Weltanschauung[356]") zieht dementsprechende strukturelle Veränderungen nach sich. Obwohl PAUTZKE die Möglichkeit zu paradigmatischem Lernen[357] explizit bejaht, geschieht seiner Ansicht nach Wandel dennoch immer inkrementell.[358] Organisationen können sich nicht schlagartig ändern. Subkulturen bilden Nuklei des Wandels, die sie dann zeitlich träge ausbreiten.[359] Dahinter liegt die Annahme, daß Kommunikationsprozesse *Zeit* benötigen und zwar die Zeit der Kommunikation selbst als auch die Zeit der Wirkung (Inkubationszeit) bei den an der Kommunikation teilnehmenden Individuen. Da Tiefenwissen einen eher dauerhaften Charakter hat, ist fundamentaler Wandel eher selten, beziehungsweise die Zeitabstände sind tendenziell hoch. Während über die Gärphase der Entwicklung neuer "Spielvorschläge" wenig gesagt werden kann, wird die Kollektivierung aufgrund der Oligarchieannahme relativ schnell geschehen.

5.2.2.4.5 Lernmodelle als Grundlage von Erklärungsmodellen des Wandels?

Die in diesem Kapitel beschriebenen Lerntheorien[360] liefern mehrere wertvolle Aspekte zur Betrachtung organisationalen Wandels. Grundlegend ist, daß der subjektiv-interpretative und konstruktive Charakter einer Organisation ausführlich thematisiert wird. Individuen rücken als Agenten des Lernens in den Mittelpunkt der Betrachtung. Menschen bilden kognitiv-konstruktivistisch ein Bild der Wirklichkeit ab. Diese Landkarten dienen der Orientierung. Auf der anderen Seite stellen sie eine Beschränkung für das Handeln und das Lernen dar. Lerntheorien sehen in den kognitiven Vorgängen den Ausgangspunkt von organisationalen Veränderungen. Eine andere Einsicht durch Lerntheorien ist, daß fundamentale Veränderungen der Kognitionsstruktur in der Regel auch tiefgreifenden Wandel der strukturellen Dimensionen der Organisation nach sich ziehen. Dies bedeutet umgekehrt, daß strukturelle Veränderungen in einer Organisation nur stattfinden können, wenn sie konsistent zur unterliegenden Tiefenstruktur sind (Fit zwischen Oberflächen- und Tiefenstruktur). Eine

355 Vgl. Geißler (1994), S. 79 ff.
356 Vgl. Kim (1993). Er trennt die kollektiven "mental models" in die eher normative "weltanschauung" und in "organizational routines"
357 Vgl. zu einer Definition des Begriffs "Paradigma" Kuhn (1970), S. 10 ff.
358 Vgl. Pautzke (1989).
359 Vgl. Wiegand (1996), S. 245.

weitere Erkenntnis aus Lerntheorien ist, daß der Zustand einer Organisation heute seine Entwicklungs- und Lernmöglichkeiten bestimmt (Pfade der Organisation). Dies stärkt die These, daß organisationale Wandelpfade spezifisch sind und relativ wenig Gemeinsamkeiten aufweisen. Hinsichtlich der Kollektivierung von Wissen weisen Lerntheorien auf die Bedeutung der Kommunikation hin.

Auf der anderen Seite haben Lerntheorien mehrere Schwächen hinsichtlich der Erklärungskraft organisationalen Wandels auf. Ein zentraler Kritikpunkt ist nach Einschätzung des Verfassers die Fokussierung auf eine rationale Grundperspektive, die weitestgehend von Emotionen als Auslöser und Motivation individuellen Handelns abstrahiert. Eine schon angesprochene Kritik bezieht sich auf den Rückzug auf eine oligarchische Argumentationsposition beim kollektiven Lernen, insbesondere zur Erklärung struktureller Veränderungen. Dies ist angenehm für die Theoriebildung, aber unzureichend für die Praxis. Dominierende Koalitionen haben einen starken Einfluß, aber eben nicht in dieser Dominanz (siehe auch Kapitel 5.2.3). Kritisch wäre, organisationales Lernen als die einzige Quelle beziehungsweise Form von *strukturellen* Wandel zu betrachten. Strukturen von Organisationen verändern sich nicht nur durch neue Einsichten, sondern auch durch neue Kontexte (siehe auch Kapitel 5.2.2.4.3). Organisationaler Wandel geschieht auch durch sich verschiebende Machtstrukturen in der Organisation, ohne daß es zu neuen (individuellen) Lernvorgängen gekommen ist.[361] Als Fazit kann man festhalten, daß Lernprozesse *eine* Quelle organisationalen Wandels sind.

5.2.2.5 Phänomenologischer Ansatz

Der phänomenologische Ansatz versucht, organisationalen Wandel durch die Evolution der Realitätskonstrukte des Managements zu beschreiben. Er basiert sowohl auf der allgemeinen Systemtheorie als auch auf dem sozialen Konstruktivismus.[362] Phänomenologische Ansätze weisen weiterhin Überlappungen zu Lerntheorien auf.[363] Aus diesem Grund und wegen des relativ engen Fokus und der damit bedingten Einseitigkeit des Ansatzes - insbesondere der Fokussierung auf das Management und der impliziten Dominanz des Managementvoluntarismus - und der Nähe zu Lerntheorien wird der phänomenologische Ansatz hier nur kurz angerissen.

360 Wenn im weiteren von Lerntheorien die Rede ist, dann bezieht sich dies insbesondere auf die zuletzt beschriebenen wissensbasierten Ansätze.

361 Siehe Kapitel 5.2.1.4.

362 Vgl. Scholz (1997), S. 218.

363 Vgl. Perich (1992), S. 181. Vgl. auch Wiegand (1996), S. 291, der den Ansatz von Daft/Weick (1984) beziehungsweise Daft/Huber (1987) als interpretativen Ansatz des organisationalen Lernens einordnet.

Grundlegend hat die Umwelt[364] nur insofern Einfluß auf die Unternehmung, als daß sie durch die konstruierte Realität des Managements (gefiltert) wahrgenommen wird (Enactment[365]). Das Management erschafft sich die Umwelt durch Deutungen, die einen Wahrnehmungsfilter und damit auch einen selektiven Bezugsrahmen darstellen, durch den die Umwelt wahrgenommen wird und der auch der Suche und Auswahl von Handlungsalternativen zugrunde liegt.[366] Nach den evolutionstheoretischen Grundannahmen des Ansatzes folgt der Variation von Erklärungsmustern (z.B. durch Veränderungen der Population, Trial and Error - Prozesse) die Selektion dadurch, daß einige Muster besser als andere zur Komplexitätsreduktion der Umwelt geeignet sind und sich so bewähren (Retention).[367]

Veränderungen können mit dem phänomenologischen Ansatz durch verschiedene Ursachen ausgelöst werden. Innerhalb der momentan vorherrschenden Erklärungsmuster (des Managements) kann das Management Veränderungen auslösen, wenn es aufgrund der abgebildeten Realitätskonstrukte der zentralen Akteure sinnvoll scheint. Die andere Möglichkeit ist, daß sich die Konstrukte der Realität (kognitver Bezugsrahmen) seitens des Managements verändert haben und dies über den Umweg eines organisationsweiten Bewußtseinswandel einen organisationalen Wandel nach sich zieht.[368] Aus den genannten Gründen lassen sich im Rahmen des phänomenologischen Ansatzes keine Aussagen über allgemeingültige Verlaufsformen des organisationalen Wandels treffen.

Der phänomenologische Ansatz scheint durch seine Fokussierung auf Schlüsselakteure tendenziell einen hohen Managementvoluntarismus zu implizieren. Auf der anderen Seite erscheint das Management Gefangener seiner eigenen Realitätskonstrukte, aus dem es nur teilweise ausbrechen kann.[369] Aus genannten Gründen wird der phänomenologische Ansatz tendenziell (wenn auch unscharf) unter der Kategorie "eingeschränkter Managementvoluntarismus" subsumiert. Insgesamt liefert phänomenologische Ansatz einen sehr unvollständigen Rahmen zur Analyse organisationalen Wandels, da beispielsweise kein genaueres Prozeßmodell des Wandels aufgezeigt wird. Der Ansatz verdeutlicht allerdings nochmals, daß konstruktivistische Aspekte ein wesentliches Element des zu entwickelnden Bezugsrahmen sind.

---

364 Man sollte darunter nicht nur die Umwelt der Organisation verstehen, sondern die Umwelt des Managements, die auch organisationsinterne Elemente umfaßt.

365 Vgl. Weick (1979, 1977), Weick (1985).

366 Vgl. Watzlawick (1988, 1986). Andere Autoren Sprechen von Mental Models (Vgl. Senge (1990, 1990a, S. 7 ff., 1991, S. 37 ff., 1994).

367 Vgl. Weick (1985), S. 252 f.

368 Vgl. Perich (1992), S. 182.

369 So fordert Weick (1979), S. 261 das Management zu einem "complicate yourself" auf.

5.2.3 Tendenziell hoher Managementvoluntarismus

Die Idee des Managementvoluntarismus geht von der Dominanz des Einflusses der dominierenden Koalition auf organisationalen Wandel aus. In extremer Form erscheint die Organisation als frei gestaltbares, passives und formbares Objekt. Das Management unterliegt keinen wesentlichen Restriktionen weder durch die Umwelt noch durch die Inwelt der Organisation Die Managementelite stellt so die "visible hand" dar, den einzigen Motor von Veränderungen.

Eine Erklärungsvariante für hohen Managementvoluntarismus sind Persönlichkeitstheorien. Herausragende Persönlichkeiten scheinen durch ihr Charisma in der Lage, einen sehr hohen Grad an Gefolgschaft zu erzeugen und so fast jede Form des Wandels zu initiieren und durchzusetzen. Dies ist bei Gründerpersönlichkeiten durchaus nicht unwahrscheinlich. Eine andere Form des Voluntarismus besitzen die Führungskräfte im (mechanistischen) geplanten organisatorischen Wandel. Dort wird dies mit ihrem Informationsvorsprung, ihren Fähigkeiten und mit ihrer Positionsmacht im Unternehmen begründet.[370] Diesem Ansatz liegt die Vorstellung der Organisation als rational-mechanistisch verstehbares und intendiert steuerbares System zugrunde. Entwicklungsrichtungen des geplanten organisatorischen Wandels sind insbesondere Planungs-, Reorganisations- und Organisationsentwicklungsansätze.[371]

Geht man von einer voluntaristischen Sicht aus, so können prinzipiell keine allgemeingültigen Zeitmuster des Wandels erkannt werden, da Wandel vom freien und unrestringierten Willen der dominierenden Koalition abhängt. Daß unter Umständen doch bestimmte Zeitstrukturen des Wandels aus einer Außensicht erkennbar sind, kann nur auf motivationale Gründe der dominierenden Koalition zurückgeführt werden. Ein Beispiel dafür wäre, daß Top-Manager es für sinnvoll halten, in regelmäßigen Abständen einen Veränderungsprozeß zu initiieren, um die Organisation nicht verkrusten zu lassen. Eine weitere Möglichkeit ist, daß Wechsel auf der Führungsebene oftmals mit Wandelprozessen korrelieren, da sich ein neuer Machthaber einerseits profilieren will, auf der anderen Seite die Organisation nach seinen Zielvorstellungen ausrichten will.[372]

Primär personalistisch-voluntaristische Modelle, die hauptsächlich die Freiheiten der Managementelite (hinsichtlich Auslösung und Umsetzung des Wandels) betonen, bilden in den meisten Fällen insbesondere bei etablierten Unternehmen die organisatorische Praxis nur unzureichend ab, beziehungsweise scheinen von nicht gegebenen Voraussetzungen auszugehen.[373] Als Indiz mag die hohe Zahl an geplanten umfassenden Veränderungsprozessen

370 Zu verschiedenen Arten der Macht siehe Kapitel 5.2.1.4.
371 Vgl. Perich (1992), S. 162.
372 Vgl. Perich (1992), S. 162, Harrison u.a. (1988), S. 211 ff., Fischer (1997d), S. 26.
373 Vgl. Staehle (1994), S. 55.

dienen, die nicht zum gewünschten Erfolg führen. Dies kann einerseits an Wissensdefiziten der Akteure liegen, oder aber daran, daß ein entsprechend hoher Grad an Managementvoluntarismus meist nicht gegeben ist.[374] In komplexen Systemen (z.B. etablierten Organisationen) hängt der Erfolg einer Veränderungsinitiative stark von der Akzeptanz seitens der (betroffenen) Individuen ab. Die Macht (Einfluß) der dominierenden Koalition muß differenziert betrachtet werden.[375] Die dominierende Koalition verfügt insbesondere über Formalmacht. Neben dieser Machtform existiert eine Vielzahl an (informellen) Machtbasen.[376] Dies gilt vor allem für wissensbasierte Unternehmen, in denen eine hohe Expertenmacht existiert. Ein weiterer wesentlicher Punkt, der punktuelle Machtkonzentration bei der dominierenden Koalition verhindert, sind dezentrale Organisationsformen (z.B. virtuelle Unternehmen, horizontale Kooperationen). Akzeptiert man, daß die dominierende Koalition nur über begrenzte Macht verfügt, so hängt der Erfolg einer Veränderungsinitiative - wie angesprochen - stark von der Akzeptanz der seitens Betroffenen ab. Eine wichtige Frage ist, bis zu welchem Grad eine dominierende Koalition durch Leadership Akzeptanz erzeugen kann.[377] Während es sicherlich Ausnahmepersönlichkeiten gibt, die bis zu einem sehr hohen Grad diese Akzeptanz erzeugen können (also über einen hohen Voluntarismus verfügen), scheint in vielen Fällen - eben in der organisationalen Praxis - diese Voraussetzung nicht oder nur teilweise gegeben. Im Umkehrschluß kann man argumentieren, daß Veröffentlichungen, die diesen Typus "Ausnahmepersönlichkeit" (den charismatischen Leader) voraussetzen, nur im genannten Sonderfall greifen, während sie in allen anderen Fällen von Voraussetzungen (z.B. Persönlichkeit des Vorstandes) ausgehen, die nicht erfüllt sind und so nicht anwendbar sind. Es scheint sinnvoller, für die organisationale Praxis von Idealtypen der Ausnahmepersönlichkeit absehen und so die dominante Koalition als Gruppe mit überproportionalen aber begrenzten Einfluß konzipieren, die nicht über ein unbegrenztes Potential an Leadership verfügt.

5.3 Zusammenfassung und allgemeiner Bezugsrahmen einer Erklärungsperspektive zur Analyse von Zeitaspekten aus der Managementsicht

In Kapitel 5.2 wurden verschiedenste Erklärungsmodelle des organisationalen Wandels über der Zeit analysiert. Neben der Betrachtung aus einer Außenperspektive wurde die Managementperspektive explizit untersucht und als Kategorisierungskriterium verwendet. Desweiteren wurde untersucht, welche allgemeingültigen Zeitstrukturen des organisationalen Wandels ein jeweiliger Ansatz beinhaltet. Aus der Beschreibung der einzelnen Modelle mit

---

374 Hammer (1994) geht von einer 80%igen, Reiß (1997b), S. 36 eine 50-75%igen Mißerfolgsquote aus. Vgl. auch Fußnote 8 dieses Kapitels.

375 Zum Machtbegriff siehe Schreyögg (1996), S. 415.

376 Siehe auch Kapitel 7.4.

ihren jeweiligen Eigenschaften, Stärken und Schwächen hinsichtlich den Zielen der vorliegenden Arbeit ergeben sich implizit die potentiellen Elemente eines Bezugsrahmens im Sinne einer allgemeinen Wirkvorstellung des organisationalen Wandels, der dem weiteren Gang der Arbeit zugrunde gelegt wird. In diesem Abschnitt werden die herausragenden Merkmale der einzelnen Ansätze nochmals kurz angedeutet und danach der Bezugsrahmen skizziert. Es wird zur Ableitung dieses Rahmens davon ausgegangen, daß das Betrachtungsobjekt etablierte und große Organisationen sind. Weiterhin wird angenommen, daß das Unternehmen nicht in einer besonderen Aufstiegs- oder Niedergangsphase ist.[378]

Die einzelnen Modelle des organisationalen Wandels thematisieren die Abhängigkeit der Organisation von der Umwelt verschieden streng. Klassisch situative Ansätze nehmen eine Dominanz der Umwelt an und reduzieren damit Managementhandeln auf ein reines Anpassungshandeln. Die Selektionsperspektive negiert zusätzlich zur Umweltdominanz die Fähigkeit einer Organisation (und damit auch des Managements) sich zu wandeln, was nicht realitätsnah erscheint. Die Adaptionsperspektive und die Selektionsperspektive gehen allerdings von unterschiedlichen Zeitspannen aus. Sie sind damit nicht widersprüchlich, sondern eher ergänzend. In anderen realistischeren Ansätzen (verhaltenswissenschaftlich-situativer Ansatz, Kontingenzansatz, etc.) wird von dieser Dominanz der Umwelt abgesehen. Gerade die aktuelle Diskussion um Kernkompetenzen im Rahmen der "resource based view" zeigt, daß Organisationen auch von der Inwelt und nicht nur von der Umwelt abhängig sind.[379] Dieses Argument wiegt um so schwerer, da sich die Arbeit mit organisationalen Wandel von und in etablierten und großen Unternehmen befaßt.

Der Aspekt der inneren Stimmigkeit von Zuständen, die vor und nach einem Veränderungsprozeß (vielleicht auch während des Veränderungsprozeß) herrschen müssen, wird neben den konsistenztheoretischen Ansätzen auch von den Lernmodellen (insbesondere von den wissensbasierten Ansätzen) betont. Während konsistenztheoretische Ansätze einen allgemeinen inneren „Fit" thematisieren, betonen die wissensbasierten Ansätze die Stimmigkeit zwischen den mentalen Modellen (Tiefenstruktur) der Individuen in der Organisation und strukturell-materiellen Aspekten.[380]

Entwicklungsmodelle und auch die Random Transformation Theories legen zugrunde, daß die Umwelt der Organisation zwar eine untergeordnete Rolle spielt, Managementhandeln aber dennoch durch Determinismen der Inwelt stark beschnitten wird, was fraglich erscheint. Neo-

377 Zu entsprechenden empirischen Untersuchungen vergleiche z.B. Pettigrew/Whipp (1993).

378 Vgl. ähnliche Abgrenzungen bei Nippa (1996a), S. 8.

379 Dies ist ein eigenständiges Forschungsfeld, auf das hier nicht eingegangen werden kann. Zum Thema Kernkompetenzen siehe beispielsweise Deutsch (1997), Krüger (1993a), S. 577 f., Wildemann (1996), Strasmann (1996), Hinterhuber/Handlbauer/Matzler (1997), Knaese (1996).

380 Vgl. Müller-Stewens (1995), S. 145.

kontingenztheoretische Ansätze gehen von ähnlichen Grundvorstellungen aus, räumen einer Managementperspektive durch Möglichkeiten der strategischen Wahl aber Gestaltungsspielraum ein und sind so realitätsnäher. Die Bedeutung von Macht manifestiert sich auch in den Lernmodellen, die zur Erklärung des kollektiven Lernprozesses darauf zurückgreifen müssen. Während die meisten Lernmodelle - aus Gründen der Modelleinfachheit - durch Oligarchieannahmen Probleme machtbezogener Entscheidungsprozesse weitestgehend ausklammern, hat sich gezeigt, daß dies in der Regel keine realistische Grundannahme ist.

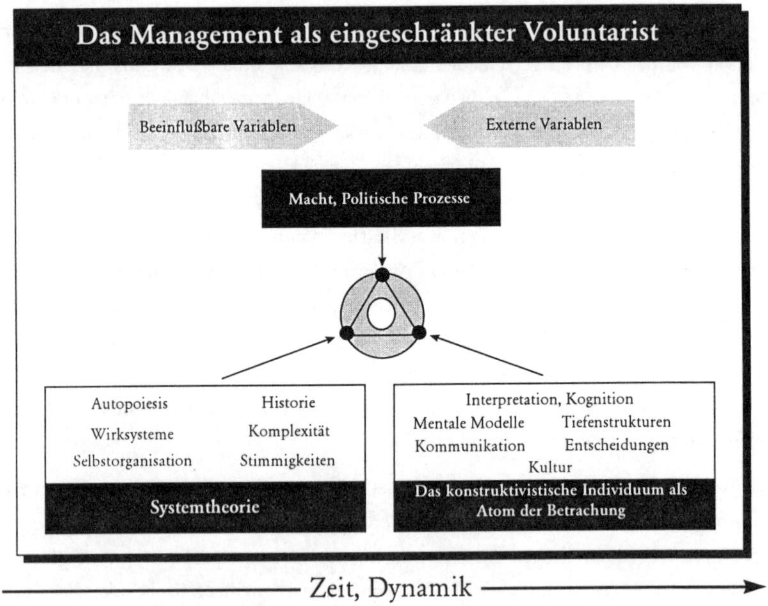

Abbildung 5-20: Die Elemente eines eklektischen Bezugsrahmens

Sowohl Lernmodelle, phänomenologische Ansätze, verhaltenswissenschaftliche situative Ansätze haben deutlich gemacht, daß Menschen die Realität konzipieren bzw. konstruieren und sich "Landkarten" anfertigen, die zur Orientierung in komplexen Umfeldern dienen, aber auch das Handeln und die kognitive Kapazität beschränken. Diese Enactmentprozesse stellen ein wichtiges Erklärungsmoment eines zu konzipierenden Bezugsrahmens dar. Systemtheoretische Ansätze beschreiben den hohen Vernetzungsgrad in Organisationen und im organisationalen Wandel.

Die Systemtheorie stellt eine Folie dar, auf der ein sinnvoller Erklärungsansatz des Change Management konzipiert wird. Theorien sozialer Systeme integrieren den subjektiven Charakter der menschlichen Wahrnehmung. Wie behandelt ist es fraglich, ob ein soziales System durch Autopoiese gekennzeichnet ist. Fruchtbarer ist es, Individuen als autopoietische Elemente sozialer Systeme zu konzipieren und das soziale System lediglich als synreferentielles System zu konzipieren.

Die Ausführungen legen nahe, daß keiner der polarisierten Ansätze für sich alleine eine zufriedenstellende Ausgangsbasis für die Analyse von Zeitaspekte aus der Managementperspektive darstellen kann, wie es hinsichtlich des Zielanspruchs der Arbeit nötig ist. Vielmehr muß ein facettenreicher Ansatz gewählt werden, der sowohl Voluntarismus als auch Determinismus und objektive als auch subjektive Elemente berücksichtigt.[381] Aus genannten Gründen erscheint es sinnvoll, ein eklektisches Substrat mit mehreren Facetten als Bezugsrahmen zu konzipieren.[382]

Die Systemtheorie entfaltet im Hintergrund ihre Wirkung und stellt die grundlegende Plattform der Betrachtung dar. Sie eignet sich insbesondere für die Beschreibung und Analyse dynamischer Vorgänge, die der Fokus der Arbeit sind. Die Systemtheorie ist auch Ursache für Konsistenzbedingungen zwischen Elementen. Das wahrnehmende, deutende und im Kontext seiner Umwelt befindliche Individuum ist ein weitere Grundelement des Bezugsrahmens.[383] Es nimmt einerseits wahr und handelt aufgrund seiner Wahrnehmung, auf der anderen Seite wird es durch die Elemente und Dimensionen der Organisation beeinflußt. Das System ist dadurch zustandsgebunden (Zeitlichkeit). Es wird kein strenger Umweltdeterminismus angenommen, dennoch müssen Einflüsse der Umwelt konzipiert werden. Um das Zusammenspiel der individuellen Ziele und Handlungsweisen zu erklären, wird auf Aspekte der Macht zurückgegriffen werden.[384] Da erwiesenermaßen kollektive Interpretationsmuster (=Unternehmenskultur, kollektive Tiefenstruktur) eine wesentliche Rolle in Entscheidungsprozessen spielen, müssen neben interaktionistische Elemente auch strukturalistische Elemente gestellt werden - bzw. autopoietische Konzepte nicht nur individualistisch verwendet werden.[385] Weil die Organisation auf Basis der sozialer Systemtheorie als komplexes System konzipiert ist,

381 Bei aktuelleren Ansätzen (z.B. Neokonsistenzansätzen, der Strukturationstheorie von Giddens, den Ansätzen aus der neueren (konstruktiven) Systemtheorie und Ansätzen des organisationalen Lernens) sind auch dementsprechende Konvergenztendenzen zu sehen (Vgl. Wiegand (1996), S. 137).

382 Die integrative Betrachtung des organisationalen Wandels wird in vielen neueren Publikationen aufgegriffen (z.B. Reed/Huges (1992), Pettigrew/Whipp (1993)). Sydow (1992) behandelt dementsprechend die neuere Systemtheorie zusammen mit Konsistenzansätzen.

383 Man kann die Grundperspektive als Perspektive sozialer Systeme im Sinne Hejls sehen, wonach Organisationen als synreferentielle Systeme betrachtet werden (Vgl. Kapitel 5.2.2.3.4).

384 Beziehungsweise Widerstand als Verhinderungsmacht. Auf die zentrale Rolle von Widerstand und Akzeptanz wird in Kapitel 7.4.3 ausführlicher eingegangen.

385 Vgl. Schreyögg (1996), S. 426.

sind Eingriffsmöglichkeiten des Managements begrenzt (eingeschränkter Voluntarismus). Im Rahmen der obigen Bedingungen wird eine Managementperspektive konzipiert, geplanter Wandel ist unter Rahmenbedingungen prinzipiell und partiell möglich.

Konkrete Handlungsanleitungen (z.B. hinsichtlich des Auslösezeitpunktes von Veränderungen oder des Partizipationsverlaufes) liefern dem Change Manager hilfreiche Ansatzpunkte. Mindestens genauso wichtig ist, daß man als Change Manager eine konzeptionelle Landkarte bezüglich der Funktionsweise (bzw. der Gesetzmäßigkeiten) des Change Managements besitzt. Im Sinne der Grundlagenarbeit analysiert und systematisiert Kapitel 5 dazu verschiedene Basismodelle der Unternehmungsdynamik hinsichtlich ihrer Grundannahmen bezüglich der treibenden Kräfte des Wandels, der Freiheitsgrade eines Managements, organisationalen Wandel einzuleiten und zielgerichtet zu steuern und charakteristischer Zeitverläufe von Veränderungsprozessen, um daraus einen Bezugsrahmen für eine Modellvorstellung des Change Management abzuleiten. Modelle, die das Management eher als Getriebener denn als Treibender des Change Management darstellen, sind hauptsächlich Selektionsmodelle, Entwicklungsmodelle und Adaptionsmodelle. Polar gegenüber stehen Persönlichkeitstheorien, nach denen Organisation weitestgehend durch die „visible hand" des Managements gestaltet werden können. In der Praxis zeigt sich dies bei wirklich charismatischen Unternehmensführern, insbesondere Gründerpersönlichkeiten. Man kann einen weitestgehenden Managementvoluntarismus auch durch Informationsvorsprung der Managementelite und deren Positionsmacht begründen.

Realistischerweise sollte man von einem vorhandenen, aber begrenzten Managementvoluntarismus ausgehen – Veränderungsprozesse verlaufen nicht außerhalb jeglichen Einflusses des Management aber auch nicht ausschließlich durch dessen Intention. Eine derartige Position vermitteln insbesondere Lernmodelle, der neosituative Ansatz und die neuere Systemtheorie. Ein in diesem Sinne sinnvolles Grundmodell zum Verständnis und zur Analyse der Dynamik von Change Prozessen beinhaltet mehrere Facetten. Ausgangspunkt bildet die neuere Systemtheorie, in der konstruktivistisch wahrnehmende Individuen, die durch Kommunikation verbunden sind im Rahmen von Macht und politischen Prozessen über der Zeit interagieren.

6. Allgemeine Fragen der zeitlichen Gestaltung

6.1 Radikale versus sanfte Vorgehensstrategie

In einer stark vereinfachten Sichtweise versuchen mache Autoren die potentiellen Vorgehensalternativen des Managements auf nur zwei mögliche Handlungsformen "reaktives synoptisch-radikales und nichtpartizipatives Vorgehen" versus "proaktives inkremental-langsames und partizipatives Vorgehen" zurückzuführen.[1] Dadurch werden neben dem konkreten Vorgehen auch Aussagen über das Timing und die Geschwindigkeit des Wandels gemacht. "Die in der Literatur hierzu vorhanden Überlegungen lassen sich im wesentlichen auf die Frage zuspitzen, ob eine Unternehmungstransformation eher in wenigen großen Schüben, Quantensprüngen vergleichbar ('revolutionär'), oder in vielen kleinen Entwicklungsschritten ('evolutionär') zu vollziehen sei."[2] REIß differenziert in diesem Zusammenhang zwischen einer Plattformstrategie und einer Mosaikstrategie.[3] Allerdings muß eine Plattformstrategie ("Alles aus einem Guß") nicht heißen, daß damit ein radikales Vorgehen verbunden ist. ZEYER identifiziert zusätzlich das gestufte Vorgehen als ein Mischform.[4]

MILLER/FRESEN favorisieren den diskontinuierlichen Ansatz.[5] Andere Autoren wie PETTIGREW sind der Ansicht, daß "all but incremental change is resisted."[6] MILLER/FRIESEN argumentieren, daß Wandelbereitschaft nur in Krisen vorhanden ist. Da die organisationalen Faktoren stark interdependent sind, können sie nicht einzeln geändert werden.[7] Also ist nur ein (reaktiver), aber dann radikaler Wandel sinnvoll.[8] Die Studie von MILLER/FRIESEN weist nach, daß erfolgreiche Firmen einen höheren Grad an umfassenden und diskontinuierlichen Veränderungen aufweisen als durchschnittliche Firmen.

Die rational-synoptische Strategie geht von einer klar definierten Zielvorstellung aus, die durch einen engen Kreis von Spezialisten definiert worden ist. Die Umsetzung erfolgt mit minimaler Partizipation ("Bombenwurf"[9]) als strenges top down Vorgehen. Interventionen konzentrieren sich im wesentlichen auf strukturelle Maßnahmen. Der Zeitraum der Umsetzung wird kurz bemessen und ist von einer hohen angestrebten Veränderungsgeschwindigkeit

1 Zur Gegenüberstellung der Geschwindigkeiten des Wandels bei tiefgreifenden Veränderungen siehe Gallivan/Hofman/Orlikowski (1994), S. 325 ff.

2 Krüger (1994a), S. 202.

3 Vgl. Reiß (1993), S. 779.

4 Vgl. Zeyer (1995), S. 288.

5 Vgl. Miller/Fresen (1984).

6 Pettigrew (1988), S. 471. Vgl. auch Clarke (1994), S. 164.

7 Vgl. hierzu Kapitel 5.2.2.1.2.

8 Vgl. auch Reiß (1992), S. 58: "Denn wer angesichts eines riesigen Problems nur kleine Schritte und keine großen Sprünge wagt, manövriert das betroffene Unternehmen bestenfalls von einer Spielart der Komplexität in eine andere". Zur "Krise des Inkrementalismus" siehe Balck (1996), S. 1036.

9 Vgl. Kirsch/Esser/Gabele (1979), S. 180 f.

gekennzeichnet. Grundlegend wird mit der Intervention gewartet, bis der Krisendruck offenbar und für die gesamte Organisation deutlich spürbar ist.

Die inkrementale Strategie hingegen geht von einer weitestgehend offenen Zielformulierung aus und versucht sich durch einen inkrementalen Prozeß der Veränderung und der Reaktion nach vorne zu tasten.[10] Neben einer tendenziell hohen Partizipation seitens der Betroffenen wird die Veränderungsgeschwindigkeit eher langsam konzipiert. Es wird versucht, proaktiv vor dem Eintreten von Krisen einzugreifen. Die inkrementale Strategie zeichnet sich durch einen Schwerpunkt auf verhaltensorientierte Aktivitäten aus.

	Umbruchsmodell	Evolutionsmodell
Grundideen	• Die Dimensionen sind stark vernetzt. Alle Hebel müssen gleichzeitig betätigt werden • Starke Machtasymmetrie zwischen Management und Restorganisation in der Krisensituation. • Nur durch enormen Handlungsdruck wird das System handlungsfähig.	• Das System widersetzt sich allen Formen des radikalen Wandels • Lernfähigkeit ist begrenzt • Die Restorganisation hat hohes Machtpotential. • Auch ohne konkrete Krise ist die Restorganisation zur Veränderung bereit.
Charakteristiken der Intervention	• Abwartendes, reaktives Verhalten, bis die Krisensituation offensichtlich ist. *Spätes Timing* • Diskontinuierlicher Prozeß • *Hohe Wandelgeschwindigkeit* in der Veränderungsepisode • Wohldefiniertes Ziel	• Antizipativ-aktives Verhalten. *Frühes Timing.* • Kontinuierlicher Prozeß • *Geringe Momentangeschwindigkeit* des Wandels • Kreisförmiger Lernprozeß • Offener Zielzustand
Rolle der Restorganisation	• Ausführung	• Selbstorganisation • Partizipation
Rolle des Management	• Anweisung • Planung • Wissensmonopolist	• Moderator • "Gärtner" • Coach

Tabelle 6-1: Idealtypische Vorgehensmodelle des Change Management (Weiterentwicklung nach Perich (1992), S. 205, S.456, Krüger (1997), Krüger (1994a), S. 205, Servatius (1994), S.40)

Welche der beiden idealtypischen Strategien im konkreten Fall „vorteilhaft“ scheint, ist von vielen situativen Faktoren abhängig woraus sich die grobe Heuristik in Tabelle 6-1 ableitet. Der Vorteil einer kürzeren Dauer liegt in einer schnelleren Erreichung des Transformationszieles. Je nach Situation des Unternehmens müssen die Kosten einer längeren Dauer bewertet werden (beziehungsweise der Nutzen eines schnelleren Erreichens des Transformationszieles). Als Maxime kann man sagen, daß je offensichtlicher eine Krise ist, desto teurer wird die Verlängerung der Dauer. Befindet sich das Unternehmen noch in einer antizipativen

Krisenphase, so sind die Kosten einer Verspätung der Zielerreichung relativ gering.[11] Konzeptionell kann nach einem Effektivitätsaspekt erster Ordnung und einen Effektivitätsaspekt zweiter Ordnung unterscheiden. Ersterer bezieht sich darauf, daß durch eine frühere Zielerreichung auch die angestrebten Verbesserungspotentiale früher realisiert werden können. Zweiterer bezieht sich darauf, daß das Umfeld des Veränderungsprozesses dynamisch ist (d.h. Prämissen ändern sich, Rahmenbedingungen ändern sich). Damit verbunden steigt die Gefahr, daß die Kriterien anhand derer geplant und optimiert wurde nicht mehr stimmen und so der Veränderungsprozeß an Effektivität verliert. Die Gefahr, die von letzteren Effekt ausgeht, ist um so größer, je dynamischer das Umfeld ist. "Je höher der Umweltturbulenzgrad und je größer damit die kurzfristigen Risiken für die Leistung bzw. die Überlebensfähigkeit der Organisation sind, wenn die bestehenden Verhältnisse nicht geändert werden, desto schneller und radikaler muß MOC sein."[12]

Weiteres Element des Entscheidungsprozesses sind die Vor- und Nachteile einer veränderten Dauer hinsichtlich des Prozesses selbst. Auch diese Frage ist nicht einfach zu beantworten, da es gegenläufige Effekte gibt. Mit kürzerer Dauer muß die durchschnittliche Veränderungsgeschwindigkeit steigen. Der Spielraum für opportunistisches "trial and error Vorgehen" sinkt. Offenheit des Veränderungsprozesses beinhaltet Vorteile und Nachteile. Als Vorteil mag ein strategischer Opportunismus gelten, die durch Offenheit der Zielvorstellung bedingt ist und so Komplexität besser gemeistert werden kann. Allerdings muß dies nicht der Fall sein, wenn durch geeignete Strategien der Komplexitätsreduktion (z.B. Modularisierung) die Bruttokomplexität der Transformation verringert wird.[13] Potentiell nachteilig ist an einem partizipativ-kontinuierlichen Vorgehen, daß die Organisation so ständig in Veränderung begriffen ist und sich der Gefahr des ziellosen Experimentierens aussetzt. Gerade im Time Based Management (siehe Kapitel 3.5) wird argumentiert, daß durch ein schnelles und intensives Vorgehen der nötige Zeitdruck und Sense of Urgency geschaffen wird. Eine grundlegende Frage ist, ob ein Inkrementalismus überhaupt grundlegende Veränderungen schaffen kann oder nur zur Extrapolation bestehender Muster in der Lage ist. Je höher die Vernetzung ist, desto eher sind einer gestreckten und langsamen Veränderung Grenzen gesetzt.[14] Eine Verkürzung der Dauer (Umbruchsmodell) kann einerseits zusätzliche Kosten in Form von Reibungsverlusten,

---

10 Vgl. die Ausführungen zu kreisförmigen Lernmodelle in Kapitel 5.2.2.4.

11 Zu Praxisbeispielen der erfolgreichen Initiierung einer Veränderung aus einer Krise heraus siehe Maier (1993), S. 46 ff.

12 Perich (1992), S. 204.

13 Vgl. Kapitel 3.6 zu Beschleunigungsstrategien des Wandels durch Komplexitätsreduktion. Eine Übersicht über Aktivitäten des Komplexitätsmanagements findet sich in Schuh/Schwenk/Speth (1998), S. 82 Zum Komplexitätsbegriff siehe Reiß (1994b), S. 2f, Reiß (1993d), S. 54 f., Reiß (1993b), S. 132 f., Roters (1989), Köster (1998).

14 Vgl. Zeyer (1995), S. 288.

Widerständen oder Gefährdung des Unternehmens durch Komplexitätsüberlastung bedeuten. Eine zu starke Überforderung der Anschlußfähigkeit der Restorganisation kann die gesamte Transformationsinitiative gefährden.[15] Eine weitere Gefahr eines höheren Umbruchsgrades ist, daß die Organisation in eine passiv-reaktive Kultur gedrängt wird. Außerdem wird durch weniger Selbstorganisation und Partizipation die Lernfähigkeit der Organisation nicht optimal weiterentwickelt. Ist die bisherige Unternehmenskultur stark partizipativ ausgeprägt und ist die Machtverteilung im Unternehmen schon dezentral, so ist ein umbruchsartiges Vorgehen kaum möglich. Weiterhin ist fraglich, in wieweit eine komplexe Organisation überhaupt in einer synoptischen Form von Experten analysiert und verändert werden kann. Schon in Kapitel 4.5.3 wurde davor gewarnt, daß eine Überbetonung der Beschleunigung zu verdeckter Zielerosion führen kann. "Werden zum Beispiel im Zuge der Beschleunigung Konzepte nicht nur den betrieblichen Gegebenheiten angepaßt, sondern zwecks leichterer Implementierung auch im Anspruchsniveau reduziert, dann wird der gesamte Implementierungserfolg in Frage gestellt."[16]

Als Fazit ist zu sagen, daß die Maxime gilt, so schnell wie möglich in einem Veränderungsprozeß vorzugehen.[17] Was so schnell wie möglich konkret bedeutet, hängt von der Veränderungskapazität des Unternehmens ab. Im Falle der jüngsten Probleme des Daimler-Benz Konzerns mit den Produkten A-Klasse und Smart zeigt sich, daß der rasch vorangetriebene Umbau des Konzerns bei einer kritischen Wandelgeschwindigkeit angelangt ist. Zu bemerken ist auch, daß die Wandelkapazität im Verlauf des Wandels gesteigert werden kann (Lernkurveneffekte). Wichtig ist jeweils anhand von Indikatoren zu messen, ob sich die angestrebte Veränderungsgeschwindigkeit noch im "grünen Bereich" bewegt.[18]

Nach Ansicht des Autors sind die obigen Idealtypen sehr abstrakt ("Homogenitätsillusion"). Dadurch werden die Handlungsoptionen zwar stark reduziert und damit transparenter, gleichzeitig wird aber das Objekt "Wandel" nur unzureichend. Es werden keine Aussagen über Reihenfolgen der Aktivitäten, Orten des Wandels etc. gemacht. In der komplexen Realität eines Unternehmenswandels werden sich je nach situativer Gegebenheit revolutionäre und evolutionäre Elemente zu verschiedenen Zeiten an verschiedenen Orten mit verschiedenen Inhalten gleichzeitig oder sequentiell abspielen.[19] ROTH skizziert ein oszillierendes Vorge-

---

15 Vgl. Clarke (1994), S. 180, Müller-Stewens (1995), S. 145.

16 Zeyer (1995), S. 288.

17 Vgl. Gallivan/Hofman/Orlikowski (1994), S. 325 ff.

18 Vgl. Kapitel 7.5.

19 Zeyer (1995), S. 288 spricht lediglich von einer Sequenz von revolutionären und evolutionären Teilprojekten. Wichtiger erscheint jedoch die *Schachtelung* von Teilabschnitten in einem Gesamtkonzept "Es braucht einen top down gesetzten Zielkorridor, und die Prozesse müssen partizipativ entwickelt werden" (Schuh u.a. (1998), S. 22). Vgl. auch Clarke (1994), S. 164, Reiß (1995b). Balck (1996), S. 1037. Servatius (1994), S. 40 befürwortet ein "evolutionäres Reengineering". Es ist allerdings fraglich,

hensmodell, das sich zwischen den Extrempolen radikaler versus evolutionärer Wandel und top down versus bottom up Strategie bewegt.[20]

	Umbruchsmodell	Evolutionsmodell
Trägheit beziehungsweise Veränderungsfähigkeit der Organisation (z.B. Staatsunternehmen versus Softwareunternehmen)	• Unternehmen ist schnelle Veränderungen gewöhnt	• Die bisherige Unternehmensentwicklung verlief sehr statisch.
Veränderungskultur der Organisation	• Schwach ausgeprägt	• Stark ausgeprägt
Sense of Urgency	• Vorhanden, aber labil	• Stabil verankert
Wichtigkeit der Kulturentwicklung zu Selbstorganisation und Eigenverantwortung	• Niedrig	• Hoch
Machtverteilung im Unternehmen	• Macht ist zumindest in Krisensituationen stark asymmetrisch verteilt	• Macht ist im Unternehmen verteilt. Auch in Krisensituationen besitzt das Management nur stark eingeschränkten Handlungsfreiraum
Umweltsituation, Sicherheit der Zukunft	• Turbulent, Unsicherheit der antizipierten Krise	• Stabil
Charakter des Veränderungsobjektes	• Stark vernetzt • Kaum Zerlegung in Einzelinitiativen möglich • Überschaubare Komplexität • Geringe Gefahr der verdeckten Zielerosion bei hoher Wandelgeschwindigkeit	• Geringe Vernetzung • Gute Zerlegbarkeit • Hohe Komplexität • Hohe Gefahr der verdeckten Zielerosion bei hoher Wandelgeschwindigkeit
Wissensbasis des Managements	• Hoch • Transparente Wissensverteilung • Wenig Bedarf an Trial and Error Vorgehen	• Niedrig • Wissen ist dezentral im Unternehmen verteilt • Hoher Bedarf an Trial and Error Vorgehen
Ressourcenverfügbarkeit	• Hoch	• Begrenzt
Nutzen durch schnellere Zielerreichung	• Hoch	• Niedrig

Tabelle 6-2: Situative Faktoren der Strategiewahl (Weiterentwicklung nach Perich (1992), S. 205, Zeyer (1995), S. 288, Nippa (1996), S. 72, Bashein/Markus/Riley (1994), S. 7f.)

Methodisch ist zu kritisieren, daß Handlungsdimensionen verschmolzen werden, die zwar Überlappungen und Vernetzungen zueinander aufweisen, nicht aber gleichzusetzen sind. Dies gilt insbesondere für die Begriffe Geschwindigkeit des Wandels", "Partizipation der Betroffenen" und "Planungshorizont des Wandels". CZICHOS differenziert daher anhand der Dimensionen "Geschwindigkeit des Wandels" und "Partizipation" vier Taktiken der Implementie-

ob dies nicht ein in sich widersprüchlicher Begriff ist. Vgl. Sattelberger (1996), S. 86 zu einer differenzierten Gegenüberstellung von top down und bottom up Elementen.

20 Vgl. Roth (1997), S. 49.

rung.[21] Allerdings ist mit den gemachten Ausführungen fraglich, ob schnelle Implementierung bei hohem Partizipationsgrad überhaupt möglich ist. Aus genannten Gründen wendet sich die Arbeit in Kapitel 6.4 einer differenzierteren Betrachtung ausgewählter Interventionsdimensionen der zeitlichen Innen- beziehungsweise Verlaufsstruktur eines tiefgreifenden Unternehmenswandels (corporate transformation) zu. Eine weitere Differenzierung findet in Kapitel 7.5 statt.

6.2 Timing von Veränderungsvorhaben

Timing ist die bewertete Zeitlage einer Aktion oder eines Ereignisses. Es gibt gutes oder schlechtes Timing. Die "richtige" (oder aber auch "falsche") Zeitlage ergibt sich aus dem Wert einer zu definierenden Zielfunktion. In dem hier betrachteten Kontext wird unter Timing die zeitliche Lage des *Beginns* eines Change-Projektes verstanden. Es ist unbestritten und in zahlreichen Veröffentlichungen erwähnt, daß das Timing beziehungsweise der Beginn für einen Change-Prozeß von entscheidender Bedeutung für dessen Verlauf, dessen Erfolg und dessen Ausgestaltung ist.[22] Man kann treffender von einem "Window of Opportunities" sprechen.[23] Bei der Argumentation zum Timing wird meist die zentrale Rolle des *Leidensdrucks*[24] hervorgehoben, die von vielen Autoren als unverzichtbare Voraussetzung für (fundamentale) Wandelprozesse gesehen wird.[25] Im Zentrum der Argumentation steht tendenziell, daß erhöhter Leidensdruck die Bereitschaft zu (potentiell) unangenehmen Veränderungen erhöht, auf der anderen Seite hoher Leidensdruck zu (schädlicher) Kurzfristoptimierung führt.[26] "Starting a transformation in advance of a crisis and without sufficient top management consensus about impending problems ... rises the likelihood that it will become just another program. Starting the transformation too late makes the effort a turnaround with greater emphasis on cost reduction than on innovative management approaches."[27] "Gemeinhin wird davon ausgegangen, daß die Bedingungen für die Umsetzungsarbeit um so günstiger einzustufen sind, je schlechter es um die Beschäftigungssituation der Firma bestellt ist: Der Leidensdruck nimmt ständig zu, und außerdem haben die Mitarbeiter mehr Zeit für Schulung

---

21 Vgl. Czichos (1990), S. 425.

22 z.B. Beer (1988), Perich (1992), Zeyer (1996), Clarke (1994), S. 178, Bleicher (1996).

23 Vgl. Bleicher (1996), S. 564.

24 Beziehungsweise des Empfinden einer (bedrohlichen) Krise. Solche Krisen sind immer subjektive Wahrnehmungen (Vgl. Johannson (1993), S. 37 ff.). Wahrnehmungen der Krise kann man beispielsweise nach Thom (1995) differenzieren in Liquiditätskrise, Erfolgskrise und strategische Krise. Existenzangst erzeugt in der Regel eine höhere Bereitschaft der Betroffenen zur Akzeptanz unangenehmer Veränderungen.

25 Vgl. Zeyer (1996), S. 163, Sommer (1994), S. 43, Scott-Morgan (1994), S. 13, Reiß (1993b), S. 173, Hanser (1992), S. 100.

26 Vgl. Perich (1992), S. 479.

27 Beer (1989), S. 21.

und Umlernprozesse."[28] Grundlage für ein richtiges Timing ist es nach BLEICHER, *Überblick* zu haben.[29] Hierfür müssen die entscheidungsrelevanten Faktoren genauer identifiziert werden.

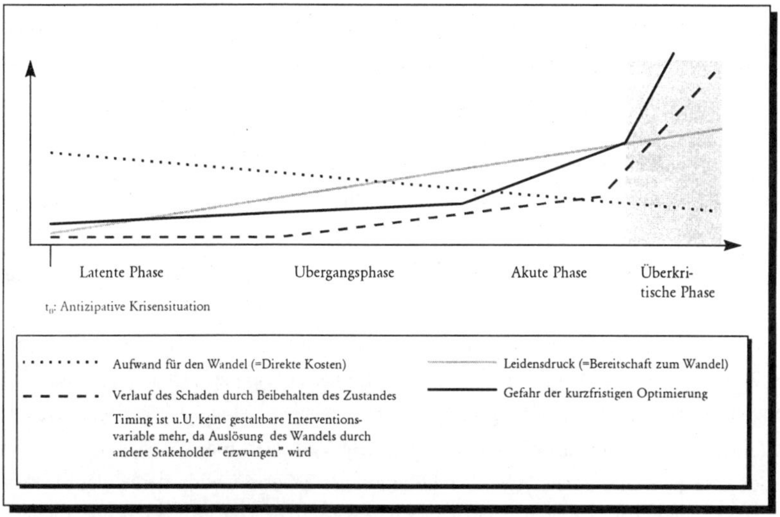

Abbildung 6-1: Prinzipskizze zum Verlauf timingrelevanter Faktoren[30]

REIß weist auf den Unterschied zwischen Timing von technischen Ereignissen und einem Abwägen der Einflüsse bei Reorganisationen hin, die weit schwerer zu erkennen und zu optimieren sind.[31] Das folgende längere Zitat zeigt exemplarisch die sich oftmals widerstrebenden Einflüsse: "Orientiert man sich an der Verfügbarkeit von Promotoren und an der Bereitschaft zum Wandel, erweist sich ein Starttermin in schlechten Zeiten als optimal. Dann ist der erforderliche Leidensdruck vorhanden und Führungskräfte sind nicht durch das Tagesgeschäft absorbiert. Will man sich einen möglichst großen Gestaltungsspielraum offen halten, sollte mit dem Wandel frühzeitig, d.h. nicht erst in wirtschaftlichen schwierigen und durch Sachzwänge geprägten Einstieg in das Change Vorhaben begonnen werden."[32]

[28] Reiß (1993a), S. 555.
[29] Vgl. Bleicher (1996).
[30] Vgl. Reiß (1993), S. 554.
[31] Vgl. Reiß (1997c), S. 126.
[32] Reiß (1997c), S. 126 f.

Die soziologische Forschung hat gezeigt, daß durch *Leidensdruck* Interaktionsmechanismen und Interaktionsstrukturen intensiviert werden.[33] Dies gilt sowohl für kooperatives Verhalten als auch für sein Gegenstück. Je nach kulturellen Rahmenfaktoren und auch nach Wahrnehmung der Individuen hinsichtlich (negativer) Betroffenheit der Anderen kann ein Leidensdruck zu einem sehr starken kulturellen Zusammenhalt führen oder aber als Gegenstück in eine "Rette wer sich kann" - Stimmung umschlagen.[34] Findet der Leidensdruck in einer Kultur der Kooperation und des Vertrauens statt, so kann der Partizipationsumfang der Veränderung geringer ausfallen, ohne dabei die Akzeptanz seitens der Betroffenen zu gefährden.[35] Führt Leidensdruck allerdings zu einem Zerfall von Vertrauenskultur und Wir - Bewußtsein in der Organisation, so kommt es zu einer Individualisierung Optimierungshorizonte der Individuen in der Organisation.

Durch steigenden Druck auf die Entscheider und kürzere Optimierhorizonte durch spätes Timing steigt die Gefahr, daß es nicht zu einem ursachenorientierten Veränderungsprozeß kommt, sondern lediglich zu einem symptomorientierten quick fix.[36] Nach LUHMAN werden unter Zeitdruck Entscheidungen getroffen, die folgende potentielle Defizite aufweisen:[37] Bevorzugen fertiger Schubladenlösungen, vorhandener mentaler Modelle[38], greifbarer Information, kooperativer Kommunikationspartner. Mit dem Verschieben des Startpunktes ist potentiell der Drang zu einer schnelleren Durchführung der Transformation verbunden. Damit ist die Gefahr verbunden, daß statt langfristiger und proaktiver Transformation nur ein (symptomorienterter) Turnaround erreicht wird, der von finanziellen Größen (Liquidität, Kostenstruktur) dominiert wird.[39] Da insbesondere eine Corporate Transformation immer eine strategische Grundorientierung haben muß, gefährdet ein zu hoher Leidensdruck diese und ist potentiell schädlich.

Zu einem ganzheitlichen Wirkverständnis muß untersucht werden, welche Auswirkungen ein quick fix auf *Folgereorganisationen* hat.[40] BLEICHER sieht eine *langfristige* Gefahr einer

---

33 Vgl. Zeyer (1996), S. 136 ff., Lietz (1992).

34 Hier ist insbesondere das Führungsverhalten von Interesse. Als plakatives Beispiel mag der Indikator gelten, ob Einschnitte und unangenehme Veränderungen nicht nur im unteren oder mittleren Management stattfinden, sondern auch auf der obersten Führungsebene.

35 Vgl. Reiß (1993a), S. 554.

36 Vgl. Senge (1990).

37 Vgl. Luhman (1968), S. 12.

38 Zu den mentalen Modellen siehe Kapitel 5.2.2.4.

39 Statt sich an der strategischen Wichtigkeit zu orientieren, kann es vermehrt zu einem "operativen Aktionismus" kommen, der sich an schnell sichtbaren und meßbaren Erfolgen orientiert (Vgl. Reiß (1993c), S. 173).

40 Vgl. Bungard (1996), S. 259. Thom/Bayard (1997), S. 164 befürworten daher eine langfristig angelegt Erfolgsmessung. Vgl. zu Folgereorganisation insbesondere die Ausführungen bei Kirsch/Esser/Gabele (1979), S. 9 ff., Kirsch u.a. (1978), Kirsch/Esser/Gabele (1978), Kirsch/Esser/Gabele (1977), Knopf (1976), S. 84 ff.

krisenorienierten Change-Strategie darin, daß so zwangsläufig die strategische Qualität des Wandels leidet und in einen (negativen) Zyklus der operativen Hektik münden kann.[41] „Mit Verweis auf die überlebenskritische Gefährdung des Gesamtsystems oder eines betroffenen Bereichs wird der Widerstand gegen die Änderung auf ein absolutes Minimum reduziert. Dieses Vorgehen kann als 'ultima ratio' eines Veränderungsvorgehens bezeichnet werden."[42] „Unter der 'Vordringlichkeit des Befristeten' gewinnt die operative Dimension gegenüber normativen und strategischen Dimensionen an Gewicht. Das operative Geschehen wird durch Zeitstrukturen dominiert. Termine werden gesetzt, die in ihrer interaktiven Bezogenheit neue Termine erzeugen. Die Qualität der Entscheidungen sinkt ab, die Eigenkomplexität verzögert notwendige Anpassungen, was die neuen 'Notfallsituationen' generiert, entstehende schädliche Wirkungen situativ unter Kontrolle bringen zu müssen."[43] Aus dem Zitat sind auch versteckte Folgekosten einer Einzelinitiative ablesbar, wenn durch krisengesteuertes Agieren die Organisation immer mehr in einen Reaktivmodus gedrängt wird. Es ist möglich, daß so ein langfristig schädlicher Zustand des permanenten Krisenmanagements ausgelöst wird.[44]

REIß erwähnt die *Panik-Falle.* Sie entsteht, wenn die Akteure des Wandels auf eine zeitweilige Verschlechterung von Kennzahlen in der Übergangsphase des Wandels (Konfusions-phase[45]) mit verstärktem Druck, stärkerer Kontrolle oder gar durch Projektabbruch reagieren.[46] "Viele Reengineering-Programme scheitern hier, da das notwendige Beharrungsvermögen nicht aufgebracht wird - es bleibt dann wenig mehr als eine neue Anekdote für diejenigen, die schon von Anfang wußten, daß sich außer dem Namen des Programms nichts ändern würde."[47] Die Falle entsteht durch einen zu kurzen Erwartungshorizont der Entscheider und ist potentiell immer möglich. Allerdings steigt die Wahrscheinlichkeit mit zunehmendem Abwarten an, da der Leidensdruck steigt, der wie angesprochen die Tendenz zu kurzfristigen Denken und Optimieren verstärkt.[48]

Betrachtet man die Inhalte von umfassenderen Veränderungsvorhaben in der Unternehmenspraxis, so wird auf der kulturellen Ebene meist eine Orientierung an einer selbstständigen, unternehmerischen und insbesondere vertrauensbasierten Tiefenstruktur des Unternehmens

41 Vgl. Bleicher (1996), S. 551 ff.
42 Bleicher (1996), S. 551.
43 Bleicher (1996), S. 567.
44 Vgl. Bleicher (1996a), S. 354.
45 Vgl. Sattelberger (1996), S. 84.
46 Vgl. Reiß (1997e), S. 115. Vgl. auch Hild/Schwarzgruber/Rombach (1997), S. 216, Lochmann/Rüsch-Kornasoff (1996), S. 337. Roth (1997), S. 62 weist auf die Wichtigkeit einer umfassenden Konzeptionsphase hin, um eine implementierbare effektive Lösung zu ermöglichen.
47 Herp/Brand (1996), S. 139.
48 Clarke (1994), S. 174 spricht treffend von "the long dark night of the innovator". Vgl. auch Carnall (1997), S. 75. In einer empirischen Untersuchung von Alexander (1997), S. 176 wurde die Tatsache, daß die Implementierung *länger* als erwartet benötigt, als wichtigstes Problem identifiziert.

angestrebt. Leidens- und Erfolgsdruck gefährdet durch den Trend zum Rückfall in zentralistisch-bürokratische Organisationsstrukturen und in ein autoritäres Management potentiell den *Inhalt* des Wandels.[49] "Ein derartiger Rückfall macht Fortschritte auf dem Wege von einer *opportunistischen* zu einer (*verpflichtenden Unternehmenspolitik* und einer auf *Veränderung* statt *Stabilisierung* ausgerichteten Gestaltung der strategischen Dimension genauso hinfällig, wie eine stärkere Berücksichtigung humaner Aspekte beim operativen Management selbst."[50] (Im Original kursiv).

Die bisherigen - zugegebener Maßen knappen - Ausführungen verdeutlichen die Komplexität des Beginns einer Veränderungsinitiative hinsichtlich der Auswirkungen wachsenden Leidensdrucks. Bisher wurde Leidensdruck als quasi objektiv wahrnehmbare Größe beschrieben, die den Charakter einer situativen Variablen hat. Wenngleich es sicherlich weitestgehend objektive Krisensymptome gibt (z.B. eine Liquiditätskrise[51]), ist eine Krise ein subjektiv wahrgenommenes Phänomen. Daher ist die Frage hinsichtlich Vorhandensein von Leidensdruck zum Auslösezeitpunkt zu kurz gestellt, da es eigentlich darum geht, in wie weit dieser *erzeugt* beziehungsweise *vermittelt* werden kann.[52] Dies hängt eng mit Fähigkeiten des Managements zusammen. Als Beispiel für einen antizipativ revolutionären Wandel kann General Electrics gesehen werden. Dort konnte durch eine künstliche Krise (Nummer 1 oder Nummer 2 im jeweiligen Geschäftsfeld oder Verkauf) genügend Leidensdruck induziert werden.[53] Ein anderes Beispiel ist der Transformationsprozeß von TUI, das ohne direkten Marktdruck Geschäftssysteme neu gestaltet hat und Industriemaßstäbe gesetzt hat.[54] Wenngleich (latente) Angst ein starke Motivationskraft ausübt, lebt ein strategischer Wandel insbesondere von seiner *Visionsfähigkeit.*[55] Eine Vision stellt einen positiven und erstrebenswerten Zustand dar und orientiert sich am Pull-Prinzip anstatt am Pushprinzip. Daher muß neben die Frage “Vermittelbarkeit von Leidensdruck” die Frage “Vermittelbarkeit einer Vision” gestellt werden.

Obige Ausführungen haben sich mit den Risiken des Abwartens befaßt und implizit für ein möglichst frühen Beginn einer Veränderungsinitiative plädiert. Allerdings muß man vor einer

---

49 Vgl. Bleicher (1996), S. 568.

50 Bleicher (1996), S. 569.

51 Vgl. z.B. Thom (1995), S. 869 ff.

52 Vgl. Kotter (1997), S. 55 f. In der Beratungspraxis spricht man von einer “burning platform”. Manche Autoren sprechen sich für Simulation von Krisen aus (z.B. Perlitz u.a. (1996b), S. 357). Gerade wenn Unternehmen in der Vergangenheit erfolgreich waren, ist es schwierig einen antizipativen Leidensdruck zu erzeugen (Sattelberger (1996), S. 62, Rosenstiel (1997), Rosenstiel (1997), S. 203 f.)

53 Vgl. Sattelberger (1996), S. 62.

54 Vgl. Schneider (1997), S. 95.

55 Zur Wichtigkeit der Vision siehe Kapitel 6.4.4. Vgl. auch Senge (1994), S. 200, Senge (1990), S. 157, Doppler/Lauterburg (1996), Bohlin u.a. (1995), S. 217, Grässle (1993), S. 134, Veil (1995), S. 107. Daher

zu einseitigen und potentiell sozialromantischen Grundhaltung[56] warnen, wie es sich nach Ansicht des Autors bei BLEICHER andeutet.[57] Während die von genanntem Autor beschriebenen Gefahren sicherlich vorhanden sind, so sollte man einer zu partizipativen und offenen Vorgehensweise im Change Prozeß kritisch gegenüberstehen. Fehlender (Zeit- und Leidens-) Druck kann kontraproduktiv - beispielsweise in Form von endlosen Diskussionen, mangelnder Zielorientierung oder mangelnder Veränderungsbereitschaft - werden.

Neben dem Einfluß des Timings auf die *subjektive* Wahrnehmung der Akteure - insbesondere auf den Leidensdruck - treten objektive Effekte. Das Verschieben eines Change-Vorhabens (d.h. spätes Timing) hat den potentiell schwerwiegenden Nachteil, daß dadurch der *Handlungsfreiraum* des Managements mehr und mehr eingeschränkt wird und so ein immer reaktiveres und myopischeres Handeln mit entsprechenden Langzeitfolgen gefördert wird. "In der Krise befaßt sich das Management weniger mit langfristigen Reformen als vielmehr mit den kurzfristig dringlichen Alltagssorgen, z.B. der Akquisition von Aufträgen und der Einhaltung gekürzter Budgets. Auch die Verfügbarkeit der Mitarbeiter geht infolge erhöhter Fluktuation und Kurzarbeit in diesen Zeiten eher zurück. Schließlich sinken die Erfolgschancen für die Reform, wenn man erst zu spät interveniert. Dann reicht die Zeit oft nur noch für schadensbegrenzende Feuerwehreinsätze, die Chance einer proaktiven Führungsarbeit sind vertan."[58] Die potentiellen Kosten die dadurch entstehen, daß man in einen Reaktivmodus des Handelns gedrängt wird, sind schwer abzuschätzen.

REIß charakterisiert den Schaden, der durch spätes Timing entstehen kann durch die "Abwartefalle".[59] Sie drückt aus, daß durch ein spätes Eingreifen nicht nur ein schnellerer Wandel nötig ist, sondern daß zudem der Veränderungsumfang steigen kann. Bei der Umstrukturierung der Jenoptik kostete jeder Monat des Abwartens mit der nötigen Umstrukturierung nach der Wende 50 Millionen Mark an reinen Personalkosten.[60] Eng damit verbunden ist die "Ultima Ratio-Falle". "In eine *Ultima Ratio-Falle* manövriert sich, wer unpopuläre Maßnahmen wie z.B. dem Personalabbau immer vor sich her schiebt, weil er in ihnen nur das letzte Mittel sieht. Durch diese Verzögerung steigt aber in aller Regel gleichzeitig der zu bewältigende Änderungsbedarf: Verschlechtert sich die wirtschaftliche Situation des Unternehmens, müssen immer mehr Stellen abgebaut werden. Es öffnet sich eine gefährliche

ist das reine künstliche Erzeugen von Leidensdruck durch künstliche Krisen kritisch zu sehen. Es kann vermehrt zu Scheinakzeptanz und zu Abstumpfungseffekten kommen (Striening (1988), S. 274).

56 Vgl. Doppler/Lauterburg (1996) oder Grässle (1993).

57 Vgl. Bleicher (1996), S. 568 ff.

58 Reiß (1993a), S. 555. Zur Wichtigkeit von Lead Time siehe Clarke (1994), S. 177.

59 Vgl. Reiß (1997), S. 115.

60 Vgl. Schleef (1997), S. 155.

Schere zwischen notwendigen Änderungsbedarf und der tatsächlichen Änderungsleistung."[61] (Im Orginal kursiv).

Ein Verzögern kann auch Vorteile erbringen, indem sich während des Abwartens *Opportunitäten* ergeben können.[62] "Einige günstige Gelegenheiten ergeben sich erst in der Zukunft. ... Durch passives Abwarten können so Chancen des Inkrafttretens neuer Gesetze, des Ablaufs von Amtszeiten, Veränderungsabsichten bei einzelnen Managern, eines Wechsels der konjunkturellen Rahmenbedingungen, usw. genutzt werden. Nutzen ist in diesem Zusammenhang häufig gleichbedeutend mit einem richtigen Zeitpunkt von Change-Vorhaben."[63] Andere Opportunitäten können sich insbesondere aus personellen Veränderungen ergeben (z.B. *unerwarteter* Firmenwechsel eines mächtigen Opponenten).

Ressourcenorientierte Faktoren sollten ebenso Einfluß auf die Entscheidung des Timings haben.[64] Eine herausragende Position nehmen Auslastungsgrade der Organisation ein.[65] Diese Auslastungsgrade haben den Charakter von Opportunitätskosten, die andeuten, wie teuer es ist, Ressourcen auf den Transformationsprozeß zu lenken. Dies gilt für personelle aber auch für finanzielle Größen. Da eine Transformationsinitiative in der Regel mit erheblichen Kosten verbunden ist, müssen diese mit dem Kapitalkostensatz der Unternehmung bewertet werden.[66] CLARKE bringt es durch folgende Aussage auf den Punkt: "Time major changes for the Friday afternoon before Christmas".[67] REIß ist der Auffassung, daß ein spätes Timing mit einer höheren Ressourcenverfügbarkeit verbunden ist, da die Beschäftigungssituation in einer Krise tendenziell niedrig ist. Dies muß allerdings differenziert betrachtet werden.[68]

Eine grundsätzliche Frage ist, ob und in wieweit das Timing eines Veränderungsprozesses eine *frei* gestaltbare Interventionsvariable für das Top Management (oder den jeweiligen Akteur) darstellt.[69] Die Grundannahme des eingeschränkten Voluntarismus setzt dem Mana-

---

61 Reiß (1997e), S. 115.

62 Vgl. Zeyer (1996), S. 154 f., Reiß/Zeyer (1994), S. 89.

63 Reiß (1997c), S. 120.

64 Vgl. Sattelberger (1996), S. 62.

65 Hier ist es wichtig, an die momentane Aggregationsebene zu erinnern und zu fragen, ob organisationale Auslastungsgrade überhaupt pauschal wahrnehmbare Größen sind. Die Arbeit geht davon aus, daß dies so ist. Unter einem organisationalen Auslastungsgrad werden Indikatoren verstanden, die aussagen, inwiefern Ressourcen der Gesamtorganisation durch die gewöhnliche Geschäftstätigkeit des Konzerns gebunden. Ein Beispiel wäre die "Produktoffensive" bei Mercedes-Benz oder andere schon existierende Veränderungsprozesse, wie Globalisierungsanstrengungen.

66 Zur Berechnung von Kapitalkosten und wertorientierten Ansätzen siehe z.B. Bock (1996), S. 79, Fickert/Anger (1998), S. 54, Günther (1997), Black/Wright/Bachman (1998), Rappaport (1995) oder Gomez (1998), S. 62.

67 Clarke (1994), S. 170.

68 Vgl. Reiß (1993a), S. 555.

69 Also nicht hinsichtlich der Auswirkungen, sondern ob es in der Macht des Managements steht, den Startzeitpunkt des Wandels zu verschieben. Vgl. Bleicher (1996), S. 564, Fischer (1997a), S. 18.

gementhandeln Grenzen.[70] Als Beispiele sind die Anteilseigner zu nennen, die ein zu langes Abwarten oder ein zu frühes Intervenieren potentiell verhindern werden. Auf der anderen Seite kann ein zu langes Warten dazu führen, daß der Druck auf das Top Management selbst derart zunimmt, daß das Management nur noch reagieren kann. Äußere Einflüsse von Stakeholdern (Kapitalgeber, Politik, etc.) erzwingen den Wandel. Ab diesem Punkt ist das Timing keine gestaltbare Interventionsvariable mehr. Timing stellt also eine Interventionsvariable dar, die nicht den gesamten zukünftigen Zeitstrahl als Handlungsraum umfaßt, sondern hinsichtlich eines maximalen Verschiebens begrenzt ist.[71] Wie groß der Spielraum des Timings ist, hängt von den Rahmenbedingungen ab, denen ein Akteur unterworfen ist:

- eigene Macht
- Macht anderer Einfluß habender Akteure
- situative Umstände (z.B. konkurrierende Veränderungsinitiativen, Führungswechsel[72] oder externe Ereignisse[73])
- nicht beeinflußbare Folgen vergangener Ereignisse
- etc.

Insgesamt zeigen die Ausführungen ein komplexes Bild von sich gegenseitig beeinflussenden Wirkungen und situativen Faktoren, die die Entscheidung des Timings eines Veränderungsprozesses beeinflussen. Wenngleich die Entscheidung, sich auf den Weg eines Change Prozesses zu begeben, letztendlich eine unternehmerische Entscheidung ist, zeigt Abbildung 6-2 eine rudimentäre Entscheidungsheuristik. Nach Ansicht des Autors ist zu einfach, die Antwort des optimalen "window of opportunities" mit Verweis auf Intuition in den prinzipiell nichtwissenschaftlichen Raum zu verbannen.[74] Wenngleich keine abschließende und vor allem absolut richtige Antwort auf die Frage des optimalen Timings eines Change-Prozesses gegeben werden kann, so heißt die Maxime "So früh wie möglich". Die Vorteile wurden schon angeführt. Was "möglich" bedeutet, hängt sehr stark von den Fähigkeiten und Ressourcen des Managements ab.

---

[70] Vgl. Kapitel 5.3.

[71] Dargestellt durch den schraffierten Bereich in Abbildung 6-1.

[72] Vgl. Fischer (1997d), S. 26, der - nach Ansicht des Autors zurecht - personelle Veränderungen als "Königsweg" der Beschleunigung von Transformationsprozessen betrachtet.

[73] Beide Faktoren stellen nach einer empirischen Untersuchung von Alexander (1997), S. 176 wichtige Implementierungsengpässe dar.

[74] Vgl. Simon (1989), S. 126: "Das Erkennen und Treffen des richtigen Augenblicks scheint stark von der unternehmerischen Intuition abzuhängen" (Zitiert nach Zeyer (1996), S. 134) Durch eine situative Entscheidungsheuristik werden implizit pauschale Aussagen zum Timing kritisiert (z. B. Bungard (1996), S. 259).

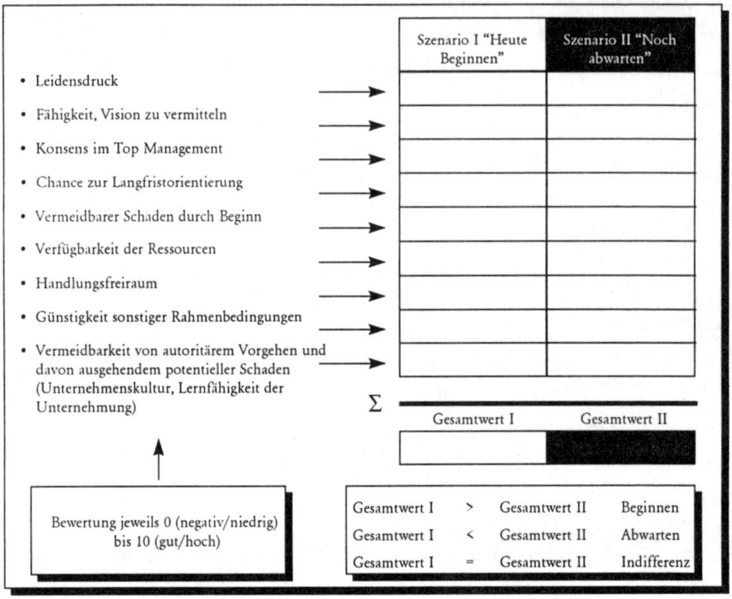

Abbildung 6-2: Heuristisches Entscheidungsmodell zur Bestimmung des optimalen Timings eines Veränderungsprozesses[75]

Abstrahiert man von der Timingfrage einer Einzelinitiative und betrachtet *mehrere* Episoden des Wandels, so bieten sich mehrere Möglichkeiten, der "operativen Falle" beziehungsweise dem "quick fix" zu entkommen. BLEICHER sieht eine Möglichkeit darin, daß sich das Management mehr auf normative und strategische Fragen konzentrieren sollte, um so genügend Aktions- und Gestaltungsfreiraum zu haben.[76] Durch eine präsituative Entkopplung durch Managementsysteme in Form von planendem und vorausschauendem Verhalten sollen situative Ereignisse antizipiert werden und damit mehr Zeit für einen effektiveren und effizienteren Veränderungsprozeß ermöglichen. Es ist offensichtlich, daß man im Veränderungsprozeß um so mehr Handlungsfreiraum hat, je weiter das potentielle "Hindernis" entfernt ist. Dies sollte das grundlegende Ziel des Handelns sein. Problematisch ist allerdings, daß dazu ein stabiler Horizont nötig ist, was in turbulenten Zeiten kaum der Fall ist. BLEICHER geht in diesem Zusammenhang von einer (zu) starken Vorhersehbarkeit der Zukunft aus.

75 Zu einer wesentlich undifferenzierteren Heuristik siehe Clarke (1994), S. 181 bzw. Beckhard/Harris (1994).

76 Vgl. Bleicher (1996), S. 565 ff.

Als zweite Alternative sieht der genannte Autor die Möglichkeit zur strukturellen Entlastung durch strategische Auslegung der Organisation. Diese sollen einen künstlichen (antizipativen) Handlungsdruck erzeugen. Wie eine genaue Operationalisierung aussehen soll, bleibt allerdings unklar. "Die Gefahr von Rückfällen in autoritative Muster der Führung und einer zentralistisch-bürokratischen *Organisationsstruktur* kann durch eine gleichmäßigere und von strategischen Notwendigkeiten geprägte Verteilung der Informations- und Handlungsknoten in der Organisationskonfiguration begegnet werden."[77] (im Orginal kursiv). Dies bedeutet, daß die Organisation eher bereit ist, ohne konkreten Handlungsdruck zu agieren, was auf die Lernfähigkeit der Organisation anspielt. Dadurch wird es möglich, daß im Unternehmen ohne konkreten Krisendruck die nötige Wandelbereitschaft vorhanden ist. Eine dritte von BLEICHER nicht erwähnte Strategie ist es, das Unternehmen *agiler* zu machen. Dadurch wird der Schwerpunkt auf eine verbesserte Reaktionsfähigkeit anstatt auf verbesserte Antizipationsfähigkeit gelegt. Ein agileres Unternehmen kann in einer Krisensituation reagieren, ohne daß diese Reaktion lediglich eine "aus der Not geborene" Lösung der operativen Hektik darstellt.

6.3 Dauer und Geschwindigkeit von Wandelprozessen

6.3.1 Dauer und Geschwindigkeit einer Corporate Transformation[78]

Die Dauer eines Veränderungsprozesses und die (durchschnittliche) Wandelgeschwindigkeit können nicht voneinander getrennt betrachtet, da gilt folgender Zusammenhang gilt: Dauer = Wandelumfang / mittlere Wandelgeschwindigkeit. Zur Dauer von Transformationsprozessen existieren erstaunlich wenig differenzierte Aussagen, was wahrscheinlich an der Seltenheit des Objektes liegt.[79] Transformationen benötigen "viel" Zeit. So wird beispielsweise das "Toyota Production System"[80] als inzwischen 30-jähriger Perfektionsprozeß beschrieben.[81] TICHY veranschlagt "lange Zeiträume" und beschreibt den Wandelprozeß von GE als 13 Jahre andauernd.[82] BEER/EISENSTAT/SPECTOR ermitteln in ihrer Studie, daß alleine eine umfassende Transformation der einzelnen Geschäftsfelder 10 Jahre benötigt.[83] Ähnliche Zahlen nennt PETTIGREW aus seiner Langzeitanalyse des Chemiekonzerns ICI.[84] An dieser Stelle muß

77 Bleicher (1991), S. 571.

78 Vgl. auch Kapitel 4.5.2, Zum Begriff siehe Kapitel 6.4.4.

79 z.B. Zeyer (1996), S. 135, der diesem Aspekt lediglich einige Zeilen widmet. (Ähnlich auch bei Perich (1992), S. 479).

80 Vgl. Monden (1996) ,Ohno (1993), Yuzo (1994) zum Toyota Production System. Zu einer kritischen Bestandsaufnahme siehe beispielsweise Shimizu (1994), S. 20 f.

81 Die Frage ist allerdings, ob diese als ein *intendierter* Transformationsprozeß gesehen werden kann, oder eher ein Evolutionsprozeß der Organisation ist. Vgl. auch Grob (1993), S. 126, Perlitz u.a.(1995), S. 12.

82 Vgl. Tichy (1995), S. 22 . Siehe auch Tichy/Sherman (1994) und Abbildung 6-10.

83 Vgl. Beer/Eisenstat/Spector (1990).

84 Vgl. Pettigrew (1985).

zwischen einer ex post-Betrachtung der tatsächlich realisierten Dauer und der ex ante Perspektive einer angestrebten Dauer unterschieden werden. Bei der Frage nach der *anvisierten* Dauer aus der ex ante Perspektive hat man das Problem, daß mit zunehmendem Inkrementalismus[85] des Vorgehens immer weniger über die angestrebte Dauer ausgesagt werden kann, da der Endpunkt der Transformation immer unschärfer definiert ist.[86] Im weiteren wird von dieser prinzipiellen Problematik abstrahiert und unterstellt, daß es zumindest aus strategischer Sicht einen Planungshorizont gibt, der einen (wenn auch unscharfen) angestrebten Finalpunkt beinhaltet.[87]

6.3.2 Dauer und Geschwindigkeit einer Restrukturierung

Aussagen zur Dauer von Reorganisationen schwanken zwischen unter einem bis zu mehreren Jahren. ILOI hat in einer Umfrage eine durchschnittliche Projektdauer von 135 Wochen ermittelt.[88] Interessant ist, daß erfolgreiche Projekte nach den Ergebnissen von ILOI in der Regel ihr Zeitbudget um über 20% überschreiten. KPMG ermitteln eine Überschreitung der geplanten Dauer zwischen 17% im Falle von Mergers & Aquisitions und 42% bei der Neugestaltung von Business-Prozessen.[89] KNOPF zitiert eine Studie von WITTE aus dem Jahre 1972, wonach eine "novative Veränderung im EDV-Bereich" durchschnittlich 1461 Tage benötigt.[90] REIß spricht von "innerhalb eines Jahres" im Zusammenhang mit der Umsetzung einer Reengineeringmaßnahme.[91] HERP/BRAND differenzieren drei typische Abschnitte: "Quick hits" werden nach 2 bis 9 Monaten erzielt, die "Umstellung" nach 3 bis 16 Monaten und die "Verankerung" schließlich nach 9 bis 36 Monaten.[92] Das Reengineering Programm "PLUTO" bei Rhône-Poulenc Rorer benötigte für die Konzeptionsphase 2 Monate und für die Umsetzung 2 Jahre.[93]

Es ist allerdings (wie schon im letzten Kapitel angedeutet) sehr fraglich, ob aus solchen *deskriptiven* Zahlen abgeleitet werden kann, was eine "gute" Dauer für einen Veränderungsprozeß ist. Aus der Einhaltung beziehungsweise Überschreitung von zeitlichen Zielvorgaben kann man nach Erachten des Autors keine *allgemeingültigen* Schlüsse auf die Güte eines

85 Vgl. Kapitel 6.4.4.2.
86 Und genau ein solcher "Endpunkt" ist notwendig, um etwas über die angestrebte Dauer einer Transformation zu sagen.
87 Zum Inkrementalismus innerhalb eines definierten Orientierungsrahmens siehe Kapitel 6.4.4.3.5 und beispielsweise Orlikowski/Hofman/(1997), S. 11 ff.
88 Vgl. ILOI (1997).
89 Vgl. KPMG (1996), S. 4.
90 Vgl. Knopf (1976), S. 227.
91 Vgl. Reiß (1997b), S. 36.
92 Vgl. Herp/Brand (1996), S. 141 . Ähnliche Zahlen nennen Crux/Schwilling (1996), S. 223.
93 Vgl. Güllmann (1997), S. 89.

Veränderungsprozesses ziehen.[94] Sind Zeitziele enger gesetzt, so ist ein Veränderungsprozeß, der diese engen Vorgaben nicht erfüllt unter Umständen erfolgreicher als ein Wandelprozeß, der sehr unkritische Zeitziele hatte und diese erreichte. Desweiteren muß die Aufwandsseite mit betrachtet werden. Eine Aussage über eine erreichte Dauer ist unvollständig, solange kein *inhaltlicher* Vollzugsgrad definiert ist.

Aussagen hinsichtlich einer guten Dauer hängen von der konkreten Situation und den Präferenzen beziehungsweise der Zielfunktion der Akteure ab. Man muß - unter der Voraussetzung, daß die Dauer tatsächlich gestaltbar ist - analysieren, welche Implikationen eine Veränderung der Dauer auf den verbleibenden Interventionsraum hat (z.B. Timing von Einzelaktivitäten, Ressourceneinsatz). Nun stellt man Überlegungen an, ob sich durch eine veränderte Zieldauer der Interventionsraum so geändert hat, daß eine "bessere" Lösung im Sinne der Zielfunktion möglich ist. Die verschiedenen Auswirkungen kürzerer und längerer Dauer eines Wandelprozesses sind in Kapitel 4.5 beschrieben worden. Ein allgemeine Aussage scheint kaum möglich. "Auch bezüglich der Frage nach einer kurzen (und intensiven) oder gestreckten Projektlaufzeit hat sich noch keine herrschende Meinung herauskristallisiert. Für die Festlegung von Projekt-Meilensteinen existieren zumindest Faustregeln: Zwischen zwei Meilensteinen sollte nicht mehr als ein halbes Jahr vergehen. Nur so läßt sich sicherstellen, daß die Rückmeldungen für die Projektplanung als auch für die Lernprozesse der einzelnen Mitarbeiter und Projektgruppen rechtzeitig kommen."[95] Dennoch lassen sich einige tendenzielle Aussagen treffen. Geht man davon aus, daß klar definierte inhaltliche Verbesserungen erreicht werden sollen, dies möglichst schnell und dabei Kostenaspekte eine untergeordnete Rolle spielen, so ergeben sich aus einer tendenziell kurzen Dauer Vorteile.[96] Durch erhöhten Ressourceneinsatz kann trotz kürzerer Laufzeit ein entsprechendes Ergebnis erzielt werden. Eine enge Terminierung bedeutet eine relativ hohe Aktionsdichte beziehungsweise Ressourceneinsatzdichte. Dadurch hat der Prozeß zwangsläufig eine hohe Management-Attention. Weiterhin spricht für eine kurze Dauer, daß durch den näheren Horizont die Ziele für die Akteure konkreter sind und so Motivationseffekte erzielt werden können. Hierdurch wird die Versandungsgefahr kleiner. Die relativ enge Terminierung kann durch Zeitdruck Effekte in die gleiche Richtung erzielen. Es wird gleichzeitig der Gefahr ausgewichen, sich in endlosen Diskussionen zu verlieren oder eine *übermäßige* Qualtitätsorientierung zu entwickeln. Gerade strukturelle Veränderungen erzeugen meist Gewinner-Verlierersituationen.[97] Es ist fraglich, ob die Opposition gegen den Wandel durch höhere Wandelgeschwindigkeit steigt. Während sicherlich die

---

94 Zu Gütemessung von Veränderungsprozessen siehe Kapitel 4.5.

95 Reiß (1997c), S. 127.

96 Siehe auch Kapitel 4.5.2.

97 Vgl. Grässle (1993).

Gefahr des Widerstandes bedingt durch Überforderung seitens aller Beteiligten steigt[98], würden potentielle Verlierer ihren negativen Einfluß bei einem extensiveren Vorgehen möglicherweise verstärken können. Dadurch *sinkt* unter Umständen sogar der aufsumierte Gesamtaufwand für das Veränderungsprojekt. Vor einer zu extremen Beschleunigung wurde allerdings schon in Kapitel 4.5.3 gewarnt. Die Nachteile sind ab einem gewissen Punkt

- steigende Reibungsverluste (z.B. durch extreme Einschränkung der Partizipation oder durch Überforderung), die zu höheren Gesamtkosten führen und ab einem gewissen Punkt den Zusatznutzen durch ein schnelleres Erreichen des Zieles nicht mehr rechtfertigen,
- potentielle Qualitätserosion durch "quick and dirty" - Ansätze,
- langfristiger Schaden durch Kurzfristorientierung (myopischer Planungshorizont) in der Unternehmung und schließlich
- ein zu lineares Vorgehen im Prozeßverlauf. Ist das Vorgehen zu linear, findet kaum noch ein Überdenken von Annahmen statt, was schädlich sein kann.

Weiterhin steigt die Gefahr, daß das Ziel, *insgesamt* möglichst schnell zu sein damit verwechselt wird, daß die Akteure versuchen, in *jedem* der Schritt geradlinig auf das Ziel zuzusteuern. Dadurch werden Schnellschüsse provoziert, die das Projekt *insgesamt* potentiell verlängern und gefährden. In Kapitel 3.5 wurde dieser Effekt unter dem Begriff "Linearitätsfalle" weiter diskutiert. Grundlegend muß man noch deutlicher als beim Timing hinsichtlich der Dauer die Frage stellen, ob die Gesamtdauer eines Veränderungsvorhabens überhaupt sinnvoll als eine Interventionsvariable verstanden werden kann. Die Dauer ist die *Resultierende* aus der Folge der gesamten Interventionen während des Verlaufs der Change Initiative.[99] Damit ist klar, ex post jeder Veränderungsprozeß eine bestimmte Dauer hat. Will man allerdings die Dauer als (ex ante planbare) Interventionsvariable begreifen, so bedeutet dies, daß die Menge der Lagen/ Längen sämtlicher Interventionen als steuerbar verstanden werden müssen. Dies wird in der Regel nicht der Fall sein.

6.4 Zeitliche Abfolge- und Verlaufsfragen im Rahmen der Corporate Transformation

6.4.1 Bemerkungen zum Objekt des Wandels

Wie angesprochen ist in diesem Kapitel explizit vom *umfassenden und tiefgreifenden Wandel ganzer Organisationen* die Rede. Die Tragweite eines solchen Anspruchs wird einem bewußt,

98 Vgl. Bleicher (1996), S. 546 f.
99 Siehe Kapitel 4.6.1.

wenn man sich die Gestaltungsdimensionen eines Unternehmens wie General Electric, Ciba Geigy, Daimler-Benz oder ICI vor Augen führt. Dies sind Unternehmen mit teilweise dreistelligen Milliardenumsätzen, diversifizierten Geschäftsfeldern und globalen Entwicklungs-, Produktions- und Vertriebsstandorten. Hier muß das von vielen Ansätzen implizit zugrunde gelegte Modell einer homogenen und monolithischen Organisation zu kurz greifen, will man praxisnahe Aussagen eines tiefgreifenden Wandels solcher Unternehmen machen.[100] Fundamentaler Wandel - oder inhaltsgleich eine Corporate Transformation[101] beinhaltet die weitestgehende Neugestaltung *aller* strukturellen Dimensionen einer Organisation, *verbunden* mit einem Wandel der Tiefenstruktur der Unternehmung (siehe Kapitel 4.4).[102] Zur Definition eines *intendierten* fundamentalen Wandels wird GOMEZ/MÜLLER-STEWENS gefolgt: "Das Managementkonzept (Inhalt und Prozeß) für einen unternehmerisch eingeleiteten und durchgeführten fundamentalen Wandel eines gesamten Unternehmens[103] wollen wir hier mit dem Begriff '*Corporate Transformation*' belegen. *Corporate Transformation umfaßt für uns das Zusammenspiel von destabilisierenden (bzw. bezogen auf ein neues Unternehmensparadigma stabilisierenden) Aktivitäten der Führung und daran anschließenden Reaktionen der restlichen Organisation.*"[104] (Im Original kursiv).

Schon in Kapitel 5.2.2.4 wurde auf die asymmetrische Kausalität hingewiesen, wonach nicht jeder strukturelle Wandel notwendigerweise einen kulturellen Wandel bedarf. Dennoch verdeutlicht gerade der Konsistenzansatz[105] und auch neuere Einsichten aus dem strategischen Management[106], daß Struktur, Strategie und Kultur in einem stimmigen Verhältnis stehen müssen. Es würde den Rahmen der Arbeit sprengen, die Konsistenzbedingungen genau zu untersuchen.[107] Für die Belange der Arbeit ist die Aussage ausreichend, *daß* die organisationalen Dimensionen in einem bestimmten Verhältnis stehen müssen und daß funda-

100 Vgl. Gomez/Müller-Stewens (1994), S. 137 im Zusammenhang mit der Seltenheit wirklich fundamentalen und weitreichenden Wandel großer Unternehmen: "Häufig geht man an das Problem heran, als ob es sich hier um 'business as usual' handelt, aber alles nur ein wenig größer dimensioniert ist - und im kleinen Fall hat man ja Erfahrung".

101 Vgl. Kapitel 4.4, wo - nach Ansicht des Autors inhaltsgleiche - weitere Begriffe wie Transformation (z.B. Levy/Merry (1986), S. 6 ff.) angeführt werden.

102 Es ist klar, daß man die Organisation nicht als statisches System charakterisieren kann. So werden zum Beispiel Produkte entwickelt, Märkte erschlossen, etc. Wichtig an einem fundamentalen Wandel ist, daß das System die anvisierte Transformation nicht "aus eigener Kraft" schafft, sondern ein "Metaeingriff" notwendig ist.

103 Wobei man meiner Ansicht nach noch Mindestgrenzen der Unternehmensgröße angeben muß, um nicht einen Handwerksbetrieb, der sich grundlegend neu ausrichtet, auch unter dieser Definition subsumieren zu müssen.

104 Gomez/Müller-Stewens (1994), S. 150.

105 Vgl. Kapitel 5.2.2.1.2 beziehungsweise Kapitel 5.3.

106 Vgl. zum organisationalen "Fit" z.B. Chandler (1993), S. 14, Bea/Haas (1995), S. 371.

107 Vgl. Krüger (1997), S. 81. Allerdings macht Krüger wenig explizite Aussagen darüber, ob Situationen der Stimmigkeit auch *stabile* Situationen sind.

mentaler Wandel durch einen Übergang von einem stimmigen Systemtyp in einen neuen stimmigen Systemtyp mit veränderter Oberflächen- *und* Tiefenstruktur gekennzeichnet ist.

Die organisationalen Dimensionen sind entsprechend des Konsistenzansatzes voneinander abhängig.[108] Diese Abhängigkeit ist von entscheidender Wichtigkeit, wenn man Zeitaspekte von Interventionen (Reihenfolge, Dauer, Parallelität, etc.) untersuchen will. Die Intensitäten und Richtungen der Wirkungen der Dimensionen aufeinander entscheidet über die Dynamik der Intervention. Fundamentaler Wandel ist ein eher seltenes Phänomen.[109] Noch seltener ist nach Meinung des Autors ein *intendierter* fundamentaler Wandel, d.h. ein von einem bewußt agierenden Management initiierter und im Rahmen des begrenzten Voluntarismus gesteuerter und implementierter Wandel. Es ist insbesondere bei post mortem Analysen eines fundamentalen Wandels schwierig und verlockend einen intendierten Wandel (ex ante Sicht) zu postulieren.[110] Oftmals wandeln sich Unternehmen zwar fundamental, aber nicht aufgrund eines bewußten Managements sondern als (evolutorisches) Ergebnis einer Vielzahl von sukzessiven und im wesentlichen von einander unabhängigen Einzelinitiativen. Wenngleich ein derart komplexer und umfassender Wandel wohl nie das Ergebnis eines "genialen Masterplanes" sein werden, so kann man dennoch prinzipiell *nur* dann von einem intendierten Wandel sprechen, wenn zumindest eine Zielvorstellung in Form eines "strategic intend"[111] hinsichtlich eines (wahrscheinlich nur in Umrissen definierten) Zielzustandes existiert. Andernfalls wäre wie gerade erwähnt ein bewußter fundamentaler Wandel nur ex post konstruierbar und nicht wie hier angestrebt ex ante.

6.4.2 Bemerkungen zur Perspektive der Akteure

In Kapitel 5.2.3 wurde beschrieben, daß wirklich charismatische Führer selten sind. Fordert man dies als sine qua non des Wandels und beachtet, daß wirklich charismatische Führer eher selten sind, ergeben sich mehrere Konsequenzen: Ist die Prämisse wahr, so dürfte es ohne charismatische Führer keine erfolgreiche Corporate Transformation geben. Für Top Management Teams, die nur begrenzte charismatische Fähigkeiten aufweisen, wären entworfene Modelle prinzipiell nicht anwendbar. Nach Einschätzung des Autors ist von solchen "one great man theories" Abstand zu nehmen, da diese zwar die Modellbildung erleichtern, aber die Anwendbarkeit von Modellaussagen aufgrund unrealistischer Prämissen stark reduzieren.[112]

---

108 Zum Konsistenzansatz siehe Kapitel 5.2.2.1.2.

109 Vgl. Kapitel 5.2.2.1.2, wo das Altenieren zwischen Extrapolation und Transformation des Systemtyps beschrieben wurde.

110 Siehe zur ex post Konstruktion von Entscheidungen auch das Konzept der "organisierten Anarchie" (Vgl. March (1994), March/Ohlsen (1986), Schreyögg (1996), S. 410).

111 Vgl. z.B. Mintzberg/Quinn (1991), S. 14, Mintzberg/Quinn/Ghoshal (1998).

112 Vgl. Kapitel 5.2.3, Wunderer (1993).

"Wozu sollte die (utopische) Hoffnung auf den breit vorhandenen Führer bzw. beliebig breit realisierbare transformationale Führungsstile aufrecht erhalten werden? Und wieweit genügen Konzepte struktureller Führung, um unternehmerisches Verhalten zu stimulieren und zu fördern?"[113] Grundlage für diese Aussage ist die Erkenntnis, daß ein wesentlicher Anteil von Aktivitäten einer erfolgreichen Corporate Transformation nicht nur durch Charisma einer einzelnen Person determiniert wird und durch strukturelle Führung viel erreicht werden kann.[114]

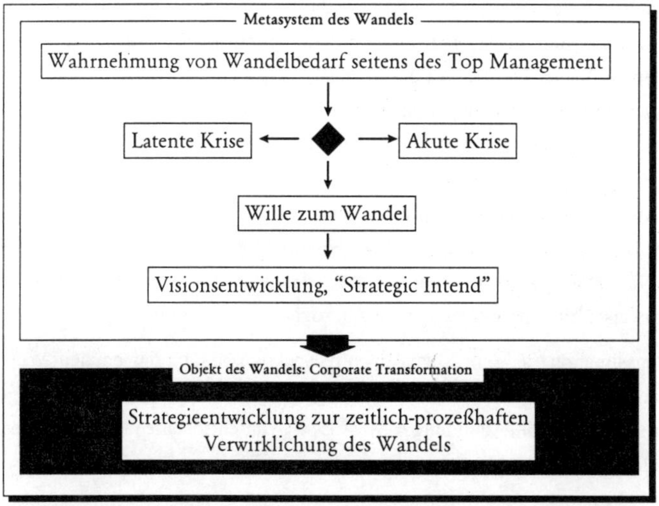

Abbildung 6-3: Modellierung der Managementperspektive (Weiterentwickelt nach Dubs (1994), S. 91)

Das Top Management (als einzunehmende Perspektive) wird im weiteren als in sich homogenes System konzipiert. In Realität hat eine Unternehmensleitung (=Top Management) eine innere Gruppenstruktur. Kommt es schon in dieser Gruppe zu Unstimmigkeiten, so ist die Wahrscheinlichkeit, daß genügend Energie und Durchschlagskraft für die Transformation des Unternehmens vorhanden ist gering. Wenngleich dies ein wesentlicher Punkt ist, wird im folgenden aus Komplexitätsgründen von der *Innenstruktur* des "Top Management Team" abstrahiert. Um Gestaltungsaussagen der Corporate Transformation für ein Top Management zu machen, muß das *Zielsystem* dieser Koalition bestimmt werden. Andernfalls sind die

113 Wunderer (1994), S. 266.

114 Hier ist es wichtig zu realisieren, daß es darauf ankommt, wie das Top Management von den Betroffenen *wahrgenommen* wird.

Aussagen für diese Koalition aufgrund falscher Prämissen nicht anwendbar. Außerdem wird es bei empirischer Verifikation der Gestaltungsaussagen zu einer signifikanten Differenz zwischen deduzierten Optimalitätsaussagen und tatsächlichen Handeln kommen. Das Analysieren der wirklichen Ziele des Top Managements kann hier allerdings nicht detailliert geschehen.[115] Im weiteren wird von der Prämisse ausgegangen, daß das Ziel des Top Management darin besteht, das Unternehmen langfristig zu erhalten und weiterzuentwickeln.[116]

Als vereinfachte Vorstellung kann man davon ausgehen, daß es bei einer Corporate Transformation nicht um das "ob" geht, da hiervon die Existenz des Unternehmens abhängt. Das dominierende Zielkriterium ist, *daß* die Corporate Transformation realisiert wird und zwar möglichst inputeffizient. Die Kosten des Wandels liegen einerseits in den direkten Aufwendungen (monetäre Mittel, Ressourcenbindung der Organisation, kultureller Schaden, etc.). Der zweite Kostenblock ist der (subjektiv bewertete) Schaden, der durch den Zeitpunkt der Umsetzung (gemessen in der Dauer des Prozesses) entsteht. Handelt es sich um eine kontextinduzierte Krisensituation, so korreliert die Dauer der Umsetzung direkt mit dem Opportunitätsschaden. Die Geschwindigkeit des Wandels wird zu einem Meßindikator der Opportunitätskosten. Geht man von einer antizipatorischen Transformation aus (s.u.), so gilt dies nicht notwendigerweise. Eine frühe Umsetzung kann sogar schädlich sein.

Die Ausgangssituation für eine Managementperspektive des fundamentalen Wandels muß sein, daß das Top Management einen Handlungsbedarf[117] (Impulsmoment) wahrgenommen hat und ihn umsetzen will (Abbildung 6-3).[118] Es ist von entscheidender Bedeutung, wie real dieser Handlungsbedarf ist. Man kann drei Grundszenarien konstruieren.[119]

- Die erste Möglichkeit ist, daß die zugrunde liegende Situation eine objektiv wahrnehmbare Krise darstellt. In diesem Fall ist der Handlungsbedarf offensichtlich, allerdings sind die Handlungsfreiräume dementsprechend gering.

---

115 Vgl. Kapitel 4.5, in dem Ziele von Akteuren angedeutet werden.

116 Dies kann entweder ein generisches Ziel der Akteure sein, oder es ergibt sich aus den Rahmenbedingungen, die seitens dominierender Akteure aufgestellt wurden. Vgl. hierzu auch Ausführungen zur Principal-Agent Theorie (z.B. Schreyögg (1996), S. 78 f.). Vgl. auch Hahn (1994), S. 61. Vgl. auch Steiner/Tebroke (1998), S. 321 ff.

117 Der den erwähnten "strategic intend" darstellt. Es ist für die Überlegungen im Prinzip egal, wo die "Ursache" des Handlungsbedarfes liegt. Aus kontingenztheoretischer Sicht wäre ein misfit zwischen Organisation und Umwelt die Ursache (z.B. Krüger (1994b), S. 204, der sehr einseitig argumentiert), während aus der Sicht der Ressourcenökonomie und der Konsistenzperspektive Ursachen eher im System selbst liegt. Man kann von extern und von intern induzierten Wandel sprechen (Vgl. Staehle (1994), S. 845).

118 Ob, wie und wann das Management etwas wahrnimmt, wird stark durch dessen subjektive Wahrnehmung geprägt. Barner (1995), S. 25 stellt hierzu eine Vierfelder-Matrix vor, die die Wahrnehmung nach der Einstellung zur Kontrolle und nach der Einstellung zur Zeit klassifiziert. Ist die Einstellung zur Zeit vergangenheitsorientiert, so sind die Chancen einer frühen Entscheidung zum Management des Wandels denkbar schlecht. Vgl. CSC Index (1994), S. 13 f., die von einem "case for action" sprechen.

- Im zweiten Fall hat das Management eine in entfernterer Zukunft liegende potentielle Krise erkannt. Nun kann es versuchen antizipativ zu handeln oder bis zum objektiven Eintreten der Krise warten.
- Die dritte Möglichkeit letztendlich liegt darin, daß (insbesondere hinsichtlich antizipativer Handlung) eine *Fehleinschätzung* des Managements vorliegt. Die Folge ist, daß es bei Passivität *nicht* zu einer Verschlechterung des Zustandes mit gleichzeitig wachsender Offensichtlichkeit der Krisensituation kommt. Als Konsequenz ergäbe sich für diesen Fall eine andere Optimierungsdynamik ("Warten ist die beste Lösung").

Um die Modellbildung nicht zu komplizieren, soll von der dritten Möglichkeit abgesehen werden. Für den weiteren Gang der Arbeit wird von der Prämisse ausgegangen, daß der strategische Weitblick des Managements vorhanden und "richtig" ist (Abbildung 6-4).[120] Unter diesen Grundannahmen kann das erstgenannte Szenario als Sonderfall in der weiteren Analyse behandelt werden.

Aus den Ausführungen zum strategic intend ergibt sich auch, daß das Top Management als Betrachtungsperspektive dementsprechend lange als homogenes System existieren muß. Dies ist in der Regel mit Konstanz der physischen Personen verbunden (z.B. Jack Welch bei General Electric oder Edzard Reuter bis 1995 bei Daimler-Benz), was aber nicht notwendigerweise so sein muß. Es ist für die theoretische Konstruktion einer Betrachtungsperspektive ausreichend, daß das Management als *Rolle* in der Organisation diese Konstanz aufweist.[121]

Letztlich sei darauf verwiesen, daß das Top Management für die Dauer eines intendierten und tiefgreifenden Wandels eine enorme Energie in diesen stecken muß. Das zentrale Konstrukt

---

119 Vgl. Staehle (1994), S. 852, der allerdings von einer (meiner Ansicht) nicht existierenden Objektivitätsprämisse ausgeht.

120 Dies heißt nicht, daß dies ein zu vernachlässigender Faktor ist. Oftmals ist es gerade die mangelnde Sensitivität (z.B. durch Betriebsblindheit), die dazu führt, daß ein Top Management zu spät reagiert. Mögliche Elemente die die Fähigkeit zum "Scanning" (Vgl. Krüger (1994b), S. 219) erhöhen sind formale Systeme insbesondere MIS (z.B. Bange/Schinzer (1998a), S. 22, Bange Schinzer (1998)). Andere Möglichkeiten liegen darin, die Vielfalt der Wahrnehmung zu erhöhen, z.B. durch Coaching (Schreyögg (1998), Wahren (1997), Hamann/Huber (1997), Landsberg (1998), Thomas (1998)) oder die Nutzung von informellen Netzwerken (z.B. Krackhardt/Hanson (1993), S. 104 f.). Weiterhin liegt es daran, daß auch im Top Management kurzfristig optimiert und gedacht wird. In diesem Falle ist das Problem nicht das "Wissen", sondern eher das "Wollen" (vgl. Kapitel 6.4.2 zu den Zielen des Top Management).

121 Was direkt damit zu tun hat, daß Unternehmensführer in der Regel keine abstrakten Optimierer eines objektiv erkannten Zieles sind (und damit austauschbar sind), sondern individuell wahrnehmende und nach persönlichen Zielen optimierende Individuen sind. Meines Wissens gibt es keine "Corporate Transformation", die Kontinuität trotz starker Diskontinuität im Top Management hat. Transformationsprozesses sind meist ein Personen gebunden (z.B. Jack Welch bei General Electric) - die oftmals neu an der Macht sind (vgl. Zeyer (1996), S. 160).

"Veränderungsenergie" beziehungsweise "Wandel als Kraftfeld zwischen Promotoren und Opponenten" wird in Kapitel 7.4 ausführlich hinsichtlich Entstehung und Wirkung thematisiert. Widerstände seitens der Restorganisation (=Machtbarrieren) stellten die hauptsächliche Begrenzung des Voluntarismus der Aktionsperspektive (=Top Management) dar. Aus Komplexitätsgründen wird in diesem Kapitel zwar das Entstehen von Widerständen im *Klientensystem* betrachtet und dementsprechend Aussagen über das zu den jeweiligen Zeitpunkten *notwendigen Engagement* seitens des Top Managements gemacht, nicht aber auf die Determinanten eingegangen, die die Bereitschaft des Aktorensystems (=Top Management als Betrachtungsperspektive) *selbst* bestimmen, dieses Engagement *tatsächlich* zu zeigen.[122] Eine solche Analyse wird in Kapitel 7.5.5.1.1 durchgeführt.

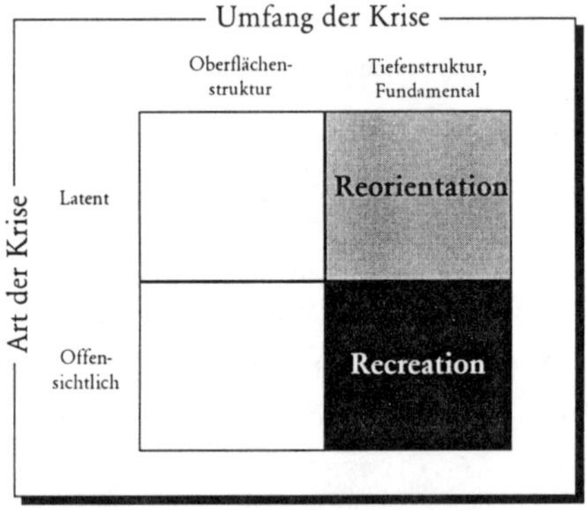

Abbildung 6-4: Typisierung des Wandels in Abhängigkeit von der Ausgangssituation (In Anlehnung an Nadler (1989), S. 71)[123]

6.4.3 Interventionsvariablen und Elemente der Corporate Transformation

Will man sich mit Zeitaspekten des Managements des fundamentalen Wandels befassen, so ist zu klären, was Interventionsvariablen sind, beziehungsweise nach welchen Kriterien abgegrenzt werden soll. Diese dynamischen Interventionsvariablen können gestaltet werden und führen zu einem Wandelergebnis. Bei genauerer Betrachtung müßte man sagen, daß eine Intervention als Ausgestaltung der Interventionsvariablen *angestrebt* wird (ex ante) und es da-

---

122 Aus erkenntnistheoretischer Sicht sei bemerkt, daß eine derartige Fragestellung *über* das Top Management prinzipiell nicht möglich ist, da hier ja gerade die Das Top Management als Perspektive gewählt wird, *aus* der die Betrachtung stattfindet.

123 Siehe auch Kapitel 4.4.

nach zu einer Umsetzung kommt.[124] Die Unterscheidung zwischen intendierter Vorgehensweise des Wandels und dem ex post realisierten tatsächlichen Prozeß wird in der Literatur oftmals nicht genau vorgenommen. Nur so kann aber analysiert werden, ob beispielsweise ein angestrebtes radikales Vorgehen tatsächlich zu einem dementsprechenden Verlauf führt, oder ob eine sanfte Strategie trotzdem zu einem radikalen Verlauf gelangt, weil der Veränderungsprozeß aus sich heraus eine hohe Dynamik entwickelt. So kann ein angestrebter revolutionärer Wandel im Sande verlaufen, wenn die Ausgangssituation (insbesondere das Widerstandspotential) falsch eingeschätzt wurde.[125]

Restriktionen hinsichtlich der Interventionsvariablen können sowohl in Fremd- als auch schon erwähnten Eigenlimitationen liegen. Die scheinbare Notwendigkeit und die damit verbundene Problematik des (charismatischen) Leaderships wurde schon erwähnt und wird in Kapitel 7.5 und Kapitel 6.4.4.3 vertieft.[126] Auch die Fähigkeit zum Entwerfen eines Leitbildes ("envisioning[127]") ist keine Selbstverständlichkeit. Um die Komplexität erträglich zu halten, wird im weiteren davon ausgegangen, daß die zu identifizierenden Interventionsvariablen schon um eventuelle *Eigenlimitationen* (z.B. Fähigkeitsmangel) bereinigt sind. Die die Interventionen in ihrer Ausführung oder in ihrer Wirkung behindernden Fremdlimitationen (z.B. Widerstand) sind noch zu entwickeln.

Der Fragestellung nach den Interventionsvariablen ist in der Organisationslehre inzwischen eine umfassende Rezipienz zugekommen.[128] Die Abgrenzung der Interventionsvariablen geschieht in diesem Kapitel ausgehend vom Objekt des Wandels.[129] Interventionen werden inhaltlich nach ihrer *primären* Wirkrichtung auf eine bestimmte Objektdimension abgegrenzt ("Was").[130] Ausgangspunkt zur Unterscheidung organisationaler Dimensionen bildet das noch stark an den strukturellen Dimensionen orientierte Modell nach LEAVITT, das nach den Interventionsdimensionen Technologie, Struktur, Person und Aufgabe unterscheidet.[131] Neuere Ansätze befassen sich intensiver mit den weichen, immateriellen Dimensionen einer Organisation und unterscheiden meist nach Oberflächenstruktur und Tiefenstruktur. Dies wird in diesem Kapitel auch berücksichtigt. Vereinfachend besteht das Objekt des Wandels so insge-

124 Vgl. Kapitel 4.6.

125 Vgl. z.B. Krüger (1994a), S. 212 oder Krüger (1997. Er setzt den schlagartigen und totalen Systemübergang zwischen zwei Zuständen einem zeitlich sehr kurzen Einführungsaufwand gleich. Dieses Statement bezieht sich allerdings zwangsläufig auf den anvisierten Übergang. Oftmals führt ein schlagartiger Übergang zu erheblichen Reibungsverlusten und dann in der Umsetzung zu einem wesentlich langsameren Systemübergang (ex post).

126 Nadler (1989), S. 77 spricht vom "Magic Leader Principle". In einem Umkehrschluß kann man ableiten, welche Fähigkeiten im Top Management vorhanden sein müssen. Vgl. auch Wunderer (1993).

127 Krüger (1994b), S. 219.

128 Vgl. Perich (1992), S. 145. Siehe auch Kapitel 7.

129 Vgl. auch Kapitel 4.4.

130 Vgl. Krüger (1994a), S. 201 oder Krüger (1997).

samt aus einer Tiefenstruktur (kulturelle Aspekte, Normen, Werthaltungen, Motivation der Akteure) und einer Oberflächenstruktur (Strukturen, Abläufe, Personen, Anreizsysteme, Könnensstand/Wissensstand der Individuen), die verändert werden sollen. Die Oberflächenstruktur besteht aus materiellen und kognitiven Elementen.[132]

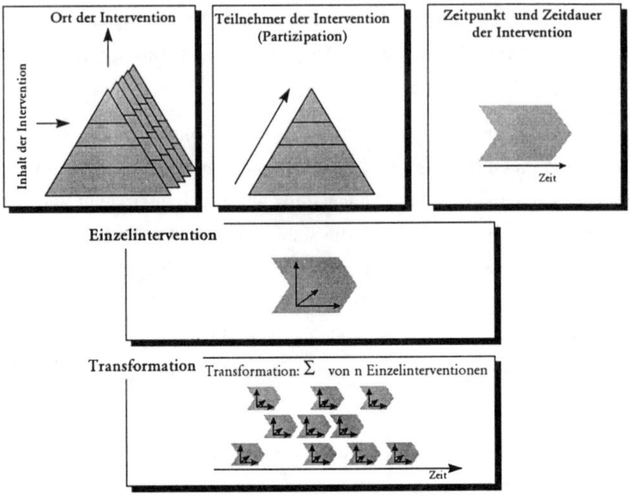

Abbildung 6-5: Prinzipskizze des Interventionsraumes einer Corporate Transformation

Während die Abgrenzung der strukturellen Aktivitäten und der immateriellen Interventionen der Oberflächenstruktur in der Literatur weitestgehend durchgängig ist, sind beispielsweise GOMEZ/MÜLLER-STEWENS kritisch gegenüber der Auffassungen, daß die Tiefenstruktur eine Interventionsvariable in Form von wertmäßig-kulturellen Aktivitäten ist. "Allerdings kann die Tiefenstruktur kaum direkt beeinflußt werden. Es ist leicht einzusehen, daß Führung mittels der von uns so genannten 'neuen Führungsinhalte' zunächst nur die Oberflächenstruktur des Unternehmens ändern kann .... Mit Sicherheit werden solche Eingriffe auch auf die Tiefenstruktur des Unternehmens wirken, jedoch können diese Wirkungen nicht mehr vorhergesehen, geplant werden. Insofern sind Führungsentscheidungen aus theoretischen Gründen notorisch ineffektiv."[133]

131 Vgl. Leavitt (1965).
132 Vgl. Kapitel 5.2.2.4.1.
133 Gomez/Müller-Stewens (1994), S. 155.

Die zweite Abgrenzung der Aktivitäten beziehungsweise Interventionen kann nach dem Wirkungsbereich erfolgen ("Wo").[134] Diese Variable beschreibt die "Orte der Wirksamkeit" der Intervention. Ruft man sich ins Gedächtnis, daß das Betrachtungsobjekt ein Unternehmen ist, das in der Regel komplex nach strategischen Geschäftsfeldern, Geschäftseinheiten organisiert ist, eine (verschachtelte) divisionale Struktur aufweist und teilweise aus mehr als 100.000 Mitarbeitern besteht, so ist dies ein wichtiges Gliederungskriterium. Meist wird in einem Transformationsprozeß wird nicht an allen Orten des Unternehmens gleichzeitig gehandelt. Es wird sich zeigen, daß viele Modelle diese Dimension nur am Rande betrachten und damit nach Meinung des Autors zu kurz greifen. Modelle werden so analytisch einfacher, aber sind der komplexen Realität einer echten Unternehmenstransformation nicht gewachsen. Dieses Phänomen soll "Homogenitätsillusion" genannt werden. Unabhängig vom Inhalt der Aktivitäten stellt insbesondere das *Führungsverhalten* beziehungsweise die *Partizipationsstrategie* eine Interventionsvariable dar. Damit verbunden ist die Art der Führung ("Wer").

Obige Interventionsdimensionen entsprechen dem WAS-WO-WIE/WER der Intervention und sind der Dynamisierung als statische Grundelemente vorgelagert.[135] Auf diese Inhalte aufbauend können die in Kapitel 4.6 beschriebenen Zeitfragen für den Kontext Transformation gestellt werden. Abbildung 6-5 zeigt den dynamischen Interventionsraum mit seinen drei Grundkategorien der Gestaltung, die wiederum in eine Vielzahl von Einzelkategorien zerfallen. Aus der Abbildung ist die enorme Komplexität und Vielfalt der potentiellen Zeitfragen erkennbar. Insgesamt kann man die Zeitaspekte der Interventionsgestaltung von Transformationsprozessen anhand eines fünfdimensionalen Strategiewürfels der Interventionen einordnen.[136] Die gemachte analytische Trennung der Interventionsvariablen nach primären Wirkrichtungen darf nicht darüber hinwegtäuschen, daß eine Intervention zum Teil mehrere Wirkrichtungen hat. Dies gilt vor allem für die Auswirkungen auf die Motivation der Beteiligten. So wirken sich die Partizipationsstrategie oder sachrationale Aktivitäten *parallel* auf die Motivation der Betroffenen zum Wandel aus (was einem Netzwerk der Wirkungen der Intervention entspricht).

Um Fragen der zeitlichen Gestaltung zu analysieren, ist neben der Kenntnis der Interventionsvariablen und deren Wirkung auf die verschiedenen Dimensionen der Organisation die innere Kausalität der einzelnen organisationalen Dimensionen aufeinander wichtig. Dies gilt insbe-

134 Vgl. Krüger (1994a), S. 211 oder Krüger (1997). Er begrenzt diese Dimension der Intervention allerdings unnötigerweise auf die "Sachstrategien".

135 Vgl. Kapitel 2, indem beschrieben wurde, daß die Zeit immer eine Folgedimension ist, die sich auf ein (inhaltliches) Objekt beziehen muß.

136 z.B. würde man Strategien die sich mit der Partizipation beziehungsweise den Akteuren des Wandels (top down, bottom up, etc.) befassen, in die *Ebene* (Definiert als zweidimensional) "Partizipation-Zeit" einordnen.

sondere für das Verhältnis zwischen Oberflächen- und Tiefenstruktur.[137] Letztendlich ist die Trägheit der einzelnen Dimensionen gegenüber Veränderungen wichtig. Aus den drei Grundelementen Interventionen, innere Abhängigkeiten und dimensionale Trägheiten setzt sich das Grundmodell der Corporate Transformation zusammen, das die Grundlage und den Rahmen zeitlicher Gestaltungsaussagen für Interventionen ergibt. Eine genauere Analyse der Wirkstrukturen erfolgt in Kapitel 7.4. Für die Ausführungen dieses Kapitels wird der allgemeine Bezugsrahmen zugrunde gelegt.

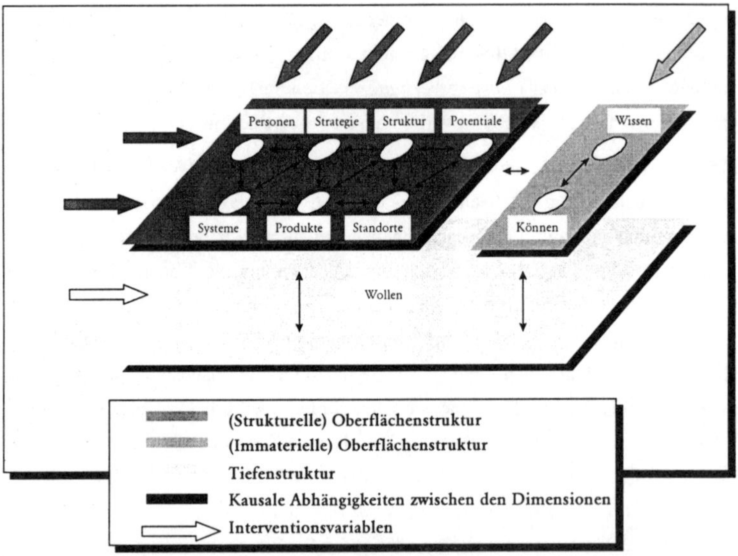

Abbildung 6-6: Grundmodell der Wirkbeziehungen der Corporate Transformation[138]

6.4.4 Ausgewählte Abfolge- und Verlaufsfragen

Nachdem in Kapitel 6.1 die vereinfachte Gegenüberstellung zwischen Umbruchs- und Evolutionsmodell diskutiert worden ist und Aussagen zu Zeitpunkten und Zeitdauern von Unternehmenstransformationen getroffen wurden, werden in diesem Kapitel Überlegungen zur zeitlichen "Innenstruktur" einer Transformationsinitiative angestellt. Zum Thema "Transforma-

[137] Vgl. Gomez/Müller-Stewens (1994), S. 155.

tion von Unternehmungen" liegt inzwischen eine Vielzahl von Veröffentlichungen vor.[139] Während manche Ansätze hinsichtlich des *Objektes* des Wandels sehr unspezifisch sind[140], befassen sich viele Ansätze explizit mit dem Phänomen Corporate Transformation. Die Ansätze weisen einerseits Gemeinsamkeiten auf, sind andererseits hinsichtlich Art der Argumentation und Vollständigkeit der Argumentation sehr unterschiedlich. Angesichts der Vielfalt der möglichen Fragestellungen und der Vielfalt der vorhandenen Antworten scheint es sinnvoll, sich auf einige zentrale Fragen der zeitlichen Abfolge beziehungsweise des zeitlichen Verlaufs zu konzentrieren.

1. Reihung/Verlauf inhaltlicher Dimensionen (insbesondere die Frage nach Abfolgen zwischen strukturellem und kulturellem Wandel)
2. Verlauf der Orte der Transformation
3. Verlauf des Führungsstiles
4. Starrheit der Planung (Planungshorizont) des Transformationsprozesses

Zur Analyse der Gestaltungsfragen werden einige markante Modelle der Unternehmenstransformation exemplarisch beschrieben und dann anhand dieser Leitfragen untersucht. Von Interesse ist zum einen die Konsistenz der Argumentationslogik bezüglich der Zeitaussagen und zum anderen der Umfang an Aussagen über die zeitliche Struktur einer Unternehmenstransformation. Untersucht wird auch der Grad der Differenziertheit der Ansätze. Aus der Analyse der einzelnen Ansätze anhand der gestellten Leitfragen wird in Kapitel 6.4.4.2 der Versuch einer integrierten Zusammenfassung und Essenz unternommen.

6.4.4.1 Verschiedene Vorgehensmodelle

Während insbesondere ältere Veröffentlichungen versucht haben, linear eindeutige Kausalmodelle zu generieren[141], gehen andere Ansätze von einer sehr hohen und symmetrischen Vernetzung der organisationalen Dimensionen aus. Hier sei insbesondere das 7S-Modell von WATERMAN erwähnt, das ursprünglich als Managementmodell für organisationale Veränderungen konzipiert war. "Our 7S diagram of organization change purposely gives no hint as to which element leads in the sequence of organization change. This is not an attempt to avoid

[138] Vgl. Schnyder (1998), S. 102.

[139] Zu einer Übersicht siehe beispielsweise Kanter/Stein/Jick (1992), S. 376.

[140] So beschreibt z.B. Krüger (1994), S. 204 ff. Evolutions- und Umbruchsmodell, betrachtet dann aber die Inhalte der Intervention nur partiell und isoliert. Außerdem werden kaum handlungsleitende Aussagen getroffen. Ähnliches gilt für Perich (1992), S. 150, der nur aussagt, daß simplizitische Modelle zu einfach sind und offene multikausale Modelle potentiell zu diffus sind.

[141] Insbesondere sei der Ansatz von Chander (1962) wonach gilt, daß "structure follows strategy". Wobei dies auch heute noch gefordert wird, z.B. Arbeitskreis (1996), S. 643: "Im Idealfall wird die Organisationsstruktur konsequent aus der Strategie der Unternehmung abgeleitet".

the problem; rather, it reflects our conviction that no generalization about 'what comes first' will hold for all situations. Obviously in a given case something has to start the sequence, and often it is a new strategy. ... The way ... (to; der Verf.) find out what comes first, is to use the model to surface the issues. Having identified the issues, we can use them to set priorities among the variable elements in the model."[142] Durch seine Argumentation hebt WATERMAN die Gestaltungsaussagen auf eine andere Ebene: Nicht mehr die konkrete Aussage hinsichtlich der Reihung der Dimensionen ist Inhalt der Gestaltungsaussage, sondern eine Methode, mit der der (situativ einmalige[143]) Inhalt bestimmt werden kann. Wichtig an WATERMAN'S Aussage ist, daß man sich vor einer allzu mechanistischen Sicht hinsichtlich der Abfolge von Dimensionen hüten sollte. Dennoch gibt es Gründe, auch *inhaltliche* Tendenzaussagen zu treffen, insbesondere wenn man von der Grundannahme ausgeht, daß sich das Unternehmen nicht in einer akuten Krisensituation befindet, sondern Zeit und Raum zum proaktiven Handeln hat.

6.4.4.1.1 Krüger/Schwarz (1997)

Grundlegend sollte nach KRÜGER/SCHWARZ der Ausgangspunkt einer Transformation in der Strategieformulierung liegen, durch die ein generelles Ziel bestimmt wird.[144] Die Strategie hilft nicht nur der eigenen Orientierung, sie ist auch in engen Zusammenhang mit der Wirkung auf die Restorganisation zu sehen. Durch eine Strategie wird einerseits eine Richtung des Handelns festgelegt und damit auch Sicherheit (trotz Unsicherheit durch den Wandel) erzeugt. Die Strategie ist als Mindestmaß an Synoptik zu sehen. Da ein umfassender Transformationsprozeß mit einer Vielzahl dynamischer Abhängigkeiten verbunden ist, ist eine zumindest prinzipiell methodische Planung des Vorgehens unumgänglich. In der Außenwirkung kommt der Vision eine bedeutende Rolle zu. Die Vision stellt einen wünschenswerten Zielzustand dar, der auf der Strategie aufsetzt (bzw. das Ergebnis des Prozesses ist). In einer empirischen Studie haben KRÜGER/SCHWARZ aus den kausalen Abhängigkeiten eine Reihung für das weitere inhaltliche Vorgehen abgeleitet, wonach der Strategieformulierung die in Abbildung 6-7 angedeutete Sequenz von Veränderungen folgt.[145]

---

142 Waterman (1979), S. 14. Vgl. auch Mintzberg/Quinn (1991), S. 309 f.

143 Es ist offensichtlich, daß je nach spezifischer Situation (Krisensymptome, Verfügbarkeit von Ressourcen) verschiedene Handlungsspielräume existieren. Vgl. auch Krüger/Schwarz (1997), S. 82.

144 Vgl. Krüger/Schwarz (1997).

145 Krüger (1994), S. 219 spricht noch statisch von "Reframing" and "Energizing" als der Vision folgende Maßnahmen. Reframing sind (abstrakte) Aktionen, die Implementierungsprozesse in Gang zu bringen und aufrecht zu erhalten. Energizing ist die Tätigkeit, durch die ein wandlungsförderndes Kräfteverhältnis geschaffen und aufrecht erhalten wird.

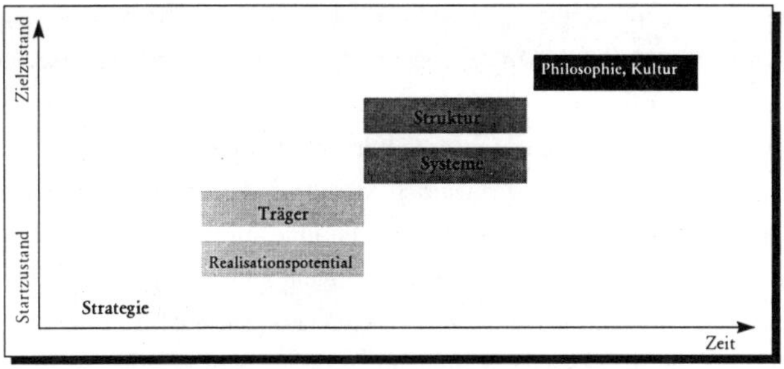

Abbildung 6-7: Phasenfolge einer Transformation (angelehnt an Krüger/ Schwarz (1997), S. 84)

Durch "Träger und Realisationspotential" wird die Grundlage zur erfolgreichen Umsetzung geschaffen. Stichworte sind Motivation, Qualifikation und Stil des Managements. Desweiteren müssen finanzielle Ressourcen bereitgestellt werden. Die folgende Phase stellt die strukturelle Umsetzung dar, in der Informations-, Steuerungs- und Planungssysteme einbezogen werden. Teil dieser Phase sind auch die nötigen Eingriffe in die Aufbau- und Ablauforganisation. An letzter Stelle folgt die Erschaffung eines produktiven Klimas durch kulturbeeinflussende Maßnahmen. KRÜGER/SCHWARZ begründen die Positionierung kultureller Maßnahmen am Ende der Sequenz wie folgt: "Das Segment Philosophie und Kultur repräsentiert also die mittel- bis langfristigen Wandlungen, die in anderen Segmenten ausgelöst wurden. Aus diesem Grunde können die gemeinsamen Werte und das von ihnen erzeugte Klima nicht am Anfang, sondern erst am Ende des Prozesses stehen."[146] Die genannten Autoren argumentieren also sowohl über eine Asymmetrie in der Kausalität selbst, als auch über die Trägheiten der Kausalitäten, was in Abbildung 6-16 verdeutlicht wird. Besonders bemerkenswert ist die Aussage hinsichtlich der klaren Abfolge "Culture follows Structure".

Kritisch zu bemerken sind mehrere Punkte. Es werden keine expliziten Aussagen hinsichtlich der Partizipationsdimension gemacht. Außerdem wird nicht nach Orten des Wandels differenziert. Das Modell weist ein sehr wasserfallartiges Vorgehen auf. Die Kritik zielt also im Kern auf die Homogenitätsillusion des Modells ab. Erst soll alles vorbereitet werden, dann soll alles umgesetzt werden. Es bleibt wenig Raum für Modularisierungen des Vorgehens (z.B. Pilotanwendungen). Nach Einschätzung des Verfassers ist die inhaltliche Kausalität die richtige Abfolge, wenn das Objekt des Wandels ein homogenes Modul ist. Für die Transformation

---

146 Krüger/Schwarz (1997), S. 84 f.

eines *gesamten* Unternehmens allerdings ist keine derart strenge Phasenfolge möglich.[147] Der Wandel findet in einem Unternehmen der beschriebenen Komplexität an verschiedenen Orten im Zeitablauf statt.[148] Hierdurch entsteht eine neue Dimension der Zeitproblematik. Ein typisches Problem ist die Umsetzung der (grundsätzlich richtigen[149]) Logik "erst mobilisieren, dann umsetzen". Eine Mobilisierung entspricht der Bereitschaft der Betroffenen am jeweiligen Ort des Wandels, eine (lokale) Veränderung zu unterstützen. Ist die Vorgehensstrategie, erst das *gesamte* Unternehmen zu mobilisieren, und dann in Schwerpunktprogrammen an *verschiedenen Orten* in einer zeitlichen Sequenz Veränderungen durchzuführen, so kann es zu einem gefährlichen "Strohfeuereffekt" kommen.[150]

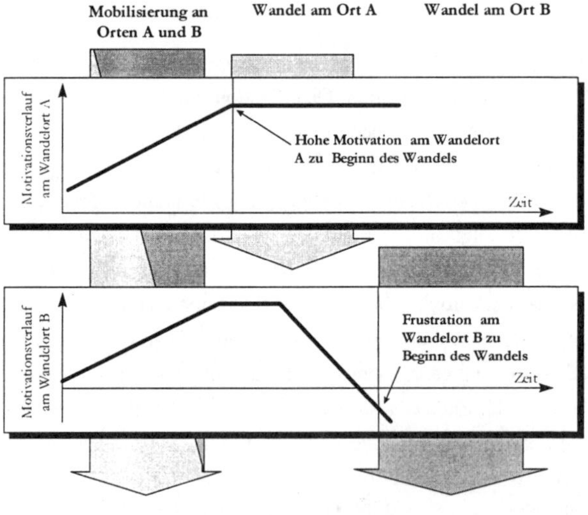

Abbildung 6-8: Der Strohfeuereffekt

147 Die folgende Kritik ist hier am Beispiel von Krüger's Modell angeführt. Sie trifft allerdings alle Modelle der Unternehmenstransformation, die nicht ausreichend die Dimension "Orte des Wandels" betrachten (z.B. Perlitz u.a. (1996b), S. 353, Streich (1997), S. 238). Der tiefer liegende Grund hierfür ist, daß vielmals versucht wird, das grundlegende Phasenmodell des Wandels nach Lewin (1947, 1963, 1966), das sich ursprünglich auf das Verhalten von *Gruppen* bezog, auf große Unternehmen *direkt* zu übertragen. Während eine Gruppe ein relativ homogenes Gebilde darstellt, ist dies für das vorliegende Betrachtungsobjekt nicht der Fall. Zu einem Versuch, das Modell anhand des Wandels der British Airways *direkt* auf einen Transformationsprozeß zu übertragen, siehe Goodstein/Burke (1997), S. 164 f.

148 Vgl. zum Facettenreichtum des Wandels bei Mercedes-Benz Fischer (1997a), S. 16.

149 Vgl. Doppler/Lauterburg (1996), S. 68, Clarke (1994), S. 73.

150 In diesem Zusammenhang stellt sich auch die Frage, wie groß die Vorlaufzeit einer Mobilisierungsphase maximal sein darf, um nicht wieder zu verpuffen. Zum Versuch einer unternehmensweiten Mobilisierung bei Mercedes-Benz siehe Fischer (1997b), S. 52, Fischer (1997c), S. 249.

Durch die Mobilisierung wird zum gleichen Zeitpunkt die Bereitschaft *aller* Betroffenen zu organisatorischen Wandel gesteigert. Während sich für die Betroffenengruppe A der damit verbundene Erwartungsdruck in konkreten organisatorischen Wandel umschlägt, so führt die zeitliche Extension (Time Gap) zu nicht erfüllten Erwartungen, da aus Sicht dieser Betroffenengruppe (noch) keine Veränderung stattfindet. Dadurch sinkt die Wandelbereitschaft und schlägt im schlimmsten Fall sogar in Frustration um. Die Konsequenz aus dieser Argumentation ist, daß insbesondere bereitschaftsfördernde Maßnahmen immer relativ zu den Orten des Wandels getimed werden müssen. Eine pauschale Mobilisierung ist nur dann möglich, wenn es im folgenden zu einer ebenso pauschalen Umsetzung kommt. Ansonsten müssen verschiedene Sequenzen der "Mobilisierung-Umsetzung" an jeweils verschiedenen Orten des Wandels stattfinden.

Ein weiterer Punkt der Kritik zielt darauf, daß Sicherung der politischen Akzeptanz keine Einmalaufgabe ist. Wie in Kapitel 7.4 noch ausführlich beschrieben wird, ist die Erzeugung und das Vorhandensein von "Bewegungsenergie" hin zur Vision die zentrale sine qua non - Bedingung. Nach Ansicht des Verfassers ist der größte Fehler von Phasenmodellen, daß dieser zentrale Punkt nicht ausreichend abgebildet wird, sondern in der Regel als eine einmalige Aufgabe erscheint.[151] Der Bewußtseinswandel findet für alle Mitglieder der Unternehmung zum gleichen (frühen) Zeitpunkt durch mobilisierende Maßnahmen statt und gilt dann als gesichert. Ein weiteres Manko ist, daß die "Bewegungsenergie" in einer Transformation sehr eng mit der Zeitstruktur der Partizipation verbunden ist (siehe auch Kapitel 7.5).

6.4.4.1.2 Hinterhuber/Popp (1994)

HINTERHUBER/POPP schlagen in einem sehr rudimentären Phasenmodell vor, nach der Vision und der allgemeinen Gesamtstrategie die Organisation neu zu konzipieren (also nichts zu implementieren!), dann die Unternehmenskultur zu beeinflussen, am Schluß erst einen Umsetzungsplan zu erarbeiten und dann strukturelle Maßnahmen vorzunehmen.[152] Die "Beeinflussung der Unternehmenskultur" soll wie folgt geschehen: "Die 'alte' Unternehmenskultur, die hierarchisch ausgelegt Bürokratie muß radikal verändert werden und durch 'neue' Werte wie Schnelligkeit, Einfachheit, Flexibilität, prozeßorientierte, nicht-hierarchische Strukturen ersetzt werden. Der Änderungsprozeß der Unternehmenskultur muß von oben ausgehen und die untersten Verantwortungsbereiche erreichen ... Untrennbar verbunden mit unternehmerischen Veränderungsprozessen sind deshalb offene Kommunikation, eine Personalpolitik, die

---

151 Vgl. Reiß (1992), S. 60: "Je radikaler die Reform, desto mehr verliert die Einführung ihren Projektcharakter. Nachhaltige Implementierung erfordert also permanente Pflege. Mit bloßen Initialzündungen und Zeichen setzenden Aktionen ist es nicht getan, meist auch nicht mit Pilotlösungen".

152 Vgl. Hinterhuber/Popp (1994).

Angst abbaut, Vertrauen schafft und Perspektiven aufzeigt sowie Aus- und Weiterbildungsprogramme, die den Sinn für Dringlichkeit, unternehmerisches Denken und Handeln und eine ganzheitliche Sicht fördern."[153] Es ist äußerst fraglich, ob die sehr normativen Forderungen im ersten Teil des Zitates durch die Aktionsvorschläge im zweiten Teil des Zitates erreicht werden können. Die Autoren machen sich wenig Gedanken darüber, ob eine Vertrauenskultur aufgebaut werden kann, wenn *danach* - wie im Beispiel von General Electric - 120.000 Stellen (!) abgebaut werden.[154] Ein derartiges Vorgehen ist nur möglich, wenn eine Transformation eine Win-Win Situation für alle Beteiligten darstellt, ansonsten entspringt es eher sozialromantischen Vorstellungen[155] und ist dementsprechend fragwürdig. Insgesamt läßt sich der Ansatz von HINTERHUBER/POPP als Vertreter der Vielzahl der Ansätze sehen, die unstrukturiert erscheinen und der zeitlichen und inhaltlichen Vernetzung der Wirkungen und der Interventionen nur rudimentär Rechnung tragen.

6.4.4.1.3 Gomez/Müller-Stewens (1994)

GOMEZ/MÜLLER-STEWENS identifizieren vier Phasen eines Transformationsprozesses.[156] In der Formierungsphase werden Probleme erkannt, Ziele formuliert und eine grundlegende Wandelbereitschaft bei den wichtigsten Anspruchsgruppen (z.B. Geschäftsbereichsmanager) erzeugt. In der Implementierung wird, wie der Name sagt, umgesetzt. Nebenher soll allerdings offene und umfassende Kommunikation erfolgen. Durch die Mobilisierungsphase soll der bisher in einem engen Kreis stattgefundene Wandel (wahrscheinlich aber mit breiter Wirkung) in seiner Akzeptanz durch die breite Masse abgesichert werden. "Sie richtet sich primär an die Gesamtheit der Träger des Wandels. Dies sind i.A. die untergeordneten Führungsteams und ganz besonders die Gruppen auf der Arbeitsebene. Von den ober(st)en Führungskräften ist insbesondere in dieser Phase - im Sinne einer symbolischen Führung - das konsequente Vorleben und Demonstrieren der Werte, die mit den neuen Führungsinhalten einher gehen, zu erwarten."[157] Kritisch ist der normative Ton gerade des letzten Teiles des Zitates zu bewerten. Das "konsequente Vorleben" muß durch die vorangegangenen Aktivitäten abgesichert sein. Die Autoren gehen grundsätzlich davon aus, daß kulturelle Strukturen der Organisation nicht durch Interventionen verändert werden können, sondern sich kausal aus veränderten Oberflächenstrukturen ergeben. Die Aussage ist also "Culture is not a variable for intervention but

---

153 Hinterhuber/Popp (1994), S. 129.

154 Vgl. Tichy (1995), S. 13.

155 Vgl. Grässle (1993)oder Doppler/Lauterburg (1996).

156 Vgl. Gomez/Müller-Stewens (1994), S. 142 ff. Bezüglich der Phasen unterliegen die Autoren allerdings einem definitorischen Mißgeschick. Wie in Kapitel 4.6 ausgeführt, sind Phasen durch zeitliche Folge definiert, es kann also *per definitionem* keine parallelen Phasen geben. In solchen Fällen sollte man besser von Aktionsmodulen sprechen.

follows structure". In der Argumentation sind implizit Aussagen zum Partizipationsverlauf enthalten. Die strukturelle Veränderung geschieht stark top down orientiert. Erst nach "Vollendung" der Tatsachen wird versucht, den neuen Status quo in die Breite zu tragen und abzusichern. Den Abschluß bildet eine Konsolidierungsphase, in der die unter Umständen stark auseinander gedrifteten Orte der Veränderung harmonisiert werden.

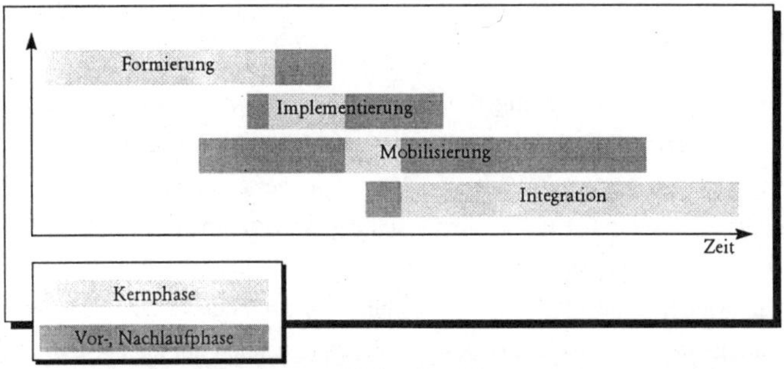

Abbildung 6-9: Phasenfolge einer Transformation (angelehnt an Gomez/Müller-Stewens (1994), S. 124)

Wie Abbildung 6-7 zeigt, haben die Phasen nach GOMEZ/MÜLLER-STEWENS relativ lange Vor- und Nachlaufzeiten. Dies gilt insbesondere für die Mobilisierungsphase. Es ist einerseits wünschenswert, mit einer Mobilisierung möglichst früh zu beginnen, man muß allerdings aufpassen, keine zu widersprüchlichen Signale gegenüber der Restorganisation zu senden: top down Implementierung mit geringer Partizipation der Masse sendet das gegenteilige Signal einer Mobilisierungsstrategie. Dadurch werden unter Umständen nicht nur die erhofften Effekte der Mobilisierung behindert sondern bei zu früher Mobilisierung auch Erwartungen hinsichtlich Veränderung, Partizipation und Aufbruchsstimmung erzeugt, die im Stadium der top down Vorgehensweise nicht erfüllt werden können. Wenn dieses Phasen-Modell einen realistischeren Bezugsrahmen bietet, als andere vorgestellte Ansätze, ist es dennoch sehr pauschal. Es wird nicht nach verschiedenen strukturellen Dimensionen des Handelns unterschieden. Ein anderes Defizit liegt darin, daß nicht nach Orten des Wandels differenziert wird, sondern von einer Homogenitätsvorstellung hinsichtlich der Organisation ausgegangen wird. Dementsprechend stellen sie in ihrem umfassend angelegten Forschungsprojekt "New Winners?"[158], in dem Transformationen mehrerer Großunternehmen analysiert werden fest: "Beim Vergleich des Profils des Wandlungsprozesses zeigen sich plötzlich eine Vielzahl von

[157] Gomez/Müller-Stewens (1994), S. 142.

[158] Vgl. Gomez/Müller-Stewens (1993), S. 101 f.

Unterschieden zwischen den Unternehmen .... Damit zeigt sich auch die beschränkte Möglichkeit des Vergleichs der gewonnenen Ergebnisse. Will man alle acht Unternehmen miteinander vergleichen, so muß dies zwangsläufig auf einer sehr hohen Abstraktionsstufe geschehen."[159] Es ist nach Ansicht des Autors dann allerdings fraglich, ob sich der hohe Forschungsaufwand gelohnt hat, wenn im Endeffekt relativ einfache und naheliegende Aussagen entstehen.

6.4.4.1.4 Tichy (1995)

TICHY beschreibt aufgrund seiner langjährigen Analyse des Wandels von General Electric eine Unternehmenstransformation als einen dreiphasigen Prozeß "Awakening - Envisioning - Rearchitecturing".[160] In der ersten Phase werden die *schmerzhaften* strukturellen Einschnitte vollzogen (siehe Abbildung 6-10). "Während sich das Unternehmen neuer Herausforderungen bewußt wird, ringen die einzelnen Mitarbeiter mit ihren Verlusten. Wann immer ein Schlußstrich gezogen werden muß - bei einer Scheidung, einem Todesurteil oder einer Transformation im Unternehmen -, fällt der *Bruch* mit der Vergangenheit am leichtesten. Damit ist der tatsächliche materielle Verlust gemeint, und dieser Bruch ist das augenfälligste Element des Traumas, das von Veränderungen hervorgerufen wird. Im Falle von Jack Welch's Transformation von General Electric erlebten die Mitarbeiter diese Trennung, als sie entlassen wurden, als Betriebsteile gekauft oder veräußert wurden etc."[161] Nach einer Loslösungsphase findet insbesondere auf individualpsychologischer Ebene eine Ernüchterung statt. Die zweite Phase beinhaltet den Übergang zwischen "Tod und Wiedergeburt"[162], in der versucht wird, die Kräfte der Mitarbeiter nach vorne zu richten. Hier ist genügend *zeitlicher* Slack wichtig. "Ebenso unerläßlich ist es, daß man Mitarbeitern genügend Zeit gibt zu lernen, sowohl das Ende wie auch den Neubeginn aus der richtigen Perspektive zu betrachten. Diese Phase ist das Kapitel der Visionsbildung. Da die schmerzlichen (strukturellen) Eingriffe vollzogen sind, ist eine *positive* Visionsbildung möglich.[163] Die dritte Phase ist die Rearchitektur. Sie beginnt mit einer umfassenden Analyse des gesamten System (Strukturen, Anreizsysteme, etc.). In einem zweiten Schritt kommt es zur Veränderung der "Sozialarchitektur an der Spitze". "Zu Beginn des dritten Aktes muß man unbedingt radikale Veränderungen in der Arbeitsweise der Unternehmensleitung vornehmen. Ohne diesen entscheidenden Baustein sind alle anderen Veränderungsmaßnahmen zum Scheitern verurteilt. Dafür gibt es im wesentlichen zwei Gründe:

---

159 Gomez/Müller-Stewens (1994), S. 164.
160 Vgl. Tichy (1995, 1993).
161 Tichy (1995), S. 19.
162 Vgl. Tichy (1995), S. 20.
163 Zu den Elementen einer Vision siehe beispielsweise Hinterhuber/Popp (1994), S. 111 bzw. S. 125, Doppler/Lauterburg (1996) oder Tichy (1995), S. 80. Es ist wichtig zu erkennen, daß eine positive oder

Erstens muß die Führungsspitze 'den Worten Taten folgen lassen' und als Rollenvorbild für die neuen Wertvorstellungen und die Vision dienen, und zweitens sind gerade an der Spitze viele der 'alten' Verhaltensmuster besonders fest verwurzelt und müssen daher um so dringlicher verändert werden."[164]

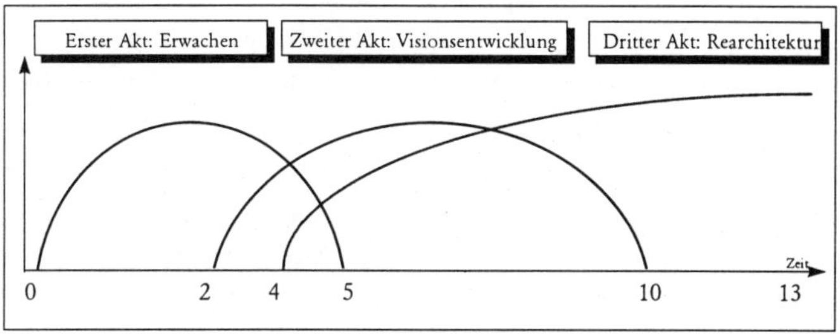

Abbildung 6-10: Phasenfolge einer Transformation nach Tichy (1995), S. 23

Ab diesem Zeitpunkt erst wird der Transformationsprozeß in die Breite getragen. "Nach der Neukonzeption der Unternehmensspitze ist es nun an der Zeit, einen vielschichtigen Vorstoß zu wagen, der auf die Einbeziehung jedes einzelnen Mitarbeiters in den Transformationsprozeß abzielt."[165] Neben inhaltlichen Veränderungen hebt Tichy insbesondere den Wandel von Personalsystemen (Auswahl, Beurteilung, Vergütung) hervor. In Rahmen der Verbreiterung des Wandelprogramms finden Schwerpunktprogramme in den einzelnen Business Units statt. Ein personelles Rückrad wird durch Teams von Change Agents gebildet.

Im Modell von TICHY sind einige zentrale Abfolgen beinhaltet: Die wichtigste ist, daß zu Beginn der Transformation sehr hart und top down der grundlegende Rahmen für die zukünftige Architektur geschaffen wird, indem behindernde Elemente zerstört werden. Hier geht es noch nicht um großartige und mitreißende Visionen. Im Gegenteil, so wurde beispielsweise Jack Welch im Jahre 1984 zum grausamsten CEO gewählt und wurde als "Neutron Jack" betitelt.[166] Erst wenn die grundlegenden Gewinner-Verlierersituationen[167] (z.B. unprofitable Geschäftsbereiche werden verkauft oder Werke werden geschlossen) bereinigt sind, beginnt

gar "mitreißende" Visionsbildung nur möglich ist, wenn der Anteil der Win-Lose Situationen nicht zu hoch ist. Daher ist es sinnvoll, die schmerzlichen Einschnitte explizit zu Beginn zu vollziehen.

164 Tichy (1995), S. 89.

165 Tichy (1995), S. 98.

166 Ermittelt vom Wirtschaftsmagazin Forbes (Vgl. Tichy (1995), S. 59).

167 Zur Spieltheorie und insbesondere zu typischen "Spielkonstellationen" siehe beispielsweise Brandenburger/Nalebuff (1996), S. 82 f., Güth (1992), Rieck (1993). Zu politischen Spielen siehe Schreyögg (1996), S. 416, March (1994), S. 152 f., Neuberger (1995).

die Visionierungsphase.[168] In der Restrukturierungsphase differenziert TICHY nach Orten des Wandels. So müssen die Grundstrukturen der Organisation - personifiziert als Top Management - zuerst umgestaltet werden. Der Grund liegt einerseits in der damit verbundenen Signalwirkung, andererseits wird so ein Orientierungsrahmen geschaffen, in dem die folgende breite und auch partizipative Transformation folgend stattfindet. Allerdings ist die "Neuarchitektur an der Spitze" ein neuralgischer Punkt, der keineswegs leicht zu realisieren ist. Hier muß darauf geachtet werden, daß Raum für Gewinner-Gewinner-Situationen im Top-Management selbst geschaffen wird. Interessant ist, *wie* TICHY das "Unfreeze-Move-Refreeze" nach LEWIN auf sein Transformationsmodell überträgt.[169] Unfreeze wird keinesfalls mit einer umfassenden Partizipation und Kommunikation im Sinne eines bottom up Ansatzes verstanden. Es *ergibt* sich vielmehr aus den schmerzlichen Einschnitten des Erwachens. Erst *nach* dieser Phase wird der unfreeze-Prozeß durch Kommunikation, Visionsbildung, Einbindung, etc. weitergeführt. Nach Ansicht des Autors ist es essentiell, das Lewin'sche Schema in dieser Form zu übertragen und nicht wie in vielen Fällen Unfreeze mit breit angelegter Kommunikation und Einbindung gleichzusetzen.[170] Wenn *nach* einem derartigen Start schmerzhafte Einschnitte nötig sind, hat der Transformationsprozeß wenig Aussichten auf Erfolg. Insgesamt werden durch das Modell von TICHY viele Aspekte betrachtet Dimensionen der Transformation beachtet, das Modell scheint plausibel und realitätsnah.

6.4.4.1.5 Gouillard/Kelly (1995)

Ein weiterer Ansatz, der den Anspruch einer umfassenden und tiefgreifenden "Business Transformation" hat, ist das Modell von GOUILLARD/KELLY. "We define Business Transformation as the *orchestrated redesign of the genetic architecture of the corporation, achieved by working simultaneously - although at different speeds - along the four dimensions of Reframing, Restructuring, Revitialization and Renewal.*"[171] (Im Original kursiv).

Die einzelnen Schritte bestehen aus einer Vielzahl von Subschritten, die im folgenden kurz angedeutet werden.[172]

- **Reframe:**[173] *Achieve Mobilization.* In dieser der Visionsbildung vorgelagerten Phase soll die grundlegende Energie für einen Wandel freigesetzt werden. Hierzu erwähnen die Autoren beispielsweise das Work-Out-Konzept von JACK WELCH bei General

168 Vgl. Vaghefi/Huellmantel (1998), S. 288 f.
169 Vgl. Lewin (1947a), Lewin (1963).
170 z.B. Fischer (1997b), S. 47 f. oder die schon vorgestellten Modelle.
171 Gouillard/Kelly (1995), S. 7.
172 Einen sehr ähnlichen Ansatz vertreten auch Perlitz u.a. (1996b), S. 346 ff.
173 Vgl. Gouillard/Kelly (1995), S. 25 ff.

Electric. Bemerkenswert ist, daß TICHY (s.o.) dieses Konzept in der dritten und letzten Phase des Transformationsprozesses einordnet und keinesfalls am Anfang. *Create a Vision.* Hier spielen GOUILLARD/KELLY auf die Wichtigkeit des Spannungsbogens hin zu einem Ziel an. "It must be challenging, representing a significant stretch from the current reality, becoming a firm's new raison d'être, its most passionate aspiration. In human terms, it creates a sense of purpose."[174] Wichtig ist also, daß an höhere Werte appelliert wird.[175] *Build the Measures.* Als abschließenden Schritt der Visionierungsphase sehen GOUILLARD/KELLY die Verankerung der Vision in verbindlichen Meßsystemen. Wenn es die Autoren auch nicht explizit erwähnen, handelt es sich um eine strukturelle Maßnahme.

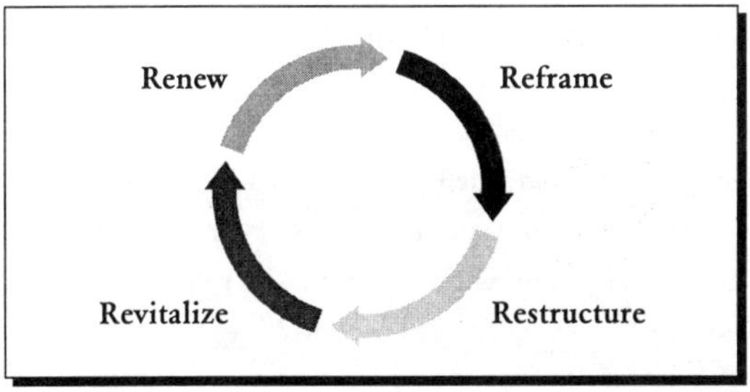

Abbildung 6-11: Modell einer Transformation nach Gouillard/Kelly (1995), S. 23

- **Restructure:**[176] *Construct an economic model.* In einem analytischen top down Prozeß soll das System insbesondere durch finanzorientierte Modelle heruntergebrochen werden. Explizit erwähnen die Autoren das Shareholder Value Konzept.[177] Durch eine derartige Modellierung werden Meßgrößen festgelegt. Hierin besteht eine Schwierigkeit, diesen Schritt vom letzten Schritt (build the measures) abzugrenzen. *Align the physical infrastructure.* Unter diesem Punkt sehen die Autoren sämtliche physischen Elemente der Organisation (Gebäude, Fahrzeuge, Maschinen). Es ist allerdings fraglich, ob ein derart kapitalintensiver Schritt an dieser Stelle sinnvoll ist, insbesondere wenn erst im nächsten Schritt die Aufbau- und Ablauforganisation neu

174 Gouillard/Kelly (1995), S. 24.

175 Gouillard/Kelly (1995), S. 24. Siehe auch Burns (1978), der auf die Wichtigkeit der transformativen Führung hinweist. Sie ist dadurch gekennzeichnet, daß derartige Führer weniger auf der sachlogischen Ebene argumentieren, als an höhere Werte zu appellieren.

176 Vgl. Gouillard/Kelly (1995), S. 97 ff.

177 Zum Ansatz des Shareholder Value siehe bspw. Günther (1997), Black/Wright/Bachman (1998) oder Rappaport (1995).

gestaltet werden soll. *Redesign the Work Architecture*. An dieser Stelle ordnen die genannten Autoren Reengineering-Ansätze[178] ein und schlagen ein erweitertes Bioreengineering vor.

- **Revitalization:**[179] In dieser Phase soll eine Expansionsorientierung geschaffen werden. Als erster Schritt wird eine Fokussierung auf den Kunden vorgeschlagen (*Achieve Market Fokus*). Durch *Change the rules through information technology* sollen wesentliche Marktchancen erschlossen werden. Auch an dieser Grenze fällt die Abgrenzung zu andern Aktivitäten schwer. So sind ja gerade die Kundenorientierung und die Informationstechnologie wesentliche Bausteine des Reengineerings. *Invent new Businesses* soll die Expansionsorientierung untermauern.
- **Renewal:**[180] Renewal stellt die letzte Episode des Transformationszykluses dar, durch den die Transformation abgesichert und weiterentwickelt werden soll. An erster Stelle steht *Create a new reward structure*. Hier schlagen die Autoren beispielsweise den Einsatz der Balanced Scorecard vor.[181] Schon angeführte Kritik kann auch hier wiederholt werden. Meßsysteme stellen eine strukturelle Maßnahme dar und fallen so eigentlich unter den Aspekt der Rearchitektur. Durch die Schritte *Build individual learning* und *Develop the Organization* geht die Transformation in einen Prozeß der Weiterentwicklung und des Lernens über.

Bei der Analyse des Modells von GOUILLARD/KELLY muß man beachten, daß es nicht nur um den Prozeß einer Transformation geht, sondern um den Prozeß einer Transformation zu einem bestimmten inhaltlichen Ziel. Die genannten Autoren sprechen eine Vielzahl von Aspekten auf dem Weg zu einer Unternehmenstransformation an. Das "Was" des Wandels wird als eine Sequenz gesehen, die vereinfacht durch Abbildung 6-12 wiedergegeben wird.
Andeutungen der Kritik sind schon in der Vorstellung der einzelnen Schritte gemacht worden. Grundlegender ist die Kritik an der Sequenz der Schritte selbst. Nach Einschätzung des Verfassers linearisieren GOUILLARD/KELLY die Schritte zu stark und vernachlässigen dabei die Interdependenzen und Abhängigkeiten zwischen den einzelnen Interventionen. Neben dem "Was" werden - allerdings zum Teil nur implizit - Aussagen zu den Strukturen der anderen Interventionsvariablen gemacht - so zur Rolle des Top Managements beziehungsweise zur Partizipation: "The role of the CEO and the leadership team is to act as *the genetic architects of the corporation*."[182] (Im Original kursiv). Und weiter: "It is tempting for leaders to get involved with the details, but the details can obscure the view of the business or corporation

---

178 Zur Bandbreite der möglichen Interpretationen des Reengineering-Begriffs siehe Kapitel 7.2.
179 Vgl. Gouillard/Kelly (1995), S. 173-240.
180 Vgl. Gouillard/Kelly (1995), S. 241-314.
181 Zur Balanced Scorecard siehe beispielsweise Kaplan (1992), S. 72, Rappaport (1995).

as a whole. For example, CEOs should design the mobilization process, but not the composition of individual teams; they should create a vision, but let each line of business develop a strategy consistent with the vision; they should articulate an operations strategy, but leave it to others to decide whether to shut down a particular plant; and they should encourage business units to share knowledge among themselves, but not supervise individual, cross-business initiatives."[183]

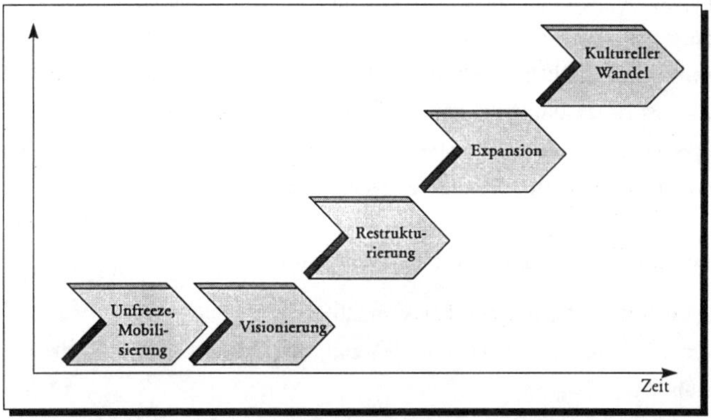

Abbildung 6-12: Inhalte der Interventionen im Modell von Gouillard/Kelly (1995), S. 23

Zu den Orten des Wandels werden relativ wenige Aussagen gemacht. Die Mobilisierung, die Visionierung und die Konstruktion der Meßsysteme geschieht unternehmensweit und primär top down. Innerhalb des so gewonnenen Rahmens findet in Schwerpunktprogrammen die Restrukturierung der einzelnen Business Units statt. So greift teilweise die gemachte Kritik der zu starken *Homogenitätsvorstellung* des Modells (siehe Kapitel 6.4.4.1.1) auch für den Ansatz von GOUILLARD/KELLY. Insgesamt bietet der Ansatz von GOUILLARD/KELLY eine Vielzahl von Ideen und Aspekten, nicht aber ein dynamisches und ganzheitliches Modell. Ein wichtiges und gutes Element ist, daß die genannten Autoren die Wichtigkeit von Meßsystemen hervorheben und deren Definition und Implementierung in der Anfangsphase der Transformation einordnen. Auch GOUILLARD/KELLY gehen in ihrem Modell von der These "culture follows structure" aus.

182 Gouillard/Kelly (1995), S. 9.
183 Gouillard/Kelly (1995), S. 9 f.

6.4.4.1.6 Beer/Eisenstat/Spector (1990)

Während die bisher angeführten Ansätze eine top down Tendenz aufweisen, die erst in *späteren* Episoden mit bottom up Elementen kombiniert werden, argumentieren BEER/EISENSTAT/SPECTOR in ihrer Tiefenstudie zur Revitalisierung von Unternehmen, daß erfolgreicher Wandel nur erfolgreich sein kann, wenn er sich von *dezentralen* Einheiten aus (z.B. Business Units) ausbreitet.[184] "Profound organizational renewal, they observe, requires greater coordination, competence, and commitment among all members of the organization - and no top down programmatic change effort can accomplish all that at once. The most successful companies in the study built up from the bottom, initiating systematic change in individual plants or divisions. At least initially, renewal is driven by general managers at that level, while CEOs create a corporate climate that supports and endorses change."[185] In ihren Untersuchungen kommen sie zu einer Reihe von weiteren Schlüssen, die vielen der in den vorgestellten Modellen gemachten Aussagen widersprechen. So ziehen BEER U.A. folgende Schlüsse hinsichtlich der Dynamik einer Transformation:[186]

- Transformationen, die mit der Transformation der Kultur beginnen wollen, werden unausweichlich zu Fehlschlägen, auch wenn das Top Management volle Unterstützung einbringt.
- Formale Strukturen sollten ganz am Ende der Transformation verändert werden.
- Human Ressource-Systeme können unverändert bleiben.
- Wenngleich es hilfreich ist, daß das Top Management vorlebt, was es einfordert, ist dies nicht notwendig.

"The same companies where wave after wave of programs rolled across the corporate landscape with little positive impact, more successful transformations were under way at the plant and divisional levels. In virtually all cases of successful revitalization, management focused on the business's central competitive challenges as the means for motivating change and developing new behaviors and skills."[187]

Die organisationale Transformation beginnt wie in Abbildung 6-13 angedeutet auf der Ebene einzelner Business Units. Auch hinsichtlich des Wandels einzelner Einheiten schlagen die Autoren einen alternativen Weg gegenüber den meisten Transformationsmodellen vor. Keinesfalls sollen formale Strukturen zuerst geändert werden, durch *Task Alignment* wird die

184 Siehe auch Beer/Eisenstat/Spector (1990a), S. 158 f., Beer (1989), S. 22f und Beer/Eisenstat/Spector (1990).
185 Zitiert aus dem Klappentext des Buches.
186 Beer/Eisenstat/Spector (1990), S. 6.
187 Beer/Eisenstat/Spector (1990), S. 45.

formale Struktur beibehalten. "By changing how people work together around core tasks without changing the organizational chart, a commonly understood and legitimated ad hoc team organization emerges .... These changes make it possible in turn for the organization to achieve the target of revitalization, the levels of quality, cost, and product innovation required to compete."[188]

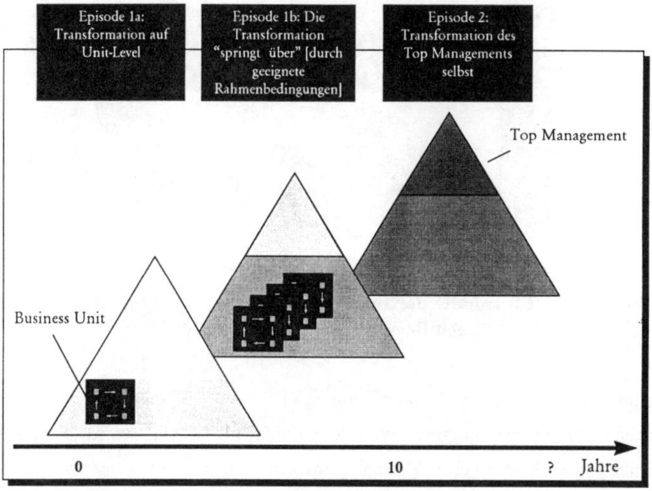

Abbildung 6-13: Transformationsverlauf im Renewal-Ansatz nach Beer/Eisenstat/Spector (1990)

Dadurch, daß sich eine natürliche Form der Zusammenarbeit herausbildet, kann um diese nach Ansicht der genannten Autoren ex post ein formaler organisationaler Rahmen geschaffen werden. Immer noch auf der Ebene der Unit Levels stellen die Autoren als nächstes die Frage nach der Interventionssequenz zur Änderung der Strukturen. Weder top down, noch bottom up Vorgehen alleine erscheint sinnvoll. "Instead, effective revitalization occurs when managers follow a critical path that obtains the benefits of top down as well as bottom up change efforts while minimizing their disadvantages. The critical path integrates and synthesizes hard and soft approaches to change by a careful sequencing of interventions. Unsuccessful completion of any of the six interdependent and overlapping steps along the critical path - or a significant reversal in them - slows revitalization and, on occasion, halts it."[189] Die Schritte, die die Autoren fordern sind: Mobilisierung - Visionsbildung - Konsens-

188 Beer/Eisenstat/Spector (1990), S. 46 f.
189 Beer/Eisenstat/Spector (1990), S. 68 f.

bildung über die Vision - Wandel in die Breite tragen - formale Systeme anpassen - ständig den Prozeß im Auge behalten.[190] Die strukturierte Folge der Schritte zeigt Abbildung 6-14.

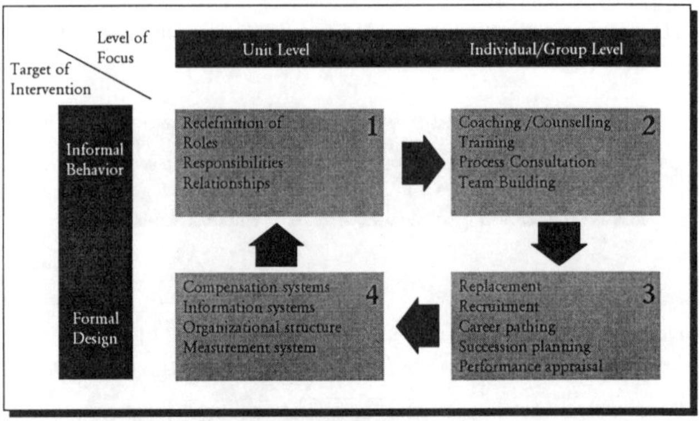

Abbildung 6-14: Inhalte der Interventionen auf Ebene der Business Units nach Beer/Eisenstat/Spector (1990)

Zu einem unternehmensweiten Wandel kann es allerdings nur kommen, wenn "top management creates a climate encouraging, even demanding, all subunits to follow the process."[191] Dazu schlagen die Autoren ein Strategieportfolio vor, das zwar nicht in einer strengen Sequenz stattfinden soll, dennoch eine tendenzielle Reihung über der Zeit darstellt:[192]

1. Erschaffen eines Rahmens der Zusammenarbeit mit den Gewerkschaften.
2. Setzen von hohen Performance-Standards und Investition in Human Ressources.
3. Kontinuierliches Entwickeln und Verbreiten von alternativen organisationalen Modellen.
4. Investment in Weiterbildung, Lernen, Austausch, etc..
5. Gezieltes Fördern und Weiterentwickeln von Transformationsförderern.
6. Prozeßmonitoring

Um das angesprochene Klima der Revitalisierung zu erschaffen, fordern BEER U.A. drei Grundvoraussetzungen, die das Management erfüllen muß. Es muß zuerst eine Balance zwischen Kostenreduktion und Investition in Human Resource finden. Desweiteren muß eine Balance zwischen "Concern for task and concern for people" geschaffen werden.[193] Letztlich

---

190 Vgl. Beer/Eisenstat/Spector (1990), S. 78.
191 Beer/Eisenstat/Spector (1990), S. 111.
192 Vgl. Beer/Eisenstat/Spector (1990), S. 145 ff.
193 Vgl. Beer/Eisenstat/Spector (1990), S. 153.

soll aktiv ein Netzwerk von Prozeß- und Fachberatern aufgebaut werden, die am Transformationsprozeß teilhaben. Die dritte und letzte Stufe des Transformationsprozesses stellt nach Beer et al. die Revitalisierung des Top Managements selbst dar. "The inconsistency between top management's words and actions now posed a barrier. To improve Teamwork at the corporate level and reexamine corporate policies and staff practices that innovative units perceived as hindering further progress, top management had to apply the process of revitalization to itself. Top management had to become the focus of revitalization."[194]

Zu einer *kritischen Würdigung* sei gesagt: Das Modell von BEER U.A. ist umfassend und integrativ. Explizit wird insbesondere auf den Verlauf der Orte des Wandels aufmerksam gemacht. Auch bezüglich der inhaltlichen Abfolge der Interventionen werden konkrete Aussagen gemacht. Die dritte Dimension der Intervention - der Führungsstil des Top Managements wird ebenfalls thematisiert. Das Modell weist eine gute innere Schlüssigkeit auf. Ist also der Ansatz von BEER U.A. "richtig" und widerspricht damit zumindest partiell den top down fokussierten Modellen? Nach Einschätzung des Verfassers kann die gestellte Frage nicht pauschal beantwortet werden, sie hängt von situativen Faktoren ab. Grundsätzlich kann auch nach dem evolutionär-inkrementellen[195] Ansatz von BEER U.A. völlig neue Struktur in Form einer Unternehmenstransformation entstehen. Der wesentliche Vorteil des Vorgehens nach BEER U.A. ist, daß der Wandel nicht aufoktruiert erscheinen kann, da die Schritte des Wandels von den jeweiligen Akteuren des Wandels selbst getragen werden. Die Ergebnisse der einzelnen Episoden weisen eine "natürliche Stimmigkeit" auf. *Wenn* man auf diesem Weg zum transformativen Wandel kommt, *dann* ist dies ein guter Weg. Die große Frage - und damit der entscheidende situative Faktor - ist, ob durch den bottom up Fokus tatsächlich ein *transformativer* Wandel erreicht wird. Anders formuliert: Sind die Rahmenbedingungen tragfähig genug, daß Nuclei des Wandels (z.B. Business Units) so gefördert werden können, daß es zur Transformation kommt, oder sind die Rahmenbedingungen unter denen die Nuclei wandeln derart, daß es nur zur *Extrapolation* bestehender (schlechter) Systeme kommt? Von entscheidender Bedeutung sind also alle organisationalen Dimensionen, die Rahmenbedingungen des Handelns (und des Wandelns) für die Business Units darstellen. Dazu zählen Gesamtstrategie des Unternehmens, Meß- , Informations- und Kontrollsysteme, Freiheitsgrade der Business Units, etc. Genauso wichtig (vielleicht sogar am wichtigsten) ist die genaue Analyse der Win-Lose Strukturen. Die entscheidende Frage ist: Schafft die Transformation Strukturen, in der es aus der momentanen Perspektive zu ausgeprägten Win-Lose Strukturen

---

194 Beer/Eisenstat/Spector (1990), S. 210.

195 Wobei man beachten muß, daß Beer sehr wohl einen integrativen Rahmen im Top Management sieht, die Interventionen aber tendenziell indirekt sind und so den Inkrementalismus fördern.

kommt und damit kein partizipatives Vorgehen möglich ist? [196] Ein transformativer Wandel ist tendenziell so beschaffen, daß er sehr hohe Barrieren überwinden muß. Aus diesem Grunde muß meistens einem partizipativ-empowerten Vorgehen ein top down orientierter Prozeß vorgelagert sein.[197] Diese Argumentation wird im folgenden Kapitel aufgegriffen.

6.4.4.2 Skizze eines integrativen Abfolgemodells

Die exemplarische Analyse einiger Abfolgemodelle hat die Bandbreite der Ansätze zur Transformation von Unternehmen aufgezeigt. Es würde den Rahmen der Arbeit sprengen, ein integratives Modell aus den verschiedenen Ansätzen zu generieren. Wahrscheinlich gibt es auch nicht "das" Abfolgemodell, da das konkrete Vorgehen von sehr vielen situativen Faktoren abhängig ist.[198] Dennoch haben die skizzierten Ansätze gezeigt, daß auf einer aggregierten Ebene zumindest *Tendenzaussagen* hinsichtlich Abfolgeaspekten möglich sind. Autoren, die pauschal darauf verweisen, daß alles Handeln dann doch wieder situativ und damit nicht modellhaft abbildbar ist, machen es sich zu einfach.[199] Um einige Aussagen zur zeitlichen Strukturierung zu machen, wird im folgenden Kapitel versucht, einen integrativen Rahmen einer Unternehmenstransformation zu *skizzieren* (Abbildung 6-15).

Eine gute Ausgangsbasis für ein Abfolgemodell der Unternehmenstransformation bietet der Portfolio-Ansatz von GHOSHAL/BARTLETT, wonach "any company's performance depends on two core capabilities: the strength of each of its component units and the effectiveness of their integration."[200] Um eine Lösung der Probleme des bottom up Ansatzes zu begegnen, scheint es nach der Phase der grundlegenden Standortbestimmung und Stoßrichtung innerhalb des Top Managements (*Vision, Strategie*[201]) bei einer Transformation wichtig, *zuerst* einen fruchtbaren Boden für die Transformation zu schaffen und unangenehme Einschnitte vorzunehmen

196 Vgl. ausführlich Kapitel 7.5. Durch Partizipation wird Individuen die Möglichkeit der Einflußnahme gegeben. Damit führt ein partizipatives Vorgehen tendenziell zur Verwirklichung der Ziele der Partizipanten. Es folgt, daß partizipatives Vorgehen nur dann zur Transformation führt, wenn eine zumindest teilweise Win-Win Situation aus der Sicht der Partizipanten besteht.

197 Zum Empowerment vgl. Blanchard/Carlos/Randolph (1998), Johnsson (1992), Malone (1997), S. 37 ff., Stewart (1997).

198 Vgl. Reiß (1997a), S. 20.

199 z.B. Mohr (1997), S. 90: "Welche der jeweiligen Strategien oder Strategiekombinationen letztlich Anwendung finden, bestimmt die zugrunde liegende Problemstellung. Eine Entscheidung ist deshalb in jedem Fall situationsspezifisch zu treffen"" Aussagen dieser Art implizieren, daß keine allgemeinen Strukturaussagen möglich ist und ziehen sich so auf einen unangreifbaren Aussagestandpunkt zurück, da eben nichts ausgesagt wird. Die Argumentation von Mohr ist allgemein diffus, da er erst Modelle der Transformation vorstellt, dann Vorgehensstrategien und am Schluß erst mögliche Interventionsvariablen, was eine genau verkehrte Abfolge ist, nimmt man an, daß Prozeßmodelle des Managements des Wandels sich aus dem Portfolio der Intervention ergeben und Strategien der Intervention auf den Interventionsvariablen aufsetzen.

200 Ghoshal/Bartlett (1996), S. 24.

201 Vgl. Gelinas u.a. (1998), S. 67.

(*Destruktion* und entsprechendes Unfreeze).[202] Dies geschieht im wesentlichen durch unternehmensweite Maßnahmen der Portfoliooptimierung, Definition einer strategischen Stoßrichtung und insbesondere einer Implementierung von klaren Richtlinien der Messung und der Kontrolle (*Simplifizierung*).[203] Danach beginnt die eher aufbauende Phase in der eine unternehmensweite *Vision* kommuniziert wird und ein Rahmen der weiteren Transformation erschaffen wird (=unfreeze durch Mobilisierung).[204] Als Praxisbeispiel kann man den Wandel des Lufthansa-Konzerns betrachten. Dort wurden bis 1994 30% der Führungspositionen abgebaut, Geschäftsfelder neu geordnet und *dann* eine unternehmenskulturelle Mobilisierung eingeleitet.[205] Ein ähnliches Vorgehen ist im Daimler-Benz Konzern, bei der Transformation der British Airways (Reduktion der Mitarbeiter von 59.000 auf 37.000 in der ersten Phase[206]) und bei Siemens im Rahmen des Top-Programms zu erkennen.[207]

Die Umsetzung beginnt mit tendenziell unternehmensweiten top down orientierten Aktivitäten, die Rahmenbedingungen für den weiteren Wandel schaffen (*Rahmenstruktur schaffen*). Zeitlich versetzt wird der Transformationsprozeß in die Breite getragen. Quasi im Hintergrund stellt das Management sicher, daß es zu der von BEER U.A. geforderten Unterstützung für die Transformation in den einzelnen Business Units und zur Vernetzung der einzelnen Transformationen kommen kann (*Support durch Management*).[208] Wenn der grundlegende Rahmen geschaffen ist, heißt die Devise, soviel Empowerment[209], Selbstorganisation und Innovationsorientierung wie möglich.[210] Die Transformation wird bottom up auf Ebene der Business Units fortgeführt (*Wandel in den BU's*). Der Turnaround von Chrysler ist entsprechend diesem Muster gefolgt.[211] Transformationsprozesse in den Organisationseinheiten werden so partizipativ wie möglich gestaltet. Kulturelle Aktivitäten gewinnen an Bedeutung. Ein solcher Schritt ist unumgänglich, da eine komplexe Organisation nur begrenzt durch direkte Intervention des Top Managements verändert werden kann. Ein weiterer posi-

---

202 Vgl. auch Hout/Carter (1996), S. 59 f., die darauf hinweisen, daß schlechte Strukturen und Abläufe oftmals lediglich Symptome von tiefer liegenden Problemen (z.B. Geschäftsstrategie, Ressortverteilung im Top Management). Vgl. zu dieser Abfolge auch Kluge (1994), S. 30. Zu einem "strategy driven approach to business reengineering" siehe Talwar (1997), S. 107.

203 Vgl. Perlitz u.a. (1996b), S. 348.

204 Ab hier kommt dem Modell von Beer at al. (1990) eine tragende Rolle zu. Bis zu diesem Punkt war der Ansatz von Tichy (1995) bei der Modellbildung vorherrschend. Dies Vision /Leitidee sollte dem Top Management von Anfang an klar sein (Fischer (1997a), S. 19, Fischer (1997d), S. 25). Bei dem Transformationsprozeß von Mercedes-Benz war für viele Akteure die sog. "Produktoffensive" der eigentliche Treiber des Prozesses (Vgl. Hilse/Fischer/Willke (1997), S. 565).

205 Vgl. Sattelberger (1996), S. 66.

206 Vgl. Goodstein/Burke (1997), S. 159.

207 Vgl. Holzwarth (1996), S. 154f, Kleinfeld (1997), S. 106 f. Ein ähnliches Bild ergibt beim Umstrukturierungsprozeß der Klöckner & Co AG (Vgl. Hütten (1997), S. 103 f.).

208 Siehe die Ausführungen im letzten Kapitel.

209 Vgl. Kotter (1995a), S. 61 bzw. S. 143 f., Stewart (1997), Blanchard/Carlos/Randolph (1998).

210 Vgl. Kleinfeld (1997), S. 115 im Zusammenhang des TOP-Programms bei Siemens.

tiver Aspekt ist, daß Partizipation in Einklang mit kulturellem Wandel und der Veränderung der Tiefenstruktur steht. Auf der anderen Seite ist diese Strategie nun möglich, da die grundlegenden Rahmenbedingungen, die Stoßrichtung des Wandels, die Meßgrößen und die unternehmensweiten Infrastrukturen schon fixiert sind. Die Gefahr, daß Empowerment nicht zur weiteren Transformation führt, sondern lediglich zu einer Extrapolation des aktuellen (schlechten) Zustands sind gering. Während der ganzen Wandel- und Integrationsphase findet eine umfangreiche *Basiskommunikation* statt.[212] An den konkreten Orten des Wandels finden zusätzlich *Schwerpunktkommunikation* und auch spezielle *Visionierungsphasen* zu Beginn von Transformationszyklen statt. Durch die zeitliche Trennung von Basiskommunikation und "Erstvisionierung" zu Beginn der Wandel- und Integrationsphase einerseits und konkreten Kommunikations- und Visionierungsinitiativen andererseits wird vermieden, daß es zu dem in Kapitel 6.4.4.1.1 beschriebenen Strohfeuereffekt kommen kann.

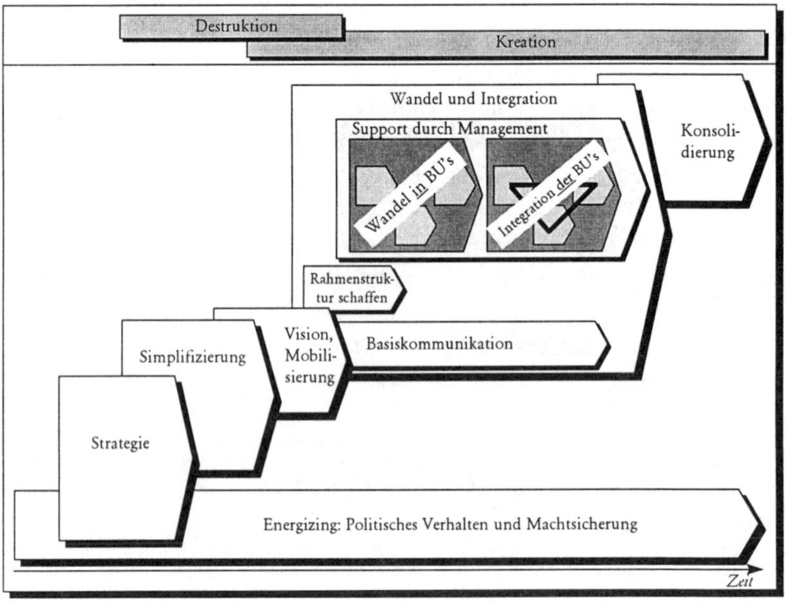

Abbildung 6-15: Skizze eines integrierten Verlaufsmodells der Transformation

211 Vgl. Lutz (1996).
212 Vgl. Kotter (1997), S. 21 zur Wichtigkeit der Kommunikation.

Nach den Wandelprozessen in den einzelnen Business Units (die in einem strategischen Gesamtkonzept stattgefunden haben), wird der Schwerpunkt auf die Integration und Abstimmung zwischen den Business Units gelegt (*Integration der BU's*). Diese Phase mündet letztendlich in die Episode der Integration und der Konsolidierung. Spätestens an dieser Stelle ist die von BEER U.A. geforderte Veränderung der Struktur des Top Managements selbst zu sehen.

Das *Energizing* ist bewußt als Aufgabe während des *gesamten* Transformationsprozesses dargestellt worden.[213] Nach Ansicht des Autors ist "forming a powerful guiding coalition" nicht *nur* ein einzelner Schritt zu Beginn des Prozesses wie beispielsweise im Modell von KOTTER, sondern nach einem "initialen" Energizing muß während des *gesamten* Prozesses darauf geachtet werden, daß ein Überhang der änderungsfördernden Kräfte gesichert ist.[214] Das Energizing zu Beginn findet insbesondere auf Ebene des Top Managements statt.[215] Bei Mercedes-Benz dienten die Direktoren-Strategiegespräche zum Thema "Innovationskraft Mercedes-Benz" im Jahr 1991 als eine solche Keimzelle und gleichzeitig der Visionsfindung.[216] Allerdings kann wie bei der Transformation von St. Paul in Einzelfällen auch das mittlere Management die wichtigste Keimzelle das Wandels darstellen.[217] Diese Gärphase, mit der eine kritische Masse erzeugt wird, kann relativ lang andauern.[218] Je mehr Energie in *Richtung* des Transformationszieles entsteht, desto mehr ist Selbstorganisation und Partizipation möglich.[219] Auch bei einer initialen Phase des Energizing muß man die Gefahr einer Strohfeuerfalle beachten. Abbildung 6-15 deutet implizit an, daß jeder Wandelprozeß ab einem gewissen Punkt ein Selbstläufer werden muß. Wenn auch das konkrete Ende des Prozesses kaum klar abgrenzbar ist, so hat ein neues Organisationsmodell nur dann Bestand, wenn es sich ab einem gewissen Punkt selber trägt (also in die Linie integriert wird).[220]

---

213 Man könnte diese Tätigkeit als "Energiecontrolling" beschreiben.

214 Vgl. Kotter (1995a), Kotter (1997), S. 17.

215 Vgl. auch die Aussagen zum Wandel der Ameritech auf S. 228.

216 Vgl. Fischer (1997e), S. 110.

217 Vgl. Fischer (1997f), S. 128.

218 In einem etwas älteren Beispiel berichten Buhmann/Mihr (1988) von einer zweijährigen Gärphase bis zur Umsetzung einer Teamorganisation bei Volkswagen. Zur "kritischen Masse" siehe auch Kapitel 7.5.4.4.

219 Vgl. Greene (1997), S. 59. Um Eigendynamik zu erzeugen, ist die Kernaufgabe das Managements das Schaffen einer "Bewegung".

220 Vgl. Reiß (1992), S. 60.

6.4.4.3 Bemerkungen zu einzelnen Abfolge- und Verlaufsfragen

6.4.4.3.1 Reihung der inhaltlichen Dimensionen des Transformationsprozesses

Die Frage nach der Reihung der Dimensionen der Interaktion im beschriebenen Modell wurde bestimmt durch die Art der Kausalität zwischen den einzelnen Dimensionen.[221] Die Kausalität muß nach inhaltlicher Stärke und zeitlicher Trägheit unterschieden werden.[222] Ist die inhaltliche Kausalität zwischen Dimension A und Dimension B in beide Richtungen sehr stark, aber in eine Richtung sehr träge und in die andere nicht, dann ist eine inhaltliche Reihung der Intervention trotz hoher gegenseitiger Kausalität möglich.

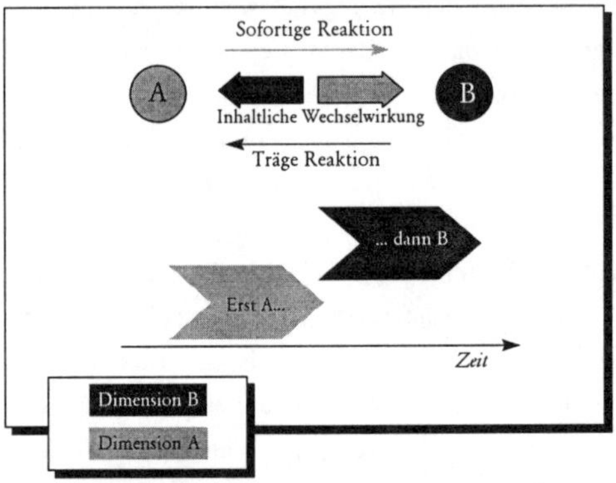

Abbildung 6-16: Reihungsmöglichkeit wechselseitig abhängiger Dimensionen bei unterschiedlicher zeitlicher Trägheit der Abhängigkeit

In Einklang mit vielen Autoren geht das Modell davon aus, daß *tendenziell* "culture follows structure" gilt. Kultureller Wandel stößt schnell an Grenzen, wenn die umgebenden Strukturen nicht stimmen. "Meist stehen die Dinge in einem eklatanten Widerspruch: Gefordert wird zwar das Zusammenspiel, geführt wird aber nach dem Prinzip "Teile und herrsche". Verlangt werden Mitdenken und Unternehmertum, kontrolliert wird nach dem Prinzip "jeder Mensch ist ein potentieller Drückeberger und Betrüger .... Kurz, wer sich so verhalten würde, wie es auf dem Papier verlangt wird, wäre 'unvernünftig', könnte nichts bewirken und müßte eigentlich entlassen werden. Und exakt dies passiert auch immer wieder in der Praxis."[223] Das "Mercedes-Benz Erfolgsprogramm", das zuerst als reines Kulturentwicklungsprogramm gedacht war, wurde 1995 nach einer Vorstandsklausur dementsprechend aufgegeben, bezieh-

---

221 Vgl. Krüger (1997).

222 Man sieht, daß die Problematik nur als dynamische Betrachtung Sinn macht, was allerdings in vielen Veröffentlichungen nicht ausreichend berücksichtigt wird.

ungsweise abgeändert.[224] Daß im Einzelfall auch der Beginn mit einem "Cultural Reengineering" möglich ist, zeigt das Beispiel der Samsung Deutschland GmbH.[225] Zur nicht symmetrischen inhaltlichen Abhängigkeit zwischen Kultur und Struktur einer Organisation kommt hinzu, daß kulturelle Veränderungen wesentlich langwieriger erscheinen als strukturelle Veränderungen.[226]

Motivationsorientierte Aktivitäten und aktiver Kulturwandel (z.B. breite Kommunikation und Visionierung) finden hauptsächlich erst dann statt, wenn die Destruktion beendet wurde. Der Grund dafür liegt in der potentiellen Gefahr widersprüchlicher Signale. Es ist unproduktiv oder sogar kontraproduktiv, einen pauschalen Unfreeze und Kulturwandel in der Organisation anzustreben, wenn es danach zu massiven (negativen) Einschnitten kommt (die 123.000 abgebauten Stellen bei General Electric sind sicherlich extrem, verdeutlichen aber das Argument).[227] Durch einen derartigen Einschnitt werden bisherige Fortschritte im kulturellen Bereich zunichte gemacht und - falls zuerst Kulturwandel durch hohe Partizipationsgrade angestrebt wurde - ist es fraglich, ob der spezifische Strukturwandel überhaupt realisiert werden kann, wenn breite Betroffenheit und Partizipation schon zu Anfang des Prozesses erzeugt wurden. Ein Unfreeze muß daher zu Beginn der Konstruktionsphase geschehen. Um aufgrund der Weite der Organisation nicht in die "Strohfeuerfalle" zu geraten, wird im Modell nach allgemeiner Visionierung und Kommunikation einerseits und konkreter Visionierung und Kommunikation andererseits unterschieden. Die grundsätzliche Strategie des Modells heißt "Unangenehmes zuerst". Nur so kann danach ein Kulturwandel durch partizipatives Vorgehen, Kommunikation, etc. angestrebt werden und dabei der Strukturwandel fortgesetzt werden. In der Modelldynamik ist eine Kombination von Plattform- und Mosaikstrategie abgebildet, wobei der Schwerpunkt zuerst auf der Bildung von Plattformen liegt (z.B. Erschaffen von Business Units), dann aber den Schwerpunkt auf die Transformation der einzelnen Business Unit legt (Mosaike).[228]

Es muß bemerkt werden, daß die beschriebene Reihenfolge nicht als harte Folge verstanden werden darf. Es ist beispielsweise durchaus möglich, daß erfolgreiche Business Units schon zu Beginn der Corporate Transformation in einem eigenen Veränderungsprozeß engagiert sind und unter Umständen die Transformation des Unternehmens aktiv verstärken.[229] Die angedeutete Abfolge Struktur - Kultur wird bei einer komplexen Transformation kaum in einer

223 Doppler/Lauterburg (1996), S. 74.
224 Vgl. Soukup/Fischer (1997), S. 59.
225 Vgl. Funk (1997), S. 117 f.
226 Zur Beschleunigung von Wandel in großen Gruppen siehe Bonson (1995), S. 31 f.
227 Vgl. AMA (1996), die empirisch belegen, daß Transformationsprozesse (kurzfristig) meistens zu Personalabbau führen.
228 Vgl. Reiß (1993), S. 772 ff., Reiß (1994c).
229 Vgl. Maier (1997), S. 11.

Reinform zu sehen sein.[230] Mehr oder weniger wird die Abfolge von zyklisch-inkrementalen Vorgehen überlagert[231] oder sinnvollerweise nach verschiedenen Orten des Wandels (=Module, z.B. ein Vertriebsbereich) gegliedert, in denen jeweils ein ganzheitlicher Wandel stattfindet.

6.4.4.3.2 Zeitverlauf des Partizipationsumfanges

Für den Partizipationsverlauf gilt tendenziell, daß er gering in der Phase der Simplifizierung ist, da es dort sonst zu massiven Widerständen kommt. In der Phase des Wandels und der Integration findet zuerst ein ebenfalls gering partizipativer top down Prozeß statt, in dem die Rahmenbedingungen von dezentralen Wandelaktivitäten generiert werden. In der zeitlich versetzt beginnenden Phase des Wandels in den Business Units kommt es zu einem immer höheren Partizipationsgrad, während das Top Management zwar den ganzheitlichen Rahmen im Auge behält, sonst aber eine unterstützende Funktion einnimmt. "Eine vollständige Restrukturierung erfordert immer ein top down Vorgehen, um revolutionäre Optionen der Prozeßneugestaltung erkennen zu können. Allerdings ist im Rahmen der Prozeßoptimierung eine Beteiligung der Basis möglich; Im Rahmen der Einführung neuer Arbeitsstrukturen ist die umfassende Einbeziehung aller Betroffenen sogar unumgänglich."[232] Dies ist auch in der Integrationsphase der Fall. Das Modell kombiniert also ein top down und ein bottom up Vorgehen, wobei das top down Vorgehen zeitlich zuerst stattfindet. Bill Weiss - ehem. CEO von Ameritech, der Bell-Telefon-Nachfolgegesellschaft - hat den Transformationsprozeß klar geführt und sieht es als Erfolgsfaktor, die Organisation wissen zu lassen, daß man sich etwas überlegt hat und von weiteren Führungskräften unterstützt wird.[233] Die Phase, in der die Transformation in die Breite getragen wird, kann man auch als Multiple Nucleus Strategie[234] verstehen, wonach die Transformation an mehreren Orten stattfindet, und das Management den von BEER U.A. geforderten "fruchtbaren" Rahmen schafft und den Gesamtzusammenhang im Auge behält. Es ist offensichtlich[235], daß ein komplexer Transformationsprozeß weder rein top down noch rein bottom up funktionieren kann, sondern aus einer Vielzahl von Strategien verschiedenster Inhalte und Stoßrichtungen besteht.[236] Egal in welcher Phase sich der Verän-

---

230 "The dilemma here is one of timing. This (die strukturelle Veränderung; der Verf.) work cannot get out too far ahead of the change, yet it cannot lag too far behind" (Nadler (1989), S. 81).

231 Vgl. Bullinger/Stiefel (1997), S. 146. Struktur und Kultur müssen sich gleichzeitig entwickeln und die Geschwindigkeiten des Wandels müssen aufeinander abgestimmt sein.

232 Arbeitskreis (1996), S. 661. Dies ist ein gutes Beispiel dafür, wie versucht wird, eine Aussage nach allen Seiten offenzuhalten.

233 Vgl. Fischer (1997f), S. 134.

234 Vgl. Schertler (1995).

235 Und damit eine wie bei Mohr (1997), S. 88 ff. geführte Diskussion hinsichtlich polarisierter Sichten überflüssig.

236 Vgl. auch Dichter/Gagon/Alexander (1993), S. 89 ff.

derungsprozeß befindet, das "Energizing" muß ein ständiger Schwerpunkt des Handelns sein. „Energizing" geschieht im wesentlichen durch die Höhe des Partizipationsgrades und die Auswahl der Partizipanten.[237]

6.4.4.3.3 Zeitstruktur des Führungsstils im transformativen Wandel

Fast alle Modelle des transformativen Wandels betonen die Wichtigkeit von Leadership.[238] Meist wird eine transformative beziehungsweise charismatische Führung gefordert.[239] Die transformative Führung ist nach BURNS das Pendant zur transaktionalen Führung.[240] Der transaktionale Führungsstil fokussiert auf traditionelle ziel- und aufgabenorientierte Führung. Man kann ihn nach BASS durch zwei Faktoren charakterisieren: Contingency Reward und Management by Exemption.[241] Der transformative Führungsstil baut auf dem transaktionalen auf, indem der Leader die Werte und Motive auf eine höhere Sinnebene transformiert.[242] Der transformative Führungsstil zeichnet sich durch die drei Elemente intellektuelle Stimulierung, individuelle Zuwendung und Charisma aus. Das Charisma ist nach WUNDERER das wichtigste Element.[243] Das zentrale Problem derartiger Forderungen ist - wie angesprochen - daß charismatische Führung nahe an den "one great man theories" liegt, die zwar normativ gefordert werden, aber in der Praxis relativ selten sind.[244] Aus diesem Grund wurde in Kapitel 6.4.2 diese Prämisse explizit verworfen. In der vorgestellten Modellskizze wird durch *unternehmerische* Führung (insbesondere das Empowerment), Aktivitäten der Visionsbildung, der gezielten Kommunikation und des kontinuierlichen Energizing ein transformativer Führungsstil realisiert.

6.4.4.3.4 Zeitstruktur der Orte des Wandels

Im skizzierten Modell beginnt der Transformationsprozeß mit einem Fokus auf die Totalorganisation. Zuerst sind in der Simplifizierungsphase weniger der Innenstrukturen der einzelnen Geschäftsbereiche von Interesse als die gesamte Organisation. In der Wandel- und Integrationsphase wird meist mit einem Totalfokus begonnen, der dann aber durch verschiedene Orte

---

237 Vgl. insbesondere Kapitel 7.5.

238 Vgl. z.B. Tushman/Newman/Nadler (1988), S. 102 ff, Clarke (1994), S. 124 ff., Hinterhuber/Valdani (1998), S. 13, Wiedemann (1996), S. 193 ff. Vgl. zum folgenden insbesondere Wunderer (1994), S. 229 ff. Zu verschiedenen Führungsstilen und entsprechenden Charakteristika siehe Patzak/Rattay (1997), S. 283 f.

239 Vgl. auch zur Managementperspektive zu Beginn des Kapitels 6.4.2.

240 Vgl. Burns (1978). Zum "Transformal Leader" siehe Tichy/Devanna (1995), S. 183 f.

241 Vgl. Bass (1990, 1990a).

242 Vgl. Bass/Avolio (1990), S. 236.

243 Vgl. Wunderer (1993), S. 218.

244 Vgl. Wunderer (1994), S. 244, Kapitel 5.2.3.

des Wandels überlagert wird. In der Regel können nicht alle Kernbereiche des Unternehmens gleichzeitig umstrukturiert werden, es muß eine Priorisierung unter Zeit-, Qualitäts- und Kostenaspekten stattfinden.[245] Bei der Reihung der verschiedenen Orte des Wandels lassen sich zwei idealtypische Vorgehensstrategien unterscheiden. Der Engpaßfokus beginnt mit kritischen Bereichen. Im Erfolgsfall können dadurch auch starke Kritiker des Prozesses überzeugt werden. Allerdings ist das Risiko dieser Strategie relativ hoch und muß ins Kalkül gezogen werden. Der Rosinenfokus beginnt dort, wo die Kosten - Nutzen Relation des Wandels am günstigsten erscheint.[246] So werden quick hits erzielt, die motivationsfördernd sind und einen wichtigen Erfolgsfaktor von Transformationen darstellen.[247] Wenngleich grundsätzlich eine Abfolge nach dem Rosinenfokus vorzuziehen ist, da so nach dem Prinzip der höchsten Grenzerträge gehandelt wird, muß die Vernetzung der verschiedenen Bereiche berücksichtigt werden. Realitätsnäher ist es, *Portfoliomethoden* anzuwenden, um begrenzte Kapazität optimal auf Veränderungsprozesse zu allokieren.[248] Dabei muß beachtet werden, wie viele parallele Veränderungsprozesse ein Unternehmen "verträgt". Beispielsweise ist das weltweite Reengineering-Projekt "CRM" bei IBM lediglich eines von zehn weltweiten Reengineering-Initiativen.[249]

In der folgenden Integration und Konsolidierung wird der lokale Fokus wieder zu einer Totalperspektive erweitert.[250] Durch die beschriebene Sequenz ist es möglich, das gesamte System integrativ zu verändern, dennoch gezielt Komplexität zu reduzieren, wenn nach der Festlegung von Rahmenbedingungen gezielt auf Schwerpunktprogramme fokussiert wird. In der Kategorisierung nach BÖHM ist eine Folge von totaler Fokussierung - multisektoraler Fokussierung - unisektoraler Fokussierung - multisektoraler Fokussierung - totaler Fokussierung festzustellen.[251]

---

245 Vgl. Davenport/Short (1990), S. 15.

246 Eine genaueres Vorgehensmodell des Engpaß - konzentrierten Vorgehens findet sich bei Mende/Bieta (1997), S. 104.

247 Vgl. Kotter (1997), S. 141, Schaffer/Thomson (1996), S. 141 f.

248 Vgl. Reiß (1997b), S. 45, der nach den Dimensionen "Ergiebigkeit" und "Machbarkeit" unterscheidet. Zu Methoden des Management eines Projektportfolios siehe Patzak/Rattay (1997), S. 426 f. Rieckhof (1997a), S. 19 schlägt eine Matrix mit den Dimensionen "Stellenwert für Kundenzufriedenheit" und "Bedeutung für die Unternehmensstrategie". Zur Entscheidungsmatrix bei Siemens im Rahmen des "TOP" - Programms siehe Kleinfeld (1997), S. 109. Talwar (1997), S. 119 benutzt die Dimensionen "customer value" und "shareholder value" zur Analyse.

249 Vgl. Wengenroth (1997), S. 73.

250 Zur Wichtigkeit der Konsolidierung und zur kulturellen Verankerung des Wandels siehe Kotter (1997), S. 179 f.

251 Vgl. Böhm (1981), S. 94 ff.

6.4.4.3.5 Starrheit der Planung (Planungshorizont)

Der Begriff der Synoptik wird zweckmäßigerweise über drei Dimensionen definiert. Ein synoptisches Vorgehen bedeutet im Extremfall, daß zum Zeitpunkt t=0 ein *vollständiger* und detaillierter Vorgehens*plan* für den *gesamten* Transformationsprozeß entworfen wird und daß im Verlauf der Transformation mit allen Mitteln versucht wird, diesen Plan *umzusetzen.*[252] Inkrementalistisches Vorgehen als Gegenstück plant nur für einen sehr begrenzten Horizont und ist in seiner Extremform ein ad hoc Vergehenskonzept, das als "muddling through" charakterisiert werden kann.

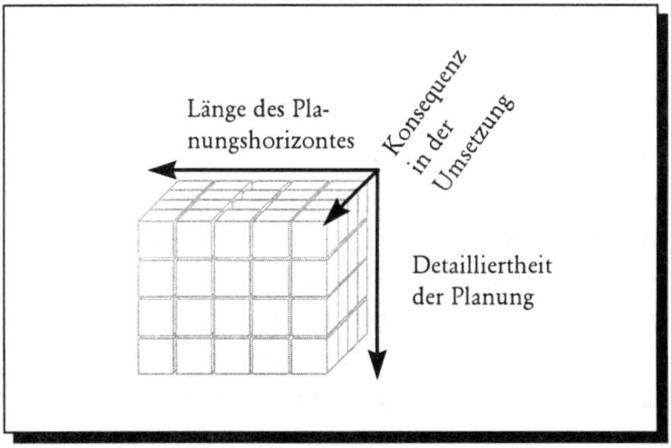

Abbildung 6-17: Dimensionen der Synoptik

Beide idealtypischen Strategien haben charakteristische Vorteile. Der Hauptvorteil des Inkrementalismus[253] ist, daß auf das ungeplante Eintreten von Ereignissen aller Art situativ reagiert werden kann. Dadurch können Opportunismen[254] wahrgenommen werden. Ein weiterer Vorteil ist, daß durch die relativ kurzen Interventionsepisoden immer konkrete Ziele und Interventionen formuliert werden. Dadurch wird die Gefahr vermieden, daß ein Transformationsprozeß durch hohen Abstraktionsgrad an Anschlußfähigkeit seitens der Betroffenen verliert. Der große Nachteil ist, daß keinesfalls sichergestellt werden kann, daß es tatsächlich zu einem *transformativen* Wandel der Unternehmung kommt. Kommt es dennoch zu einer Trans-

---

252 Es findet also hauptsächlich eine Kontextanpassung und kaum eine Konzeptanpassung statt. Vgl. hierzu Reiß (1997a), S. 25. Manche Ansätze definieren die Synoptik nur über die Dimension Planungshorizont. Eine dreidimensionale Definition ist sinnvoller, da der Planungshorizont die Reichweite des Plans an sich in t=0 beschreibt, der Detaillierheitsgrad die Tiefe der Planung und die Umsetzungsstrenge die jeweilige Entscheidung des Handelns zu den konkreten Zeitpunkten t_i.

253 Vgl. Quinn (1980), Quinn (1978), S. 7 f.

254 Vgl. Zeyer (1996), S. 153, Reiß/Zeyer (1994), S. 89.

formation, dann ist sie allerdings nur ex post zu erkennen und hat sich "zufällig" ergeben.[255] QUINN ist als Verfechter des Inkrementalismus der Überzeugung, daß die genannten Nachteile nicht notwendigerweise eintreten müssen.[256]

Synoptik als Gegenstück *scheint* eher sicherzustellen, daß es zum transformativen Wandel kommt, da es per Definition einen (scheinbar) konsistenten und durchgängig geplanten Weg zum Ziel gibt. Dadurch können Abhängigkeiten der Interventionen berücksichtigt werden. Ein weiterer Vorteil ist, daß durch Synoptik den Beteiligten der Transformation eine Richtung vorgegeben wird, auf die die Energie der Veränderung gerichtet werden soll. In komplexen Situation vermittelt synoptisches Vorgehens allerdings eine potentielle *Scheinsicherheit*. In komplexen Situationen ist es äußerst schwierig, konkrete Ereignisse über mehrere Zeitepisoden vorherzusagen.[257] Dadurch können sich Prämissen, Rahmenbedingungen oder Ziele der Transformation verändern. Dies bedeutet, daß ein Veränderungsprozeß potentiell *ineffizient* verläuft.[258] Ein noch gravierenderes Problem tritt auf, wenn das Ziel der Transformation an sich (das ursprünglich wünschenswert und sinnvoll war) nicht mehr *effektiv* ist. Neben den genannten Aspekten ist es fraglich, in wieweit ein Top Management überhaupt fachlich und kapazitiv in der Lage ist, eine detaillierte Planung vorzunehmen. In Kapitel 6.1 wurde schon die kausale Interdependenz zwischen Partizipationsgrad und synoptischen Vorgehen angedeutet. Wenngleich eine synoptische *Planung* immer möglich ist, bedeutet ein höherer Partizipationsgrad, daß die tatsächlichen Entscheidungen über Interventionen mehr von den Partizipanten gemacht werden und so ein hoher Grad an Umsetzungsstrenge des Planes *prinzipiell* nicht möglich ist. Hohe Synoptik begrenzt also den Grad der Partizipation auf ein Minimum. Das Transformationsprozesse aber ohne (phasenweise) breite Partizipation nicht möglich sind, würde schon ausgeführt. "Such a (synoptic; der Verf.) model, which treats change as an event to be managed during a specified period, may have been appropriate for organizations that were relatively stable and bounded and whose functionality was sufficiently fixed to allow for detailled specification. Today, however, given the more turbulent, flexible,

---

255 Vgl. Romanelli/Tushman (1994), S. 1141 ff.

256 Vgl. Quinn (1980, 1978).

257 Eine Vorhersagemöglichkeit bietet die Szenariotechnik (Gausemeier/Fink/Schlake (1996), Czichos (1996), S. 332). Plakative Beispiele für das Verhalten von komplexen Systemen finden sich bspw. bei Wheatley (1995) oder Dörner (1994).

258 d.h. Opportunismen die durch ungeplante Ereignisse möglich werden, oder alternative (bessere) Vorgehensmöglichkeiten werden nicht berücksichtigt. Im Extremfall kann der Transformationsprozeß versanden, wenn die Widerstandsbarrieren zu hoch werden. Zeyer (1996), S. 142 ist der Ansicht, daß durch synoptische Planung die Gefahr der Versandung eher vermieden werden kann (Vgl. auch Reiß (1994a), S. 16ff, Reiß (1994c), S. 58ff, Reiß (1995), S. 298 ff.). Die obige Argumentation verdeutlicht allerdings, daß dieser Punkt sehr differenziert gesehen werden muß.

and uncertain organizational and environmental conditions, such a model is becoming less appopriate - hence, the discrepancy."[259]

Obige Ausführungen zeigen, daß ein Transformationsprozeß sowohl synoptische als auch inkrementelle Elemente enthalten muß.[260] *Prinzipiell* suboptimal ist ein hoher Grad an detaillierter synoptischer *Planung* verbunden mit einem hohen Grad Umsetzungsflexibilität beziehungsweise Opportunismus, da dies enorme Ressourcenverschwendung bedeutet. Wenn es also zur Flexibilisierung in der Umsetzung von Plänen kommt (Konzeptanpassung), dann ist es ineffizient vorher detaillierte Pläne ausgearbeitet zu haben. Als Ausweg ist eine rollierende Planung[261] zu sehen, das nach mehreren Aggregationsebenen unterscheidet.[262] Die Unterscheidung zwischen zwei Aggregationsebenen ist primär konzeptionell und soll die Wichtigkeit eines Rahmenkonzeptes verdeutlichen. In der Praxis werden die Ebenen eng verknüpft sein. Auf der operativen Ebene wird das konkrete Vorgehen für die nächsten Schritte geplant. Mit zunehmenden Horizont nimmt der Detailliertheitsgrad der Planung ab und die potentielle Flexibilität bzw. der Opportunismus zu (bzw. die Konsequenz in der Umsetzung ab). In der Abbildung wird auch deutlich, daß sich der abnehmende Grad der Konkretheit der Planung nicht nur aus der Unsicherheit hinsichtlich der Umweltentwicklung ableitet, sondern auch durch den beschriebenen Zusammenhang zwischen Partizipation und Synoptik bedingt ist. Auf der strategischen Ebene, die als Grundlage des Handelns dient, existiert eine *prinzipielle* Landkarte der Transformation[263], die allerdings von detaillierten Inhalten abstrahiert. Der "Blueprint" der Transformation muß eine relativ hohe Synoptik aufweisen, da er als Rahmenkonzept, Fahrplan und Orientierungsrahmen der Transformation dient. Die Wichtigkeit einer stabilen Vision des Vorgehens wurde schon beschrieben. Abbildung 6-18 zeigt, daß dennoch ein Rückkopplungssystem zwischen dem strategischen Plan und dem tatsächlichen Verlauf des Wandels existieren muß.

Auf den Grundannahmen komplexer Umweltbedingungen und einer hinreichenden Offenheit[264] des Transformationszieles definieren ORLIKOWSKY/HOFMANN in ihrem "Improvisational Model of Change Management" drei Subtypen des Wandels in einem Transformationsprozeß.[265] Antizipativ geplante und implementierte Interventionen bilden die Kategorie

259 Orlikowsky/Hofman (1997), S. 11 f.

260 Vgl. Reiß (1993a), S. 554.

261 Beziehungsweise eine "gesteuerte Evolution". Vgl. Servatius (1994), S. 51, Servatius (1994a), S. 157 f. Zur rollierenden Planung siehe Büchi/Chrobok (1997), S. 363.

262 Vgl. Gälweiler (1997), S. 370.

263 Orilowski/Hofman (1997), S. 11 unterscheiden nach "plan" und "objective". Die Landkarte stellt tendenziell ein "objective" dar, da das konkrete Handeln nur als Rahmenkonzept beschrieben ist.

264 Der Grund ist, daß das Ziel abstrakt genug sein muß, um (lediglich) als "objective" zu dienen, während die konkrete Ausgestaltung des Weges offen bleibt.

265 Vgl. Orlikowsky/Hofmann (1997), S. 13 ff. Vgl. auch Orlikowski (1996), S. 63 ff.

des "anticipated change". Als Gegenstück definieren die Autoren "emergent changes".[266] Dies sind Veränderungen, die stattfinden, aber gar nicht Teil des intendierten Vorgehens waren und erst ex post erkannt werden. Als dritte Kategorie wird der "opportunity based change" identifiziert. "changes that are not antizipated ahead of time but are introduced purposefully and intentionally during the change processes in response to an unexpected opportunity, event, or breakdown."[267] Das in Abbildung 6-18 beschriebene Modell des rollierenden Vorgehens beinhaltet diese drei Typen des Wandels. Da das Modell eine Managementperspektive einnimmt, stellt sich "emergent change" als eine nicht antizipierte Entwicklung der Umwelt dar, die unter Umständen ein anderes Vorgehen sinnvoll macht. Opportunity based change ist die (opportunistische) Anpassung der Aktionspläne aufgrund geänderter Umweltbedingungen. "Anticipated change" letztendlich findet immer dann statt, wenn es über längere Episoden nicht zu einer opportunistischen Anpassung des Vorgehens kommt.

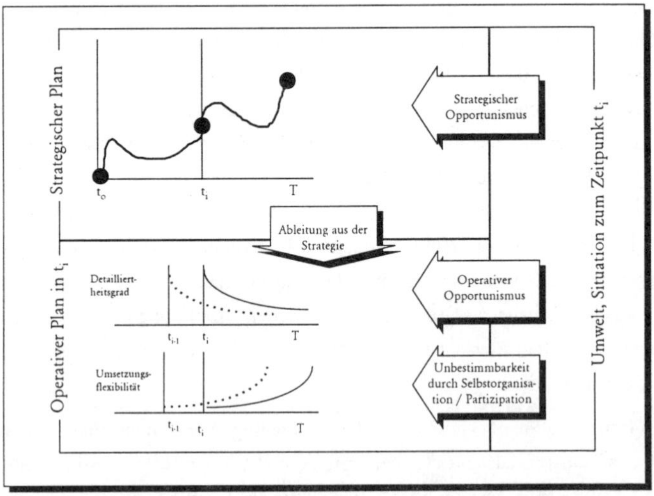

Abbildung 6-18: Dynamisches Zwei Ebenen Modell des rollierenden Planungshorizontes im Transformationsprozeß (Perspektive $t = t_i$)

Das Abwägen zwischen Stabilität und Opportunismus ist ein wesentlicher Erfolgsfaktor des Change Management. Um bei nicht erwarteten Ereignissen dennoch auf dem Kurs der Transformation zu bleiben, ist die Fähigkeit eines Wandelprozesses situativen Opportunismus mit strategischer Ausrichtung zu verbinden zentral. Ein opportunistisches Vorgehen ist nicht für

266 Zur Unterscheidung zwischen emergenten und intendierten Strategien siehe auch Mintzberg (1995) oder Mintzberg/Quinn (1991), S. 14.

alle Situationen sinnvoll. "An improvisational model of change, however, does not apply to all situations. As we have noted, it is most appropriate for open-ended, customizable technologies or for complex, unprecedented change ... We noted above that some cultures do not support experimentation and learning. As a result, they are probably not receptive to an improvisational model and are less likely to succeed with it."[268] Es würde allerdings den Rahmen der Arbeit sprengen, sich detailliert mit Möglichkeiten und Methoden einer derartigen Absicherung beziehungsweise Sicherung der Robustheit der Transformation zu befassen. Als Maxime gilt, daß je vernetzter das Problem ist, desto synoptischer Vorgehen muß das Vorgehen sein, je komplexer die Umwelt ist, desto inkrementeller sollte vorgegangen werden. Auf der Ebene der Transformation ganzer Unternehmen ist die Tendenz zu inkrementellen Elementen daher wesentlich höher als bei der Betrachtung des partiellen Wandels in einem Unternehmen.

267 Orlikowsky/Hofmann (1997), S. 13.
268 Orlikowsky/Hofman (1997), S. 21.

Kapitel 6 liefert dem Change Manager Heuristiken bezüglich drei zentraler (und zeitbasierter) Gestaltungsfragen im Change Management: Geschwindigkeit des Wandels, Timing und Abfolge der Gestaltungsdimensionen.

Evolution oder Umbruch? Die Umbruchsstrategie versucht, Veränderungen mit minimaler Partizipation in einem Top Down Prozeß mit hoher Veränderungsgeschwindigkeit durchzusetzen. Charakteristisch ist meist auch ein damit verbundenes spätes Timing des Wandels. Der evolutionäre Ansatz hingegen setzt auf Partizipation, Kommunikation und Selbstorganisation, das Management fungiert als Coach. Welche der idealtypischen Strategien vorteilhafter ist, hängt von vielen situativen Faktoren ab: Nutzen einer schnellen Zielerreichung des Wandels, Ressourcenverfügbarkeit, Beschaffenheit der Veränderungssituation (Vernetzung der einzelnen Handlungsfelder, Modularisierbarkeit der Veränderung, Überschaubarkeit der Komplexität, Gewinner-Verlierersituationen), Machtverteilung im Unternehmen, vorhandener Leidens- beziehungsweise Veränderungsdruck, Charakter der Unternehmenskultur, Dynamik der Unternehmensumwelt. Als stark vereinfachende Heurisik gilt, daß Change Management um so schneller erfolgen muß, je turbulenter die Unternehmensumwelt ist.

Mit dem Timing eines Veränderungsprozesses wird ein Grundstein für potentiellen Veränderungserfolg gelegt. Die Wahl des Zeitpunktes bestimmt viele Rahmenbedingungen des weiteren Vorgehens. Wann das „window of opportunities“ als Bilanz von Chancen und Risiken im Einzelfall optimal ist, hängt wiederum von einer Vielzahl von Faktoren ab. Langes Abwarten führt tendenziell zu Opportunitätsvorteilen, da sich neue Chancen ergeben können. Durch spätes Timing steigt der Leidensdruck, der Voraussetzung für umfassende Change Prozesse ist. Allerdings steigt auch die Gefahr, daß sich der Schwerpunkt des Wandels von einem innovativen und wachstumsorientierten Veränderungsprozeß zu einem reinen Cost Cutting Programm verschiebt, das lediglich kurzfristige Problemlinderung erbringt und in einen „vicious circle“ der Folgereorganisationen führt. Mit spätem Timing steigt die Tendenz zu autoritären Vorgehen und so die Gefahr, langfristig massiven kulturellen Flurschaden zu erzeugen. Der Einfluß des Timings auf weitere Faktoren wie Ressourcenverfügbarkeit, konjunkturelle Lage, konkurrierende Projekte, Zusammensetzung des Top Management ist vom konkreten Fall abhängig. Insgesamt wird die Frage des Timings durch eine Heuristik ermittelt, die situativ alle genannten Faktoren bewertet.

Eine zentrale Abfolgefrage des Change Management ist, ob struktureller Wandel tendenziell vor kulturellem einzuleiten ist, oder umgekehrt. Wenngleich sich in der Realität beide Dimensionen überlagern, kann vor einer zu „kulturlastigen“ Change Strategie nur gewarnt werden. Erst wenn (oftmals schmerzhafte) Einschnitte vollzogen worden sind und Voraussetzungen für eine deutliche win-win Situtation geschaffen sind, hat ein kultureller Wandel Erfolgschancen.

7. Spezielle Fragen der zeitlichen Gestaltung

Das Ziel dieses Abschnittes ist, anhand eines abgegrenzten Betrachtungsobjektes ein dynamisches Wirk- und Erklärungsmodell des Change Management zu skizzieren und daraus Aussagen zur zeitlichen Gestaltung zentraler Handlungsfelder abzuleiten, beziehungsweise durch das Modell zu plausibilisieren. Kapitel 7.1 befaßt sich daher mit der Abgrenzung des zugrunde gelegten Betrachtungsobjektes und dem Zielsystem, anhand dessen Gestaltungsaussagen getroffen werden sollen. Kapitel 7.2 erarbeitet den Raum der Interventionen, die im Veränderungsprozeß durchgeführt werden können. In Kapitel 7.3 wird versucht, ein dynamisches Wirkmodell des Wandels zu entwerfen, das auf den allgemeinen Bezugsrahmen aus Kapitel 5 aufbaut. Auf der Basis dieses Ansatzes werden im Verlauf der Modellbildung verschiedene zeitorientierte Gestaltungsaspekte angesprochen. In Kapitel 7.4 schließlich wird das Handlungsfeld "Zeitstrukturen der Partizipation" exemplarisch vertieft und analysiert.

7.1 Das Objekt der Analyse

In Kapitel 4.3 wurden die Dimensionen einer Organisation beschrieben und dabei insbesondere nach Oberflächen- und Tiefenstruktur und nach strukturellen und immateriellen Dimensionen unterschieden. Hinsichtlich des Objektes der Veränderung wird im weiteren angenommen, daß es sich um einen struktureller Wandel der Organisation und damit um eine Form der Restrukturierung als Veränderung der Oberflächenstruktur der Unternehmung handelt (vgl. Kapitel 4.4 zu den verschiedenen Kategorien des Wandels). Hierbei steht insbesondere die Prozeßorientierung im Vordergrund. Wenngleich scheinbar ein Schwerpunkt auf strukturelle Aspekte der Oberflächenstruktur gelegt wird heißt dies explizit nicht, daß nur diese Elemente verändert werden.[1] Ein neuer Auftragsabwicklungsprozeß beispielsweise erfordert andere Qualifikationen (d.h. anderes Können) und funktioniert nur, wenn zumindest die direkt betroffenen Mitarbeiter neues Wissen hinsichtlich dieses neuen Prozesses erhalten (d.h. neues Wissen ist erforderlich).

Hinsichtlich der aufbauorganisationalen Struktur des Objektes wird von der Vorstellung ausgegangen, daß es sich um ein homogenes Objekt handelt. Damit wird ausgedrückt, daß das Objekt des Wandels zwar eine Vielzahl von organisationalen Funktionsbereichen umfaßt, nicht aber über die Grenzen von rechtlich selbstständigen und voneinander unabhängigen Organisationen hinweg geht. Letztlich wird von der Idee einer umfassenden Einzelmaßnahme

---

[1] z.B. Steinbuch (1998), Mischak (1997), S. 3 f., Kirchmer (1998), Corsten (1996), Scheer u.a. (1997), S. 29 f., Dernbach (1996), Gaitanides/Sjurts (1995), S. 61 f., Gomez (1998), S. 62 f., Hammer (1997), Kamiske/Füermann (1995), S. 142 f., Falkner (1998), Mayer (1997), S. 42 f.

ausgegangen.[2] Dadurch kommt zum Ausdruck, daß der angestrebte Veränderungsprozeß weitestgehend unabhängig von anderen Initiativen sein soll.

In Kapitel 4.3. wurde beschrieben, daß man zur Klassifikation des Wandels nach den Orten der Veränderung differenzieren muß. Im Vorgriff auf das zu entwickelnde Modell scheint es sinnvoll, die Weite beziehungsweise die Orte einer Organisation auf die Akteure zu beziehen. Man erhält so als Modell der Dimensionen einer Organisation einen Würfel mit den Kanten „strukturell versus immateriell", „Oberflächenstruktur versus Tiefenstruktur" und schließlich „Personen der Organisation". Für dieses Kapitel wird angenommen, daß es sich um einen Wandel mit hoher Weite handelt.[3] Damit wird angedeutet, daß viele Teilbereiche des Unternehmens beziehungsweise viele Personen direkt oder indirekt betroffen sind. Ein Beispiel eines Objektes, daß die genannten Kriterien erfüllt, ist die Neugestaltung eines (oder mehrerer) Kernprozesses der Unternehmung.

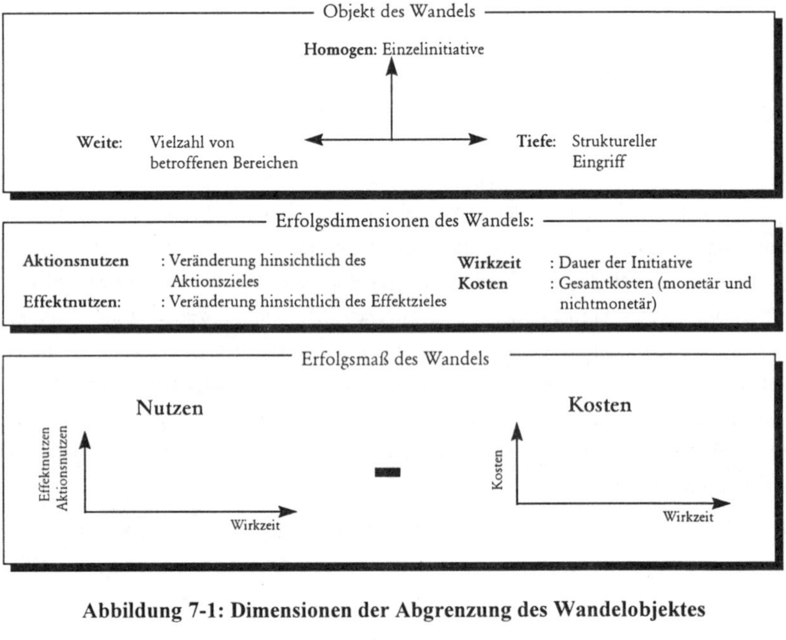

Abbildung 7-1: Dimensionen der Abgrenzung des Wandelobjektes

In Kapitel 4.5 wurde schon darauf hingewiesen, daß der Nutzen eines Veränderungsprozesses nur an seinen Zielen gemessen werden sollte, wenn diese Ziele "gut" sind, d.h. ein Erfüllen

[2] Womit eine synoptische Tendenz des Wandels impliziert wird (vgl. Romanelli/Tushman (1994), S. 1143).

[3] Vgl. Reiß (1997a), S. 19 und Kapitel 4.4 zu Dimensionen der Charakterisierung von Wandel.

der Ziele auch wirklich einen höheren Vorteil bringt als andere Maßnahmen, die dieses definierte Ziel nicht erfüllen. Davon wird im weiteren ausgegangen. Es wird zugrunde gelegt, daß Meßkriterien vorhanden sind, anhand derer die Güte des jeweiligen Zustandes gemessen werden kann (Aktionsziele und Leistungsziele, die mit den gesamtorganisatorischen Zielen kompatibel sind). Während Abbildung 7-1 aufbauend auf die Überlegungen aus Kapitel 4.5 die Dimensionen zeigt, aus denen sich das Kosten-Nutzen Kalkül zusammensetzt, müssen diese vier Dimensionen zu einer Gesamtpräferenzfunktion zusammengesetzt werden. Es ist allerdings kaum allgemein möglich, eine sinnvolle vollständige und realistische Funktion zu bilden. Daher werden Annahmen über einige charakteristische Eigenschaften dieser Funktion getroffen. Hinsichtlich der Nutzenpräferenz sei angenommen, daß es primär darum geht, einen möglichst hohen Aktions- und Effektnutzen zu erreichen. Ein extrem schnelles Projekt mit nur durchschnittlichem Erfolg wird nicht präferiert. Sekundäres Ziel stellt eine "annehmbare" zeitliche Dauer dar. Während in der Regel eine substantielle Verbesserung höher bewertet werden soll, als ein potentieller Schaden durch eine Prozeßverlängerung, so gibt es auch Tradeoff-Effekte, die nicht höher bewertet werden: Ein extrem spätes Erreichen des Zieles wird genauso wenig präferiert wie der Fall, in dem ein marginaler Aktions- beziehungsweise Ergebniseffekt durch lange Verzögerung erkauft wird. Letztendlich folgt mit dritter Priorität das Kostenziel. Mit den obigen Annahmen kommt zum Ausdruck, daß das Ziel des Wandels nicht eine möglichst kostengünstige Intervention ist, sondern daß die Bereitschaft vorhanden ist, intensiv Ressourcen zu investieren, um aber auch dementsprechenden Nutzen zu erhalten. Salopp ausgedrückt heißt dies, daß man mit der Veränderungsinitative einen "Quantensprung" anstrebt.[4]

Wenn im weiteren Verlauf von Wandel, Change oder Restrukturierung die Rede ist, wird obige facettenreiche Grundstruktur impliziert und den weiteren Ausführungen zugrunde gelegt. Man mag sich als Leser fragen, warum dieser scheinbar umständliche Weg beschritten worden ist und man nicht gleich „Reengineering" als Betrachtungsobjekt zugrunde legt. Auch das Reengineering befaßt sich mit Prozessen und strebt "dramatische" Veränderungen an. Zur Begründung ist ein kleiner Ausflug in das Wesen des Reengineering notwendig.[5] Spätestens seit der Veröffentlichung von HAMMER/CHAMPY "Reengineering the Corporation" hat sich eine regelrechte Lawine um das Reengineering losgetreten.[6] Ursprünglich stark von Unter-

4 Zu einem dementsprechenden Zielanspruch im Rahmen der Reengineering-Initiative "plus100" bei Mercedes- Benz siehe Kutzim/Schnorr (1997), S. 176 und ausführlich die Analyse im Anhang.

5 Zu einer kritischen Auseinandersetzung mit dem "Reengineering" siehe Hoerner/Vitinuis (1997), S. 38, Hoerner/Vitinuis (1997a). Zu einer Übersicht über aktuelle Managementkonzepte siehe Betzl (1996), S. 38f, Maier (1997), S. 15 f., Reiß (1997b), S. 31 ff.

6 Vgl. Hammer/Champy (1994). Wobei die Autoren schon früher zu diesem Thema veröffentlicht haben (z.B. Hammer (1990)). Andere wichtige Autoren sind beispielsweise Davenport (1993a), Davenport

nehmensberatern beeinflußt, sind in der Praxis unzählige Unternehmen auf den "Reengineering-Zug" aufgesprungen, seitens der betriebswirtschaftlichen Forschung ist eine unüberschaubare Flut von Veröffentlichungen mehr oder minder hoher Güte entstanden.[7] Als Gründe für diese Euphorie lassen sich anführen:[8] Ein professionelles Marketing seitens der Beratungsunternehmen, zeitliche Synchronität zu strukturellen Problemen vieler Unternehmen weltweit, die Chance einer Alternative zu den japanischen Konzepten des Management und schließlich der Kontrast zu vergangenen Konzepten.

Die Modewelle "Reengineering" hat allerdings dazu geführt, daß das Konzept an sich oftmals schwammig definiert ist und sich teilweise in allegorischen Handlungsanleitungen erschöpft.[9] In der Praxis werden unter Reengineering die verschiedensten Tätigkeiten durchgeführt.[10] Teilweise wird unter Reengineering wirklich die Neugestaltung einer Organisation (im Sinne einer Transformation) verstanden[11], teilweise bezieht sich Reengineering nur auf lokale Maßnahmen zur Änderung der Ablauforganisation. Letztendlich wird der Reengineeringbegriff auch in Bereich der Neugestaltung von Software verwendet.[12] Reiß weist darauf hin, daß der Inhalt des Reengineerings nicht fix ist, sondern sich durch verschiedene Entwicklungsstadien bewegt.[13] Diese Überlegungen machen deutlich, daß der mit Reengineering assoziierte Inhalt sowohl in der Theorie als auch in der Praxis sehr unscharf ist und es sich bei Reengineering und den entsprechenden Problemen oftmals um "um generelle Prinzipien der Planung, Durchführung und Umsetzung von komplexen Projekten bzw. von Reorganisationsmaßnahmen und weniger um spezifische Anwendungsvoraussetzungen für Reengineering handelt."[14]

Da eine klare Definition des Objektes des Wandels für die weiteren Ausführungen wichtig ist, scheint es daher ungeeignet, sich zur Abgrenzung am Reengineering-Begriff zu orientieren. Verstärkend wirkt, daß Reengineering aller Wahrscheinlichkeit nach wieder in Vergessenheit geraten wird und daß für den dahinter stehenden Inhalt ein neuer Begriff geprägt wird. Macht

(1993), Davenport/Short (1990) oder im deutschsprachigen Raum Gaitanides (1983), Gaitanides u.a. (1994).

7 Talwar (1997), S. 102 weist darauf hin, daß ein Großteil der Konzepte des Reengineering keinesfalls neu sind.

8 Vgl. Reiß (1997b), S. 34.

9 Vgl. insbesondere Kieser (1996), Kieser (1997), S. 83 f., Theuvsen (1997), S. 99 f., Kieser (1996a), S. 179 f., der darauf hinweist, daß dem Konzept eine wissenschaftliche Fundierung weitestgehend fehlt und sich durch sehr große Interpretationsspielräume auszeichnet. Vgl. allerdings auch Nippa/Picot (1996) oder Picot/Böhme (1996), S. 227 f., die aufgrund einer empirischen Untersuchung zu dem Schluß kommen, daß es sich beim Reengineering in der Praxis nicht nur um eine Modewelle, sondern mehr und mehr um ein fundiertes Praxiskonzept handelt.

10 Vgl. beispielsweise die empirische Umfrage von Archer/Bowker (1995), S. 28-46.

11 Vgl. Das Programm Ford 2000 oder das Programm plus100 bei Mercedes-Benz (Vgl. Kutzim/Schnorr (1997), S. 27 ff.).

12 Vgl. als Beispiel Müller (1997).

13 Vgl. Reiß (1997b), S. 41.

14 Vgl. Nippa (1996), S. 72.

sich eine Untersuchung an einem derartigen Begriff fest, so steigt die Gefahr, daß ihre Ergebnisse (die sich auf den Inhalt beziehen, der "hinter" dem Reengineering stehen) aufgrund neuer Namensgebungen nicht angewandt werden.[15]

Business Process Reengineering (BPR) macht außerdem nicht nur Aussagen hinsichtlich des "was", sondern als Managementkonzept auch Aussagen hinsichtlich der Art des Vorgehens und damit auch hinsichtlich Zeitstrukturen des Vorgehens.[16] Würde sich die Arbeit nur auf BPR beschränken, so wären hinsichtlich (Zeit-)Verlaufs schon Vorgaben des Vorgehens gemacht, innerhalb derer Zeitstrukturen untersucht werden könnten. Diese Einschränkung soll bewußt nicht vorgenommen werden, um eine ganzheitliche Analyse der Möglichkeiten des "chronos[17]" vornehmen zu können.

7.2 Interventionen und Aktorenperspektive

Um Zeitfragen analog Kapitel 4.3 auch inhaltlich stellen zu können, müssen die Interventionen, die einem Akteur potentiell zur Verfügung stehen, inhaltlich-statisch spezifiziert werden. In Kapitel 6.4.3 wurde im Kontext von Transformationsprozessen beschrieben, daß man Handlungen inhaltlich-statisch nach den Dimensionen Orte der Wirkung, Träger der Intervention und Inhalt der Intervention spezifizieren kann. Während die ersten beiden Dimensionen unkritisch erscheinen, ist die Identifikation der Inhalte der Interventionen schwierig und muß genauer analysiert werden. Hierzu werden im folgenden aufgrund ihrer Relevanz die Überlegungen von KRÜGER, REIß und KNOPF aufgegriffen, kritisiert und daraus eine Klassifikation der Inhalte von Interventionen abgeleitet.

Ausführlich hat sich KRÜGER mit der Abgrenzung von Interventionen befaßt, wobei er allerdings nicht klar Stellung hinsichtlich des Wandelobjektes bezieht.[18] Der genannte Autor leitet seine Klassifikation der Aktivitätsdimensionen aus einem Schichtenmodell des Wandels ab

---

15 Nach Erachten des Verfassers ist schon die dem Reengineering folgende Modewelle "Lernende Organisation" am abklingen. Vgl. auch Kieser (1997), S. 96.

16 Vgl. Reiß (1997c), S. 32.

17 Vgl. Bleicher (1996), S. 563.

18 Vgl. Krüger (1997), S. 821 f. Während sich Krüger in seinen früheren Veröffentlichungen noch mit Transformationsmanagement befaßt (z.B. Krüger (1994a), S. 201 ff, Krüger (1993), S. 364 ff.), bezieht er sich später bei gleichem Inhalt auf Implementierungsmanagement. Damit folgt er nicht der Abgrenzung von Reiß (1995), S. 293, wonach letzteres sich tendenziell auf lokale und kleinere Veränderungen bezieht. Dieser Auffassung wird auch in der vorliegenden Auffassung nicht gefolgt, da nach Meinung des Verfassers eine Abgrenzung zwischen Implementierung und Change Management - wenn überhaupt - nur danach treffen läßt, daß Implementierung der Teil des Wandlungsmanagement ist, der einer Zielkonzeption folgt. Viele Veröffentlichungen unter dem Label Implementierung heben hervor, daß Implementierung schon mit der Konzeptionsphase beginnt. Damit stellt sich die Frage, ob "Implementierungsmanagement" so verstanden überhaupt ein sinnvolles begriffliches Konstrukt ist (vgl. Krüger (1997), S. 821 und Kapitel 4.4.3).

(vgl. auch Kapitel 4.4.1).[19] Für das Management des Wandels und die darin eingeschlossene Implementierung ergeben sich aus den beschriebenen Objekten und Formen des Wandels drei unterschiedliche Aktivitätsdimensionen bzw. Prozeßkategorien:

- *Sach-rationale Dimension*: Die Analyse und Bewältigung von Wandlungsproblemen spielt sich zunächst auf einer Sachebene ab. Sie steht traditionell im Vordergrund der Betrachtung, stellt aber nur die "Oberflächenschicht" des Managementprozesses dar. Wandlungsmanagement ist das *Management von Sachfragen.*
- *Politisch-verhaltensorientierte Dimension*: Ein Wandlungsmanagement muß daneben das Verhalten der Beteiligten ergründen und beeinflussen, um Bereitschaft zum Wandel zu mobilisieren und um Widerstände zu überwinden. Mikropolitische Aushandlungs- und Koalitionsbildungsprozesse sind Teil jedes grundlegenden Wandels. Wandlungsmanagement ist Einflußmanagement.
- *Wertmäßig-kulturelle Dimension*: Nicht zuletzt ist die Veränderung vorhandener sowie das Schaffen und Festigen neuer Werte und Überzeugungen Aufgabe des Managements (normatives Management). "Eine wertmäßig-kulturelle Einflußnahme auf das Unternehmensgeschehen ist besonders problematisch und nur in relativ langwierigen Prozessen möglich, dies vor allem wenn die vorhanden Kultur stark ausgeprägt und tief im Bewußtsein der Beteiligten verankert ist. Wandlungsmanagement ist Management von Bewußtseinslagen."[20]

Die abgegrenzten Interventionen beziehen sich unter den gemachten Einschränkungen auf Transformationsprozesse. Diese umfassen bekanntlich strukturelle Veränderungsprozesse.[21] Damit stellt sich die Frage, ob nicht nur ein Teil der genannten Dimensionen für strukturelle Veränderungen relevant ist. Der genannte Autor behauptet dementsprechend, daß sich eine Reorganisation im wesentlichen als sachrationaler Prozeß auffassen läßt.[22] Folgt man dieser Ansicht, so wären im Rahmen dieses Kapitels nur sachrationale Aktivitäten relevant.

Nach Ansicht des Verfassers unterliegt KRÜGER mit dieser Ansicht einem konzeptionellen Irrtum wenn er davon ausgeht, daß eine strukturelle Veränderung des organisationalen Kontextes im wesentlichen ohne emotionale und wertorientierte Phänomene abläuft. Zur Plausibilisierung denke man daran, welche Widerstände bei komplexen Restrukturierungen entstehen.[23] "Man reorganisiert nicht, um neue Verhaltensmuster zu schaffen, wenn kein ent-

---

19 Das sich stark an Perich (1992) anlehnt.
20 Krüger (1997), S. 825 f.
21 Vgl. Kapitel 4.4.1.
22 Vgl. Krüger (1997), S. 826.
23 Dieser Ansicht wird auch von vielen Autoren, die sich mit strukturellen Veränderungen beziehungsweise Reorganisationen befassen nicht gefolgt (z.B. Knopf (1976), Kirsch/Esser/Gabele (1979)). In Realität

sprechendes strukturelles Ziel besteht. ... Da alle diese Faktoren eng miteinander verknüpft sind, bleibt keiner von ihnen, wenn er Auslöser für eine Reorganisation ist, ohne Einfluß auf die anderen."[24] Obige Ausführungen spielen auf einen wichtigen Zusammenhang an. Man muß zwischen dem Inhalt beziehungsweise dem *Ziel* der Veränderung und dem *Prozeß* der Veränderung an sich unterscheiden. Während der Inhalt der Veränderung (z.B. ein neuer Auftragsabwicklungsprozeß) auch ohne grundlegende Eingriffe in die Tiefenstruktur (bzw. Unternehmenskultur[25]) der Unternehmung funktionieren kann, muß zur Realisierung des Veränderungs*prozesses* die Werteebene beachtet und auch durch Interventionen so weit als möglich gezielt beeinflußt werden (z.B. durch Motivationskampagnen), weil diese wesentlich darüber entscheidet, wie hoch der Widerstand gegenüber dem Veränderungsprozeß ist.[26] Eine parallele Argumentation läßt sich im Vorgriff auf das zu erstellende Modell auch für die Wissens- und Könnensdimension führen, da auch diese hohen Einfluß auf den Verlauf des Veränderungsprozesses haben.

Die angedeuteten Dimensionen sind allerdings noch recht vage gegenüber eigentlichen Interventionsmöglichkeiten. Sie deuten zwar an, welche Inhalte beeinflußt werden sollen, aber nicht, durch welche konkreten Handlungen. Aus diesem Grund kombiniert KRÜGER die Abgrenzung nach den beschriebenen Dimensionen mit einer funktionalen Abgrenzung der Aufgabengebiete im Transformationsprozeß und erstellt dadurch eine Matrix, die die einzelnen Interventionsklassen beinhaltet.[27] Zu den funktionalen Aufgaben gehören: *Scanning* als frühes Erkennen des Wandlungsbedarfes, *Envisioning* als Entwurf einer Vision oder eines Zielzustandes, *Reframing* als eigentlicher Problemlösungs- und Implementierungsprozeß, *Energizing* als Sichern des wandlungsfördernden Kräfteverhältnisses und schließlich *Timing* als zeitlich sinnvolle Gestaltung des Veränderungsprozesses. Diese Matrix erscheint allerdings in verschiedener Hinsicht problematisch. So erscheint die Abgrenzung zwischen Envisioning und Energizing nicht klar, da ja auch das Envisioning den Veränderungsprozeß in Gang halten soll. Weiterhin scheint es in der funktionalen Sicht nicht unmittelbar einsichtig, warum das Timing eine eigenständige Interventionskategorie darstellen soll. Vielmehr ist das Timing eher Teil jeder der anderen Aktivitäten.[28] Ein Ausweg wäre, das Timing als Metaaktivität zu interpretieren.[29] Die resultierenden Inhalte der Matrix (die eigentlichen Interventions-

---

erweisen sich viele Reengineering-Projekte als Restrukturierungsprozesse und widersprechen so per Definition der Behauptung von Krüger (1997).

24 Probst (1992), S. 234.

25 Zum Begriff der Unternehmenskultur siehe auch Schreyögg (1996), S. 426 f.

26 An dieser Stelle wird deutlich, daß auch eine Restrukturierung nicht ohne Eingriffe in die Tiefenstruktur stattfinden kann.

27 Vgl. Krüger (1993), S. 365.

28 Vgl. Kapitel 4.6.

29 Zu der Abgrenzung zwischen Objektprozessen und Metaprozessen siehe Knopf (1976), S. 61.

klassen) erscheinen bei genauerer Analyse als ebenso problematisch, da sie eher den Charakter von einzelnen Teilaufgaben haben, die nicht gegenseitig überlappungsfrei sind.[30] Weiterhin sind die Beschreibungen der Interventionstypen zum Teil sehr vage. So soll beispielsweise Sinn gestiftet werden oder Einstellung verändert werden.

Der genannte Autor nimmt in einer späteren Veröffentlichung von der Matrix-Konstruktion Abstand und versucht eine genauere Beschreibung der Aktivitätsarten, die sich nur auf die angeführte Dreiteilung bezieht.[31] Damit wird implizit davon ausgegangen, daß die Aktivitäten inhaltlich anhand ihrer Wirkung (z.B. auf den Wissensstand) beschrieben werden können. Die Aktionstypen werden wie folgt spezifiziert: "Auf der sachrationalen Ebene entstehen Barrieren des *Wissens* und *Könnens*. Die politisch-verhaltensorientierte Dimension des Geschehens prägt *Willens*- und *Verhaltensbarrieren*. *Einstellungsbarrieren* schließlich sind wertmäßig-kulturell verursacht."[32] (Im Original kursiv).

Diese Klassen werden weiter differenziert. Die Verhaltensdimension wird insbesondere mit der Offenheit des Vorgehens beziehungsweise Partizipationsstrategien assoziiert. Weiterhin ordnet KRÜGER dort die Aktivitätsklassen Beeinflussung und Motivation ein. Zur Beeinflussung gehören Aktivitäten der Analyse (Interessen der Beiteiligten analysieren, Akzeptanzbarrieren identifizieren) und Aktivitäten der Beeinflussung (Entschlossenheit erzeugen, Unterstützung sicherstellen, Netzwerke aufbauen). Zur Motivation gehören wiederum Aktivitäten der Partizipation, der Anreizgenerierung oder das Leisten von Überzeugungsarbeit. Auf der sachrationalen Ebene ordnet KRÜGER die Art des Systemübergangs und die Aktivitäten der Information, Schulung, Betreuung, Beratung und der Kommunikation ein.[33] Die wertmäßig-kulturelle Dimension schließlich soll durch Visionen, Leitbilder und Symbole/Rituale beeinflußt werden.[34] Der genannte Autor versucht, alle Aktivitäten über das Konzept der Einbindung der verschiedenen Beteiligten des Wandels auf einen Nenner zu bringen.[35]

Wenngleich die beschriebene Aktivitätenklassifizierung eine Vielzahl von Elementen und Dimensionen des Wandels aufgreift und eine prinzipielle Orientierung der Klassifizierung anhand der Wirkung der Interventionen sinnvoll erscheint, so ergibt sich insgesamt kein schlüssiges Bild einer klaren und vor allem überschneidungsfreien inhaltlichen Klassifikation von verschiedenen Interventionen. Die getroffene Einteilung entspricht insbesondere auf der

30 Und gerade die Überlappungsfreiheit ist eine notwendige Bedingung, wenn man Objekte voneinander abgrenzen will.
31 Vgl. Krüger (1994a), S. 197 f.
32 Krüger (1994a), S. 207.
33 Vgl. Krüger (1994a), S. 214.
34 Vgl. Krüger (1997), S. 836.
35 Vgl. Krüger (1997), S. 837.

konkreten Ausprägungsstufe eher einer Vielzahl von Einzelaktivitäten, die sich gegenseitig überlagern und bedingen. Die folgenden Punkte erscheinen besonders problematisch.

Konzeptionell problematisch ist der stark variierende Abstraktions- und Aggregationsgrad der von ihm genannten Interventionen. KRÜGER modelliert weiterhin den strukturellen Inhalt des Wandels unzulänglich, indem er unter den sachrationalen Aktivitäten nur Informations- und Qualifikationsinstrumente subsummiert. So kann beispielsweise ein SAP R/3-System nicht nur durch Informationsaktivitäten und Schulungsaktivitäten realisiert werden, es muß auch wirklich (prozeßhaft!) realisiert werden, was nach Ansicht des Verfassers den Kern der sachrationalen Ebene darstellen sollte.[36] Es ist weiterhin fraglich, ob "Sensibilisierung"[37] eine eigenständige Aktivitätsklasse ist und nicht eher eine Kombination von einer bestimmten Art der "Kommunikation" und "Motivation" ist.[38] Allerdings ist auch die Abgrenzung zwischen "motivieren" und "kommunizieren" keineswegs trennscharf. Eine Möglichkeit wäre, "Kommunikation" als Oberbegriff über "Sensibilisieren", "Motivieren" und "Informieren" aufzufassen. Dies erscheint allerdings auch problematisch. "Motivieren" und "Kommunizieren/Informieren" sollten konzeptionell getrennt werden, da "Motivieren" wesentlich stärker auf direkte Beeinflussung des "Wollen" der Individuen gerichtet ist als "Kommunizieren/Informieren". Darüber hinaus erscheint die Modellierung des Partizipationsbegriffes[39] und die damit verbundenen Trennung zwischen Aktorensystem und Klientensystem schwierig.

Eine Alternative zum obigen Ansatz bietet REIß. Auch er orientiert sich (implizit) bei der Abgrenzung von Interventionsinhalten an der Wirkung der Handlungen. Er differenziert dabei nach Interventionen der strukturellen Infrastruktur und nach Interventionen der personellen Infrastruktur.[40] Die personelle Infrastruktur soll durch Interventionen des Organisierens, des Motivierens, des Informierens[41] und des Qualifizierens geschehen. Die Aktionsklassen beziehen sich darauf, daß "die Betroffenen informiert sind (Kennen), die mit dem Konzept verbundenen Fähigkeiten beherrschen (Können) und zu einer Verhaltensänderung sowohl passiv bereit sind (Wollen) als auch aktiv eine bestimmte Rolle im Umstrukturierungsprozeß über-

---

36 Vgl. Kapitel 4.3, wonach die Oberflächenebene sowohl aus strukturellen als auch aus immateriellen Elementen bestehen kann.

37 Krüger (1994a), S. 213.

38 Vgl. Reiß (1997d), S. 99.

39 Dies Problematik, die im Endeffekt daraus resultiert, daß sich durch Partizipation das Aktorensystem selbst ändert, wird noch ausführlicher diskutiert.

40 Vgl. Reiß (1995), S. 296 ff.

41 Vgl. auch Reiß (1997), S. 99. Dort wird von Kommunikation gesprochen. Es erscheint zweckmäßiger, wie in Reiß (1993a), S. 552, Kommunikation als Überbegriff zu verwenden, der Information umfaßt und auch Teile der Qualifikation und Motivation umfaßt. Dem Kommunikationsbegriff ist der Partizipationsbegriff gegenübergestellt. Zu einer ausführlichen Analyse des Kommunikationsbegriffes im Change Management siehe Mohr (1997), S. 199 ff.

nehmen (Sollen)."[42] Unter den Organisationsinstrumenten wird die Ausgestaltung der Projektorganisation und insbesondere die Möglichkeiten der Partizipationsgestaltung subsumiert. Tabelle 7-1 zeigt eine Übersicht der Interventionsklassen nach REIß.

Strukturelle Infrastruktur	Personelle Infrastruktur			
	Änderungsfähigkeit		Änderungsbereitschaft	
	Kennen	**Können**	**Wollen**	**Sollen**
	• Mitarbeiterzeitschrift • Visualisierung • Informationsmarkt • Beratung •	• Fachkompetenz • Methodenkompetenz • Sozialkompetenz • ...	• Intrinsische Anreize • Extrinsische Anreize • Kompensatorische Anreize • Transparenz •	• Projektorganisation • Promotion • Multiplikation • Partizipation • Begleitung • ....

Tabelle 7-1: Gliederung der Aktivitätsklassen (Modifiziert nach Reiß (1997d), S. 93)

Die genannte Gliederung hat gegenüber dem Ansatz von KRÜGER den Vorteil, daß sie sich konsistent zu den Annahmen in Kapitel 4.3 (lediglich) auf eine Differenzierung nach Oberflächen- und nach Tiefenstruktur bezieht. Außerdem lassen sich durch die Unterscheidung von struktureller und personeller Infrastruktur, strukturelle Interventionen (d.h. strukturieren) von immateriellen Interventionen abgrenzen (d.h. informieren, qualifizieren und motivieren).

Problematisch erscheint allerdings die Kategorie „Sollen". Die darunter aufgeführten Interventionen haben einen grundlegend anderen Charakter als die der restlichen Klassen, da sie sich nicht nur auf das zu verändernde "Objekt" beziehen, sondern auf den Veränderungsprozeß an sich. Außerdem wirken sich die in dieser Kategorie subsumierten Elemente in der Regel auf mehrere andere Dimensionen aus. Verschiedene Partizipations- und Organisationsstrategien beispielsweise wirken nicht nur auf die Akzeptanz der Veränderung seitens des Individuums, sondern haben auch Auswirkung auf die Gesamtheit der weiteren Interventionen im Change Prozeß, da sich die Zusammensetzung der Akteure als Zerlegung in Aktoren- und Klientensystem[43] verändert und so das Promotoren-Opponenten Kräfteverhältnis verändert.[44] Berücksichtigt man, daß normative Aussagen immer aus einer spezifischen Aktorenperspektive geschehen, ergeben sich konzeptionelle Schwierigkeiten, indem

[42] Reiß (1993a), S. 552 f.

[43] Vgl. Jarmai (1997), S. 176.

[44] Diese Unterscheidung wird sich als äußerst hilfreich bei der Konzeption der Wirkstruktur in Abschnitt 7.4.3 zeigen.

neben den "Orginalaktor" als bisherige Betrachtungsperspektive andere Aktoren treten. Außerdem wirkt Partizipation auf Informationsstand und Könnensstand der Partizipanten.[45] Das Gleiche gilt für das Wollen als Menge der individuellen Motivationen und Werte.[46] Wie in Kapitel 7.5.4 ausgeführt wird, wirkt sich ein Partizipationsangebot möglicherweise direkt auf das Wollen aus.[47]

In diesem Zusammenhang ist es sinnvoll, nach Objektprozessen und Metaprozessen zu unterscheiden. "Die Objektprozesse verändern das reale System. Sie wirken unmittelbar auf die Strukturen und Personen eines Anpassungssystems ein Objektprozesse werden innerhalb eines Transformationsprozesses in zielgerichteter Weise beeinflußt, geplant, gesteuert und durchgesetzt. Damit ist der zweite Bestandteil des Transformationsprozesses angesprochen, die gegenüber den Objektprozessen jedoch Metacharakter haben und somit als Objektprozesse definiert werden können."[48] Dadurch werden Interventionen, die das Interventionssystem an sich betreffen - wie Abbruchentscheidungen, Entscheidungen über die Struktur des Interventionssystems und damit auch über Fragen der Partizipation auf eine andere Analyseebene gehoben.

Ein potentielles Problem ergibt sich daraus, daß einerseits eine Restrukturierung als Veränderungsprozeß ohne Eingriff in die Tiefenstruktur definiert wird, auf der anderen Seite mit der Interventionskategorie „Wollen“ Einfluß auf die Motivations- und Werteebene genommen wird. Dieses (scheinbare) Dilemma läßt sich durch die schon angesprochene Unterscheidung zwischen Veränderungsprozeß an sich und den Veränderungsinhalten auflösen. Inhaltlich erfordert die Restrukturierung keine Veränderung der Tiefenstruktur. Der Veränderungs*prozeß* wird stark von den Einstellungen und Werthaltungen der Akteure gegenüber diesem geprägt. Es wird angenommen daß jene Einstellungen und Werte durch Interventionen der Kategorie „Wollen“ (und durch andere Interventionen) zumindest teilweise beeinflußbar sind. Demgegenüber wird der nicht veränderte (und im Rahmen einer Restrukturierung nicht veränderbare) Teil der Tiefenstruktur als „soziales Dürfen“ abgegrenzt. Daher wird keine entsprechende Interventionskategorie gebildet, es wird vielmehr als situative Variable aufgefaßt.[49] "Innerhalb des Normengefüges einer Organisationen ... soll man bestimmte Dinge tun oder lassen, darf man manches und anderes wieder nicht. Die Entwicklung individueller Motivation wird sich nur schwer in Handeln umsetzen lassen, wenn die Motivziele dem wider-

45 Vgl. Zeyer (1996), S. 71.
46 Vgl. Rosenstiel (1997), S. 202.
47 Dies belegt Reiß (1997d), S. 102 selbst, indem er Partizipation als *Motivations*instrument auffaßt und so seine Klassifizierung durchbricht.
48 Knopf (1976), S. 61. Eine kritische Analyse einer potentiell zu mechanistischen Vorstellung Knopf's soll aus Kapazitätsgründen nicht durchgeführt werden.
49 Vgl. Kapitel 7.5.4.

sprechen, was in der Organisation wünschenswert erscheint."[50] Mit der getroffenen Unterscheidung läßt sich das angesprochene Dilemma auflösen.

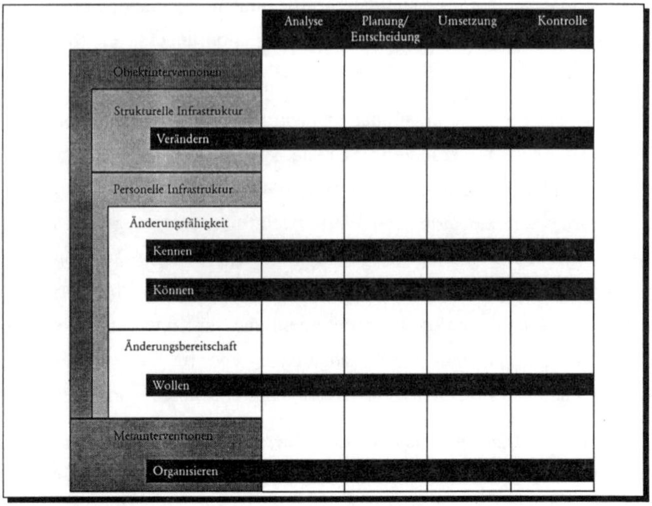

Abbildung 7-2: Konzeptionelle Gliederung der Aktivitätsklassen

Vor dem Hintergrund der Zeitorientierung der Arbeit stellt sich außerdem die Frage, ob und in welcher Form zeitliche Kriterien eine sinnvolle Abgrenzung von Interventionen darstellen können. Könnte man die Interventionen anhand ihrer zeitlichen Struktur klassifizieren, so wäre eine Analyse der zeitlichen Gestaltung von Interventionen ex definitionem nicht sinnvoll, da die Interventionen gerade über ein solches Merkmal definitorisch klassifiziert wurden. Auf der anderen Seite existiert eine unüberschaubare Fülle an Phasenschemata, die eine derartige Möglichkeit nahelegen. KNOPF hat sich umfassend mit dieser Fragestellung befaßt und kommt nach einer Analyse zu einem primär an Inhalten und nicht an zeitlichen Kriterien abgegrenzten Klassifikationskonzept. "Wir erachten die im Raster formulierten Aktivitätenklassen als ganz eindeutig funktional differenziert und sehen uns nicht in der Lage, eine sequentiell orientierte Analyse vorzunehmen."[51] Dennoch gliedert KNOPF beispielsweise nach "Initiierungsaktivitäten", die explizit im Anfangsstadium stattfinden und legt so - im Widerspruch zur obigen Aussage - einen zeitlichen Klassifizierungsmaßstab an. Das strenge zeitliche Gliederungen nicht sinnvoll sind, zeigt sich auch darin, daß Phasenschemata immer

50 Rosenstiel (1997), S. 201 f.
51 Knopf (1976), S. 77.

mehr von modularen beziehungsweise objektorientierten Konzepten abgelöst werden.[52] Allerdings haben Aktivitäten neben ihrem Inhalt einen zeitlichen Charakter, da sie vorbereitend, entscheidend, durchführend oder kontrollierend sein können.[53] Sinnvoll erscheint nach obiger Diskussion, eine zeitliche Klassifikation neben die inhaltliche Unterscheidung zu stellen (vgl. Abbildung 7-2).[54]

Abbildung 7-2 zeigt das aus der vorgenommenen Analyse resultierende Aktivitätsraster. Aufgrund der hohen Relevanz sei insbesondere die Unterscheidung zwischen Metainterventionen und Objektinterventionen nochmals ausgeführt. Letztere gehen von den Aktoren aus und streben eine Veränderung des Objektes in seiner strukturellen Dimension und in der immateriellen Dimension (bezüglich Veränderungsprozeß und -inhalt) an. Maßnahmen der persönlichen Infrastruktur streben eine Veränderung des Wissens, Wollens und Könnens des Klientensystems als Gesamtheit der betroffenen Individuen an. Die Metainterventionen betreffen das Aktorensystem selbst. Darunter fallen insbesondere Aspekte der Partizipation als auch der Projektorganisation. Zu den Metainterventionen gehören auch Abbruchentscheidungen, Etablierung von Controllingsystemen des Wandels[55] oder Entscheidungen über Vorgehensstrukturen (Planungshorizont). Metainterventionen wirken auch auf das "Wollen" des Klientensystems.

Trotz der analytischen Trennung der Interventionen nach primären Wirkungen sei schon jetzt darauf hingewiesen, daß Interventionen in der Regel mehrere Wirkungen haben. Es ist ein verhängnisvoller Irrtum davon auszugehen, daß insbesondere das Wollen der Aktoren nur von Interventionen beeinflußt werden, die sich direkt darauf richten. So kann beispielsweise eine schlechte Informationspolitik oder ein schleppender Prozeßfortschritt zu Frustration seitens der Akteure führen und dadurch das Wollen beeinflussen. Es ist offensichtlich, daß die vorgestellte Klassifikation der Interventionen im Change-Prozeß noch sehr grob ist und zur Beantwortung konkreter Zeitstrukturen von Interventionen weiter konkretisiert werden muß.

Die Komplexität die durch den selbstreferentiellen Charakter der Partizipation ausgeht, ist nach Ansicht des Verfassers ein wesentlicher Aspekt, warum noch kein schlüssiges Wirkmodell zur konzeptionellen Beschreibung des organisationalen Wandels existiert und soll kurz betrachtet werden. Abbildung 7-3 zeigt die entsprechende Prinzipskizze. Es wird an dieser Stelle nicht darauf eingegangen, daß Partizipation in den verschiedensten Formen mit den verschiedensten Konsequenzen vorkommen kann, was in Kapitel 7.5 ausführlicher zur Sprache kommt. Abbildung 7-3 zeigt im Fall A, daß der zu spezifizierende Akteur versucht, auf die

52 Vgl. Krüger (1997), S. 838, Zeyer (1996), S. 81.
53 Vgl. Staehle (1994), S. 507.
54 Vgl. Reiß (1995c), S. 456 oder Reiß (1995a).
55 Vgl. Reiß (1997c), S. 130, Grimmeisen (1997), S. 146.

verschiedenen Dimensionen des Objektes (Klientensystem) einzuwirken. Durch Partizipation (Fall B) treten neben den "Orginalaktor" weitere Aktoren. Partizipation bewirkt also, daß die Anzahl der Aktoren sich erhöht und der "Orginalaktor" nur noch einer von mehreren ist. Dadurch verändert sich der Charakter seiner Interventionen, die nunmehr nur noch "Vorschläge" sind, die dem (nun erweiterten) Kreis der Aktoren gemacht werden. Auf der Seite des Klientensystems verändert sich durch Partizipation, daß die "Zusatzaktoren" wahrscheinlich in der Dimension "Wollen" gefördert werden. Das Verhalten hinsichtlich des Veränderungsprozesses (Promotion versus Opposition) wird sich tendenziell ebenfalls verändern, da sich die "situative Ermöglichung" verändert hat.[56]

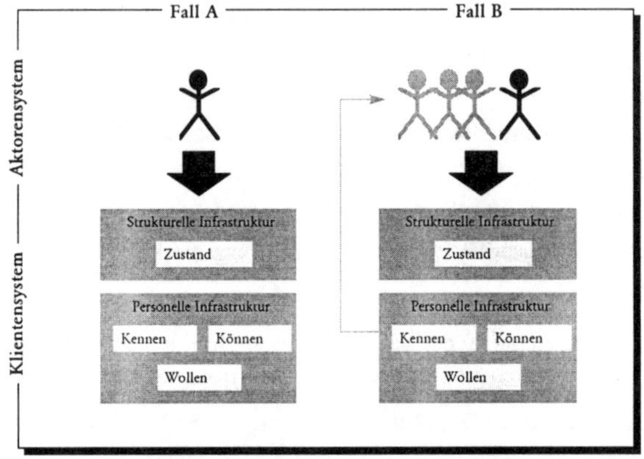

Abbildung 7-3: Selbstreferentieller Charakter der Partizipation

Mit der nun getroffenen inhaltlichen Abgrenzung der Interventionen kann dies noch um die Orte der Wirksamkeit und um die Träger der Intervention erweitert werden. Da vorstellungsgemäß die Orte des Wandels (bzw. der Organisation) durch die Individuen dargestellt werden, werden mit den Orten jeweils alle Akteure bezeichnet, die durch die Intervention (z.B. Rundschreiben an alle Führungskräfte) betroffen sind. Die Träger der Intervention sind die Akteure beziehungsweise Partizipanten des Wandels. Auf eine feinere Gliederung sei an dieser Stelle verzichtet.

56 Vgl. Rosenstiel (1997), S. 202.

7.3 Versuch des Entwurfs eines dynamischen Basismodells

7.3.1 Vorgehensstrategie

Nachdem im letzten Abschnitt der potentielle Raum der Interventionen einer dynamischen Gestaltung aufgezeigt worden ist und davor das Ziel beziehungsweise das Objekt des Wandels abgegrenzt wurde, ist dieses Kapitel der Konzeption eines generischen Beschreibungs- und Erklärungsansatzes[57] zum Management des Wandels aus einer Aktorenperspektive[58] gewidmet. Eine sinnvolle und systematische Beschäftigung mit den einzelnen Fragen der zeitlichen Gestaltung und eine zumindest andeutungsweise Beantwortung setzt wie schon angesprochen voraus, daß man eine konzeptionelle Modellvorstellung davon besitzt, wie ein Change Prozeß funktioniert (Erklärungscharakter des Modells[59]) und was die relevanten Variablen und Beziehungen sind (Deskriptionscharakter des Modells[60]).

Insbesondere aufgrund der ganzheitlichen Grundanlage der Arbeit wird *nicht* die Strategie verfolgt, für *einzelne* Fragen der zeitlichen Gestaltung jeweils isolierte Deskriptions- und Erklärungsmodelle (bzw. bedeutungsgleich Wirkmodelle oder Funktionsmodelle) aufzustellen und daraus Aussagen zur zeitlichen Gestaltung abzuleiten, sondern es wird versucht, möglichst viele Aspekte auf *ein* konzeptionelles Erklärungsmodell zurückzuführen. Einschränkend sei bemerkt, daß das zu erstellende Modell zur Analyse konkreter Fragen der zeitlichen Gestaltung in Kapitel 7.5 zwar als Grundlage verwendet wird, jeweils zur Analyse der einzelnen Fragen jedoch individuelle Erweiterungen und Spezifizierungen vorgenommen werden. Der Grund liegt darin, daß ein allgemeingültiges und dennoch konkretes und spezifisches Modell bisher nicht existiert und auch im Rahmen der Arbeit nicht hergeleitet werden kann, da die

57 Vgl. Krallmann (1996), S. 16. Dementsprechend kann man nach Beschreibungsmodellen, Erklärungsmodellen und Entscheidungsmodellen unterscheiden. In der vorliegenden Arbeit wird versucht, durch einen integrierten Ansatz zu beschreiben (was zum Teil durch Objektabgrenzung, Aktorenabgrenzung, Interventionsabgrenzung schon geschehen ist), ein Erklärungsprinzip zu integrieren und daraus (so weit als möglich) Handlungsaussagen abzuleiten (bzw. damit zu begründen).

58 Für die Modellbildung ist es zunächst unerheblich, welche *konkrete* Aktorenperspektive gewählt wird (Siehe auch Abschnitt 4.6.4, in dem von potentiellen Interventionen beziehungsweise Interventionsabsichten gesprochen wird). Es ist nur relevant, *daß* das Modell konsequent aus einer Aktorenperspektive konstruiert wird. Die konkrete Ausgestaltung wird dann relevant, wenn konkrete Aussagen zum "sinnvollen" Handeln des Aktors gemacht werden. Dann ist es wichtig, welche Position der betreffende Akteur einnimmt und welche konkreten Charakteristiken er hat, weil diese Variablen (-werte) darüber entscheiden, welche Aktionen beziehungsweise Interventionen seitens des Aktors überhaupt durchführbar sind und wie sie wirken.

59 Als Gegenbeispiel vergleiche beispielsweise Knopf (1976), S. 207 ff., der die innere Wirkstruktur einer Reorganisation weitestgehend als Black Box betrachtet und handlungsorientierte Aussagen (nur) empirisch gewinnt.

60 Reiß/Lanz/Rosenstiel (1997), S. VI nennen diese Funktion "Sprachführer".

Komplexität enorm wäre und es fraglich ist, ob es ein solches Modell überhaupt prinzipiell gibt.[61]

Es bietet sich eine zweistufige Vorgehensweise an. In diesem Kapitel soll ein generisches dynamisches Grundmodell[62] entwickelt werden, das als konzeptionelle Basis für alle weiterführenden Überlegungen hinsichtlich Zeitfragen der Gestaltung der Interventionen dient. Ein solches Modell stellt einerseits einen begrifflichen Bezugsrahmen dar und soll eine Vorstellung über *prinzipielle* inhaltliche und dynamische Wirkzusammenhänge liefern. Der Schwerpunkt liegt in einer integrativen und dynamischen Perspektive eines Veränderungsprozesses, weniger in einer Detailorientierung (auf die aus Komplexitätsgründen und Gründen der strukturellen Klarheit teilweise verzichtet wird). Obwohl es (noch) kein integriertes Modell gibt, geschieht die Modellbildung auf der Basis verschiedener Module, die jeweils in der Forschung vorliegen. Der Ansatz hat aus Komplexitätsgründen nicht den Anspruch, *sämtliche* existierenden Teilmodelle zu integrieren[63], vielmehr soll durch eine sinnvolle Auswahl von vorhandenen "Modulen" ein *dynamischer* Ansatz erarbeitet werden, der konsistent zum in Kapitel 5 abgeleiteten allgemeinen Bezugsrahmen ist, der eine hohe innere Schlüssigkeit aufweist und das nötige Potential für spätere Modellergänzungen aufweist. Um einen Mehrwert im Sinne einer Entscheidungsorientierung der Betriebswirtschaftlehre zu erbringen, sollte in dem zu entwickelnden Modellrahmen das Potential liegen, Gestaltungsfelder zu erschließen, die noch nicht in der "gesicherten" Wissensbasis der Aussagen über Zeitstrukturen liegen. Eine solche Weiterentwicklung wird neben einigen Ausblicken in Kapitel 7.4 in Kapitel 7.5 durchgeführt, wo das Modell in Bezug auf die zeitlichen Strukturen des Gestaltungsfeldes "Partizipation" weiterentwickelt und vertieft wird. Außerdem sollte die zu entwickelnde Kausalstruktur nicht im Widerspruch zu existierenden "gesicherten" Aussagen zeitlicher Gestaltung stehen. Derartige Aussagen sollten im Modell nachvollziehbar sein und gegebenenfalls der Modellkalibrierung dienen.

Durch die skizzierte Strategie können die Ziele der Arbeit unter den relevanten Restriktionen (Stand der Forschung, Komplexität der Thematik, Kapazitätsbegrenzung, etc.) optimal verfolgt werden: Der Wert eines Grundmodells ist, daß dadurch einerseits der Grundstein für die

---

61 Vgl. Reiß/Lanz/Rosenstiel (1997), S. V. Thom (1997), S. 212 beziehungsweise Thom (1995), S. 878 skizziert zwar eine "Grundidee für ein differenziertes und integriertes Management des Wandel", die allerdings derart aggregiert und abstrahiert ist, daß daraus wenig handlungsorientiertes Wissen abgeleitet werden kann.

62 Dadurch liegt das Modell auf einem hohen Abstraktionsgrad und der Schwerpunkt auf Komplexitätsreduktion durch eine homomorphe Modellierung im Gegensatz zu einer isomorphen Modellierung (Vgl. Krallmann (1996), S. 14, Homburg (1991)) mit dem Ziel der Transparenzgewinnung hinsichtlich der Problematik (Vgl. Krallmann (1996), S. 19). Weiterhin ist nicht die quantitative Modellbildung das Ziel, sondern die qualitativ-kausale Modellbildung.

63 Die zum Teil unproblematisch zu integrieren sind, da sie einen komplementären Charakter haben, zum Teil aber inkompatibel oder sogar widersprüchlich erscheinen (Reiß (1997a), S. 20).

Beantwortung spezifischer Fragen gelegt wird, andererseits daß so ein allgemeiner Orientierungsrahmen aufgestellt wird, der für jeden der sich mit (zeitorientierten) Fragestellungen im Change Management befaßt, eine erklärende Orientierungslandkarte darstellt. Durch den (lediglich) konzeptionellen Charakter des Modells wird der enormen faktischen und prinzipiellen Komplexität Rechnung getragen und eine zu mechanistische Modellvorstellung vermieden.[64] Außerdem besitzt die Modellierung dadurch die nötige Flexibilität, um nicht in Widerspruch zur angesprochenen aber an dieser Stelle der Arbeit noch nicht genau analysierten "gesicherten" Wissensbasis zeitorientierter Gestaltungsaussagen zu stehen.

Der Prozeß der Ableitung einer Kausalvorstellung geschieht in mehreren Schritten. In Kapitel 7.3.2 wird ein Grundkonzept zur Beschreibung der Dynamik des Change-Prozesses entwickelt. Im weiteren wird das entwickelte Grundkonzept sukzessive um relevante Strukturelemente und (dynamische) Wirkprinzipien erweitert.[65] Kapitel 7.3.6 schließlich beschreibt das entstandene Modell im Überblick.

7.3.2 Prinzipien der zeitlichen Entwicklung

7.3.2.1 Ein Erklärungsansatz aus der Systemtheorie

In Kapitel 4.3 wurde ein Veränderungsprozeß als eine Folge von Interventionen eines Aktorensystems über der Zeit beschrieben, durch den das Klientensystem von einem Ausgangszustand in einen Zielzustand unter Beachtung einer Zielfunktion transformiert werden soll. Um einen konzeptionellen Erklärungsansatz abzuleiten, ist zunächst eine Vorstellung davon nötig, *wie* Veränderung über der Zeit im Rahmen eines systemtheoretischen Ansatzes dargestellt werden soll. Abbildung 7-4 verdeutlicht den Zusammenhang.[66]

Im Rahmen der Systemtheorie wurde in Kapitel 5.2 schon auf die Grundelemente der Kybernetik und deren wichtigste Vertreter[67] eingegangen, soll nun eine Fokussierung erfolgen.[68] Ein pragmatischer Ansatz zur Modellierung eines vernetzten Systems im Rahmen der Kybernetik wird von PROBST/GOMEZ verfolgt und dient als Basis der folgenden Überlegungen.[69] Grund-

64 Wie zum Beispiel bei Eiff (1977).

65 Es wird immer in der Sequenz Strukturelement - Dynamisierung verfahren, was der Tatsache Rechnung trägt, daß Zeit eine akzessorische Dimension ist.

66 Vgl. Conner/Clements (1998), S. 38.

67 Wie Ahsby (1957), Bertalanffy (1951) oder Wiener (1948). Für die Übertragung der "Prinzipien" in den sozialwissenschaftlichen Erkenntnistraum stehen insbesondere Beer (1959, 1966) und Forrester (1961, 1969, 1971). Weitere Ansätze, die sich im wesentlichen auf die Methodik von Forrester beziehen sind Vester, Gomez/Probst (1987). Zur Kritik an der ökonomischen Systemtheorie siehe Herder-Dorneich (1993), S. 153 ff. Zu einem ausführlichen geschichtlichen Abriß siehe Komorek (1991), S. 20 ff.

68 Vgl. zum Folgenden auch Gomez/Probst (1997).

69 Vgl. Probst/Gomez (1997), S. 939 ff. Vgl. auch Probst/Gomez (1991), Probst/Gomez (1991a), S. 5 ff.

sätzlich muß die Situation in ihren Zusammenhängen, Beziehungen und Wirkungen erfaßt werden. "Ein System ist ein dynamisches Ganzes, das als solches bestimmte Eigenschaften und Verhaltensweisen besitzt. Es besteht aus Teilen, die so miteinander verknüpft sind, daß kein Teil unabhängig ist von anderen Teilen und das Verhalten des Ganzen beeinflußt wird vom Zusammenwirken aller Teile."[70] Von besonderer Wichtigkeit sind Schlüsselfaktoren die dadurch definiert sind, daß sie wesentlichen Einfluß auf die Dynamik des Systems haben. Nachdem die Elemente (Salopp gesprochen die "Punkte") des Systems identifiziert sind, muß sich die Analyse den Beziehungen *zwischen* den Elementen zuwenden, da durch sie die Dynamik entsteht.[71]

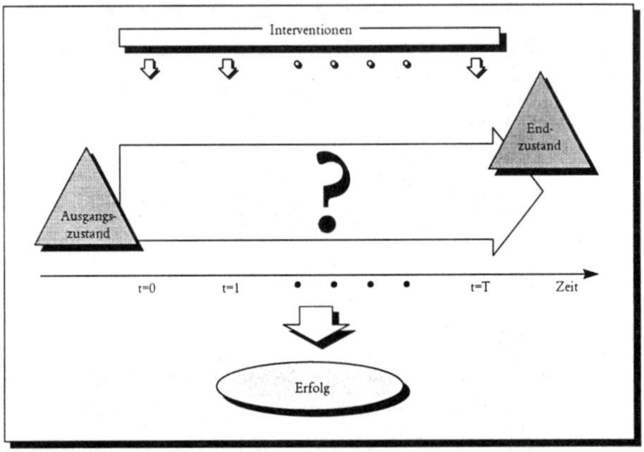

Abbildung 7-4: Konzeptioneller Rahmen des Kausalmodells

Um Beziehungen zu analysieren, sollte erst der "zentrale Kreislauf[72]" identifiziert werden, dann das verfeinerte Netz der Wirkbeziehungen identifiziert werden und letztlich zeitliche und sachliche Intensitäten ermittelt werden.[73] "Grundvorstellung eines Netzwerkes ist der Kreis. Im Unterschied zur Kausalkette hat der Kreis keinen Anfang und kein Ende. Dynamisch gesehen wirkt in einem kreisförmigen Prozeß die Veränderung eines Elementes auf das nächste ein, dieses wiederum auf das folgende, und wird der Prozeß nicht aus irgend einem

70 Ulrich/Probst (1988), S. 30.

71 Was Gomez/Probst (1997), S. 66 zusammenfassen als Frage "Wie entsteht aus den einzelnen Teilen ein integriertes Ganzes?" In den Beziehungen liegt die eigentliche Komplexität (Vgl. Reiß (1993d), S. 58).

72 Womit das "Closed Loop" Thinking als Grundprinzip der Kybernetik angesprochen wird. Vgl. bspw. Richmond (1994), S. 140, Richmond (1993), S. 124. Vgl. auch Weick (1979). Den zentralen Kreislauf dieses Kapitels gibt Abbildung 7-11 wieder.

73 Vgl. Gomez/Probst (1997), S. 72.

Grund abgebrochen, so wird das Element, von dem die Bewegung ausgegangen ist, selbst wieder verändert, was wiederum zu einem Kreislauf führen kann und so fort."[74]

Die Beziehungen können nach ihrem Beeinflussungsmuster differenziert werden, das Wirkrichtung, Zeitaspekte und Intensität der Wirkung umfaßt.[75] Die Richtung der Wirkung unterteilt nach gleichgerichteten und entgegen gerichteten Beziehungen. Differenziert man genauer, so kann man nicht immer von einer linearen Beziehung zwischen zwei Elementen A und B ausgehen (d.h. die Intensität der Beeinflussung ist einen Konstante), sondern muß nichtlineare Aspekte berücksichtigen. Abbildung 7-6 macht deutlich, daß der Grad der Beeinflussung auch vom Zustand des Elementes A abhängen kann. Insbesondere bei Phänomenen des exponentiellen Wachstums steigt die Wirkintensität.[76]

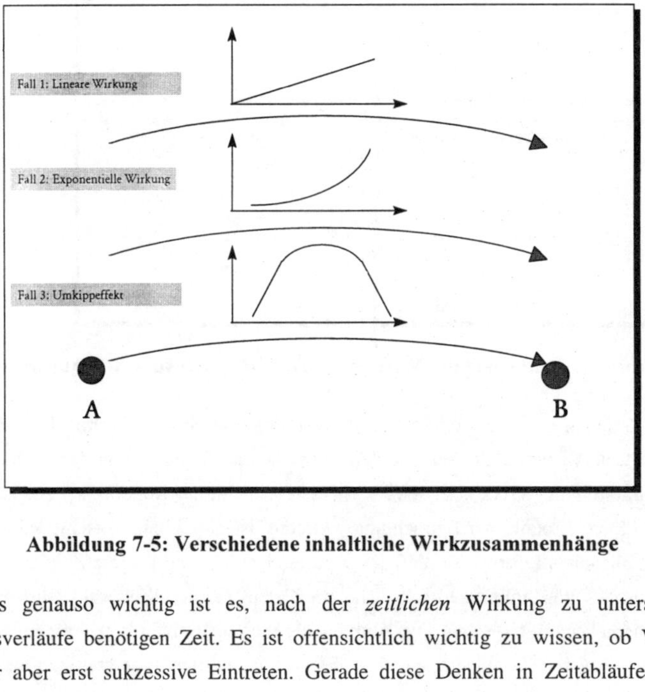

Abbildung 7-5: Verschiedene inhaltliche Wirkzusammenhänge

Mindestens genauso wichtig ist es, nach der *zeitlichen* Wirkung zu unterscheiden.[77] "Wirkungsverläufe benötigen Zeit. Es ist offensichtlich wichtig zu wissen, ob Wirkungen rasch oder aber erst sukzessive Eintreten. Gerade diese Denken in Zeitabläufen und das

[74] Ulrich/Probst (1991), S. 40.

[75] Zu den einzelnen Schritten existieren verschiedene Hilfsinstrumente wie Vester's Papiercomputer (Vester (1980), Vester (1992)).

[76] Vgl. Ulrich/Probst (1991), S. 151. Nach Meinung des Verfassers ist dies so undifferenziert nicht richtig, da auch bei exponentiellen Wachstum die Geburtenrate konstant ist. Das Problem liegt in methodischen Schwächen eines undifferenzierten Causal-Loop Ansatzes (s.u.).

[77] Vgl. Probst/Gomez (1997), S. 943.

Abschätzen des Zeitbedarfes einer Einwirkung machen uns erfahrungsgemäß Schwierigkeiten. ... Erst aufgrund dieser Einsichten in das Eigenverhalten der Situation in zeitlicher Hinsicht kann erfaßt werden, welche Zeiträume zur gewollten Veränderung, d.h. Zielerreichung notwendig sind. Wir können auch umgekehrt sagen, daß die Wirkungen, die wir erzeugen, von der zur Verfügung stehenden Zeit abhängig sind: Gewisse Effekte können wir in kurzer, andere nur in längerer Zeit bewirken."[78] Aus pragmatischen Gründen schlagen die genannten Autoren eine Dreiteilung nach kurzfristigen, mittelfristigen und langfristigen Wirkungen vor, wobei die Begriffe je nach vorliegenden Fall zu konkretisieren sind.

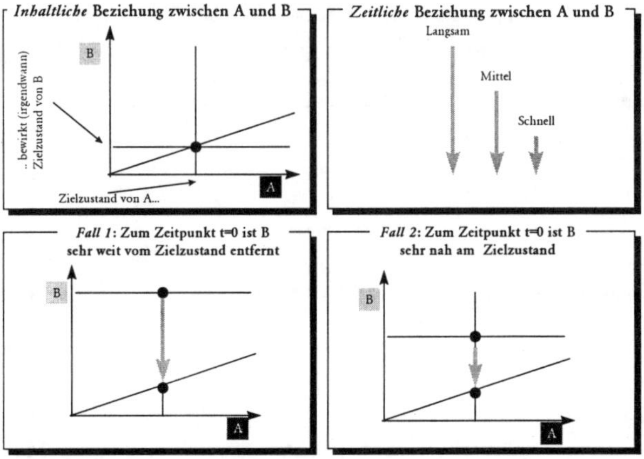

Abbildung 7-6: Zeitbedarf der Wirkung in Abhängigkeit vom Ausgangszustand

Abbildung 7-6 deutet eine wesentliche konzeptionelle Schwäche an, die mit der Vorstellung von ULRICH/PROBST[79] verbunden ist. Die Zeitdauer, die eine Veränderung der Wirkursache A benötigt, damit sich die Wirkkonsequenz B einstellt, wird in der Regel mit dem Zustand der Größe B zum Startzeitpunkt der Betrachtung variieren. Ist dieser sehr verschieden vom Zielzustand (z.B. absolutes Informationsdefizit), wird tendenziell eine längere Zeitdauer verstreichen, als wenn B schon (inhaltlich) sehr nahe am Zielzustand ist. Weiterhin müssen Zeitverzögerungen berücksichtigt werden. Die Autoren begehen also einen konzeptionellen Fehler, wenn sie von *absoluten* Zeitdauern sprechen. Es ist nur möglich, eine zeitliche Intensität zu beschreiben, die angibt, wie schnell sich eine "Einheit" von B verändern läßt. Eine hohe Agilität des Faktors B bedeutet dann, daß er sich relativ schnell anpassen wird, nicht notwen-

78 Ulrich/Probst (1991), S. 155.
79 Als Stellvertreter des St.Galler Ansatzes.

digerweise absolut. Damit wird ausgedrückt, wie "träge" die Auswirkung der Veränderung eines Elementes auf ein zweites Element ist.

Obwohl die genannten Autoren von einzelnen Phasen (also einer Diskretisierung der Zeit) ausgehen, so soll doch nicht eine isolierte Betrachtung einzelner Zeitperioden stattfinden, sondern man soll von einem kontinuierlichen Zeitfluß ausgehen. Wenngleich es richtig ist, daß keine isolierte Betrachtung einzelner Zeitpunkte oder Perioden stattfinden soll, so ist doch fraglich ob man daraus einen kontinuierlichen Zeitfluß ableiten kann oder eben nur eine Folge von (zu definierenden) Etappen. Um das entstehende in der Regel sehr komplexe Netz zu verstehen, sollten einzelne Kreisläufe identifiziert werden und im Detail durchgespielt werden[80], durch das das bisher statische Wirkmodell in seiner Dynamik verstanden werden soll.[81]

Wenngleich die von GOMEZ/PROBST vorgestellte Methode als Deskriptionsansatz bisher intuitiv zugänglich erscheint, so weist sie insbesondere hinsichtlich der *dynamischen* Modellierung[82] (und damit auch hinsichtlich der Aussagekraft) von Systemen - teilweise schon angedeutete - Schwächen auf und sollte dementsprechend modifiziert werden.[83] Im Endeffekt richtet sich die Kritik darauf, daß Kausaldiagramme zwar intuitiv eingänglich sind, aber zu undifferenziert, um daraus dynamisches Verhalten zu deduzieren.[84]

Ein Wirknetz kann demnach unter Umständen mehr Verwirrung stiften, als es hilft und so quasi falsch sein. Zur Plausibilisierung obiger Behauptung und für das weitere Vorgehen ist es sinnvoll, sich (kurz) mit dem Themenfeld System Dynamics zu befassen.[85] In diesem Forschungsfeld hat man sich intensiv mit den Möglichkeiten zur formalen Modellierung von dynamischen Systemen auf der Basis der Kybernetik befaßt. In diesem Zusammenhang kann diskutiert werden, in ob und in welcher Form die vorgestellten Kausalnetze (bzw. „causal loop" -Diagramme) geeignet sind, um daraus dynamische Vorgänge zu deduzieren beziehungsweise zu modellieren.[86]

Es ist sicher *nicht* das Ziel der Arbeit ein EDV-gestütztes formal-quantitatives Modell zur Simulation von Veränderungsprozessen zu entwerfen.[87] Kybernetisch-quantitative Modelle

80 Probst/Gomez (1997), S. 946.

81 Vgl. Ulrich/Probst (1991), S. 136.

82 Was der Frage nach der "Mechanik" der Wirkungen über der Zeit gleichkommt.

83 Vgl. Gomez/Probst (1997).

84 Vgl. Lane (1993), S. 249, Peterson/Eberlein (1994), S. 159, Richmond (1993), S. 118, Richmond (1994), S. 143, Gomez/Probst (1997), S. 23.

85 Die hier vorgenommene Beschreibung ist notwendigerweise unvollkommen, da nicht das Ziel einer quantitativen Modellierung verfolgt wird. Zu einer umfassenden und didaktisch guten Einführung siehe High (1992), High (1992a) oder entsprechende Grundlagenliteratur wie Craemer (1985), Milling (1984), Roberts (1983), Legasto u.a. (1980), Milling/Zahn (1989), Niemeyer (1977) oder Coyle (1977).

86 Vgl. Senge (1990, 1994), Kim (1994), S.5 f.

87 Als System Dynamics Modell, das mit einem Simulationstool wie Stella, Vensim oder Powersim programmiert werden kann.

haben sich aufgrund von prinzipiellen Schwächen einer letztendlich mechanistischen Vorgehensweise nicht durchgesetzt, was in Kapitel 5.2.1.1 angedeutet wurde. Dennoch muß auch ein qualitatives Kausalmodell zeitliche Wirkverläufe erklären und möglichst vorhersagen können. Es erweist sich daher zweckmäßig, den Weg zu einem formalisierten Modell teilweise zu beschreiten, um als Vorstufe die gewünschte (weniger) formale Beschreibungsebene für das im Rahmen der Arbeit zu entwickelnde Kausalmodell zu erhalten.[88] Hierbei werden die relevanten Schwierigkeiten angesprochen und der bisher beschriebene Ansatz dementsprechend angepaßt.

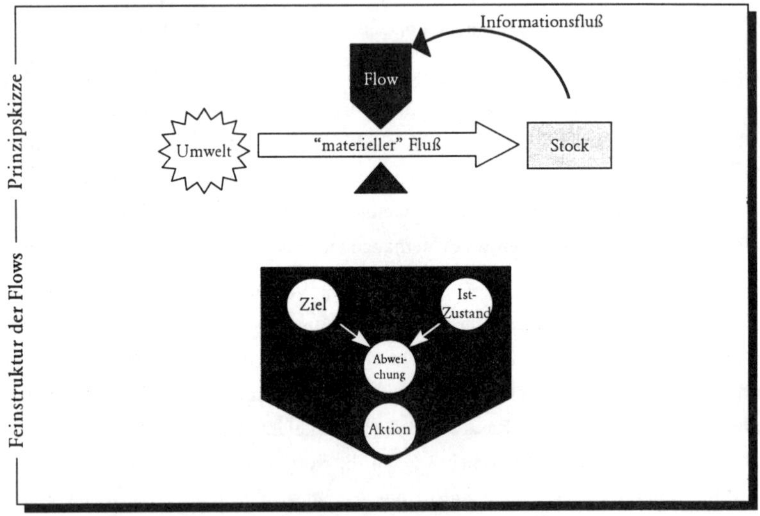

Abbildung 7-7: Prinzipielle Darstellung der Stocks und Flows

System Dynamics ist eine Theorie über den Aufbau und das Verhalten von Systemen und umfaßt einen mathematischen Modellierungs- und Simulationsansatz. Sie wurde Ende der 50iger Jahre von JAY W. FORRESTER am MIT entwickelt und erhebt den Anspruch, eine allgemeine Strukturtheorie zu sein, durch die der Aufbau und die Interdependenz zwischen Elementen des Systems beschrieben werden kann. Dabei geht man davon aus, daß das Systemverhalten durch Informationsrückkopplungen[89] entsteht, die im wesentlichen im System liegen.[90] Man beachte, das dies noch dem bisher vorgestellten Ansatz der Wirknetze

88 Zu den Stufen einer Modellbildung vgl. Krallmann (1996), S. 22.

89 Was Richmond (1993), S. 113 "Closed loop thinking" nennt.

90 Was Richmond (1994), S. 140 "System as a cause thinking" nennt.

entspricht. Die Unterschiede bestehen darin, nach welchen Kriterien Strukturelemente gebildet werden und wie daraus konkret die Dynamik abgeleitet wird. System Dynamics beschreibt dynamische Systeme nicht nur über Elemente und Kausalbeziehungen zwischen diesen Elementen, sondern differenziert nach sogenannten Zustandsgrößen (Stocks) und Flußgrößen (Flows). Eine derartige Unterscheidung ist das zentrale Konzept von System Dynamics, um eine dynamische Analyse zu erlauben. Die Stocks sind als Bestandsgrößen zu jedem Zeitpunkt sichtbar. Stocks können nur dadurch verändert werden, indem ein Fluß über eine Zeitperiode als Aktionsgröße auf einen Stock einwirkt.[91] Weiterhin wird explizit nach der Art der Beziehung zwischen zwei Elementen unterschieden. So ist die Beziehung zwischen Stock und Flow eine andere als die informative Beziehung, die Einfluß auf die Aktion haben. Abbildung 7-7 verdeutlicht die unterschiedlichen Elemente.

Allerdings ist die begriffliche Unterscheidung zwischen materiellen und Informationsfluß verwirrend, da der materielle Fluß auch aus Informationen (z.B. "Schulungen") bestehen kann. Eine begriffliche Unterscheidung nach Verursachungsfluß und Rückkopplungsfluß scheint zweckmäßiger.[92] Das zweite wesentliche Merkmal eines System Dynamics Modells ist die *Zeitführung*. Geht man davon aus, daß Effekte von Wirkungen nicht sofort eintreten, sondern eine bestimmte Zeit benötigen, so gibt es zwei konzeptionelle Möglichkeiten, wie sich eine Veränderung auswirken kann.[93]

1. Die Ursache und die Wirkung sind zeitlich voneinander getrennt. Ein solches Verhalten läßt sich dadurch plausibilisieren, daß eine Wahrnehmung eine bestimmte Zeit benötigt und die Wirkung von der Wahrnehmung der Ursache abhängt. Nach einer Wahrnehmung kommt es aber zu einer abrupten und vollständigen Wirkung.
2. Die Wirkung hat eine Intensität. Die gesamte Wirkung kann als das über die Zeit kumulierte Ergebnis einer einzigen Ursache verstanden werden. "Bei der Analyse und Prognose von Aktivitäten in sozialen Systemen ist es von untergeordneter Bedeutung, das gesamte Ausmaß der Wirkung einer Ursache zu kennen. Von zentraler Bedeutung aber ist die Kenntnis der kumulativen Ursache-Wirkungsverteilung, die Aussagen über die Wirkungsintensität zu einem bestimmten Zeitpunkt erlaubt."[94] Kennt man den Intensitätsverlauf der Wirkung, so läßt sich die Wirkung als Integration über die Intensität der Ursache verstehen.

Um der Problematik der zirkulären Kausalität zwischen Ursache und Wirkung auszuweichen, findet im Rahmen von System Dynamics eine diskretisierte Modellierung statt, die prinzipiell

[91] Mathematisch ist das Integral der Flußgröße gleich der Veränderung der relevanten Zustandsgröße.
[92] Vgl. Eiff (1977), S. 45.
[93] Vgl. Eiff (1977), S. 52.

mit der Aufteilung in Stocks und Flows (Intensitätsmaße) der zweiten Möglichkeit folgt und von einem Ablaufschema mit Entscheidungspunkten ausgeht. Dadurch findet zu einem Zeitpunkt t die Informationsrückkopplung statt, daraus wird (zum gleichen Zeitpunkt) die Aktionsintensität für die Folgeperiode festgelegt. In (t+1) haben sich die Zustandsgrößen um das Integral der Intensitätsgrößen verändert und es findet eine neue Berechnung der Aktionsintensitäten für die Folgeperiode statt. Um Zeitunterschiede zwischen Ursache und Wirkung darzustellen, spielen Delays als zeitliche Verzögerungen von Wirkungen eine wesentliche Rolle. Da eine quantitative Modellierung aus den verschiedensten Gründen in der Arbeit nicht verfolgt wird, sei es mit obigen - zugegebenermaßen knappen - Ausführungen zu System Dynamics belassen.

Die folgenden Überlegungen fassen sich mit der postulierten Schwäche von Kausalnetzen als Mittel zur Beschreibung von Dynamik. Im Endeffekt dient eine Modellierung dazu, das dynamische Systemverhalten zu verstehen. Ein wesentlicher Punkt hierfür ist das "Operational Thinking" das nach Ansicht von RICHMOND der Kern des Systemdenkens ist.[95] Durch reines Modellieren per Causal-Loop Diagrammen wird ein tendenziell lediglich korrelatives Verständnis, nicht aber ein kausales Verständnis der Zusammenhänge gefördert. "The final asumption associated with laundry list thinking is that correlation is good enough for explaining how a system works. The systems thinking paradigm challenges this regression analysis approach, offering in its place operational models of how things work. Thus, for someone steeped in the systems thinking paradigm, it would not be enough to identify the factors that are correlated with overpopulation. Instead it would be necessary to actually offer an explanation of how overpopulation is generated."[96] Durch eine Unterscheidung bei der Modellierung in Bestands- und Flußgrößen kann eine "kausalere" Darstellung gefördert werden. Dadurch ist die Darstellung tendenziell auch einfacher.

Neben Förderung des kausalen Verständnisses erlaubt eine Unterscheidung in Flußgrößen (Aktionen) und Bestandsgrößen (Zuständen) ein besseres dynamisches Verständnis. Folgendes längeres Zitat und Abbildung 7-8 verdeutlichen den Unterschied zwischen den beiden Darstellungsformen. "The notion here is simple and intuitive, and it would work pretty well if one were proceeding along the dynamic thinking track. Beginning with births, the diagram says simply that as births increase, population increases. And, as population increases, births follow suit. This is a simple positive feedback-loop process. ... When the same two variables are represented using a structural diagram, a subtle but important dynamic distinction becomes apparent. The same positive feedback process ... is shown here, and again we se that if

94 Eiff (1977), S. 52.
95 Vgl. Richmond (1994), S. 140.
96 Richmond (1993), S. 118.

births increase, population follows suit. Now, however, return to the causal loop diagram and run the thought experiment in reverse. This is, begin with decreasing births. According to the causal loop diagram, a decrease in births would result in a decrease in population. Clearly, this is not necessarily true. Population would only decrease following a decrease in births if births fell to a level below deaths."[97] Hinsichtlich der Möglichkeit, aus causal-loop Diagrammen dynamisches Verhalten zu erkennen, ist der genannte Autor dementsprechend kritisch und spielt insbesondere auf die von SENGE konzipierten Archetypes als durch causal-loops modellierte generische dynamische Verhaltensmuster an.[98] "Using causal-loop diagrams to make inferences about behavior is a treacherous business."[99] "Causal-loop diagrams were merely an ill-defined visual aid - a distractions from a purely verbal argument."[100]

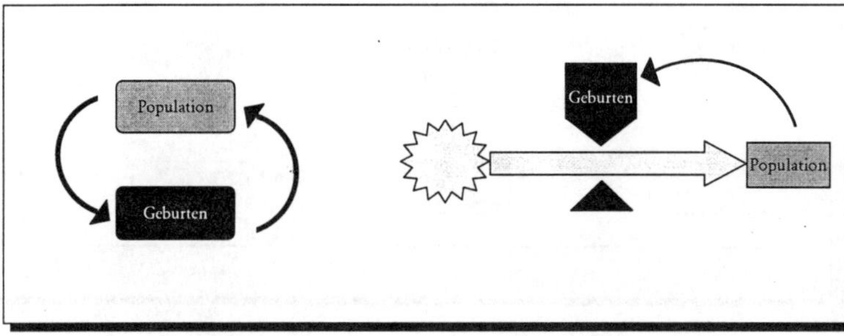

Abbildung 7-8: Unterschiede in der dynamischen Aussagefähigkeit zwischen Causal Loop Darstellung und Stock and Flow Darstellung (In Anlehnung an Richmond (1993), S. 126)

Aus genannten Gründen erscheint es für die Modellbildung potentiell sinnvoll, *von Anfang an* eine Unterscheidung zwischen Aktionsgrößen und Zustandsgrößen vorzunehmen. "...it is poor practice to use causal loop diagrams before having laid out and understood the stock-and-flow infrastructure of a system. Such practice celebrates the nerves without regard for the spinal cord, skeleton or organs. ... Drawing causal-loop diagrams at the outset of a discussion or analysis encourages laundry list (or "factors") thinking. In fact it is likely to make that thinking even more difficult to understand because rather than a set of causal factors and a resulting effect, the causes themselves become effects when you close the loops. Causal-loop diagrams, when used in advance of a stock-and flow diagram, serve closed-loop laundry list thin-

97 Richmond (1993), S. 125.
98 Zu den Archetypen siehe neben Senge (1990), Senge (1994) insbesondere Kim (1994).
99 Richmond (1994), S. 143.
100 Peterson/Eberlein (1994), S. 159.

king, not systems thinking."[101] Auch LANE konzeptualisiert Modelle gleich in Form von Stocks und Flows und nicht über einen Zwischenschritt der Causal Loop Diagramme.[102]

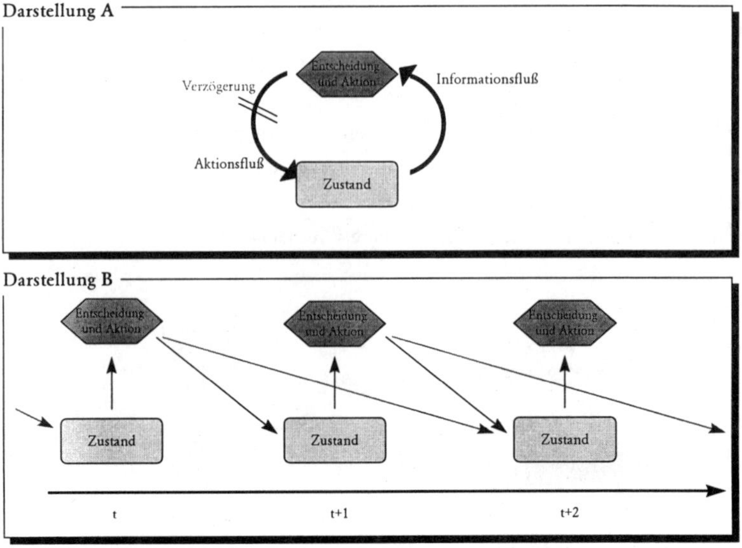

Abbildung 7-9: Darstellungsprinzip der Modellierung

Mit obigen Ausführungen zur dynamischen Modellierung im Rahmen von System Dynamics auf der Basis von Zustands- und Bestandsgrößen und der potentiell kritischen Strategie, aus Kausaldiagrammen (bzw. -netzen) dynamische Strukturen abzuleiten, kann die Frage nach der für den Kontext der Arbeit sinnvollsten Vorgehensstrategie (bezüglich der Modifikation des zu Beginn des Abschnittes vorgestellten Modellierungsansatzes) beantwortet werden.

Auch wenn das Ziel (nur) ein qualitatives Modell ist, so muß es dennoch die Möglichkeit geben, Zeitaussagen abzuleiten (was das eigentliche Ziel der Modellierung ist). Die Unterscheidung zwischen Aktionsgrößen und Bestandsgrößen erlaubt es, auch auf qualitativer Ebene eine Diskretisierung der Zeit vorzunehmen und so Zeitaussagen durch einen iterativen Prozeß der sich über mehrere Entscheidungspunkte erstreckt abzuleiten. Diese Differenzierung wird konsequenterweise im folgenden gemacht. Abbildung 7-9 verdeutlicht dieses Prinzip. Wenngleich der Informationsgehalt der Darstellung A und der Darstellung B identisch sind, so verdeutlicht Darstellung B die Extension über der Zeit und wird im weiteren

[101] Richmond (1994), S. 143.

hauptsächlich verwendet. Aus der Abbildung erkennt man auch, daß zwar eine Unterscheidung in Aktionsgrößen und Bestandsgrößen vorgenommen wird, auf die explizit verschiedene Darstellung der Flüsse jedoch aus Komplexitätsgründen verzichtet wird. Da eine Unterscheidung nach Bestands- und Flußgrößen bei der qualitativen Modellierung vorgenommen wird, ist es - insbesondere mit den angeführten Kritikpunkten - sinnvoll, diese Differenzierung von Anfang an vorzunehmen und nicht erst in einem zweiten Schritt aus einem Kausalnetz abzuleiten.

Vergleicht man den erarbeiten Analyserahmen mit den Ausführungen zu den Ausprägungen der Systemtheorie, so könnte man sich fragen, ob damit nicht zu mechanistisch argumentiert wird. Ist der Ausgangspunkt die Beschreibung des Managements des Wandels im allgemeinen beziehungsweise die Betrachtung des Managements des Wandels einer Totaltransformation des Unternehmens, so bewegt man sich auf einer sehr hohen Abstraktionsebene, bei der es wie in Abschnitt 5.2.2.3 diskutiert vorteilhaft ist, nicht von einer mechanistischen Grundauffassung auszugehen. Im vorliegenden Kapitel bewegt sich die Arbeit auf einer wesentlich niedrigeren Abstraktionsebene in verlangt einen dementsprechend höheren Konkretisierungsgrad. Da insbesondere die neuere Systemtheorie mit erheblichen Konkretisierungsproblemen behaftet ist und die Grundkonzepte der Kybernetik einfacher der Modellierung zugänglich sind, überwiegen auf der jetzigen Konkretisierungsebene die Vorteile der Operationalisierbarkeit deren konzeptionelle Nachteile.[103] Die Nachteile der mechanistischen Orientierung der Kybernetik werden weiterhin relativiert, indem kein mathematisch-quantitatives Modell generiert werden soll, sondern (nur) ein qualitatives Kausalmodell erstellt wird. Dadurch verbleibt der Argumentation genügend Freiraum, um nichtmechanistische und konstruktivistische Aspekte zu integrieren.[104]

Nur am Rande seien noch stochastische Ansätze[105], Warteschlangentheorien[106] oder Markov-Ketten[107] als andere (tendenziell quantitative) Möglichkeiten zur Erfassung von dynamischen Effekten angesprochen. Da sich die Arbeit mit einem qualitativen Kausalmodell zufrieden gibt, erscheint eine ausführliche Analyse dieser eher mathematisch-formalen Ansätze nicht zweckmäßig und es sei zu ausführlichen Betrachtungen insbesondere auf Ansätze der dynamischen Optimierungstheorie verwiesen.

---

102 Vgl. Lane (1993), S. 249.

103 Vgl. Staehle (1994), S. 47.

104 Man kann auch über eine Nähe der Perspektive dieses Kapitels zu einer autopoietischen Perspektive unter der Strategie des methodologischen Individualismus argumentieren (Vgl. Abschnitt 5.2.2.3). Vgl. auch Probst (1992), S. 391 f.

105 Stochastische Ansätze lassen sich sehr gut in System Dynamics - Modellierungen integrieren.

7.3.2.2 Ausgewählte Wirkverläufe über der Zeit

Im Vorgriff auf das inhaltliche Wirkmodell sollen kurz einige zentrale dynamischen Effekte und Verläufe angesprochen werden. Die intuitiv zugänglichste Form sind *Aufbauprozesse* über der Zeit. In der Regel ist es nicht so, daß ein Effekt (eine Zustandsveränderung) sofort erreicht wird, sondern dadurch, daß sich etwas über die Zeit aufbaut. So ist beispielsweise Lernen als Aufbau der Wissensbasis ein solcher Effekt oder innere Kündigung als Akkumulation von Frustrationserlebnissen.[108] Je nach spezieller Konstellation kann die Aktionsintensität (also die Aufbaurate) beliebig gesteigert werden, um etwas schneller zu verändern oder auch nicht. Im Falle des Lernens ist keine grenzenlose Beschleunigung (insbesondere durch Ressourcenerhöhung) möglich. Um beim Lernbeispiel zu bleiben, hilft es bei einer begrenzten Lernkapazität eines Individuums nichts, den Schulungs- und Lehraufwand zu intensivieren, wenn die Kapazitätsgrenze der Wissensaufnahme des Individuums erreicht ist.[109] Modellhaft würde man dies so ausdrücken, daß durch das Lehren der vom Individuum "abzuarbeitende" Wissensberg immer weiter ansteigt, da die Lernrate ("Abarbeitungsrate") kleiner ist als die Zuflußrate des abzuarbeitenden Wissensberges.

Als natürliches dynamisches Gegenstück zu einem Aufbauprozeß ist der *Verfallsprozeß* zu sehen. In der Vernachlässigung dieses dynamischen Effektes ist nach Ansicht des Verfassers eine wesentliche Schwäche vieler Ansätze zum Change-Management zu sehen. Insbesondere gilt dies für Ansätze, die *pauschal* nach dem Lewin'schen Schema des Unfreeze-Move-Refreeze verfahren.[110] Schon in Kapitel 6.4.4.1 wurde analysiert, daß eine Vorstellung zu kurz greift, nach der erst *alle* Betroffenen überzeugt und motiviert werden sollen und dann für *alle* Betroffenen die Veränderung durchgeführt wird. Ein derartiges Vorgehen führt potentiell zu einem Strohfeuereffekt. Der Grund liegt einerseits darin, daß möglicherweise Erwartungen seitens der Betroffenen geschaffen werden, die durch schlechtes Management der Orte des Wandel nicht in einem sinnvollen Zeitrahmen erfüllt werden können, andererseits auch daran, daß Motivation keine feste Bestandsgröße ist, sondern mit der Zeit wieder verfällt. Aus diesem Grunde liegt die Behauptung nahe, daß die Länge eines Veränderungsprozesses Begrenzungen unterliegt. Ein weiteres Beispiel für eine Verfallsrate ist das Vergessen als Verfall

106 Vgl. Kistner (1994), Eschenbacher (1995), Prabhu (1998), Hock (1996), Dshalalow (1997), Kleinrock/Gail (1996).

107 Yin/Zhang (1998), Kartashov (1996), Norris (1997), Gilks (1997). Zu einem Markov-Modell im Zusammenhang mit Käuferentscheidungen siehe Hempelmann (1997), S. 438 f.

108 Vgl. Grässle (1993), Heinbokel/Schleidt (1993), S. 22.

109 Vgl. Heifetz/Laurie (1997), S. 59.

110 Vgl. als Beispiel von vielen der Ansatz von Töpfer/Mehdorn (1993). Ein anderes Beispiel findet sich bei Mohr (1997), S. 113, wonach "Unfreeze" tendenziell durch das Top Management geschieht, "Move" durch das mittlere Management und "Refreeze" durch das untere Management. Vgl. auch Moss-Kanter (1992), S. 381 bzw. Moss-Kanter (1993), S. 33 f. oder Streich (1997), S. 238.

der Wissensbasis. Neben der angesprochenen "natürlichen" Verfallsraten kann man intendierte Abbauprozesse identifizieren. Beispielsweise kann man das Abbauen von Vorurteilen, Ängsten und Aversionen als einen solchen Prozeß sehen.

Um dynamische Wirkverläufe im Change Management zu verstehen muß man sich bewußt sein, daß Interventionen oder andere Effekte (wie Mund zu Mund Propaganda) oft nicht unmittelbar wirken, sondern zeitverzögert - mit anderen Worten, die Reaktion ist *träge*. So wird ein Individuum unter Umständen nicht sofort auf Interventionen reagieren, durch die motiviert werden soll, sondern erst nach einem (für den Change Manager nicht sichtbaren) Prozeß des Abwägens und Überlegens. Ein anderes Beispiel sind Lieferzeiten wie beispielsweise von nötiger Hard- und Software. Auch die Antworten auf eine Fragebogenuntersuchung zur Ist-Analyse werden erst zeitverzögert eintreten. Eine plakative Analogie liefert die Medizin, wenn Krankheiten erst nach einer bestimmten Inkubationszeit ausbrechen.

Eng mit dem Trägheitsbegriff ist die Vorstellung der *Diffusion* verbunden. Diffusion als physikalischer Effekt kann als schrittweises Eindringen oder sich vermischen einer Teilchenmenge in eine andere verstanden werden. Auch im Kontext des Change Managements gibt es zahlreiche Diffusionsphänomene. ROGERS, der sich intensiv mit der Thematik befaßt hat, faßt den gesamten Innovationsprozeß als einen Diffusionsprozeß auf, wobei sich die Diffusion aus den vier Grundgrößen Innovation, Kommunikation, Zeit und schließlich soziales System, ergibt.[111] Ein Beispiel für einen Diffusionsprozeß ist die Entwicklung des Wissensstandes der Betroffenen im Veränderungsprozeß. Wenn zum Zeitpunkt t=0 ein Betroffener gezielt über ein - angenommen schlechtes - Ereignis informiert ist, so ist die Wahrscheinlichkeit, daß sich diese negative Neuigkeit exponentiell ausbreitet sehr hoch (bekanntlich breiten sich schlechte Nachrichten sehr schnell aus!). Nimmt man zur Vereinfachung an, daß jedes Individuum pro Zeiteinheit 10 andere Betroffene Informieren kann, so wissen zu t=1 zehn Personen Bescheid, zu t=2 schon 100 und zu t=3 1000 Personen.[112] Die zentrale Größe, durch die der dynamische Verlauf eines Diffusionsvorganges beschrieben wird ist die *Adoptionsrate*. "The rate of adoption is the relative speed with which innovation is adopted by members of a social system."[113] Bei einer begrenzten Population wird sich typischerweise ein *S-förmiger Verlauf* der Adoptionsrate ergeben.[114] "At first, only a few individuals adopt the innovation in each time period .... But soon the diffusion curve begins to climb, as more and more individuals adopt in each succeeding time period. Eventually, the trajectory of adoption begins to level off, as fewer and fewer individuals remain who have not yet adopted the innovation. Finally,

---

111 Vgl. Rogers (1995), S. 10 ff.

112 Sehr anschauliche Beispiel zum exponentiellen Wachstum und der potentiellen Gefahr der Unterschätzung exponentieller Wachstumseffekte finden sich bei Dörner (1994), S. 161 f.

113 Rogers (1995), S. 22.

the S-shaped curve reaches ist asymptote, and the diffusion process is finished."[115] S-Kurven kommen im Change Management in vielen Ausprägungen vor (z.B. Verlauf des Informationsstands oder der Motivation gegenüber einer Neuerung). Die Diffusionsgeschwindigkeit von Neuerungen, Innovationen, etc. in einer Organisation ist stark von kulturellen Faktoren abhängig.[116]

Bisher wurde implizit von kontinuierlich-stetigen Zusammenhängen ausgegangen. Das bedeutet, daß Interventionen über ein Intensitätsmaß verfügen, das kontinuierlich variiert werden kann. Diese Vorstellung greift dann zu kurz, wenn keine beliebige intensitätsmäßige *Teilbarkeit* der Intervention möglich ist.[117] So kann man beispielsweise eine Person einstellen oder nicht, es ist in der Regel nicht möglich, jemanden zu 15% einzustellen. Im Operations Research stellt die ganzzahlige Optimierung ein eigenständiges Forschungsfeld dar.[118] Dies zeigt, daß Probleme der Ganzzahligkeit und der Teilbarkeit eine enorme Komplexität aufweisen können und daher nicht als ein Nebenaspekt behandelt werden können. Um die Argumentation nicht unnötig zu erschweren, wird im weiteren versucht, derartige Effekt durch stetige Zusammenhänge zu umschreiben. Im Beispiel der Einstellung würde man einen Einstellungsprozeß definieren, durch den der Personalstand erhöht oder gesenkt wird. Mit dem Begriff der Nichtstetigkeit ist verbunden, daß Zusammenhänge *Sprünge* aufweisen können. So gibt es beispielsweise Schwellenwerte, unter denen eine Zielvorgabe als Herausforderung interpretiert wird. Wird dieser Bogen überspannt, so kann diese (positive) Spannung sehr schnell in Angst und Widerstand umschlagen. Im einfachsten Fall kann ein solcher Zusammenhang durch eine wenn-dann-Beziehung (Bedingung) beschrieben werden. Derartige Zusammenhänge können problemlos in das beschriebene Kausalprinzip integriert werden und finden im konkreten Fall Beachtung.

Mit den angestellten Überlegungen dieses Kapitels ist der strukturelle Rahmen der Modellbildung spezifiziert. Diese Infrastruktur wird im weiteren mit konkreten Variablen, Wirkbeziehungen und Inhalten verbunden, um daraus das Gesamtmodell zu bilden.

---

114 Vgl. auch Pümin/Imboden (1991), S. 19.
115 Rogers (1995), S. 22.
116 Vgl. Fischer (1997a), S. 15.
117 Vgl. Zeyer (1995), S. 288.
118 Vgl. Sierksma (1996), Szymanski (1996), Sevcenko (1997), Schwiegershausen (1997).

7.3.3 Elemente eines dynamischen Change Modells

7.3.3.1 Kraftfelder zwischen Promotoren und Opponenten als zentrales Wirkprinzip

Ein organisationaler Veränderungsprozeß kann als Überwinden von Barrieren, für das es kinetische Energie bedarf, gesehen werden.[119] Auch ein *struktureller* Veränderungsprozeß kann letztendlich als ein *personelles* Kraftfeld von änderungsfördernden und änderungshindernden Kräften verstanden werden.[120] Der Grund für diese Sichtweise ist offensichtlich, da es Aktoren sind, die Strukturen gestalten. In das Zentrum der Analyse rücken somit Fragen der Motivation, Promotion, Opposition, Akzeptanz von Veränderungen aus individueller und gruppendynamischer Perspektive. Dies bedeutet explizit *nicht*, daß primär sachliche Dimensionen wie Strukturierung, Information, Schulung, Fortschrittsgrad zu vernachlässigen sind, im Gegenteil, sie haben entscheidenden Einfluß auf die Struktur und die Entwicklung des Kraftfeldes. Im Kern des Erklärungsmodells sollten personelle Kraftfelder stehen, die durch personelle und sachlich-strukturelle Handlungen beeinflußt werden und diese generieren.

Abbildung 7-10 stellt die Vorstellung eines Veränderungsprozesses als Kraftfeld nach LEWIN der hier verwendeten Weiterentwicklung in der Notation des letzten Abschnittes gegenüber. Die Feldtheorie nach LEWIN stellt noch heute die Grundlage für die meisten Veränderungsmodelle dar. Sie basiert stark auf naturwissenschaftlichen Analogien. LEWIN stellt die These auf, daß ein Veränderungsprozeß voranschreitet, solange die wandlungsfördernden Kräfte stärker sind als die wandlungshemmenden.[121] Überwiegen die retardierenden Kräfte, so kommt die Veränderungsinitiative zum stehen (Mißerfolg), beziehungsweise wird rückgängig gemacht.[122] Lewin leitet hieraus sein grundlegendes Phasenmodell des Unfreeze-Move-Refreeze ab.[123] Durch die Erweiterung der Darstellung wird deutlich, daß die Kräfte, die auf den Veränderungsprozeß (bzw. die Folge von Entscheidungen/Aktionen) wirken, nur teilweise als unab-

---

119 Vgl. Witte (1973), S. 15. Unter Energie wird subsumiert, daß ein Veränderungsprozeß Kapazitäten und Fähigkeiten benötigt.

120 Vgl. Krüger (1994a), S. 205, Zeyer (1996), S. 150 (Wobei Zeyer (1996), S. 150, allerdings in seinen Ausführungen wenig nach "Wollen", Widerstand, etc. trennt), Lewin (1947), S. 5 ff., Kobi/Wüthrich (1986), S. 161 f., Kobi (1996), S. 110, Bleicher (1996), S. 546, Staehle (1994), S. 141 f., Doppler/Lauterburg (1996), S. 56, Czichos (1990), S. 319. Auch empirische Untersuchungen belegen, daß Widerstand zentraler Faktor für das Scheitern von Veränderungsprozessen ist (z.B. Bungard (1996), S. 258, Perlitz u.a. (1996a), S. 181 f., CSC Index (1994)). Zu einer typischen "Fieberkurve" erfolgreicher Transformationsprozesse siehe Schneider (1997), S. 100. Zur Anwendung der "emotional journey" bei Mercedes-Benz im Rahmen des AAV-Projektes in Tuscaloosa (USA) siehe Renschler/Brunner (1997), S. 164.

121 Vgl. Lewin (1947, 1966).

122 Vgl. Clarke (1994), S. 114 zum Versuch einer "Change - Gleichung".

123 Vgl. Lewin (1947), S. 34 ff. Vgl. Zeyer (1996), S. 85 f., in dem das Phasenmodell nach Lewin detaillierter beschrieben wird. Eine wesentliche Erkenntnis daraus ist die Ableitung von Kraftfeldanalysen in der Vorphase von Veränderungen. Solche Analysen wurden erstmals 1948 von Coch/French erwähnt. Vgl. zu Kraftfeldanalysen auch. Kast/Rosenzweig (1985), Czichos (1990), S. 478 f., Hellriegel/Slocum/Woodmann (1986), Doppler/Lauterburg (1996), S. 95, Clarke (1994), S. 117.

hängige Variablen zu betrachten sind, sondern im wesentlichen eine Konsequenz zeitlich vorangegangener Interventionen der Akteure des Wandels sind. Nicht abgebildet ist, daß das Kraftfeld auch durch externe Ereignisse (z.B. Eintreten neuer Mitarbeiter oder Konjunkturschwankungen) beeinflußt wird und außer dem Kraftfeld weitere externe Faktoren oder Restriktionen Einfluß auf die Entscheidungen/Aktionen haben (z.B. begrenzte Mittel).

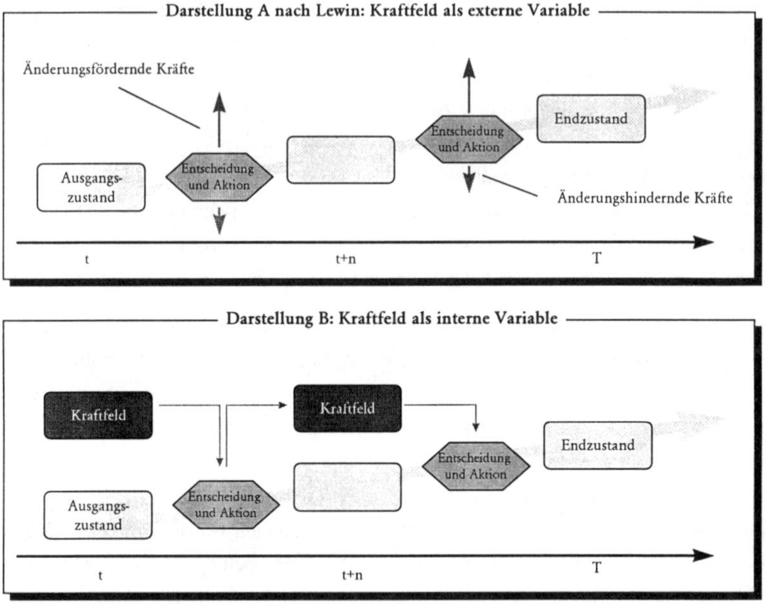

Abbildung 7-10: Das Kraftfeld als externe Variable versus das Kraftfeld als interne (dynamische) Variable

Die (personifizierten) wandlungsfördernden Kräfte werden in Anlehnung an WITTE Promotoren genannt, die retardierenden Kräfte Opponenten (genauer gesagt sind die *Kräfte* Opposition und Promotion und die Aktoren, *durch* die diese Kräfte zustande kommen die Promotoren und Opponenten).[124] Zwischen diesen Polen liegt die Gruppe der Indifferenten[125] beziehungsweise Unentschlossenen.[126] Konzeptionell muß allerdings zwischen den beschriebenen - auf der Verhaltensebene der Akteure wirkenden - Kräften und den *kognitiven* Wert- und Zielvorstellungen der Akteure unterschieden werden, was in Kapitel 7.3.3.2 noch verdeutlicht

124 Vgl. Witte (1973), S. 34 ff.
125 Vgl. Zeyer (1996), S. 92.
126 Vgl. Krüger (1997), S. 833.

wird. Aus diesem Grund kann man die Akzeptanz als kognitiven Vorgang von der Motivation als aktivierte Verhaltensbereitschaft abgrenzen. Es ist in diesem Zusammenhang auch fraglich, ob Indifferenz ein passender Begriff für die Gruppe derer ist, die weder akzellerierend noch retardierend auf den Veränderungsprozeß einwirken, da trotzdem eine kognitive Zielvorstellung existieren kann, die aber zu diesem Zeitpunkt[127] (unter Umständen bewußt) nicht durch entsprechendes Verhalten gezeigt wird.

Zu einer differenzierteren Betrachtung des Kraftfeldes der Veränderungsenergie reicht es nicht aus, nur nach Richtungen (d.h. Promotion versus Opposition) und Länge (d.h. „nicht“ versus „mit aller Energie“) der Kräfte zu differenzieren.[128] Man sollte nach dem Inhalt (Qualität) der Kraft unterscheiden.[129] In der Literatur gibt es in diesem Zusammenhang eine kaum noch zu überblickende Fülle an Definitionen, Abgrenzungen und Begrifflichkeiten zur Abgrenzung der Aktoren des Wandels nach verschiedenen Kriterien, die jeweils mit bestimmten Rollen und damit Qualitäten der Kraft assoziiert werden können (z.B. Machtpromotor).[130]

Vom konzeptionellen Verständnis ist es allerdings wichtig danach zu unterscheiden, ob man von einer Rolle spricht, die durch einen oder mehrere Aktoren (durch bewußtes Handeln) ausgekleidet werden *soll*, oder wie sich Akteure des Wandels de facto verhalten und dadurch faktisch Einfluß auf das Kraftfeld nehmen. ESSER/SCHNEIDER differenzieren dementsprechend nach deskriptiven und normativen Aktoren.[131] “Als normative Aktoren bezeichnen wir jene, für die irgendwann eine begriffliche oder theoretische Konzeption eingeführt und durchgesetzt wurde. Sie erhebt den Anspruch auf eine bestimmte Ausgestaltung und strukturelle Verankerung. Im Gegensatz zu deskriptiven Kategorien entstehen solche Akteure nicht kausal von selbst, sondern bedürfen vielmehr der bewußten Einführung und Durchsetzung. ... Demgegenüber sind deskriptive Aktoren bestimmte Teile der ‘Wirklichkeit’ in Prozessen organisationalen Wandels. Sie sind gleichsam ‘Naturerscheinungen’ mit denen man unter gewissen Bedingungen rechnen kann. Das Wissen um ihre Existenz vermag unmittelbar in normative Überlegungen einer geplanten Prozeßgestaltung einzufließen.”[132] Diese Unterscheidung ist zentral, wenn man bedenkt, daß ein normativer Akteur ein Sollkonzept ist, das dementsprechend durch strukturelle Ausgestaltung und insbesondere durch Verkörperung durch einen

---

127 Gerade im Bereich des politischen Taktierens im Rahmen der Mikropolitik spielen die Zeitpunkte, zu denen sich ein Akteur “outet” eine wesentlich Rolle. Zur Mikropolitik siehe Neuberger (1995), Mende/Bieta (1997), S. 44, Schreyögg (1996), S. 413 f.

128 Mathematisch gesehen sind Kräfte *Vektoren*. Vektoren sind definiert durch die Länge (genauer den Betrag) als skalare Größe und die Richtung des Vektors. Zur “Länge” eines individuellen Kraftvektors siehe Kapitel 7.4.3.2 und 7.4.3.3.

129 Vgl. Czichos (1990), S. 483, der folgende Macht- beziehungsweise Kraftquellen unterscheidet: Zwang ausüben, Experte sein, Rolle/Position, Belohnungen, Netzwerke.

130 Was Knopf (1976), S. 65 schon vor gut 20 Jahren anmerkte!

131 Vgl. Esser/Schneider (1973).

132 Esser/Schneider (1973), S. 5 f., zitiert nach: Knopf (1976), S. 65.

Akteur ausgefüllt werden muß.[133] Wird eine normative Rolle "falsch" ausgefüllt, so ist die de facto stattfindende Kraftausübung durch den jeweiligen Akteur ungleich der intendierten.

Während ESSER/SCHNEIDER als deskriptive Aktoren den Fachpromotor und Machtpromotor (treiben den Veränderungsprozeß aktiv voran), den Garant und schließlich den Integrator sehen und als normative Aktoren Change Agent, Change Catalyst, Pacemaker, Interventionist, Projektmanager und schließlich Moderator unterscheiden, soll im Rahmen der vorliegenden Arbeit zwar der konzeptionellen Trennung zwischen "natürlichem" Akteur und intendierter Rolle gefolgt werden, nicht aber der vorgestellten inhaltlichen Aufteilung. Im Kontext der Arbeit wird *jedes* Handeln eines Akteurs als ein Kraftvektor aufgefaßt. Der von dieser Person ausgehende Vektor kann aufgrund seiner (formalen) Rolle im Veränderungsprozeß, seinen Fähigkeiten und seiner Motivation zum Handeln verschiedene Qualitäten haben. Insgesamt entsteht so ein Feld verschiedenster Qualitäten von Kräften (das *alle* von ESSER/SCHNEIDER genannten Kategorien umfaßt). Auf dieser Basis können (zu spezifizierende) Akteure versuchen, bestimmte Kräfte bewußt zu fördern, zu institutionalisieren und zu stabilisieren, indem bestimmte Personen Rollen übernehmen, strukturelle Umfelder geschaffen werden, etc.

Im folgenden werden verschiedene Qualitäten der Energie beschrieben und daraus die dem Kapitel zugrunde liegende Konzeption abgeleitet. Die bekannteste Unterteilung der Promotoren (und dadurch auch der Opponenten) ist die auf WITTE zurückgehende Differenzierung nach Macht- und Fachpromotoren.[134] Der Machtpromotor stellt eine fundamentale Rahmenbedingung für einen erfolgreichen Veränderungsprozeß dar. Er ist aufgrund der hierarchischen Position in der Lage, den Veränderungsprozeß nach "oben" abzusichern.[135] Der Machtpromotor stützt sich nach dieser Definition eher auf formale Macht, als auf personale Macht.[136] "Die Position ist dadurch gekennzeichnet, daß sie hinreichenden formalen Einfluß verleiht, der es gestattet, die Opponenten des Nichtwollens mit Sanktionen zu belegen und die Innovationswilligen zu schützen. Da Opponenten auf allen Rangebenen angesiedelt sein können, ist es im Interesse der Innovatoren von Vorteil, wenn der Machtpromotor hochrangig, im Idealfall als Mitglied der höchsten Ebene plaziert ist."[137] Der Fachpromotor verkörpert die inhaltliche Kompetenz und agiert wesentlich durch seine Expertenmacht. HAUSSCHILD/CHAKRABARTI haben zu obiger Differenzierung noch die Kategorie des Prozeßpromotors hinzugefügt.[138] Die Aufgabe und Kompetenz des Prozeßpromotors ist die Förderung der Veränder-

133 Vgl. Bungard (1996), S. 260, der auf die Lücke zwischen Lippenbekenntnissen der Promotoren und dem tatsächlichen Verhalten hinweist. Zum Rollenbegriff siehe Patzak/Rattay (1997), S. 102 f.

134 Vgl. Witte (1973).

135 Vgl. Thom (1995), S. 877.

136 Vgl. auch Abschnitt 7.4.3.3, indem Machtbasen näher beschrieben werden.

137 Witte (1973), S. 17. Das Zitat macht deutlich, daß Witte von einem normativen Akteur spricht.

138 Vgl. Hausschild/Chakrabarti (1988) Zur differenzierteren Ausführungen der verschiedenen Arten der Promotion im Kontext von Innovationsprozessen siehe beispielsweise Hauschildt (1993), S. 121 ff.,

ungsprozesses an sich. Er soll "Repräsentant und Anwalt des Veränderungsprozesses (sein; der Verf.)."[139] Der Prozeßpromotor ist insbesondere auf seine Persönlichkeitsmacht angewiesen.[140]

Neben der Trennung nach Fach-, Macht- und Prozeßpromotion gibt es noch eine Vielzahl von anderen - teilweise redundanten - Klassifikationen der Aktoren, die kurz angedeutet werden. So hat beispielsweise OTTAWAY eine Klassifikation der Aktoren des Wandels in zehn Kategorien vorgenommen, die er zeitlich in das Phasenmodell von LEWIN einordnet und unternehmenstaxonomisch den Führungsebenen oberes Management, mittleres Management und unteres Management/Mitarbeiter zuordnet.[141] In der Unfreeze-Phase wirken der "key change agent", der "demonstrator", der "patron" und der "defender". Diese Rollen sollten im wesentlichen durch das Top Management wahrgenommen werden.[142] In der Moving-Phase sollen hauptsächlich Manager des mittleren Managements die Rolle der „change implementors" ("external change implementor", "external/internal change implementor", "internal change implementor"[143]) spielen. Die letzte Gruppe, die „change adopters", sind weniger bewußt agierende Agenten des Wandels als vielmehr diejenigen, die den Veränderungsprozeß leben und normalisieren sollen. Zu dieser Gruppe gehören im wesentlichen das untere Management und die Mitarbeiter. Die Liste der potentiellen Differenzierungsmöglichkeiten kann nahezu beliebig erweitert werden: HAMMER/CHAMPY beispielsweise sprechen von Leader, Prozeß Owner, Reengineering Team, Steering Committee und Reengineering Czar.[144] REIß nennt Experten, Champions und Sponsoren.[145] Andere Autoren unterscheiden nach Explorer, Designer und Leader.[146]

Trotz der offensichtlichen Begriffsvielfalt orientiert sich die Mehrzahl der Nomenklaturen inhaltlich letztendlich an der Differenzierung nach Macht-, Fach- und Prozeßpromotion.[147] Die beschriebene Einteilung ist keinesfalls trennscharf. So sieht THOM die Fachpromotion auf Fachwissen bezüglich eines *Veränderungsprozesses* begrenzt. Ein solches Wissen soll im Kontext der Arbeit als Prozeßwissen aufgefaßt werden und der Prozeßpromotion zugeordnet werden. Der Prozeßpromotor ist derjenige, der - wie der Name schon sagt - den Prozeß das Wandels managt und beherrscht. Der Fachpromotor ist der Wissensträger hinsichtlich dem

Howell/Higgins (1990), Markham/Green/Basu (1991), Pulczynski (1991). Gemünden/Walter (1995), S. 2 f. fügen für intra-organisationale Innovationsprozesse noch den Beziehungspromotor hinzu.

139 Thom (1995), S. 877.

140 Vgl. Hauschildt (1993), S. 121 ff.

141 Vgl. Ottaway (1983), S. 361 ff. Vgl. dazu Mohr (1997), S. 101 f. Vgl. auch Ottaway (1979)

142 Vgl. Kanter/Stein/Jick (1992).

143 Vgl. Ottaway (1983).

144 Vgl. Hammer/Champy (1994), S. 102 ff. Siehe auch Hammer/Stanton (1995).

145 Vgl. Reiß (1997d), S. 106.

146 Vgl. Grässle (1993), S. 190 ff.

147 Vgl. z.B. Reiß (1997d), S. 106, der diese Begriffe mit seinen explizit gleichsetzt.

Inhalt des Wandelobjektes an sich (z.B. Experte im Marktsegment oder Experte im Bereich Softwaresysteme). Ist das Objekt des Wandels beispielsweise die Neugestaltung des Motorenentwicklungsprozesses, so ist das korrespondierende Expertenwissen das Wissen über den Motorenentwicklungsprozeß.

Nachdem die konzeptionelle Vorstellung und Differenzierung des Wandels in Form eines mehrdimensionalen Kraftfeldes als Ergebnis verschiedener (möglicherweise widerstreitender) individueller Kräfte aus einer *Gesamtperspektive* beschrieben wurde, stellt sich die Frage nach der Konzeption einer geeigneten *Aktorenperspektive*, aus der das Kraftfeld beeinflußt und gemanagt werden soll (und die so der Perspektive entspricht, für die Handlungsheuristiken entwickelt werden sollen). Betrachtet man wie OTTAWAY[148] oder JICK[149] *alle* Mitglieder des Change-Objektes als Change Agents, so kann daraus keine Aktorenperspektive abgeleitet werden. Man kann versuchen das Problem dadurch zu lösen, indem man dem "Change Agent im weiteren Sinne", der der Definition nach JICK oder OTTAWAY entspricht, einen "Change Agent im engeren Sinne" gegenüberstellt.[150] "Unter 'Change Agent im engeren Sinne' wird ein Berater (outside oder inside consultant) verstanden, der die Organisation während des Wandlungsprozesses durch professionelle Hilfe unterstützt. Unabhängig davon, ob er grundsätzlich Mitglied der Gesamtorganisation ist, wird er, bezogen auf den zu verändernden Bereich der Organisation, als Externer angesehen, da er in der Ausübung dieser Tätigkeit keiner Linienhierarchie untersteht."[151] Dadurch, daß ein solcher Change Agent nicht Teil des zu verändernden Systems ist, läßt sich daraus eine Aktorenperspektive konzipieren. Das Wandelobjekt wird in dieser Sicht als ein reaktives System konzipiert. Die Gesamtheit der Interventionen geschieht durch die Aktorenperspektive, das System reagiert durch Annahme oder Ablehnung. Dies ist angenehm für die Modellbildung, erweist sich aber als unzureichend. Der zentrale Nachteil ist, daß sich nach obiger Definition eine Aktorenperspektive definitorisch auf eine relativ zum Wandelobjekt externe Beratungsperspektive beschränkt. Es ist daher insbesondere nicht möglich, die Partizipation von Betroffenen abzubilden, was für ein zu entwickelndes Modell enorm wichtig wäre.

Die Konzeption der normativen Aktoren nach ESSER/SCHNEIDER stellt eine andere Option zur Modellierung einer Aktorenperspektive dar.[152] Normative Akteure beziehungsweise Rollen stellen potentielle Aktorenperspektiven dar. Dennoch sind auch solche Perspektive jeweils spezifisch und entsprechen nicht dem Ziel der Arbeit, ein dynamisches Modell aus einer generischen Aktorenperspektive zu konzipieren. Eine weitere Möglichkeit ist, eine Handlungsper-

148 Vgl. Ottaway (1983).
149 Vgl. Jick (1993).
150 Vgl. Mohr (1997), S. 100.
151 Mohr (1997), S. 100.

spektive so zu konzipieren, daß der Akteur nicht direkt am Veränderungsprozeß teilnimmt, sondern seine Anstrengungen darauf konzentriert, daß er Rahmenbedingungen für die Fähigkeit zur Selbstorganisation des Veränderungsprozesses schafft. Auch dies erscheint nicht sinnvoll, da man sich in diesen Zusammenhang auf abstrakte Metainterventionen seitens der Handelnden beschränken müßte.

Die beste Konzeption unter den genannten Problemen ist, die Perspektiven zu integrieren. Abbildung 7-11 verdeutlicht die konzeptionelle Vorstellung der Aktorenperspektive (und auch des zentralen Kreislaufs). Danach wird eine logische Trennung zwischen einem Aktorensystem und einem Betroffenensystem vorgenommen. Das Betroffenensystem umfaßt alle Akteure des Wandels im Sinne von JICK. Das Aktorensystem stellt die *agierende Koalition* des Wandels dar. "Aus der Sicht der Koalitionstheorie läßt sich ein Implementierungsvorgang ... als Aufbau einer wandlungsfördernden Koalition begreifen. .... Die Kategorien der Promotoren und Opponenten drücken sich auch in Einflußsystemen aus, Kraft und Gegenkraft entstehen und entfalten sich. Die jeweilige Kräftekonstellation bestimmt dann über Verlauf und Ergebnis der Implementierung. Wandlungsimpulse werden aufgegriffen und forciert oder unterdrückt und verlangsamt."[153] Diese Koalition entscheidet über die Interventionen, die aus ihrer Sicht vorgenommen werden. Wie der Entscheidungsvorgang abläuft und welche Entscheidungen getroffen werden, hängt von den Kräfteverhältnissen innerhalb der Koalition ab.

Zu dem Aktorensystem als agierender Koalition sollen all jene Personen gehören, die "offiziell" an den Entscheidungsvorgängen im Veränderungsprozeß beteiligt sind, beziehungsweise partizipieren. Darunter wird verstanden, daß die Akteure des Aktorensystems als Gruppe einen weiteren Akteur des Betroffenensystem bewußt, willentlich und von ihnen gebilligt in den Kreis der Entscheider aufnehmen (z.B. durch eine formale Rolle als Teilprojektleiter).[154] Die agierende Koalition wird so rekursiv und dynamisch definiert.[155] In $t = n$ ergibt sie sich aus der agierenden Koalition zum Zeitpunkt $t = (n-1)$ bereinigt um Partizipationsentscheidungen (=Gruppenaufnahme) zu $t = (n-1)$. Innerhalb der agierenden Koalition kann man einen "Orginalaktor" konzipieren, der die primäre Aktorenperspektive zum Zeitpunkt $t = t_0$ darstellt, bzw. aus dessen Sicht und unter dessen Beschränkungen Interventionsvorschläge analysiert werden. Durch Partizipation anderer Akteure am Aktorensystem kommen weitere Personen hinzu.

---

152 Ausführlicher bei Schneider (1973), S. 98 f.

153 Krüger (1997), S. 840.

154 Zu den Aufnahmemodi in eine Gruppe siehe Staehle (1994), S. 261.

155 Siehe hierzu auch Abbildung 7.3 in Abschnitt 7.3.

Man muß allerdings kritisch hinterfragen, ob die agierende Koalition wirklich frei entscheiden kann, wen sie aufnehmen will. Dies gilt in der Realität insbesondere nicht bei Individuen, die einen sehr hohen Einfluß in der Organisation haben - sie können potentiell eine Aufnahme und damit eine Partizipation „erzwingen". Dennoch ist vorgestellte Konzeption, die Partizipation als grundlegende gestaltbare Größe zu definieren sinnvoll, da so eine klarer Betrachtungsstandpunkt - nämlich die Perspektive des Aktorensystems - konstruiert werden kann und das zu entwickelnde Modell nicht (noch) komplexer wird. [156] Dadurch, daß das gesamte Betroffenensystem über die Umsetzung von Interventionen entscheidet und nicht nur passiv-reagierend konzipiert wird, kann der Einfluß solch genannter Akteure hinreichend gut modelliert werden.

Die Ausführungen machen den logisch-virtuellen Charakter der Trennung der beiden Gruppen klar. Die gemachte Trennung zwischen den beiden Gruppen ist eine *logische* und keine physische. Ein Akteur des Betroffenensystems kann durch Partizipation gleichzeitig Akteur im Aktorensystem sein. Umgekehrt muß allerdings nicht jeder Akteur des Aktorensystems Teil des Betroffenensystems sein (z.B. ein externer Berater).

Ob eine angestrebte Intervention tatsächlich erfolgreich durchgeführt wird und wie die Intervention auf das Betroffenensystem wirkt, wird durch das Kraftfeld zwischen Promotoren und Opponenten des Betroffenensystems bezüglich dieser Intervention entschieden. Je nach Ausprägung dieses resultierenden Kraftfeldes kommt es zu einer Umsetzung der geplanten Intervention, einer Verzerrung oder im schlimmsten Fall zu einem Versanden (d.h. einer Nichtumsetzung). Das Kraftfeld, das über die Ausführung und die Wirkung einer Intervention entscheidet, darf - wie Abbildung 7-11 verdeutlicht - nicht mit dem Kraftfeld zwischen Teilnehmern des Aktorensystems und den daran nicht Beteiligten des Betroffenensystems gleichgesetzt werden.[157] Wie auf eine durch das Aktorensystem beschlossene Intervention reagiert wird, entscheidet das durch sämtliche Teilnehmer des Betroffenensystems, die zu diesem Zeitpunkt Einfluß haben, gebildete Kraftfeld. Nur wenn alle Mitglieder des Aktorensystems treibende Kräfte darstellen (also alle voll hinter den getroffenen Entscheidungen stehen) und alle Mitglieder des Betroffenensystems, die nicht zum Aktorensystem gehören, retardierende Kräfte darstellen, ist eine solche Gleichsetzung möglich. Tendenziell kann man allerdings annehmen, daß die Akteure des Aktorensystems eher treibende Kräfte darstellen, da sie ja am Entscheidungsprozeß hinsichtlich der durchzuführenden Intervention beteiligt waren.

---

[156] Man kann das vorgestellte Konzept auch als Szenario auffassen, indem die oberste Unternehmensführung dem Aktorensystem den Auftrag erteilt. Damit hat nur der Auftraggeber einen „automatischen" Zugang zu diesem System (vgl. auch Kapitel 7.4.5.1.1).

[157] Vgl. Kirsch/Esser/Gabele (1979), S. 300 und Kapitel 7.5.3.

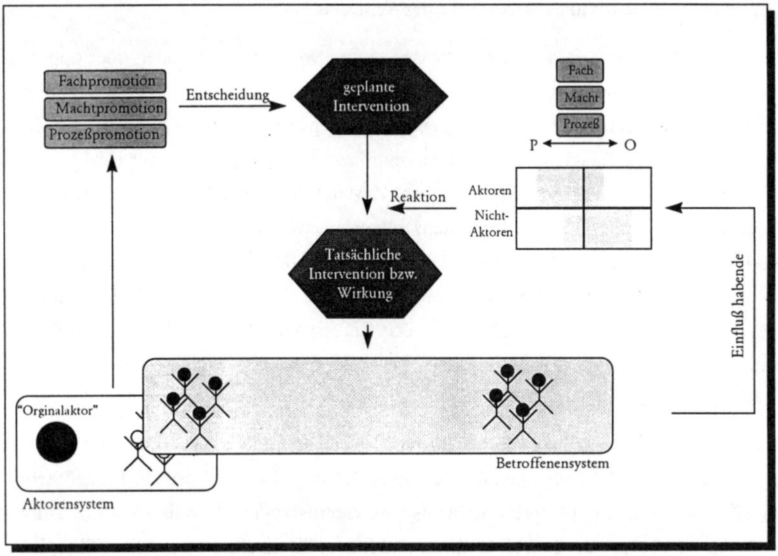

Abbildung 7-11: Der zentrale Kreislauf (Zeitpunktperspektive t = n) der Kraftfelder des Wandels

Aus Abbildung 7-11 ist die Höhe des individuellen Beitrages auf das Kraftfeld nicht abgebildet. Im Vorgriff auf das zu entwickelnde Modell ergibt sie sich daraus, daß jeder Akteur des Betroffenensystems (egal ob gleichzeitig Teil des Aktorensystems) mehr oder weniger hohen Einfluß auf das Kraftfeld (bezüglich der geplanten Intervention) besitzt, je nachdem wie seine persönlichen Präferenzen und sein resultierendes Verhalten (=Motivation) aussehen und je nachdem wie groß sein Einfluß (=Macht) auf den Prozeß zum Zeitpunkt t = n ist. Der Einfluß auf das Kraftfeld ergibt sich dabei aus dem Produkt von Verhalten des Individuums und Einfluß auf den Gesamtprozeß. Der Einfluß auf den Gesamtprozeß wird damit entscheidend durch die Machtbasis[158] (in den Dimensionen Fach-, Macht- und Prozeßeinfluß) des jeweiligen Akteurs determiniert.

Sowohl für die Entstehungsseite von Interventionen als auch für die Wirkseite derselben ist für den Reaktionswirkkreis (rechte Seite in Abbildung 7-11) und den Aktionswirkkreis (linke Seite in Abbildung 7.11) eine genauere Vorstellung sowohl des Macht- beziehungsweise Einflußbegriffs als auch hinsichtlich eines Verhaltensentwurfes der Akteure notwendig. Dies geschieht im folgenden, wobei mit letzterem begonnen wird.

158 Zu Machtbasen siehe Abschnitt 7.3.3.3.

7.3.3.2 Verhaltensentwurf der Akteure des Wandels

Wenn der Erfolg eines Veränderungsprozesses zentral vom unterstützenden oder opponierenden Verhalten der Akteure abhängt, muß versucht werden, individuelles Verhalten zumindest konzeptionell zu beschreiben.[159] Die folgenden Überlegungen basieren zunächst auf der Annahme des Aktors als Reagierenden auf Interventionen. In der Folge wird der Reaktionsbegriff erweitert und als Reaktion auf den (zeitlichen) Zustand des Veränderungsobjektes betrachtet. Dadurch ist die Übertragung des Verhaltensentwurfes auf Akteure des Aktions- beziehungsweise Entstehungswirkkreises möglich. Die Arbeit hat allerdings mitnichten den Anspruch, einen umfassenden und die unüberblickbare Vielzahl von Entwicklungen und Forschungsrichtungen integrierenden Ansatz abzuleiten.[160] Das Ziel ist vielmehr *eine* konzeptionelle und in sich möglichst schlüssige Darstellung der Thematik, die einen wichtigen Baustein in einer dynamischen Modellkonzeption des Change Management bildet.

Der im folgenden angedeutete Verhaltensentwurf (insbesondere die Aktivierungsstufe) hat inhaltlich deutliche Überlappungen der benutzten Konzepte zur politischen Prozeßtheorie.[161] Dennoch wird diese im weiteren nicht als Grundgerüst benutzt, weil sie trotz sinnvoller Grundkonzepte (Interessen, Spiele, Konflikt und Macht[162]) zu einseitig auf Konflikte, Kämpfe und Feindseligkeiten abstellt und dadurch auch die Sachebene der Organisation zu stark vernachlässigt.[163] Es ist daher besser, die Elemente auf die die politische Prozeßtheorie aufbaut, im wesentlichen ohne den Bezug zu ihr zu verwenden.

Ein zentraler Begriff bei der Erforschung menschlichen Verhaltens hinsichtlich bestimmter Ziele ist die *Motivation*. "Motivation geht auf das lateinische movere (=bewegen) zurück und soll Aufschluß geben über die Beweggründe des Handelns und Verhaltens eines Menschen. ... Motivation ist wie Lernen und Wahrnehmen ein hypothetisches Konstrukt, eine intervenierende Variable zwischen situativen/personalen Bedingungen und beobachtbaren Verhalten, die sich nicht unmittelbar messen läßt."[164] Motivation bezieht sich auf definierte Ziele und

---

159 Dadurch darf allerdings nicht der Schluß gezogen werden, daß das Verhalten der Organisation nur aus dem Verhalten der *Individuen* abgeleitet werden kann. Hierzu sind (auf der Basis des Individuellen Verhaltensentwurfes) Verhaltensentwürfe auf Gruppen- und Organisationsebene nötig. Weick (1979), S. 110 ff. ist sogar der Auffassung, daß das Verständnis von Kleingruppen der Schlüssel für das Verständnis organisationalen Verhaltens ist. Aus Komplexitätsgründen kann eine umfassende Integration allerdings nicht stattfinden. Gruppenaspekte werden an spezifischen Stellen der Argumentation aufgenommen.

160 Was an der offensichtlichen Komplexität des Betrachtungsobjektes liegt. Letztendlich ist es eine philosophische Frage, ob der Mensch prinzipiell überhaupt in der Lage ist, sich selbst in seinem eigenen Verhalten zu beschreiben. (Vgl. Hofstadter (1995)). Im weiteren werden Aspekte der Kognitionstheorie, der Spieltheorie, der politischen Prozeßtheorie, etc. benutzt.

161 Vgl. Neuberger (1995).

162 Vgl. Morgan (1986), S. 148.

163 Vgl. Schreyögg (1990), S. 37 f.

164 Staehle (1994), S. 204.

drückt die "aktivierte Verhaltensbereitschaft"[165] zu deren Erreichung aus.[166] Die Ziele, die in einem Veränderungsprozeß von Interesse sind, sind die Unterstützung einer Intervention, die Unterstützung der erreichten Veränderung oder die Unterstützung der angestrebten Ziele. Man kann folgende Faktoren identifizieren, die Einfluß auf das gezeigte Verhalten haben:[167]

- **Können**: Wissen, Fähigkeiten und Fertigkeiten
- **Wollen**: Motivation und Volition
- **Normen**: Soziales Sollen und Dürfen
- **Materielle** Rahmenbedingungen: Situative Ermöglichung

Obige Aufteilung bietet zwar Ansätze hinsichtlich der Einflußfaktoren, besagt aber noch nichts hinsichtlich des genaueren Prozesses durch den das Verhalten zustande kommt. In diesem Zusammenhang ist eine differenzierte Sicht auf die Motivationstheorien sinnvoll. Klassischerweise werden die Motivationstheorien in Inhaltstheorien und Prozeßtheorien eingeteilt. Inhaltstheorien machen primär Aussagen darüber, was beim Individuum Verhalten erzeugt. Sie können (wie obige Aufzählung) Anhaltspunkte liefern, welche Strukturelemente (Variablen) Einfluß auf das Verhalten haben und welche Ausprägungen (Variablenwerte) derselben zu bestimmten Ergebnissen führen. Sie geben aber kaum Hinweise darauf, wie Verhalten beim Individuum zustande kommt. "Da es sich hierbei um eine ungleich schwierigere Fragestellung handelt, sind die zu entwickelnden Modelle i.d.R. auch bedeutend komplexer als die Inhaltstheorien .... Dennoch liegt der Schlüssel zum Verständnis motivierten Verhaltens in der Erweiterung der Inhaltstheorien um die Prozeßtheorien ..."[168] Prozeßtheorien an sich stellen also die dynamische Erklärungsplattform dar, während Inhaltstheorien diese Plattform - wie der Name sagt - mit den konkreten Inhalten auffüllen.

Im Rahmen der Arbeit ist es daher zweckmäßig, als Grundmodell für den Verhaltensentwurf der Akteure das neobehavioristische Stimulus-Organismus-Response (S-O-R)-Konzept als Prozeßmodell zu wählen.[169] Der Stimulus stellt die genannten verschiedenen Ausprägungen der definierten Ziele dar. Anders als klassische behavioristische Motivationsansätze[170], in denen das Individuum als weitestgehend passiv reagierend angenommen wird, gehen S-O-R-Ansätze davon aus, daß das Individuum als aktiv wahrnehmendes und entscheidendes Element darüber entscheidet, zu welchen Reaktionen es kommt.[171] Menschen nehmen in

165 Vgl. Weißkopf (1994), S. 214 f.
166 Zur detaillierten begrifflichen Klärung der Motivation siehe Gebert/Rosenstiel (1996), S. 38 f.
167 Vgl. Rosenstiel (1997), S. 200.
168 Staehle (1994), S. 216.
169 Vgl. Staehle (1994), S. 149, Müller-Hagedorn (1986), S. 73 f., Mohr (1997), S. 121.
170 Also der Funktionalismus (W. James und J Dewey), die von I.Pawlow begründete Reflexologie und der von J.B.Watson geprägte Behaviorismus.
171 Staehle (1994), S. 149.

diesem Sinne nicht einfach Fakten wahr, sondern handeln letztendlich auf der Grundlage dessen, was sie subjektiv wahrnehmen. Die Wahrnehmung selbst ist ein mehrstufiger Prozeß der Reizaufnahme durch Rezeptoren, der Selektion des Wahrgenommenen und schließlich der Organisation des Wahrgenommenen.[172] Auf dieser Basis findet der Entscheidungsprozeß hinsichtlich des gezeigten Verhaltens statt.

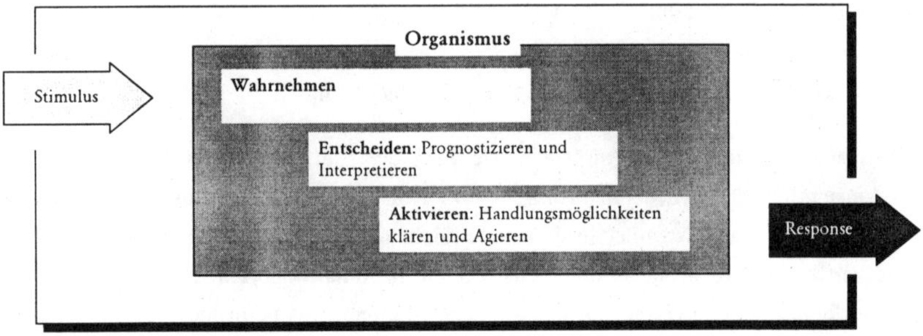

Abbildung 7-12: Das Verhalten als Prozeß (In Anlehnung an Mohr (1997), S. 124, Krüger (1994a), S. 206, Böhnisch (1979), S. 86 f.)

Konzeptionell ist es sinnvoll, zwischen eine *kognitiven Bewertung* eines (wahrgenommen) Reizes und einer tatsächlich gezeigten *Verhaltensabsicht* zu unterscheiden.[173] Diese beiden Intentionen müssen keinesfalls deckungsgleich sein. Abbildung 7-12 zeigt die differenzierbaren Stufen des Prozesses, der menschliches Verhalten generiert. Die Unterscheidung verschiedener Phasen ist in erster Linie analytisch. In Realität sind die im folgenden vorgestellten Schritte überlappend und miteinander verflochten.

Der Stimulus ist nicht nur eine das Individuum direkt betreffende Intervention, sondern ist die von den betroffenen Akteuren wahrgenommene Intervention zum Zeitpunkt t_i. Insbesondere stellt eine (wahrgenommene) *Nicht*information oder eine *Nicht*partizipation potentiell eine Intervention aus Sicht des Individuums dar. Grundlage der Stufen Entscheiden und Aktivieren ist der in den modernen Prozeßtheorien übliche kognitive Ansatz. Dadurch wird der Mensch im wesentlichen als rational entscheidendes und nutzenmaximierendes Individuum konzipiert.[174] Der Entscheidungsprozeß ist dadurch gekennzeichnet[175], daß das Individuum auf-

---

172 Vgl. Hellriegel/Slocum/Woodman 1986, S. 89.

173 Vgl. Krüger (1997), S. 833, Mohr (1997), S. 124, Rogers (1995), S. 173 f., Kroeber-Riel (1992), S. 164 f., Böhnisch (1979), S. 86 ff., Wiendieck (1992).

174 Vgl. Staehle (1994), S. 216. Zur Kritik am Rationalmodell siehe Neuberger (1995), S. 168.

175 Vgl. Boehnisch (1979), S. 86 f. oder Krüger (1994a), S. 206 f., der sich bei seinen Ausführungen auf Boehnisch zu beziehen scheint, allerdings ohne dies explizit zu erwähnen.

grund seiner Informationsbasis die geplante Intervention/Veränderung in seinen Auswirkungen prognostiziert und anhand seines persönlichen Zielsystems[176] bewertet. Jedes Individuum das am Veränderungsprozeß beteiligt ist, durchläuft den Entscheidungsprozeß. Neben dem "Wollen" spielen bei der Bewertung auch Aspekte der Qualifikation ("Können") eine Rolle. Die Bewertung zeigt jeweils, ob das Individuum aus seiner Sicht durch ein Szenario in eine Gewinner- oder eine Verliererposition kommt. Die Grundlage der Bewertung ist immer das Basisszenario "Nichts wird verändert".[177] Um das Bild des völlig rationalen Aktors etwas aufzuweichen, ergänzen manche Autoren diesen Prozeß um einen weiteren Schritt, nämlich das subjektive Empfinden, das sich als Angst, Furcht, Anreiz oder Konflikt beim Individuum einstellt.[178]

Die Prognose der Konsequenzen ist immer ein Vorgang, der unter unvollständiger Information stattfindet. Damit ist die Wissensbasis ("Wissen") ein wesentlicher Bestimmungsfaktor der weiteren Bewertung. Formal kann man sich den Raum der Konsequenzen als eine Menge von möglichen Szenarien vorstellen, die jeweils vor dem Hintergrund der Bedürfnisstruktur bewertet werden. Das Wissen hinsichtlich der Eintrittswahrscheinlichkeit einer Konsequenz wird entscheidend durch die Wissensbasis des Individuums beeinflußt. Hierbei stellt das "subjektive Empfinden" wiederum eine wesentliche Kategorie dar und zwar bei der Wahrscheinlichkeitsbewertung der verschiedenen guten und schlechten möglichen Szenarien. Je geringer der Informationsstand des Individuums ist, desto größer wird der Bewertungsfreiraum hinsichtlich der Eintrittswahrscheinlichkeiten von möglichen Konsequenzszenarien.

Eine differenziertere Sicht ist also insgesamt, das subjektive Empfinden als Determinante der Eintrittswahrscheinlichkeit der Szenarien beziehungsweise Konsequenzen (z.B. Auflösung der Abteilung) und jeweils der Wahrscheinlichkeit der positiven/negativen Auswirkungen hinsichtlich der individuellen Wertstruktur zu charakterisieren. Das Ergebnis ist so nicht nur eine positive beziehungsweise negative Einstellung, sondern kann als eine Vier-Felder-Matrix beschrieben werden. Die eine Dimension betrifft das "objektspezifische Risiko", das Aussagen über den Erwartungswert hinsichtlich der Konsequenzen der Veränderung macht, die andere Dimension stellt das "subjektspezifische Risiko" dar, durch das den Erwartungswert

---

176 An dieser Stelle kommen Aspekte der *Inhaltstheorien* zum tragen, die Aussagen über die Ziele und Wertsysteme der Akteure machen. Zu den bekanntesten Inhaltstheorien zählen die von Maslow (1943, 1954, 1981) entwickelte Bedürfnispyramide, die Weiterentwicklung zur ERG-Theorie nach Alderfer (1969, 1972), die Zwei-Faktorentheorie nach Herzberg (1967, 1968), die Leistungsmotivationstheorie nach McClelland (1971, 1995) und schließlich die Erwartungsvalenztheorie nach Atkinson (1975). Zu einer knappen Zusammenfassung der Theorien siehe beispielsweise Zeyer (1996), S. 93 f.

177 Vgl. Zeira/Avedisian (1989), S. 31 ff.

178 Vgl. Krüger (1994a), S. 206, Böhnisch (1979), S. 86.

hinsichtlich der Auswirkungen auf die Bedürfnisstruktur ausdrückt.[179] Aus Gründen der konzeptionellen Klarheit soll diese Unterscheidung allerdings nicht verfolgt werden und das Ergebnis des Bewertungsprozesses wird als Wert auf einem Kontinuum zwischen Ablehnung und Befürwortung verstanden. Das subjektive Empfinden wird so als Determinante der persönlichen Risikobewertung bei Unsicherheit definiert.

Diese Einstellung eines Aktors zum Risiko wird durch viele Aspekte geprägt. Man kann dort beispielsweise Persönlichkeitsmerkmale des Individuums verorten.[180] Eine weitere Rolle spielen Referenzerfahrungen des Individuums in vergleichbaren vergangenen Situationen.[181] In einer dynamischen Modellierung sollte dieser wichtige Aspekt als eigenständige Erklärungsvariable beschrieben werden (Diese wird „Speicher“ genannt und stellt eine Bestandsgröße dar). Tendenziell verhalten sich Individuen risikoavers, auf Unbekanntes wird zuerst einmal ablehnend reagiert.[182] “More of the same, repeating the formula of past success, comes naturally, we need predictability, routine, familiar patterns to survive at all. We strive to preserve the status quo at all costs - after all, that’s what got us where we are. Change, therefore, threatens us in the head, heart and guts.”[183] Im Umkehrschluß ist der “Kaltstart” eines Veränderungsprozesses (also ein zu schnelles und zu eng am Inhalt des Veränderungsprozesses orientiertes Vorgehen) ein potentieller Mißerfolgsfaktor, weil aufgrund der Unsicherheit verbunden mit Risikoaversion von den Betroffenen negativ reagiert wird.[184] Die Wissenslücke wird meist mit dem „worst case“ Szenario belegt. Erst durch Erzeugen von höherer Sicherheit (z.B. durch Informationsveranstaltungen) nimmt die ablehnende Einstellung ab. Das von LEWIN begründete Schema des Unfreeze-Move-Refreeze baut stark auf obige Erkenntnis auf und wird von CLARKE dementsprechend als “predictable process of change” bezeichnet.[185]

Allerdings greift die Vorstellung zu kurz, daß Ablehnung nur durch (behebbare) Unsicherheit und damit unnötige negative Phantasien entsteht.[186] Manche Konsequenzen (z.B. Arbeitsplatzverlust) sind für die meisten Individuen grundsätzlich negativ belegt. Verringert man die

179 Vgl. Mohr (1997), S. 127.

180 Eine generelle Klassifikation nach verschiedenen Menschbildern ist allerdings kritisch zu bewerten. Menschbilder unterliegen in der Regel zeitgeschichtlichen Einflüssen und sind so für eine allgemeine Klassifikation nicht geeignet. (Gebert/Rosenstiel (1996), S. 50). Zu Persönlichkeitstypen nach dem MBTI-Rasters von Myers/Briggs siehe Patzak/Rattay (1997).

181 Referenzerfahrungen könnte man allerdings auch als Teil der individuellen Wissensbasis deuten.

182 Vgl. Czichos (1990), S. 429. Clarke (1994), S. 75 geht von einer 80:20 Regel aus, wonach 80% als riskikoavers einzustufen sind.

183 Clarke (1994), S. 73.

184 Vgl. Doppler/Lauterburg (1996), S. 68.

185 Vgl. Clarke (1994), S. 79 .Vgl. zum Lewin - Schema beispielsweise Töpfer/Mehdorn (1993).

186 Zu einer umfassenden Aufzählung siehe Clarke (1994), S. 109.

Unsicherheit (z.B. indem man frühzeitig über den Arbeitsplatzabbau informiert), so wird die Ablehnung dadurch wahrscheinlich nicht geringer.

Bisher war nur von individuellen Aspekten die Rede, die das individuelle Verhalten prägen. Dies greift zu kurz. "Manch einer kann und will ein spezifischer Verhalten zeigen, tut es aber dennoch nicht, weil es dem normativen Prinzip des "Man" widerspricht. Innerhalb des Normengefüges einer Organisation, innerhalb ihrer ausgesprochenen und unausgesprochenen Selbstverständlichkeiten, ihrer Kultur, soll man bestimmte Dinge tun oder lassen, darf man manches, anderes wieder nicht." [187] Unter den Normen soll im weiteren insbesondere die Unternehmenskultur verstanden werden. "Die gedankliche Summe der von allen Unternehmungsmitgliedern geteilten Werte (shared values), Überzeugungen und Verhaltensmuster enthält Kernelemente der Unternehmungskultur [vgl. Bleicher 1994, Schwarz 1989]. Je stärker die Unternehmungskultur ausgeprägt ist, desto wirkungsvoller ist sie zwar, um so schwerer ist sie aber auch zu ändern. Werte und Überzeugungen können sich soweit verfestigen, daß ein 'genetischer code' der Unternehmung entsteht. ... Die Unternehmungskultur nimmt den Charakter eines Hemmschuhs oder gar einer Versteinerung ein."[188] In Abschnitt 6.4 wurde beschrieben, daß die Unternehmungskultur tendenziell (wenn überhaupt durch aktives Eingreifen) nur langfristig geändert werden kann. Aus diesem Grunde wird das kulturelle "Sollen" als fixe situative Variable des zu erstellenden dynamischen Modells betrachtet.

Die letzte Stufe der Verhaltenskonzeption beschreibt die Entstehung der konkreten Verhaltensabsicht aus der nunmehr vorhandenen mentalen Einschätzung gegenüber einer Intervention, einer erzielten strukturellen (oder immateriellen) Veränderung oder dem Ziel des Veränderungsprozesses an sich. Diese muß wie angesprochen keinesfalls deckungsgleich mit der mental-kognitiven Bewertung sein. Abbildung 7-13 zeigt die vier möglichen Verhaltenstypen, die so entstehen können.[189] Gründe für eine Diskrepanz zwischen Einstellung und Verhalten können in politisch-taktischen Überlegungen des Individuums liegen[190], in den Verhaltensfreiräumen die das entsprechende Individuum hat oder auch in grundlegenden Einstellungen zur Aktivierung an sich.[191]

---

187 Rosenstiel (1997), S. 202 f. Man beachte, daß sich dieses Zitat eigentlich auf Verhaltensakzeptanz und nicht auf Einstellungsakzeptanz bezieht. Damit wird ein weiteres Mal deutlich, daß die Trennung zwischen Einstellung und Verhalten unscharf ist.

188 Krüger (1997), S. 831.

189 Vgl. Wiendieck (1992), Krüger (1997), S. 835. Weitere Ausführungen zu den verschiedenen Formen des Widerstandes finden sich bei Coch/French (1948), S. 517 ff., Doppler/Lauterburg (1996), S. 204 f., Ansoff (1988), S. 207, Czichos (1990), S. 438 f.

190 Vgl. Neuberger (1995), S. 22 f.

191 Vgl. Hellriege/Slocum/Woodmann (1986), Böhnisch (1979), Wiendieck (1992) (Im Rahmen der Technikakzeptanz), Kroeber-Riel (1992). Czichos (1990), S. 434 nennt in Bezug auf Woodward/Buchholz (1987),

Die Aktivierung kann durch verschiedene Ansätze beschrieben werden. Eine Möglichkeit ist, dieses durch die individualpsychologische Aktivierungstheorie zu erklären.[192] Die resultierende Aussage ist im wesentlichen, daß das Ziel eine "creative tension[193]" sein muß, um positives Verhalten auch zu aktivieren. Ein zu geringes Aktivierungsniveau ist schädlich, da so Zufriedenheit, Trägheit und Arroganz überwiegen. Auch ein zu hohes Aktivierungsniveau ist schädlich, da dann Streß, defensive Routinen[194] und Abwehrverhalten die Folge sind.[195] Mit dieser Theoriebasis ergibt sich das Verhalten nicht aus (teilweise) rationalen Kalkülen, sondern über emotionale Erregung. Während Emotionen ein wichtiges Erklärungsmoment sind, kann durch diesen Ansatz kein politisches oder taktisches Verhalten erklärt werden (z.B. Mitläufer, Opportunisten, Trittbrettfahrer, etc.), was zentral für das Verständnis der Vorgänge im Change Managements ist.[196] Eine weitere - nicht näher ausgeführte - Möglichkeit wäre, auf die von WIENDIECK im Rahmen der Technikakzeptanzforschung getroffene Unterscheidung von Einstellungs- und Verhaltensakzeptanz zurückzugreifen.[197]

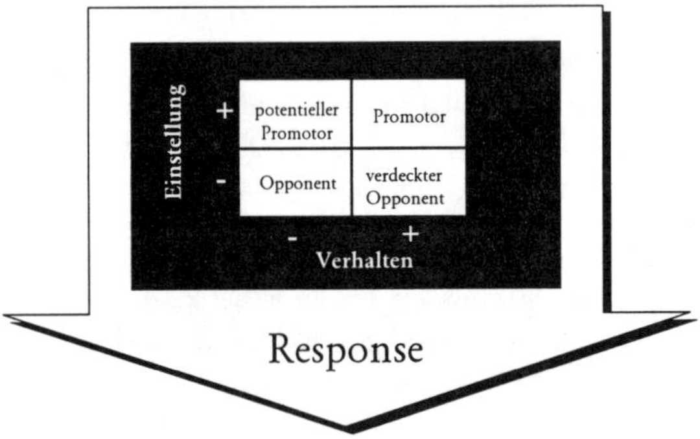

Abbildung 7-13: Verhältnis von Einstellungsakzeptanz und Verhaltensakzeptanz

Nach Ansicht des Verfassers ist es am sinnvollsten, die prozeßhafte Erklärung der Aktivierung im Rahmen der modernen Prozeßtheorien der Motivation zu versuchen und dann mit der individualpsychologischen Aktivierungstheorie zu überlagern. So kann Aktivierung als rationales Kalkül erklärt werden (was insbesondere für trotz negativer mentaler Akzeptanz nicht

S. 67 f. insbesondere die Begriffspaare "Opfer" versus "Eigentümer" und "festhalten am Bestehenden" versus "flexibel und offen für Neues".

192 Vgl. Mohr (1997), S. 130. Vgl. grundlegend Kroeber-Riel (1992), S. 164 ff. Die sogenannte Einstellungs-Verhaltenshypothese ist aus der Analyse von Kaufverhalten von Konsumenten im Marketing entstanden.

193 Vgl. Senge (1990), S. 150 f., Senge (1994), Veil (1995), S. 79.

194 Vgl. Argyris (1985).

195 Vgl. Kroeber-Riel (1992), S. 74.

196 Vgl. Schreyögg (1996), S. 413 ff.

197 Vgl. Krüger (1997), S. 834., Wiendieck (1992).

opponierendes Verhalten wichtig ist). Durch die individualpsychologische Aktivierungstheorie wird der rational-mechanistische Charakter des Kalküls um Faktoren der mentalen Einstellung aufgeweicht.

Eine grundlegende Kritik an den Prozeßtheorien ist allerdings, daß sie eine Momentaufnahme des Verhaltens repräsentieren und so im wesentlichen einen statischen Charakter haben. Diese Problematik wird in der vorliegenden Arbeit durch die Grundfolie eines systemtheoretischen Modells aus dem Wege gegangen. In Abschnitt 7.3.6 wird die Zeitpunktperspektive zu einer dynamischen Gesamtperspektive verknüpft. Auch im Rahmen der Prozeßtheorien gibt es Ansätze der Dynamisierung. ATKINSON/BIRCH haben als erste eine solche Dynamisierung vorgenommen.[198] ATKINSON/BIRCH untersuchen nicht nur absolute Kräfte zu einem Zeitpunkt, sondern befassen sich mit Änderungsraten der Motivstärke.[199]

Ausgangspunkt aller neueren Prozeßtheorien ist die Valenz-Instrumentalitäts-Erwartungs-(VIE) Theorie von VICTOR H. VROOM, der sich auf den Weg-Ziel-Ansatz bezieht.[200] Wie in allen Prozeßtheorien nimmt das planerische Verhalten eine herausragende Stellung ein, indem Individuen im Rahmen ihrer kognitiven Prozesse Erwartungsannahmen hinsichtlich der Zukunft bilden.[201] Damit stellt die VIE-Theorie "letztlich eine psychologische orientierte ökonomische Entscheidungstheorie dar, die davon ausgeht, daß Menschen solche Alternativen wählen, die den subjektiv erwarteten Nutzen maximieren."[202] Die Valenz steht für die Attraktivität eines Ergebnisses für ein Individuum und nimmt Werte zwischen minus unendlich und plus unendlich an. Die Ergebnisse selbst werden in zwei Stufen unterteilt. Ergebnisse der ersten Stufe entsprechen "Belohnungen" für ein (extern) gefordertes Verhalten. Ergebnisse der zweiten Stufe entsprechen den "Bedürfnissen" der Aktoren. In unserem Kontext wird diese Unterscheidung nicht weiter verfolgt, da es prinzipiell fraglich ist, ob eine Zweiteilung der Ziele sinnvoll ist. Ziele haben immer einen Charakter unendlicher Schachtelungen, da jedes Ziel ein tiefer liegendes Ziel verfolgt.[203] Weiterhin ist die Zieldifferenzierung nur sinnvoll, wenn der zentrale Begriff "Aufgabenziel" sinnvoll spezifiziert werden kann, was hier nicht der Fall ist. Die Instrumentalität baut auf die Zielunterscheidung auf (ist also für unseren

198 Vgl. Atkinson/Birch (1970).

199 Vgl. Staehle (1994), S. 228.

200 Vgl. Rosenstiel (1995), S. 223 wonach die VIE-Theorie die dominierende Motivationstheorie in der Organisationstheorie ist. Vgl. auch Campbell/Pritchard (1976). Eine grundlegende Übersicht über Notwendigkeit von Zielen für Entscheidungen gibt Laux (1995), S. 25 f.

201 Vgl. Lawler (1977), S. 67 f.

202 Staehle (1994), S. 217. Vgl. auch Gebert/Rosenstiel (1996), S. 57.

203 Vgl. Rosenstiel (1995), S. 224 zur Kritik an der Ebenendifferenzierung: "So wird darauf verwiesen, daß die Unterscheidung zwischen Valenzen der ersten und der zweiten Ebene willkürlich sei, da sich angesichts der "Kulissenhaftigkeit der Motive" diese Differenzierung nahezu beliebig fortsetzen lasse (Mitchel & Albright, 1972). Was ist eigentlich das Endziel, was ein Schritt auf dieses Endziel hin, was ein Schritt auf ein Zwischenziel hin etc.?" Vgl. auch Kapitel 4.5.

Zusammenhang nicht relevant) und drückt die subjektive Erwartung aus, wie klar ein Ergebnis der 1. Ebene zu einem Ergebnis der 2. Ebene führt. Wichtig ist der Begriff Erwartung. Die subjektive Erwartung drückt aus, in wie fern ein bestimmtes Handeln zur Erfüllung des Aufgabenzieles beiträgt (Erwartung I). Die Erwartung II drückt aus, ob durch Erreichen der Aufgabenziele auch die versprochene Belohnung (Ergebnis I) erzielt wird. Die Erwartungen können Werte aus [0;1] annehmen.

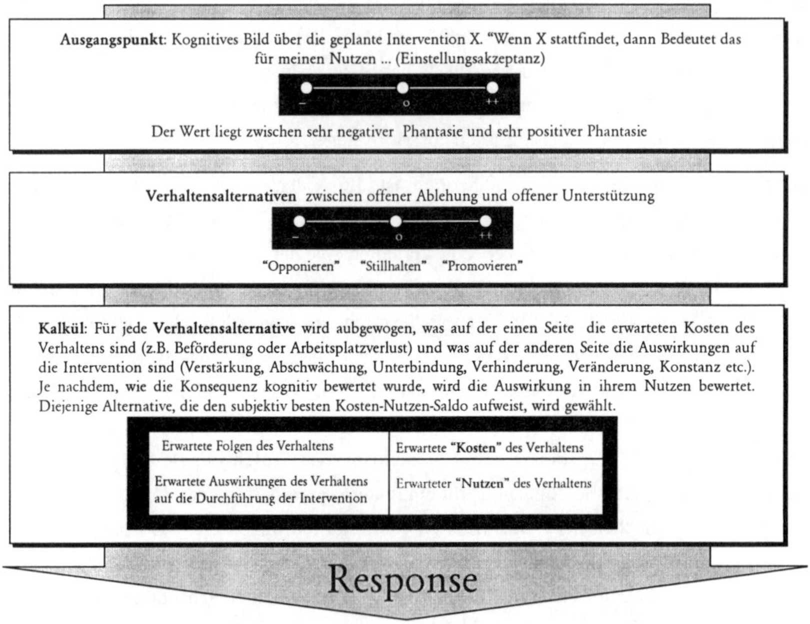

Abbildung 7-14: Konzeptioneller Entwurf der Aktivierungsstufe

Abbildung 7-14 zeigt, wie Grundideen aus dem VIE-Modell für den hier verfolgten Ansatz fruchtbar gemacht werden. Entscheidende Auswirkung auf das Ergebnis des Aktivierungskalküls haben die *erwarteten* Wahrscheinlichkeiten der Konsequenzen des Agierens. Wie schon in der Entscheidungsphase handelt es sich hier um eine Entscheidung unter Unsicherheit. Konzeptionell von Bedeutung auf erwarteten Folgen des Verhaltens sind vier Faktoren: Die individuelle Wissensbasis, das individuelle Nutzenpräferenzsystem, der spezifische Einfluß einer Person und schließlich die subjektive Einstellung beziehungsweise Erwartung gegenüber Risiko. Die ersten beiden Faktoren werden aus Gründen der konzeptionellen Klarheit hier nicht nochmals aufgeführt.[204] Mit dem spezifischen Einfluß ist der Hebel oder die Lenkungsmöglichkeit[205] gemeint, den eine Person durch ihre Machtbasis besitzt.[206] Dies wird im nächsten Abschnitt detaillierter analysiert.

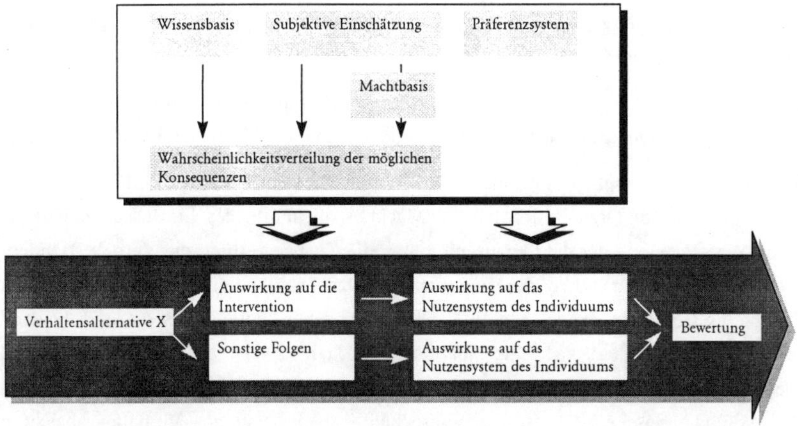

Abbildung 7-15: Aktivierungsprozeß und Verhaltensdeterminanten

Das bisher sehr rationale Entscheidungskalkül der Aktivierungsphase muß (wie schon in der vorangegangene Phase) um subjektiv-emotionale Faktoren ergänzt werden.[207] Hierunter fallen Aussagen aus der Aktivierungstheorie und Aspekte der Verhaltenseinstellung des Individuums. So wird ein Akteur, der innerlich gekündigt hat nur schwer dazu zu bringen sein, seiner Einstellungsakzeptanz entsprechend zu handeln.[208] Andere Aspekte sind generelle Persönlichkeitsmerkmale ("Risiko als Chance", "Spielertyp", etc.).[209] Um dies abzubilden, wird auch an dieser Stelle zur Modellbildung die Variable "subjektive Einschätzung" benutzt. Sie verkör-

---

204 Was wiederum zeigt, daß die Sequentialisierung des individuellen Entscheidungsprozesses nur konzeptionell ist.

205 Vgl. Gomez/Probst (1997), S. 113 ff.

206 Vgl. auch Abschnitt 7.4.3.3.

207 Vgl. z.B. die Erweiterung der VIE-Theorie nach Porter/Lawler (1968) um Persönlichkeitszüge oder die Erweiterung nach Lawler (1977) um historische Erfahrungswerte. (Die angeführte Modellvariable "Speicher" verkörpert diese Erfahrungswert, wurde aus konzeptionellen Gründen allerdings nicht dem Aktivierungsbereich zugeordnet). Zur Subjektivität von Entscheidungen siehe auch Laux (1995), S. 56. Die VIE-Theorie stellt eine "Wiedergeburt des schon überwunden geglaubten homo oeconomicus dar, der 'reichlich kopflastig' (Bischof-Köhler, 1985, S.3) einem Computer gleich seinen Nutzen kalkuliert und danach sein Handeln ausrichtet." (Rosenstiel (1995), S. 224).

208 Zu einer guten Beschreibung der einzelnen Phasen innerer Kündigung siehe Grässle (1993), S. 170 ff., Czichos (1990), S. 439.

209 Vgl. Cevey/Prange (1998), S. 123 f.

pert derartige Aspekte und sagt etwas über die Reizschwelle der Aktoren aus.[210] Die " subjektive Einschätzung" geht quasi dem rationalen Kalkül voraus. Abbildung 7-15 zeigt die Angriffspunkte der genannten Variablen im Entscheidungsprozeß.[211]

7.3.3.3 Situationsmacht als Determinante des individuellen Verhaltens und des individuellen Kraftbeitrages

Im letzten Abschnitt wurde die Machtbasis eines Individuums als Einflußvariable auf den individuellen Verhaltensentwurf beschrieben und soll an dieser Stelle konkretisiert werden.

Die Macht gibt - wie schon in Kapitel 5.2.1.4 angedeutet - den (relativen) Einfluß an, den ein Individuum in einer Organisation hat.[212] "Macht ist die Form des Einflusses, bei der eine Person, eine Position oder die Organisation über die Chance verfügt, die Verhaltensänderung auch gegen den Willen anderer durchzusetzen."[213] Macht stellt eine Potentialgröße dar, die ein Akteur einsetzen kann, wenn er will.[214] Die Macht eines Individuums hat entscheidenden Einfluß darauf, wie stark sich eine individuelle Verhaltensweise auf das Kraftfeld mit den beschriebenen Dimensionen auswirkt. Formal kann man den individuellen Beitrag zum Kraftfeld "Veränderungsenergie" - wie angesprochen - als Produkt aus Verhaltensabsicht und Machtpotential der jeweiligen Person beschreiben. Aus diesem Grund ist Macht gleichzeitig eine Bestimmungsvariable für das individuelle Verhalten als auch eine Bestimmungsvariable für den individuellen Beitrag zum kollektiven Kraftfeld in einem Veränderungsprozeß.

Wie schon in Abschnitt 7.3.3.1 angedeutet, kann man zwischen den verschiedensten Formen der Macht differenzieren. In der Literatur werden eine Vielzahl von Qualitäten der Macht angesprochen und damit Bezug auf die Quellen der Macht genommen.[215] Dabei werden die zwei Basiskategorien personale und strukturelle Macht differenziert. Die personalen Machtgrundlagen beziehen sich auf Fähigkeiten die in der Person liegen, wie Charisma oder besondere Fertigkeiten. Die bekannteste Typologie personaler Machtgrundlagen stammt von

---

210 Vgl. hierzu auch das dynamische Modell von Kuhl (1983), das explizit von Reizschwellen ausgeht, ab denen Motivationstendenzen tatsächlich zu Aktionen führen.

211 Zu einer Beschreibung typischer Muster des Aktivierungsprozesses bei negativer Einstellungsakzeptanz siehe Conner/Clements (1998), S.41.

212 Genauer gesagt ist Macht nur eine Form des Einflusses (Staehle (1994), S. 377). Zum Machtbegriff siehe auch Mende/Bieta (1997), S. 46, Schreyögg (1996), S. 415, Greifenstein/Jansen/Kißler (1993), S. 23 ff.

213 Staehle (1994), S. 377. In der vorliegenden Arbeit wird nicht zwischen Macht und Einfluß unterschieden (Vgl. Erdenberger (1996), S. 34). Zu einer Übersicht über verschiedene Machtdefinitionen siehe Neuberger (1995), S. 52 ff.

214 Allerdings wirkt die Macht eines Akteurs an sich auch auf andere. "Bereits das Wissen um die Existenz von Macht nimmt Einfluß, auch ohne den Gebrauch von Machtpotentialen" (Zeyer (1996), S. 88). Aus Komplexitätsgründen wird dieser Aspekt nicht weiter verfolgt.

215 Vgl. auch Al-Ani (1993), S. 130 ff.

FRENCH/RAVEN[216] und unterscheidet nach Bestrafungsmacht, Belohnungsmacht, legitimer Macht, Vorbildmacht, Expertenmacht und Informationsmacht.[217] Wie auch STAEHLE feststellt, ist die Klassifikation "recht willkürlich und inkonsistent"[218], da sich die Dimensionen überschneiden und zum Teil durch strukturelle Elemente beschrieben werden Die strukturellen Machtgrundlagen entstehen durch Rolle beziehungsweise Position einer Stelle und sind unabhängig von der spezifischen Person. Einfluß auf die "power-based influence" haben sowohl die hierarchische Verankerung der Stelle als auch ihre strategische Position als Ausdruck der Knappheit. In Realität sind die verschiedenen Quellen der Macht nicht voneinander unabhängig und additiv verknüpft, sondern komplexer miteinander verbunden.

Um die Komplexität erträglich zu halten wird im weiteren nach Expertenmacht (Fachexperte und Prozeßexperte) und nach Macht im engeren Sinne differenziert. So ist die Brücke zur eingangs getroffenen Unterscheidung in Fachpromotion, Prozeßpromotion und Machtpromotion als Energiequalitäten schlagbar. Unter der Macht im engeren Sinne wird die strukturelle Macht, aber auch Aspekte personaler Macht wie der Besitz von Netzwerken verstanden. Unter Macht im engeren Sinne fallen auch Aspekte von Informationsmacht. Gerade die Informationspolitik wird oft zum Ausbau informaler Macht benutzt.[219] Damit umfaßt Macht im engeren Sinne auch nichtformale Machtarten. Dennoch kann der Formalmacht ein überproportionaler Einfluß eingeräumt werden.[220] Expertenmacht (Fachmacht, Prozeßmacht) ist in erster Linie eine personale Macht, enthält aber auch strukturelle Aspekte. Expertenmacht ist primär eine Macht durch Fachwissen.

Um zu beschreiben, welchen Einfluß (=Machtpotential) ein Akteur in den genannten Dimensionen im Rahmen eines Veränderungsprozesses auf konkrete Interventionen zu einem Zeitpunkt hat, ist eine differenzierte Betrachtung nötig. Eine Möglichkeit wäre, den Einfluß als Produkt aus dem Grad an aktiver Partizipation und der Einflußmöglichkeit des betreffenden Akteurs zu spezifizieren.[221] Diese Konzeption greift allerdings zu kurz im Kontext von organisationalen Veränderungsprozessen und muß verfeinert werden.

---

216 Vgl. French/Raven (1959).

217 Wobei letztere von Raven/Kruglansky (1970) hinzugefügt wurde.

218 Staehle (1994), S. 379.

219 Vgl. Zeyer (1996), S. 88. An diesem Beispiel läßt sich die Verknüpfung von struktureller und personaler Macht gut zeigen. Für ein Individuum mit hoher struktureller Macht ist es wesentlich leichter, eine Informationsmacht als personale Macht aufzubauen als für ein Individuum mit geringer struktureller Macht.

220 Vgl. Witte (1973), S. 17.

221 Vgl. auch Abschnitt 7.4, wo diese Differenzierung genauer und vor allem über der Zeit beleuchtet wird. Brose/Corsten (1983), S. 28 unterscheiden in diesem Zusammenhang nach Einflußmöglichkeit (Machtbasis) und Entscheidungsteilhabe (Grad aktiver Partizipation). Vgl. auch Staehle (1994), S. 902 f., Doppler/Lauterburg (1996), S. 121.

Ausgangspunkte sind folgende Elemente:

- Der Grad an **aktiver Partizipation** zu diesem Zeitpunkt.
- Die **allgemeine Machtbasis** oder auch implizierte Macht (= Einflußmöglichkeit) des Akteurs in der Organisation (Alltagsarena). Sie ergibt sich aus der Struktur des Veränderungsobjektes im weiteren Sinne und der spezifischen Rolle des Individuums (z.B. Position, Zugehörigkeit, Anerkennung durch Kollegen) darin - sie bezieht sich auf die Alltagsarena.
- Die **konkrete Intervention** hinsichtlich Orten der Wirkung, Art der Wirkung, etc. (Interventionsarena[222]).
- Die **Überlappung** zwischen Alltagsarena und Interventionsarena. Sie gibt an, wie weit sich die allgemeine Machtbasis über die Interventionsarena erstreckt.

Der konkrete Einfluß auf eine Intervention ergibt sich aus drei Aspekten: Der sogenannten explizierten Macht, dem Anteil der allgemeinen Machtbasis, der sich aufgrund der Überlappung auf die Interventionsarena erstreckt und letztlich aus dem Produkt von Partizipation und allgemeiner Machtbasis hinsichtlich des Teiles der Interventionsarena, die nicht Teil der Überlappung ist.

Die explizierte Macht ist die potentiell durch Partizipation am Veränderungsprozeß entstandene Zusatzmacht eines Aktors. Die explizierte Macht eines Akteurs kann durch die Teilnahme am Veränderungsprozeß (z.B. als Teilprojektleiter) je nach Organisationsform des Prozesses (z.B. Matrixorganisation) die Macht im engeren Sinne erhöht werden. Das Attribut "kann" verdeutlicht, daß ein Akteur, der qua implizierter Macht schon Einfluß auf einen Veränderungsprozeß hat, nicht automatisch durch Partizipation mehr Macht bekommt (Man stelle sich die am hypothetischen Beispiel vor, daß ein Vorstand (hohe implizierte Macht) offiziell Teil der den Prozeß unterstützenden Infrastruktur ist.[223] Dadurch nimmt die Gesamtmacht auf den Prozeß nicht zu, sie bleibt konstant). Hohen Einfluß auf die "geliehene Macht" eines Aktors im Change Prozeß hat die gesamte Veränderungsenergie des Prozesses (es ist wahrscheinlich, daß das Marketing[224] im Implementierungsprozeß wesentlich leichter ist, wenn der Prozeß hocherfolgreich ist und das Top Management voll hinter der Veränderungsinititative ist, als wenn ein Akteur der letzte verzweifelte Promotor eines im Versanden begriffenen Prozesses ist). Derartige selbstverstärkende Prozesse stützen die These, daß es kaum möglich ist, einen sich im Versanden begriffenen Change Prozeß zu retten. Partiellen Einfluß auf den Umfang an explizierter Macht hat das formale (und de-

[222] Vgl. Rüegg-Stürm (1998a), S. 85.
[223] Vgl. Reiß (1997b), S. 83).
[224] Zur Marketingsicht auf Change-Prozesse siehe Reiß (1997a), S. 21.

finierte) Verhältnis zwischen Projekt und Linie.[225] Nach Ansicht des Verfassers kann dies im Kontext von organisationalen Veränderungsprozessen vernachlässigt werden, da der formale Rahmen an sich wenig bedeutet, wenn die Kraftverhältnisse (=genügend Promotoren) nicht stimmen.

Der Partizipationsgrad[226] hat weiterhin Einfluß darauf, wie hoch der spezifische Einfluß eines Aktors auf eine bestimmte Intervention ist, indem er als Übertragungsfaktor der implizierten Macht aus der Alltagsarena in die konkrete Interventionsarena wirkt.[227] Allerdings kann man durch geringe Partizipation den Einfluß eines Aktors nicht beliebig reduzieren. Je *höher* die Überlappung zwischen Alltagsarena und die Interventionsarena ist, desto *geringer* ist der Anteil der implizierten Macht, der durch den Partizipationsgrad beeinflußt beziehungsweise ausgegrenzt werden kann. Es ist anzunehmen, daß im Verlauf eines Veränderungsprozesses die Überlappung zunimmt.

Mit den gemachten Ausführungen ist die Arbeit nun in der Lage, das gesamtorganisationale Kraftfeld modellhaft zu konzipieren (vgl. Abbildung 7-11). Dies geschieht im folgenden.

7.3.3.4 Das zeitpunktbezogene Kraftfeld im Veränderungsprozeß als Resultierende aus den individuellen Kraftbeiträgen

In Abschnitt 7.3.3.2 wurde skizziert, wie Individuen auf Interventionen reagieren und in Abschnitt 7.3.3.3 wurde beschrieben, daß sich der individuelle Beitrag zum Kraftfeld als Produkt aus Machtpotential (relativ zur spezifischen Intervention und bezogen auf den momentanen Zeitpunkt) und Verhaltensweise ergibt. Es stellt sich die Frage, wie sich hieraus das allgemeine (kollektive) Kraftfeld ergibt.

Eine detaillierte Analyse der (quantitativen) Möglichkeiten zur Aggregation findet sich bei MARCH, die den folgenden Ausführungen zugrunde liegt.[228] MARCH unterscheidet nach elementaren Kraftmodellen und verfeinerten Kraftmodellen.[229] Zu den elementaren Kraftmodellen zählen der kontinuierliche Fall, der probabilistische Binärfall und der quasi-deterministische Binärfall. Abbildung 7-16 zeigt den Zusammenhang des elementaren Kraftmodells.

Nach Abbildung 7-16 ergibt sich die resultierende Energie als Summe der individuellen Zielrichtungen, die relativ gewichtet werden. Die analytische Einfachheit eines solchen Modells ist allerdings mit wesentlichen Defiziten behaftet. Insbesondere unterscheidet sich potentielle

225 Zu den verschiedenen Verankerungen von Projekten siehe Reiß (1995c), S. 454, Reiß (1995a), Sp.1660.
226 Zur Modellbildung wird allerdings nicht nach Partizipationsgraden unterschieden. Dieser Aspekt wird in Kapitel 7.4 ausführlicher beschrieben.
227 Vgl. Schuh u.a. (1998), S. 29.
228 Vgl. March (1990a).
229 Vgl. March (1990a), S. 149 f.

Macht von tatsächlich ausgeübter Macht.[230] "Wenn es unter der Voraussetzung stabiler potentieller Macht einige unbekannte Faktoren gibt, die die tatsächliche Ausübung von Macht beeinflussen, sind die einfachen Kraftmodelle inadäquat; sie nehmen Stabilität der Macht an, gehen gleichzeitig aber davon aus, daß die ausgeübte Macht dem Konstrukt Macht entspricht."[231]

$$m_i = \frac{m_i^*}{\sum_{i=1}^{n} m_i^*} \qquad C = \sum_{i=1}^{m} m_i * A_i$$

m* = Machtressource eines Individuums
m= Normierte Macht eines Individuums
A= Einstellung eines Individuums
C= Resultierendes Kraftfeld
i= Individuum i

Abbildung 7-16: Resultierendes Kraftfeld nach dem Elementarmodell

Als Erweiterung der elementaren Modelle bieten sich drei Möglichkeiten an. Eine Möglichkeit sind die Aktivierungsmodelle. Sie gehen davon aus, daß Macht ein Potential ist und daß die Ausübung der Macht über einen Aktivierungsmechanismus funktioniert. "Alle (elementaren Kraftmodelle; der Verf.) akzeptieren das Grundpostulat, daß die gesamte Macht zu jedem Zeitpunkt weitgehend ausgeübt wird. In der Tat halten aber nur sehr wenige Beobachter sozialer Wahlsysteme diese Auffassung für zutreffend sowohl für experimentelle Gruppen, als auch für soziale Systeme."[232] Als Ausweg schlägt MARCH die Erweiterung der Gleichung um einen Faktor x, der zwischen null und eins liegt und ausdrückt, zu welchem Grad das Individuum sein Machtpotential aktiviert.

$$m_i = \frac{x_i m_i^*}{\sum_{i=1}^{n} x_i m_i^*} \qquad C = \sum_{i=1}^{m} m_i * A_i$$

m* = Machtressource eines Individuums
m = Normierte Macht eines Individuums
A = Einstellung eines Individuums
x = Aktivierungsgrad der Macht
C = Resultierendes Kraftfeld
i = Individuum i

Abbildung 7-17: Resultierendes Kraftfeld im Modellentwurf

Die von MARCH thematisierte Problematik kann im Zusammenhang der Arbeit allerdings insofern vernachlässigt werden, als das individuelle Verhaltensmodell aus Abschnitt 7.3.3.2

230 Vgl. Kapitel 7.3.3.2 zur Unterscheidung zwischen Einstellung und Verhalten.
231 March (1990a), S. 152.
232 March (1990a), S. 153.

nach kognitiver Einstellung und Verhaltensabsicht differenziert. Wenn ein Individuum eine Verhaltensabsicht zeigt, so kann man auch davon ausgehen, daß es sein Machtpotential aktiviert. Man kann also nach der einfacheren Vorschrift aggregieren, wobei allerdings A nicht als Einstellung eines Individuums aufgefaßt wird, sondern (schon) als Verhaltensabsicht.

Dennoch scheint eine einfache Summationsvorschrift, um vom der Menge der individuellen Kraftbeiträge zum resultierenden Kraftfeld zu gelangen, konzeptionell bedenklich. Man verdeutliche sich dies an der Frage, ob die Promotion der Verhaltensabsicht einer Person mit dem Machtfaktor 100 der Opposition von 100 Person mit dem Machtfaktor 1 entspricht oder ob nicht Aspekte der Gruppengröße und der Homogenität der Absichten und Ziele eine wesentliche Rolle spielen, was wahrscheinlich ist. WITTE war schon 1973 aus diesem Grund der (offensichtlichen) Auffassung, daß die Vereinigung von Fach-, Macht- und Prozeßpromotion in *einer* physischen Person am sinnvollsten sei.[233] Aus Komplexitätsgründen sei dieser Aspekt für den Reaktionszyklus nicht betrachtet. Im Aktionszyklus allerdings, indem Entscheidungen generiert werden, werden Gruppenaspekte (z.B. Größe der Gruppe oder Entwicklungsgrad der Gruppe) allerdings notwendigerweise integriert werden müssen. Dazu muß die Summationsvorschrift dementsprechend modifiziert werden (vgl. Kapitel 7.3.5).

7.3.4 Der Reaktionswirkkreis

Mit dem vorangegangenen Abschnitt sind alle Elemente des Reaktionswirkkreises auf Interventionen beschrieben. Nachdem das Objekt des Wandels, die potentiellen Interventionen und die prinzipielle dynamische Wirkvorstellung eines Veränderungsprozesses konzipiert wurden, sind im Verlauf des Abschnittes 7.3.3 verschiedene Determinanten identifiziert worden, die Einfluß auf die individuelle Reaktion auf eine Intervention zum Zeitpunkt t_i haben. Dabei wurde klar, daß die Zuordnung der Bestimmungsfaktoren zu den einzelnen Stufen des Entscheidungsprozesses nur einen konzeptionellen Charakter hat, da eine Verortung nur unscharf ist und manche Faktoren mehrmals vorkommen. Die Beschreibung des zeitpunktbezogenen "Zustandes" eines Individuums differenziert daher nicht mehr nach den einzelnen Phasen Wahrnehmen, Entscheiden (Einstellungsakzeptanz) und Aktivieren (Verhaltensakzeptanz). Außerdem wird aus pragmatischen Gründen eine Aggregation der Determinanten vorgenommen:

- **"Wissen"** stellt die individuelle Wissensbasis hinsichtlich des Veränderungsprozesses, seiner Ziele, seiner Konsequenzen, etc. dar. Unter Diesem Aspekt wird auch die Art der Wahrnehmung und Strukturierung aus der ersten Phase subsumiert.

233 Vgl. Witte (1973), S. 19.

- **"Können"** verkörpert die individuellen Fähigkeiten und Fertigkeiten, die hinsichtlich des Veränderungszieles relevant sind.
- **"Wollen"** umfaßt das persönliche Wertsystem, Einstellungen zum Veränderungsprozeß und auch die persönlichen Neigungen hinsichtlich Risikobewertung in der Entscheidungsphase *und* persönliche Charakteristiken hinsichtlich der Aktivierung.
- **"Dürfen"** stellt als situative Variable für den Change-Prozeß eine fixe Größe dar, da die Veränderung von Kulturen und sozialen Wertsystemen nur sehr langfristig erfolgen kann.
- **"Speicher"** umfaßt die historischen Erfahrungen eines Individuums in vergleichbaren Situationen. Diese Variable kann unter Umständen als Einflußvariable auf das "Wollen" verstanden werden
- **"Fortschritt"** stellt einen (aggregierten) Prozeßindikator dar. Dadurch wird ausgedrückt, daß die Veränderungsdynamik motivierenden Einfluß hat. Auch Fortschritt ist eine Einflußvariable auf das Wollen.[234]
- **"Macht"** stellt den Einfluß eines Aktors zum Zeitpunkt t auf eine konkrete Intervention beziehungsweise auf den Fortgang des Veränderungsprozesses dar. Wie dargestellt gibt es verschiedene Formen der Macht.
- **"Struktur"** letztendlich beschreibt den Status der angestrebten strukturellen Veränderung (z.B. die Neugestaltung eines Kernprozesses) beziehungsweise die strukturellen Rahmenbedingungen unter denen das Individuum agiert.

Obige Faktoren bewirken in der konzeptionellen Modellvorstellung das individuelle Verhalten.[235] **"POS"[236]** stellt die zum Zeitpunkt t resultierende gerichtete Veränderungskraft aus, die entscheidet, ob und wie die (angestrebte) Intervention stattfindet. Wie schon beschrieben setzt sich POS aus der Summe der Verhaltensabsichten (V_i) der Individuen und dem jeweiligen Einfluß eines Individuums zum Zeitpunkt $t = t_0$ zusammen. Damit ist klar, daß prinzipiell jedes Individuum eine kognitive Bewertung vornimmt und auch eine Verhaltensabsicht generiert. Ob und welchen Beitrag dies aber zu POS leistet hängt vom tatsächlichen Einfluß (=Macht) des betreffenden Individuums auf den Prozeß zu $t = t_0$ zusammen. Dieser Zusammenhang spielt in Abschnitt 7.5 eine wesentliche Rolle bei der Beschreibung dynamischer Effekte (gerade das untere Management oder die Sachbearbeiterebene kann von der Konzeption ausgenommen werden, hat also zu diesem Zeitpunkt keinen Einfluß. In der Umsetzungsphase steigt dieser Einfluß allerdings an).

---

[234] Vgl. Kapitel 4.5.

[235] Es sei nochmals bemerkt, daß das Ziel *nicht* die mechanistisch-deterministische Modellierung des menschlichen Verhaltens ist.

Spätestens an dieser Stelle wird klar, warum in Kapitel 7.1 die Orte einer Organisation anhand der Individuen konzipiert wurden. Betrachtet man das Veränderungsobjekt mit seinen Orten und Dimensionen (Oberflächenstruktur versus Tiefenstruktur und strukturelle versus immaterielle Ebene), so erkannt man, daß der Wirkzyklus und die darin konzipierten Individuen mit ihren Dimensionen, die ihre Reaktion beeinflussen (z.B. Wissensstand, Könnensstand, Wollensstand) im wesentlichen der Organisation entsprechen, beziehungsweise diese umfassen! Auf Basis des Grundmodells aus Abbildung 7-11 (beziehungsweise des Kreislaufes auf der rechten Seite der Graphik), den identifizierten Einflußfaktoren auf das individuelle Verhalten (die die organisationalen Dimensionen umfassen) und den in Kapitel 7.2 identifizierten Interventionen ergibt sich das Totalmodell. Abbildung 7-18 integriert die Interventionsmöglichkeiten und das Reaktionssystem zu einem "closed loop" der Kausalität.[237] Die Darstellung erfolgt einerseits als zyklischer Wirkkreis, andererseits in einer extensiven Form über der Zeit.

Der Systemzustand stellt die Organisation (aus einer personalen Perspektive) zu einem Zeitpunkt t_0 dar. Der obere Teil des Systemzustandes entspricht der strukturellen Infrastruktur, der mittlere Teil der persönlichen Infrastruktur. Mit der Variable „Wollen" wird insbesondere der Teil der Tiefenstruktur dargestellt, der im Rahmen der Restrukturierung beeinflußt werden kann. „Dürfen" bezieht sich vor allem auf den Partizipationsgrad. Diese Variable ist weniger für die Veränderung an sich von Interesse, als vielmehr eine Hilfsvariable, um den Veränderungsprozeß zu beschreiben. Dies gilt auch für die Statusvariablen des unteren Teiles. Aus Umfangsgründen nicht dargestellt ist die (wichtige) Größe „Sollen", da sie als situatives Element (der Tiefenstruktur) ein Größe darstellt, die annahmegemäß nicht beeinflußt werden kann.

Obwohl tendenziell ein inhaltlicher "Fit" zwischen Interventionen und Zustandsvariablen besteht, ist die Wirkung der Interventionen - wie schon in Kapitel 7.2 angedeutet - keinesfalls exklusiv.[238] Insbesondere wirkt sich Partizipation nicht nur auf eine Verschiebung der Machtstrukturen unter den Akteuren und das Energiepotential des Veränderungsprozesses aus.[239] Partizipation wirkt sich auf den Informationsstand der Individuen aus (partizipierende haben tendenziell besseren Zugang zu Informationen). Hinsichtlich der Auswirkungen auf die Zustandsgröße "Wollen" sind ambivalente Wirkungen zu erwarten.[240] So kann es sein, daß eine Motivationsintervention (z.B. großes Kick off Event) nicht oder gar negativ auf ein Individuum wirkt, daß dieser Intervention negativ gegenübergestanden hat. Nichtpartizipation muß sich nicht grundsätzlich negativ auf die Motivation auswirken. Im Rahmen des Modells kann

236 Abgeleitet von "**POS**itiver Veränderungsenergie".
237 Zur "closed loop" - Strukturierung als Grundprinzip des System Dynamics siehe Abschnitt 7.3.2.
238 Vgl. Reiß (1993a), S. 553. siehe auch Kapitel 7.2.
239 Vgl. Abschnitt 7.4.

man sagen, daß die Wirkungen der Intervention auf das "Wollen" stark von der (vorangegangenen) Bewertung derselben seitens des Individuums abhängig sind. Neben den beschriebenen Interventionen wirkt die Nichtintervention (z.B. explitzite Nichtinformation oder Nichtpartizipation) tendenziell negativ auf die Individuen.[241]

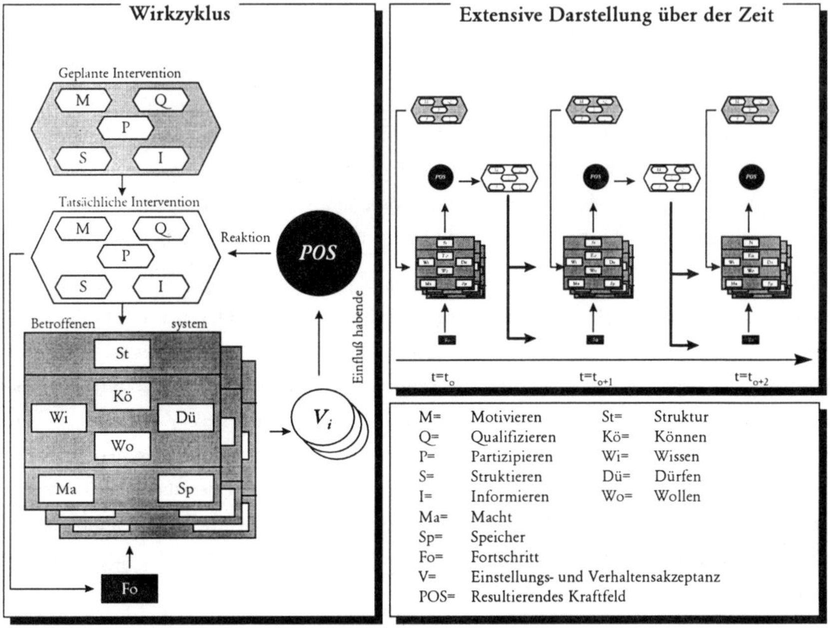

Abbildung 7-18: Der Reaktionskreislauf im Überblick (Weiterentwicklung aus Abbildung 7-11)

Die dynamische Wirkstruktur in Abbildung 7-18 ist allerdings (bewußt) noch unvollständig und sollte um einige Aspekte erweitert werden. Im bisherigen Modell wurde die Annahme getroffen, daß die Individuen lediglich auf die *Interventionen* reagieren und deren Ausführung/Umsetzung beeinflussen. Diese Annahme greift zu kurz, da sich das Verhalten nicht nur auf die Intervention richtet, sondern auf den erreichten Zustand (zum jeweiligen Zeitpunkt).[242] Die so erweiterte Konzeption des Reaktionsbegriffes bedeutet zweierlei. Erstens wird zu jedem Zeitpunkt nicht nur die (aktuelle) Intervention bewertet, sondern die bisherige struktur-

240 Zu einer undifferenzierten Sicht siehe Zeyer (1996), S. 71.
241 Vgl. Herp/Brand (1996), S. 138. und Kapitel 7.5.4.4.
242 Vgl. Abschnitt 7.3.3.2, wo dies schon angedeutet wurde.

elle Veränderung, was der Menge der vergangenen Interventionen entspricht (Effekt 3 in Abbildung 7-19). Negative Kräfte versuchen das Erreichte rückgängig zu machen (destabilisierende Kräfte), positive Kräfte stabilisieren es. Zweitens richtet sich die Verhaltensabsicht nicht nur gegen die Umwelt (Intervention und struktureller Zustand des Systems), sondern auch gegen den mentalen Zustand des Individuums (Effekt 1 in Abbildung 7-19) an sich. Hier greift beispielsweise die auf LEON FESTINGER zurückgehende Theorie der *kognitiven Dissonanz*, wonach die Vermeidung von Unstimmigkeiten und Widersprüchen ein fundamentales menschliches Grundbedürfnis sei.[243] Derartige Dissonanzen können einerseits durch Verändern der strukturellen Umwelt, insbesondere aber auch durch Anpassung des persönlichen Wahrnehmungssystems (Interpretation, Werte, Einstellungen, etc. geschehen).

Mögliche *Frustration* der Aktoren ist ein (dynamischer) Wirkeffekt, der beachtet werden muß. "Frustration bezeichnet einen Zustand der Enttäuschung über die Tatsache, daß ein vom Individuum angestrebtes Ziel (Bedürfnisbefriedigung) durch ein äußeres Hindernis, das außerhalb seiner Kontrolle errichtet wurde, ver- oder behindert wird."[244] Die Folgen von Frustration kann zu verschiedenen Effekten zwischen Aggression und Rückzug bestehen.[245] Im Modell (Effekt 4 in Abbildung 7-19) wird der Zusammenhang dadurch verdeutlicht, daß das Verhalten in Zusammenhang mit dem Prozeßfortschritt Auswirkungen auf das Wollen und den Speicher hat (so wird sich bei einem hochengagierten Individuum zu einem bestimmten Zeitpunkt Frustration einstellen, wenn sein (hoher) Einsatz nicht im Prozeßfortschritt widergespiegelt wird). Neben Ansätzen der kognitiven Dissonanz kann man auch über Argumentation per Frustrationseffekten annehmen, daß das Bewertungsergebnis von Interventionen auf Aspekte der Motivation einwirkt, es sich also um eine positive, selbstverstärkende Rückkopplung handelt (positive Bewertungen fördern die Einstellung gegenüber der Veränderung, negative behindern sie).[246]

Ein anderer zu ergänzender Aspekt betrifft die einwirkenden Elemente auf die Situationsmacht eines Individuums (Macht im engeren Sinne). Dies geschieht neben der Partizipation (explizite Macht) auch als Folge von strukturellen Veränderungen (implizite Macht, z.B. höhere Wertigkeit einer Stelle als Ergebnis des strukturellen Wandels). Dergleichen trifft auf die Expertenmacht eines Individuums zu. Veränderungen der Wissens- und Könnensbasis wirken nicht nur auf das Verhalten des Individuums sondern verändern gegebenenfalls seine

---

243 Vgl. Leon Festinger (1957, 1978).

244 Staehle (1994), S. 230.

245 Vgl. Staehle (1994), S. 230, der sich auf Luthans (1985), S. 386 ff. bezieht. Vgl. auch Grässle (1993), Czichos (1990), S. 438.

246 Für den umgekehrten Fall, nämlich daß ein Individuum aufgrund seines zu geringen Einflusses einen aktiven Widerstand mit der Zeit aufgibt, kann man identisch argumentieren.

Situationsmacht). Aus Komplexitätsgründen wird dieser Zusammenhang nicht explizit im Kausalmodell abgebildet.

Im bisherigen Modellansatz entwickeln die Individuen in Abhängigkeit der Interventionen und in Abhängigkeit von ihren Reaktionen isoliert voneinander die Variablen Wissen, Können, Wollen, etc.. Dies greift zu kurz, da zwischen den Individuen verschiedenste Prozesse der Kommunikation, der Gruppendynamik, der gegenseitigen Wahrnehmung, etc. ablaufen (Effekt 2 in Abbildung 7-19). Durch Kommunikation breitet sich Wissen von den Wissensträgern als Diffusionsprozeß über der Zeit aus.[247] Ähnlich kann man für das Können der Individuen sprechen. Die interpersonellen Wirkungen des Wertesystems und der mentalen Akzeptanz hängen vom Kommunikationsverhalten der Individuen ab. Dennoch kann man sagen, daß sowohl eine positive als auch eine negative Einstellungsakzeptanz des Gesamtsystems tendenziell selbstverstärkend wirkt. Dergleichen gilt für die von den Aktoren gezeigte Verhaltensakzeptanz, die unabhängig vom der (freiwilligen) Kommunikation seitens der Individuen ist. Positive wie auch negative Verhaltensakzeptanz wirkt selbstverstärkend auf das "Wollen" der Akteuere. Die genaue resultierende Wirkung ist allerdings komplex und nicht einfach zu beschreiben. Zum Verständnis ist es sinnvoll, sich die Gesamtheit der Akteure als ein durch Kommunikation und gegenseitige Wahrnehmung verbundenes Netz vorzustellen. Jeder Akteur nimmt andere Akteure wahr und wirkt auf andere Akteure. Nimmt ein Akteur starke Motivation hinsichtlich seines Umfeldes wahr, so steigt tendenziell seine eigenes Wollen auch und vice versa. Derartige Effekte finden nicht gleichmäßig statt, sondern sind abhängig von Schwellenwerten. So ist es plausibel, daß besonders hohe Motivation *eines* Akteurs im Wahrnehmungsumfeld einen stärkeren Motivationseffekt ausübt als eine große Masse von sehr schwach positiven Aktoren (Mitreißeffekt). Um ein solches Netz zu beschreiben sind Ansätze aus der Chaostheorie sinnvoll und werden hier aus Komplexitätsgründen nicht weiter verfolgt.[248] Man kann allerdings tendenziell erkennen, daß es wichtig ist, "Spitzen" beziehungsweise "Brückenköpfe" der positiv Motivierten zu haben. Diese Idee ist kohärent mit den Aussagen zum Promotorenmodell nach WITTE.[249] Multiplikatoren strahlen aktiv und passiv auf ihr Umfeld ab.[250] Daher ist eine ungleichmäßige Verteilung der Motivation seitens der Aktoren einer Gleichverteilung (Alle besitzen das gleiche Maß an Zustimmung oder Abneigung) auf einem niedrigeren Motivationsniveau vorzuziehen. Letztlich sein noch ein weiterer interpersoneller Effekt beschrieben, der das Wollen beeinflußt. Je nachdem wie andere Individuen relativ zum spezifischen Akteur am Prozeß partizipieren (explizite Macht) und vom Ergebnis hinsichtlich der Win-Lose-Bilanz betroffen sind, kann es zu Neid

247 Siehe Abschnitt 7.3.2.2.

248 Als Beispiel siehe die Ausführungen bei Waldrop (1992), S. 324 ff., Prigogine/Stengers (1984), S. 196 ff.

249 Vgl. Witte (1973), S. 17.

kommen. Abbildung 7-19 integriert obige zugegebenermaßen knappen und immer noch unvollständigen Modellerweiterungen.

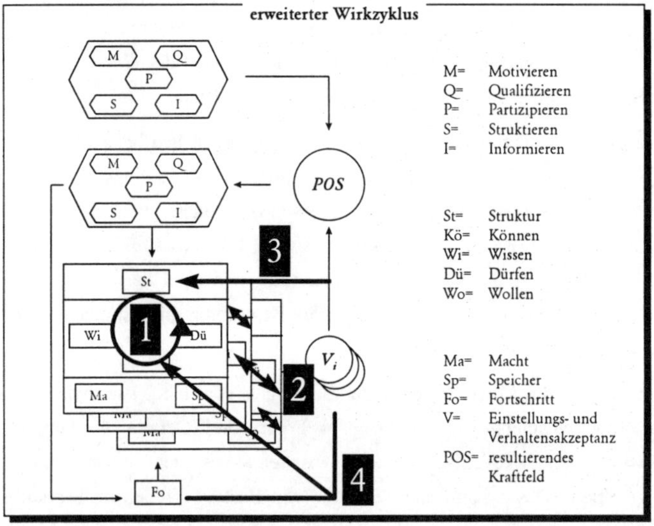

Abbildung 7-19: Erweiterungen des Reaktionskreislaufes

Die einzelnen Bestandsgrößen werden nicht nur durch die beschriebenen Prozesse verändert, sie unterliegen in der Regel auch Verfallsprozessen (Abbauraten).[251] So werden nicht angewandte Fähigkeiten verlernt, Wissen wird vergessen, Beziehungen verfallen, Reize nutzen sich ab, Motivation für ein Ziel kann wieder verfallen. Als notwendige Bedingung gilt, daß die Reizgeneration (bzw. Generation von wandlungsfördernden Faktoren) größer sein muß als die Reizabnutzung. Da Veränderungsprozesse in der Regel erst nach einer (längeren) Durststrecke beziehungsweise Konfusionsphase[252] die gewünschten Erfolge erbringen, ist es wichtig, durch Kommunikation und "early wins"[253] der Reizabnutzung entgegenzuwirken, um nicht in die Panikfalle zu geraten.[254] Zu kurze Erwartungshorizonte hinsichtlich Verbesse-

250 Zu Multiplikatorenkonzepten siehe Beutel-Wedewardt (1994), S. 245 f. Vgl. auch Kapitel 7.5.4.

251 Zur Unterscheidung in Flußgrößen und Bestandsgrößen siehe Abschnitt 7.3.2.

252 Vgl. Clarke (1994), S. 174, Hild/Schwarzgruber/Rombach (1997), S. 218, Lochmann/Rüsch-Kornasoff (1996), S. 337.

253 Vgl. Zeller (1996), S. 122, Gerpott/Wittkemper (1996), S. 163, Berger/Schwenker (1996), S. 1047, Crux/Schwilling (1996), S. 220. Hild/Schwarzgruber/Rombach (1997), S. 218 sprechen von einer kontinuierlichen "series of small successes".

254 Vgl. Reiß (1997e), S. 115 und Kapitel 6.2.

rungsrealisierung sind ein häufiger Mißerfolgsfaktor.[255] Aus Komplexitätsgründen wird dieser (wichtige) Zusammenhang nicht explizit im Kausalmodell verankert. Mit den obigen Ausführungen sind die relevanten Zusammenhänge prinzipiell und inhaltlich beschrieben. Zu einer Dynamisierung des Wirkmodells (beziehungsweise des Reaktionswirkkreises) muß - über die getroffenen Aussagen hinaus - noch das Zeitverhalten der einzelnen Interventionen und der restlichen Wirkbeziehungen genauer betrachtet werden.

Zeitbezogene Beschränkungen seitens der Interventionen entstehen beispielsweise durch Restriktionen in der Wissensaufnahme oder in der maximalen Lerngeschwindigkeit.[256] Weiterhin wirken Interventionen oft nicht unmittelbar. Insbesondere solche, die sich auf das "Wollen" richten, werden in der Regel langsam beziehungsweise träge wirken. Die zeitliche Trägheit bezieht sich nicht nur auf die Wirkung der Interventionen (und der weiteren Wirkbeziehungen), sondern auch auf die dieser vorangehenden Bewertung im Rahmen des individuellen Verhaltensentwurfes.

Die Wirkbeziehungen des Modells weisen darüber hinaus verschiedenste dynamische Charakterisitika auf. So ist beispielsweise "Rückzug" als Folge von Frustration ein langsamer Prozeß der durch wiederholte Konfliktsituation zwischen Anspruchsniveau und tatsächlich Erreichtem geschieht. Das dynamische Verhalten von Bestandsgrößen im Modell erfolgt zusätzlich oftmals asymmetrisch. Beispielsweise ist es relativ schnell möglich, Motivation von Individuen zu zerstören. Ist dies einmal geschehen, so benötigt der entgegengesetzte Prozeß - der Aufbau von Motivation erheblich mehr Energie und Zeit.[257] Die Variable "Speicher" stellt in diesem Zusammenhang eine Dimension dar, in der das Individuum vergangene (positive und negative) Eindrücke aufbewahrt. Diese wirken sich daher dämpfend auf die Bewertung von Veränderungen zum aktuellen Zeitpunkt aus. Insbesondere negative Einstellungen und Erwartungen haben die Tendenz zur Selbstverstärkung, was ein Grund für die beschriebene zeitliche Asymmetrie der Wirkungen ist.

7.3.4.1 Verhaltensbarrieren und das Kraftfeld

Der Veränderungsprozeß ist in diesem Kapitel als ein mehrdimensionales Kraftfeld charakterisiert worden, in dem die treibenden Kräfte den opponierenden (=Widerstand) überlegen sein müssen. Notwendige Bedingung für den Gesamtprozeß ist, daß zu allen Zeitpunkten eine

---

255 Vgl. Berger/Schwenker (1996), S. 1047.

256 Vgl. Heifetz/Laurie (1997), S. 59.

257 Für ein anschauliches Beispiel im Kontext von General Motors, wie schwierig es ist, nach Frustration und innerer Kündigung (Vgl. Brinkmann (1997), Grässle (1993), S. 170 f., Lochmann/Rüsch-Kornasoff (1996), S. 337, Röhrig (1997)) Motivation aufzubauen, siehe Hamper (1991).

positive (möglichst hohe) Veränderungsenergie besteht.[258] Negative Veränderungsenergie ist mit Widerstand gleichzusetzen. Barrieren beschreiben mögliche Faktoren, die hemmend oder negativ auf die Energiebilanz zu den einzelnen Zeitpunkten wirken und damit zu vermeiden sind. Im Rahmen des Kausalmodells sind die wichtigsten Barrieren schon implizit angesprochen worden, indem das Verhalten als Resultierende einer Vielzahl von Faktoren abgeleitet wurde.[259] Aufgrund der Relevanz soll in diesem Kapitel nochmals eine explizite Betrachtung erfolgen. Barrieren können auf individueller Ebene, Gruppenebene[260] und organisationaler Ebene[261] abgeleitet werden. Im weiteren stehen die individuellen Barrieren im Vordergrund.

Die Ausführungen haben gezeigt, daß die Gründe für Widerstand /Opposition vielfältig sein können und nicht immer auf den konkreten Inhalt der Veränderung zurückzuführen sind.[262] In der psychologischen Forschung hat sich wie angesprochen gezeigt, daß Menschen tendenziell risikoavers sind.[263] Die Sicherheit des Status quo wird der Unsicherheit vorgezogen beziehungsweise Unsicherheiten hinsichtlich des zukünftigen Zustandes werden tendenziell mit dem "worst case szenario" belegt. Dabei ist es unerheblich, ob diese Bedrohung objektiv ist oder von den Individuen nur subjektiv als solche wahrgenommen wird. Diese Barriere ist eine mentale Einstellungsbarriere in Kombination mit einer Wissensbarriere. Zur Überwindung kann man durch Interventionen entweder direkt versuchen, die Einstellung gegenüber Ungewißheit positiv(er) zu belegen[264] oder durch Information der Unsicherheit und der damit verbundenen negativen Bewertung (Angst) die Basis zu entziehen. Ersteres kann durch Vorbildfunktionen, Erfolgsstories, etc. geschehen, die Vertrauen (in die Unsicherheit) schaffen sollen. Allerdings ist es fraglich, ob im Rahmen einer Einzelinitiative die Möglichkeit besteht, derartige Effekte zu erreichen. Die Einstellung gegenüber Unsicherheit ist in der Regel ein tief verwurzelter Charakterzug, der sich über lange Zeit in einem Individuum geprägt und entwickelt hat. Die zweite Möglichkeit ist, die Informationsbasis der Individuen zu vergrößern. Hierzu zählen Informationen über mögliche Konsequenzen, über den Status des Prozesses, über Rahmenbedingungen, über Ziele, über die Aktoren, etc. Durch Information wird grund-

258 Wobei je nach Art der angestrebten Intervention und je nach Zeitpunkt der Betrachtung verschiedene Gewichte auf den einzelnen Energiequalitäten liegen. Dies sei an dieser Stelle zurückgestellt und auf Kapitel 7.4. verwiesen.

259 Vgl. auch Ansoff (1988), S. 207, wonach Wandel ein "multi-faceted phenomen" ist.

260 Vgl. Rosenstiel (1997), S. 206, Ansoff (1988), S. 210 ff.

261 Vgl. Hellriegel/Slocum/Woodman (1986), S. 526 f. Auch Watson (1975), S. 415 ff. unterscheidet nach Widerständen aus der Person und Widerständen aus der Organisation. Diese sind nach Schreyögg (1996), S. 474 kulturellen Barrieren gleichzusetzen. Indem im Modell das "soziale Dürfen" (Vgl. Rosenstiel (1997), S. 202) als Determinante des Verhalten aufgenommen ist, sind implizit auch kulturelle Barrieren angesprochen.

262 Vgl. Carr (1992), S. 44: „It is not true that individuals oppose change as such".

263 Vgl. Nossek/Drapal (1998), S. 14.

264 Vgl. beispielsweise Wheatley (1992) die die Aktoren auffordert, sich mit Unsicherheit anzufreunden, aber offen läßt, *wie* dies geschehen soll.

legend die Unsicherheit reduziert. Ob dadurch der Widerstand eines Aktors reduziert wird, hängt allerdings von den seitens des Aktors prognistizierten Veränderungskonsequenzen ab. Sind die Konsequenzen für den Akteur positiv, so führt Information durch Verminderung des durch Risikoaversion hervorgerufenen Widerstandes auch zu Verminderung des Gesamtwiderstandes. Sind die Konsequenzen (die jetzt "wahrscheinlicher" sind) aus Sicht des Aktors sehr negativ, so wird höhere Prognosesicherheit zu keiner Widerstandsreduktion führen, sondern unter Umständen sogar zu stärkeren (offenen) Widerstand. Der Grund ist offensichtlich: In diesem Fall liegt die Barriere nicht im Wissen oder der Risikofreudigkeit, sondern darin, daß die Konsequenzen der Veränderung an sich im Wertsystem des Individuums negativ belegt sind. Es handelt sich scheinbar um eine "echte" (kognitive) Wollensbarriere. Auch hier bieten sich zwei Strategie zur Überwindung an. Man kann einerseits durch "Motivieren" versuchen, das Wertsystem des Aktors zu verändern. Auf der anderen Seite kann man auch das Objekt der Veränderung selbst abwandeln um so die negativen Bewertungen zu reduzieren. Möglichkeiten sind in diesem Zusammenhang Besitzstandswahrungen, Abfindungen, Gegenleistungen, etc.[265]

Grundlage alles Entscheidens ist die Wahrnehmung seitens des Individuums. Wahrnehmungsformen und -filter haben fundamentale Auswirkungen auf das Verhalten.[266] In Abschnitt 7.3.4 wurden Interventionen, die auf Veränderung der individuellen Wahrnehmungsstruktur abstellen unter Interventionen zur Veränderung der Wissensbasis subsummiert. Ob eine bestimmte Wahrnehmungsform oder Verzerrung eine Barriere darstellt (d.h. das Kraftfeld negativ beeinflußt) kann nicht pauschal beantwortet werden. Das Ziel korrespondierender Interventionen muß sein, die Wahrnehmung so zu beeinflussen, daß die resultierende "Rohmasse" (wahrgenommene Stimuli, siehe Abbildung 7-12) möglichst positiv bewertet wird.

In Abschnitt 7.3.3.2 wurde das individuelle "Können" als Determinante der Einstellungsakzeptanz identifiziert. Dementsprechend existieren Könnensbarrieren. Derartige Barrieren greifen, wenn sich ein Individuum überfordert fühlt, im Zielzustand die ihm angedachte Rolle und Funktion auszuführen. Qualifikation zum richtigen Zeitpunkt ist die geeignete Gegenmaßnahme.

In Abschnitt 7.3.3.2 zeigte sich, daß nach Einstellungsakzeptanz und Verhaltensakzeptanz differenziert werden muß. Verhaltensbarrieren zeigen sich bei offenen Opponenten und ver-

---

265 Vgl. Reiß (1993a), S. 552 f.

266 Wahrnehmungsbarrieren können in verschiedensten Formen vorliegen. Am bekanntesten ist die *Wahrnehmungsverzerrung*, zu deren wichtigsten Symptomen die Stereotypenbildung, der Halo-Effekt, der Primacy-Recency-Effekt und die Projektion gehören. (Vgl. Staehle (1994), S. 187, Müller-Hagedorn (1986), S. 142, Hellriegel/Slocum/Woodman (1986), Luthans (1985)) Neben der Verzerrung ist für die Wahrnehmung die Qualität und Quantität der Aufmerksamkeit (Was wird wie intensiv wahrgenommen) von Bedeutung.

deckten Promotoren.[267] Offene Opponenten sollen auf der Verhaltensebene dazu gebracht werden, zu verdeckten Opponenten zu werden (=erzwungene Akzeptanz). Da das Verhalten entscheidend vom Spielraum des jeweiligen Aktors relativ zu seinem Umfeld abhängig ist, ist der primäre Hebel, diesen Spielraum zu *verringern*. Verringerung geschieht potentiell über zwei Wege: Man kann den Spielraum des Aktors selbst verringern (z.B. Ausgrenzung, Versetzung, etc.) oder die Macht des Umfelds erhöhen. [268] "Bestrafungsmacht (z.B. Entzug von Unterstützung, finanzielle Nachteile, Versetzungen, Entlassungen, Streik) wirkt vor allem als Drohpotential und drängt Bedenken und Verhaltenswiderstände zurück. Machtwirkungen können als repressiv bezeichnet werden. Der Einsatz von Bestrafungsmacht ist durch enge rechtliche Grenzen eingeschränkt."[269] Eine solche "Überwindung" von Barrieren ist allerdings mit Vorsicht zu genießen. Sie entspricht einer Symptomlösung, die nicht die Ursache des Widerstandes angreift, sondern lediglich die Folgen (=gezeigtes Verhalten) unterdrückt. Wenn immer möglich, sollte Opposition nicht unterdrückt, sondern in ihren Ursachen verhindert werden. Für verdeckte Promotoren gilt die Umkehrung: Die Ursache beziehungsweise das Potential ist vorhanden (=kognitive Akzeptanz), es wird aber nicht in Verhalten umgesetzt. Durch gezielte Einbindung und durch Motivation kann aktiveres Verhalten erzeugt werden. ROSENSTIEL differenziert noch weitere Widerstandskategorien (=Barrieren), die an dieser Stelle allerdings nicht weiter analysiert werden.[270] Dazu zählen Gewohnheit, Verstärkung durch vorangegangene Erfolge, Betriebsblindheit, Prägnanztendenz, Abwehr kognitiver Dissonanz, Motivationshöhe und Verteidigung des Selbstbildes.

Die kurzen Ausführungen zeigen nochmals, daß das individuelle Verhalten durch eine Vielzahl von Faktoren bestimmt ist, die sich über den Zeitablauf verändern. Ob ein bestimmter Faktor eine Barriere ist, kann oftmals nicht pauschal ausgesagt werden. Teilweise entstehen Barrieren als Kombination von verschiedenen Faktoren (z.B. Wissensbasis und Risikoaversion). In den bisherigen Ausführungen wurde verdeutlicht, daß ein positives Kraftfeld des Wandels für alle t_i eine notwendige Bedingung ist. Interventionen im Zeitablauf müssen so gestaltet sein, daß für alle t_i die Bewegungsenergie deutlich größer ist, als die Verzögerungsenergie. Sinkt diese Energiebilanz unter ein kritisches Niveau, steigt die Gefahr des Versandes oder gar des Abbruch des Veränderungsprozesses enorm an. Dabei ist zu beachten, daß Interventionen teilweise verschiedene inhaltliche und zeitliche Auswirkungen gleichzeitig haben (Abschnitt 7.2). Darüber hinaus entstehen die Barrieren (bzw. werden überwunden) nicht nur durch die Interventionen an sich (=Steuerung), sondern entwickeln sich

[267] Vgl. Krüger (1997), S. 839.
[268] Vgl. Reiß (1997d), S. 107.
[269] Krüger (1997), S. 839.
[270] Vgl. Rosenstiel (1997), S. 203 f.

durch Prozesse, die im Individuums selbst und zwischen den Individuen stattfinden (=Regelung).

Die Frage ist, ob der Umkehrschluß "wenn seitens der Betroffenen immer hohe Akzeptanz herrscht, dann ist der Veränderungsprozeß ein Erfolg" auch gilt. Dem ist eindeutig nicht notwendigerweise so! Die Tatsache, daß die Betroffenen Akzeptanz zeigen, heißt noch lange nicht, daß die Interventionen das angestrebte Ziel tatsächlich erreichen.[271] Man erkennt also insgesamt, daß ein Veränderungsprozeß nicht automatisch erfolgreich ist, wenn die Akzeptanz hoch ist. Auf der anderen Seite bedeutet ein Mangel an Akzeptanz (d.h. das Kraftfeld ist negativ gerichtet), daß der Prozeß auf jeden Fall scheitert. Die Handlungsmaxime für Zeitstrukturen der Interventionen im Veränderungsprozeß unter Beachtung sowohl der sachlich-inhaltlichen als auch der kraftfeldorientierten Sicht heißt also: "Versuche unter des Bedingung, daß die Interventionen dauerhaft genügend Akzeptanz haben ein möglichst hohes Maß an sachlich-inhaltlicher Richtigkeit zu erhalten."

7.3.4.2 Sachlich-inhaltliche Richtigkeit der Interventionen

Um zu klären, was unter sachlich-inhaltlicher Richtigkeit der Interventionen genau verstanden werden soll, scheint folgende Definition hilfreich: "Die sachlich-inhaltliche Dimension betrifft alle Aspekte der Gestaltung, die davon abstrahieren, daß Individuen willentlich, unter Optimierung ihrer persönlichen Ziele und aufgrund ihrer subjektiven Deutungen agieren. Sie befaßt sich mit der statischen und dynamischen Gestaltung der strukturellen Interventionen, der Information und der Qualifikation, die nötig sind, um das Veränderungsziel inhaltlich zu realisieren". Die statische Gestaltung bezieht sich auf die Fragen, welche Interventionen prinzipiell sinnvoll sind (z.B. welcher Qualifizierungsbedarf ist notwendig und durch welche Maßnahmen wird er am besten gedeckt). Unter der dynamischen Gestaltung werden insbesondere die Aspekte des klassischen[272] Projektmanagements subsummiert, auf die hier aus Komplexitätsgründen nur am Rande eingegangen werden kann.

Aussagen der sachlichen Gestaltung betreffen in diesem Zusammenhang Abfolgeprobleme von Teilprojekten im Rahmen des Multiprojektmanagements[273], Übergangsstrategien des alten Zustandes in den neuen Zustand (z.B. Überlappung, Distanzierung, Entkopplung), Paral-

271 Vgl. Reiß (1995b), S. 278 der neben "Akzeptanz" die "Ganzheitlichkeit" als zweites Erfolgskriterium stellt.

272 Moderne Ansätze des Projektmanagement beachten sehr wohl kulturelle Aspekte, wie z.B. Gruppendynamik oder Projektkultur (Vgl. Reiß (1995c), S. 452, Mende/Bieta (1997), S. 7)

273 Vgl. Patzak/Rattay (1997), S. 401 f. Burghardt (1993), Dennis (1997), Lock (1997), Madauss (1994), Mende/Bieta (1997), Walker (1998).

lelisierungsmöglichkeiten[274] von Aktivitäten, Reihung gemäß sachlicher Abhängigkeiten, etc. Erhebliche Möglichkeiten der Verbesserung des Veränderungserfolges ergeben sich durch die Ansätze des Simultaneous Engineering, das mehr und mehr lineare und sequentielle Vorgehensweisen ablöst.[275] Sachaspekte, die hinsichtlich der Betroffenen des Wandels geschehen, sind Informationsaktivitäten, Schulungsaktivitäten, Betreuungsaktivitäten, etc.

Obwohl die sachlich-inhaltliche Dimension und verhaltensorientierte, kraftfeldbezogene Sichtweise konzeptionell getrennt wurden, sind sie in Realität wechselseitig eng miteinander verflochten und müssen integriert betrachtet werden. Eine Verflechtung auf der Interventionsseite findet statt, da *alle* sachlich-inhaltlichen Interventionen im Rahmen des beschriebenen Kraftfeldes stattfinden, das über die Ausführung und die Wirkung dieser entscheidet. Außerdem wirken Interventionen, die unter Aspekten der sachlich-inhaltlichen Gestaltung geschehen auf die Struktur des Kraftfeldes ein: Information und Schulung verändern das Verhalten der Individuen, strukturelle Veränderungen verändern die (strukturelle) Machtbasis von Personen. Letztlich entscheidet nicht nur das Kraftfeld über den Fortschritt einer Veränderungsinitiative, sondern auch eine sachliche Richtigkeit der Interventionen (ist beispielsweise eine Qualifikation nicht rechtzeitig erfolgt, so sind die Betroffenen möglicherweise nicht in der Lage den neu gestalteten Prozeß mit Leben zu füllen, auch wenn die Bereitschaft dazu vorhanden wäre). Der Fortschritt des Prozesses wiederum ist auch eine Determinante des Verhaltens und des Willens zu Unterstützung eines Veränderungsprozesses.

7.3.5 Der Entstehungswirkkreis

Die bisherige Betrachtung (bzw. Modellbildung) hatte sich zur Vereinfachung lediglich auf die Wirkung von Interventionen konzentriert. Wie in Abbildung 7-11 verdeutlicht, ist das logische Pendant zum Reaktionswirkkreis der Entstehungswirkkreis von Interventionen. Dieser muß noch spezifiziert werden, um das Modell zu vervollständigen.

Grundlegend ist die *Entstehung* von Interventionsabsichten als *Entscheidungsprozeß* der Partizipanten des Wandels zu verstehen und kann auch über das Konzept der Kraftfelder modelliert werden. Um die Komplexität erträglich zu halten, wird an dieser Stelle davon abstrahiert, daß die Partizipanten verschiedene Rollen (z.B. Infrastruktur, Basisstruktur, Suprastruktur[276]) einnehmen können, verschieden Grade an Zeitintensität einbringen können (z.B. völlige Freistellung) und die Gruppe der Akteure auf verschiedenste Formen organisiert sein

[274] Vgl. Paashuis (1998), S. 49 f.

[275] Vgl. zum Simultaneous Engineering Herp/Brand (1996), S. 135, Nippa/Klemmer (1996), S. 185 Hofmann/Bungard (1996), S. 1089, Matz (1998), Paashuis (1998).

kann (z.B. linienintegrierte Organisationsform, Stabs- bzw. Einflußorganisationsform, Matrixorganisationsform, autarke Organisationsform[277]). Derartige Aspekte werden in Abschnitt 7.4 genauer untersucht, der die Zeitstrukturen von Partizipation analysiert.

Das Modell geht davon aus, daß eine Person (neben dem Orginalaktor) entweder am Entscheidungsprozeß teilnimmt oder nicht. Der Orginalaktor stellt zu Beginn der Veränderungsprozesses die Perspektive (also das "Cockpit" aus dem die Betrachtung erfolgt) dar, aus der die Analyse geschieht. Solange dieser Original- (oder Primär-)aktor alleine ist, sind die angestrebten Interventionen gleich denen, die durch den Orginalaktor in das Modell als angestrebte Interventionen "hineingegeben" werden. Sobald (durch Partizipation) die Anzahl der Entscheider erhöht wird, ergibt sich die angestrebte Intervention aus einem Entscheidungsprozeß zwischen Primäraktor und den weiteren Partizipanten. Der Orginalaktor kann nur noch Interventionsvorschläge machen und versuchen, diese im Rahmen seiner Macht (bzw. seines Einflusses) *relativ* zur Entscheidergruppe durchzusetzen.

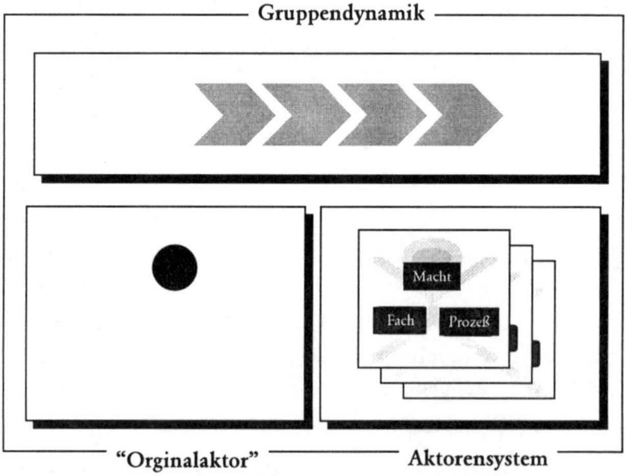

Abbildung 7-20: Determinanten des Entstehungskreislaufs von Interventionen

Abbildung 7-20 zeigt konzeptionell, welche Größen Einfluß auch die Ergebnisse und auf die Güte des Entscheidungsprozesses haben. Zentral sind die Kraftbeiträge der einzelnen Partizipanten. Es ist sinnvoll - wie in Abschnitt 7.3.3.1 verdeutlicht - nach Energiebeiträgen hinsicht-

276 Vgl. Reiß (1995c), S. 450, Patzak/Rattay (1997), S. 102 ff. Vgl. auch Abschnitt 7.5.3 zu den verschiedenen Formen der Partizipation.

277 Vgl. Patzak/Rattay (1997), S. 243f, Reiß (1995c), S. 454.

lich Macht-, Fach- und Prozeßpromotion zu unterscheiden.[278] Sie ergeben sich analog des individuellen Verhaltensentwurfes, wobei der "Stimulus" nicht eine bestimmte Intervention ist, sondern das Ziel des Wandels.[279] Da nicht nach Partizipationsgraden Unterschieden wird, jeder Akteur des Aktorensystems partizipiert und nach Annahme die Entstehungsarena von Interventionen nicht durch Alltagsarenen der Akteure überlagert wird, ist der konkrete Einfluß eines Akteurs *gleich* seiner allgemeinen Machtbasis.

Wesentlichen Einfluß auf das Kraftfeld hat die *Größe* der Gruppe. "Bei geistiger Arbeit führt nicht jede Hinzunahme eines weiteren Problemlösers zu einer entsprechenden Leistungssteigerung."[280] Man kann davon ausgehen, daß ab einen gewissen Punkt eine Gruppenvergrößerung nicht mehr zu einer Leistungssteigerung führt, sondern zu einer Leistungschwächung. SCHICKSUPP beispielsweise hat in empirischen Untersuchungen eine optimale Größe von 12 bis 14 Gruppenmitgliedern festgestellt.[281]

Auch Gruppen durchlaufen eine dynamische Entwicklung, die entscheidenden Einfluß auf die Struktur des Entscheidungsprozesses hat.[282] Vereinfachend lassen sich die Phasen Forming, Storming, Norming und Performing identifizieren.[283] Das Phasenmodell deutet an, daß die Effizienz mit zunehmender Eingespieltheit steigt.[284] Letztes Element zur Erklärung der Entscheidungen der Gruppe ist der relative Einfluß der Orginalperspektive auf die Gruppe und die aus dieser Sicht gemachten Interventionsvorschläge.

Genauso wie im Reaktionszyklus entwickelt sich der Aktionszyklus dynamisch. Durch Partizipation wird die Zusammensetzung der Gruppe verändert und so auch Einfluß auf die Eingespieltheit der Gruppe genommen. Die Interventionen verändern die Determinanten des individuellen Verhaltens seitens der Betroffenen und so auch die Macht-, Fach- und Prozeßpromotion der Entscheider, sofern diese aus dem Kreis des Betroffenen stammen. Desgleichen gilt für den Prozeßfortschritt, der Resultat des Interventionen ist und gleichzeitig Determinante der individuellen Motivation. Interventionen können auch die Gruppe selbst betreffen und nicht das Klientensystem (Metainterventionen). So kann beispielsweise durch gezieltes Management des Gruppenprozesses (z.B. Outdoorveranstaltung oder Projektcontrolling)

---

278 Patzak/Rattay (1997), S. 133 unterscheiden neben Fach-, Sozial und Entscheidungskompetenz noch nach Anwendungskompetenz. Sie gibt Auskunft über den Grad der Betroffenheit vom Ergebnis.

279 Das Ziel des Wandels ist in der Regel nicht vollständig definiert, sondern konkretisiert sich erst im Verlauf des Veränderungsprozesses. Ob ein Ziel für ein jeweiliges Individuum positiv ist oder nicht kann unter Umständen zu frühen Zeitpunkten noch nicht bestimmt werden. Siehe auch Abschnitt 7.4.

280 Staehle (1994), S. 267.

281 Vgl. Schicksupp (1976).

282 Der Begriff der Gruppendynamik geht ursprünglich auf Lewin (1939) zurück.

283 Vgl. Reiß (1995c), S. 456, Mende/Bieta (1997), S. 29, Kummer (1993), Patzak/Rattay (1997), S. 137, Zeyer (1996), S. XXXVIII.

284 Der gegenteilige Effekte, daß die "Betriebsblindheit" steigen kann, sei hier vernachlässigt (Vgl. Rosenstiel (1997), S. 203).

dessen Eingespieltheit gesteigert werden und höhere Gruppeneffizienz erzielt werden. Letztlich sei noch eine natürliche Dynamik erwähnt. Sie entsteht durch das Handeln der Gruppe an sich, dessen Eingespieltheit dadurch steigt.

Nachdem die prinzipielle Funktionsweise und die dynamische Entwicklung des Entstehungszyklusses beschrieben worden sind, sei kurz angedeutet, was aus der Primärperspektive hinsichtlich des Entstehungsprozesses von Interventionen sinnvolle Zeitstrukturen von Interventionen sind. Ohne die Orginalperspektive genauer zu differenzieren (z.B. Top Management versus externer Berater), sind allerdings kaum allgemeine Aussagen möglich, da das Wissen, das Können und vor allem die Kapazität des Primäraktors darüber entscheiden, zu welchem Grad es sinnvoll ist, andere an der Interventionsentstehung zu beteiligen. Die Maxime heißt einerseits: "so wenig Partizipation wie möglich". Je weniger Akteure an der Entscheidungsfindung beteiligt sind, desto besser kann das Interventionsziel angesteuert werden. Andererseits heißt die Maxime: "so viel Partizipation wie nötig", da der Orginalaktor potentiell Wissens-, Könnens- und Kapazitätsdefizite hat. Außerdem stellt Partizipation eine zentrale Determinante der Motivation der Betroffenen und damit der Erfolgsaussichten des Veränderungsprozesses dar (vgl. ausführlicher im folgenden Kapitel 7.4).

Betrachtet man das Aktorensystem als Gesamtheit, so gilt tendenziell die Heuristik, daß Entscheidungen dann inhaltlich gut sind und tatsächlich umsetzbar sind, wenn das Aktorensystem als *Gesamtes* über genügend Fach-, Macht-, und Prozeßpromotion hinsichtlich der Veränderungszieles verfügt. Insofern kann die Ungleichung $POS_{Aktorensystem} >> 0$ (in *allen* Phasen des Veränderungsprozesses) als *hinreichende* Bedingung für den Erfolg des Prozesses verstanden werden.

7.3.6 Das Modell im Überblick

Mit der Analyse der beiden Fundamentalzyklen ist die dynamische Beschreibung der Wirklogik eines strukturellen Veränderungsprozesses komplettiert. Abbildung 7-22 zeigt auf der Basis von Abbildung 7-11, wie sich das Modell in seiner Gesamtheit darstellt. Auf die Beschriftung der Element ist bewußt verzichtet worden. Die einzelnen Symbole (bzw. Module) der Graphik wurden in den vergangenen Abschnitten detailliert beschrieben.

Um den Zeitverlauf zu verdeutlichen, gibt Abbildung 7-22 den gleichen Informationsinhalt in einer extensiven Darstellung wieder. Man sieht, daß sich im Rahmen der zugrunde gelegten konzeptionellen Vorstellung von einer diskretisierten Zeit mehrere charakteristische Schritte identifizieren lassen. Der jeweilige Zustand des Systems bildet die Grundlage für die Entscheidungsphase, in der das Aktorensystem über die folgenden Interventionen entscheidet. In der folgenden Umsetzungsphase bestimmt das Kraftfeld zwischen Promotoren und Opponenten über den tatsächlichen Verlauf der Intervention, die das Gesamtsystem entsprechend verändert. Daran schließt sich die nächste Entscheidungsphase an. Es ist offensichtlich, daß in Realität keine derartig strikte Iteration vorkommt. Vielmehr überlagern sich die einzelnen Schritte. Im Rahmen einer Modellbildung ist die konzeptionelle Trennung jedoch sinnvoll.

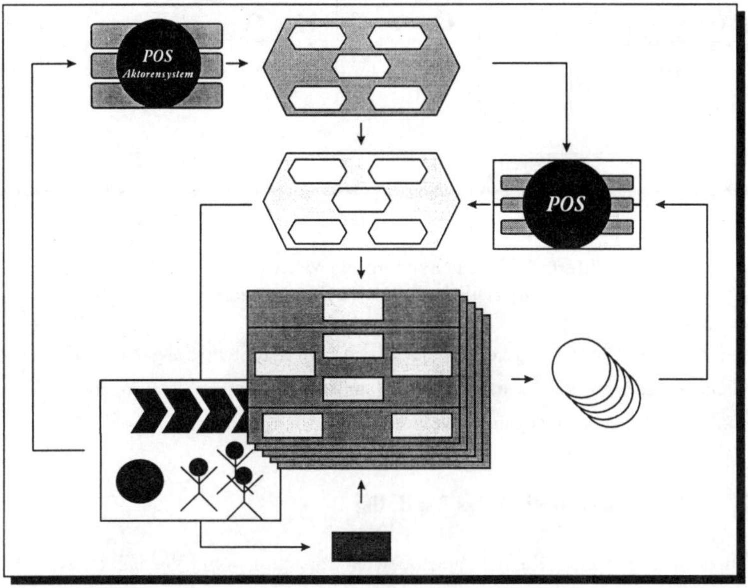

Abbildung 7-21: Das Modell im Überblick

Der Veränderungsprozeß stellt sich als ein über der Zeit veränderndes System dar, daß zu jedem Zeitpunkt einen Zustand hat (Zeitvariante situative Faktoren). Das bisher in sich geschlossene Modell muß auf jeden Fall um externe Faktoren erweitert werden, die Einfluß auf das Verhalten der Akteure haben (z.B. unerwartete Krisen), die die Werte und Prioritäten der Akteure verändern. Als zeitnahes Beispiel denke man an die Schwierigkeiten von Daimler-Benz im Zusammenhang mit der A-Klasse im Herbst 1997. Ein solches Ereignis sorgt aus der Sicht anderer Veränderungsinitiativen für eine Verschiebung der Prioritäten von Aktoren und muß dementsprechend gemanagt werden. Ein Veränderungsprozeß ist in der Regel an fixe Rahmenbedingungen gebunden (z.B. Budget, gewidmete Kapazität). Aus Komplexitätsgründen werden situativen Faktoren in Abbildung 7.21 nicht abgebildet.

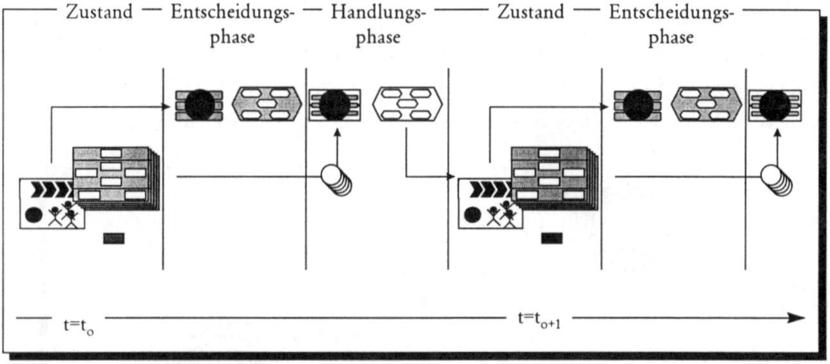

Abbildung 7-22: Das dynamische Modell des Wandels im Überblick (extensive Darstellung)

Mit dem Überblick über das gesamte Modell ist die Modellbildung abgeschlossen. Bevor auf dieser Basis zeitbezogene Gestaltungsfragen untersucht werden, soll noch kurz auf die Grenzen dieses Modells eingegangen werden.

7.3.7 Kritische Diskussion des Modells

Die Überschrift zu diesem Kapitel sprach bewußt vorsichtig vom "Versuch eines Entwurfs". Es ist aus Komplexitätsgründen (und wohl auch aus prinzipiellen Gründen) nicht möglich, ein allgemeingültiges dynamisches Modell eines strukturellen organisationalen Veränderungsprozesses zu entwerfen. Ziel dieses Modellentwurfs ist vielmehr der Versuch, ein in sich möglichst konsistentes Modell zu entwerfen, um damit im Sinne einer geistigen Landkarte die Dynamik in einem Restrukturierungsprozeß explizit zu beschreiben und auch zu verstehen. Dies gilt hinsichtlich Wirkungen von Interventionen als auch hinsichtlich deren Entstehung.

Um dieses Ziel zu realisieren, wurden verschiedene statische Basismodelle[285] (Machtmodell, Aggregation von Macht, Wandel als Kraftfeld, individueller Verhaltensentwurf, gruppendynamische Aspekte, etc.) ausgewählt und auf der Folie der Kybernetik integriert. Wenngleich die Auswahl der Basiskomponenten nach Ansicht des Verfassers sinnvoll und gegenseitig kompatibel ist, sind die statischen Basiskomponenten nur Mittel zum Zweck, um darauf eine Dyna-

[285] Zum Begriff der Basismodelle siehe Reiß (1997a), S. 24.

misierung aufzubauen. Das Modell erhebt also nicht den Anspruch, *die* richtigen Basismodelle ausgewählt zu haben.[286]

Kritische Aspekte der Aussagekraft des Modells betreffen insbesondere die angenommene Sequentialisierung von Interventionsentstehung und Interventionsumsetzung. In Realität verlaufen Entscheidungs-, Wirk-, Reaktions- und Aktionsprozesse mit den verschiedensten zeitlichen Trägheiten parallel ab. Aus Gründen der Analysierbarkeit wurde ein stark rationaler Entscheidungsprozeß angenommen, was ein potentieller Kritikpunkt ist. Trotz - und im Rahmen - der gemachten Einschränkungen kann das Modell wichtige Hinweise für Fragen der zeitlichen Gestaltung geben, eine dynamische Erklärungsplattform liefern und dem angesprochenen Anspruch, als eine geistige Landkarte für Wandelprozesse zu sein, genügen.

7.4 Zeitmuster der Interventionsvariable Partizipation

7.4.1 Vorgehensstrategie

Nachdem in Kapitel 7.3 der Versuch des Entwurfs eines allgemeinen dynamischen Modellierungsansatzes für strukturelle Veränderungen unternommen und in Kapitel 4.6 der prinzipielle Raum von Zeitfragen der Gestaltung beschrieben wurde, wird in diesem Kapitel speziell auf das Gestaltungsfeld "Zeitstrukturen der Partizipation" eingegangen. Im Rahmen des ganzheitlich-integrativen Anspruchs der Arbeit und der Strategie der "schrittweisen Verfeinerung" werden in diesem Kapitel zwei Ziele verfolgt. Erstens soll anhand des ausgesuchten Gestaltungsfeldes (d.h. als Teil des Gesamtgestaltungsfeldes) beispielhaft verdeutlicht, wie das in Kapitel 7.3 formulierte Grundmodell als Basis zur Erklärung und Beantwortung von zeitorientierten Gestaltungsfragen dienen kann. Zweitens zeigt sich, daß das Gestaltungsfeld "Zeitstrukturen der Partizipation" zentral hinsichtlich des Erfolges oder Mißerfolges eines Veränderungsprozesses ist. Das Kapitel soll Antworten zu Gestaltungsproblemen in diesem Feld liefern .

Die beschriebenen Ziele implizieren folgendes Vorgehen: Zuerst wird plausibilisiert, warum Partizipation ein zentrales und erfolgskritisches Gestaltungsfeld im Change-Prozeß ist. Damit verbunden ist das Ergebnis, daß die Interventionsvariable Partizipation nicht pauschal ausgestaltet werden kann, sondern von vielen Kontingenzfaktoren abhängig ist. Die zeitliche Struktur ist genauso wichtig, wie die inhaltliche Struktur der Partizipation. Während in den vorangegangen Kapitel das Gestaltungsfeld "Partizipation" wegen des hohen Aggregationsgrades der Betrachtung undifferenziert und homogen erschien, muß für eine genauere Betrachtung

---

286 Im englischen läßt sich das Ziel mit "to understand the dynamics of Change Management" nach Ansicht

das Gestaltungsfeld "Zeitstrukturen der Partizipation" differenziert werden, was in Kapitel 7.4.3 geschieht. Kapitel 7.4.4.1 dient der Beschreibung von Effekten der Partizipation auf individueller Ebene, woraus in Kapitel 7.4.4.2 Heuristiken zu Zeitstrukturen der Partizipation auf individueller Ebene abgeleitet werden können. Kapitel 7.4.4.3 untersucht speziell Effekte von Partizipationsstrategien auf kollektiver Ebene. In Kapitel 7.4.4.4 werden Aussagen zum allgemeinen Partizipationstiming der Betroffenen im Veränderungsprozeß gemacht. Kapitel 7.4.5 widmet sich der Analyse wichtiger zeitlicher Gestaltungsaspekte der Partizipation. Kapitel 7.4.6 schließlich befaßt sich mit dem Aspekt unvollständiger Informationen und mit der Frage der faktischen Gestaltbarkeit der Partizipation.

7.4.2 Erfolgsfaktor Partizipation im Change Management

Widerstand gegen Veränderungen seitens der potentiell betroffenen Individuen scheint - wie beschrieben - *das* zentrale Problem in Veränderungsprozessen.[287] Das Phänomen, daß Veränderungsprozessen in der Umsetzungsphase "die Luft ausgeht" und scheinbar gute Konzepte nur solche bleiben, ist jedem Change Manager hinreichend bekannt. Wenngleich verschiedenste Größen Einfluß auf den Widerstand (bzw. die Veränderungsenergie) haben, gilt seit der Studie von L. COCH und J.R.P. FRENCH mit dem Titel "Overcoming Resistance to Change"[288] Partizipation als die entscheidende Einflußgröße.[289] "Partizipation oder Nichtpartizipation - das ist zweifellos die Gretchenfrage für die Gestaltung der Führung eines geplanten organisatorischen Wandels."[290] Bedenkt man, daß ein Veränderungsprozeß letztendlich durch Akteure geschieht, die planen, entscheiden, umsetzen, etc. so ist unmittelbar klar, daß die Zusammensetzung des Aktorensystems[291] (wer partizipiert mit welchen Fähigkeiten und Absichten in welcher Rolle zu welchen Zeiten) letztendlich über die Inhalte der Interventionen/Entscheidungen im Veränderungsprozeß und deren Realisierung entscheiden.[292]

---

des Verfassers noch prägnanter formulieren.

287 Beziehungsweise ist "positive Veränderungsenergie" *der* zentrale Erfolgsfaktor für einen Veränderungsprozeß. Vgl. auch Abschnitt 7.4, wo diese Variable konsequenterweise in den Mittelpunkt des dynamischen Modellentwurfes gestellt wurde. Umgekehrt sind viele Autoren der Auffassung, daß ein Veränderungsprozeß ohne Widerstand keiner ist.

288 Vgl. Coch/Fench (1948), S. 512 ff.

289 Vgl. Krallmann (1996), S. 27 ff. Ein "falscher" Projektsponsor ist nach der empirischen Studie von Bashein/Markus/Riley (1994) ein entscheidender Mißerfolgsfaktor.

290 Kirsch/Esser/Gabele (1979), S. 298.

291 Und damit auch die Zusammensetzung des logischen Gegenstücks, der *Nicht*aktoren (Die wie im Modell in Kapitel 7.4.3.3 beschrieben trotzdem Einfluß haben können). Vgl. auch Doppler/Lauterburg (1996), S. 146.

292 Aus dieser Perspektive erscheint ein Veränderungsprozeß als ein durch die Akteure selbstorganisierter Vorgang. Entscheidend für das Ergebnis der *Selbstorganisation* ist dann im wesentlichen die Zusammensetzung der Aktoren.

Wenngleich (oder gerade weil) Partizipation ein zentrales Feld der Gestaltung darstellt, so gibt es nicht die Antwort auf Fragen der Partizipationsgestaltung und schon gar nicht eine pauschale Antwort. Seit der genannten Studie von COCH/FRENCH aus dem Jahr 1948[293] und gefördert durch humanistische Ansätze aus der Organisationsentwicklung[294] und darauf aufbauender aktueller Managementkonzepte (Lean Management, TQM, Lernende Organisation, etc.), wird teilweise die pauschale Maxime vertreten, Betroffene zu Beteiligten zu machen.[295] COCH und FRENCH konnten in ihrer Untersuchung der Harwood Manufacturing Corporation zeigen, daß notwendige Veränderungen nur dann durchführbar waren, wenn die betroffenen Arbeiter an der Veränderung aktiv partizipierten.[296] In empirischen Untersuchungen zeigt sich allerdings, daß ausgedehnte und umfangreiche Partizipation bei Reorganisationsprozessen eher die Ausnahme ist.[297] So kommt NUTT zum Ergebnis, daß mit 17% aller Fälle umfangreiche Partizipation als seltenste Strategie angewandt wurde.[298] "The study observed no instance of full or comprehensive participation and thus cannot specify the details of such a tactic. Typically, managers scaled down the scope of participation. ... In this cases where full involvement occurred, participants had narrow roles."[299]

REIß ist der Auffassung, daß in der Wissenschaft "noch kein echter Beweis für die Überlegenheit partizipativer Einführungsmodelle" erbracht worden ist.[300] Es ist fraglich, ob es einen solchen Beweis überhaupt gibt, da der Effekt verschiedener Formen der Partizipation auf die Veränderungsenergie von einer Vielzahl an Effekten bestimmt wird, die je nach situativer Konstellation verschieden wirken. Auf Wirkstrukturen der Partizipation wird in Kapitel 7.4.4 noch differenzierter eingegangen, daher seinen einige Effekte hier nur zur Plausibilisierung

293 Vgl. auch die Arbeiten von Lewin (1943), S. 63 wonach die aktive Teilnahme an einem Veränderungsprozeß ein zentraler Erfolgsfaktor ist. Eine ähnlich gelagerte grundlegende Studie stammt von Ronken/Lawrence (1952) (Vgl. auch Schreyögg (1996), S. 477).

294 Vgl. z.B. Greiner (1967), der nach empirischen Untersuchungen folgert, daß erfolgreiche Veränderungsprozesse immer partizipativ verlaufen. Nach Schreyögg (1996), S. 485 kann man die Aussagen Greiners als repräsentativ für den Großteil der Empfehlungen der OE-Veröffentlichungen sehen.

295 z.B. bei Doppler/Lauterburg (1996), S. 136. Dies ist allerdings erstaunlich, da sie ansonsten eine sehr differenzierte Sicht haben. Auch beispielsweise Lochmann/Rüsch-Kornasoff (1996), S. 337 sprechen sich sehr pauschal für Partizipation aus. Vgl. zu einem Praxisbeispiel aus dem Versandhandel Witt/Klaus (1997), S. 27.

296 Allerdings konnte man später zeigen, daß der Effekt nur zu erreichen war, weil Partizipation durch entsprechende kulturelle Normen legitimiert war (Vgl. Schanz (1992)).

297 Vgl. Reiß (1997c), S. 106, Zeyer (1996), S. 69. Auch Staehle (1994), S. 510 weist auf diesen Umstand hin. (Vgl. auch Cotton u.a. (1988), S. 8 ff., Cotton u.a. (1990)).

298 Vgl. Nutt (1986), S. 241 ff. Vgl. auch Wyatt (1993).

299 Vgl. Nutt (1986), S. 256.

300 Vgl. Reiß (1997c), S. 106. Vgl. auch Kappler (1980), Sp. 1850: "Selbst im Kontext der Effektivität von Entscheidungsprozessen in der Unternehmung ist eine eindeutige Wirkung der Partizipation oder bestimmter Partizipationsformen bisher nicht belegbar". Lay (1996) hat in einer Untersuchung von mehr als 1300 Betrieben ermittelt, daß partizipative Organisationsformen signifikant produktiver sind als nichtpartizipative (bis zu 30%, wenn in einer Organisation mehrere partizipative Elemente *gleichzeitig* realisiert

der Aussagen angedeutet.[301] Grundlegend ist Partizipation (d.h. Teilnahme von Akteuren des Betroffenensystems am Aktorensystem) der zentrale Hebel, um das Kraftfeld des Veränderungsprozesses[302] hinsichtlich Kapazitätserhöhung, insbesondere aber hinsichtlich Akzeptanz, Motivation zu beeinflussen.[303] Ein motivationsfördernder Effekt durch Partizipation wird in der Regel erzielt, aber nicht notwendigerweise.[304] Ist für einen Akteur klar, daß eine Realisierung des Veränderungszieles mit für ihn persönlich sehr negativen Konsequenzen verbunden ist (z.B. Verlust des Arbeitsplatzes), so ist fraglich, ob er durch Partizipation mehr Motivation und Akzeptanz hinsichtlich der Zielerreichung zeigen wird.[305] Wesentlich wichtiger ist der Zusammenhang, daß Partizipation nicht nur das Reagieren Betroffener und den jeweiligen Einfluß verändern kann, sondern in Form von Machtteilung gleichzeitig das Agieren des Aktorensystem verändert, was schon in Kapitel 7.3 .angesprochen wurde. So kann es passieren, daß durch Partizipation eines Opponenten das Aktorensystem geschwächt wird, da dieser ein solches Verhalten auch als Akteur des Aktorensystems aufrecht erhält.[306] In diesem Fall wäre genau das Gegenteil, die bewußte Ausgrenzung, die anzuwendende Strategie.[307] Durch Aufnahme in den Kreis der Entscheider wird das Entscheidersystem größer, was wiederum dessen Entscheidungseffizienz hemmen kann, sich dadurch negativ auswirkt.[308] KIRSCH/ESSER/GABELE fassen das Spannungsfeld zusammen, indem das Treffen einer Entscheidung durch Partizipation (d.h. Prozeßpromotion) schwieriger wird, die Umsetzung (Ergebnispromotion) unter Umständen[309] dadurch leichter.[310] Wenngleich der Entscheidungsprozeß mit zunehmender Gruppenstärke prinzipiell schwieriger wird, so kann eine Vergrößerung sehr sinnvoll sein, wenn dadurch ein Zuwachs an Fach- oder Prozeßpotential (z.B. jemand, der mit Teamentwicklung vertraut ist) in die Gruppe gebracht wird. Eine solche Überlegung gilt für die Konzeptphase eines Veränderungsprozesses genauso wie für die Umsetzungsphase. Auch

---

sind). In eine Umfrage kommt Bullinger (1995) allerdings zu dem Ergebnis, daß nicht einmal ein Viertel der untersuchten Betriebe umfangreiche Partizipation praktiziert.

301 Siehe Abschnitt 7.4.3. Vgl. auch Zeyer (1996), S. 71.

302 In den Dimensionen Fach-, Macht- und Prozeßpromotion (Vgl. Abschnitt 7.4.3).

303 In Bezug auf das *Veränderungsziel*! Vgl. Dernbach (1996), S. 202.

304 Vgl. Kirsch/Esser /Gabele (1979), S. 300, Reiß (1993a), S. 552.

305 Etwas sarkastisch formuliert entspricht das der These, daß der Tod angenehmer wird, wenn man sein eigenes Grab ausheben darf.

306 Partizipation bedeutet letztendlich nichts anderes als die Teilhabe am Entscheidungsprozeß. Die Auswirkung der Teilhabe sind von den Intentionen des Akteurs abhängig.

307 Vgl. Reiß (1997c), S. 106.

308 Siehe Abschnitt 7.4.5.

309 Kirsch/Esser /Gabele (1979), S. 300 weisen darauf hin, daß es naiv ist, davon auszugehen, daß ein kollektiver Entscheidungsprozeß *pauschal* zu einer harmonischeren Umsetzung führt (z.B. bei Scharfenberg (1997), S. 9, Bullinger/Stiefel (1997), S. 153). Hier ist die Zitierweise von Zeyer (1996), S. 72 zu kritisieren, der diese Autoren so zitiert, als würden sie diese wichtige Einschränkung nicht vornehmen und in der von ihnen selbst kritisierten "naiven" Argumentationsebene verharren. Zur Partizipation-Effizienz-Hypothese und zur Partizipation-Zufriedenheits-Hypothese siehe Staehle (1994), S. 508.

310 Vgl. Kirsch/Esser/Gabele (1979), S. 300 f.

in dieser Phase finden Entscheidungsprozesse statt, die nur unter Einbeziehung von Betroffenen effizient ablaufen können (Konzeptanpassungen, Verbesserungsmöglichkeiten, effizientere Lösungen).[311]

Es ist nach den beschriebenen Effekten insgesamt einleuchtend, daß eine pauschale Aussage hinsichtlich Partizipation und deren Zeitstrukturen für strukturelle Veränderungen zu kurz greift.[312] Aufgrund des angedeuteten komplexen Wirkfeldes ist es nicht verwunderlich, daß neben einigen sehr aggregierten Aussagen/Antworten zur Partizipation wenig differenzierte Aussagen hinsichtlich "guter" (zeitlicher) Partizipationsmuster im Change Management bestehen. Zu den aggregierten Aussagen zählt insbesondere die Unterscheidung nach dem Bombenwurf als nichtpartizipatives top down Vorgehen und einem von der Basis ausgehenden bottom up verlaufenden Evolutionsprozeß.[313] Die folgende Aufzählung gibt eine Übersicht über existierende Heuristiken zur Gestaltung der Partizipation:[314]

- Promotoren müssen integriert werden und Opponenten gegebenenfalls ausgegrenzt werden.
- Partizipation sollte nicht nur Information der Betroffenen bedeuten, sondern Mitentscheidung zumindest an Veränderungen in ihrem jeweiligen Verantwortungsbereich beinhalten.
- Partizipation sollte flächendeckend auch an der Basis zum Einsatz kommen.
- Partizipation muß Ideen und Interessen der Betroffenen beinhalten.

Neben einer differenzierten inhaltlichen Sicht auf den Partizipationsbegriff ist insbesondere eine dynamische Sicht auf den Partizipationsbegriff wichtig (Zeitverläufe, Timing, etc.). Es reicht nicht, die "richtigen" Individuen in einen Veränderungsprozeß in der "richtigen" Form einzubinden. Geschieht die Einbindung eines (ursprünglichen) Promotors beispielsweise zu *spät*, so ist er unter Umständen durch die bisherige Ausgrenzung derart frustriert, daß seine positive Einstellung verpufft ist. Bindet man auf der anderen Seite Promotoren zu früh und zu intensiv ein, so ist das Aktorensystem möglicherweise derart groß und arbeitet ineffizient, da es sich noch in der "Forming"-Phase befindet, daß der Change Prozeß an Dynamik verliert. Bindet man einen einflußreichen Akteur des Betroffensystems zu spät ein, so geht von ihm potentiell enormer Widerstand in der Umsetzungsphase aus. Bindet man ihn zu früh ein, dann wird er (je nach persönlichen Erwartungen hinsichtlich des Ergebnisses der Veränderung) den Prozeß unter Umständen schon in der Konzeptionsphase unterminieren.

311 Zu einem entsprechenden Praxisbericht siehe Erdtmann/Trost/Knauf (1997), S. 243 f.
312 Vgl. Kirsch/Esser/Gabele (1979), S. 300, Staehle (1994), S. 509.
313 Vgl. hierzu Kapitel 6.1. Vgl. auch Rosenstiel (1997), S. 197 f.
314 Vgl. Reiß (1997c), S. 107.

Zusammenfassend zeigt sich das Gestaltungsfeld „Partizipation" wichtig, komplex und unzureichend untersucht. Es reicht nicht, nach "Partizipation oder nicht" zu fragen, sondern man muß die wesentlich differenzierte Frage des *wer*, des *wie* und vor allem des *wann* - der Partizipation unter welchen situativen Bedingungen stellen.[315] Die Wichtigkeit des Zeitfaktors verstärkt sich durch den Zusammenhang zwischen statischen und zeitbezogenen Aussagen zur Partizipation. Vernachlässigt man den Zeitbezug der Partizipation, so sind nur begrenzt (statische) Gestaltungsaussagen möglich. Sobald ein Zusammenhang hinsichtlich Partizipation von seiner Struktur über der Zeit abhängig ist, sind statische Gestaltungsaussagen nicht möglich, da sie nur noch den Charakter einer notwendigen Bedingung, nicht aber einer hinreichenden Bedingung haben.[316] Da sich Untersuchungen zur Partizipation oft nur am Rande mit dem Zeitfaktor befassen, können sie aufgrund der beschriebenen Problematik nur begrenzt zu (statischen) Aussagen gelangen.

Um differenziert Zeitfragen der Partizipation stellen zu können, ist eine detailliertere Sicht des (dynamischen) Partizipationsbegriffes notwendig. Um Antworten oder Heuristiken der Gestaltung zu finden, ist eine dynamische Wirkvorstellung sinnvoll, die situative Aspekte integriert.[317] Diese Bausteine werden im folgenden erarbeitet.

7.4.3 Zeitfragen der Partizipation - eine differenzierte Sicht

7.4.3.1 Dimensionen der Partizipation

Was ist Partizipation?[318] Im Modell in Kapitel 7.4.3 wurde Partizipation als die Teilnahme am Aktorensystem in Change-Prozeß definiert.[319] Eine "neuer" Partizipant zum Zeitpunkt t_0 wird durch einen Aufnahmeprozeß in t_o-1 erklärt. Das Aktorensystem bietet in t_o-1 einem potentiellen Partizipanten die Teilnahme an, der dies akzeptiert. Im Modellentwurf von Kapitel

315 Vgl. Zeyer (1996), S. 69.

316 Zu einem differenzierten Entscheidungsmodell über optimale Partizipationsgrade siehe Müller/Hill (1980), S. 144, die "Zeitdruck" als situative Variable auffassen, aber keine dynamische Perspektive betrachten.

317 Hier ist ein richtiges Maß an Anspruch an die zu erzielenden Ergebnisse wichtig. Durch die Vielzahl der Aspekte und den situativen Charakter des Spannungsfeldes wird es nicht möglich sein, "*das*" Aussagesystem zu dynamischen Strukturen der Partizipation zu generieren. Dennoch strebt die Arbeit an, wichtige dynamische Effekte zu beschreiben und so weit es möglich ist durch integrative Betrachtung der Effekte Heuristiken der Gestaltung zu identifizieren. Die Arbeit will also bewußt über ein (isoliertes) Aufzählen von Effekten hinaus (z.B. bei Kirsch/Esser/Gabele 1979 oder bei Staehle (1994), S. 926).

318 Bei Partizipation handelt es sich im weiteren nicht um einen Wert an sich, sondern um ein Mittel zum Zweck (vgl. Staehle (1994), S. 509). Dies bedeutet, daß im Rahmen der Arbeit Aspekte von moralisch-ethischen Imperativen nicht betrachtet werden, sondern Partizipation als analytische Einflußvariable auf die Effizienz eines Change-Prozesses gesehen wird (vgl. Brose/Corsten (1983), S. 27). Zur Partizipation siehe auch Erdenberger (1996), S. 33 ff.

319 Vgl. hierzu auch Brose/Corsten (1983), S. 26 ff., die versuchen die Wirkung der Partizipation genau über die Diskrepanz zwischen Angebot und Nachfrage an Partizipation zu erklären.

7.4.3 wurde das Aktorensystem als Entscheidungsgremium *und* Ausführungsgremium der Interventionen in einem Change-Prozeß betrachtet. In manchen Veröffentlichungen wird Partizipation lediglich auf den kognitiven Teil des Entscheidungsprozeß begrenzt.[320] Dies ist zwar einfacher, aber nicht ausreichend, da ein Veränderungsprozeß (gerade in der Implementierung) nicht nur durch Entscheidungen zustande kommt, sondern dadurch, daß Entscheidungen (i.e.S.) durch Aktionen umgesetzt werden.[321] Partizipation muß sich auf den gesamten Entscheidungsprozeß (i.w.S.) beziehen können. Im Modellansatz wurde der Veränderungsprozeß als eine alternierende Sequenz von Entscheidung (i.e.S.) und Aktion beziehungsweise Umsetzung definiert.

Die Teilhabe am Aktorensystem ist keine binäre Fragestellung, sondern ist differenzierter über Intensitätsmaße beschreibbar. Partizipation wird im weiteren als Maß und Form der aktiven und gewollten Teilnahme am Aktorensystem verstanden.[322] Hinsichtlich eines solchen Intensitätsmaßes existieren verschiedenste Skalierungsansätze. KIRSCH/ESSER/GABELE beispielsweise unterscheiden vier Intensitäten der Partizipation.[323] Bei Pseudo-Partizipation wird den Partizipanten keine Möglichkeit zur Einflußnahme auf den Entscheidungsprozeß gegeben.[324] Partizipation im Sinne des Human-Ressource- Ansatzes liegt dann vor, wenn man dadurch Wissenspotentiale freilegt, aber den Partizipanten keinen aktiven Einfluß auf den betreffenden Entscheidungsprozeß einräumt. Unter Social-Value Partizipation verstehen die genannten Autoren den Versuch, Bedürfnisse und Anliegen der Partizipanten zu integrieren. Die umfassendste Stufe der Partizipation ist die authentische Partizipation.

Eine ähnliche Möglichkeit zur Abstufung der Partizipationsintensität bildet die fünfstufige Skala nach VROOM/YETTON, die ein Kontinuum des Partizipanteneinflusses beschreibt.[325] Form I liegt vor, wenn keinerlei Partizipationseinfluß besteht. Die Frage, ob dies überhaupt Partizipation ist, muß definitorisch beantwortet werden. Form II bedeutet eine Informations-input-Funktion des Partizipanten ohne aktive Einflußnahme. Form III liegt vor, wenn es im

---

[320] z.B. Brose/Corsten (1983), S. 26, die dies damit begründen, daß so der "(geistig-)problemlösende Arbeitsablauf akzentuiert" werden kann. Staehle (1994), S. 507 f. integriert konsequenterweise die "Ausführung" als letzten Schritt des Entscheidungsprozesses. Er verdeutlicht, daß die Ausführung nur dann Chancen auf Erfolg hat, wenn die *Umsetzer* am vorangegangenen Entscheidungsprozeß teilgenommen haben. Die Umsetzer sind für ihn gleichzeitig die Betroffenen. Eine solche Argumentation greift *zu kurz*, da der Umsetzende nicht betroffen sein muß.

[321] In Abschnitt 7.3 wurde dementsprechend nach den Phasen Analyse, Entscheidung, Umsetzung und Kontrolle einer Intervention differenziert.

[322] Vgl. Brose/Corsten (1983), S. 28.

[323] Vgl. Kirsch/Esser/Gabele (1979), S. 298 f.

[324] Hier ist es fraglich, ob eine solche Partizipationsform nicht stark negative Effekte auf die Motivation der Individuen hat. Der entscheidende Unterschied einer geringen Partizipation hinsichtlich der Auswirkungen liegt darin, ob eine solche Partizipationsintensität als intensive Partizipation "verpackt" wird oder nicht.

[325] Vgl. Vroom/Yetton (1973), S. 13. Bourgeois/Brodwin (1984), S. 242ff. entwickeln eine ähnliche fünfstufige Skala.

Entscheidungsprozeß zu isolierten Diskussionsprozessen kommt. Dies scheint allerdings eine sehr schwammige Abgrenzung, da Form III auf die Definition eines Diskussionsprozesses zurückgreift, was sehr dehnbar ist. Bei Form IV kommt es zu Diskussionsprozessen im Gruppenrahmen. Form V schließlich beschreibt den Zustand, in dem die Gruppe der Partizipanten autonom Entscheidungen fällt und der Manager gegebenenfalls als Moderator fungiert.[326] HESPE/LITTLE schlagen folgende sechsstufige Skala vor:[327]

1. Keine Informationen ex ante an Untergebene
2. Vorausinformationen
3. Untergebene haben Möglichkeiten zur Meinungsäußerung
4. Meinungen der Untergebene werden im Entscheidungsprozeß berücksichtigt
5. Untergebene habe ein Vetorecht bezüglich der Entscheidung
6. Entscheidungsfindung liegt in der Hand der Betroffenen

Ab Stufe fünf liegt eine authentische, also wirklich greifende Partizipation vor.[328] Wenngleich sich angeführten Skalen die Skalen unterscheiden, so beschreibt das Maß immer den relativen Grad an Beteiligung an einem Entscheidungsprozeß. Ein solches Maß variiert zwischen "gar nicht beteiligt" und "voll beteiligt". Zur Vereinfachung unterscheidet die Arbeit vier Stufen der Teilhabe am Aktorensystem (bzw. des personellen Involvierungsgrades[329]):

1. Gleichwertig Teilnahme (volle Partizipation)
2. Inputmöglichkeit, Umsetzungsbeauftragung (begrenzte Partizipation)
3. Keine aktive Teilnahme aber Information
4. Ausschluß

Unterhalb der Partizipation werden zwei Arten der Nichtpartizipation unterschieden:[330] Der Ausschluß soll als Nichtpartizipation und Nichtinformation eines Akteurs verstanden werden und stellt die unterste Ebene dar. Die Information bedeutet, daß ein Akteur zwar keine aktive Inputmöglichkeit erhält, aber aktiv informiert wird.[331]

Eine weitere Differenzierungsmöglichkeit ist, nach dem Entscheidungsobjekt und dessen Bedeutung zu klassifizieren.[332] Es ist ein grundlegender Unterschied, ob gleichwertige und vollständige Partizipation im Rahmen einer operativen Detailentscheidung stattfindet, oder im

326 Tannenbaum/Schmidt (1958) haben eine ähnliche, allerdings siebenstufige Skala definiert. Vgl. auch Frese (1995), S. 140 f.

327 Vgl. Hespe/Little (1971). Vgl. auch Dachler/Wilpert, 1976.

328 Vgl. Kappler (1980), Sp. 1849. Vgl. auch Kirsch/Scholl (1977), Scholl/Gerl/Paul (1978).

329 Vgl. Reiß (1998).

330 Vgl. auch Beyer (1996) zur Abgrenzung von Information und Partizipation.

331 Der Frage, ob man hier definitorisch von Partizipation sprechen kann soll nicht verfolgt werden. (Vgl. auch Schanz (1992), Sp. 1903, Zeyer (1996), S. 79).

Zusammenhang mit einer strategischen Entscheidung.[333] Es ist anzunehmen, daß unabhängig von der gewählten Partizipationsstrategie der Partizipationsumfang um so größer ist, je stärker es sich um operative Entscheidungen handelt. Die Komplexität des Entscheidungsobjektes führt zu einem Mengenproblem und Kapazitätsproblem, das nur durch Selbstorganisation und Delegation an Betroffene gelöst werden kann (d.h. Partizipation). BROSE/CORSTEN unterscheiden dementsprechend nach lokaler, taktischer, operativer und strategischer Ebene.[334]

Aus der in diesem Sinne resultierenden Matrix aus Intensität der Teilhabe und Wertigkeit des Entscheidungsobjektes könnte man zur Komplexitätsreduktion eine eindimensionale Skala der absoluten Partizipationsintensität ableiten, indem man das Produkt aus relativer Teilhabe am Entscheidungsprozeß und der Wertigkeit des Entscheidungsobjekte bildet.[335] Allerdings wird sich zeigen, daß eine Skala nach Abbildung 7-23 für den Kontext der Arbeit sinnvoller ist und im weiteren zugrunde gelegt wird.

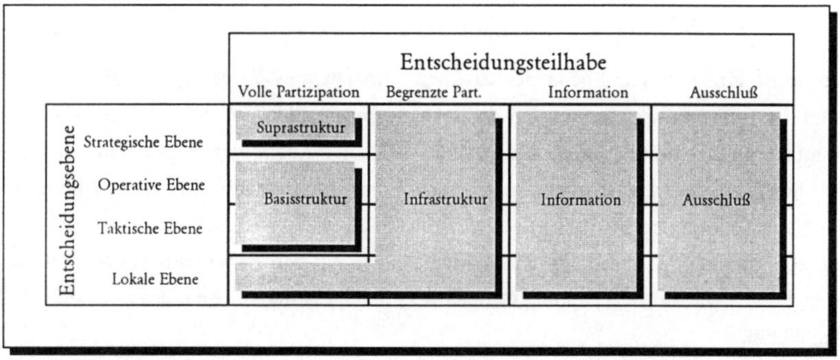

Abbildung 7-23: Ableitung der Intensitätsskala der Partizipation

In Anlehnung an die aus dem Projektmanagement bekannte Unterscheidung in Infrastruktur, Basisstruktur und Suprastruktur, wird die Partizipation nach dieser Dreiteilung unterschieden.[336] Zur Entscheidungshoheit (und korrespondierender Ausführungshoheit) der Suprastruktur gehören beispielsweise "die Initialisierung bzw. der Abbruch von Change-Vorhaben, die Bestimmung der Projektleiter, die Bereitstellung der erforderlichen Projektressourcen und

332 Vgl. Zeyer (1996), S. 79.
333 Vgl. auch Krüger (1994a), S. 209 f.
334 Vgl. Brose/Corsten (1983), S. 30. Vgl. auch Wall/Lischeron (1980), S. 78, die nach "local participation", "medium partizipation" und "distant participation" differenzieren.
335 Vgl. zur Martixvorstellung Brose/Corsten (1983).
336 Vgl. Reiß (1997d), S. 104, Gerybadze (1995), S. 843, Madauss (1994), Burghardt (1993), Zeyer (1996), S. 348.

-budget und die Koordination verschiedener Projekte untereinander."[337] Zusätzlich soll zu den Entscheidungskompentenzen der Suprastrukturebene noch die Entscheidung über grundlegende strategische Fragen (in der Konzeptionsphase) beziehungsweise grundlegende Konzeptanpassungen (in der Umsetzungsphase) gehören. Mit der Suprastruktur werden Rollen wie Lenkungsaussschuß[338], Programmkommittee[339], Unternehmensführung/Auftraggeber[340] oder Steuerkreis assoziiert.

Die Basisstruktur ist der eigentliche inhaltliche Kern eines Veränderungsprozesses. Die Basisstruktur kann als der eigentliche *Auftragnehmer* des Veränderungsprozesses verstanden werden. In der Konzeptionsphase werden Soll-Konzepte entwickelt und Realisierungsentscheidungen getroffen. In der Umsetzungsphase ist die Basisstruktur für die Koordination und das Controlling der Umsetzung verantwortlich und entscheidungsbefugt. Rollen wie *Kernteam*, Programmanager[341], Reengineering Team[342] oder Umsetzungsbeauftragte werden damit assoziiert. Da die Basisstruktur die taktische Entscheidungsebene umfaßt, kann beispielsweise ein Teilprojektleiter noch zur (unteren) Basisstruktur gezählt werden.

Die Infrastruktur stellt die Ebene der Zuarbeit, Prozeßteams[343], der Servicefunktion, der Programmanagementunterstützung und der lokalen Entscheidungen dar. Da diese Kategorie sehr umfassend ist, sollte im Einzelfall (doch) nach der Ebene der Entscheidungsteilhabe unterschieden werden. Es ist ein Unterschied, ob eine Zuarbeit für eine Entscheidung auf lokaler Ebene erfolgt oder für eine zentrale Entscheidung des Programmanagement durch ein Expertengremium.[344] Man erhält eine fünfstufige Skala der Partizipationsintensität. Am obersten Ende steht die Entscheidungsteilnahme auf Suprastrukturebene, am untersten Ende der Ausschluß.

Da es im Change Management eine Vielzahl von *Rollen* gibt (z.B. Champions, Evangelisten, Sponsoren[345]) könnte man auch versuchen, Partizipation als Teilnahme an diesen Rollen zu verstehen. Da es in dieser Arbeit primär um Zeitstrukturen geht, soll von dieser komplexitätssteigernden Möglichkeit abgesehen werden. Es wird versucht, die Rollen unter das beschriebene Intensitätsmaß zu subsumieren.

---

337 Reiß (1997d), S. 104.
338 Vgl. Crux/Schwilling (1996), S. 218.
339 Vgl. Czichos (1990). S. 453.
340 Vgl. Herp/Brand (1996). S. 133.
341 Vgl. Czichos (1990). S. 453.
342 Vgl. Herp/Brand (1996). S. 133.
343 Vgl. Herp/Brand (1996). S. 133.
344 Vgl. Zeller (1996), S. 121.
345 Vgl. Lochmann/Rüsch-Kornasoff (1996), S. 337, Czichos (1990), S. 449 f., Grässle (1993), Thom (1995), Hammer/Champy (1994), Doppler/Lauterburg (1996), Büchi/Chrobok (1997), S. 382 f., Patzak/Rattay (1997), S. 103, Conner/Clements (1998), S.39.

Neben der inhaltlichen Partizipationsintensität kann noch eine zeitliche Partizipationsintensität spezifiziert werden. Sie gibt an, zu welchem Grad seiner persönlichen Kapazität ein Akteur an einem Veränderungsprozeß aktiv teilnimmt. Das Maß hat einen Wertebereich von 0% bis 100%. Weiteres Unterscheidungsmerkmal ist die Direktheit der Partizipation.[346] Eine indirekte Partizipation geschieht beispielsweise durch Interessenvertretungen (z.B. Betriebsrat).

Um Partizipationsverläufe über der Zeit zu beschreiben, muß ein Zeitmaß spezifiziert werden. Die offensichtlichste Möglichkeit wäre, ein (bezogen auf den Startzeitpunkt des Veränderungsprozesses) absolutes Zeitmaß zu wählen, also beispielsweise Tage.[347] Das Problem hierbei ist, daß absolute Zeitmaße inhaltlich nichts aussagen. Um einen inhaltlichen Bezug zu den verschiedenen Zeitlagen und - Punkten im Veränderungsprozeß herzustellen, wird im weiteren der Zeitverlauf durch ein Phasenschema beschrieben. Dennoch muß man beachten, daß die Annahme, einen Veränderungsprozeß durch Phasenschemata beschreiben zu können, nicht unbedenklich ist und Teile der Realität (z.B. evolutionäre Prozesse, Prototyping, etc.) nicht abbildet.[348] Obwohl es eine unüberschaubare Fülle an Phasenschemata gibt[349], unterscheiden diese sich oft nur durch ihre Begrifflichkeiten. Die Arbeit legt ein (am rationalen Transformationsverständnis orientiertes[350]) Basisschema zugrunde, das folgende Phasen im Zeitablauf unterscheidet (vgl. Abbildung 7-24):

- Gär- und **Initiierungsphase**. In dieser Phase wird der Entschluß gefaßt, einen bestimmten Change-Prozeß zu initiieren. Die Gärphase ist oft nur ex post als solche erkennbar.
- Visions- und **Konzeptionsphase**. In dieser Phase wird über die grobe "Marschrichtung" (=Vision) entschieden, und die Grundlage für das weitere Vorgehen gelegt (z.B. Auftragsformulierung, Programmorganisation, Budgets, Zeithorizonte, Erfolgskriterien).
- **Vorbereitungsphase**. Hier wird die eigentliche Arbeit erledigt. Probleme werden diagnostiziert, Informationen gesammelt, ein Sollkonzept erstellt und die Implementierung (roll out) geplant. Teil der Konzeptionsphase können Pilotprojekte sein.
- Einführungs- und **Umsetzungsphase**. Das Sollkonzept soll wie der Name sagt, unter möglichen Anpassungen in die Praxis umgesetzt werden.

346 Vgl. Wall/Lischeron (1980), S. 79.
347 Zum Wesen der Zeit und zum Zeitbegriff siehe Kapitel 2.
348 Siehe hierzu Abschnitt 6.4.
349 Vgl. Czichos (1990), S. 462 f. Reiß (1997a), S. 26. Eine Übersicht liefern auch Perlitz u.a. (1995), S. 20.
350 Reiß (1997a), S. 26

Die Phasen unterscheiden sich dadurch, daß der im Modellansatz beschriebene Prozeß des "Entscheidung finden - Entscheidung umsetzen" seinen allgemeinen inhaltlichen Charakter ändert und daß situative Faktoren in den einzelnen Phasen verschiedene Ausprägungen haben (z.B. Ressourcenbedarf, Einflußverhältnisse auf den Prozeß). Es ist offensichtlich, daß die einzelnen Phasen nicht klar voneinander getrennt werden können, was aber für das Anliegen, Zeitstrukturen der Partizipation (an Aktivitäten) zu untersuchen, nicht weiter verfolgt wird.

Die beiden beschriebenen Dimensionen "Intensität (und Art)" und "Zeitpunkt" der Partizipation müssen um die Weite der Partizipation beziehungsweise das "Wer" der Partizipation ergänzt werden.[351] Ohne eine Aussage darüber, wer der oder die Partizipanten zu einem bestimmten Zeitpunkt im Change-Prozeß sind, sind die Ausprägungen der ersten beiden Dimensionen nicht aussagekräftig. Während die Dimensionen Intensität und Zeit tendenziell linearisierbar waren, ist es nicht möglich, eine sinnvolle Clusterung der Akteure nach nur einem Kriterium vorzunehmen. Eine sinnvolle Abgrenzung muß sich an Kriterien orientieren, die tendenziell Einfluß auf den Verlauf des Veränderungsprozesses haben.[352] Der Modellentwurf aus Kapitel 7.3 gibt Hinweise hinsichtlich Klassifizierungen, da dort prinzipielle Einflußstrukturen und zentrale Variablen angedeutet worden sind. Ein wichtiges Abgrenzungskriterium ist der Einfluß beziehungsweise die Macht eines Akteurs des Betroffenensystems.[353] In Kapitel 7.3.4.3 wurden mehrere Quellen der Macht identifiziert. Die Macht im engeren Sinne kann weitestgehend durch eine Orientierung an der hierarchischen Position des Individuums festgemacht werden, die eine Abgrenzungsdimension darstellt. Eine sinnvolle Unterscheidung ist, nach Sachbearbeiter/Werker, unteren Management (z.B. Teamleiter), mittleren Management (z.B. Abteilungsleiter) und oberen Management (z.B. Centerleiter) des Betroffenensystems zu unterscheiden. Allerdings muß man trotzdem beachten, daß Macht auch aus informalen Quellen stammen kann. Dies ist aus Komplexitätsgründen in Abbildung 7-24 nicht explizit dargestellt. Neben der Macht im engeren Sinne wurde in Kapitel 7.3.4.3 die Expertenmacht (Prozeßmacht, Fachmacht) identifiziert. Expertenmacht ist neben der Ergebnispromotion[354] von Entscheidungen insbesondere für die Güte des Entscheidungsprozesses (d.h. Prozeßpromotion) an sich wichtig.[355]

Das zweite Merkmal zur Clusterung der Personen stellt die Akzeptanz beziehungsweise die Einstellung eines Akteurs zu Beginn der Veränderungsinitiative dar. In Kapitel 7.3.3.2 wurden

---

351 Vgl. Reiß (1998a).

352 So ist beispielsweise zu vermuten, daß das Kriterium "Schuhgröße" relativ ungeeignet ist, die diese wohl keinen Einfluß auf das Verhalten, den Einfluß, etc. des betreffenden Akteurs hat.

353 Vgl. Czichos (1990), S. 465.

354 Zum Begriff vgl. Kirsch/Esser/Gabele (1979), S. 299 f.

355 Partizipation muß neben dem "Wollen" auch "Können" aufweisen. (Schanz (1992), Sp. 1908). Das "Können" kann man in fachliches Können (*Fachpromotion*) und prozeßhaftes Können (*Prozeßpromotion*) gliedern.

die vier Cluster Promotor, Opponent, verdeckter Opponent und potentieller Promotor unterschieden. In Kapitel 7.3.3.2 wurde das individuelle Verhalten als ein subjektives Kalkül unter Unsicherheit beschrieben, in dem eine gedankliche Kosten-Nutzen Analyse stattfindet und so ein erwartetes Spielergebnis[356] gebildet wird. Wie sich Partizipation auf das Verhalten eines Individuums auswirkt, hängt entscheidend davon ab, ob sich die subjektiven Erwartungen im Verlauf des Prozesses bestätigen oder nicht.[357] Aus diesem Grund kann es sinnvoll sein, Individuen danach einzuteilen, wie aus einer objektiven Gestaltungssicht das wirkliche Spielergebnis aussieht, bzw. mit welchen Wahrscheinlichkeiten welcher Ausgang des Spieles zustande kommt.[358] Das Maß gibt darüber Auskunft, ob ein möglicher Widerstand aus einem echten Konflikt zwischen Veränderungsinhalt und dem (fixen) Wertesystem des Akteurs entspringt, oder es sich um (durch Partizipation) lösbare Probleme des Nichtwissens, oder Nichtkönnens handelt. Ein weiteres Abgrenzungskriterium in diesem Zusammenhang ist die Sicherheit beziehungsweise der Grad an Determiniertheit des Ergebnisses für ein Individuum. Die Größe gibt unter anderem Auskunft darüber, ob ein Individuum durch Partizipation das Ergebnis der Veränderung zu seinen Gunsten ausgestalten kann, ohne dieses angestrebte Gesamtergebnis dabei zu verletzen (also eine win-win Situation erzeugt). In einem Veränderungsprozeß der insgesamt ein hohes Konfliktpotential birgt, ist oftmals nicht festgelegt, wer die konkreten Verlierer sein werden.[359] Es ist also durchaus möglich, daß für einzelne obiger Fall eintritt.[360] Eine andere möglich Einteilung wäre, nach den Gefühlszuständen von Menschen zu unterscheiden. WOODWARD/BUCHHOLZ unterscheiden nach Opfer - Eigentümer, festhalten an Bestehenden - offen für Neues[361], sich zurückziehen - sich aktiv beteiligen.[362] Dies wird allerdings nicht explizit verfolgt.

Bisher war (implizit) nur von einer Clusterung der Akteure des Betroffenensystems die Rede. In einem Change Projekt sind tendenziell weitere typische Gruppen involviert. Zu diesen Gruppen gehören Interessenvertretungen der Betroffenen (z.B. Betriebsrat), durch die eine indirekte Partizipation der Betroffenen stattfinden kann.[363] Eine weitere Gruppe stellen die Stabsfunktionen in Unternehmen beziehungsweise (externe oder interne) Berater dar, die

---

356 Die unter Umständen seltsam anmutende Begrifflichkeit kommt daher, daß sich das Kalkül auf die *Spieltheorie* bezieht (Vgl. z.B. Brandenburger/Nalebuff (1996), S. 82 f., Masuch (1997), S. 226 f.).

357 Zu den verschiedenen Barrieren, die im Zeitablauf auftreten können siehe Abschnitt 7.4.4.

358 Vgl. Czichos (1990), S. 465.

359 In statistischer Ausdrucksweise kann man vom *Erwartungswert* und von der *Varianz* sprechen. Die Summe ist fix, aber die Verteilung der Anteile nicht.

360 Vgl. Abbildung 7-26: Das "Paradoxon der Promotoren".

361 Im Rahmen der individuellen Verhaltensentwurfes in Kapitel 7.4.3.2 wurde dies unter Risikoaversion bzw. Freudigkeit behandelt.

362 Vgl. Woodward/Buchholz (1987), S. 67ff. Im Rahmen der individuellen Verhaltensentwurfes in Kapitel 7.4.3.2 wurde dies unter der Aktivierungsbereitschaft beschrieben.

363 Zur Unterscheidung in direkte und indirekte Partizipation siehe Reiß (1998a), Schanz (1992), Sp. 1905, Brose/Corsten (1983), S. 26, Dachler/Wilpert (1980), S. 87.

unter dem Begriff "Externe" subsumiert werden.[364] Da das aktive, intensive und authentische Commitment (und der dementsprechende Energiebeitrag) des Top Management[365] ein (oder wahrscheinlich sogar das) dominierende Erfolgskriterium ist, muß diese Gruppe explizit berücksichtigt werden.[366] In diesem Kapitel wird sie nicht als Teil des Betroffenensystems gesehen.[367] Dieser Differenzierung liegt die Annahme zugrunde, daß das Top Management nicht die Aktorenperspektive ist, aus der die Betrachtung stattfindet, sondern dem Auftraggeber entspricht. Die Aktorenperspektive (bzw. der Primäraktor zu Beginn des Prozesses) entspricht dem Auftragnehmersystem. Dadurch ist es möglich, nicht nur ein Commitment dieser Gruppe normativ und appellativ einzufordern (was in vielen Veröffentlichungen geschieht[368]), sondern es als abhängige Variable zu betrachten, das vom Auftragnehmer (z.B. Aktorensystem) durch geeignete Formen der (zeitlichen) Partizipation und Einbindung[369] des Auftraggebers positiv beeinflußt werden kann.[370]

Prinzipiell können alle genannten Kriterien zur Aktorenklassifizierung untereinander kombiniert werden, um so bestimmte Gruppen zu identifizieren. Mit den drei Grunddimensionen Intensität, Zeit und Träger ist der Raum beschrieben, in dem nun Zeitfragen der Partizipation gestellt werden können. Neben diesen drei Dimensionen (die implizit von einer Individualperspektive ausgehen) kann man noch übergeordnete Zeitfragen stellen, die unabhängig von den einzelnen Individuen sind. Im Kontext der Arbeit wird als ein solches Feld der Formalisierungsgrad[371] der Partizipation verstanden. Er gibt an, wie streng und eindeutig determiniert der Rahmen ist, in dem die Akteure Entscheidungen treffen und ausführen. Darunter fallen Aspekte der Projektorganisation (z.B. Anzahl der Hierarchieebenen im

364 Berater könnte man noch nach Prozeßberater und Expertenberater differenzieren (Vgl. Koenig/Vollmer (1994), S. 44f). Für eine differenzierte Klassifizierung siehe Jarmai (1997), S. 173 oder Königswieser/Exner/Pelikan (1995).

365 Bzw. des Top Management Teams und/oder des Sponsor als personifizierter Auftraggeber (Czichos (1990), S. 449ff.).

366 "All the successful reorientations we have observed are characterized by an individual leader who is able to serve as a focal point for the change and whose presence, activity, and touch have some special feel or magic" (Nadler (1989), S. 77). Vgl. auch Hout/Carter (1996), S. 67.

367 Wobei der Auftraggeber zumindest indirekt in den meisten Fällen sehr wohl ein Betroffener ist.

368 z.B. bei Nadler (1989), Barbitsch (1997a), S. 30.

369 Zum Begriff der Einbindung siehe Krüger (1995), S. 180 f.

370 Das Top Management ist hier als der eigentliche *Auftraggeber* konzipiert. Partizipation bezieht sich auf das *Auftragnehmersystem* (=Aktorenperspektive). Daher kann man argumentieren, es sei ein logischer Widerspruch, den Auftraggeber als Teil des Auftragnehmersystems zu begreifen. Dem ist nicht so, da die *aktive* Einbindung des Auftraggebers in die Auftragsumsetzung ist eine wichtige Gestaltungsvariable. Die Einbindung kann allerdings nicht als Machtteilung verstanden werden, da der Auftraggeber qua definitionem Macht über die Auftragserfüllung hat. Es geht vielmehr um die *zeitliche* Einbindung auf den verschiedensten Entscheidungsebenen.

371 Vgl. Reiß (1998a), Dachler/Wilpert (1980), S. 86 f.

Projekt), Meß- und Controllingsysteme zur Fortschrittsmessung[372], Meilensteinplanung und Gatekeeping im Veränderungsprozeß, etc.

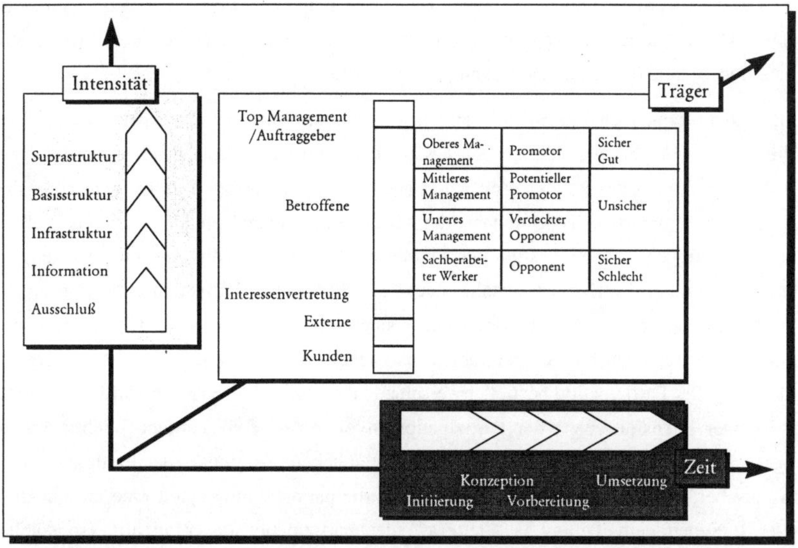

Abbildung 7-24: Der dynamische Raum der Gestaltungsfragen der Partizipation

Abbildung 7-24 zeigt den dynamischen Gestaltungsraum im Überblick. Die Abbildung darf allerdings nicht implizieren, daß dieses Feld frei und unbegrenzt gestaltbar ist. Wie in Kapitel 7.3 beschrieben, verändert Partizipation das Aktorensystem selbst und reduziert dessen Freiheitsgrade durch die stattgefundene Machtteilung.[373] Partizipation im Sinne der Aufnahme eines Akteurs in das Aktorensystem ist wie in Kapitel 7.4.3 ausgeführt immer ein Vorgang, der aus einen Partizipationsangebot seitens des Aktorensystems und einer Annahme oder Ablehnung seitens potentiellen Partizipanten. Teil des Handlungsraumes der Akteure ist also strenggenommen nicht "Partizipation" an sich, sondern lediglich das Aussprechen von "Partizipationsangeboten".[374] Bei der Analyse von Gestaltungsmöglichkeiten müssen angesprochene Aspekte berücksichtigt werden, indem nicht nur die Wirkung verschiedener Gestaltungen untersucht wird, sondern auch die Frage der faktischen Gestaltbarkeit beachtet wird.

---

372 Vgl. Grimmeisen (1997), S. 152 f., Grimmeisen (1995), S. 290 f.

373 Vgl. Zeyer (1996), S. 78, Schanz (1980), Sp. 1908, Kappler (1980), Sp. 1847.

374 Zu dieser Sicht siehe insbesondere Brose/Corsten (1983), S. 34, die versuchen die Wirkungen von Partizipation durch ein zyklisches Kausalmodell zwischen Partizipationsangebot und Partizipationsnachfrage zu beschreiben.

7.4.3.2 Zeitfragen der Partizipation

In Abbildung 7-24 wurde der "Würfel" aufgezeigt, innerhalb dessen Zeitfragen zur Partizipation gestellt werden können. Die verschiedenen prinzipiellen Typen von Zeitfragen sind in Kapitel 4.6 charakterisiert worden. An dieser Stelle sollen die inhaltlich besonders interessanten und wichtigen Gestaltungsfragen gestellt werden.

Grundlegend kann man Fragen der zeitlichen Gestaltung aus verschiedensten Perspektiven stellen. Neben Fragen, die sich auf den gesamten Würfel beziehen (z.B. allgemeiner Verlauf der Partizipationsweite) können Zeitfragen auch für Teile gestellt werden. Am offensichtlichsten ist es, derartige Teile anhand der "Basisdimensionen" zu identifizieren.[375] Damit können Zeitfragen anhand bestimmter Phasen (z.B. wie sieht die Zusammensetzung des Aktorensystems in der Konzeptionsphase aus) gestellt werden. Zeitverläufe der Partizipation können anhand der identifizierten Intensitätsebenen analysiert werden (z.B. wie hat sich die Zusammensetzung der Suprastrukturebene entwickelt?) Von Interesse ist die Analyse des Zeitverlaufs der Partizipation bezüglich verschiedener Gruppen (z.B. wann wurden Betroffene auf welcher Intensitätsebene der Partizipation involviert?). Von zentraler Wichtigkeit sind Fragen, die auf die Partizipation der Betroffenen abheben. Zeitpunkte der Partizipation sind von entscheidender Bedeutung, die Wahl des Partizipationstiming spielt eine entscheidende Rolle.[376] Neben dem Timing ist die Frage der Partizipationsdauer wichtig (so spielt es beispielsweise eine Rolle, ob die Gruppe der Partizipierenden konstant bleibt oder nicht). Fraglich ist, ob Timing- und Dauerfragen pauschal für "die Betroffenen" beantwortet werden können, oder ob eine differenzierte Sicht hinsichtlich verschiedener Typen von Betroffenen (Verhalten, Machtpotential) notwendig ist. Da Partizipation verschiedene Intensitätsebenen haben kann, muß zusätzlich hinterfragt werden, auf welchen Entscheidungsebenen die Partizipation erfolgt. Damit verbunden sind Fragen der Zeitstruktur der Information. Zu wichtigen "übergeordneten" Fragen zählen Verlaufsmuster der Weite der Partizipation (wie groß ist die Anzahl derer, die überhaupt partizipieren) und der Menge an Partizipation (d.h. Weite "mal" jeweiliger Intensität der Partizipation).

Neben den Betroffen spielen Entscheidungsvertretungen der Betroffenen und deren Zeitstruktur der Partizipation eine wichtige Rolle. In Veränderungsprozessen haben Stabsbereiche und externe Berater oftmals eine wichtige Funktion, weshalb deren Zeitmuster der Partizipation untersucht werden müssen. Letztendlich stellt die (Macht-)Promotion seitens des Top Management[377] (=Auftraggeber) wie schon angesprochen ein oder sogar das entscheidende Erfolgskriterium dar. Die Unterstützung seitens des Auftraggebers hat hohen Einfluß

375 Wobei verschiedenste (und beliebig komplexe) Verschachtelungen möglich sind.

376 Vgl. Zeyer (1996), S. 78.

auf die (geliehene) Macht der Akteure bei der Umsetzung von Interventionen und auf die Veränderungsenergie. Wenngleich in den Veröffentlichungen zum Change Management über das Commitment des Top Managements als absolut notwendige Erfolgsvoraussetzung Einigkeit herrscht[378], so wird dies oft als (fixe) Conditio sine qua non hingestellt. Im Kontext dieser Arbeit soll versucht werden, Aussagen über sinnvolle Partizipationsstrukturen des Auftraggebers zu machen. Zusätzlich zu den angesprochenen gruppenspezifischen Zeitfragen der Partizipationsgestaltung sind die Aspekte der zeitlichen Entwicklung der Formalisierung, der Weite, der Zeitintensität und der Überlappung/Konstanz von Interesse. Derartige Fragen können anhand der verschiedenen Partizipationsgrade oder pauschal gestellt werden. Mit diesen Ausführungen ist der Raum der relevanten Fragen spezifiziert und die Arbeit kann sich der Analyse der einzelnen Gestaltungsprobleme zuwenden.

7.4.4 Zeitverlauf der Partizipation der Betroffenen

In diesem Kapitel wird versucht, Einflußfaktoren auf den optimalen Zeitverlauf der Partizipation der Betroffenen zu finden. Wie schon die Einführung gezeigt hat, ist es aus Komplexitätsgründen und prinzipiellen Gründen (z.B. mangelnder Determinismus[379]) kaum möglich, *pauschale* Antworten auf die gestellten Fragen zu geben und auch nur begrenzt realistisch, situative Handlungsanleitungen zu geben. Aus diesem Grunde wird zuerst untersucht, wie sich Partizipationsformen, -arten, und Zeitpunkte auf verschiedene Typen von Betroffenen auswirken. Daraus kann man schließen, wie eine Partizipationsstrategie bezüglich verschiedener Typen von Individuen aussehen kann. Mit diesem Wissen und unter Zuhilfenahme von weiteren Überlegungen zu Wirkungen der Partizipation, kann die Fragestellung des Kapitels analysiert werden. Weil sich zeigt, daß der Zeitverlauf der Partizipationsstrategie hinsichtlich verschiedener Ebenen differenziert beantwortet werden sollte, wird zu Ende dieses Kapitels der Verlauf hinsichtlich verschiedener Partizipationsintensitäten untersucht.

Es sei (nochmals) betont, daß es sich bei den Aussagen zu Wirkstrukturen der Partizipation über der Zeit nicht um mechanistische und deterministische Aussagen handelt, sondern lediglich um grobe und tendenzielle Aussagen, die stark auf Plausibilitätsüberlegungen aufbauen. Es ist außerdem nicht das Ziel der Arbeit, sich zu differenziert mit "Partizipation" an sich

---

377 Bzw. Top Management Team oder Sponsor (vgl. Czichos (1990), S. 452).

378 Vgl. Nippa (1996a), S. 30.

379 Reiß (1993d), S. 58 unterscheidet die Kategorien Vielzahl, Vielfalt, Vieldeutigkeit und Veränderlichkeit.

auseinanderzusetzen, sondern nur so weit, als dies für Ausführungen zu Zeitstrukturen unerläßlich ist.[380]

7.4.4.1 Wirkungen der Partizipation auf den Einzelnen

Verschiedene Wirkungen der Partizipation sind schon in Kapitel 7.3 angesprochen worden und sollen nun vertieft werden.[381] Eine prinzipielle Problematik liegt darin, daß Partizipation keine freie Interventionsvariable ist, sondern daß lediglich man von einem Partizipationsangebot sprechen kann, das ein Akteur annehmen oder auch ablehnen kann. Wie sich ein Akteur hinsichtlich eines Partizipationsangebotes verhält, kann nach dem Prinzip des individuellen Verhaltensentwurf aus Kapitel 7.4.3.2 beschrieben werden. Aus Komplexitätsgründen sei zunächst angenommen, daß das Partizipationsangebot nicht zurückgewiesen wird, also zumindest "formal" angenommen wird. Durch Partizipation werden verschiedenste Determinanten der Einstellung, des Verhaltens und des jeweiligen Einflusses eines Individuum beeinflußt.[382] Im Rahmen der Arbeit erscheinen die im folgenden beschriebenen Effekt besonders relevant.

Partizipation wirkt informierend und qualifizierend.[383] Prinzipiell kann man sagen, daß die Menge an Wissens- und Qualifikationszuwachs vom Zeitpunkt und von der Intensität der Partizipation abhängig ist (Abbildung 7-25).[384] Durch deren Informationscharakter wird die Unsicherheit hinsichtlich der Bewertung reduziert. Nimmt man eine risikoaverse Grundeinstellung eines Individuums an, so läßt sich dennoch nicht immer ein positiver Effekt auf die Einstellungsakzeptanz deduzieren. Je nachdem, ob durch die zusätzliche Information ein positiveres Bild bezüglich der Veränderungsinitiative entsteht oder nicht, wird durch den Informationscharakter die Einstellungsakzeptanz verbessert oder verschlechtert. Der Qualifikationscharakter der Partizipation hat eine fördernde Wirkung auf die Einstellungsakzeptanz. Zu bemerken ist, daß auch der Aktivierungsprozeß durch die Wissensbasis und die subjektive Einschätzung beeinflußt wird.

---

380 Zu genaueren Analysen siehe beispielsweise Grunwald/Lilge (1980), Denisow (1996), Beyer (1996), Lie (1995), Domsch/Ladwig/Siemers (1995), Antoni (1990), Bora (1994), S. 126 f., Széll (1992).

381 Vgl. Erdenberger (1996), S. 52. Zu einer sehr differenzierten Betrachtung der Wirkungen der Partizipation siehe Vroom/Yago (1991).

382 Zu den Determinanten des individuellen Verhaltens siehe Abschnitt 7.4.3.

383 Vgl. Zeyer (1996), S. 71.

384 Natürlich muß man nach Arten der Qualifikation und der Information unterscheiden. Weiterhin muß auch die Ausgangsposition des Aktors betrachtet werden (ist der betreffende Akteur beispielsweise schon SAP R/3 Experte, so wird seine *Lernkurve* (Vgl. z.B. Henderson (1984)) schon relativ flach sein und sein Wissenszuwachs begrenzt sein).

Durch Partizipation wird das Einflußpotential (Macht) eines Individuums auf den Veränderungsprozeß erhöht.[385] Es wirkt so tendenziell positiv auf das subjektive Empfinden, das auf die Einstellungsakzeptanz wirkt. Höheres Einflußpotential bedeutet potentiell, daß sich der Charakter des Zieles an sich aus der Wahrnehmungsperspektive des Individuums zum Positiven verändert. Da das Individuum durch Partizipation die Möglichkeit bekommt, den Veränderungsprozeß zu seinen persönlichen Gunsten auszugestalten, sinkt die Gefahr in eine Verlierer-Situation zu geraten und die Wahrscheinlichkeit als Gewinner aus dem Veränderungsprozeß hervorzugehen steigt. Nutzen aus Partizipation für einen Akteur kann neben einer positiveren Ausgestaltung des Veränderungsobjektes auch durch die Partizipation an sich entstehen. Gerade intensive Partizipation (z.B. im Projektteam) bedeutet einen engen Kontakt zum Top Management und zu anderen Mitgliedern des oberen Managements. Dadurch können sich insbesondere Akteure der unteren und mittleren Führungsebene gute Chance zur Profilierung, zu Netzwerkbildung und zu "Karrieresprüngen" eröffnen. Es ist zu erwarten, daß aufgrund dieses Effektes Mitglieder des unteren und mittleren Managements eher bereit sind, am "eigenen Ast zu sägen" (z.B. durch Rationalisierung ihres eigenen Arbeitsplatzes), als dies bei Mitgliedern des oberen Managements der Fall ist. In Kapitel 7.4 wurde plausibilisiert, daß das Einflußpotential (die Machtbasis) auch Auswirkungen auf das Verhaltenskalkül und die Aktivierungsbereitschaft hat.

Wie wirkt sich Partizipation auf das "Wollen" - also auf das Wertesystem, anhand dessen der erwartete Ausgang der Veränderung gemessen wird und das die Einstellungsakzeptanz wesentlich beeinflußt - eines Akteurs aus? Die herrschende Meinung nimmt einen grundlegend positiven Zusammenhang an.[386] Allerdings scheint es plausibel, daß der Einfluß auf das Wollen der Veränderung an sich durch das Wollen der aktiven Teilnahme am Veränderungsprozeß beeinflußt wird.[387] Dieses kann als die Einstellung gegenüber der Aktivierung (d.h. Aktivierungsbereitschaft) verstanden werden, das die Partizipationsnachfrage bestimmt. Ob sich Partizipation motivierend auf ein Individuum auswirkt, kann durch das Diskrepanzmodell von BROSE/CORSTEN beschrieben werden.[388] BROSE/CORSTEN differenzieren die individuellen Auswirkungen von Partizipationsangeboten auf die Motivation der Betroffenen im

385 Vgl. Greifenstein/Jansen/Kißler (1993), S. 32.

386 Vgl. Brose/Corsten (1983), S. 26, Lawler (1977), S. 189 f., Wiedemann (1996), S. 248 ff., Bickenbach/Soltwedel (1996), S. 11 f., Vroom/Yago (1991), S. 130 ff.

387 Man beachte, daß "wollen" auf zwei *verschiedenen* Ebenen der Betrachtung verwendet wird. Das Wollen der Partizipation (=aktive Teilnahme) ist eine Grundvoraussetzung für deren Wirksamkeit (Schanz (1992), Sp. 1908, Kappler (1980), Sp. 1847). Die Aktivierungsbereitschaft wird von Unternehmenskultur und Führungsstil beeinflußt (Vgl. Nutt (1986), S. 241 f.). Allerdings kann trotz einer hohen Aktivierungsbereitschaft im Rahmen einer Vertrauenskultur und entsprechender Notwenigkeit geringe Partizipation möglich sein, *ohne* negative Wirkungen zu haben.

Rahmen ihres Diskrepanzmodells zwischen Partizipationsnachfrage und Partizipationsangebot.[389] Ein Partizipationsangebot wirkt dann positiv auf das "Wollen", wenn das Angebot an Partizipation gleich der individuellen Nachfrage ist. "Auf der Grundlage eines Vergleichs der Partizipationsnachfrage mit der seitens der Unternehmung angebotenen Partizipation, stellt das Individuum fest, ob zwischen diesen beiden Größen eine Übereinstimmung gegeben ist. Besteht eine Übereinstimmung, so ist davon auszugehen, daß ein Individuums sich mit den neuen Gegebenheiten ... identifiziert und hierdurch eine positive Einstellung zu der neuen Situation zeigt oder dadurch Befriedigung erlangt."[390] Weichen Angebot und Nachfrage voneinander ab, so kommt es zu Frustrationseffekten, also einer "Verschlechterung" des individuellen Wollens hinsichtlich der Zielerreichung. Ob sich dies in aggressiven Verhalten auf der einen Seite oder in Tendenzen innerer Kündigung auf der anderen Seite niederschlägt, hängt von der spezifischen Struktur des Individuums ab.[391] "Für die Reaktion des Individuums ist die Frustrationstoleranz von entscheidender Bedeutung. Unter Frustrationstoleranz kann dann die Fähigkeit zur Überwindung erlittener Frustration verstanden werden, d.h. das Ausmaß, in dem eine Person fähig ist, sich mit der Tatsache abzufinden, daß ihr Bestreben nicht zum Ziel führt."[392]

Partizipation wirkt als weiterer Effekt tendenziell aktivierend auf ein Individuum[393], steigert also die Bereitschaft (und auch die Erwartung) aktiv mitzugestalten und fördert eine entsprechende Kultur mit verstärkten Möglichkeiten zur Selbstorganisation. "Neben dem Partizipationsbedürfnis ist die Grundeinstellung einer Person von Bedeutung. Als Beispiel für diese Grundeinstellung sei die Gegenüberstellung von 'open'- und 'closed-minded'- Personen erwähnt. Das Partizipationsbedürfnis und die Grundeinstellung wirken zusammen mit den situationalen Variablen ... auf die Partizipationsmotivation des Individuums."[394]

Ein schon angedeuteter Effekt ist, daß ein Partizipationsangebot nur angenommen wird, wenn es aus Sicht des Individuums positiven Nutzen bringt. Hat ein Veränderungsprozeß schon einen großen Teil seiner Veränderungsenergie eingebüßt, so steigt die Wahrscheinlichkeit, daß ein Partizipationsangebot gar nicht mehr angenommen wird. Zu bemerken ist auch, daß das individuelle Verhalten (und die Dynamik des Verhaltens) nicht nur durch die Interventionsvariable Partizipation direkt bestimmt wird.

---

388 Ihr Kausalmodell liegt nahe an dem vorgestellten dynamischen Modellentwurf in Kapitel 7.4, beschränkt sich aber auf die Wirkung der Partizipation und vernachlässigt die (zentrale) Dynamik im Veränderungsprozeß.

389 Vgl. Brose/Corsten (1983), S. 33 ff.

390 Brose/Corsten (1983), S. 36.

391 Vgl. Czichos (1996), S. 434.

392 Brose/Corsten (1983), S. 37.

393 Vgl. Reiß (1993a), S. 553, Reiß (1997d), S. 92, Reiß (1995), S. 296.

394 Vgl. Brose/Corsten (1983), S. 39.

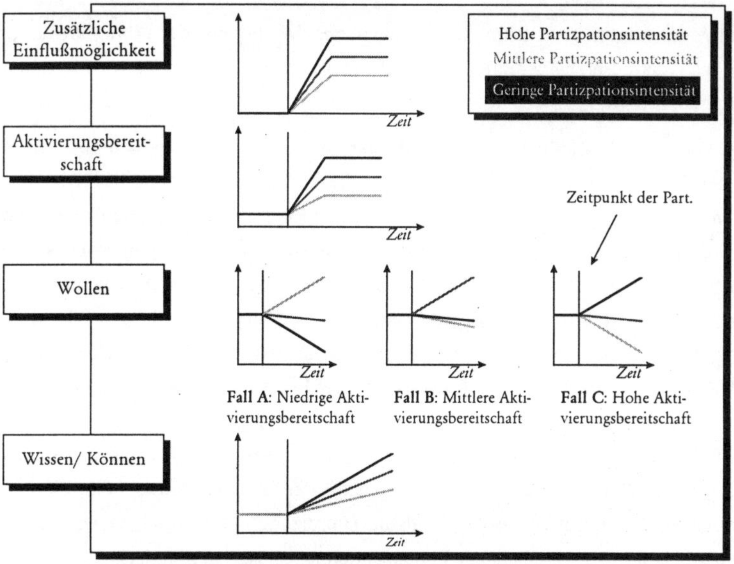

Abbildung 7-25: Skizze einiger Wirktendenzen der Partizipation auf individueller Ebene

Abbildung 7-25 gibt skizzenhaft und tendenziell eine Übersicht über einige angedeutete Auswirkungen der Partizipation. Nicht in der Abbildung dargestellt ist, daß die Auswirkungen je nach Zeitpunkt variieren können (wurde beispielsweise ein Individuum mit hoher Partizipationsnachfrage (=Aktivierungsbereitschaft) die meiste Zeit ausgegrenzt, so ist die Wahrscheinlichkeit sehr hoch, daß diese Person ein hohes Frustrationspotential aufgebaut hat und dementsprechend negativ eingestellt ist. Ein spätes Partizipationsangebot trifft auf eine relativ vorgefertigte Meinung und kann kaum noch motivierend wirken).[395] Partizipation wirkt in diesem Sinne asymmetrisch. Weiterhin wirkt Partizipation nicht unmittelbar, sondern zeitlich versetzt, also träge. Im folgenden werden noch einige Effekte diskutiert, die insbesondere dynamische Eigenschaften aufweisen.

Partizipation (= Machtteilung) vergrößert tendenziell das Einflußpotential eines Akteurs auf den Veränderungsprozeß.[396] Je intensiver jemand partizipiert, um so stärker wirkt sich potentiell sein individuelles Verhalten in Verbindung mit seiner implizierten Macht auf den Veränderungsprozeß in Fach-, Macht- und Prozeßdimension aus. Partizipation kann - wie in

395 Vgl. Neuberger (1995), S. 87 ff.
396 Vgl. Kapitel 7.4.3.3.

Kapitel 7.3.3.3 beschrieben eine zusätzliche, explizierte Macht bedeuten und wirkt gleichzeitig als Übertragungsfaktor von implizierter Macht aus der Alltagsarena in die konkrete Interventionsarena. Aufgrund seiner dynamischen Charakteristika wird letzterer Aspekt weiter ausgeführt.

Welches konkrete Einflußpotential ein Akteur mit seiner implizierten Macht (bzw. allgemeinen Machtbasis) in der Alltagsarena auf die Veränderungsenergie des Systems zum jeweiligen Zeitpunkt t_i (Interventionsarena) hat, wird nur *teilweise* vom Partizipationsgrad des Akteurs beeinflußt, da sich beide Arenen überlappen. Dies gilt weniger für die Entscheidungsentstehung als für die Entscheidungsumsetzung.[397] Der Akteur hat nämlich *unabhängig* vom Partizipationsgrad einen faktischen Einflußgrad auf die Ausführung einer Handlung, weil sie teilweise in seiner Alltagsarena stattfindet (d.h. eine Überlappung ist vorhanden).[398] Nur der Einfluß auf den Teil der Interventionsarena, der *nicht* in der Alltagsarena liegt, wird in Form des beschriebenen Übertragungsfaktors vom Partizipationsgrad beeinflußt. Geht man von dem zugrunde gelegten Phasenmodell aus, so kann man annehmen, daß in der Konzeptions- und Vorbereitungsphase der faktische Einfluß eines Betroffenen (qua Teilnahme am Betroffenensystem) auf die Umsetzung einer Entscheidung (=Intervention) wesentlich geringer ist, als in der Implementierungsphase - der faktische Einfluß nimmt im Zeitverlauf zu. Der Grund ist, daß Konzepte gut im „stillen Kämmerlein" ausgearbeitet werden können. Betroffene können hier nur begrenzt Einfluß nehmen (beispielsweise in Form von Informationsverweigerung bei der Ist-Analyse). In der Umsetzungsphase jedoch haben Betroffene auf jeden Fall Einfluß auf den Erfolg der (angestrebten) Interventionen, da sie selbst Objekt der Veränderung sind - Interventionsarena und Alltagsarena überlappen sich stark.[399] Bei Informationsinterventionen wird dieser Einfluß geringer sein als bei Qualifikationsmaßnahmen. Motivieren und Strukturieren ist am Stärksten dem faktischen Einfluß zugänglich.

In diesem dynamischen Effekt liegt ein wichtiger Schlüssel zum Verständnis des Erfolges oder dem Versanden von Veränderungen. Während man also in den Phasen vor der Implementierung die Veränderungsenergie durch selektive Auswahl der Partizipanten (z.B. indem nur einige wenige Promotoren eingebunden werden) relativ gut steuern kann, haben in der Umsetzung sehr viele Individuen Einfluß, egal ob man dies will oder nicht. Sind solche Akteure nun in der Mehrzahl gegen den Veränderungsprozeß bzw. die Implementierung, droht akute Versandungsgefahr - das Projekt wird ein Schubladenprojekt.

---

397 Vgl. Abschnitt 7.4.

398 Vgl. Staehle (1994), S. 507 der unter Bezug auf Irle (1971), S. 48 den Gesamtzyklus als Entscheidungsprozeß definiert.

399 Vgl. Doppler/Lauterburg (1996), S. 129.

Es ist als weiterer zeitbezogener Effekt keineswegs zwingend, daß durch individuelle Unterstützung bei Entscheidungsvorgängen i.e.S. auch eine individuelle Unterstützung in der Umsetzungsphase der jeweiligen Intervention geschieht. "Verfechter der Theorie, daß eine Partizipation die Ergebnispromotion erleichtert, unterstellen vielfach in fast naiver Weise, daß der partizipative kollektive Entscheidungsprozeß letztendlich zu einem Konsens zwischen den Beteiligten führt."[400] Im Modell wurde dies beachtet, indem zwischen der kollektiven Promotion des Aktorensystems und der Menge der individuellen Reaktion auf angestrebte Interventionen differenziert wurde. Durch diese Trennung, kann realitätsnah beschrieben werden, daß die in kollektiven Verhandlungen ausgearbeitete Intervention von den einzelnen Akteuren individuell beurteilt wird. Der Grad der Harmonie der getroffenen Entscheidung zur Intervention hat entscheidenden Einfluß darauf, ob und wie die Akteure (nun als Betroffene) diese unterstützen.

Ein weiterer grundlegender dynamischer Effekt im Kontext der Partizipation ist, daß die "Durchschlagskraft" der Partizipation im Zeitverlauf des Change-Projektes abnimmt. Als Analogie verdeutliche man sich dies am Entwicklungsprozeß von Produkten.[401] Zu Beginn getroffene Entscheidungen (z.B. Chipdesign) sind die Grundlage für den weiteren Prozeß und können später nur mit unvergleichbar höherem Aufwand verändert werden. Als Beispiel mögen die (hardwaremäßig verursachten) Rundungsfehler der vergangenen Intel-Chip Generation dienen, deren Korrektur einen dreistelligen Millionenbetrag verschlang. Obwohl in einem Veränderungsprozeß auch in der Implementierungsphase eine Suprastruktur besteht, die beispielsweise über Abbruch oder umfangreiche Konzeptanpassungen[402] entscheiden kann, gilt als Heuristik, daß der Einfluß der Partizipation (in positiver wie in negativer Hinsicht) im Zeitverlauf geringer wird.

Ein weiterer zeitbezogener Effekt ist, daß im Verlauf eines Change-Projektes der Kapazitätsbedarf tendenziell zunimmt, also mehr Partizipation nötig wird und damit die Partizipationsweite im Prozeßverlauf zunehmen muß. Partizipation ist nötig, da ein umfassender Veränderungsprozeß einen enormen Kapazitätsbedarf (=Quantität) an Akteuren hat, und insbesondere mit zunehmender Operationalität von Entscheidungen der Kapazitätsbedarf steigt.[403] Ein offensichtlicher dynamischer Effekt der Partizipation ist, daß das Partizipation einen dauerhaften Charakter hat, also das Nehmen der Partizipation zu einem späteren Zeitpunkt nur schwer möglich ist.

---

400 Vgl. Kirsch/Esser/Gabele (1979), S. 300. Vgl. auch Staehle (1994), S. 510.

401 Vgl. Paashuis (1998), S. 4.

402 Zur Gegenüberstellung von Konzeptanpassung und Kontextanpassung (Implementierung im engeren Sinne) siehe Reiß (1995), S. 295, Reiß (1997a), S. 25.

403 Vgl. Zeyer (1996), S. 79, Kanter (1988), S. 252 f., Herp (1996), S. 309.

Mit Kenntnis der vorgestellten inhaltlichen und dynamischen Effekte der Partizipation, kann sich der Arbeit im nächsten Abschnitt der Gestaltungsfrage nach Partizipationszeitpunkten (bzw. -verläufen) und Formen der Partizipation hinsichtlich einzelner Individuen zuwenden.

7.4.4.2 Strategien des Partizipationsverlaufs auf individueller Ebene

Partizipationsstrategien auf individueller Ebene (d.h. bei isolierter Betrachtung einzelner Individuen) ergeben sich aus Überlegungen, wie sich der Zeitpunkt (und die Intensität) der Einbindung unter den jeweiligen situativen Bedingungen auf den Beitrag des betreffenden Individuums zum Kraftfeld zwischen Promotoren und Opponenten während des Verlaufes der Change-Initiative auswirkt.

Partizipation eines Individuums ist grundsätzlich anzustreben, wenn ceteris paribus das Kraftfeld durch Partizipation günstiger (d.h. mehr wandlungsfördernde Kräfte) wäre als durch Nichtpartizipation. Ausgangspunkt für Partizipationsstrategien ist die klassische Implementierungsregel, wonach Promotoren gestärkt und Opponenten geschwächt werden müssen. Unter Umständen sollten Verlierer gezielt entschädigt werden.[404] Allerdings zeigt sich, daß diese Maxime mit Vorsicht anzuwenden ist. Dies liegt daran, daß durch Entschädigungen potentiell das Ziel der Veränderung unterminiert werden kann (z.B. bei Personalabbau und Kostendruck). Grundsätzlich gilt, daß man Opponenten so weit als möglich *vermeiden* sollte. Bei der Frage nach Partizipationsstrategien muß man nach verschiedenen Typen von Akteuren unterscheiden, wovon einige besonders relevant sind.

Der "Echte Promotor" als erster Typus stellt den wünschenswertesten Fall dar. Er verhält sich positiv gegenüber dem Veränderungsprozeß und hat auch allen Grund dazu, weil die Veränderung für ihn wirklich ein positives Ergebnis bedeutet (z.B. angenehmeres Arbeitsumfeld). Für den echten Promotor gilt *grundsätzlich*, daß man ihn früh einbindet. Allerdings weisen BROSE/CORSTEN auf den Fall des "Impotenten Partizipationsenthusiasten" hin.[405] Er will, kann aber nicht (d.h. er hat kein Fach- oder Prozeßpotential). In diesem Fall muß man abwägen zwischen Schaden durch Partizipation und Schaden durch Nichtpartizipation. Der Schaden der durch Nichtpartizipation eintreten kann, ist abhängig von der Aktivierungsbereitschaft (Frustrationspotential) und dem Machtpotential des Akteurs. Je höher diese Werte sind, desto gefährlicher ist es, dieses Individuum nicht oder erst sehr spät zu beteiligen. Die

404 Vgl. Reiß (1993), S. 775. Er unterscheidet zwischen "klassischen Implementierungsregeln" und "modernen Implementierungsregeln". Klassischerweise werden Verlierer geschwächt (Geheimhalten, Entschädigen, Umgehen) und Gewinner gestärkt (Aufklären, Trainieren, Animieren, Partizipieren). Moderen Formen setzen beachten, daß Betroffene sowohl Gewinner als auch Verlierer sein können.

405 Vgl. Brose/Corsten (1983), S. 36. Vgl. auch Müller/Hill (1980), S. 148.

Maxime für den "Impotenten Partizipationsenthusiasten" sollte eine möglichst vorsichtige Einbindung sein (z.B. als Inputgeber oder durch umfassende Information).

Gleiches Verhalten wie der „Echte Promotor" zeigt der "Getäuschte Promotor" (bzw. der "Potentielle Opponent"). Er hat allerdings keinen Grund zur echten Freude, da er keinen positiven Payoff zu erwarten hat. Der Grund für dennoch promovierendes Verhalten kann in unvollständiger (bzw. falscher) Wissensbasis liegen, oder es kann sich um eine bewußte Taktik des Akteurs handeln (was dem "Potentiellen Opponent" entspricht).[406] Für diesen Typus gilt grundsätzlich die Maxime, so wenig und so späte Partizipation wie möglich zuzulassen. Ist der Akteur aufgrund seiner inkorrekten mental models[407] Promotor, so bedeutet Partizipation eine Wissenserweiterung und führt wahrscheinlich zu Opposition. Partizipation scheint gefährlich, da man sich so ein "troyanisches Pferd" in den Kreis der Akteure holt. Allerdings muß der Ausschluß wie im letzen Fall hinsichtlich möglicher negativer Konsequenzen analysiert werden. Tendenziell gilt, daß wenn ein getäuschter Promotor eingebunden werden soll, dann in einer Form, die ihm nicht zu viel Einflußpotential schafft und auch möglichst wenig Überblick vermittelt. Eine ähnliche Gefahr durch Partizipation ist, daß so "schlafende Hunde" geweckt werden können.[408] "Man kann auch sagen, daß die Partizipation vielfach zusätzliche Widerstände der 'Verlierer' bzw. 'Enttäuschten' mobilisiert, die nicht auftreten, wenn die Betroffenen mit den Führungsentscheidungen gar nicht befaßt werden."[409] Allerdings wurde schon im letzten Kapitel der indirekte Nutzen von Partizipation für einen Akteur (beispielsweise durch Netzwerkbildung) beschrieben. Überwiegt dieser Aspekt, so kann auch der (anfänglich) getäuschte Promotor zu einem echten Promotor werden. In diesem Fall ist Partizipation möglich und sinnvoll.

Der dritte Idealtypus ist der "Unnötige Opponent" beziehungsweise der "Potentielle Promotor". Er entscheidet auf einer unnötig negativen Wissensbasis oder Grundeinstellung.[410] Hier gilt, daß Partizipation grundsätzlich gut und sinnvoll ist, aber dosiert erfolgen sollte. Bindet man diesen Typus quasi aus dem Kaltstart intensiv zu Beginn eines Veränderungsprozesses ein, ist ein negativer Einfluß so lange wahrscheinlich, bis sich seine Wissensbasis verändert hat und eine positive Einstellung erreicht worden ist. Als Maxime gilt, daß die Partizipation über eine Anwärmphase dosiert gesteigert werden muß. Wie intensiv der Grad werden sollte hängt von Partizipationsnachfrage und Einflußpotential ab.

406 Vgl. Conner/Clements (1998), S. 43.
407 Vgl. Abschnitt 5.2.2.4.
408 Vgl. Zeyer (1996), S. 71.
409 Kirsch/Esser/Gabele (1979), S. 301.
410 In Abschnitt 7.4 wurde beschrieben, daß die meisten Individuen risikoavers reagieren.

Der "Echte Opponent" als letzter Typus ist gegen die angestrebte Veränderung, zeigt dies offen und hat aufgrund seines Wertesystems auch Anlaß dazu, da er ein Verlierer durch die Realisation der Veränderung ist. Grundsätzlich gilt es, diesen Typus vom Veränderungsgeschehen durch möglichst wenig und möglichst späte Partizipation fernzuhalten.[411] Wird der echte Opponent beteiligt, so wirkt er kontraproduktiv auf den Veränderungsprozeß. Logischerweise optimiert er anhand seines Wertesystems, was nach Annahme nur durch Handeln *gegen* den Veränderungsprozeß geschehen kann. Bei genauerer Analyse erweist es sich aus mehreren Gründen als ein gefährlicher Trugschluß, obige Maxime pauschal anzuwenden. Erstens kann es sein, daß dieses Individuum später (bezüglich der Promotorenmacht) hohen relativen Einfluß (faktische Macht) auf die Umsetzung des Konzeptes hat (z.B. als Meinungsführer (informale Macht) oder als Leiter des betroffenen Bereiches (formale Macht)).[412] Der Ausschluß ist zwar wünschenswert, kann aber nicht umgesetzt werden. Zweitens kann dieses Individuum eine knappe und unersetzbare Wissensressource darstellen (Expertenmacht im weitesten Sinne) - mit anderen Worten, diese Person wird gebraucht, um ein Konzept überhaupt formulieren zu können oder Schwachstellen (z.B. eines komplexen Softwaresystems, das schlecht dokumentiert ist) überhaupt zu identifizieren und später umzusetzen. Genannte Fälle stellen echte Engpässe dar, ein "Bypass" (z.B. Aufbau von Gegenmacht durch Einbindung der Promotoren oder Aufbauen/Einkaufen von Expertenwissen) ist nur mit hohen Aufwand möglich.[413] Ob, wie und wann ein "Echter Opponent" eingebunden werden soll, hängt von der Höhe seines zu erwarteten Verlustes, seiner Aktivierungsbereitschaft und insbesondere von der beschriebenen Wichtigkeit[414] seines Beitrages (bzw. der Möglichkeit zur Umgehung) ab.

Es scheint tendenziell sinnvoll, Personen mit relativ geringen zu erwartenden Verlust hoher Wichtigkeit und hoher Aktivierungsbereitschaft früh partizipieren zu lassen ("Umarmungsstrategie"). Die mögliche Zielerosion ist weniger schädlich, als der potentielle Schaden durch eine Ausschlußstrategie. Durch Ausschluß würde sich dieser Typus wahrscheinlich offen und intensiv gegen den Veränderungsprozeß richten. Da der entsprechende Akteur über ein hohes Potential verfügt, wäre dies spätestens in der Implementierungsphase sehr schädlich. Allerdings sollte die Partizipation dosiert erfolgen (z.B. durch persönliche Information, Inputmöglichkeit aber nicht durch Aufnahme ins Kernteam). Tendenziell fatal ist es, Personen mit sehr

411 Natürlich gibt es auch andere Wege, dies zu erreichen, z.B. durch Zwangsstrategien oder durch Bindung seiner Ressourcen an anderen Stellen. (Vgl. z.B. Reiß (1997), S. 106).

412 Vgl. Sattelberger (1996), S. 83.

413 Vgl. Nippa (1996), S. 73.

414 Diese Wichtigkeit ergibt aus dem Potential einer Person, den Bedarf des Veränderungsprozesses an diesem Potential, der Marktfähigkeit des Potentials (z.B. Beratereinsatz) und der alternativen Verfügbarkeit im System durch (partizipierende) Promotoren des Veränderungsprozesses. Der Einfluß einer Person ist also nicht absolut, sondern ergibt sich *relativ*.

hohen zu erwartenden Verlust zu früh und zu umfassend einzubinden, da sie ein *vitales* Interesse daran haben, daß der Change-Prozeß nicht zum Erfolg kommt. Allerdings wurde schon im letzten Kapitel der indirekte Nutzen von Partizipation (beispielsweise durch Netzwerkbildung) beschrieben. Überwiegt dieser Aspekt, so kann auch der (anfänglich) echte Opponent durch intensive Partizipation zu einem echten Promotor werden (dessen Machteinfluß allerdings stark von geliehener Macht abhängig ist).[415] Eine ähnliche Möglichkeit, aus einem echten Opponenten einen echten Promotor zu machen besteht darin, ihm einen Ausgleich für den auf ihn zukommenden Schaden (z.B. Kompetenzverlust) zu bieten, der an die Bedingung des Schadenseintritts geknüpft ist.[416] Etwas salopp formuliert der Cheforganisator des Geschäftsfeldes Nutzfahrzeuge der Daimler-Benz AG seine Auffassung erfolgreicher Promotorenstrukturen sinngemäß: " Man sollte einigen Mitgliedern des oberen und des obersten Management einige Millionen Mark versprechen und diese ihr Ausscheiden aus dem Unternehmen nach Ende des Veränderungsprozesses. So hat man mächtige Promotoren, die wirklich nach dem Optimum der Sache nach handeln."[417] Sind insgesamt genügend Promotoren (und dadurch die entsprechende Promotorenmacht entsprechender Qualität) vorhanden, so ist eine Konfrontation mit den Opponenten durch Ausschluß möglich. Ist dies nicht der Fall, so muß eine Kooperation mit den wichtigen Opponenten angestrebt werden, auch wenn dadurch das Veränderungsziel gefährdet wird. Dabei sollten Ausgleichsmechanismen in Betracht gezogen werden. Hinsichtlich der "Opponentenstrategie" sollte immer auf den kulturellen Kontext und mögliche Langzeitfolgen geachtet werden. Je nachdem, auf welcher Hierarchieebene sich die zentralen Opponenten und Promotoren befinden, ergibt sich möglicherweise eine top down oder eine bottom up Tendenz. Befinden sich auf mittlerer und unterer Managementebene Promotoren des Wandels und haben diese relativ hohe Verhinderungsmacht und verhält sich das obere Management eher kritisch, so ergäbe sich eine deutliche bottom up Tendenz der Partizipation.

Die letzte Gruppe stellen die "Passiven" dar. Sie bilden die diffuseste Gruppe. Partizipationsstrategien gegenüber Vertretern der Gruppe sind abhängig von der Aktivierungsbereitschaft, dem zu erwartenden Spielergebnis und dem Einflußpotential des jeweiligen Akteurs. Ein Grund für Passivität kann sein, daß der Akteur "Unbeteiligter" ist. Die Veränderung hat keinerlei Auswirkung auf ihn (d.h. Spielergebnis gleich Null) und folglich ist kein Anreiz für den Akteur vorhanden, sich aktiv einzubringen. Grundsätzlich sollte man auf Partizipation dieses Typus verzichten, da von ihm wenig Impulse ausgehen werden und Nichtpartizipation wenig Widerstand erzeugen wird. Problematisch erweist es sich, wenn man die Kompetenz

415 Vgl. Zeller (1996), S. 20.
416 z.B. durch ein Prämiensystem wie bei Rhône-Poulenc Rorer (Güllmann (1997), S. 97).

(das Potential) dieser Person unbedingt benötigt. Um aktive Unterstützung zu sichern, muß im Rahmen der Partizipation für den Akteur die Möglichkeit geschaffen werden, einen persönlichen Nutzen zu realisieren (z.B. durch Beförderungsaussicht oder einen Projektbonus). Ein weiterer idealtypischer Grund für Passivität ist ein sehr geringe Aktivierungsbereitschaft (z.B. innere Kündigung[418]). Es kann sich aber auch um einen "Partizipationsmuffel" handeln.[419] Er kann, will aber nicht. Grundlegend sollte man ihn umgehen, da er bei Ausschluß wenig Schaden anrichtet und als Partizipant wenig aktiven Input bringt. Wie man mit einem im Einzelfall Partizipationsmuffel umgeht, hängt vom erwarteten Spielergebnis für ihn und der Wichtigkeit seines Potentials ab. Ist das erwartete Ergebnis negativ, so ist eigentlich Widerstand zu erwarten, wobei sich seine geringe Aktivierungsbereitschaft stark dämpfend wirkt. Nichtpartizipation ist meist am sinnvollsten. Ist das erwartete Ergebnis positiv, so ist Partizipation sinnvoll, da so die Aktivierungsbereitschaft gesteigert wird. Partizipation sollte allerdings dosiert erfolgen, indem eine schrittweise Intensivierung stattfindet. Je früher und je intensiver sein Potential benötigt wird, desto eher und intensiver muß die Partizipation erfolgen. Letztlich kann Passivität durch Wissensdefizit verursacht sein. Der "Nichtwissende" tut nichts, da er nichts über und vom Change-Prozeß weiß. Die Partizipationsstrategie heißt wenig und nur lokale Partizipation (bzw. Ausschluß), wenn ein solcher Akteur eher negativ betroffen ist, wenig Aktivierungstendenz zeigt und wenig Einfluß hat. Frühe und umfangreiche Partizipation ist dann sinnvoll, wenn das für ihn das erwartete Ergebnis positiv ist und beim Akteur hohe Aktivierungstendenz und hohes Potential vorhanden ist.

7.4.4.3 Effekte der Partizipation auf kollektiver Ebene

Die im letzten Kapitel angedeuteten Aussagen zu dynamischen Partizipationsstrategien auf individueller Ebene können zwar Hinweise zu guten kollektiven Partizipationsmustern geben, aber die Annahme, daß sich aus der Summe (indem geistig für jeden Akteur isoliert im Sinne des letzten Kapitels die Partizipationsstrategie aufgrund der jeweiligen Konstellation gebildet wird) der individuellen Strategien das allgemeine Partizipationsprofil über der Zeit ergibt, greift aus mehreren Gründen zu kurz.

Es wurde schon gezeigt, daß sich die Veränderungsenergie des Aktorensystems nicht einfach als Summe der individuellen Beiträge ergibt. Wird ein Aktorensystem zu groß, so kann es sich trotz positiven Beiträgen aus individueller Perspektive als Kollektiv durch Komplexitätser-

417 Vgl. auch Bungard (1996), S. 264, der vorschlägt, Projektmitgliedern eine Tätigkeit in einem anderen Bereich nach Erfolg der Veränderungsinitiative zuzusichern oder Beförderungen zu versprechen.

418 Vgl. Heinbokel/Schleidt (1993), S. 24.

419 Vgl. Brose/Corsten (1983), S. 36.

höhung lähmen und schwächen.[420] Es kann aus einer isolierten Sicht sinnvoll sein, einen "echten Promotor" umfassend und früh einzubinden, auf kollektiver Ebene aber nachteilhaft. Neben den individuellen Beiträgen muß daher immer der Einfluß auf das gesamte Aktorensystem beachtet werden. Aus diesem Grund scheint es sinnvoll, Promotoren nach der Höhe ihres persönlichen Energiebeitrages durch Partizipation gegenüber einer Nichtpartizipation zu beurteilen. Ist dieser sehr hoch (z.B. obere Führungsebene, hohe Aktivierungsbereitschaft und starke Unterstützung), dann ist dies auch aus einer Gesamtperspektive sinnvoll, da ein potentieller Schaden durch Komplexitätserhöhung des Entscheidersystems kleiner ist als der Nutzengewinn durch Partizipation aus einer isolierten Perspektive. Im Umkehrschluß bedeutet dies, daß nicht jeder potentielle Promotor partizipieren sollen dürfte. Ist der persönliche Energiebeitrag relativ gering (z.B. Sachbearbeiter mit leicht positiver Aktivierungsbereitschaft), überwiegt unter Umständen der Schaden durch Komplexitätserhöhung des Entscheidersystems. Aus dieser Überlegung kann man die Maxime ableiten, daß man die "breite Masse" auch wenn sie Promotoren des Prozesses sind, nicht zu früh einbinden sollte, um einen Strohfeuereffekt zu vermeiden. Um den möglichen resultierenden Schaden gering zu halten, bieten sich eine umfangreiche Kommunikation, Multplikatorenkonzepte, Formen der indirekten Partizipation, Rotationsverfahren, etc. an (siehe Kapitel 7.4.4.4).

Da die Komplexitätsproblematik (aufgrund des geringeren Kapazitätsbedarfes und des höheren Einflusses auf den Veränderungsprozeß) um so schärfer wird, je intensiver die Partizipationsebene ist und das Einflußpotential durch Partizipation mit der Intensitätsebene steigt, sollte die Besetzung des Aktorensystems durch "echte" Promotoren konsequent top down (am persönlichen Energieleverage beziehungsweise der Knappheit der Ressource orientiert) erfolgen.[421] Die Knappheit einer Ressource (=Energieform) ergibt sich aus dem Bedarf (z.B. hohe Machpromotion ist unabdingbar für einen erfolgreichen Prozeß) und dem potentiellen Angebot bei Partizipation durch die Menge der Akteure (z.B. nur einzelne Akteure haben Expertenwissen über Altsysteme). Anhand dieser Knappheit kann der Beitrag eines Akteurs in den einzelnen Dimensionen beurteilt werden, was dem Energieleverage entspricht. Um den Beitrag in den einzelnen Dimensionen zu einen Gesamtmaß zusammenzuführen, kann man die einzelnen Beiträge summieren. Aus der Gesamtheit der Maße kann eine Rangfolge gebildet werden, anhand derer situativ die Entscheidung über Partizipationsintensitäten getroffen wird.

---

420 Was in pauschalen Aussagen nach dem Motto "Je mehr Promotoren, desto besser" (z.B. Theuvsen (1997), S. 127) nicht beachtet wird. Vgl. auch Zeyer (1996), S. 71.

421 Im Kontext von Lean Management weisen Reiß/Morelli (1994), S. 56 darauf hin, daß das Top Management relativ selten "echt" involiert ist. Dadurch, daß man demjenigen, der den höchsten Energieinput verspricht, den größten Einfluß gibt, wird die Komplexitätsproblematik minimiert und die Wirkung auf den Prozeß maximiert.

Weil die Beitragshöhe an Energie durch das Potential eines Akteurs in den einzelnen Energiequalitäten beeinflußt wird und Machtpromotion essentiell für einen Veränderungsprozeß ist, ist in der Regel zu erwarten, daß die Projektorganisation zumindest teilweise der Aufbauorganisation des Systems entspricht.[422] Allerdings müssen auch in diesem Zusammenhang indirekte (positive) Effekte der Partizipation betrachtet werden, die sich wie angesprochen insbesondere auf Akteure des unteren und mittleren Managements extrem motivierend wirken können. Dementsprechend kann es gegebenenfalls sinnvoller sein, einen solchen (scheinbar weniger mächtigen) Akteur in den engeren Kreis der Partizipanten aufzunehmen (z.B. Kernteam, Teilprojektleitung). Außerdem sollte auch auf einem hohen Partizipationsniveau genügend Fach- und Prozeßkompetenz vorhanden sein um ausreichende Prozeßenergie in diesen Dimensionen zu sichern. So sehen z.B. GERPOTT/WITTKEMPER die frühe und ausreichende Integration von IT-Experten als wesentlichen Erfolgsfaktor.[423]

In der bisher entwickelten Modellperspektive wird das Kraftfeld in toto durch die Menge der individuellen Kraftbeiträge gebildet, die durch Verhaltensabsicht und Partizipationsintensität entstehen. Bei genauerer Analyse kann man Partizipation (z.B. als beratender Experte) nicht lediglich als Intensitätsmaß auffassen, das zur *Gesamtbilanz* an Prozeßenergie beiträgt. Die einzelnen Rollen (z.B. Sponsor, Teammitglied, Programmanagement) erfordern jeweils verschiedenen Arten und Formen der Prozeßenergie. Während ein Prozeßteam viel Fachkompetenz benötigt, wird der Lenkungsausschuß eher Überblickswissen und Machtpromotion benötigen.[424] Dies muß bei Überlegungen zur Besetzung der einzelnen Rollen bedacht werden.[425] Bei Partizipationsüberlegungen muß auch beachtet werden, daß eine eindeutige Personifizierung von Verantwortung ein wichtiger Erfolgsfaktor ist.

Schon in Kapitel 7.3.4 wurde angedeutet, daß sich Motivation oder Frustration eines Akteurs auch aus seiner relativen Partizipation bezüglich anderer Akteure ergibt (z.B. Neid, da andere intensiver partizipieren). Es stellt sich in diesem Zusammenhang die Frage nach der Zumutbarkeit der Projektorganisation. Auch wenn es beispielsweise aus einer fachlichen Sicht richtig wäre, mehr hochmotivierte Fachexperten auf Sachbearbeiterebene in den Steuerkreis eines Change-Projektes aufzunehmen und andere "Würdenträger" später einzubinden, ist dies potentiell politisch nicht durchführbar. Es ist zu vermuten, daß auch aus diesem Grund die Projektorganisation die Aufbauorganisation bis zu einem gewissen Grad widerspiegeln sollte.

---

422 Vgl. Witte (1973), S. 17. Zu entsprechenden (deskriptiven) empirischen Ergebnissen siehe Picot/Böhme (1996), S. 239.

423 Vgl. Gerpott/Wittkemper (1996), S. 162. Was allerdings Perlitz u.a. (1995), S. 49 in ihrer empirischen Analyse verwerfen. Auch Maier (1997), S. 10 warnt vor einseitiger Fokussierung auf IT.

424 zu den einzelnen Rollen siehe Abschnitt 7.4.3.1 oder beispielsweise Zeller (1996), S. 121 oder Czichos (1990), S. 453 f. Vgl. auch Heinbokel/Schleidt (1993), S. 187, Berger/Schwenker (1996), S. 1052 f.

425 z.B. Wilkens/Pasquale (1996), S. 295.

Andere partizipationsbezogene Wechselwirkungen zwischen den Akteuren können "Mitreißeffekte" sein, was die Forderung nach Personifizierung von Verantwortung unterstützt.[426] BLEICHER spricht in diesem Zusammenhang von kritischen Massen, die es durch geeignete Muster der Partizipation zu erzeugen gilt.[427]

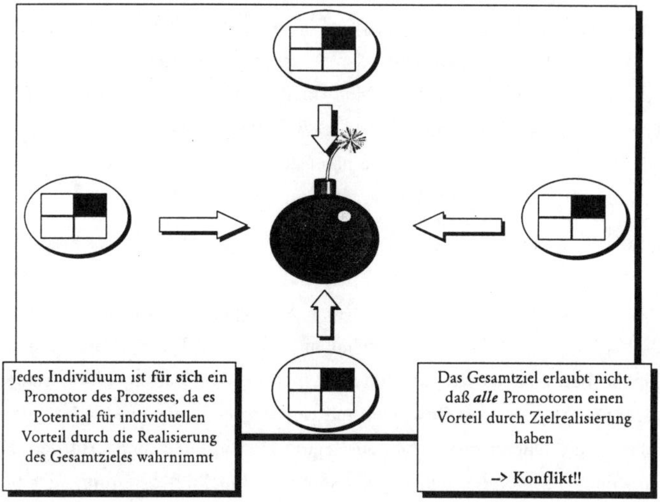

Abbildung 7-26: Das "Paradoxon der Promotoren"

Im letzten Kapitel wurde implizit davon ausgegangen, daß für jedes Individuum das zu erwartende Spielergebnis determiniert ist. Diese Annahme läßt sich in der Regel nicht halten. Es ist erforderlich, zwischen einer allgemeinen Konfliktintensität[428], nach Wahrscheinlichkeiten/Sicherheiten der Verteilung des Spielergebnisses und - falls möglich - nach der Verteilung des Spielergebnisses zu unterscheiden. Gerade zu Beginn einer Veränderungsinitiative kann man tendenziell wenig über die genauen Verlierer oder Gewinner aussagen, auch wenn klar ist, daß der Prozeß in toto ein hohes Konfliktpotential birgt (z.B. Abbau von Stellen oder Reduktion von Kosten). In diesem Fall greifen die Argumentationen aus Kapitel 7.4.4.2 zu kurz, da man nicht sagen kann, ob ein Akteur Verlierer oder Gewinner sein wird.[429] Je nach

426 Vgl. Abschnitt 7.4.4.

427 Vgl. Bleicher (1996), S. 152.

428 Vgl. Kirsch/Esser/Gabele (1979), S. 301.

429 Vgl. Reiß (1993), S. 775. Er unterscheidet zwischen "klassischen Implementierungsregeln" und "modernen Implementierungsregeln. Klassischerweise werden Verlierer geschwächt (Geheimhalten, Entschädigen, Umgehen) und Gewinner gestärkt (Aufklären, Trainieren, Animieren, Partizipieren). Modernere Formen beachten, daß Betroffene sowohl Gewinner als auch Verlierer sein können.

Aktivierungsbereitschaft, Partizipationsintensität, Einflußpotential, Einstellung gegenüber Risiko, etc. wird ein Partizipant im Rahmen des Change-Prozesses sein persönliches Zielsystem optimieren. Dies gilt auch für einen Promotor des Veränderungsprozesses in toto. Ein (potentiell fatales) "Paradoxon der Promotoren" tritt dann auf, wenn zwar aus jeder individuellen Perspektive eine Zielidentität zwischen persönlichen Ziel und Gesamtziel des Change-Prozesses möglich ist, es aber auf kollektiver Ebene zu Konflikten kommt. Es ist abzusehen, daß es im Verlauf des Prozesses entweder zu einer Zielerosion kommt oder die Allianz momentaner Promotoren zerbricht.[430] Man muß daher darauf achten, daß es für die Akteure/Promotoren möglich ist, ihre persönlichen Ziele zu optimieren und dabei das Gesamtziel zu realisieren ist (="win-win Situation unter den Akteuren").[431] Dies ist um so wichtiger, je zentraler die Rolle eines Akteurs im Veränderungsprozeß ist.[432]

Dynamisch formuliert läßt sich sagen, daß die "Verteilungssicherheit" des Spielergebnisses im Zeitverlauf zunimmt. Herrscht zu Beginn der Veränderungsinitiative eine hohe Verteilungsunsicherheit, so bieten sich zwei idealtypische Strategien an. Man kann versuchen, diese Unsicherheit so lange als möglich beizubehalten (z.B. durch Wechsel der Partizipanten), um Anreize für die Partizipanten zu schaffen oder man legt die Partizipationsstrategie früh und eindeutig fest und klärt so, wer Gewinner und wer Verlierer sein werden.[433] Letztere hat den Nachteil, daß so die Opponenten schon zu Beginn klar definiert sind. Auf der anderen Seite sind die Gewinner Promotoren und können so eine schlagkräftige Gruppe darstellen.[434] Der kritische Punkt ersterer Strategie ist, daß Unsicherheit das System potentiell lähmt (vgl. Kapitel 7.3.3.2).

In den letzten Kapiteln hat sich gezeigt, daß gute Zeitstrukturen der Partizipation von vielen Einflußfaktoren abhängig sind, die sich teilweise gegenseitig beeinflussen. Während Kapitel 7.4.4.2 versuchte, kollektive Aussagen über Zeitstrukturen der Partizipation durch Summation individueller Perspektiven zu gewinnen, wurde in diesem der Schwerpunkt auf Interdependenzen zwischen den Individuen gelegt und dementsprechende Aspekte zu Partizipationsstrukturen angedeutet. Um zu umfassenden Aussagen zu kommen, müssen beide Blickweisen integriert betrachtet werden. Das folgende Kapitel versucht, die verschiedenen Aspekte und Wirkungen der Partizipation integriert zu betrachten und Zeitverläufe der Partizipation abzuleiten. Da dies einer sehr hohen Komplexität entspricht, beschränken sich die folgenden Ausführungen zunächst auf die Frage des Partizipationstimings der Betroffenen, ohne explizit

430 Vgl. Hout/Carter (1996), S. 60, die auf dieses Problem insbesondere unter den Top Managern hinweisen.
431 Vgl. Czichos (1990), S. 467.
432 Vgl. Zeller (1996), S. 120.
433 Vgl. Bickenbach/Soltwedel (1996), S. 24.
434 Zu einem entsprechenden Praxisbeispiel der Jenoptik AG siehe Schleef (1997), S. 156.

nach verschiedenen Gruppen und nach Partizipationsebenen zu differenzieren (allerdings wird zwischen Partizipation und Information unterschieden).

7.4.4.4 Partizipationstiming der Betroffenen im Change Management

Partizipationstiming entspricht der Frage nach dem Zeitpunkt und der Art (z.B. Umfang) der Einbindung der Betroffenen. Die Skala liegt zwischen den Polen "maximale Partizipation gleich zu Beginn" (d.h. ein sog. „grass root approach") und "minimale und möglichst späte Partizipation" (Bombenwurf).[435] Statt von Partizipationstiming kann man inhaltsgleich vom Zeitverlauf der Partizipation sprechen. Von den vielen situativen Aspekten, die Einfluß auf den geeigneten Partizipationsverlauf haben, zeigt Tabelle 7-2 die wesentlichsten Faktoren.

Situative Einflußgrößen auf Zeitstrukturen der Partizipation	
• Bedarfsprofil (Quantität und Qualität) an Prozeßenergie im Zeitverlauf. Orte des Bedarfes	• Leidensdruck, Handlungsnotwendigkeit erkannt auf den verschiedenen Ebenen[436]
• Partizipationskultur, Risikobereitschaft	• Erfahrungen mit vergangenen Veränderungsinitiativen
• Resourcen, Kapazitäten	• Machtverteilung innerhalb des Systems
• Engpässe hinsichtlich Expertenmacht, Erkaufbarkeit von Expertenmacht	• Kompetenzverteilung (Fach- und Prozeßpotential)
• Promotorenverfügbarkeit und Verteilung	• Konfliktpotential des Veränderungsprozesses
• Sicherheit hinsichtlich Gewinner-Verlierer-Struktur	• Vernetztheit des Veränderungsobjektes
• Externe Einflüsse im Verlauf, z.B. Konkurrenzprojekte Ferienzeiten, Verfügbarkeit der Akteure (z.B. Ruhestand), Managementwechsel, Konjunkturzyklen, Markeinbruch	• Unterstützung/Einstellung Auftraggeber

Tabelle 7-2: Wichtige Einflußfaktoren auf Zeitstrukturen der Partizipation

Die beschriebenen Effekte der Zunahme des faktischen Einflusses, des zunehmenden Bedarfs an Kapazität, der asymmetrischen Wirkung und der Abnahme der Durchschlagskraft der Partizipation sind zentral für das Partizipationstiming. Im Rahmen der beschrieben vielfachen Effekte und Aspekte der Partizipation, hat sowohl frühe als auch späte Partizipation, die situativ abgewogen werden müssen.

---

435 Vgl. Zeller (1996), S. 119, Clarke (1994), S. 164, Sattelberger (1996), S. 86. Vgl. auch Kapitel 6.1.

436 Vgl. Nippa (1996a).

Ein Vorteil einer möglichst späten Partizipation ist, daß das Aktorensystem (in der Konzeptionsphase) nicht durch Machtteilung behindert wird.[437] Werden Betroffene sehr früh umfassend involviert, so steigt die Gefahr der Verwässerung der eigentlichen Ziele. Dies liegt an der steigenden Größe[438] des Entscheidersystems und daran, daß die Beteiligung eines (momentanen) Opponenten zu Beginn eines Change - Prozesses tendenziell wesentlich schädlicher ist, als zu einem späteren Zeitpunkt. "Je mehr Betroffene am Prozeß des Wandels aktiv beteiligt sind, desto größer wird die *Komplexität* der Entscheidungsarenen und Problemlösungssysteme und desto größer erscheint auch die Gefährdung der Handlungsfähigkeit."[439] (Im Original kursiv). Das Phänomen kann treffend Beteiligungsfalle genannt werden, da Partizipation nur schwer rückgängig gemacht werden kann.

Auch wenn man annimmt, daß nur Promotoren aufgenommen werden, so steigt aufgrund der Größe des Entscheidersystems die Gefahr, daß trotz individuellem guten Willen der Veränderungsprozeß insgesamt leidet und im schlimmsten Fall an einer Aktionismusfalle[440] bzw. Erstickungsfalle[441] zugrunde geht. Wie später beschrieben wird, lassen sich derartige Effekte durch geeignete Koordinationsstrukturen und Controllingsysteme reduzieren, die für den nötigen Zeit- und Umsetzungsdruck sorgen.[442] Die Gefahr der Erstickungsfalles ist um so größer, je vernetzter das zu restrukturierende Objekt ist, oder umgekehrt, wie gut es sich zerlegen läßt. Das genannte Argument spricht dafür, so wenig Partizipation wie nötig zuzulassen. Partizipation stellt allerdings nicht nur eine Gefährdung dar, sondern ist aus kapazitiven Gründen notwendig (z.B. könnte man einen SAP R/3- oder Datum-2000 Experten schon zu Beginn benötigen). Da ein Veränderungsprozeß nur bedingt planbar ist und Kapazitäten in der Regel nicht ad hoc verfügbar sind scheint er wichtig, Slack einzubauen und Fähigkeiten frühzeitig aufzubauen beziehungsweise zu erschließen, um nicht in eine Kapazitätsfalle zu geraten.[443] Diese tritt dann ein, wenn der Kapazitätsbedarf in der Implementierungsphase stark ansteigt und nicht rechtzeitig aufgebaut worden ist.

Eines der größten Probleme ist das Versanden eines Veränderungsprozesses in der Implementierungsphase.[444] Diese Gefahr ist eng mit dem Partizipationstiming verknüpft. Wie

---

437 Vgl. Abschnitt 7.4.5. Vgl. auch Zeyer (1996), S. 78, Gelinas, u.a. (1998), S. 67.

438 Vgl. Abschnitt 7.4.5.

439 Kirsch/Esser/Gabele (1979), S. 299.

440 Vgl. Reiß (1997e), S. 114.

441 Dieser Begriff rührt daher, daß auch ein Feuer zu Beginn erstickt werden kann, wenn zuviel Brennholz (=Energie) zu Beginn aufgelegt wird. Vgl. Schneider (1997), S. 97, wonach "Focus and Scope" als Erfolgsfaktor im Change Management gilt.

442 Vgl. Zeller (1996), S. 122.

443 Vgl. Lochmann/Rüsch-Kornasoff (1996), S. 340.

444 Vgl. Sattelberger (1996), S. 82, Reiß (1995b), S. 278, Rohe (1998), S. 16, Rüegg-Sturm (1998), S. 3. Zu entsprechenden (empirischen) Ergebnissen vgl. Picot/Böhme (1996), S. 246, Doppler/Lauterburg (1996), S. 129, Schuh u.a. (1998), 22.

angesprochen nimmt der faktische Einfluß der Betroffenen auf den Veränderungsprozeß im Zeitverlauf zu. Während man in den Phasen *vor* der Implementierung die Veränderungsenergie durch selektive Auswahl der Partizipanten (z.B. nur einige wenige echte Promotoren einbinden) relativ gut steuern kann, haben in der Umsetzung sehr viele Individuen Einfluß, egal ob man dies will oder nicht. Sind solche Akteure nun in der Mehrzahl gegen den Veränderungsprozeß bzw. die Implementierung droht akute Versandungsgefahr - das Projekt läuft Gefahr, ein Schubladenprojekt zu werden. Durch spätes Partizipieren steigt die Gefahr, daß in der Implementierungsphase ein hohes Oppositionspotential vorhanden ist. Der Grund ist, daß tendenziell alle Individuen während des bisherigen Verlaufes auf die Interventionen (oder besser die Nichtintervention, die Nichtinformation, die Nichtpartizipation, etc.) reagiert haben und so ein Verhaltenspotential aufgebaut haben. Wenngleich keine absoluten Aussagen möglich sind, so ist anzunehmen, daß in den meisten Fällen (gefördert auch durch die Gerüchteküche) ein Oppositionspotential entstanden ist, das sich aber erst jetzt in der Implementierung entlädt. Man kann argumentieren, daß durch Information, Kommunikation und vor allem Partizipation die Akzeptanz geschaffen werden kann, um eine Implementierung zu ermöglichen. Allerdings ist das individuelle Verhalten - wie in Kapitel 7.3.3.2 beschrieben - nicht von heute auf morgen änderbar und vor allem ist eine von einem Individuum im bisherigen Verlauf des Veränderungsprozesses entwickelte Opposition kaum oder nur mit sehr hohem Aufwand zu Überwinden. Der beschriebene Effekt kann "dynamische Ausschlußfalle" genannt werden und bedeutet, daß eine früher getroffene Entscheidung zur Nichtpartizipation später zu Problemen führen kann, die möglicherweise nicht mehr revidierbar sind.[445] Aus einer anderen Perspektive kann man das Phänomen auch als Linearitätsfalle verstehen.[446] Da Partizipation zunächst die Komplexität des Veränderungsprozesses erhöht und damit auch potentiell verlangsamt, verleitet ein lineares Denken dazu, durch Verkleinerung des Partizipantenkreises den Veränderungsprozeß zunächst zu beschleunigen. Die mögliche negative oder gar fatale Konsequenz zu einem späteren Zeitpunkt wurde schon beschrieben.

Die logische Antwort zur Verhinderung der Ausschlußfalle ist eine präventive (d.h. zeitlich vorgelagerte) Partizipation der Betroffenen.[447] Dadurch soll sichergestellt werden, daß der Prozeß zwar möglicherweise in der Konzeption träger wird, aber in der Umsetzung auf

---

445 Vgl. Reiß (1993d), S. 133, der im Rahmen des Komplexitätsmanagement darauf hinweist, daß Partizipation auf der einen Seite Komplexität verringert, auf der anderen Seite insbesondere die "Schnittstellenkomplexität" erhöht. In Abschnitt 7.4 wurde gezeigt, daß negative Effekte auf das Kraftfeld selbstverstärkend sind. Hat der Prozeß also schon viel Energie verloren, so ist ein steuerndes Eingreifen erst recht schwer.

446 Vgl. Abschnitt 4.5.3 und Abschnitt 6.2.

447 Vgl. Grimmeisen (1995), S. 292, der von "Controlling der Partizipation" spricht (siehe auch Grimmeisen (1997), S. 145ff). Faßt man Controlling als allgemeine Lehre vom Steuern auf, so kann jedes zielgerichtete Handeln als Controlling aufgefaßt werden.

weniger Oppositionsbarrieren trifft und so in Summe erfolgreicher wird. "Je mehr Betroffene aufgrund einer umfangreichen Partizipation die schließlich getroffenen Entscheidungen 'mittragen', desto weniger bleiben übrig, gegen deren Widerstand das Ergebnis durchgesetzt werden muß."[448] Werden mehr Betroffene eingebunden, können mehr Personen das Entscheidungsergebnis in der Promotion vorantreiben. Präventive Partizipation dient nicht nur der Vermeidung von Widerstand, sondern auch der Sicherung von Ressourcen, die man unter Umständen später benötigt.[449] Den negativen Effekt der Komplexitätserhöhung einer umfassenden Partizipation kann man durch Formalisierung der Partizipation, Schnittstellenklärung, Modularisierung und durch Rotation der Partizipanten reduzieren. Komplexitätsvermeidend scheint es, Partizipation ungleichmäßig zu verteilen, indem positive Meinungsführer gesucht oder aufgebaut werden und gezielt als Multiplikatoren eingesetzt werden.[450] In diesem Zusammenhang ist es wichtig, kritische Massen zu erzeugen.[451] Faßt man Information als unterste Ebene der Einbindung auf, so stellt sich die Frage, bis zu welchem Grad positive Effekte durch ("echte") Partizipation auch durch umfassende Information oder Kommunikation erreicht werden können. Damit könnte man die negativen Effekte durch Komplexitätserhöhung minimieren. Nach Meinung vieler Autoren, kann durch eine stabilisierende, offene und positive Informationspolitik viel erreicht werden.[452] "Keine Nachrichten sind schlechte Nachrichten. Die Organisation benötigt einen ständigen Informationsfluß, um die Gerüchteküche zum Verstummen zu bringen."[453] Präventive Partizipation sollte zur Vermeidung der angesprochenen negativen Effekte auf diejenigen fokussiert sein, die die höchste spätere Verhinderungsmacht haben (hohes Machtpotential, hohe Aktivierungsbereitschaft) oder dringend benötigt werden (z.B. IT-Experte für Legacy-Systeme).

---

448 Vgl. Kirsch/Esser/Gabele (1979), S. 300.

449 Die Zeitlichkeit beziehungsweise "Halbwertszeit" von Motivation wurde schon in Abschnitt 7.4 und Abschnitt 6.4.4 beschrieben. Auch hier ist bei der Erzeugung einer kritischen Masse zu *Beginn* des Prozesses darauf zu achten, daß man nicht in die Strohfeuerfalle tritt, indem Erwartungen erzeugt werden, die nicht rechtzeitig eingelöst werden können.

450 Vgl. Reiß (1993), S. 772, Beutel-Wedewarth (1994), S. 245 f. Dernbach (1996), S. 203 spricht von "revolutionären Zellen". Aus einer abstrakten Perspektive bedeutet dies, sinnvolle Formen der Selbstorganisation anzustreben (Vgl. Kapitel 5.2.2.3). Auch der indirekten Partizipation durch Interessenvertretungen der Betroffenen kommt eine wichtige Rolle zu (Vgl. Zeyer (1996), S. 79).

451 Vgl. Bleicher (1996), S. 152. Vgl. zur "kritischen Masse" und zu "Schneeballeffekten" auch Kobi (1996), S. 117.

452 Vgl. Gerpott/Wittkemper (1996), S. 158, Kotter (1997), S. 21, Czichos (1990), S. 424, Alexander (1997), S. 182, CSC Index (1993), S. 2, Clarke (1994), S. 170, Bungard (1996), S. 266, Droege & Comp. (1995), S. 191, Servatius (1994), S. 56, Doppler/Lauterburg (1996), S. 94 bzw. S. 228. Letztere heben hervor, daß Kommunikation zeitnah erfolgen muß, also lieber unvollständig und sofort, als vollständig und (zu) spät (S. 238). Zu den Unzulänglichkeiten klassischer Kommunikationsformen (z.B. Firmenzeitschrift, Poster, Satellitenübertragungen, etc.) siehe Lohse (1997), S. 194. Nach Berger/Schwenker (1996), S. 1048 sollte Kommunikation authentisch und zielgruppenorientiert erfolgen. Zu empirischen Ergebnissen und der Forderung nach konstanten und nicht pulsierenden Informationsfluß siehe Perlitz u.a. (1995), S. 63. Zu einem Praxisbeispiel (Shell Austria AG) siehe Englert/Dielacher (1996), S. 281 f.

453 Vgl. Herp/Brand (1996), S. 134.

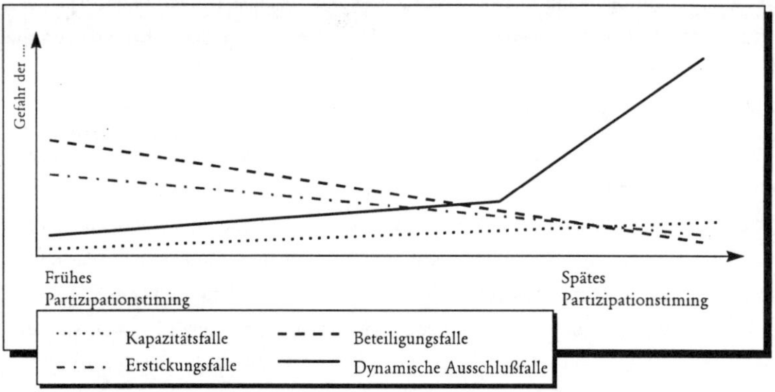

Abbildung 7-27: Skizzenhafter Verlauf einiger timingrelevanter Effekte[454]

Auf das durch die in Abbildung 7-27 nochmals skizzierten dynamischen Effekte entstehende Spannungsfeld des Partizipationstimings lassen sich keine allgemeingültigen Antworten geben. Die konkreten Verlaufskurven der einzelnen Effekte sind vielmehr situativ verschieden. Wichtige situative Größe, die das Spannungsfeld beeinflussen sind die (potentielle) Verhinderungsmacht des Betroffenensystems, die gezeigte Opposition, der Leidensdruck, die Unternehmenskultur, die Komplexität des Veränderungsobjektes und die Konfliktintensität.

Ist die Verhinderungsmacht der Betroffen groß, so muß ein tendenziell früherer Zeitpunkt der Partizipation gewählt werden. Allgemein wird argumentiert, daß in Situationen hohen Leidensdrucks die Bereitschaft der Betroffenen unangenehme Veränderungen zu akzeptieren wesentlich höher ist.[455] Eine weitere Rolle spielt die Unternehmenskultur - insbesondere die kulturelle Verankerung der Partizipation und des Führungsstiles. In einer partizipativen Unternehmenskultur wird tendenziell auch ein höheres Maß an Partizipation eingefordert und ist auch möglich.[456] In diesem Zusammenhang sollte der potentielle langfristige Schaden durch nichtpartizipatives Vorgehen betrachtet werden.[457] In Kapitel 6.1 wurde im Zusammenhang mit Timingfragen und Aspekten der allgemeinen zeitlichen Vorgehensstrategie schon beschrieben, daß nichtpartizipatives Vorgehen im Einzelfall negative langfristige Wirkungen insbesondere im Hinblick auf agile, flache, selbstorganisierende und lernende Organisationen

454 Siehe auch Reiß (1993).

455 Vgl. hierzu Abschnitt 6.2.

456 Vgl. Raiser (1983), S. 257ff. Zur Darstellung anhand von Fallbeispielen siehe Bullinger/Stiefel (1997), S. 136 f.

457 Vgl. Abschnitt 6.2, zu dem enge Parallelen bestehen. Vgl. Sattelberger (1996), S. 73, der von einer "Glaubwürdigkeitslücke" spricht.

haben kann. Allerdings kann in einer Vertrauenskultur[458] auch eine erhöhte Akzeptanz einer nichtpartizipativen Konzeptionsphase zu beobachten sein. Ein solcher Effekt (Vertrauen auf die Führung bei gleichzeitiger Gewohnheit der Passivität) trifft insbesondere im Falle patriarchalischer Kulturen zu.[459]

Mit steigender Vernetzung des Change-Objektes steigt die Gefahr der Aktionismusfalle[460], beziehungsweise der Erstickungsfalle.[461] Gerade bei integrierten Programmen zur Optimierung der Prozesse, Strukturen und IT-Systeme ist ein hoher Grad an Vernetzung festzustellen. Nicht zuletzt aus diesem Grund (aber wohl nicht nur) ist hier umfangreiche Partizipation zu einem frühen Zeitpunkt sehr kritisch zu betrachten.[462] "Besonders schwer scheint es zu sein, tiefgreifendere Veränderungen in partizipativen Prozessen durchzusetzen, weil sich die partizipative Entscheidungsstruktur dann leicht als System von Vetopositionen erweist."[463]

Wichtigen Einfluß auf die Frage optimalen Timings der Partizipation hat das Konfliktpotential beziehungsweise die zu erwartenden Verlierer - Gewinner - Situationen und wie hoch deren jeweiliger potentieller Einfluß ist. Das Konfliktpotential hat entscheidenden Einfluß, wie gut und eindeutig die Entscheidungen seitens des Aktorensystems sind.[464] KIRSCH/ESSER/GABELE gehen in diesem Zusammenhang davon aus, daß je mehr die geplante Veränderung einem Null-Summen-Spiel[465] gleicht, desto höher ist das Konfliktpotential. Es reicht allerdings nicht, nur vom Konfliktpotential in toto zu sprechen, genauso entscheidend ist, wie sicher der Ausgang der individuellen Verteilung ist (ist beispielsweise von vorne herein klar, daß bestimmte Funktionen überflüssig werden, oder ist am Anfang nur klar, daß die Kosten um 20% gesenkt werden müssen). Zusammen mit der Annahme daß die "Durchschlagskraft" der Partizipation im Prozeßverlauf prinzipiell abnimmt, scheint mit steigendem Konfliktpotential eine tendenziell spätere und vorsichtigere (z.B. Partizipation nicht auf oberster Intensitätsebene, sondern lediglich als Inputgeber für Entscheidungen) Partizipationsstrategie verbunden. Umgekehrt gilt prinzipiell, daß das Partizipationstiming um so früher und

---

458 Vgl. Grässle (1993), S. 60, Bleicher (1995), S. 390 f., Grunwald (1995), S. 73 f., Krystek (1997), S. 266 f.

459 Zur "patriarchalischen Einführung" vgl. Zeyer (1996), S. 76.

460 Vgl. Reiß (1997e), S. 114.

461 Dieser Begriff rührt daher, daß auch ein Feuer zu Beginn erstickt werden kann, wenn zuviel Brennholz (=Energie) zu Beginn aufgelegt wird.

462 Jüngstes Beispiel für einen komplexen Veränderungsprozeß mit verschwindend geringer Partizipation ist die Fusion von Daimler-Benz und Chrysler. Jürgen Schrempp hat auf der außerordentlichen Pressekonferenz in London am 6.5.1998 explizit einen zu hohen Partizipationsgrad in frühen Phasen als den Mißerfolgsfaktor gescheiterter Fusionen genannt. Zur Fusion siehe beispielsweise den Artikel im Handelsblatt, Nr. 88 vom 8/9.5.1998.

463 Vgl. Kirsch/Esser/Gabele (1979), S. 300.

464 Vgl. Kirsch/Esser/Gabele (1979), S. 299 f.

465 Zu einer anderen Anwendung der Spieltheorie im Management siehe Brandenburger/Nalebuff (1996), S. 82ff ., Zu allgemeinen Ausführungen zur Spieltheorie siehe Güth (1992) oder Rieck (1993). Ein extre-

umfassender geschehen sollte, je umfassender win-win Situationen durch den Veränderungsprozeß erwartet werden können.

Letztlich gelten alle angestellten Überlegungen nur im Rahmen ihrer Prämissen hinsichtlich Machtstrukturen, Aktorenzusammensetzung, Gewinner-Verlierer Strukturen, etc. Zur optimalen Gestaltung von Zeitstrukturen der Partizipation müssen diese Prämissen kritisch hinterfragt werden und es muß untersucht werden, ob diese nicht so variierbar sind, daß eine bessere Problemlösung möglich ist.[466] Möglicherweise scheiden mächtige Opponenten aus dem Unternehmen aus oder können abgelenkt werden, indem man sie mit anderen Aufgaben überhäuft. Umgekehrt muß man sich fragen, ob man nicht neue Akteure (Promotoren) ins Spiel bringen kann. Wenn immer möglich, sollte man dies als „Königsweg" versuchen.[467] Hinsichtlich des Einflusses der Mitbestimmungsorgane kann beispielsweise eine rechtliche Verselbstständigung von Unternehmensteilen zur Reduktion von Widerstandspotential beitragen.[468] Eine wichtige Frage ist, ob der Veränderungsinhalt an sich nicht so ausgestalten kann, daß es insgesamt weniger Konfliktpotential birgt (z.B. statt Personalabbau wird ein Standortsicherungspaket erarbeitet). Bei der Weiterentwicklung der Führungsorganisation bei Mercedes-Benz von 1992 wurde beispielsweise der Abbau von 25% der Strukturstellen durch Zusicherung der Besitzstände abgefedert und dadurch Widerstand vermieden.[469] Allerdings sollte man mit Ausgleichsmaßnahmen äußerst umsichtig vorgehen. Es besteht die Gefahr, daß man sich so eine lokale Verbesserung durch eine Verschlechterung an anderer Stelle erkauft und die eigentlichen Zielerreichung (=Gesamteffizienz) des Veränderungsprozesses nicht verbessert sondern verschlechtert.[470] Im Falle der Weiterentwicklung der Führungsorganisation bei Mercedes-Benz besteht heute noch ein deutlicher Führungskräfteüberhang, der Kosten verursacht.[471]

7.4.4.5 Zeitverlauf der Partizipationsweite nach Partizipationsintensitäten

Während im letzten Kapitel die Frage nach dem Verlauf der Partizipationsweite pauschal gestellt und eine dementsprechende Heuristik entwickelt wurde, ist nach den bisherigen Ausführungen Partizipation nicht gleich Partizipation und obige Fragestellung beziehungs-

mes Beispiel, das sogar ein Negativ-Summen-Spiel darstellt ist die Restrukturierung der Jenoptik AG, wo die Belegschaft auf ein Drittel reduziert wurde (Schleef (1997), S. 156).

466 Was einem "double loop learning" entspricht. Vgl. hierzu Kapitel 5.2.2.4, Wahren (1996), S. 53 und Schuler/Jackson (1998), S. 401 f.

467 Vgl. Fischer (1997d), S. 26.

468 Vgl. Zeyer (1996), S. 167.

469 Vgl. hierzu die Fallstudie im Anhang.

470 Durch eine derartige Maßnahme wird der Inhalt beziehungsweise das aktionsseitige Ziel des Prozesses verändert.

471 Für Abfindungs- und Vorruhestandsregelungen muß man ähnliche Überlegungen anstellen.

weise die entwickelte Heuristik für reale Fragestellungen zu undifferenziert. Beispielsweise kann man bei einem höheren Vernetzungsrad (z.B. IT-Reengineering) nicht automatisch auf eine geringere Partizipationsweite schließen. Während es auf Kernteamebene enorm wichtig wird, den Partizipationsgrad zu beschränken, gilt dies nicht unbedingt für Partizipation auf lokaler Ebene. Im Gegenteil, es kann sogar sinnvoll sein, den Partizipationsgrad auf lokaler Ebene zu erhöhen, um möglichen negativen Effekten (z.B. Widerstand durch Unwissen) durch Partizipationsbegrenzung auf höherer Ebene entgegenzuwirken.[472]

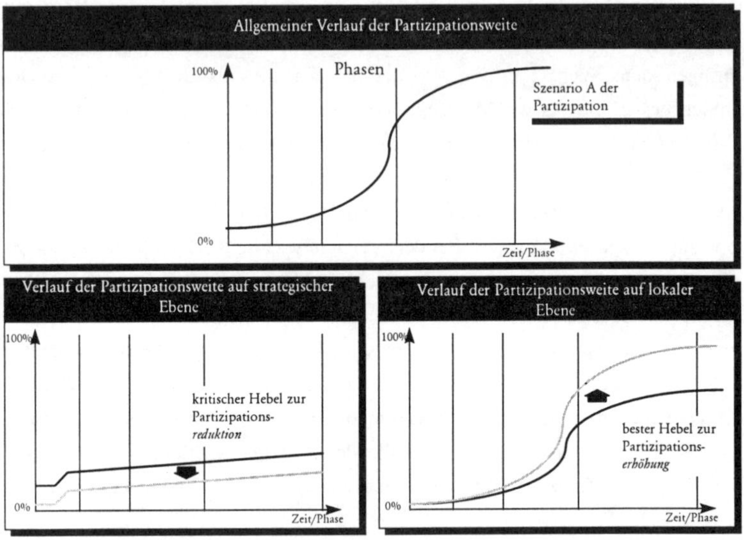

Abbildung 7-28: Partizipationsverlauf nach Intensitätsebenen

Um die entwickelte Heuristik praxisnäher zu gestalten, muß sie verfeinert werden, indem nach verschiedenen Ebenen der Partizipation differenziert wird und entsprechende ebenenspezifische situative Gestaltungsaussagen aus der pauschalen Heuristik heraus entwickelt werden. Dies geschieht im folgenden, indem die beschriebenen Einflußfaktoren (z.B. Kapazitätsfalle) jeweils hinsichtlich ihrer Auswirkungen auf die jeweilige Partizipationsebene untersucht und daraus Verlaufsimplikationen abgeleitet werden. Aus der Gesamtheit der Effekte kann dann ein typischer ebenenspezifischer Verlauf der Partizipation abgeleitet werden. Abbildung 7-28 zeigt hierzu im oberen Teil die im letzten Abschnitt erarbeitete generische Verlaufskurve der

472 z.B. Herp (1996), S. 309, der nicht nach Partizipationsintensitäten unterscheidet.

Partizipation bei undifferenzierter Betrachtung (deren Anstiegsverlauf und -umfang durch die im letzten Abschnitt beschriebene Heuristik beeinflußt wird).

Im Verlauf des Veränderungsprozesses nimmt der Kapazitätsbedarf vor allem für die Tätigkeiten auf lokaler und taktischer Ebene zu. Die Gefahr, in die Kapazitätsfalle zu geraten, ist dementsprechend auf dieser Ebene auch höher. Für umfassende und frühe Partizipation spricht insbesondere der Aspekt der präventiven Partizipation. Erfolgt diese auf einer lokalen Ebene, so sind die potentiellen negativen Effekte (z.B. Verwässerungsgefahr) weniger stark ausgeprägt als bei einer (präventiven) Partizipation auf strategischer Ebene. Zur Reduktion potentiell negativer Effekte der präventiven Partizipation wurden z.B. Strategien der Rotation genannt. Diese senken die Partizipationsweite pro Zeitpunkt bei gleichzeitiger Erhöhung der Partizipationsweite in einem Zeitintervall. Genannt wurde auch die Strategie, echte Partizipation durch Information zu ersetzen und so zu begrenzen. Umgekehrt verhalten sich die angesprochenen Gefahren der Beteiligungs- und der Erstickungsfalle. Je tiefer (also einflußreicher) die Partizipation ist, desto größer werden diese Gefahren. Je entscheidender eine Tätigkeit für einen Veränderungsprozeß ist (große Tiefe der Partizipation), um so kritischer ist daher eine frühe und hohe Partizipationsweite zu beurteilen.[473]

Insgesamt zeigen sich - wie in Abbildung 7-28 dargestellt - folgende generische Verlaufsmuster der Partizipation bei differenzierter Betrachtung. Hinsichtlich der Entwicklung der Partizipationsweite auf weniger intensiven Ebenen muß und kann eine höhere und stärker zunehmende Weite der Partizipation angestrebt werden als dies auf strategischer Ebene der Fall ist.[474] Je geringer die Partizipationsintensität ist, desto stärker nimmt die Partizipationsweite also tendenziell zu. Die Partizipationsweite auf der strategischen Ebene ist gering und nimmt im Verlauf des Prozesses weniger stark zu. Unabhängig ob man später ein partizipatives Vorgehen anstrebt, scheint es sinnvoll, Machbarkeitsstudien und grundlegende Vorgehensstrategien in einem kleinen Kreis zu erstellen und sich so alle Optionen für weiteres Vorgehen offenzuhalten.[475] Dies wird auch durch den Anfang der Verlaufskurve in der linken unteren Graphik ausgedrückt. Der kleine Kreis ist definitorisch auf der strategischen Partizipationsebene angesiedelt. Die Partizipation auf lokaler Ebene ist zu diesem Zeitpunkt daher verschwindend gering. In Abbildung 7-28 zeigt sich der Zusammenhang daran, daß zu Beginn der Veränderung der Partizipationsgrad auf strategischer Ebene höher als der Partizipationsgrad auf lokaler Ebene ist.

---

473 d.h., um so schärfer wirken sich die situativen Faktoren aus, die gegen ein frühes Partizipationstiming sprechen (z.B. der Vernetzungsgrad des Wandelobjektes).

474 Vgl. Berger/Schwenker (1996), S. 1049. Zu entsprechenden empirischen Ergebnissen siehe Perlitz u.a. (1995), S. 49.

475 Vgl. z.B. Crux/Schwilling (1996), S. 217, Sattelberger (1996), S. 82, Herp (1996), S. 309. Maier (1997), S. 18 ist der Meinung, daß allerdings relativ schnell eine breite Kommunikation erfolgen muß.

Je intensiver letztlich die Ebene der Partizipation ist (z.B. Lenkungsausschuß), desto eher ist eine Korrelation der Partizipanten zur aufbauorganisatorischen Position zu erwarten (Gründe: relativer Energieinput, Kultur, Reibungsverluste, Kapazitätsbedarf). Aus einer Verlaufsperspektive spricht dies tendenziell für ein kaskadenförmiges top down Vorgehen.[476]

Die Ausführungen geben auch Aufschluß darüber, wo eine Steigerung beziehungsweise Reduktion der Partizipationsgrade im Zeitverlauf auf den einzelnen Ebenen hauptsächlich[477] ansetzen sollte, wenn dies entsprechend der pauschalen Heuristik des letzten Kapitels sinnvoll scheint. Eine Veränderung der Partizipation erfolgt danach primär durch eine Modifikation des Partizipationsgrades auf lokaler und operativer Ebene beziehungsweise auf unterstützender Ebene (z.B. Meinungsabfragen, Kummerkasten, Ideenhaus), weniger auf der Ebene der Basis- oder gar der Suprastruktur.

Auf dieser Ebene ist zwar der Partizipationsgrad scheinbar niedrig, doch wenn man die potentiell hohe Korrelation zur Aufbauorganisation bedenkt und den Partizipationsgrad auf die obere (oberste) Führungsebene bezieht, so ist er relativ hoch. Eine Reduktion des Partizipationsgrades auf dieser Ebene bedeutet damit potentiell, einen mächtigen Akteur auszuschließen, was sehr kritisch zu bewerten ist. Auf der anderen Seite wird eine Erhöhung potentiell sehr schnell ineffizient, weil man dann auf Akteure des mittleren Management zurückgreifen muß und die Gefahren der Verwässerung des Entscheidersystems sehr hoch sind. Die angeführten Argumente gelten mit umgekehrten Vorzeichen für die lokale Partizipationsebene.

Die differenziertere Sicht auf Partizipationsverläufe zeigt, daß eine wirklich umfassende Partizipation, die nicht nur deren Weite betrachtet, sondern Weite, Intensität und Zeitpunkt integriert, nur selten sinnvoll scheint.[478] Gerade bei (stark vernetzten) strukturellen Veränderungsprozessen ist tendenziell eine geringe Partizipation auf strategischer Ebene zu erwarten, die um eine mehr oder minder umfassende zeitlich versetzte Partizipation auf lokaler Ebene und entsprechende Kommunikationsaktivitäten ergänzt wird.[479] Dadurch ist Mobilisierung und Partizipation einer breiten Masse möglich, die resultierende Eigendynamik kann jedoch analog eines "kontrollierten Flächenbrandes" beherrscht werden.[480] Beim Trans-

---

476 Vgl. Lochmann/Rüsch-Kornasoff (1996), S. 339.

477 Natürlich müssen auch Kapazitätsfragen mit beachtet werden.

478 Vgl. auch Nutt (1986), S. 241ff, Herp (1996), S. 309 und die einführenden Bemerkungen in Abschnitt 7.5.2.

479 Die meisten Reengineering-Ansätze laufen im Endeffekt auf ein top down Vorgehen hinaus, das um eine untergeordnete (lokale) und zeitlich versetzte bottom up - Komponente ergänzt wird. (vgl. grundlegend Allen/Nafius (1993), S. 28f. Bernd (1997), Reiß (1995b), S. 278, Boston Consulting Group (1993), Brittain (1994), S. 43, Bullinger/Wiedman/Niemeyer (1995), Buscher (1996), S. 30, Buzacott (1996), Maier (1997), S. 11, etc.). Zu entsprechenden empirischen Ergebnissen siehe auch Perlitz u.a. (1995), S. 41.

480 Vgl. Schneider (1997), S. 97.

formationsprozeß der Volkswagen AG beispielsweise wurde die strategische Richtung durch Vorstand und Steuerungsteam festgelegt und auf lokaler Ebene durch Workshops (14.000 seit 1993!) eine hohe Partizipationsweite im Rahmen des KVP²-Programms realisiert.[481] Der erfolgreiche Turnaround von Chrysler ist nach ähnlichem Muster erfolgt.[482] Bei der Phoenix-Gruppe wurde 1994 und 1995 die Struktur grundlegend von einer funktionalen zu einer produktorientierten Organisation umgestellt und daneben ein partizipativer KVP-Prozeß in Gang gesetzt.[483]

Durch die vorgestellte differenzierte Sicht auf den Partizipationsverlauf der Betroffenen kann der polarisierten Diskussion um top down versus partizipatives bottom up[484] insofern die Grundlage entzogen werden, als daß die Frage zu pauschal gestellt und in der Regel auch zu pauschal beantwortet wird. Oftmals sind Argumentationen, die sich für eine partizipative Strategie aussprechen, bei genauerer Betrachtung lediglich Lösungen, die eine hohe Partizipationsweite auf eingeschränkter Ebene anstreben.[485] Die strategische Lenkung des Veränderungsprozesses geschieht aber durch relativ wenige Akteure, die in der Regel auch aufbauorganisatorisch entsprechend verankert sind. Dies entspricht keinesfalls einer "echten" stark partizipativen bottom up Strategie - der Widerspruch ist zu einem Großteil keiner.[486]

7.4.5 Weitere zeitliche Gestaltungsfelder

Über die analysierte Frage des allgemeinen Partizipationstiming hinaus gibt es - wie in Kapitel 7.4.3 beschrieben - verschiedenste Sichten auf den Würfel beziehungsweise das Interventionsfeld Partizipation. Die Gestaltungsfragen können beliebig komplex gestellt werden. Im einfachsten Fall findet die Variation nur über eine Variable statt (z.B. "Zeitpunkt"), in komplexeren Sichten wird die Frage vieldimensional gestellt (z.B. Zeitpunkt, Zeitintensität, Zeitdauer). Der Vorteil einer komplexeren Frage ist, daß man voneinander abhängige Aspekte "en bloc" behandeln kann. Der Nachteil ist - wie der Name schon sagt - die Komplexität. Aus diesem Grund beschränkt sich die Arbeit auf monodimensionale Gestal-

481 Vgl. Schuster (1997), S. 112, Kirstein/Münnich (1997), S. 226 f. Ein ähnlich umfangreiches KVP-Programm wurde von Bosch 1991 unter dem Namen "CIP" gestartet (Vgl. Classe/Mundle (1997), S. 212 f.).

482 Vgl. Lutz (1996).

483 Vgl. Gropengießer (1997), S. 200.

484 z.B. Hammer (1995), S.185: "Reengineering von unten nach oben gelingt niemals. All jene, die ihre Besitzstände wahren und das Vorhaben scheitern lassen möchten, werden ihre Ideen in tausend Stücke schlagen".

485 z.B. Englert/Dielacher (1996), S. 282. Siehe auch Zeller (1996), S. 119, der zwar eindeutig einen partizipativen Ansatz favorisiert, dann aber eine klassische top down Projektorganisation skizziert. Vgl. auch Berger/Schwenker (1996), S. 1048, der sich für umfassende Partizipation ausspricht, aber implizit nur eine umfassende Partizipation auf einer sehr niedrigen Intensitätsebene meint (z.B. Qualitätszirkel). Zu einem Praxisbeispiel aus der Pharmabranche siehe Güllmann (1997), S. 86.

486 Zu einem Ansatz "komplementärer Balancen" siehe Roth (1997), S. 49.

tungsfragen, die unter situativen Aspekten analysiert werden. Das Ziel hierbei ist die Analyse von wichtigen Partizipationsfragen, die zeitsensitiv sind.[487] Im Vordergrund der folgenden Betrachtung stehen Fragen nach dem Partizipationsverlauf verschiedener Gruppen (Auftraggeber, Interessenvertretungen, externe Berater, Kunden) und weitere wichtige zeitbezogene Gestaltungsfelder (z.B. Formalisierungverlauf oder Zeitintensität der Partizipation).

7.4.5.1 Zeitverlauf der Partizipation verschiedener Gruppen

Gruppenspezifische Zeitfragen der Partizipation befassen sich mit zeitlichen Aspekten der Gestaltung der Partizipation aus der Sicht bestimmter Gruppen, wie sie in Kapitel 7.4.3 spezifiziert wurden. Als Hauptgliederung wird eine Unterteilung nach Auftraggeber, Interessenvertretung der Betroffenen, Beratern und Kunden gewählt. Pro Gruppe interessiert insbesondere das Timing der Partizipation, der Verlauf der Partizipation und die Art der Partizipation.

In der Regel wird sich zeigen, daß es nur begrenzt möglich ist, allgemeine Aussagen zur zeitlichen Gestaltung der Partizipation zu machen. Vielmehr liegt meist ein vernetztes, von vielen situativen Faktoren abhängiges und nicht vollständig beschreibbares Wirkgefüge vor. Vor diesem Hintergrund ist es meist sinnvoll, zuerst die verbindenden Merkmale der jeweiligen Gruppe zu beschreiben und dann relevante Effekte, Vor- und Nachteile, Spannungsfelder, situative Faktoren und deren Einflüsse auf die vorliegende Gestaltungsfrage anzudeuten. Durch Abwägen der einzelnen Zusammenhänge, den Überlegungen zu dynamischen Wirkungen der Partizipation, entsprechenden Partizipationsstrategien aus Kapitel 7.4.4.2, weiteren Gruppeneigenschaften, Wechselwirkungen zwischen verschiedenen Gruppen und Zusammenhängen auf der kollektiven Ebene (Kapitel 7.4.4.3), kann im konkreten Fall dann eine Gestaltungstendenz abgeleitet werden. Falls allgemeine Tendenzen der Gestaltung sichtbar scheinen, so werden diese am Ende des jeweiligen Abschnittes angedeutet.

7.4.5.1.1 Auftraggeber

Grundsätzlich hat der Auftraggeber (nach Annahme das Top Management) das höchste Machtpotential im Veränderungsprozeß.[488] Damit wird die aktive Unterstützung seitens des Auftraggebers zum wichtigsten Erfolgsfaktor eines Change-Prozesses, hauptsächlich indem er

---

487 Damit wird beachtet, daß es auch wichtige Gestaltungsfragen gibt, die pauschal-statisch beantwortbar sind (Da die Verlaufsform über der Zeit nicht relevant ist). Da im Rahmen der Arbeit der Fokus auf "Dynamik" liegt und die Kapazität der Arbeit beschränkt ist, wird die Restriktion vorgenommen.

488 Bezüglich von Macht im engeren Sinne.

als Machtgarant[489], aktiver Vorkämpfer und Vorbild fungiert.[490] Wenngleich es offensichtlich ist, daß der Auftraggeber "voll" und dauerhaft hinter dem Veränderungsprozeß stehen muß, sich aktiv einbringen muß, etc., bleibt in vielen Veröffentlichungen ungeklärt, wie es dazu kommen soll.[491] Derartige Verhaltens- und Einstellungseigenschaften werden oftmals (lediglich) normativ eingefordert. Ziel von Gestaltungsaussagen muß sein zu klären, bis zu welchem Grad und durch welche Interventionen seitens des Auftragnehmersystems die Unterstützung seitens des Auftraggebers maximiert werden kann.

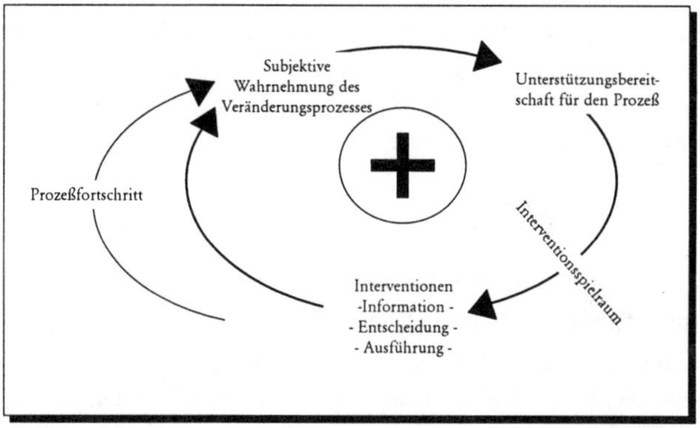

Abbildung 7-29: Skizze des Verhaltensentwurfes des Auftraggebers

Nach den getroffenen Grundannahmen betrachtet dieses Kapitel einen Change-Prozeß aus einer Auftragnehmerperspektive, die dem Aktorensystem entspricht. Der Auftraggeber ist das Top Management der Unternehmung oder des betreffenden Bereiches (z.B. Sparte). Abbildung 7-29 deutet den Verhaltensentwurf des Auftraggebers als selbstverstärkenden Kreislauf an.[492] Je positiver der Auftraggeber dem Veränderungsprozeß gegenübersteht, desto mehr ist er bereit, den Veränderungsprozeß aktiv zu unterstützen und ihm mehr von seiner persönlichen Kapazität zu widmen. Hierunter fällt beispielsweise die Ausführung von Interventionen (z.B. Rede auf einer Kick-off Veranstaltung), die Teilnahme an Entscheidungsprozessen oder die Bereitschaft, zuzuhören und Information aufzunehmen. Durch diese Interven-

489 Vgl. Witte (1973).

490 Vgl. Theuvsen (1997), S. 126, Troptizsch (1997), S. 4, Hammer/Champy (1994), S. 134 ff., Nippa (1996), S. 73, Zeller (1996), S. 120, Bullinger/Stiefel (1997), S. 145, Gerpott/Wittkemper (1996), S. 160, Dernbach (1996), S. 201, Perlitz u.a. (1996b), S. 358, Crux/Schwilling (1996), S. 220, Servatius (1994), S. 41, Nippa (1997), S. 40. Zu empirischen Aussagen siehe auch CSC Index (1994), Bullinger/Wiedmann/Niemeyer (1995) und Bashhein/Markus/Riley (1994).

491 z.B. Droege & Comp. (1995), S. 190, Mende/Bieta (1997), S. 101, Rohe (1998), S. 18, Conner/Clements (1998), S. 51 f., Schuppli (1998), S. 51.

492 Vgl. Senge (1990), S. 80 f., Kim (1994), S. 3 f.

tionen, sonstige Prozeßaktivitäten und den resultierenden Prozeßfortschritt entsteht wiederum die subjektive Wahrnehmung und Bewertung des Veränderungsprozesses seitens des Auftraggebers. Je größer die Bereitschaft ist, sich dem Veränderungsprozeß zu widmen, desto aussichtsreicher sind Versuche, den Auftragnehmer einzubinden beziehungsweise am Prozeß partizipieren zu lassen (Interventionsspielraum). Da Partizipation als Machtteilung im Auftragnehmersystem zu verstehen ist, kann man nicht von Partizipationsangeboten an den Auftraggeber sprechen (er hat dem Auftragnehmersystem schließlich den Auftrag erteilt). Dieser kann sich so grundsätzlich auf allen Partizipationsstufen und zu allen Zeitpunkten einbringen, wenn er will. Der Partizipationsverlauf als Interventionsvariable muß dementsprechend als Wunsch seitens des Auftragnehmersystems zur expliziten Teilnahme an oder Durchführung von bestimmten Interventionen verstanden werden. Ob diesem Wunsch entsprochen wird, beziehungsweise welche Interventionen der Auftraggeber de facto durchführt, ob der den Prozeß duldet, aktiv unterstützt oder im schlimmsten Fall abbricht, hängt von dessen persönlichen Verhaltensentwurf ab.

Der beschriebene Ansatz und die gewählte Perspektive erlauben es, die aktive Partizipation seitens des Auftraggebers nicht nur normativ einzufordern, sondern das Handeln des Auftraggebers als eine Größe zu beschreiben, die zwar keine direkte Interventionsvariable darstellt, die aber teilweise (und indirekt) durch Interventionen zugänglich ist und beeinflußt werden kann. Ein bewußtes und aktives Auftraggebermanagement geschieht im wesentlichen durch Einbindungsstrategien.[493] Interventionen sind neben dem angesprochenen Muster der gewünschten zeitlichen Einbindung auch alle anderen Interventionen, die sich auf den Change-Prozeß auswirken, da der Verlauf des Prozesses die Entscheidungsgrundlage für das tatsächliche Handeln des Auftraggebers ist.

Um die Komplexität erträglich zu halten, geht die Arbeit davon aus, daß der Auftraggeber den Veränderungsprozeß zu Beginn tatsächlich will (also eine echte Einstellungsakzeptanz vorliegt) und auch Aktivierungsbereitschaft zeigt.[494] Ein solches Szenario ist allerdings keineswegs selbstverständlich. Beispielsweise kann ein Auftraggeber einen Prozeß aus taktischen oder politischen Gründen initiieren, ohne am inhaltlichen Ergebnis interessiert zu sein.[495] Unter getroffener Annahme ist das primäre Ziel jeder Einbindungsstrategie, den Auftraggeber durch durchführbare Interventionen (die also angenommen werden) motiviert und aktiv zu halten, so daß er den Veränderungsprozeß aktiv und passiv fördert.[496] Durch den

[493] Vgl. Krüger (1997), S. 821 f.
[494] Vgl. Abschnitt 7.4.3.2.
[495] Zu Macht, Moral, politischem Taktieren siehe insbesondere Machiavelli (1513, 1990).
[496] Nach Berger/Schwenker (1996), S. 1047 ist ein typischer Mißerfolgsfaktor von Veränderungsprojekten, daß sich das Commitment des Auftraggebers im Prozeßverlauf verliert, sobald dem Auftraggeber Ausmaß

Wirkkreis ergibt sich die These, daß wenn der Steuerungsspielraum gegenüber dem Auftraggeber abnimmt (z.B. der Veränderungsprozeß in der persönlichen Agenda des Vorstandes nicht mehr oberste Priorität hat), ein Gegensteuern erst recht schwierig wird - Man tritt in die Aufmerksamkeitsfalle. Sie macht deutlich, daß ein zeitlich vorausschauendes Handeln wichtig ist.

Ausgangspunkt von Überlegungen zu Zeitstrukturen der Einbindung des Auftraggebers muß immer der Gestaltungskorridor (die Kapazität, die der Auftraggeber dem Veränderungsprozeß widmen will und kann und Fähigkeiten des Auftraggebers) sein, der zur Verfügung steht. Da das Top Management in der Regel unter enormer Zeitknappheit leidet, steht die Frage nach einer zeiteffizienten Einbindung hinsichtlich dessen Unterstützung für den Veränderungsprozeß im Vordergrund. Die Gesamtmenge an zeitlichen Anforderungen ergibt sich aus der Summe der kapazitiven Anforderungen als Informierter, als Entscheider und als Umsetzer. Übertriebene kapazitive Anforderungen an den Auftraggeber können kontraproduktiv wirken und sollten vermieden werden.

Um sich (als Projektteam) vor späteren unliebsamen Überraschungen zu bewahren, ist es wichtig, zu Beginn des Veränderungsprozesses einen Abgleich der Vorstellung hinsichtlich Ziel, Ist-Zustand, Gestaltungsspielraum, Regeln und Strategie zwischen Auftraggeber und Auftragnehmer zu sorgen.[497] Besondere Beachtung müssen mögliche, aus der Perspektive des Auftraggebers (negative) Konsequenzen durch den Veränderungsprozeß für den Auftraggeber selbst finden.[498] Werden diese beispielsweise durch Szenariotechnik[499] nicht aufgedeckt, so steigt die Gefahr, daß es spätestens in der Implementierungsphase zu sinkender Unterstützung oder gar Widerstand seitens des Auftraggebers führt.[500] Bei Daimler-Benz beispielsweise wurden im Rahmen des sogenannten MB-Erfolgsprogramm Zukunftskonferenzen nicht nur mit dem Top Management durchgeführt, sondern auch mit Führungskräften der Ebene 1 bis 4 sowie Umsetzungsbeauftragten.[501] Zu Beginn des Prozesses muß mit dem Auftraggeber eine gemeinsame Definition von Meßgrößen erfolgen, anhand derer der Prozeß und das Ergebnis

der Veränderungen und Implikationen für das eigene Verhalten deutlich werden. Vgl. auch Gelinas u.a. (1998), S. 76.

497 Vgl. Herp/Brand (1996), S. 131, Doppler/Lauterburg (1996), S. 93. Mende/Bieta (1997) warnen vor zu hohem Zeitdruck in dieser Phase.

498 Vgl. Beer/Eisenstat/Spector (1990), S. 210, Berger/Schwenker (1996), S. 1047.

499 z.B. Perlitz u.a. (1996b), S. 357. Zur Szenariotechnik siehe Gausemeier/Fink/Schlake (1996), Czichos (1996), S. 332, Minx/Roehl (1998), S. 168. In diesem Zusammenhang kann man auch potentiell zu kurze Erwartungshorizonte hinsichtlich Verbesserungen aufdecken, was einen typischen Mißerfolgsfaktor darstellt (Berger/Schwenker (1996), S. 1047). Eine kreativere Form stellt die „Open Space Technology“ dar (vgl. Bonsen (1998), S. 19).

500 Vgl. Hout/Carter (1996), S. 60.

501 Vgl. Mildenberger (1997), S. 379. Zur Anwendung von Szenariotechnik und Zukunftskonferenz im Ressort Personal der Daimler-Benz AG siehe auch Appt/Fischer (1997), S. 284.

später beurteilt werden.[502] Wichtig für den Auftragnehmer ist, sich von Anfang an auf Änderungen des Auftrages im Zeitablauf vorzubereiten (d.h. auf „moving targets“).[503]

Ebenfalls zu Beginn sollte eine Klärung der Regeln der Zusammenarbeit zwischen Auftraggeber und Auftragnehmer vorgenommen werden. Regeln sollten sich auf die Formalisierung der Zusammenarbeit mit dem Auftraggeber (z.B. Top 1 in jeder Vorstandssitzung) und Pflichten des Auftraggebers beziehen (z.B. aktives Sponsorship).[504] Daß man solche Regeln gemeinsam verabschiedet, heißt allerdings nicht automatisch, daß sich der Auftraggeber auch dementsprechend verhält, da das Auftragnehmersystem über keine direkten Sanktionsmechanismen verfügt. In quasi jedem größeren Veränderungsprozeß verpflichtet sich das Top Management oder einige Vertreter auf die Rolle eines Sponsors. Ob diese Rolle eine formale Rolle ist oder wirklich aktiv und faktisch wahrgenommen wird, hängt wesentlich vom oben beschriebenen Willensakt des Top Managements ab. Dennoch erlauben definierte Rollen und Regeln das Top Management bis zu einem gewissen Grad zu verpflichten.

Um den Auftraggeber zu motivieren (bzw. motiviert zu halten), sind im Rahmen der Vereinbarung über Zusammenarbeit kontinuierliche Erfolgs- und Fortschrittsnachrichten das beste Mittel. In vielen Kontexten hat sich gezeigt, daß die direkte Erfahrung solcher Nachrichten (z.B. Besichtigung eines erfolgreichen Pilotprojektes) wesentlich stärker wirkt als indirekte Methoden (z.B. eine Präsentation des Projektleiters).[505] Wichtig ist, daß der Erfolg oder der erreichte Fortschritt immer als persönlicher Erfolg des Auftraggebers vermittelt wird. Gerade wenn der Auftraggeber selbst unter hohen Erfolgsdruck steht, sind schnelle Erfolge enorm wichtig.[506]

Mit dem Ziel, den Auftraggeber mental einzubinden, informiert zu halten, sich abzusichern und um für fortlaufenden Abgleich der Vorstellungen zwischen Auftragnehmer und Auftraggeber zu sorgen (und möglicherweise Änderungen von Change Ziel und Weg zu initiieren), ist eine Einbindung an allen wichtigen Entscheidungspunkten in nicht zu großem zeitlichen Abstand notwendig.[507] Ist es einmal zu einer Entfremdung zwischen Auftraggeber und Auftragnehmer gekommen, steigt die Gefahr, in die Aufmerksamkeitsfalle zu geraten. Solange Veränderungen nur konzipiert werden, es aber noch zu keinen konkreten und tatsächlichen

502 Vgl. Herp/Brand (1996), S. 130, Soukup/Fischer (1997), S. 68, Doppler/Lauterburg (1996), S. 132.

503 Zum Claim Management siehe Patzak/Rattay (1997), S. 83 f.: "Unter einem Claim versteht man ... Forderungen und Ansprüche eines Geschäftspartners an einen anderen infolge von Abweichungen, Erschwernissen oder Schäden im Zusammenhang mit der Geschäftserfüllung".

504 Vgl. Barbitsch (1997a), S. 30, Thom/Bayard (1997), S. 159.

505 Nicht umsonst gibt es das Sprichwort "einmal gesehen ist besser als tausendmal gehört". Vgl. auch Clarke (1994), S. 170.

506 Vgl. Kotter (1997), S. 24 f.

507 Vgl. Lorange (1998), S. 27 oder Nippa (1996), S. 73., der nicht kontinuierliche Top Management Beteiligung als Mißerfolgsfaktor identifiziert.

organisationalen Veränderungen kommt, besteht das Risiko, daß man aufgrund verschiedener Vorstellungen schon in einer (latenten) Entfremdungssituation ist, diese aber noch nicht offen zutage tritt. Erst in der Implementierungsphase tritt sie zutage - mit potentiell fatalen Konsequenzen für den Veränderungsprozeß. Um dieser Gefahr entgegenzuwirken und allgemein die Gefahr der Aufmerksamkeitsfalle zu reduzieren, scheint es vor dem Hintergrund der Zeitknappheit des Auftraggebers ratsam, ihn insbesondere in der Konzeptionsphase nicht nur an Entscheidungen partizipieren zu lassen, sondern ihn auch gezielt in die Entscheidungs*vorbereitung* einzubeziehen. Damit diese Strategie zeiteffizient bleibt, bieten sich beispielsweise Action Learning Groups an.[508] Allerdings gibt es Untergrenzen der zeitlichen Einbindung. Aus seiner Erfahrung als Transformationsmanager des Ressorts Personal bei Daimler-Benz, hält LINKE in diesem Zusammenhang *direkte* Gespräche mit dem Auftraggeber von ca. 90 Minuten bis zwei Stunden wenigstens einmal monatlich für unverzichtbar.[509]

Die kapazitiven Anforderungen aus seiner Rolle als Umsetzer - insbesondere als Kommunikator[510] (z.B. Reden auf Kick off Veranstaltungen oder - wie bei Volkswagen - die Teilnahme an Standortsymposien[511]) können durch unterstützende Maßnahmen und durch Fokussierung auf wichtige Interventionen mit Signalwirkung minimiert werden. Wichtig scheint ein aktives Auftreten des Auftraggebers insbesondere in Vorbereitungsphase, zu Beginn der Implementierungsphase und im Falle von unvorhergesehenen Problemen und Krisen.[512] FISCHER geht durch seine Erfahrungen als Transformationsmanager bei Mercedes-Benz davon aus, daß 10-20% Kapazitätseinsatz zu wenig sind, um durch ein "wandering around" symbolisch "management attention" für den erzielten Fortschritt zu zeigen.[513]

7.4.5.1.2 Interessenvertretungen der Betroffenen

Interessenvertretungen der Betroffenen vertreten aus deren Sicht im Idealfall eine Bündelung ihrer Ziele und dienen als "Sprachrohr". Gemeinhin wird der Betriebsrat als die Interessenvertretung gesehen, was aber nicht die einzige Form ist. Auch für Betroffene aus dem mittleren Management sind Formen der indirekten Partizipation durch Sprecherausschüsse denkbar.[514]

---

508 Zum "action learning" siehe Abschnitt 5.2.2.4 oder Inglis (1994), Marais/Taylor/Kaplan (1997), Pretty (1995).

509 Vgl. Linke (1997), S. 442.

510 Vgl. Englert/Dielacher (1996), S. 287.

511 Vgl. Schuster (1997), S. 112. Zur Rolle von Dr. Von Pierer im Transformationsprogramm "TOP" der Siemens AG siehe Kleinfeld (1997), S. 107 f.

512 Zu entsprechenden empirischen Ergebnissen siehe Perlitz u.a. (1995), S. 64. Die empirische Untersuchung von Womack/Jones/Roos (1997) hat gezeigt, daß bei Werkseröffnungen ein hoher Managementeinsatz gerade in der Startphase wichtig ist.

513 Vgl. Fischer (1997h), S. 577.

514 Vgl. Reiß (1993), S. 777, Zeyer (1996).

Dies wird im weiteren vernachlässigt. Gestaltungsaussagen müssen im Rahmen rechtlicher Rahmenbedingungen (vgl. §90, Nr.3 und §111, Nr.4 und 5 BetrVG) gemacht werden, die hier allerdings nicht vertieft werden sollen.

Aussagen zur Einbindungsstrategie des Betriebsrates können nur situativ gemacht werden und sind von verschiedensten Faktoren abhängig.[515] Insbesondere das Machtpotential dieser Gruppe spielt eine wesentliche Rolle.[516] Zu beachten ist auch das Ansehen und die Akzeptanz des Betriebsrates in den Augen der Betroffenen. Wie bei allen Gestaltungsfragen spielt der Charakter des Prozesses hinsichtlich Konfliktintensität, Verhinderungsmacht, Verteilungssicherheit und Aktivierungsbereitschaft seitens der Betroffenen eine Rolle. Die Historie der Zusammenarbeit beziehungsweise der Konfrontation mit dem Betriebsrat hat hohen Einfluß auf die Partizipationsstrategie.

Je höher die Verhinderungsmacht, das Potential[517] und das Ansehen des Betriebsrates seitens der Betroffenen ist, desto früher und umfassender sollte eine Einbindung erfolgen. Im deutschsprachigen Raum ist die Macht des Betriebsrates tendenziell hoch, dementsprechend früh und umfassend sollte dessen Partizipation erfolgen.[518] SCHUSTER - damals Personalmanager bei Volkswagen - sieht die umfassende Partizipation des Betriebsrates als Erfolgsfaktor, durch den beispielsweise 1995 ein Tarifvertrag ermöglicht wurde, der ein atmendes Arbeitszeitsystem erlaubt.[519] GÜLLMANN sieht die umfassende Einbindung des Betriebsrates beim Reengineering-Programm "PLUTO" bei Rhône-Poulenc Rorer als Erfolgsfaktor.[520] Wenn eine umfassendere Einbindung der Betroffenen geschehen soll spricht der multiplikative Charakter des Betriebsrates als Interessenvertretung vieler Individuen für eine frühe und umfassende Einbindung.[521] Allerdings muß frühe und umfassende Partizipation des Betriebsrates auch von der Konfliktintensität des Prozesses abhängig gemacht werden. Je höher diese ist, um so gefährlicher kann eine zu frühe Einbindung insbesondere bei einer durch Konfrontation geprägten bisherigen "Zusammenarbeit" werden. Grundsätzlich sollte die Partizipationsstrategie gegenüber dem Betriebsrat der Partizipationsstrategie gegenüber den Betroffenen entsprechen. Dennoch kann auch in einem konfrontativen Szenario bei einem guten und vertrauensbasierten Verhältnis zum Betriebsrat eine umfassendere und frühere Einbindung sinnvoll sein. Ist ein schmerzhafter Einschnitt (z.B. Werksschließung) für die Gesun-

---

515 Was nach Berger/Schwenker (1996), S. 1053 eine wichtige Gestaltungsfrage ist.

516 Vgl. Reiß (1993), S. 777.

517 Als Gegenstück zur negativen Sichtweise der Verhinderungsmacht (= "was tritt an negativen Konsequenzen ein, wenn keine Partizipation erfolgt) muß man sich auch fragen "was für Vorteile können durch Partizipation erreicht werden" (Schüren (1997), S. 163).

518 Vgl. Gerpott/Wittkemper (1996), S. 159, Berger/Schwenker (1996), S. 1048, Roth (1997), S. 59.

519 Vgl. Schuster (1997), S. 112.

520 Vgl. Güllmann (1997), S. 88.

dung eines Unternehmens als Gesamtes wichtig, so wird es zu einer Konfrontation mit den direkt (lokal) Betroffenen kommen. Trotzdem ist einem vertrauensbasierten Verhältnis eine Unterstützung seitens des Betriebsrates denkbar, da die Notwendigkeit des Einschnittes erkannt ist. In einem solchen Fall wird der politische Charakter der Betriebsratseinbindung besonders deutlich. Um von den (direkt) Betroffenen dennoch als "ihr" Vertreter wahrgenommen zu werden, kann eine informelle Einbindung in Form von Geheimdiplomatie sinnvoll sein.[522] Je nach konkreten Rahmenbedingungen ergibt sich aus den beschriebenen Einzelheuristiken die Gesamtheuristik für die Einbindung der jeweiligen Interessenvertretung.

7.4.5.1.3 Externe Berater

Externe Berater zeichnen sich insbesondere durch ihren Status als Unbetroffene und Beratende (im Gegensatz zu Entscheidenden) aus.[523] Als Externe können sie Fachpromotoren (Fachberater, Expertenberater) und oder Prozeßpromotoren[524] (Prozeßberater) sein, kaum aber Machtpromotoren.[525]

In der Mehrzahl der Fälle findet ein Beratereinsatz statt. PICOT/BÖHME haben bei einer Untersuchung über Umstrukturierungsprojekte einen durchschnittlichen Beratereinsatz von ein bis zwei externen Beratern im Projektteam ermittelt.[526] Allerdings wurde ein Drittel der Projekte ohne Beraterunterstützung realisiert. NIPPA kommt in einer Expertenbefragung zu keiner signifikanten Pauschalaussage.[527] PERLITZ U.A. sprechen sich im Rahmen ihrer empirischen Ergebnisse gegen umfassenden Beratereinsatz aus, insbesondere gegen externe DV-Berater.[528] Die von THEUVSEN getroffene Aussage, daß ein Beratereinsatz sinnvoll sein kann, ist quasi tautologisch.[529]

Berater haben als Gruppe bestimmte charakteristische Eigenschaften. Sie bringen primär eine externe Sichtweise ein. Da sie durch das Ergebnis des Change-Prozesses an sich nicht betroffen sind, ist ihnen (bei geeigneter Rollen- und Aufgabenklärung) am Gelingen des Verän-

---

521 Durch die Interessenvertretung findet eine indirekte Partizipation der Betroffenen statt (Dachler/Wilpert (1983), S. 87).

522 Vgl. Doppler/Lauterburg (1996), S. 231.Zur "Geheimdiplomatie" in politischen Spielen siehe Schreyögg (1996), S. 417.

523 Vgl. Jarmai (1997), S. 172.

524 Gerpott/Wittkemper (1996), S. 159 heben gerade die soziale Kompetenz eines Beraters hervor.

525 Merz (1996), S. 1080 f. unterscheidet folgende Rollen: Feuerwehrmann, Arzt, Promotor, Prozeßberater, neutraler Dritter, Sparringspartner. Vgl. auch Wimmer (1995), Matschke/Sieben (1998), Walger (1995), Hummel/Zander (1998), König/Vollmer (1994).

526 Vgl. Picot/Böhme (1996), S. 235.

527 Vgl. Nippa (1997), S. 43. Was ja auch nicht verwunderlich ist, da die Sinnhaftigkeit des Beratereinsatzes von mehreren situativen Faktoren beeinflußt wird und so kaum eine pauschale Aussage möglich sein wird.

528 Vgl. Perlitz u.a. (1995), S. 50.

derungsprozesses gelegen. Mit anderen Worten, Partizipation eines externen Beraters wirkt grundsätzlich energiefördernd. Allerdings darf man nicht naiv von einer gänzlichen Unbeteiligung ausgehen, auch Berater brauchen Folgeaufträge und sollten sich aus ihrer Sicht keine unnötigen Feinde machen. Der externe Status eines Beraters und dessen Rolle wirken verkürzend auf den Optimierungshorizont eines Beraters, was die Gefahr einer kurzfristigen Effektorientierung birgt. Die Außenwirkung eines Einsatzes von Beratern auf die involvierten Personen ist situativ verschieden. So haben manche Berater das Image eines Cost-Cutters, dessen Einsatz das Widerstandspotential tendenziell erhöht. Der externe Status erlaubt es grundsätzlich, den Berater als "Sündenbock" oder als Nachweis objektiver Zwänge ("Die von der Beratung XYZ durchgeführte Studie hat einen Stellenüberhang von 20% gegenüber unseren Wettbewerbern ergeben") zu benutzen, der schlechte Nachrichten verkündet. Zu berücksichtigen ist gerade bei einem umfangreichen Beratereinsatz der Kostenfaktor. Da nach unseren Grundannahmen Kosteneffizienz lediglich ein Subziel darstellt, wird dieser Punkt nicht weiter verfolgt. Ein weiterer Effekt ist, daß je mehr auf Berater in einem Veränderungsprozeß zurückgegriffen wird, desto geringer unter obigen Rahmenbedingungen tendenziell der Partizipationsgrad der Betroffenen werden kann.

Auch über den Beratereinsatz können nur sehr begrenzt allgemeingültige Aussagen getroffen werden, da dessen Sinnhaftigkeit von vielen situativen Faktoren abhängig ist. Art, Umfang und Zeitverlauf des Beratereinsatzes ist im Rahmen der angedeuteten Eigenschaften abhängig vom Bedarfsprofil an Energiequalitäten des Prozesses, der Struktur des Betroffenensystems hinsichtlich vorhandener Potentiale (z.B. gibt es bestimmtes Know-how überhaupt in der Unternehmung, wie hoch ist der Grad an Betriebsblindheit[530]), Konfliktintensität, Verhinderungsmacht und Verhaltenserwartungen seitens der Betroffenen.

Für einen frühen und umfassenden Beratereinsatz spricht allgemein deren Unbeteiligtheit mit den angesprochenen positiven Folgen.[531] Setzt man einen Berater gezielt in der Startphase (ohne signifikante Beteiligung der Betroffenen) ein, so bleiben sämtliche Gestaltungsalternativen des späteren Handelns offen.[532] Fehlendes Prozeß- und Fachwissen in der Unternehmung wirkt ebenfalls fördernd hinsichtlich eines Beratereinsatzes.[533] Dem Beratereinsatz sind allerdings dort Grenzen gesetzt, wo Wissen nur bei den betroffenen Individuen vorhanden ist (z.B. Know how über ein kaum dokumentiertes, seit Jahren weiterentwickeltes Softwaressystem). Bei hoher Konfliktintensität scheint es tendenziell ratsam, möglichst viel Potential

529 Vgl. Theuvsen (1997), S. 127.

530 Vgl. Doppler/Lauterburg (1996), S. 322.

531 Vgl. Greiner (1967), S. 126.

532 Vgl. Crux/Schwilling (1996), S. 218.

533 Vgl. Nippa (1996), S. 73, wonach unzureichende Einbindung von OE- und DV-Experten ein Mißerfolgsfaktor ist.

über (neutrale bzw. zielunterstützende) Berater in den Veränderungsprozeß einzusteuern, indem man sie früh und umfassend einbindet. Entgegen dieser Tendenz wirkt die Verhinderungsmacht (und Verhinderungsbereitschaft) des Betroffenensystems, die bei hoher Konfliktintensität ein "Ausweichen" auf die Ressource Berater begrenzt. Bei geringer Konfliktintensität und vorhandenem Potential im Betroffenensystem scheint auch bei geringer Verhinderungsmacht ein zu umfassender Beratereinsatz nicht sinnvoll.

Ob, wie und in welcher Form ein Beratereinsatz im Einzelfall sinnvoll ist, geschieht durch Abwägen der beschriebenen Einzeleffekte. Man kann insgesamt als Heuristik schließen, daß wenn eine partizipationsaverse Strategie verfolgt wird, auch ein umfassender und früher Beratereinsatz sinnvoll ist. Wenn Berater umfassend (z.B. also Prozeßmanagement) eingebunden werden, dann scheint gerade aufgrund des potentiell kurzen Optimierungshorizont von Beratern eine Kontinuität zwischen Konzeptions- und Implementierungsphase sinnvoll.[534]

7.4.5.1.4 Kunden

Aus einer Prozeßperspektive hat jede Organisation und jeder Teilbereich einer Organisation Kunden (und Lieferanten).[535] Diese haben zwar keinen direkten Einfluß auf den Verlauf eines Veränderungsprozesses, wohl aber indirekten Einfluß als späterer Abnehmer der Leistung. Die Ziele eines Change-Prozesses sollten grundsätzlich aus den Kundenanforderungen abgeleitet werden.[536]

Im Rahmen des "Kundenentdeckungsprozeß" gibt es folgende kritischen Erkenntnispunkte:[537]

- Was ist die Erwerbsquelle des Kunden?
- Welches ist seine Wettbewerbsstrategie, wie wird sie umgesetzt?
- Was sind wichtige operative Themen für den Kunden?
- Was könnte man dem Kunden anbieten, so daß er Wettbewerbsvorteile erzielt?
- Welche Produkte und Dienstleistungen sollen angeboten werden?

---

534 Zur Schwerpunktverschiebung von Beratern als "Gutachter im weißen Kittel" zum "verantwortlichen Mitunternehmer auf Zeit" siehe z.B. Lohse (1997), S. 189 f. Zu einer Gegenposition siehe Merz (1996), S. 1079. Zu einem Praxisbeispiel aus der Pharmabranche siehe Güllmann (1997), S. 86, der diesen Umstand allerdings nicht wertet. Osterhold (1996), S. 91 befürwortet eine schrittweise Übergabe der Verantwortung von Berater zum Kunden.

535 Aus einer umfassenderen Perspektive kann man auch von Stakeholdern (z.B. Bock (1996), S. 79, Fickert/Anger (1998), S. 54) oder bei einer Fokussierung auf den Kapitalgeber von Shareholdern (z.B. Günther (1997), Black/Wright/Bachman (1998) oder Rappaport (1995)) sprechen. Zur Unterscheidung siehe beispielsweise Gomez (1998), S. 62.

536 Vgl. Nippa (1996), S. 73, The Boston Consulting Group (1993), Nippa/Klemmer (1996), S. 174, Bartisch (1997a), S. 32.

537 Vgl. Herp/Brand (1996), S. 133.

Es ist also inhaltlich enorm wichtig, das Wissen des Kunden frühzeitig in den Veränderungsprozeß zu integrieren. PERLITZ U.A. kommen dementsprechend zu stark signifikanten Ergebnissen hinsichtlich der umfassenden Einbindung von Kunden und Lieferanten.[538]Ob der Wissenserwerb allerdings durch direkte Partizipation des Kunden geschehen muß, ist nicht gesagt. In organisatorischen Veränderungsprozessen werden viele Aspekte behandelt, die brisant und in der Regel nicht für Außenstehende bestimmt sind. PICOT/BÖHME ermitteln in einer empirischen Untersuchung daß in Realität auch nur in einem geringer Teil der Projekte Schlüsselkunden beziehungsweise Lieferanten eingebunden wurden.[539] NIPPA erhält auf die Frage zur Einbindung externer Leistungsabnehmer gar keine Tendenzaussage aus Expertensicht.[540] Allerdings hat es sich in Produktentwicklungsprozessen als äußerst erfolgreich erwiesen, Kunden im Rahmen des Simultaneous Engineering als Inputgeber zu einem frühen Zeitpunkt zu involvieren (z.B. durch Car Clinics), um derartige Informationen treffsicher zu erhalten.[541] Aus diesem Grund könnte man als Heuristik folgern, daß zur Kenntnis des Kunden auch in organisatorischen Veränderungsprozessen dessen direkte und relativ frühzeitige Partizipation als Inputgeber sinnvoll ist.

7.4.5.2 Weitere Zeitaspekte der Partizipation

Überlappung

Bei Überlappung kann man nach einer vertikalen und einer horizontalen Ausprägung unterscheiden. Letztere steht für die Frage, ob und bis zu welchem Grad verschiedene Tätigkeiten, die in einer logischen (und damit auch zeitlichen) Folge liegen, von den gleichen Aufgabenträgern wahrgenommen werden. Horizontale Überlappung bezieht sich so auf die verschiedenen Phasen des Veränderungsprozesses. Vertikale Überlappung fokussiert auf die verschiedenen Intensitätsebenen der Partizipation. Da die Tätigkeiten der verschiedenen Intensitätsebenen bis zu einem gewissen Grad der zeitlichen Folge Informationssammlung und Vorbereiten - Entscheiden - Umsetzen entsprechen, ist auch die vertikale Überlappung eine zeitbezogene Fragestellung. Die Konstanz oder Verschiedenheit der Akteure hat wesentlichen Einfluß auf den Erfolg eines Veränderungsprozesses.

Hohe Überlappung hat allgemein den Vorteil, daß sowohl sachliche, insbesondere aber kognitive und motivationale Schnittstellen vermindert werden können. Durch Überlappung steigt

---

538 Vgl. Perlitz u.a. (1995), S. 51 f.

539 Vgl. Picot/Böhme (1996), S. 235.

540 Vgl. Nippa (1997), S. 50.

die Wahrscheinlichkeit, daß man von den gleichen Dingen spricht. Sie kann so die "throw it over the wall" - Mentalität senken.[542] Das Phänomen, daß Leistungen (z.B. ein Sollkonzept), auf die später aufgesetzt werden soll (z.B. Umsetzung) von den Trägern der späteren Leistung abgestoßen werden, wenn diese nicht an Ersteren beteiligt waren, ist allgegenwärtig. Hinsichtlich vertikaler Überlappung scheint es daher sinnvoll, die Entscheider (z.B. Suprastruktur) gezielt in die Vorbereitung von Entscheidungen einzubeziehen. So kann eine Entscheidungsvorlage besser nachvollzogen werden und das Committment ist unter Umständen höher. Allerdings sind die Entscheider oftmals Mitglieder des Top Management und leiden unter entsprechender Zeitknappheit. Eine zu hohe Überlappung würde nicht auf Zustimmung stoßen. Eine Methode zur Auflösung des Dilemmas zwischen Zeiteffizienz und Effektivität der Einbindung bieten die angesprochenen Action Learning Groups an.[543] Hierbei wird versucht, Entscheider für relativ kurze Zeit (z.B. 1 Tag an allen wichtigen Meilensteinen) einzubinden, indem sie aktiv im Zeitraffer den Vorbereitungsprozeß durchlaufen.

Horizontale Überlappung ist eng mit der Frage nach der Konstanz der Partizipanten während des Prozeßverlaufes verbunden. Die wichtigsten Effekte eines über die Zeit konstanten Partizipantenkreis sind neben den oben angeführten Aspekten, daß

- die Gruppeneffizienz höher sein kann, was vorteilhaft ist. Durch neue Akteure tritt eine Störung ein, die den Gruppenprozeß in seiner Entwicklung zurückwirft.[544] Allerdings gilt dieses Argument nur bei einer funktionierenden Gruppe.[545] Ist die Gruppe beispielsweise so zerstritten, daß sich harte Fronten mit vorgefertigten Meinungen gebildet haben, führt eine Konstanz nur zu mehr Verkrustung. Ändert sich das Anforderungsprofil an die Akteure, so kann eine hohe Konstanz ebenfalls schädlich sein. Zu hohe Konstanz kann insgesamt zu "Betriebsblindheit" führen.
- langfristiges Optimieren gezielt gefördert und durch ein Controllingsystem sanktioniert werden kann. Insbesondere kann so ein Bruch zwischen Konzeptions- und Implementierungsphase vermieden werden. Das Problem, daß sich (auf dem Papier) geniale Sollkonzepte mit (theoretisch) riesigen Effizienzgewinnen nicht umsetzen lassen, kann dadurch reduziert werden indem derjenige, der das Konzept entwirft, nicht anhand des Konzeptes gemessen, beurteilt und entlohnt wird, sondern am tat-

541 Vgl. Hofmann/Bungard (1996), S. 1089, Matz (1998), Paashuis (1998), Perlitz (1996b), S. 359. Herp (1996), S. 309 fordert eine Einbindung schon in der Konzeptualisierungsphase, was allerdings übertrieben erscheint.

542 Oder sinngleich das "not invented here" - Syndrom (Vgl. Reiß (1997d), S. 107, Herp/Brand (1996), S. 138, Doppler/Lauterburg (1996), S. 70).

543 z.B. Jarmai (1997), S. 184.

544 Zu den Entwicklungsstufen einer Gruppe siehe Reiß (1995c), S. 456 und Abschnitt 7.4.5.

545 Vgl. Reiß (1993d), S. 135, wonach "Stabilisierung" ein Instrument des Komplexitätsmanagements darstellt.

sächlich realisierten Ergebnis. Durch eine solche Konstanz kann vermieden werden, daß sich Akteure nach einem großartigen Sollkonzept "aus dem Staub" machen.[546] In der Vergangenheit wurde dieser Vorwurf insbesondere den strategischen Unternehmensberatungen (z.B. Boston Consulting Group, McKinsey oder Bain & Company) gemacht.[547] HOUT/CARTER identifizierten in diesem Kontext in einer Studie der Innovationspraktiken von 550 Unternehmen das Problem, daß (intensiv partizipierende) Topmanager Entscheidungen vermeiden, die an der Spitze möglicherweise Konflikte auslösen.[548] Durch höhere Partizipationskonstanz kann diese Gefahr verringert werden.

- so die Gesamtzahl der Partizipanten kleiner bleibt. Hat man sich für ein nichtpartizipatives Vorgehen entschieden, so ist dies ein Vorteil. Will man aber gezielt "Betroffene zu Beteiligten" machen und bedenkt, daß die Gefahr einer "Erstikkungsfalle" besteht, so ist dies ein potentieller Nachteil.

Die aufgeführten Punkte verdeutlichen, daß sich auch die Frage nach der Konstanz der Partizipanten in einem situativen Spannungsfeld bewegt, das sich aus dem Abwägen der beschriebenen Effekte ergibt. Tendenziell scheint allerdings die Konstanz der Partizipation so wichtiger, je intensiver die Partizipation ist. In diesem Zusammenhang kann man plausibilisieren, daß der Gesamtprojekt-Manager schon in der Anfangsphase deutlich etabliert wird, einerseits aus Gründen der Selbstverpflichtung, andererseits aus Gründen der Signalwirkung.[549] Im Zusammenhang des Lean Management weisen REIß/MORELLI allerdings darauf hin, daß der Projektleiter nur in den seltensten Fällen Umsetzungsverantwortung hat.[550] Ein Wechsel der Partizipanten scheint bei den Sachaufgaben besonders relevant, da sich Anforderungsprofile (z.B. Fachkenntnisse) ändern und so dieser Effekt dominiert. Will man Individuen nur zeitlich begrenzt partizipieren lassen und bedenkt, daß Partizipation Machtteilung bedeutet, so sollte die Begrenztheit vorher klar definiert werden. Der Konstanz der Partizipation auf Basisebene sind schon dadurch Grenzen gesetzt, daß der Kapazitätsbedarf zunimmt. Zur Konstanz eines potentiellen Beratereinsatzes wurden schon entsprechende Aussagen getroffen.

---

546 Nippa (1996), S. 73 spricht von einer "Wasch' mir den Pelz, aber mach' mich nicht naß" - Einstellung als Mißerfolgsfaktor.

547 Zu den Reengineering-Konzepten verschiedener Berater siehe Nippa/Picot (1996), S. 61 f. Zu einem Praxisbeispiel aus der Pharmabranche siehe Güllmann (1997), S. 86, der diesen Umstand allerdings nicht wertet.

548 Vgl. Hout/Carter (1996), S. 60 . Vgl. auch Soukup/Fischer (1997), S. 68.

549 Vgl. Dernbach (1996), S. 202.

550 Vgl. Reiß/Morelli (1994), S. 55 . Dieser Fall entspräche der Definition eines "Heavy Weight Project Manager".

Formalisierungsverlauf

Unter Formalisierung wird der Umfang, die Art und die Strenge von Regeln, Meßkriterien und Strukturen verstanden, innerhalb deren die Partizipation stattfindet. Der Formalisierungsverlauf kann sich auf den Veränderungsprozeß in toto beziehen, oder anhand einzelner Intensitätsebenen der Partizipation analysiert werden. Der Formalisierungsgrad wird im wesentlichen durch die inhaltliche Entwicklung des Veränderungsprozesses und durch den Verlauf der Partizipationsweite determiniert.

Aus einer inhaltlichen Perspektive kann man analog eines strukturierten Problemlösungsprozesses für eine Zunahme der Formalisierung im Prozeßverlauf argumentieren, was der Loose-Tight-These entspricht. Während in einer weniger strukturierten ersten Phase bewußt Raum für grundsätzliche Fragen der Standortbestimmung und der Konzeptentwicklung, Kreativität und Teamentwicklung im Rahmen eines potentiell zyklischen Prozesses gelassen wird, folgt dann eine formalere, meßgrößenorientiertere und an (detaillierten) Fortschrittszielen orientierte Umsetzungsphase.[551] Dadurch wird der Prozeß linearer und die Hürde zu einer möglichen Konzeptanpassung höher.

Wesentlich für den Erfolg dieser Strategie ist das richtige Timing des Übergangs. Bricht man die informalere Phase zu früh ab und beginnt ab diesem Zeitpunkt tendenziell durchsetzungsorientiert zu arbeiten, so steigt die Gefahr, unausgereifte Konzepte mit Gewalt[552] umsetzen zu wollen, oder Grundsatzentscheidungen zu einem späten und dann kostenintensiven Zeitpunkt zu ändern (z.B. sich in der Implementierungsphase für eine andere Softwarestrategie zu entscheiden). Dieser Effekt entspricht der Linearitätsfalle.[553] Das Gegenstück ist die Zirkularitätsfalle, die durch zu langes Warten entsteht. Es steigt die Gefahr, endlos über das Gleiche zu diskutieren, sich in Details zu verlieren, den "sense of urgency" zu verlieren und mangelnde Zielorientierung und Pragmatismus zu zeigen. In Produktentwicklungsprozessen hat sich allerdings im Vergleich zwischen westlichen und japanischen Strategien gezeigt, daß der fragliche Zeitpunkt relativ spät zu liegen scheint.[554]

Die angedeuteten Abschnitte dürfen offensichtlicherweise nicht als strenge Sequenz verstanden werden. Insbesondere aus Motivationsgründen und um schnell drängende Symptome zu lindern, sollten schon in der Startphase eines Veränderungsprozesses durch pragmatisches,

---

551 Ein Veränderungsprojekt konkretisiert sich erst im Prozeß*verlauf*, was einer zu frühen Detaillierung der Fortschritts- und Ergebnisgrößen eine natürliche Grenze setzt (Vgl. Patzak/Rattay (1997), S. 318).

552 Was stark an einem zu hohen Druck liegt, schnell meß- und sichtbare "Erfolge" zu erzielen.

553 In Produktentwicklungsprozessen spricht man von der "rule of ten", die besagt, daß sich in Produktentwicklungsprozessen Folgekosten durch Fehler der Konzeptionsphase nur mit dem zehnfachen Aufwand korrigieren lassen (vgl. Roth (1997), S. 62).

pilothaftes[555] und umsetzungsorientiertes Vorgehen "Quick hits" (bzw. "early wins") erzielt werden.[556] Hierzu ist eine entsprechende Formalisierung notwendig. Im Reengineering Programm "PLUTO" bei Rhône-Poulenc Rorer wurden in diesem Zusammenhang gezielt "A-Ideen" gesucht, die sofort ohne Neuinvestition umsetzbar sind.[557]

Ein geringer Formalisierungsgrad zu Beginn des Veränderungsprozesse ist nicht als Regelfreiheit zu verstehen.[558] Die Einigung auf Spielregeln und Erfolgskriterien *zu Beginn* eines Veränderungsprozesses scheint enorm wichtig, denn nur so kann Klarheit und Verbindlichkeit (auch gegenüber dem Auftraggeber) geschaffen werden und eine Fortschrittsmessung ermöglicht werden ist.[559] Beispielsweise wurde bei IBM im weltweiten Reengineering-Programm CRM die Verbesserung der Kritikpunkte der Kunden (z.B. durch Umfragen, Interviews, Hotlines) als Meßgröße definiert.[560] Bei Mercedes-Benz hat es sich im Reengineering-Programm "plus100" des Nutzfahrzeugbereiches als enormes Hindernis herausgestellt, daß Zielvorgaben und Meßgrößen nicht rechtzeitig definiert wurden.[561]

Im Rahmen der aufgestellten Regeln nimmt der (inhaltliche) Spielraum den diese Regeln lassen ab und die Striktheit und die Umsetzungsorientierung im den Zeitverlauf zu. Das Konzept, innerhalb von definierten Regeln Gestaltungsfreiraum zu lassen, entspricht dem "simultaneous loose-tight"-Ansatz.[562] So ist es beispielsweise wichtig, sich zu Beginn auf ein Meilensteinkonzept zu einigen, aber in der Konzeptionsphase durch ein Gateway-Management mehr Flexibilität einzubauen. Dieses Konzept besagt, daß ein neuer Schritt erst dann erfolgt, wenn alle notwendigen vorangegangenen Aktivitäten bestimmte definierte Erfolgsziele

---

554 Vgl. Roth (1997), S. 62. Dennoch ist in einem *absoluten* Vergleich die Konzeptionsphase bei Veränderungsprozessen wesentlich geringer als die Implementierungsphase (Crux/Schwilling (1996), S. 208 f.). Vgl. auch Kapitel 6.3.

555 Pilotprojekte gelten allgemein als Erfolgsfaktor (z.B. Perlitz u.a. (1995), S. 47, Lohse (1997), S. 197).

556 Vgl. Zeller (1996), S. 122, Gerpott/Wittkemper (1996), S. 163. Schon in Abschnitt 6.2 wurde auf die Gefahr der Panikfalle (Vgl. Reiß (1997e), S. 115) hingewiesen. Diese kann durch schnell meßbare Erfolge gemildert werden (Vgl. Crux/Schwilling (1996), S. 220).

557 Vgl. Güllmann (1997), S. 89.

558 Nach den empirischen Ergebnissen von Perlitz u.a. (1995), S. 46 ist ein tendenziell hoher Planungs- und Strukturierungsgrad in der Konzeptionsphase ein Erfolgsfaktor.

559 Vgl. Hild/Schwarzgruber/Rombach (1997), S. 218, Bock (1996), S. 84, Doppler/Lauterburg (1996), S. 93, Nippa (1997), S. 52, Gelinas u.a. (1998), S. 77. Dadurch kann auch sichergestellt werden, daß die für "quick hits" notwendige Zielorientierung erhalten bleibt (Vgl. Lohse (1997), S. 196). Die Nichtbeachtung dieses Faktors ist nach Berger/Schwenker (1996), S. 1047 ein zentraler Mißerfolgsfaktor. Vgl. auch CSC Index (1994) zu empirischen Ergebnissen. Zum Regelkreismodell des Projektcontrollings siehe Patzak/Rattay (1997), S. 318 f.

560 Vgl. Wengenroth (1997), S. 73. Zur Kundenzufriedenheit als integraler Meßgröße siehe Pieske (1997), S. 65 f.

561 Vgl. Kutzim/Schnorr (1997), S. 189.

562 Vgl. Peters/Waterman (1982), S. 16, die bei ihrer Untersuchung über Erfolgsfaktoren von Unternehmens "Simultaneous Loose-Tight Properties" (Straffe Lenkung bei hoher lokaler Verantwortung und Freiheit) identifiziert haben. Siehe auch Scholz (1997), S. 63 zur Kritik an der Studie.

erreicht haben.[563] Dadurch kann es in der Konzeptionsphase zu (dennoch regelkonformen) Verzögerungen der Meilensteinplanung kommen. In der Umsetzungsphase kann man dann unter Umständen der Einhaltung geplanter Termine oberste Priorität geben.

Ein wesentliches Element der Formalisierung der Partizipation sind Meßkriterien, die sich auf den Veränderungsprozeß beziehen und der entsprechende Controllingprozeß, der das Messen mit einer Handlungs- und Sanktionslogik belegt.[564] Controlling stellt erwiesenermaßen ein zentrales Element im Change Management dar.[565] Es würde hier den Rahmen sprengen, umfassend auf Formen, Inhalte, Vor- und Nachteile des Change-Controllings einzugehen.[566] Analog den prinzipiellen Überlegungen zum Formalisierungsgrad gilt es, ein Controlling-Konzept zu Beginn des Veränderungskonzeptes zu definieren und unter den Partizipanten verbindlich zu verankern.[567] In den ersten Phasen des Veränderungsprozesses ist das Controlling "sanfter", indem die Indikatoren eher sach- und prozeßorientiert sind, die Indikatoren eher Informationscharakter haben und vor allem nicht alles durch die Perspektive der Kennzahlen gesehen wird. In späteren Phasen ist ein verbindlicheres und neben Sach- und Zeitindikatoren insbesondere an finanziellen Indikatoren orientiertes Controlling sinnvoll.[568] Trotz zunehmender Formalisierung im Prozeßverlauf sind in komplexen Veränderungsprozessen sind reine Kennzahlensysteme fehl am Platz.[569] "What you measure is what you get" führt bei übertriebener Anwendung zu "You only get what you measure" im komplexen und nur teilweise strukturierbaren Kontext des Change Management.[570]

Ein wichtiger Aspekt für ein erfolgreiches Controlling ist die Personifizierung von Aufgabe, Kompetenz und Verantwortung.[571] Dies bedeutet eine ungleichmäßige Verteilung der Partizi-

---

563 Vgl. Barbitsch (1997a), S. 35.

564 Vgl. Spalink (1998a), S. 109 f.

565 Vgl. CSC Index (1993), S. 2, Lehmkühler (1998), S. 152.

566 Zu einigen Ansätzen vgl. Stamm (1998), S. 143 f., Grimmeisen (1995), S. 291, Grimmeisen (1997), S. 145 f., Reiß (1993a), S. 553, Bungard (1996), S. 264, Bauwens (1998), S. 234 f. Zur Balanced Scorecard als aktuellen Controlling-Konzept siehe den grundlegenden Artikel von Kaplan/Norton (1992), S. 71. F, Brunner (1998), S. 31 oder Fickert/Anger (1998), S. 54. Zu Kriterien "guter" Meßsysteme im Transformationsprozeß siehe CSC Index (1994), S. 26 f.

567 Vgl. Grimmeisen (1995), S. 291.

568 Vgl. Büchi/Chrobok (1997), S. 376, die nach periodischen Kontrollgesprächen und ergebnisorientierter Kontrolle unterscheiden, welche nach den empirschen Ergebnissen von Perlitz u.a. (1995), S. 59 beide relevant sind.

569 Vgl. Reiß (1993a), S. 553. Diese Kennzahlen müssen nicht finanziell sein, was beispielsweise durch den Ansatz der Balanced Scorecard (Kaplan (1992), S. 71 f., Kaplan/Norton (1997), Kaplan/Cooper (1998)) zum Ausdruck kommt.

570 Messen ermöglicht überhaupt erst Kontrolle. "Measurements are the key. If you cannot measure it, you cannot control ist. If you can't control ist, you cannot manage it. If you cannot manage it, you cannot improve it". (Harrington (1991), S82). Vgl. zu einer kritischen Sicht Johnson (1992), S. 3 f., der beschreibt, daß durch Messen auch *nur* das verbessert werden kann, was Inhalt der Messung ist. Carnall (1997), S. 140 identifiziert "short term measures" als Mißerfolgsfaktor, da sie die Gefahr einer zu frühen Linearisierung des Prozesses verstärken. Vgl. auch Elton/Roe (1998), S. 155.

571 Vgl. z.B. Picot/Böhme (1996), S. 246, Schuh u.a. (1998), S. 27.

pation bei allen Aufgaben, die von mehreren Trägern wahrgenommen werden (d.h. es sollte also genau eine Person geben, die am intensivsten partizipiert und dementsprechend verantwortlich ist).

Die bisherige Argumentation war hauptsächlich am inhaltlichen Entwicklungsgrad des Veränderungsprozesses orientiert. Die Tendenz zu zunehmender Partizipationsweite unterstützt das Postulat einer zunehmenden Formalisierung der Partizipation. Je mehr Akteure an einem Prozeß beteiligt sind, um so größer ist der Bedarf an (formalen) Regeln zur Koordination. Regelklärung zu Beginn heißt im Kontext zunehmender Partizipationsweite (und auch wechselnder Akteure), daß jeder neue Partizipant unter klaren Spielregeln agiert und sich zu diesen selbst committed.

Verlauf der Partizipationsstrategie

Die Partizipationsstrategie bezeichnet den angestrebten inhaltlich-zeitlichen Verlauf der Partizipation. Die Partizipationsstrategie sollte während des Change-Prozesses tendenziell konstant sein. Hat man sich zuerst für ein nicht-partizipatives top down Vorgehen entschieden und versucht später, einen partizipativen Prozeß zu starten, so ist die Gefahr groß, auf hohe Opposition und vorgefertigte (negative) Meinungen zu stoßen.[572] Partizipationsangebote werden entweder nicht angenommen oder benutzt, um den Prozeß zu sabotieren. Versucht man umgekehrt, nach einem partizipativen Start ein autoritäres Vorgehen einzuschlagen, ist die Gefahr hoch, daß dies gar nicht möglich ist, da durch die vorherige Machtteilung qua Partizipation diese Entscheidung nicht darstellbar ist. Wenn es also wichtig ist, eine konstante Partizipationsstrategie zu verfolgen, dann ist ein hoher Analyseaufwand zu Beginn des Change-Prozesses sinnvoll, um Machtpotentiale, Gewinner-Verlierer-Inszenierungen, etc. abzuschätzen.[573]

Verlauf der Integration in die Linienfunktionen

Die Integration in die Linienfunktion stellt auf die Träger der Handlung ab und drückt aus, bis zu welchem Grad der Veränderungsprozeß durch eine speziell aufgesetzte Projektorganisation getragen wird beziehungsweise bis zu welchem Grad dies durch „normale“ Linienfunktionen geschieht.

Spätestens zum Ende der Implementierungsphase sollte der Veränderungsprozeß in die Linie beziehungsweise Alltagsarena getragen werden, um so eine dauerhafte Absicherung und

---

572 Vgl. Abschnitt 6.2.
573 Vgl. Abschnitt 7.5.6.

Weiterentwicklung zu erreichen.[574] Im TQM-Prozeß in der Entwicklung von Mercedes-Benz hat der Wandel vom "Macher- und Polizeisystem zum Unterstützungssystem" enorme Reibungsverluste beim Übergang in die Linie verursacht. Vorteilhaft scheint es jedoch, schon früher eine Überleitung zu beginnen. Je umfangreicher und früher die Betroffenen bzw. die künftigen Verantwortlichen einer Aufgabe partizipieren, desto leichter scheint die Übergabe in die Linie, da es sich um *physisch* identische Aufgabenträger handelt.[575] CRUX/SCHWILLING fordern, daß die Akteure der Reengineering-Teams zu einem großen Teil aus den betroffenen Bereichen stammen sollten.[576] Durch die Maßnahmenverantwortung ist eine Überleitung in die Linienaufgabe leichter möglich.[577] Die Ausführungen zeigen, daß obige Fragestellung bei der Entscheidungsfindung zum Umfang und der genauen Struktur der Partizipation der Betroffenen beachtet werden muß.[578]

Zeitintensität der Partizipation

Die Zeitintensität beschreibt aus der Sicht eines Individuums den relativen Anteil an der ihm zur Verfügung stehenden Zeit, die es seiner Aufgabe im Change - Prozeß widmet.

Eine hohe Zeitintensität seitens der Partizipanten hat mehrere Vorteile. Eine Aufgabe (z.B. die Konzeption eines Teilprojektes) mit einem bestimmten Umfang kann so durch *weniger* Akteure verrichtet werden. Dadurch sinkt potentiell die Komplexität der Aufgabe, da durch die geringere Arbeitsteilung weniger Schnittstellen zwischen den Akteuren erzeugt werden. In einem funktionierenden Team ist dies leistungsfördernd. In der Außenwirkung scheint die Aufgabe durch höhere Eindeutigkeit personifizierter. Bezüglich des partizipierenden Akteurs erlaubt hohe Zeitintensität eine stärkere Fokussierung auf die jeweilige Aufgabe, was leistungsfördernde Aspekte hat. Hohe Zeitintensität kann sich positiv auf die Teambildung und Motivation auswirken.[579] Verrichten weniger Träger eine gemeinsame Aufgabe, so wird das Controllen einfacher.

Hohe Zeitintensität hat allerdings auch Grenzen und Nachteile. Normalerweise findet ein Veränderungsprozeß nicht auf der "grünen Wiese" statt, sondern in Konkurrenz um knappe Ressourcen, da Akteure noch andere Aufgaben und Verpflichtungen haben. Aus individueller Perspektive kann ein zu hoher Zeitanspruch seitens der Veränderungsprojektes streßverstärkend und negativ wirken, wenn der Akteur seinen anderen Verpflichtungen nicht nachkommen

574 Vgl. Ziegler (1997), S. 430.
575 Vgl. Zeller (1996), S. 120.
576 Vgl. Crux/Schwilling (1996), S. 218.
577 Vgl. Schuh u.a. (1998), S. 29.
578 Vgl. Berger/Schwenker (1996), S. 1053.
579 Zur Wichtigkeit einer "powerful coalition" siehe Abschnitt 6.4.4.2 und Kotter (1997), S. 17.

kann. "Besondere Probleme bereitet es, die Verfügbarkeit der Machtpromotoren zu gewährleisten, die ja stets in einem Spannungsfeld zwischen strategischer Wichtigkeit und operativer Dringlichkeit ihrer Aufgaben agieren. Gegen die Gefahr, daß die Zeitbudgets von Machtpromotoren durch das Tagesgeschäft 'aufgefressen' werden, schützen klare Prioritäten zugunsten der Reformarbeit, die Delegation des Tagesgeschäftes an einen Vertreter, die Rekrutierung mehrerer Paten und eine geeignete Aufteilung der gesamten Reformarbeit in Arbeitspakete."[580] Eine Problemstellung benötigt nicht nur eine pauschale Menge an Kapazität zu deren Lösung, sondern auch bestimmte Qualifikationsprofile, was Einfluß auf passende Strategien der Zeitintensität hat. Je nachdem, wer mit welchen Qualifikationsprofilen zur Verfügung steht, kann eine hohe Partizipationsintensität redundant oder gar hinderlich sein. In Kapitel 7.4.4.4 wurde beschrieben, daß Partizipation teilweise aus Gründen der Widerstandsvermeidung geschehen muß. Durch geringere Zeitintensität können mehr Akteure partizipieren. Bei hoher zeitlicher Partizipationsintensität steigt auch die Gefahr, daß die Teammitglieder die Anschlußfähigkeit und damit auch die Akzeptanz der Restorganisation verlieren. Ist ein Team "festgefahren" so ist es bei hoher zeitlicher Partizipationsintensität der einzelnen Akteure möglicherweise schwieriger, zu einer Lösung zu kommen. Hohe Zeitintensität und entsprechend wenige Akteure steigern die Gefahr der Innenorientierung - Kreativität, verschiedenes Sichten, wertvolle Inputs werden nicht ausreichend aufgenommen.

Alles in allem kann im beschriebenen Spannungsfeld keine pauschale Aussage zur optimalen Zeitstruktur der Partizipation gegeben werden. Dennoch lassen sich einige Tendenzaussagen treffen. Die Frage nach Zeitintensität ist abhängig von der Rolle beziehungsweise der Art der Aufgabe, die ein Akteur wahrnimmt. Eine hohe Zeitintensität ist in der Regel sinnvoll bei:

- schlechter Abgrenzbarkeit der Aufgabe. Eine Zerlegung bedeutet hohen Schnittstellenaufwand.
- hoher Integrationsfunktion der Aufgabe. Je mehr eine Rolle andere Teilaspekte koordinieren soll, desto weniger sollte sie selbst zerlegt sein.
- hoher Verantwortlichkeit der Rolle. Je mehr ein Rolle die Verantwortung für eine Aufgabe übernimmt, desto eindeutiger muß sie besetzt sein.

So sollte das Programmanagement als Unterstützungsfunktion des Auftragnehmers eine Vollzeitfunktion in einem umfassenden Veränderungsprozeß sein.[581] PERLITZ U.A. ermitteln die dabei Freistellung der Teammitglieder als hochsignifikanten Erfolgsfaktor.[582] Der Projektver-

580 Reiß (1997d), S. 106.
581 Vgl. Nippa (1996), S. 72, Portner/Beaven (1994), S. 55 f.
582 Vgl. Perlitz u.a. (1995), S. 50.

antwortliche (z.B. Prozeßausschuß) sollte dem Veränderungsprozeß hohe Priorität einräumen.[583] Ein Lenkungsaussschuß stellt einen Kompromiß zwischen Engagement und Zeitknappheit des Top Managements dar. In Vorbereitungsteams beziehungsweise Teilprojekten sollte zumindest der jeweilige Verantwortliche signifikant (z.B. zur Hälfte) freigestellt sein.[584] Allerdings zeigen andere empirische Untersuchungen, daß im Durchschnitt lediglich fünf Mitarbeiter voll für die Projektarbeit frei gestellt sind, während in einem Drittel der Fälle kein Individuum gänzlich von seinen Linienaufgaben befreit worden ist.[585] Grundsätzlich ist es wichtig, daß überhaupt eine eindeutige Verantwortlichkeit festgelegt ist. Implementierungsverantwortliche sollten viel Zeitkapazität auf den Prozeß lenken. Aufgrund der Signalwirkung scheint hohe Zeitintensität gerade in der Umsetzungsphase wichtig.

Für eine hohe Zeitintensität der Partizipation zu Beginn des Prozesses seitens wichtiger Teammitglieder spricht der positive Einfluß auf die Gruppenbildung, Motivation und freigesetztes Kreativitätspotential.[586] Kritisch wird es allerdings, wenn die Teammitglieder die Anschlußfähigkeit an die und die Akzeptanz der Restorganisation verlieren, was ein möglicher Nebeneffekt einer zeitintensiven Einbindung beispielsweise im Rahmen eines "Reengineerings-Labor" sein kann. Eine wichtige Lernerfahrung aus dem im Rahmen des Reengineering-Programms "plus100" bei Mercedes-Benz durchgeführten Labors war, die Mitglieder nicht *völlig* aus dem operativen Geschäft herauszunehmen.[587] Ein zentrales Problem war die unzureichende Kommunikation und unzureichendes Stakeholder-Management, was zu Reibungsverlusten bei Umsetzungsversuchen geführt hat.

Eine sehr geringe zeitliche Intensität der Partizipation scheint damit grundsätzlich nur bei klar abgegrenzten Aufgaben (z.B. Sitzungsmoderation) sinnvoll, da es sonst zu Reibungsverlusten kommt. Allerdings kann es durchaus sinnvoll sein, daß Partizipation nur zeitlich begrenzt erfolgt (z.B. in einer bestimmten Phase wird ein Spezialist für Multimedia-Datenbanken benötigt).

---

583 Vgl. auch Perlitz u.a. (1996b), S. 358. Berger/Schwenker (1996), S. 1053 fordern, daß das gesamte Kernteam eine Vollzeitaufgabe oder zumindest die Hauptaufgabe der Akteure sein sollte. Eine entsprechende empirische Aussage findet sich bei Bashein/Markus/Riley (1994).

584 Vgl. z.B. Zeller (1996), S. 121, Crux/Schwilling (1996), S. 219 fordern eine Freistellung sämtlicher Teammitglieder von 60-100%.

585 Vgl. Picot/Böhme (1996), S. 236.

586 Vgl. z.B. Lohse (1997), S. 196. Zu dem vom CSC Index vertretenen Ansatz des "Reengineering Lab" siehe auch CSC Index (1993), S. 4 f. Im Labor können quasi im Zeitraffer Entwicklungsphasen und Hürden überwunden werden. Zu den Erfahrung von Mercedes-Benz siehe Jensen (1997), S. 232 f.

587 Vgl. Jensen (1997), S. 229.

7.4.6 Partizipationsstrategien unter unvollständiger Information

7.4.6.1 Prinzipielle Gesichtspunkte

Während im letzten Kapitel implizit von einer Totalperspektive auf den gesamten Veränderungsprozeß und einer vollständigen Informationsbasis ausgegangen wurde ist klar, daß dies eine unrealistische Annahme ist. In Realität bewegen sich die Akteure auf dem Zeitstrahl fort und agieren unter unvollständigen Informationen. Aktionsentscheidungen werden aufgrund von Erwartungswerten hinsichtlich erwarteter Wirkungen und erwarteter zukünftiger Ereignisse getroffen. Pauschal "richtige" Aussagen über Partizipationsverläufe sind ein Sonderfall. Die folgenden Überlegungen greifen prinzipielle Aspekte aus Kapitel 4.6.3 und schon im Rahmen von Transformationsprozessen (Kapitel 6.4) gewonnene Erkenntnisse auf. Der Nutzen des Kapitels liegt einerseits in den Ausführungen zu Partizipationsaspekten an sich und darin, daß versucht wird, anhand dieses Beispieles allgemeine Prinzipien zum Management und der Gestaltung von Handlungsmöglichkeiten über der Zeit unter Unsicherheit deutlich zu machen.

In Kapitel 4.6.3 wurde ausgeführt, daß die Gestaltung einer Intervention über der Zeit in den seltensten Fällen pauschal ist, sondern in der Regel von einer Vielzahl situativer Faktoren abhängig ist. Diese können sich auf den Ausgangszustand (z.B. Konfliktpotential, Promotorenverfügbarkeit, finanzielle Rahmenbedingungen, Leidensdruck, Partizipationskultur) beziehen und auf Faktoren, die erst im Verlauf des Veränderungsprozesses eintreten (z.B. unerwarteter Markteinbruch, Konkurrenzprojekte, Interessenwechsel der Promotoren). Hätte man Wissen über alle relevanten Faktoren und wären die Kausalitäten alle deterministisch[588], so könnte man daraus die "richtige" Partizipationsstrategie ableiten. Beides ist natürlich nicht der Fall. Die heutige Situation kann nur teilweise erfaßt werden, zukünftige Ereignisse können schlecht vorhergesagt werden.[589] Letztlich sind die in den letzen Kapiteln angestellten Kausalitätsüberlegungen allenfalls Heuristiken. Ob eine Intervention genau den angestrebten Effekt hat kann nur in Form von Wahrscheinlichkeiten beantwortet werden.

Um im beschriebenen Handlungsraum zu agieren kann man mehrere Basisstrategien verfolgen. Man kann versuchen die beschriebene Unsicherheit zu minimieren, indem die Analyse (Informationssuche) und die Planung intensiviert wird. Im Extremfall wird eine umfassende Analyse zu Beginn vorgenommen und daraus ein Totalplan abgeleitet, der nicht angepaßt wird. In Abbildung 7-30 wird dieser Strategieansatz als "Mechanist" bezeichnet. Die zweite idealtypische Strategie ist, die Unsicherheit nicht zu nehmen, sondern das Potential des Sys-

588 Vgl. Prigogine/Stengers (1984), S. 75 zum "Laplace'schen Dämon".

589 Wer konnte beispielsweise wissen, daß Mercedes-Benz mit der A-Klasse derartige Probleme bekommen würde und so "plötzlich" ein ressourcenintensives Priorität-A - Projekt zum Reengineering des Fahrwerkes nötig war

tems auf Ereignisse (spontan und situativ) zu reagieren zu erhöhen. REIß nennt als eine Möglichkeit, "Promotorenslack" einzubauen. Eine ähnliche Alternative ist, Handlungspläne im Verlauf auf ihre Wirksamkeit zu überprüfen und zu verändern.

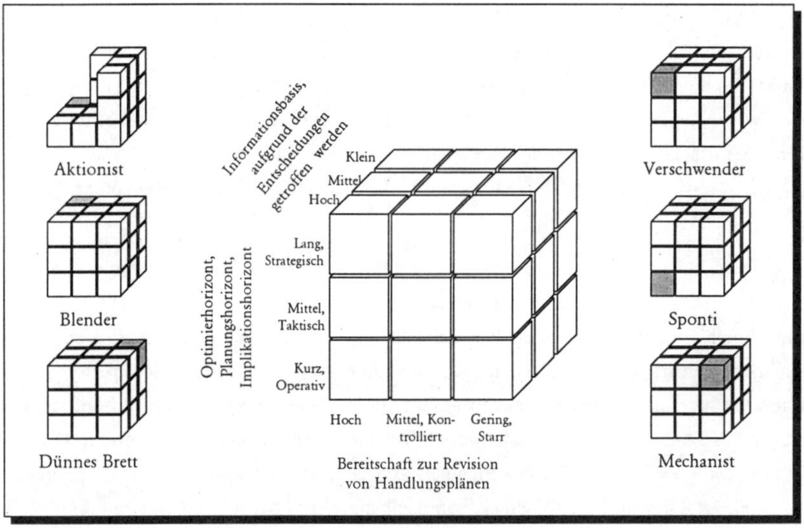

Abbildung 7-30: Dimensionen der Vorgehensstrategie und ausgewählte Strategietypen

Aus den angedeuteten Strategien ergeben sich verschiedene Dimensionen, die Handeln unter Unsicherheit beschreiben. Die Informationsbasis besagt, wieviel Aufwand im Prozeßverlauf für die Informationsbeschaffung verwendet wird. Die Revisionsbereitschaft drückt aus, ob sich Akteure eher durchsetzungsorientiert verhalten oder bereit sind, ihre Pläne anzupassen.[590] Der Horizont schließlich drückt aus, wie weit Handlungspläne in die Zukunft reichen. Aus der Kombination der einzelnen Dimensionen ergeben sich die in der Abbildung beschriebenen Idealtypen.

In Kapitel 6.4.4 wurde begründet, daß prinzipiell eine rollierende Planung sinnvoll ist, die durch Planung Unsicherheit nimmt und durch Redundanz der Planung die Flexibilität erhöht.[591] Um diese Flexibilität wirksam zu erhöhen, muß neben der Intensivierung des Pla-

590 Vgl. Reiß (1997a), S. 25.

591 In diesem Zusammenhang kann man auch von strategischen Verhalten sprechen (Scholz (1997), S. 67). Siehe in diesem Kontext auch Mintzberg (1994), S. 24, der die fünf Strategietypen: Intended, Deliberate,

nungsprozeß an sich (z.B. Kapazitätsaufbau) auch die Systemfähigkeit erhöht werden, mit Unsicherheit umzugehen[592] (z.B. Förderung einer unbürokratischen Kultur). Implementierungsslack als Bereitstellung scheinbar überflüssiger oder redundanter Ressourcen ermöglicht dementsprechende Flexibilität.[593] Man kann im Implementierungsmanagement zwischen Kompensationsslack, Unsicherheitsslack, Delegationsslack und Autarkieslack unterscheiden.[594] Allerdings führt zuviel Slack zu unnötigen Kosten und unter Umständen auch zu weiteren negativen Effekten wie Demotivation. Zu beachten ist auch, daß Slack nur Handlungsfreiräume eröffnet, wenn damit Engpässe beseitigt werden. Zur Bewertung muß eine Heuristik zwischen "Wert" des Slacks und Kosten des Slacks aufgestellt werden. GRIMMEISEN schlägt Anleihen an Optionspreismodellen vor.[595] PATZAK/RATTAY sprechen sich für ein Risikomanagementsystem aus.[596]

Zur Ausgestaltung des Planungsprinzips in Hinblick auf Aspekte des Partizipationsverlaufes stellen sich die in Abbildung angedeuteten drei Fragen. Es ist als erste Frage nicht unmittelbar offensichtlich, warum überhaupt ein längerer Planungshorizont sinnvoll ist. Warum sollte man hinsichtlich Zeitstrukturen der Partizipation überhaupt voraus planen und nicht periodenweise und jeweils spontan entscheiden, wer in welcher Form eingebunden werden soll und dementsprechend "ad hoc" handeln? Gerade hinsichtlich Partizipation ist eine strategische Orientierung notwendig (= vorausschauende Planung[597]), was an dynamischen Eigenschaften liegt.[598] In Kapitel 7.4.4.4 wurde in diesem Zusammenhang die "Dynamische Ausschlußfalle" beschrieben. Da Akteure im Verlauf des Prozesses Einfluß gewinnen oder als Fachexperten gebraucht werden, muß zum Bedarfszeitpunkt (z.B. in der Implementierungsphase) deren Partizipationsbereitschaft und Promotionspotential vorhanden sein. Ob dies der Fall ist oder nicht, wird wesentlich durch die Partizipationsstrategie gegenüber diesen Akteuren bis zu diesem Zeitpunkt bestimmt (z.B. frühzeitiges Einbinden oder Ausschluß). Wird also vorher nur einperiodig gedacht und gehandelt, so steigt die Gefahr, später in dynamische Ausschlußfallen zu treten enorm an. Für einen längeren Planungs- und Optimierungshorizont bezüglich Partizipationsfragen spricht weiterhin, daß Promotoren in der Regel nicht nach

---

Unrealized, Emergent und Realized unterscheidet. Büchi/Chrobok (1997), S. 362 fordern eine rollende Planung.

592 Zum Thema Unsicherheit siehe beispielsweise Wheatley (1992). Der gezielte Einbau von "Slack" in das System wirkt also als "Leistungsfaktor" der die Komplexität verringert (Reiß (1993d), S. 56). Zuviel "Slack" wirkt allerdings als Lastfaktor ("Waste").

593 In einer empirischen Untersuchung von Alexander (1997), S. 176 wurde die Tatsache, daß in der Umsetzung nicht antizipierte Ereignisse auftauchen, als zweitwichtigstes Problem identifiziert.

594 Vgl. Grimmeisen (1995), S. 295.

595 Vgl. Grimmeisen (1995), S. 296.

596 Vgl. Patzak/Rattay (1997), S. 36 f.

597 Vgl. Heinbokel/Schleidt (1993), S. 102.

598 Vgl. Kettinger/Teng (1998), S. 95.

Bedarf und beliebig verfügbar sind.[599] Beispielsweise muß ein "unnötiger Opponent" über einen längeren Zeitraum zum Promotor aufgebaut werden.[600]

Die nächste Frage befaßt sich mit dem jeweiligen Grad der Informationsbeschaffung. In den letzten Kapiteln wurde deutlich gemacht, daß das Verhalten der Akteure und deren Einfluß auf das Kraftfeld wesentlich von ihrer Situation abhängig ist. Es ergibt sich so zwingendermaßen, daß es sich tendenziell lohnt, einen hohen Informationsstand über relevante situative Faktoren zu haben (insbesondere Wissen über Promotoren, Konfliktpotential, Aktivierungsbereitschaft, Machtverteilung).[601] Der Grenznutzen zusätzlicher Information (angenommen sie ist relevant) ist hoch und fällt erst später ab.

Für einen hohen Informationsgrad spricht auch die Tatsache, daß Partizipation als Machtteilung meist nicht rückgängig gemacht werden kann. Hat man einmal falsche Promotoren an Bord, so kann dies nicht revidiert werden.[602] Eine unglückliche Partizipationsstrategie in t_0 aufgrund unzureichender Informationen schadet nicht nur dem Prozeß in t_0, sondern wirkt sich auf alle Folgeperioden t_i negativ aus, was die Wichtigkeit eines hohen Informationsstandes weiter steigert. Der geförderte mehrperiodige Planungs- und Optimierungshorizont der Partizipationsstrategie verstärkt ebenfalls die Forderung nach hohem Informationsstand, da sich auch hier ein Fehler auf mehrere Folgeperioden auswirkt.[603]

Auf der anderen Seite ist Information in der Regel nicht frei verfügbar, sondern muß durch Aufwand beschafft werden. Abbildung 7-31 spiegelt die Annahme steigender Grenzkosten der Information wieder. Implizit deutet die Kurve an, daß manche Information "unendlich teuer" ist, beziehungsweise gar nicht beschaffbar ist (man denke an die innersten Gefühlszustände eines Menschen). Abbildung 7-31 differenziert aus Gründen konzeptioneller Klarheit nicht nach verschiedenen Arten der Information. Man kann annehmen, daß Information/Wissen über zukünftige Ereignisse tendenziell um so teurer wird, je ferner dieses Ereignis in der Zukunft liegt.[604] Obwohl hier die These vertreten wird, daß Informationsbeschaffung sich bis zu einem hohen Aufwand lohnen kann, gibt es einen Punkt I*, ab dem sich der Mehraufwand nicht mehr lohnt. Unter Aufwand muß man einerseits kapazitive Kosten verstehen (Manpower, Rechenzeit auf Großrechner, Beraterkosten für Szenarioexperten, etc.), aber auch zeitliche Kosten. Unter zeitlichen Kosten wird verstanden, daß Informationsbeschaffung zwar

599 Vgl. Gelinas u.a. (1998), S. 89.
600 Vgl. Kapitel 7.4.4.2.
601 Vgl. Czichos (1990), S. 465, Doppler/Lauterburg (1996), S. 94. Thom/Bayard (1997), S. 164 sind der Auffassung, daß Zeitverzögerungen in der Implementierung die Folge von unzureichender Planung in der Konzeptphase sind. Vgl. auch Nippa (1997), S. 52.
602 Vgl. Nippa (1996), S. 73.
603 Vgl. Shumsky (1998), S. 321.
604 Diese Aussage gilt nicht pauschal. In einem deterministischen System ist es durchaus möglich, daß die Kosten konstant bleiben.

durch Ressourcenerhöhung (teilweise) beschleunigt werden kann, aber immer Zeit benötigt. Sicherlich können durch geeignete Parallelisierung des Vorgehens "Stillstandszeiten" des Prozesses verringert werden, dennoch kann übermäßige Informationssammlung lähmend wirken. Neben der angesprochenen Stillstands- und Wartezeit läuft eine übertriebene Informationssuche Gefahr, falsche Signale an die Akteure zu senden. Aktionsbereitschaft und Handlungswille werden gebremst, für den Erfolg eines Veränderungsprozesses zentrale schnelle Erfolge verhindert.[605] Man tritt in eine "Analysefalle": alles wird ausführlich beschrieben und analysiert aber die Umsetzung findet nicht oder kaum statt.

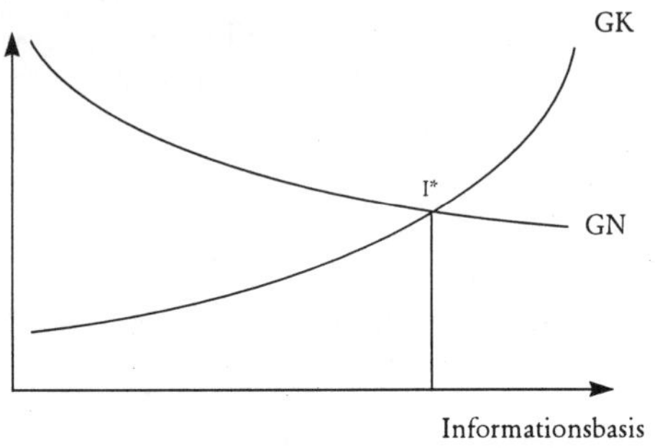

GK: Grenzkosten einer zusätzlichen "Informationseinheit".
GN: Grenznutzen (Höherer Erwartungswert) einer zusätzlichen "Informationseinheit".

Abbildung 7-31: Optimale Informationsbasis als Schnittpunkt zwischen Grenznutzen und Grenzkosten zusätzlicher Information.

Den letzten wichtigen Aspekt auf prinzipieller Ebene stellt die Umsetzungskonsequenz der geplanten Partizipationsstrategie dar. Der Vorteil einer sehr hohen Konsequenz ist eine scheinbar geringe Ressourcenverschwendung, was den Aufwand der Informationsbeschaffung betrifft. Eine (mit Aufwand erarbeitete) Informationsbasis hinsichtlich Promotoren, Opponenten, Machtverteilungen, etc., ist nicht gleich veraltet, da eine neue Informationsbasis erarbeitet wird. Ein weiterer Vorteil ist ein scheinbare Stabilität und Planbarkeit. Die Akteure haben eine relativ stabile Orientierung hinsichtlich der Partizipationsstrategie.[606] Diese Stabilität ist neben der Signalwirkung insbesondere wichtig, weil Partizipation ein Prozeß ist, der in der Anbahnung und Umsetzung Zeit und Stabilität benötigt. Mit abnehmender Revisionsdichte

605 Vgl. Zeller (1996), S. 124.

606 Was im Endeffekt auf die angenommene Risikoaversion bei den meisten Individuen zurückzuführen ist (emotionale Komponente, vgl. Czichos (1990), S. 429) und auf sachliche Probleme.

der Handlungspläne (= weniger Überlappung) steigt allerdings die Gefahr, daß die momentane Partizipationsstrategie und die reale Situation nicht mehr zusammenpassen (man hat beispielsweise übersehen, daß man einen bestimmten Fachexperten benötigt oder man hat die informelle Machtbasis eines Opponenten unterschätzt).

Es fällt schwer, im angedeuteten Spannungsfeld genaue Aussagen zu machen. Allerdings spricht beispielsweise die in Kapitel 7.3.4 angedeutete asymmetrische Kausalität der Wirkungen tendenziell für eine relativ hohe Überlappung der Handlungspläne.[607] In diesen Ausführungen wurde gezeigt, daß vielfach leichter ist, Motivation zu zerstören, als sie wieder aufzubauen. Kommt man erst einmal in der Bereich der Panikfalle[608] oder hat zentrale Promotoren verloren (z.B. der Auftraggeber setzt andere Prioritäten), so ist es nicht nur schwierig, diese zurückzugewinnen, gleichzeitig nimmt auch der Handlungsfreiraum ab. Ist also ein Change-Prozeß einmal in den Negativzyklus des Energieverlustes geraten, so steigt die Mißerfolgswahrscheinlichkeit exponentiell an. Ein frühes Gegensteuern bei unerwarteten Ereignissen oder veränderten situativen Faktoren (z.B. ein Akteur hat eine wesentlich höhere Aktivierungsbereitschaft als erwartet) ist enorm wichtig.

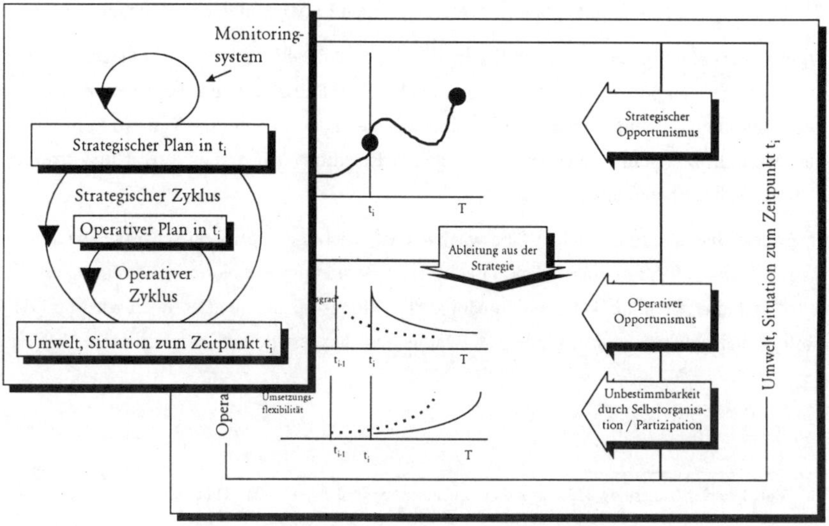

Abbildung 7-32: Dynamisches Zwei - Ebenen Modell des rollierenden Planungshorizontes der Partizipationsstrategie

607 Zur situativen Prozeßgestaltung siehe Heinbokel/Schleidt (1993), S. 213 f.

608 Vgl. Reiß (1997e), S. 115.

Aufgrund der vorherigen Überlegungen erweist sich auch für Zeitfragen der Partizipationsgestaltung das in Kapitel 6.4.4 entwickelte zweistufige Modell der rollierenden Planung auch für den Kontext der Partizipationsstrategie als sinnvoll.[609] Es verknüpft die Vorteile einer strategischen (langfristigen) Orientierung mit den Vorteilen einer engen und zeitnahen Planung. Auf der strategischen Ebene wird auf der Basis fundierter Analyse ein strategischer Fahrplan der Partizipation entwickelt.[610] Auf dieser Ebene werden Grundsatzfragen der allgemeinen Partizipationsstrategie festgelegt. Der strategische Fahrplan wird nach Möglichkeit konstant gehalten und in nur definierten Abständen überarbeitet.[611] Implizit ergibt sich daraus, daß zu Beginn des Veränderungsprozesses eine umfassende und detaillierte Analyse der relevanten Faktoren sinnvoll scheint. Im Rahmen des strategischen Fahrplanes wird ein operativer Planungszyklus installiert, der wesentlich spontaner, pragmatischer, flexibler und aktionsorientierter ist. Dadurch, daß situatives Handeln in einem determinierten Rahmen (z.B. durch Gatekeeping) stattfindet, ist es auf einer Metaebene klar definiert und abschätzbar. So können die beschriebenen Gefahren mangelnder Planungsstabilität minimiert werden. Zur erfolgreichen Umsetzung des angedeuteten Prinzips der "geplanten Spontanität" müssen allerdings auch Ressourcen (z.B. Promotorenslack, mehr Luft in der Planung) und situative Kompetenz (z.B. die Fähigkeit zum Umgang mit unvorhergesehenen Entwicklungen) aufgebaut werden.

Aufgrund der Wichtigkeit des schnellen (und dann tendenziell noch sanften) Gegensteuerns beim Auftreten von potentiellen Problemen der aktuellen Partizipationsstrategie kann es unter Umständen sinnvoll sein, neben dem geplanten rollierenden Planungsprozeß ein kontinuierliches Monitoringsystem zu etablieren, das situativ Reaktionsmaßnahmen (z.B. Kurskorrektur auf strategischer Ebene) auslösen kann.[612]

Der Zweck einer kontinuierlichen Überwachung ist, wichtige enorm zeitsensitive (negative) Entwicklungen sofort zu erfassen und falls nötig, außerplanmäßige Notfallmaßnahmen einzuleiten.[613] Man erreicht so, daß die planmäßige "Regelungsdichte" nicht zu hoch wird und das Stabilitätsziel gefährdet und trotzdem der fatale Fall ausgeschlossen werden kann, daß ein

609 Vgl. Doppler/Lauterburg (1996), S. 141. Zu einem Praxisbeispiel siehe Hild/Schwarzgruber/Rombach (1997), S. 206 f., das sich allerdings auf den allgemeinen Planungsgrad bezieht

610 Vgl. Nippa (1996), S. 73, der einen hohen Planungsgrad als Erfolgsfaktor sieht. Herp/Brand (1996), S. 131 nennen als Daumenregel, daß 10% der Organisationsmitglieder echte Promotoren sind, 30% sich bei Erfolg anschließen, 30% neutral sind und 30% echte Opponenten sind. Czichos (1990), S. 448 befürwortet einen allgemein hohen Planungsgrad.

611 Vgl. Heinbokel/Schleidt (1993), S. 102.

612 Vgl. Gelinas u.a. (1998), S. 89.

613 Zum Beispiel eines "Akut-Projektcontrolling" im Entwicklungsprozeß des Personalressorts der Daimler-Benz AG siehe Fischer (1997g), S. 217 f.

wichtiges zeitsensitives Signal zu spät wahrgenommen wird.[614] Damit ist angedeutet, daß das Warnsystem wirklich nur dann "anschlagen" darf, wenn es sich um bedrohliche Signale handelt, die nicht im Rahmen der geplanten rollierenden Planung abgefangen werden können (z.B. der Auftraggeber verändert unerwartet seine Prioritäten, ein wichtiger Promotor springt aus persönlichen Gründen ab).

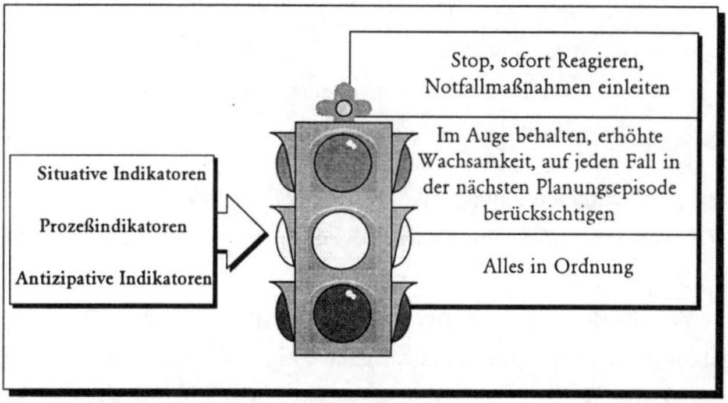

Abbildung 7-33: Bedarfsorientiertes Warnsystem und situativer Opportunismus[615]

Um die Signale in mögliche Handlungen umzusetzen, ist Handlungsspielraum notwendig, was wiederum auf verschiedene Formen des Slacks anspielt (Kapazitäten, Ressourcen, Einstellungen). Die Ausführungen haben an verschiedensten Stellen gezeigt, daß Flexibilität und situative Kompetenz nur erreicht werden können, wenn das Change-System die Kapazität hat, (ungeplant) mit Ereignissen umzugehen und darauf zu reagieren. Mit anderen Worten, es ist aus einer Gesamtperspektive gefährlich, alle Einzelaspekte (z.B. Budget, eingeplante Manntage) so knapp zu bemessen, daß kein Handlungsspielraum vorhanden ist. Ein übertriebenes lokales Optimieren kann zu enormen totalen Schaden bedingt durch die unvollständige Wissensbasis führen - es führt sich ad absurdum.

7.4.6.2 Operationalisierungsaspekte

Während im letzten Kapitel prinzipielle und strukturelle Aspekte zur Partizipationsstrategie unter unvollständiger Information erörtert worden sind, werden nun einige konkretere Ausfüh-

614 Zu Techniken der Früherkennung siehe Büchi/Chrobok (1997), S. 141 f. Dort werden insbesondere die Delphi-Technik, die indikatorgestützte Früherkennung, die Kennzahlen-Technik, Benchmarking und die Szenario-Technik erwähnt. Talwar (1997), S. 127 befürwortet ein *kontinuierliches* "risk assessment".

615 Vgl. Bauerle/Gleich/Störk (1998), S. 118.

rungen zur Operationalisierung der erörterten Prinzipien zu geben. Leitfragen, die zu einer weiteren Operationalisierung untersucht werden müssen, sind beispielsweise:

- Welche (beobachtbaren) Indikatoren sind sinnvoll und welche Erhebungsmethode soll gewählt werden?
- Wieviel Aufwand soll wann für welche Informationssuche betrieben werden?
- Wie sollen Planungssysteme organisatorisch verankert werden?
- Was sind konkrete "Warnindikatoren"?
- Wie soll auf welche unvorhergesehenen Ereignisse reagiert werden?
- Wo muß welche Form an "Slack" eingebaut werden?

Die Aufzählung zeigt, daß eine umfassende Analyse den Kontext der Arbeit sprengen würde und - da das Ziel der Arbeit Zeit- und Dynamikaspekte sind - auch nicht sinnvoll sein kann. Im folgenden wird daher das Augenmerk hauptsächlich auf zwei wichtige Aspekte gelegt. Ausgehend von der Überlegung aus Kapitel 7.4.4 zu wichtigen situative Determinanten einer Partizipationsstrategie über der Zeit stellt sich die Frage, welche dieser Faktoren man mit welchem Aufwand über welche Indikatoren und welche Methoden analysieren sollte.[616] Der zweite behandelte Aspekt nimmt einer Verlaufsperspektive ein und konzentriert sich auf die Frage, mit welchen Indikatoren festgestellt werden kann, ob sich der Prozeß beziehungsweise die eingeschlagene Partizipationsstrategie im "grünen" Bereich befindet. Dies gilt für das beschriebene Warnsystem und für Anpassungen der Vorgehensstrategie im Rahmen des "geplanten Opportunismus".

Die Bestimmung eines situativen Faktors (z.B. Ermittlung der Opponenten) erfolgt in der Regel über die Bestimmung von verschiedenen Indikatoren. Zur Bestimmung der situativen Faktoren beziehungsweise der Indikatoren gibt es viele Erhebungsmethoden[617], die sich nach verschiedenen Kriterien beschreiben lassen. Direkte Methoden (z.B. Befragung) versuchen Information über ein Objekte (z.B. die Einstellung einer Person) unmittelbar herauszufinden. Indirekte Methoden versuchen über Umwege zum Ergebnis zu kommen. Indirekte Methoden haben die Eigenschaft, daß sie leichter verdeckt - also vom jeweiligen "Untersuchungsobjekt" unbemerkt - durchgeführt werden können. In diesem Zusammenhang stellt sich die Frage, wer die Methode durchführt (z.B. ein externer Berater, ein unabhängiges Institut). Ein anderes Unterscheidungsmerkmal ist die Erhebungsform beziehungsweise der Formalisierungsgrad (z.B. formalisierter Fragebogen, genau definierte Analysemethode, lockeres Gespräch, "scharfes Hinsehen"). Entscheidende Auswirkung auf die Kosten der Erhebung hat die Voll-

---

616 Vgl. ausführlicher zur Organisationsdiagnose Doppler/Lauterburg (1996), S. 168 f.

617 Vgl. Alteslander (1984), Meinefeld (1995), Schewe/Hill/Esser (1993), Friedrichs (1990). Büchi/Chrobok (1997), S. 158 f. Zu einer Übersicht siehe auch Doppler/Lauterburg (1996), S. 171 f.

ständigkeit der Erhebung. Natürlich kann ein situativer Faktor über ein Bündel von Methoden analysiert werden. Umgekehrt kann eine integrierte Methode (z.B. Szenarioanalyse[618], Workshop[619]) möglicherweise mehrere Faktoren abdecken.

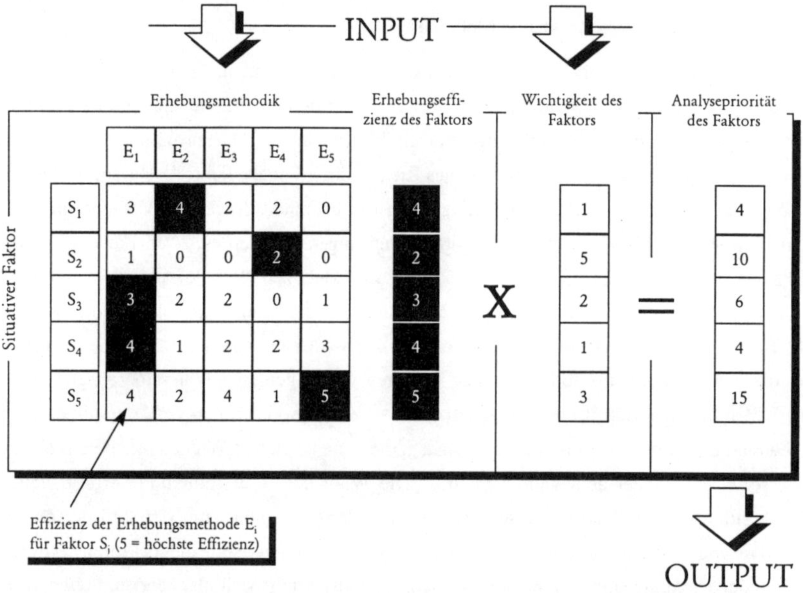

Abbildung 7-34: Generische Entscheidungsheuristik zur Bestimmung der Analyseschwerpunkte und der auszuwählenden Methode (Beispiel)

Um zu entscheiden, welche Methode(n) man für die Analyse welches Faktors benutzt und wieviel Aufwand man jeweils in die Analyse steckt, läßt sich die rudimentäre Entscheidungsheuristik aus Abbildung 7-34 benutzen.[620] Für die potentiell wichtigen situativen Faktoren (z.B. Leidensdruck, Gewinner - Verlierer, Verhinderungsmacht, erwartete externe Einflüsse) wird untersucht, welches jeweils die vielversprechendste Erhebungsmethode scheint (z.B. Szenarioworkshop mit einem externen Berater). Die Bewertung einer Methode erfolgt durch Abwägen von Erhebungsaufwand und erwarteter Ergebnisgüte. In die Bewertung müssen auch mögliche Nebenwirkungen einbezogen werden (z.B. daß Aufmerksamkeit erweckt wird).

618 Vgl. Büchi/Chrobok (1997), S. 163 f. differenzieren folgende Erhebungstechniken: Dokumentenanalyse, Fragebogen, Interview, Beobachtung, Multimomentstudie und Mängel-Wunsch-Liste.

619 Vgl. Czichos (1990), S. 239 f.

620 Vgl. Büchi/Chrobok (1997), S. 275 f. zu Bewertungs- und Entscheidungstechniken. Zu einem entsprechenden Beispiel aus dem Vertriebsbereich siehe Aebi/Mini (1998), S. 105.

Insgesamt ergibt sich für jeden situativen Faktor ein Effizienzfaktor. Da die Faktoren (bzw. Wissen über den Zustand eines Faktors) für die Gestaltung der Partizipationsstrategie verschieden wichtig sind, muß der schon ermittelte Effizienzfaktor mit der Wichtigkeit des Faktors multipliziert werden. Insgesamt ergibt sich so die Verteilung der Analyseanstrengungen und die jeweils anzuwendende Methode.

Wendet man die obige Methode an, so lassen sich einige Tendenzaussagen hinsichtlich zu erhebender Faktoren und Indikatoren und bezüglich sinnvoller Erhebungsmethoden treffen. Wichtig scheint es, besonders mächtige Stakeholder zu ermitteln (Formalmacht, informale Netzwerke, Experten) und deren persönliches Zielsystem zu analysieren.[621] Darauf aufbauend können Überlegungen hinsichtlich der möglichen Betroffenheit durch den Veränderungsprozeß und möglicher Gewinner-Verlierer-Situationen angestellt werden.[622] In diesem Zusammenhang können Gefahren des in Kapitel 7.4.4.3 beschriebenen "Paradoxon der Promotoren" bei verschiedenen Partizipationsstrategien analysiert werden. Letztlich sollten noch persönliche Beziehungen und Animositäten zwischen den zentralen Akteuren analysiert werden. Über diese Analyse hinaus sollten weitere Faktoren wie allgemeine Wandelbereitschaft, Unsicherheit unter den Betroffenen, Wandelkultur[623], zentrale Gewinner-Verlierer-Situationen, etc. betrachtet werden. Da das mittlere Management meist hohes Widerstandspotential aufweist, sollte es genauer analysiert werden.[624] Die Wahl der Analysemethode erfolgt hauptsächlich situativ. Zwei Faktoren erscheinen wichtig: Erstens sollen zum Großteil persönlich, subjektive und vertrauliche Faktoren erhoben werden. Zweitens sind die Faktoren teilweise voneinander abhängig und miteinander vernetzt. Daraus ergibt sich als Tendenz, eher informale und indirekte Methoden (z.B. Kamingespräch, Geheimdiplomatie, "Nachdenken") und integrative Methoden (z.B. Szenarioworkshop, strategische Organisations- / Konflikt-analyse[625] und Kraftfeldanalyse[626]) einzusetzen.[627]

Der zweite zu untersuchende Aspekt befaßt sich mit der Frage, auf welche Indikatoren man achten soll um zu erkennen, daß eine Partizipationsstrategie im "grünen Bereich" ist, also ein Kräfteüberhang der wandlungsfördernden Kräfte heute und in Zukunft gesichert ist und ange-

621 Vgl. Lochmann/Rüsch-Kornasoff (1996), S. 338, Kobi (1996), S. 78 zur Auswahl der Schlüsselpersonen.

622 Vgl. Czichos (1990), S. 477.

623 Zum Unternehmenskultur-Audit siehe beispielsweise Schmidt (1996), S. 1029.

624 Vgl. Clarke (1994), S. 112. Zu einer differenzierten Sicht siehe Nippa (1997), S. 41 f.

625 Vgl. Mende/Bieta (1997), S. 49, Patzak/Rattay (1997), S72 f.

626 Die Kraftfeldanalyse dient stark der Analyse von Zusammenhängen und zur Ableitung von Handlungsmöglichkeiten. Vgl. Doppler/Lauterburg (1996), S. 95, Czichos (1990), S. 478, Clarke (1994), S. 117.

627 Büchi/Chrobok (1997), S. 195 f. sprechen von Techniken der Würdigung. Diese werden verwendet, um die gewonnene Information zu analysieren und daraus Entscheidungen abzuleiten. Zu diesen Techniken gehören die FMEA-Analyse, die Wertanalyse, das Audit, die Erfolgsfaktorenanalyse und schließlich die

strebte Ziele realisierte werden. Abbildung 7-35 verdeutlicht das Prinzip des Monitorings. Die Felder des Monitorings entsprechen den Feldern, die zu Beginn eines Veränderungsprozeß betrachtet werden (z.B. Gewinner-Verlierer, relevante Umweltfaktoren), erweitert um das Feld Prozeßfortschritt/Prozeßenergie. Abbildung 7-35 differenziert zusätzlich Trendindikatoren, um Entwicklungen früher und besser zu erkennen. Trendindikatoren betrachten Verlaufsentwicklungen von Indikatoren. Grundsätzlich können bei der Betrachtung dieser Indikatorenbündel zwei Perspektiven unterschieden werden. Eine Perspektive blickt anhand der Leitfrage "war die bisherige Strategie gut" in die Vergangenheit (bis zum aktuellen Zeitpunkt). Dazu zählt zuerst die Frage, ob der Veränderungsprozeß bisher genügend positive Veränderungsenergie aufweist oder nicht. Ist dies nicht der Fall, so war die bisherige Strategie nicht erfolgreich und dies ist sichtbar. Eine Strategieanpassung ist notwendig, da die zukünftige Strategie auf potentiell falschen Prämissen aufbaut.

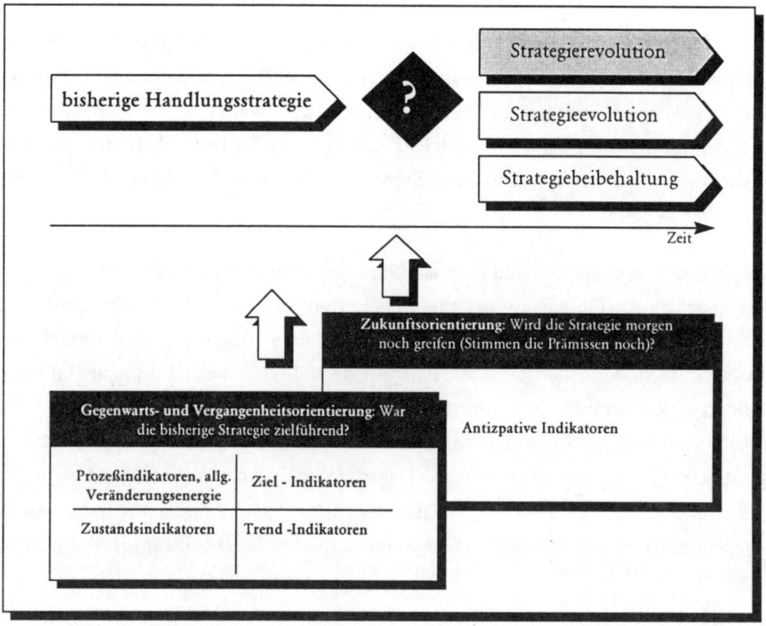

Abbildung 7-35: Entscheidungsprinzip im Prozeßmonitoring (Prozeßsituation t_i)

Kraftfeldanalyse. Eine andere Methode ist das Commitment Chart (Beckhard/Harris (1994)) oder die Nutzwertanalyse (Thom/Bayard (1997), S. 159).

Auch wenn die bisherige Strategie für einen Kraftüberhang der wandlungsfördernden Kräfte gesorgt hat, kann es sein, daß sich wichtige Faktoren anders als vorhergesehen entwickelt haben (z.B. in der Konzeptphase ist Information über potentiellen Stellenabbau "durchgesickert" und es formiert sich massiver Widerstand auf Werkerebene). Obwohl dies bisher keine Auswirkungen gehabt hat, muß eine Strategieanpassung geschehen, da diese auf falschen Prämissen aufbaut. Es liegt eine latente Gefahr vor. Die ergänzende Blickrichtung ist zukunftsorientiert. Die Leitfrage ist: "wird die eingeschlagene Strategie morgen greifen?" Das Hauptaugenmerk gilt erwarteten Effekten in der Zukunft.

Gute Indikatoren (Signale) zur Operationalisierung des Monitoring werden im wesentlichen entsprechend Abbildung 7-34 identifiziert. Für eine Prozeßperspektive sind noch folgende Faktoren relevant:

- *Erfaßbarkeit.* Je einfacher ein Indikator erhebbar ist, desto billiger und insbesondere zeitnaher ist seine Erfassung möglich. Gerade bei zeitsensitiven Aspekten (schnelles und frühes Reagieren ist wichtig) kommt der Zeitaktualität eine hohe Bedeutung zu.
- *Sensibilität.* Je früher eine Entwicklung erkannt wird, desto einfacher und sanfter kann gegengesteuert werden.[628] Im Verlauf der Arbeit wurde mehrmals beschrieben, warum im Zusammenhang mit der Partizipationsstrategie frühes Erkennen von Entwicklungen in Form von schwachen Signalen wichtig ist (z.B. aufgrund der asymmetrischen Wirkung).[629]

Aus Komplexitätsgründen soll und kann an dieser Stelle nur sehr kurz - und ergänzend zu den schon gemachten Ausführungen - auf eine weitere Konkretisierung der beschriebenen Prinzipien eingegangen werden. Wichtig erscheint neben dem Monitoring von formalen Fortschrittsindikatoren[630] (z.B. on Time, on Budget, on Quality[631]) die Betrachtung von informalen Fortschrittsindikatoren (z.B. Anzahl Meetings, Entscheidungen, Entschlüsse, Vertagungen, Konfliktintensität, Fernbleiben Einzelner von Meetings, hoher Krankenstand, Papierkrieg) beziehungsweise des Widerstandes. Typische Anzeichen von Widerstand bei Individuen oder Gruppen sind beispielsweise unklare Anworten auf klare Fragen, Vielfaches Auftreten von Schweigepausen, der rote Faden wird verloren, man "blödelt", Sitzungen verlaufen mühsam und zäh, etc.[632]

---

628 Vgl. Mende/Bieta (1997), S. 95.

629 Vgl. Gomez/Zimmermann (1997), S. 241 und Wischnewski (1998), S. 42 zu Frühwarnsystemen. Zu schwachen Signalen siehe auch Liebl (1996), Mißlbeck (1993), Hammer (1993), Liebl (1991), Sepp (1996), Grove (1997), Kelders (1996).

630 Vgl. Abschnitt 4.5, Littkemann (1998), S. 72, Patzak/Rattay (1997), S. 318 f.

631 Vgl. Talwar (1997), S. 125, Bauerle/Gleich/Störk (1998), S. 113.

632 Vgl. Doppler/Lauterburg (1996), S. 204.

Grundsätzlich ist das Verhalten und die Situation aller beteiligten Akteure von Interesse. Besonderes Augenmerk sollte man aber auf wichtige Akteure legen. Dies ist vor allem der Auftraggeber, dessen Verhalten und Einstellung beispielsweise über folgende Fragen beurteilt werden kann: Wie reagiert der Auftraggeber auf Vorschläge des Auftragnehmersystems? Ist er offen, ablehnend, gereizt oder desinteressiert? Welche Priorität hat das Projekt auf der persönlichen Agenda des Vorstandes wirklich? Wie spricht der Auftraggeber gegenüber Dritten (z.B. Veröffentlichungen, Vorträge, Messen) von Veränderungsprozeß? Neben dem Auftraggeber sollte das Verhalten und die Situation zentraler Akteure, wie intensiv Partizipierende (z.B. Kernteam), Fachexperten, Betroffene mit hoher Verhinderungsmacht (z.B. Meinungsführer, Bereichsleiter) und Vertreter der Betroffenen überwacht werden und möglichen Abweichungen zum erwarteten Verhalten betrachtet werden. Meinungsbilder unter der breiten Masse der Betroffenen (z.B. unteres Management, Sachbearbeiter, Werker) kann man indirekt oder besser durch direkte Stichproben ermitteln.

Im Personalressort von Daimler-Benz wurden in diesem Zusammenhang im internen Ressortentwicklungsprozeß (ab März 1990) folgende Dimensionen zum Prozeßcontrolling beachtet:[633]

- Auftraggeber
- Zusammensetzung der Projektgruppe
- Einbindungsgrad der Mannschaft
- Image des Themas
- Prozeßdynamik
- Qualität des Ergebnisses
- Lernfortschritt der Beteiligten

Eine weitere Monitoring-Perspektive gilt den Rahmenbedingungen (vgl. Abbildung 7-35). Man muß sich fragen, ob sich die Ziele des Prozesses verändern und sich dadurch beispielsweise andere Gewinner-Verlierer-Konstellationen ergeben. Zukünftige Trends und Ereignisse, die für die Partizipationsstrategie wichtig sein können (z.B. Managementwechsel oder Prioritätenverschiebungen durch Konkurrenzprojekte) sollten ebenfalls beachtet werden. Zur Erhebung genannter Indikatoren bieten sich prinzipiell die gleichen Methoden und Vorgehensweisen an, die zu Beginn des Kapitels genannt wurden. Wenngleich es unwissenschaftlich klingt, kann man schwache Signale oftmals gut erkennen, indem man den Gesprächen in Gängen, zwischen Meetings und in der Cafeteria genau zuhört. Dort äußern sich Akteure vielmals offener und ehrlicher über Befindlichkeiten, Meinungen und Absichten.

---

633 Vgl. Fischer (1997g), S. 216.

Die Reaktionsmöglichkeiten auf Signale reichen von Beibehaltung der Strategie über sofortiges aber sanftes Gegensteuern bis zu sofortigen und radikalen Gegensteuern.[634] Eine Strategie wird offensichtlich beibehalten, wenn sie sich als erfolgreich erweist und aller Wahrscheinlichkeit nach erfolgreich bleibt. Allerdings kann es auch sinnvoll sein, eine eingeschlagene Partizipationsstrategie für den Moment beizubehalten, wenn sie nicht mehr optimal erscheint. Hierzu muß man zwischen den Vorteilen des sofortigen Intervenierens (bessere Strategie, potentielles Problem kann in der Anfangsphase bekämpft werden) und den potentiellen Nachteilen abwägen (Unruhe, Unglaubwürdigkeit, Aufwand, sunk costs, falsches Signal[635]). Überwiegen die Vorteile des sofortigen Eingreifens, so muß situativ über die Radikalität der Strategieveränderung entschieden werden. Die Radikalität wird einerseits durch inhaltliche Aspekte bedingt (z.B. liegt nur ein marginales Problem vor, das beispielsweise durch eine einmalige Information in der Mitarbeiterzeitschrift behoben werden kann). Auf der anderen Seite stellt sich bei radikalem Eingreifen die Frage nach der Machbarkeit und nach möglichen negativen Nebeneffekten. Stellt sich beispielsweise heraus, daß man eigentlich den falschen Sponsor hat und aus inhaltlicher Sicht ein sofortiger Austausch des Sponsors sinnvoll wäre (radikaler Eingriff), so ist dies in Realität kaum möglich. Der bisherige Sponsor wäre vor den Kopf gestoßen, der "richtige" Sponsor unter Umständen nicht bereit. Es muß trotz allem eine sanfte und evolutionäre Strategie eingeschlagen werden, um beispielsweise einen neuen Sponsor graduell aufzubauen. Ist ein radikales Eingreifen notwendig, so deutet dies auf eine völlig unvorhergesehene Entwicklung hin - also darauf, daß man in der Vergangenheit ein Signal übersehen oder nicht antizipiert hat.

634 Vgl. Doppler/Lauterburg (1996), S. 140.
635 Zum Opportunismus siehe Zeyer (1996), S. 153, Reiß/Zeyer (1994), S. 89.

Erfolgreiche Change Manager verfügen nicht nur über eine umfassende Sammlung von „Rezepten“ und Checklisten des Change Management, sondern auch über eine treffende Vorstellung darüber, wie ein Veränderungsprozeß funktioniert, also über eine geistige Landkarte, die sowohl harte als auch weiche Faktoren des Change Managements erfaßt und insbesondere Zeit und Dynamik berücksichtigt. Auf der Basis dieser Karte lassen sich dann bessere Strategien des Change Management entwickeln und antizipativ fatale spätere Konsequenzen (z.B. ein Strohfeuereffekt) vermeiden.

Jeder Change Prozeß ist nichts anderes als ein Kraftfeld, das zu jedem Zeitpunkt aus treibenden und bremsenden Kräften besteht. Es beeinflußt die Entscheidungen, die zum jeweiligen Zeitpunkt im Veränderungsprozeß getroffen werden. Überwiegen die positiven Kräfte, so schreitet der Prozeß voran. Egal ob Prozeßreengineering, Umsetzung von Kernkompetenzen, etc., jeder Veränderungsprozeß geschieht durch Menschen. Sie entwickeln zu jedem Zeitpunkt aufgrund ihrer Informationsbasis, ihres Umfeldes, ihrer Wahrnehmung, ihrer persönlichen Ziele und Einstellungen eine Einstellung zur angestrebten Veränderung. Bei positiver Einstellung wird sich ein Individuum zum entsprechenden Zeitpunkt unterstützend verhalten und so das Kraftfeld stärken (dadurch schreitet der Prozeß voran). Wie hoch ihr Beitrag ist, hängt sowohl vom Grad des unterstützenden Verhaltens als auch vom Einfluß ab, über das sie verfügt. Im diesem Zusammenhang spielt die hierarchische Position einer Person eine wesentliche Rolle. Für Veränderungsprozesse ist die Erkenntnis wichtig, daß der Einfluß einer Person durch den Partizipationsgrad am Change Prozeß wesentlich beeinflußt wird. Die Dynamik im Veränderungsprozeß entsteht durch einen ständigen Kreislauf der Wahrnehmung, Handlungsentscheidung und Handlungsumsetzung, der Konsequenz aus dem und gleichzeitig Ursache für das Kraftfeld ist.

Intensität und insbesondere Zeitpunkt der Partizipation im Change Prozeß sind zentrale Stellhebel des Prozeßerfolges. Zu späte Partizipation steigert die Gefahr, daß in der Umsetzung hoher Widerstand seitens der Betroffenen vorhanden ist, bei zu früher Partizipation erhöht sich das Risiko der Konzeptverwässerung, Orientierungslosigkeit und Lähmung. Der optimale Zeitpunkt ist von mehreren Faktoren abhängig. Je mehr Konfliktpotential zu erwarten ist, je höher der Vernetzungsgrad des Reorganisationsobjektes ist, je weniger Verhinderungsmacht die Betroffenen besitzen, je höher der vorhandene Leidensdruck ist, je passiver die Organisationskultur und je geringer die Gefahr eines langfristigen unternehmenskulturellen Schadens ist, desto später kann der Zeitpunkt der Partizipation gewählt werden.

8. Ausblick

Ausgangspunkt der vorliegenden Arbeit war die Erkenntnis, daß der Faktor „Zeit" eine Schlüsselrolle zum Verständnis und zum erfolgreichen Management des Wandels darstellt und letzteres in einer zunehmend dynamischen organisationalen Umwelt ein oder vielleicht sogar der entscheidende Erfolgsfaktor eines Unternehmens ist. Dennoch liegt in der Literatur neben der Betrachtung von zeitbezogenen Teilaspekten bisher keine umfassende Veröffentlichung über den „Zeitfaktor im Change Management" vor.

Das Ziel der Arbeit war, im Rahmen eines ganzheitlich-integrativen Ansatzes diese Lücke sowohl aus wissenschaftlicher als auch aus praxeologischer Perspektive zu schließen, beziehungsweise einen Beitrag dazu zu liefern. Die Ziele waren insbesondere:

- **Übersicht und Deskription**. Es sollte ein Bezugsrahmen und Begriffsabgrenzung hinsichtlich der verschiedenen Rollen der Zeit im Kontext von Change Management geschaffen werden.
- **Erklärung**. Das Ziel war, den Zeitverlauf und die Dynamik von organisationalen Veränderungsprozessen erklären zu können.
- **Präskription**. Insbesondere hinsichtlich der Praxis des Management des Wandel war der Anspruch, Aussagen hinsichtlich zeitbezogener Fragestellungen der Gestaltung beziehungsweise des Handelns zu machen.

Um den Zielanspruch der Arbeit vor dem Hintergrund einer beschränkten Kapazität und dem lückenhaften Forschungsstand zu genügen, wurde nach einer Strategie der schrittweisen Verfeinerung und Fokussierung der Analyse vorgegangen. Dadurch war es möglich, die Spannungsfelder zwischen Breite versus Tiefe der Betrachtung, Erklärung versus Präskription und schließlich Wissenschaftlichkeit und Praxisrelevanz optimal aufzulösen.

In einem ersten Teil der Arbeit wurde der Faktor „Zeit" im allgemeinen und bezüglich Organisationen analysiert. Es zeigte sich, daß „Zeit" in der Umwelt des Menschen zwar allgegenwärtig ist, aber gleichzeitig ein abstraktes und nur schwer greifbares Objekt darstellt. Für Unternehmen wird dieser Faktor immer wichtiger. Im weiteren Gang der Arbeit wurde der Zeitbegriff mit dem Themenfeld organisationaler Wandel verknüpft. „Zeit" spielt eine Rolle bei der Abgrenzung und Definition von organisationalen Veränderungsprozessen, bei deren Zielformulierung und Gütemessung, als Aspekt der Gestaltung und schließlich hinsichtlich der Erklärung der Dynamik von Wandelprozessen. Zeitbezogene Gestaltungsfragen können sich auf strategischer Ebene auf Auslösezeitpunkte, Dauern und allgemeine Vorgehensstrategien beziehen und auf einer eher taktisch-operativen Ebene auf Aspekte der zeitlichen Innenstruktur eines Veränderungsprozesses.[1] Im folgenden Teil wurden verschiedenste Erklärungsansätze der Organisationsdynamik untersucht und anhand der Rolle eines aktiven Managements klassifiziert. Es zeigte sich, daß sich gerade aktuellere Ansätze überlagern, weshalb ein eklektischer Ansatz abgeleitet wurde, der systemische, konstruktivistische und politische Elemente im Rahmen eines eingeschränkten Managementvoluntarismus vereint. Auf der Basis des konstruierten dynamischen Erklärungsansatzes konnten die strategischen zeitbezogenen Gestaltungsfragen untersucht werden. Insbesondere beim Timing von Veränderungsprozessen zeigte sich die Vielfalt und -schichtigkeit von Einflußfaktoren, die situativ berücksichtigt werden müssen. Dennoch konnten in den meisten Fällen über die Analyse der Einflußfaktoren hinaus situative Heuristiken zur Gestaltung entworfen werden.

Der spezielle Teil der Arbeit konzentrierte sich auf Zeitaspekte des Management des strukturellen Wandels. Ein Kernziel war, ein dynamisches Funktions- und Erklärungsmodell zu entwerfen, das auf den allgemeinen Bezugsrahmen aufbaut. Mit Hilfe dieses Modells und einer Einzelfallstudie wurde das zentrale Gestaltungsfeld „Zeitaspekte der Partizipation" untersucht. Es wurde deutlich, daß dieses aufgrund seiner Differenziertheit eine Vielzahl zeitbezogener Aspekte umfaßt. Diese betreffen beispielsweise den Partizipationsverlauf verschiedenen Anspruchsgruppen, den Verlauf der Formalisierung, den Verlauf des allgemeinen Umfanges, die Zeitintensität der Partizipation, etc. Dennoch konnten auch in diesem Teil meist Heuristiken abgeleitet werden.

Während die beschriebene Vorgehensstrategie und die angedeuteten Inhalte der Arbeit nach Einschätzung des Verfassers den höchsten aus der beschränkten Forschungskapazität erzielbaren Erkenntnisgewinn bezüglich der Praxis- und Forschungslücke bieten, so decken sie das Themenfeld keinesfalls vollständig ab. Aufbauend auf der vorliegenden Arbeit lassen sich insbesondere folgende ergänzende Forschungsaktivitäten formulieren:

- Das entwickelte Funktionsmodell der Change-Dynamik sollte in verschiedener Hinsicht erweitert werden. Erstens bezieht es sich nur auf Restrukturierungsinitiativen. Eine Ausdehnung auf Unternehmenstransformationen erscheint sinnvoll. Zweitens wurden Umweltfaktoren (z.B. Konjunkturschwankungen) nur am Rande betrachtet. Eine differenziertere Analyse wäre wünschenswert. Drittens sind die modellierten inhaltlichen und zeitlichen Abhängigkeiten der Elemente untereinander noch lückenhaft und sollten ergänzt werden.
- Bezüglich des Erkenntnisgewinns für die Praxis erscheint es denkbar, aufbauend auf das Modell einen „Change Management Simulator" zu entwerfen. Ein solches EDV-Tool könnte im Rahmen von Lernlaboratorien benutzt werden, um Akteuren der

[1] Vgl. Kuhn (1996), S. 216.

Unternehmung (Top Management, Organisationsexperten, externe Berater, etc.) Wissen hinsichtlich zentraler Effekte und Dynamiken im Change Management zu vermitteln. Wie beschrieben, wäre eine kognitive Landkarte hinsichtlich der Funktionsweise von Veränderungen ein wichtiger Erfolgsfaktor für das Management des Wandels.

- Während insbesondere Zeitaspekte der Interventionsvariablen „Partizipation" differenziert untersucht wurden, ist die Analyse anderer zeitbezogener Gestaltungsfelder teilweise nur am Rande erfolgt. Diese sollten differenzierter betrachtet werden. In diesem Zusammenhang kann auch eine Vernetzung der zeitlichen Gestaltungsfragen erfolgen.
- Der Aspekt der unvollständigen Information der Akteure des Change Management, die sich auf dem Zeitstrahl mitbewegen und dabei Entscheidungen treffen, kann genauer analysiert werden und muß bei allen zeitbezogenen Gestaltungsfragen berücksichtigt werden.
- Die durch die Fallstudie ansatzweise angestrebte empirische Überprüfung der oftmals aufgrund von Plausibilitätsüberlegungen formulierten Thesen und Zusammenhänge sollte wesentlich umfassender und differenzierter erfolgen.

Der Endpunkt und die Synthese der weiteren Forschungsbemühungen sollte eine dynamische Theorie des Change Management sein. Diese wird interdisziplinären und situativen Charakter haben. Die vorliegende Arbeit hat durch die Fokussierung auf den Zeitfaktor hierzu hoffentlich einen wissenschaftlichen und praxisrelevanten Beitrag geleistet.

Anhang

A. Einzelfallstudie: PLUS100 im Geschäftsfeld Nutzfahrzeuge der Daimler-Benz AG

„Alles doppelt so schnell,
von allem nur die Hälfte“[1]

A.1 Vorbemerkung zur Wahl der Fallstudie von Vorgehensweise

Das Unternehmen Daimler-Benz befindet sich 1998 insbesondere durch den anstehenden Merger mit Chrysler in einer hochdynamischen Phase des organisationalen Wandels.[2] Dieser ist mit einer Marktkapitalisierung von 166 Mrd. DM bewertet und so der größte Industrie-Zusammenschluß der Geschichte. Dadurch entsteht eines der weltweit stärksten Portfolios von Marken und Produkten im Fahrzeugbereich hinsichtlich Ertrag, Umsatz und Börsenwert.[3] Aktuelle Verhandlungen hinsichtlich der Zusammenarbeit mit Nissan Diesel sind in der Anbahnungsphase. Die Ertragslage von Daimler-Benz ist äußerst positiv. Der Operating Profit stieg 1997 gegenüber 1996 um 79% auf 4,3 Mrd. DM, die Kapitalrendite hat sich mit 10,2% gegenüber 1996 fast verdoppelt (5,8%).[4] Dem Merger ging im Jahr 1997 die Verschmelzung von Daimler-Benz und Mercedes-Benz voraus - sicherlich auch ein Veränderungsprozeß von großem Ausmaß.

Den Schwerpunkt der folgenden Fallstudie bildet nicht das Gesamtkonstrukt Daimler-Benz AG, sondern das Geschäftsfeld Nutzfahrzeuge. Innerhalb des Geschäftsfeldes Nutzfahrzeuge wird der Fokus auf die Beschreibung und Analyse einer komplexen und abgeschlossenen Einzelmaßnahme gelegt - das Reengineering-Projekt PLUS100, das im Zeitraum von Anfang 1994 (offizieller Programmstart) bis Ende 1996 durchgeführt wurde. Der Endpunkt läßt sich allerdings nicht klar definieren, da verschiedenste Teil- und Folgeprojekte in verschiedenen Zeitfenstern durchgeführt wurden und im Rahmen von PLUS100 formulierte Sollkonzepte teilweise heute noch immer in der Organisation „gären“.

Diese Beschränkung auf PLUS100 hat mehrere Ursachen. Mit steigendem Umfang des Untersuchungsobjektes wird dessen Beschreibung und insbesondere Analyse immer komplexer und schwieriger. Die Analyse muß dann notwendigerweise auf einer stark aggregierten Ebene stattfinden. Ob daraus ermittelte Gestaltungsheuristiken noch praxisrelevanten Nutzen brin-

1 Dies war das Motto von PLUS100. Vgl. auch Kutzim/Schnorr (1997), S. 176.
2 Vgl. o.V. (1998b), S. 11, o.V. (1998c), S. 1.
3 Das Unternehmen Daimler-Chrysler wird weltweit 421.000 Mitarbeiter beschäftigen und einen Konzernumsatz von ca. 234 Mrd. DM erzielen (1997). Zu Chrysler siehe auch Daimler-Benz (1998a), S. 9 ff.
4 Vgl. Daimler-Benz (1998), S. 42.

gen, ist fraglich.[5] Es scheint für die Zielsetzung der Arbeit nicht sinnvoll, als Untersuchungsobjekt die gesamte Daimler-Benz AG zu wählen, sondern den - immer noch komplexen und umfassenden - Reengineering-Prozeß PLUS100. Die Wahl eines Veränderungsprozesses, der schon einige Jahre zurückliegt, hat insbesondere den Vorteil, daß langfristige Wirkungen, Effekte und Folgen eher erkennbar sind. Dies ist vor dem Hintergrund der Themenstellung wichtig und wird im Rahmen der Erfolgsbeurteilung von PLUS100 nochmals thematisiert. Ein weiterer Vorteil ist, daß sich die Wogen, die diese intensive und teilweise auch politische Veränderungsinitiative verursachte, inzwischen geglättet haben. Dadurch ist - im Gegensatz zu vielen anderen Fallstudien, die lediglich eine konfliktfreie Darstellung einer Erfolgsstory[6] bieten - eine relativ authentische und objektive Darstellung möglich, die in Ansätzen auch das beschreiben kann, was sich zwischen den Zeilen auf informaler Ebene abgespielt hat. Da die meisten Interviews für die Fallstudie schon im Jahr 1996 durchgeführt wurden und die Datensammlung auch 1996 begann, konnte die Gefahr minimiert werden, daß wesentliche Informationsträger nicht mehr verfügbar wären.

Im Rahmen des beschriebenen Untersuchungsobjektes werden mit der Fallstudie mehrere Ziele angestrebt, wobei nach dem Forschungs- beziehungsweise Analyseprozeß und dem Darstellungsprozeß unterschieden werden muß. Wie schon in der Einleitung der Arbeit (Kapitel 1) beschrieben, dient im **Forschungsprozeß** die Unternehmenspraxis im allgemeinen und die Fallstudie im besonderen einerseits induktiv zum Finden von Aussagen und andererseits deduktiv zu deren Plausibilisierung/Kalibrierung. Mit Aussagen sind sinnvolle Begrifflichkeiten (d.h. eine „Sprache“ zur Deskription), Erklärungsmuster und Handlungsanleitungen im Rahmen von Veränderungsprozessen (normative Aussagen) gemeint.

- Als Ausgangspunkt der Verifikation verfolgt die Fallstudie ein **deskriptives Ziel**. Der Anspruch ist zu zeigen, daß sich mit den im Modell zugrunde gelegten Begriffen und Zusammenhängen organisatorische Veränderungsprozesse beschreiben lassen. Zusätzlich muß der faktische Ablauf von PLUS100 beschrieben werden, um das Erklärungsziel und das normative Ziel zu realisieren. Dazu müssen insbesondere die in den Kapiteln 6 und 7 analysierten zeitbezogenen Fragestellungen in ihren Ausprägungen bei PLUS100 beschrieben werden.[7] Neben den allgemeinen zeitbezogenen Fragestellungen (z.B. Timing) muß auf die speziellen Fragestellungen aus Kapitel 7 (z.B. Partizipationsverlauf des Auftraggebers) eingegangen werden.

---

5 Zu einer Fallstudie, die sich auf die Transformation von Daimler-Benz bezieht, siehe beispielsweise Vier (1996), S. 245 ff. Vgl. auch Müller-Stewens (1995), S. 139 ff.

6 z.B. tendenziell bei Spalink (1998), S. 181 ff.

7 Beispielsweise ist eine zeitbezogene Frage die nach dem Beginn. Er kann entweder früh oder spät sein. Bei PLUS100 wurde als Ausprägung dieser Fragestellung relativ spät begonnen.

- So weit es im Rahmen des komplexen Wirkgefüges des organisationalen Wandels im Rahmen einer Einzelfallstudie möglich ist, sollten aufbauend auf die Deskription von PLUS100 im theoretischen Teil der Arbeit angebotene Erklärungsmuster für Zusammenhänge und Entwicklungen auf ihre Richtigkeit überprüft werden (**Erklärungsziel**).
- Letztlich soll eine Bewertung der entsprechenden zeitbezogenen Gestaltungsheuristiken vorgenommen werden (**normatives Ziel**), indem jeweils die konkrete Ausprägung bei PLUS100 im betreffenden Kontext mit den normativen Aussagen in den Kapiteln 6 oder 7 verglichen werden. Allerdings wären aufgrund der Komplexität der Zusammenhänge Versuche, die Handlungen bei PLUS100 (z.B. spätes Timing) *eindeutig* hinsichtlich erfolgreich oder nicht erfolgreich zu verorten, nicht zielführend. Die entsprechenden Vergleichsergebnisse haben so lediglich Tendenzcharakter und müssen zudem vor dem Hintergrund der Einzelfallanalyse gesehen werden. Streng genommen kann man nicht von einer Verifizierung sprechen, da nur eine Falsifizierung möglich ist.

Hinsichtlich des **Darstellungsprozesses** soll die Fallstudie dem Leser helfen, die in bisher erarbeiteten Begriffe (deskriptiver Aspekt), Zusammenhänge (Erklärungen), Gestaltungsfragen und Handlungsheuristiken (normative Aussagen) durch ein Fallbeispiel besser nachvollziehen, verstehen und potentiell umsetzen zu können. Um die beschriebenen Ansprüche zu realisieren, ist nachfolgendes Vorgehen sinnvoll. Die Fallstudie strukturiert sich in folgende Teile:

- Grundlegende Begriffe und Konzepte
- Übersicht über das Geschäftsfeld Nutzfahrzeuge
- Die Veränderungsinitiative „FO3"
- Der historische Ablauf von PLUS100
- Erfolgsberurteilung PLUS100
- Dynamiken und Ausprägungen zeitbezogener Gestaltungsfelder bei PLUS100

In einem ersten Teil wird knapp nochmals auf die zentralen verwendeten Begriffe und Zusammenhänge eingegangen. Dieser Abschnitt ist insbesondere den Lesern gewidmet, die nicht die gesamte Arbeit, sondern nur die Fallstudie lesen. Nach einer Übersicht über das Geschäftsfeld Nutzfahrzeuge, verschiedene Veränderungsinitiativen aus dessen Sicht und einer Zusammenfassung der Veränderungsepisode die PLUS100 historisch vorausging („FO3"), wird PLUS100 aus einer zeitpunktbezogenen Perspektive beschrieben.[8] Dies ermöglicht es dem Leser, sich (wie die Akteure von PLUS100) im damaligen Zeitverlauf der Ereignisse mitzubewegen. Durch die angesprochene Form kann die zeitliche Entwicklung des Prozesses authentischer beschrieben werden als durch eine Zeitverlaufsperspektive. Diese betrachtet Zeitverläufe (z.B. des Motivationsgrades) über Zeiträume hinweg (was *nicht* der Perspektive eines Akteurs während des Prozeßverlaufes entspricht). Im Rahmen des historischen Verlaufes von PLUS100 werden wichtige Konzepte (z.B. das Konzept der Kraftfelder) und Begriffe der Arbeit zugrunde gelegt, benutzt, verdeutlicht und so in diesem Sinne verifiziert. Neben dem *deskriptiven* Schwerpunkt werden so weit als möglich Wirkzusammenhänge analysiert, die sich in die Zeitpunktperspektive einfügen und Querverweise zu den entsprechenden Aussagen in den relevanten Kapiteln der Arbeit hergestellt.[9] Falls nötig, werden - insbesondere hinsichtlich des eiligen Lesers - kurze erklärende Einschübe vorgenommen.

Nach dem Versuch einer allgemeinen Bewertung von PLUS100 und der Analyse der damit verbundenen (zeitrelevanten) Probleme wird aus einer Verlaufsperspektive auf den Veränderungsprozeß speziell auf dynamische Muster und Entwicklungen eingegangen. In diesem Abschnitt liegt der Fokus insbesondere auf der *Erklärung* von Dynamiken durch Konzepte der vorliegenden Arbeit. Diese können so beispielhaft verifiziert und verdeutlicht werden.[10] Einen weiteren zentralen Aspekt bildet die Untersuchung zeitbezogener Handlungen (z.B. Verlauf der Information der Betroffenen, Timing und Dauer von PLUS100, Verlaufsaspekte der Partizipation) der Akteure bei PLUS100 als Ausprägung entsprechender Gestaltungsfragen, die in der Arbeit untersucht wurden und die im Rahmen von plus100 analysierbar scheinen. Diese werden beschrieben, in ihren Auswirkungen untersucht und dadurch so weit als möglich bewertet. Das Vorgehen erlaubt wiederum eine beispielhafte Verifizierung und Verdeutlichung eines Teiles der *normativen* Thesen der Arbeit hinsichtlich zeitrelevanter Gestaltungsfragestellungen und der im theoretischen Teil erarbeiteten Erklärungsmuster. Den Abschluß bildet ein kurzes Fazit.

A.2 Grundlegende Konzepte, Begriffe und Modellvorstellungen

Die folgende knappe Darstellung richtet sich insbesondere an den Leser, der nicht mit den Konzepten, Begriffen und Modellvorstellungen der Arbeit vertraut ist. Das Ziel ist es, eine Übersicht über die wesentlichsten Aspekte zu geben. Für genauere Ausführungen und entsprechende weiterführende Literatur sei jeweils auf die entsprechenden Kapitel verwiesen.

---

8 Der Verlauf wird also historisch über eine Folge von Zeitpunkten beschrieben.

9 Hier wird auf den Erklärungscharakter der Arbeit angespielt.

10 Es ist offensichtlich, daß eine These nicht wirklich anhand eines Beispieles verifiziert werden kann. Streng genommen kann sie nur falsifiziert werden.

Die wichtigsten Aspekte zur zeitlichen Beschreibung, zum dynamischen Verständnis, und zur Ableitung von zeitorientierten Gestaltungsaussagen in organisationalen Veränderungsprozessen sind:

- Organisationale Veränderungsprozesse werden als dynamische Kraftfelder treibender und bremsender Kräfte verstanden.
- Die Entstehung der Kräfte erfolgt durch wahrnehmende, interpretierende, deutende und an Zielen orientierte Individuen.
- Die Erklärung der Dynamik geschieht durch eine selbstreferentielle Abfolge von Entscheidungen und Handlungen.
- Der Zeitbezug sämtlicher Handlungen (z.B. Trägheit, Zeitversatz) wird beachtet.
- Es gibt drei grundlegende Rollen bzw. Gruppen von Personen im Veränderungsprozeß: das Klientensystem, das Aktorensystem und das Beteiligtensystem.
- Interventionen sind die Möglichkeit des Aktorensystems, das Klientensystem über der Zeit zu verändern.
- Die zeitliche Richtigkeit der Interventionen wird als Erfolgsfaktor begriffen.

Ein organisationaler Veränderungsprozeß wird als ein **Kraftfeld** begriffen, das zu jedem Zeitpunkt aus treibenden und bremsenden Kräften besteht. Das Kraftfeld beeinflußt die Entscheidungen, die im Rahmen des Veränderungsprozesses getroffen werden. Abbildung A-1 zeigt im oberen Teil den Veränderungsprozeß als eine alternierende Folge von Entscheidungen und Handlungen, die jeweils zu einem neuen Zustand des Veränderungsobjektes führen. Zu jedem Zeitpunkt kann als absolute Größe (modellhaft) die resultierende Höhe der Kraft aus der Differenz zwischen treibenden und bremsenden Kräften gemessen werden. Überwiegen die positiven Kräfte, so schreitet der Prozeß voran - es werden entsprechende Entscheidungen getroffen und in Handlungen umgesetzt. Die Höhe der Kraft zu den jeweiligen Zeitpunkten ergibt über den Zeitverlauf gesehen eine charakteristische Kraftlinie des Veränderungsprozesses und kann mit seinem inhaltlichen Fortschritt assoziiert werden.

Das Kraftfeld wird jeweils durch die Gesamtheit der am Veränderungsprozeß teilhabenden beziehungsweise betroffenen **Individuen** gebildet. Jede Person entwickelt aufgrund ihrer Informationsbasis, ihrer Wahrnehmung, ihrer persönlichen Ziele und Möglichkeiten, etc., eine Einstellung zur angestrebten Veränderung. Ist diese Einstellung positiv, dann wird sich der Akteur meist unterstützend verhalten - er stellt eine treibende Kraft dar. Wie hoch ein derartiger Beitrag ist, hängt sowohl vom Grad des unterstützenden Verhaltens als auch vom Machtpotential beziehungsweise Einfluß ab, über das er verfügt.[11] Zu einer feineren Analyse sollte

[11] Beispielsweise hat ein Vorstand in der Regel mehr Einfluß auf das Unternehmensgeschehen als ein Sachbearbeiter.

man zwischen verschiedenen Dimensionen dieses Potentials und damit auch des Kraftfeldes unterscheiden. Eine Differenzierung der Kategorie „Macht" nach fachlichem (z.B. EDV-Experte) und prozessuralem (z.B. Veränderungsmanager) Potential und Macht im engeren Sinne (z.B. Weisungsbefugnis des Vorstandes) scheint sinnvoll. In diesem Zusammenhang spielt die hierarchische Position einer Person eine wesentliche Rolle.[12] Für einen Veränderungsprozeß ist insbesondere die Erkenntnis wichtig, daß das Potential einer Person nicht fix gegeben ist, sondern durch die Partizipation (=Teilnahme versus Ausschluß) an diesem Prozeß beeinflußt wird. Auswirkungen hat auch die (zeitliche) Entwicklung des Veränderungsprozesses. In einer Konzeptionsphase kann man beispielsweise durch gezielten Ausschluß den Kreis derer, die Einfluß auf den Veränderungsprozeß (und damit auf sein Voranschreiten) haben, sehr klein halten. In einer Umsetzungsphase haben in der Regel sehr viele Akteure Einfluß, egal ob man dies will oder nicht.

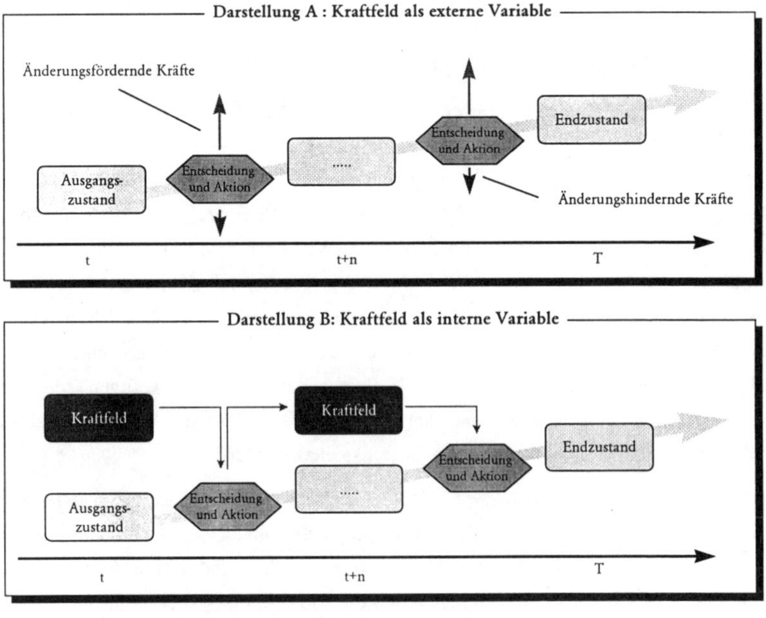

Abbildung A-1: Das Kraftfeld als externe Variable versus das Kraftfeld als interne (dynamische) Variable

[12] Man kann beispielsweise nach den Kategorien Sachbearbeiter/Werker, unteres Management, mittleres Management, oberes Management und Top Management (Vorstand) unterscheiden.

Das zentrale verwendete Prinzip zur Modellierung von Veränderungsprozessen und deren dynamischer Entwicklung ist die **Selbstreferenz**. Wie in Abbildung A-1 im unteren Teil angedeutet, werden das Kraftfeld und auch andere Variablen so konzipiert, daß sie durch in der Vergangenheit getroffene Entscheidungen beeinflußt werden. Mit anderen Worten, die Entscheidung und Handlung zu einem früheren Zeitpunkt (t_0) hat starken Einfluß auf das Kraftfeld zu einem späteren Zeitpunkt (t_{0+1}), welches wiederum die Entscheidung und Handlung zu diesem Zeitpunkt (t_{0+1}) bestimmt. Die Darstellung darf allerdings nicht zur Annahme verleiten, daß hier deterministische Zusammenhänge vorliegen. Entscheidungen und Handlungen zu jedem Zeitpunkt werden auch durch unbeeinflußbare Aspekte (z.B. Marktentwicklung, politische Ereignisse, Konjunkturzyklen, Veränderung der Ziele und Inhalte) beeinflußt. Weiterhin sind viele Wirkungen an sich nicht deterministisch (z.B. die Auswirkungen von Handlungen auf die Motivation von Individuen oder die Entscheidungsprozesse an sich, die zu Handlungen führen).

Um Veränderungsprozesse zu verstehen und Handlungsheuristiken für Veränderungsmanager zu finden, muß man beachten, daß Interventionen und insbesondere Auswirkungen von Ereignissen **Zeit** benötigen. Manche Interventionen wirken sehr träge (z.B. Überzeugung eines Gegners einer Veränderung), einige wirken erst zeitversetzt, oder wiederum andere benötigen eine Mindestdauer, um überhaupt Wirkung zu zeigen. Manchmal „gären" Dinge in Organisationen für einen Zeitraum, um dann erst Auswirkungen zu zeigen.

Um normative (präskriptive) Aussagen hinsichtlich der Gestaltung des Wandels machen zu können, muß eine Handlungsperspektive definiert werden. Aus diesem Grund wird zwischen Aktorensystem, Betroffenensystem und Beteiligtensystem unterschieden. Das **Aktorensystem** (oder Veränderungssystem) entspricht der Handlungsperspektive als Subjekt der Veränderung. Innerhalb dieses Systems können verschiedene Intensitätsstufen der Teilnahme identifiziert werden: die Infrastruktur (z.B. Arbeitspakete), die Basisstruktur (Programmanagement), die Suprastruktur (z.B. Lenkungsausschuß). Das **Betroffenensystem** (oder Klientensystem) ist das Objekt der Veränderung. Die Trennung der beiden Systeme muß keine physische sein, da Betroffene zu Elementen des Aktorensystems werden können („Betroffene zu Beteiligten machen"). Die Vereinigungsmenge der genannten Systeme entspricht dem **Beteiligtensystem**. Die Elemente (Individuen) der jeweiligen Systeme werden Akteure, Betroffene, Beteiligte oder Akteure/Beteiligte/Mitglieder/Teilnehmer/Elemente des betreffenden Systems genannt.

Innerhalb des beschriebenen Grundkonzeptes können die jeweiligen Akteure des Veränderungssystems (z.B. Projektteam, Lenkungsausschuß) den Veränderungsprozeß durch **Interventionen** voran bringen. Interventionen können unterschiedlichen inhaltlichen (z.B. Information, Qualifikation, Motivation) und zeitlichen Charakter (z.B. Planung, Durchführung, Kontrolle) haben. Das Ziel dabei ist wie angesprochen, eine positive Veränderungsenergie als Voraussetzung für den Erfolg sicherzustellen und dabei den angestrebten Veränderungsinhalt (z.B. Neugestaltung eines Kernprozesses) zu realisieren.

Während die Frage nach den möglichen Interventionsinhalten bei Veränderungsprozessen in der Literatur vielfach behandelt worden ist, ist die Frage nach deren **zeitlicher Gestaltung** mindestens genauso wichtig, aber (wohl aufgrund höherer Komplexität) bisher nur unzureichend analysiert worden. Auch hier versucht die Arbeit, einen entscheidenden Beitrag zu leisten. Fragen der zeitlichen Gestaltung beziehen sich beispielsweise auf das Timing, die allgemeine Veränderungsgeschwindigkeit, die Dauer, oder auf Verlaufsfragen des Handelns[13] während eines Veränderungsprozesses (z.B. Verlauf der Informationspolitik, Verlauf der Qualifikationsmaßnahmen). Da richtige Form der Partizipation wahrscheinlich den wichtigsten Erfolgsfaktor darstellt, muß der Untersuchung dieses Aspektes besonders Rechnung getragen werden. Zur Beantwortung von Fragen nach zeitlicher Gestaltung benötigt man eine differenzierte Vorstellung vom „Wesen“ von Veränderungsprozessen und empirische Erfahrungen.

Anhand der Fallstudie „PLUS100“ werden die hier angedeuteten Konzepte verwendet, verdeutlicht und zur Analyse von Gestaltungsfragen benutzt.

A.3 Das Geschäftsfeld Nutzfahrzeuge

Das Geschäftsfeld Nutzfahrzeuge - kurz GFN genannt - hat 1997 einen Umsatz von 39.140 Mio. DM erzielt und dabei eine Kapitalrendite von 4,0 % erwirtschaftet. Gegenüber 1996 erfolgte eine Steigerung des Absatzes an Nutzfahrzeugen um 20% auf 417.000 Einheiten.[14] Während der Geschäftsbereich Lkw Europa seit langem Markführer ist (Marktanteil 24,6%), konnte dies durch die Sparte Transporter Europa 1997 mit einem Marktanteil von 18,3% erstmals realisiert werden.

Nach einer Abschwächung im Jahr 1996 gewann der US-Markt für schwere Lkw der Gewichtsklassen 6 bis 8 (ab 8,8 t) im Jahresverlauf wieder an Dynamik.[15] Die Verkäufe übertrafen mit 310.400 Lkw das Vorjahresniveau aufgrund eines starken zweiten Halbjahres um 6%. In Lateinamerika ist im Rahmen des wirtschaftlichen Aufschwungs die Nutzfahrzeugnachfrage 1997 angestiegen. Die Tochtergesellschaft Freightliner ist seit Jahren Marktführer im nordamerikanischen Markt (Absatzsteigerung 1995: 27%). Sowohl in Nord- als auch in

[13] d.h. der Gestaltung von Aspekten über der Zeit.
[14] Vgl. Daimler-Benz (1998a), S. 47.

Südamerika und Westeuropa wurden starke Zuwächse verzeichnet. Im Jahr 2000 soll der Nutzfahrzeugabsatz auf 500.000 Fahrzeuge anwachsen. Wettbewerbsseitig findet im Nutzfahrzeuggeschäft insbesondere im europäischen Markt ein Verdrängungswettbewerb statt, der aller Voraussicht nach die Anzahl der Wettbewerber reduzieren wird.[16]

Nutzfahrzeuge sind Investitionsgüter (der Preis für einen schweren Lkw beginnt bei ca. 150.000 DM). Die Produktpalette des GFN weist eine starke horizontale Diversifikation auf. Ist der Kleintransporter "Sprinter" eher ein Serienprodukt, so wird ein schwerer LKW weitestgehend nach individuellen Kundenwünschen gefertigt. Daß in der Regel kein Lkw einer Jahresfertigung (1995: 175.000 Stück) dem andern gleicht, zeigen einige Komplexitätsdaten. Alleine für den aktuellen Schwer-LKW („Actros") gibt es ca. 370 Grund-Baumuster, die mit 1500 Sonderausstattungs-Elementen (z.B. veränderte Tankanlagen oder Luftleitkörper) unter Berücksichtigung von Ausschlußbedingungen kombiniert werden können. Jeder Kundenwunsch muß auf Baubarkeit getestet werden. Nach einer Entwicklungszeit von 7 Jahren[17] lebt das Produkt in seiner Komplexität nicht nur während der aktiven Marktzeit, sondern seine Teile (mit entsprechender Dokumentation) werden für 40 bis 45 Jahre aktiv gehalten. Produktionsseitig stellt sich der GFN als ein weltweiter Entwicklungs-, Produktions- und Lieferverbund dar. Der Geschäftsbereich Nutzfahrzeuge produziert an acht Inlandsstandorten und in 13 Auslandsgesellschaften mit teilweise mehreren Produktionsstandorten.[18] Eine Beispiel für die Vernetzung liefert der MB 700, ein Lkw mit 7,5 Tonnen Nutzlast, der für den südostasiatischen Markt produziert wird. Der MB 700 wurde in Ludwigsfelde bei Berlin und in Indonesien entwickelt, die Zulieferung der Aggregate erfolgt durch Standorte in Europa, Südafrika und Europa. Die Produktion bezieht darüber hinaus Elemente von Lieferanten im südostasiatischen Raum.[19] Für die Fallstudie ist nicht relevant, ob dieser Verbund eher vorteilhaft oder hinderlich ist, sondern lediglich die Tatsache, daß dadurch organisatorischer Wandel komplex wird, da lokale Veränderungen meist systemweite Konsequenzen nach sich ziehen.

A.4 Der Prozeß des Wandels aus Sicht des Geschäftsfeldes Nutzfahrzeuge

Vor dem Hintergrund eines kontinuierlichen Verdrängungswettbewerbes im Nutzfahrzeuggeschäft und allgemein schwieriger Marktbedingungen hat das GFN eine ganze Reihe von Ver-

---

15 Vgl. Daimler-Benz (1998b), S. 16, Daimler-Benz (1995), S. 9, Mercedes-Benz (1995), S. 21 f. Vor dem Hintergrund des Zeitfensters der Fallstudie ist es teilweise sinnvoller, die Daten aus den Jahren 1991 bis 1996 zugrunde zu legen.

16 Vgl. Mercedes-Benz (1993), S. 21.

17 Das Fahrzeuggeschäft der Daimler-Benz AG arbeitet nach der Philosophie der kompletten Neuentwicklung von Produkten. Andere Hersteller, zum Beispiel Honda, orientieren sich eher an einem Verfahren der stufenweisen Modellpolitik bei Neuwagen.

18 Vgl. Mercedes-Benz (1995), S. 21 f.

änderungsinitiativen während der letzten Dekade durchgeführt. Bis 1984 waren der Pkw- und der Nutzfahrzeugbereich organisatorisch eng verflochten. Die Entwicklung in Untertürkheim (Stuttgart) stellte damals den Kern einer ingenieurszentrierten Organisation dar. Ausgelöst durch einen enorm hohen rechnerischen Verlust von ungefähr einer Milliarde DM im Nutzfahrzeuggeschäft (bei einem Gesamtumsatz von unter 17.653 Mrd. DM) im Jahr 1984, wurde die Forderung nach einer höheren Kosten- und Leistungstransparenz immer deutlicher.[20]

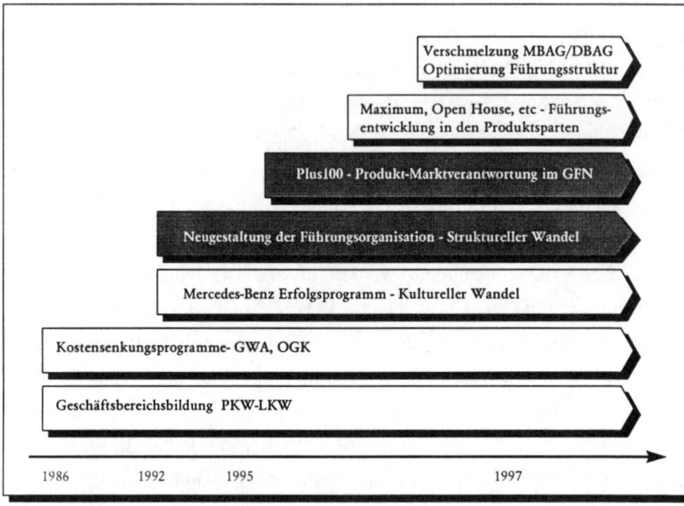

Abbildung A-1: Veränderungsprogramme in der historischen Abfolge[21]

Als Konsequenz wurden die Bereiche PKW und LKW im Jahr 1986 organisatorisch getrennt, um höhere Transparenz im Ergebnisbeitrag beider Bereiche zu erhalten und durch **Geschäftsbereichsbildung** bessere produktorientierte Ausrichtung zu ermöglichen. Die nächste Stufe der Veränderung wurde in der Form von **Kostensenkungs-Programmen** ab 1986 durchgeführt. Es wurden Einsparpakete mit einem Gesamtvolumen im dreistelligen Millionenbereich definiert, das indirekte Personal um 20% abgebaut. Trotz der während der Projektes erzielten Erfolge erkannte man immer deutlicher, daß hauptsächlich auf der Symptomebene der Organisation wirkende Programme (Senkung Krankenstand, Gemeinkostenreduzierung, etc.) nicht

[19] Vgl. Kutzim/Schnorr (1997), S. 173.
[20] Vgl. Mercedes-Benz (1984), S. 64.
[21] Vgl. Kutzim/Schnorr (1997), S. 176.

den Turnaround des GBN erbringen konnten, sondern daß gleichzeitig die organisationalen Strukturen betrachtet und veränderten Rahmenbedingungen angepaßt werden müßten.[22]

Mit dem 1992 gestarteten **Mercedes-Benz Erfolgsprogramm** (kurz MBE) wurde angestrebt, Veränderungen im Verhalten der Mitarbeiter zu initiieren.[23] Die im Programm verankerten normativen „vier Grundhaltungen" waren:

- "Null-Fehler-Ziel"
- "Kompromißlose Kunden- und Marktorientierung"
- "Konsequente Entscheidungsdelegation "
- "Kontinuierliche Verbesserung".

Ausgangspunkt war die Überlegung, daß erfolgreiche Transformation ohne eine kulturelle Neuausrichtung der Organisation auf *allen* Führungsebenen kaum möglich sei.

Da eine werteorientierte Neuausrichtung auch strukturelle Erneuerungen benötigte, startete man 1992 (neben weiteren Veränderungsinitiativen) das Projekt "**Neugestaltung der Führungsorganisation** (FO3)", in dem die Führungsstruktur nachhaltig verändert wurde (Einleiter-Prinzip auf Werksebene, flachere Hierarchien im Gesamtunternehmen). Die Trennung der Veränderungsinitiativen nach Abbildung A-1 ist konzeptionell, in Realität fand eine Vernetzung und Abstimmung zwischen den verschiedenen Programmen statt, da ein getrenntes Management des strukturellen und des kulturellen Wandels wegen der gegenseitigen Abhängigkeit keinen Erfolg bringen konnte.[24]

Trotz der Erfolge bisheriger Programme befand sich der GBN 1993 in einer unbefriedigenden Situation (z.B. Kostennachteile, unbefriedigende Konjunktur, Verdrängungswettbewerb im Markt). Um in diesem Geschäftsbereich einen ganzheitlichen Veränderungsprozeß zu initiieren, wurde 1994 **PLUS100** in Zusammenwirken mit dem MB-Erfolgsprogramm als die erste wirklich umfassende und ganzheitliche Offensive mit dem Fokus der Neugestaltung des Geschäftsbereiches Nutzfahrzeuge gestartet, was im Juni 1995 zur Gründung von fünf Produktsparten führte. Der GFN verblieb als Klammer- und Integrationsfunktion über die Sparten. In den verschiedenen **Produktsparten** wurden ab 1995 in der Folge eigene Programme gestartet ("Maximum" in der Sparte Transporter Europa, "Open House" in der Sparte LKW Europa), um den Transformationsprozeß weiterzuführen. Die **Verschmelzung** der Mercedes-Benz AG mit der Daimler-Benz AG von 1997 hatte aus Sicht des GFN keine Auswirkungen auf die

---

22 Erst nach der Einrichtung der Produktsparten im Jahr 1995 ist die offizielle Bezeichnung „Geschäftsfeld Nutzfahrzeuge" (GFN) statt „Geschäftsbereich Nutzfahrzeuge" (GBN).

23 Vgl. Fischer (1997e), S. 110.

24 Vgl. Krüger (1997), S. 840.

Spartenorganisation. Die Auswirkungen des anstehenden Mergers können zum Zeitpunkt der Arbeit noch nicht bewertet werden.

Um PLUS100 besser zu analysieren und zu verstehen, werden im folgenden einige Ausführungen zur vorhergehenden Phase der Neugestaltung der Führungsorganisation von 1992 gemacht.

A.5 Die Episode " Neugestaltung der Führungsorganisation (FO3)", 1992-1993

Auslöser für den Eingriff in die Organisationsstruktur war die Erkenntnis, daß die organisationale Effizienz nur über Änderung der strukturellen Rahmenbedingungen gesteigert werden kann.[25] Die damalige Strukturkomplexität sei am folgenden Beispiel erläutert. Bis 1992 wurden alle Werke durch einen kaufmännischen und einen technischen Werkleiter geführt (Zwei-Leiter-Prinzip). Die Werkleiter hatten auch aufgrund der schwer zu durchschauenden Komplexität des Gesamtsystems nur einen begrenzten Einfluß auf die Effizienz ihrer Werke. Es hatte sich in Untersuchungen gezeigt, daß ein Werkleiter nur 15 bis 20 Prozent seines Kostenblocks direkt beeinflussen konnte. In einer stabilen Welt des Wettbewerbs sind klar definierte und ausführlich beschriebene Strukturen ein strategischer Erfolgsfaktor. Das Unternehmen war daher in der Vergangenheit mit eben einer solchen Struktur enorm erfolgreich. Neben einer neunstufigen Hierarchie in der Mercedes-Benz AG gab es noch einen Daimler-Benz Vorstand, eine Referentenlaufbahn bis einschließlich Hauptabteilungsleiterebene und den Titel "Abteilungsdirektor" für Fachbereichsleiter und 25 Prozent der Hauptabteilungsleiter als besondere Anerkennung für ihre Leistungen. Zu diesem Zeitpunkt waren 10 Prozent der Angestellten Führungskräfte, die 20% der gesamten Personalkosten verursacht haben.

Eine Abkehr von der strengen funktionalen Orientierung mit gewachsenen Strukturen und Denkweisen bedeutete für die Organisation eine "Jahrhundertentscheidung", die alles andere als einfach zu implementieren war. Das Ziel der Neugestaltung der Führungsorganisation war, Unternehmertum im Unternehmen zu realisieren. Durch Centerbildung auf Werksebene und, soweit sinnvoll, auch für zentrale Bereiche mit klar ausgewiesenen Dienstleistungsaufgaben, sollte

- die Struktur verschlankt
- mehr Verantwortung in die dezentralen Bereiche verlagert
- und so auch das Zweileiter-Prinzip zugunsten eines Einleiterprinzips abgeschafft werden.

[25] Vgl. Mercedes-Benz (1992), S. 10, Mercedes-Benz (1993), S. 9.

Der Prozeß der Veränderung war durch mehrere Charakteristika geprägt, die im folgenden angedeutet werden. Während sich an verschiedensten Stellen im Top Management (Vorstand) und oberen Management die Erkenntnis entwickelte, daß die organisationalen Strukturen zwar Erfolgsgarant in der Vergangenheit waren, aber zukünftigen Herausforderungen nicht mehr optimal gerecht würden, war die Entscheidung, in den Veränderungsprozeß einzusteigen, auch dem Mut und der persönliche Initiative einer weniger zu verdanken. Sowohl in Form von Fakten als auch durch gezielte Provokation wurde sensibilisiert und die Einsicht in die Notwendigkeit eines Veränderungsprozesses geschaffen und die nötige Veränderungsenergie freigesetzt. Eine wichtige Rolle dabei spielte eine Pilotstudie, die dem Top Management belegte, daß die Organisationsstruktur enorme Verbesserungspotentiale für das gesamte Zieldreieck "Zeit-Qualität-Kosten" birgt. Daß eine solche Präsentation eine Gratwanderung zwischen Motivation und Provokation war, die entweder zu einem kreativen Spannungsbogen führen kann oder aber zu Verärgerung, Angst und Ablehnung, ist offensichtlich.

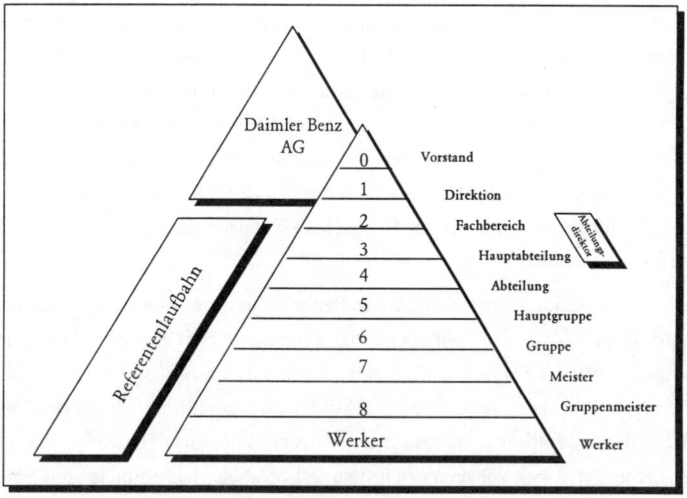

Abbildung A-2: Prinzipskizze zur Aufbauorganisation vor der FO3

Ein weiterer Erfolgsfaktor des Veränderungsprozesses war, daß es mit dem Ziel einer Cost-Center-Bildung die Anschlußfähigkeit der Organisation (bzw. des Betroffenensystems) noch vorhanden war. Hätte man versucht, funktional gewachsene Strukturen in "einem Ruck" hin zu unternehmerischen Strukturen (d.h. Profit-Centern) zu transformieren, wären die Widerstände und auch die organisationalen Könnensdefizite derart hoch gewesen, daß der Gesamtprozeß potentiell zum Scheitern verurteilt gewesen wäre.

Die Projektorganisation war beim Vorstand und dem Organisationsbereich angesiedelt. Wichtig war, daß mit den verantwortlichen Betroffenen des Wandels Zielvereinbarungen getroffen wurden (z.B. "Reduktion des Personalstandes um 20%"), innerhalb derer diese Manager als Akteure für ihr Tun eigenverantwortlich waren. Diese Zielvereinbarungen hatten allerdings einen stark instrumentellen Charakter. Sie sprachen weniger von Systemen und Vernetzung, sondern eher von statischen Indikatoren, wie der angesprochenen Reduktion der Stellen um 20 Prozent ("Man nehme...."). Es wurde weniger differenzierend vorgegangen, sondern meist quantitativ pauschale Zielgrößen vorgegeben. Der Gedanke des Change Management unterlag teilweise dem Motto "Sicherheit vor Schnelligkeit". Der gesamte Wandel war in eine vorab definierte Start-, Übergangs- und Zielstruktur eingeteilt. Heute wird bei Change-Prozessen eher nach der "80-20-Regel" verfahren, um Ressourceneinsatz gering zu halten und Opportunismen nützen zu können.

Bei der FO3 wurde von Anfang an offen über Spielregeln und Sanktionen diskutiert. Während der Vorbereitungsphase wurde früh die Kommunikation mit den wichtigen Einflußgruppen betrieben. Sowohl auf formaler als auch auf partnerschaftlich-informaler Ebene wurde insbesondere der Betriebsrat frühzeitig über Absichten und Schritte informiert und in die Entscheidungsfindung eingebunden. Reibungsverluste konnten deutlich verringert und Chancen der späteren Umsetzbarkeit erheblich verbessert werden. In der Informationspolitik wurde darauf geachtet, daß Information nicht nur als Bringschuld, sondern auch als Holschuld seitens der Betroffenen verstanden wird

Wesentlich für die Neuordnung der Strukturstellen war ein neues Bewertungssystem, das half, das bisherige Prinzip "Wer viele Mitarbeiter hat, der ist gut" zu relativieren. Das neue System war wesentlich mehr am Faktor „Einfluß einer Stelle auf den Geschäftserfolg des Unternehmens" orientiert. Ein anderer Versuch, den Strukturänderungsprozeß in Regeln abzubilden war, daß eine Führungsspanne von mindestens eins zu fünf festgelegt wurde. Die Praxis hat allerdings gezeigt, daß sich solche Vorschriften teilweise als Rechenspiele zum Selbstzweck wandelten.

In der FO3, in der insgesamt 25% der Strukturstellen reduziert worden sind, ist man äußerst behutsam mit potentiellen "Verlierern" des Wandels umgegangen, da diese Gruppe die zentrale Quelle des Widerstandes gegen Veränderungen darstellt. Es wurde keine einzige Kündigung ausgesprochen. Projektaufgaben wurden übertragen oder es wurde eine Frühpensionierung verwirklicht. In allen Fällen wurde der erreichte Besitzstand gewahrt oder Übergangslösungen definiert. Das hat sicherlich Widerstand vermieden, hatte aber die Folge, daß noch heute ein Überhang an Führungskräften besteht. Eine Bewertung dieser Strategie scheint schwierig. Obiges Vorgehen war auf jeden Fall im Einklang mit der Unternehmenskultur von Daimler-Benz, wonach das Unternehmen auch bewußt Verantwortung im Sinne von Fürsorge gegenüber seinen Mitarbeitern wahrnimmt.

Betrachtet man die Umgestaltung des Zweileiterprinzips genauer, so verliert die Dramatik, daß eine Verschmelzung zweier Aufgaben vorgenommen wurde, an Brisanz, da in den meisten Fällen zwar eine Werkleiterposition entfiel, dafür aber das Werk nach Produkten aufgegliedert wurde. Im ersten Jahr wurde in der FO3 so erreicht, daß keine Direktorenstelle abgebaut wurde. Genannte Maßnahmen haben zwar den Widerstand auf Top Management Ebene minimiert, aber zu Kritik in der Belegschaft geführt. In Anspielung auf das vorherige Programm "Optimierung Gemeinkosten" (OGK) wurde auch die FO3 von der Basis zeitweise mit dem Slogan "**O**ben **g**eht **K**einer" belegt und damit eine potentielle Ungleichbehandlung zwischen oberen und unteren Führungsebenen kritisiert.

A.6 Die Episode "PLUS100", 1994-1996

Im Nachhinein lassen sich bei PLUS100 mehrere charakteristische Phasen identifizieren, die in Abbildung A-3 angedeutet werden. Im folgenden wird der Verlauf von PLUS100 beschrieben. Dabei werden zur besseren Strukturierung die angedeuteten Phasen als Unterteilungskriterium zugrunde gelegt.

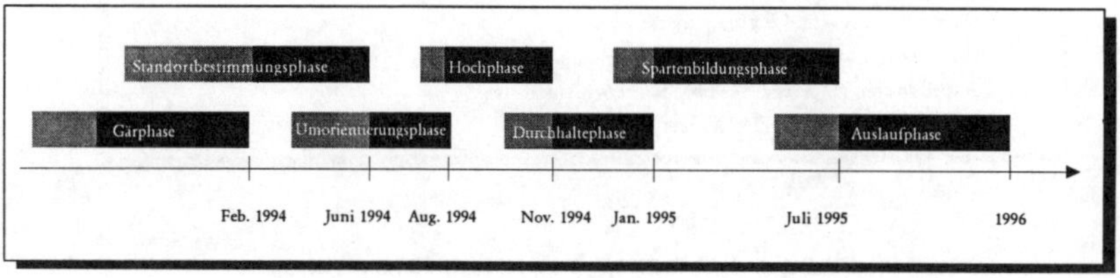

Abbildung A-3: Der Phasenverlauf von PLUS100

Die Gärphase von PLUS100

Das wirtschaftliche Umfeld des Geschäftsbereiches Nutzfahrzeuge (GBN) zu Beginn der 90iger Jahre war - wie schon angedeutet - enorm schwierig. Spätestens mit dem Ende der deutschen Sonderkonjunktur Mitte 1992 war die Lücke zwischen dem Anspruch, „global player" zu sein und der Realität im Wettbewerb offensichtlich.[26] Abbildung A-4 zeigt einige der damals zentralen Problemfelder auf.[27] Durch Kurzarbeit und Personalabbau war zu diesem Zeitpunkt der allgemeine Leidensdruck auf allen (insbesondere den unteren) Führungsebenen hoch. Abbildung A-1 zeigte schon, daß PLUS100 bei weitem nicht das erste Veränderungsprogramm war, um sich den zunehmenden Herausforderungen das Marktes zu stellen. Während durch die FO3 die Aufbauorganisation durch die Centerbildung insbesondere im produktionsnahen Bereich deutlich verschlankt wurde, blieben aber das Gesamtsystem GBN und die Kernprozesse im Unternehmen 1992 weitestgehend unangetastet. Die den GBN bündelnde Struktur wurde funktional belassen.

Der GFN als (Welt-) Marktführer Lkw > 6 t ist derzeit noch besonderen Rahmenbedingungen ausgesetzt

- Starke Marktschwankungen in Europa, aber auch Übersee
- Hohe Abhängigkeit vom Volumenmarkt Deutschland (bei vergleichsweise hohem Preis-niveau)
- Attraktivität des Volumenmarktes Deutschland auch für Wettbewerb
- Full-line-Anbieter auf "allen Märkten" (Produkt- und Marktsegmentierung)
- Hohe Produkt- und Teilevielfalt (Komplexität)
- Langer Produktlebenszyklus SK/LK. Fehlende technologische Führerschaft (Innovation/Qualität/Dienstleistungen).
- Hohe Faktorkosten Personal am Produktionsstandort Deutschland (ATS ausschließlich, Lkw überwiegend in BRD)
- Hoher Faktoreinsatz im indirekten Bereich (Prozeßoptimierung) bei gleichzeitig zu geringer Einsatzflexibilität
- Hohe Entwicklungs- und Fertigungstiefe
- Hohe Kapazitätsvorhaltungen (zum Teil fehlende Skalen-Effekte)
- Bei Altprodukten zu geringer Global Sourcing-Anteil
- Währungsnachteile durch DM-Aufwertung

Abbildung A-4: Ausgangslage und Problemfaktoren

Es ist sicherlich ein Mythos zu glauben, daß es "das" Veränderungsprogramm gibt, das ein Unternehmen für alle Zeit erfolgreich macht. Veränderungsprogramme bieten einen Nutzen relativ zur Markt- und Wettbewerbsdynamik und schaffen nur zeitlich begrenzte Vorteile. Genau das galt auch für den GBN. Er hatte sich zwar durch vorangegangene Veränderungs-

---

[26] Vgl. Mercedes-Benz (1992), S. 22. 1993 ist von einem „anhaltenden Abwärtstrend", einem „dramatischen Marktrückgang" und einer „insgesamt rückläufigen Produktion" die Rede (Vgl. Mercedes-Benz (1993), S. 21 ff.).

[27] Vgl. auch Kutzim/Schnorr (1997), S. 174.

programme gewandelt und die Überlebensfähigkeit erhöht, nicht jedoch genug, um im ebenso dynamischen Wettbewerbsumfeld entscheidenden Boden gutzumachen. Dies sollte PLUS100 leisten (vgl. Abbildung A-3).

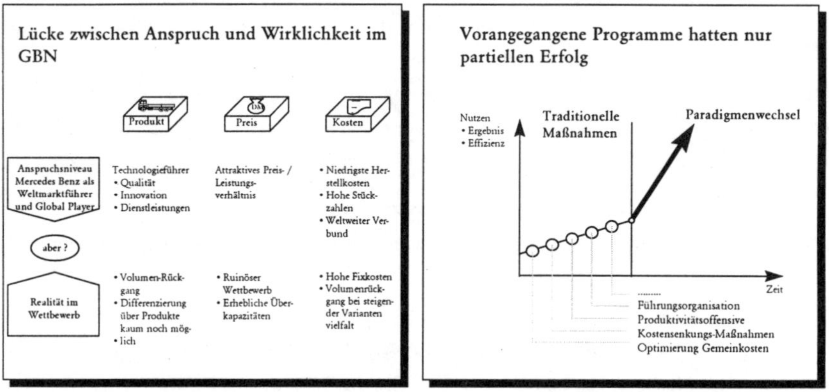

Abbildung A-5: Anspruchslücke und vergangene Programme

PLUS100 ist vor diesem Hintergrund durch einen "Diskussionsprozeß" entstanden, innerhalb dessen die Veränderungsenergie und -bereitschaft aufgebaut wurde. Diese Gärphase[28] lag im wesentlichen im Jahr 1993. Durch gezieltes informieren, sensibilisieren, provozieren und vor allem aufzeigen von Lösungsvorschlägen konnte - auch initiiert durch Organisationsexperten des Unternehmens - die Bewegungsenergie und Aufbruchsstimmung zu einem „großen Wurf" kontinuierlich gesteigert werden. Es galt insbesondere, den Leiter des GBN auf seine Führungsrolle bei PLUS100 einzustimmen. Die inhaltliche Stoßrichtung der Mobilisierungsphase war eine grundlegende und integrierte Prozeßneugestaltung, abgeleitet von Kundenwünschen. Zum besseren Verständnis der Stoßrichtung sollte man sich vor Augen halten, daß breit angelegte Reengineering-Programme in diesem Zeitfenster allgemeine Mode waren. Weiterhin wurde von vielen damaligen Aktoren die (implizite) Prämisse geteilt, daß strukturelle Verschlankung durch die FO3 geschehen sei und nun konsequenterweise die Prozesse im Vordergrund stehen müßten.[29] Aufgrund des höchsten erwarteten Wirkungsgrades wurden die Mobilisierungsanstrengungen insbesondere auf das Top Management und den oberen Führungs-

[28] Damit ist gemeint, daß sich etwas aufbaut, sich „zusammenbraut", aber noch nicht in ein formales Programm umgesetzt wird.

[29] Dies ist eine wichtige Erkenntnis, da diese Prämisse durch die Spartenbildung im Jahr 1995 widerlegt wurde. Zu mental models siehe Kapitel 5.2.2.4.

kreis des GBN konzentriert. Dies entsprach einer Nukleus-Strategie, die top down orientiert war.

PLUS100 war kein Programm, das im wesentlichen von externen Beratern konzipiert und begleitet wurde, wenn auch im informellen Netzwerk während der Vorbereitungsphase mit verschiedenen Unternehmensberatern gesprochen und für das spätere Labor gezielt ein Berater involviert wurde. Zwar hat ein Berater den Vorteil der externen Sichtweise[30], doch war der GBN (beziehungsweise die Treiber des Prozesses) so selbstbewußt zu sagen, daß ein gutes internes Kompetenzportfolio vorhanden sei, um einen umfassenden Veränderungsprozeß selbst zu initiieren und zu steuern. Man war der Meinung, daß

- das notwendige Analysewissen vorhanden sei.
- die Probleme hinlänglich bekannt seien, also Umsetzung im Vordergrund stehen könne.
- externe Berater oftmals mit negativen Referenzerfahrungen belegt seien. Ein von innen getriebener Prozeß habe eine höhere Akzeptanzwahrscheinlichkeit.
- wenn das Management die Umsetzung nicht selbst schafft, wer dann.

Ergebnis der Diskussionsphase war, daß der GBN alle Prozesse im Unternehmen verbessern sollte, nicht nur die produktionsnahen. Während im OGK-Projekt sich die Bereiche gegenseitig nach ihren "Kundenwünschen" fragten, sollten nunmehr die Zielkriterien konsequent vom externen Kunden abgeleitet werden. PLUS100 als ein Programm mit ganzheitlicher Prozeßverantwortung sollte diese Kundenwünsche durchgängig behandeln und die Organisation an Prozesse mit definierten Prozeßeignern ausrichten.

"***Mit guten Ideen und Hartnäckigkeit läßt sich ein Top Management bewegen***"

In der Vorphase des Programms im Jahr 1993 wurde eigentlich alles richtig gemacht, was sich an den Ergebnissen dieser Phase zeigt: Stakeholder wurden wachgerüttelt, Leidensdruck wurde erzeugt, eine Stoßrichtung (Vision) wurde vermittelt, das Programm wurde inhaltlich (z.B. Ziele, Ablauf, Regeln, Programmorganisation) vorbereitet.

Die Standortbestimmungsphase von PLUS100

Im Februar 1994 hat sich der Vorstand persönlich zu PLUS100 bekannt und PLUS100 als sein persönliches, großangelegtes Veränderungsprogramm ausgerufen.

---

30 Zu einer differenzierteren Sicht siehe Kapitel 7.4.5.1.3.

Um das **Vorstand**scommitment und den Zugang zum Vorstand durch Regeln abzusichern, verpflichtete sich der Vorstand als Auftraggeber, PLUS100 als Punkt „1“ aller Vorstandssitzungen aufzunehmen oder beispielsweise bei der Kickoff-Veranstaltung die gesamte Zeit anwesend zu sein. Im Vorfeld sollte der Vorstand mit jedem Mitglied des Prozeßausschusses (PA) ein persönliches Gespräch führen, daß Vorstand und PA ein „winning team“ bilden, daß sich der Einsatz lohne und daß PLUS100 eine Plattform biete, bisher nicht umsetzbare Ansätze zu realisieren. Abbildung A-6 verdeutlicht die Programmorganisation (das Aktorensystem) von PLUS100.

Das **Programmanagement** bestand aus Organisationsexperten des GBN, die zu 100% für das Programm freigestellt waren. Dadurch, daß das Programmanagement von einem Mitglied des oberen Führungskreises des GBN geleitet wurde, war eine hohe Management-Attention und ein Zugang zum Top Management sicher. Mit dem **Prozeßausschuß** (PA) wurde als eigentlicher Auftragnehmer (Basisstruktur) ein interdisziplinäres Gremium von zehn Mitgliedern des oberen Führungskreises (Ebene 1 und Ebene 2) ins Leben gerufen, das motiviert und veränderungsbereit war. Der Prozeßausschuß tagte wöchentlich und hatte Präsenzpflicht. Ziel war eine Zeitintensität der Partizipation von 2 Arbeitstagen pro Teilnehmer und Woche (40%). Durch die Mobilisierungsphase hatte man es geschafft, eine enorme Veränderungsenergie in Form dieser Akteure zu bündeln. Die **Prozeßteams** (Infrastruktur) stellten die Umsetzungs- und Vorbereitungsebene dar und sollten ihren Aufgaben eine mittlere Zeitintensität von vier Arbeitstagen pro Woche widmen (80%). Insgesamt waren zu Beginn von PLUS100 bis zu 150 Akteure aktiv am Veränderungsprozeß beteiligt. Auch hier ermöglichte die vorhandene Veränderungsenergie, gezielt nach den (bezüglich der Aufgabenstellung) geeignetsten Akteuren zu suchen und diese insbesondere vor dem Hintergrund der Umsetzungsschlagkraft auszuwählen. Die genaue Art und Form der Arbeit war den einzelnen Teams überlassen, die allerdings im Rahmen eines straffen Projektmanagement zu festgesetzten Terminen im Prozeßausschuß berichten mußten. Das **Labor** als spätere eigenständige Episode wird später beschrieben.

Das Motto von PLUS100 lautete wie beschrieben „Alles doppelt so schnell, von allem nur die Hälfte“. Inhaltlich waren vier programmatische Elemente zentral:[31]

- **Prozeßorientierung**. Nachdem (scheinbar[32]) mit der FO3 die Strukturen verschlankt worden waren, sollten nun gezielt Prozesse definiert und optimiert werden.
- **Kundenorientierung**. Die Ableitung der Ziele sollte konsequent vom (echten) externen Kunden getrieben sein.

---

31 Vgl. auch Kutzim/Schnorr (1997), S. 174.
32 Dieses Wort ist zentral!

- **Konsistenz**. Um nicht einfach ein weiteres Programm zu werden, mußte für PLUS100 die Landkarte existierender Veränderungsprozesse aufgezeigt werden und eine inhaltliche und personelle Integration stattfinden. Beispiele für im Jahr 1994 schon laufende Veränderungsprozesse: GPO im Vertrieb PKW, FIT im Werk Bremen[33], Zertifizierung nach ISO 9000/9001oder der „Wörther Weg" in Wörth. Dieser Integrationsprozeß fand während der Gärphase (bzw. Initiierungsphase) von PLUS100 statt, die im Juli 1993 schon in vollem Gang war. Ein Vorstandsworkshop im Herbst 1993 diente dem gleichen Ziel. Insbesondere das 1992 gestartete MB-Erfolgsprogramm, das zu Beginn primär ein Kulturprogramm war, konnte durch PLUS100 einen strukturellen Unterbau erhalten.
- **Umsetzungsorientierung**. „Weltmeister im analysieren, Kreisklasse im Umsetzen" - um diesem nicht nur für den GBN typischen Symptom zu entgehen und da Problemfelder hinlänglich bekannt schienen, sollte der Fokus von PLUS100 nach einer kurzen Analysephase (ein bis zwei Monate) klar auf der Umsetzung liegen.

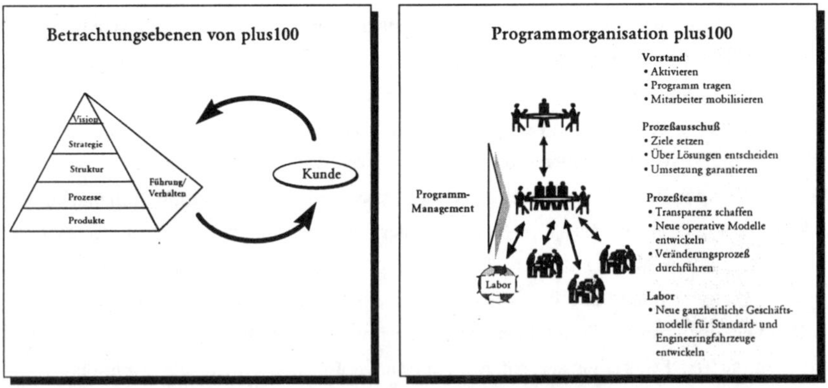

Abbildung A-6: Betrachtungsebenen und Programmorganisation PLUS100

Nach dem offiziellen Auftakt wurden sukzessive 38 sogenannte PA-Aufträge formuliert, die aus Sicht des Prozeßausschusses die zentralen Reibungspunkte innerhalb der identifizierten beiden Kernprozesse „Auftragsabwicklung" und „Produktentstehung" darstellten. Beispiele sind Änderungsmanagement, Qualitätsinformationen, Aftersales, Produktprojektmanagement, Kommunikation Aggregate-/Montagewerke, Beschleunigung weltweiter Logistikprozesse, Reduzierung der Teilevielfalt, etc. Während teilweise neue Themen identifiziert wurden,

[33] Vgl. Doll/Heitkamp (1997), S. 362 ff.

wurden bewußt auch viele Themen aus aktuellen Projekten oder der OGK (aus diesem Grunde wollte man den Fokus gerade nicht auf eine langgezogene Analysephase legen) aufgenommen, um schnell in eine Umsetzungsphase zu gelangen. Unter hohem Zeitdruck wurden von einer engagierten Mannschaft schnell Themen analysiert und Fortschritte erzielt. Manche der von den Prozeßteams generierten Lösungsansätze wurden im Sinne der „quick hits" sofort implementiert. Im Werk Wörth konnten beispielsweise durch Lösungsansätze des Prozeßteams 05 („Qualitätsinformationen, Früherkennung und Beseitigung") deutliche Verbesserungen im Bereich Garantie und Kulanz erreicht werden. Der PA selbst war ebenso intensiv und motiviert bei der Arbeit, klärte seine Rolle als „General Manager" des Veränderungsprozesses, trieb und koordinierte den Fortschritt der PA-Aufträge, legte sich selbst Regeln im Umgang miteinander und nach außen auf, kommunizierte mit der GBN-Leitung (Vorstand). Die Einbindung der Ebene 1 (Direktoren) des GBN erfolgte alle vier Wochen gezielt durch formalisierte „follow ups", durch die informiert, mobilisiert und der Input dieser obersten Führungsebene gezielt eingeholt wurde. Breitenkommunikation wurde nur in begrenzten Umfang durchgeführt, wie beispielsweise im März 1994 im internen Informationsmedium für Führungskräfte:

> *„Die dramatische Markt- und Ergebnissituation aber auch die Vielzahl der anstehenden Zukunftsaufgaben in unserem Unternehmen offenbaren einen grundsätzlichen Restrukturierungsbedarf betreffend Kostenposition, Zeitmanagement, Qualitätsniveau sowie einen Wandel in der Einstellung aller Führungskräfte und Mitarbeiter. 'Wenn wir uns der Dynamik des Umfeldes nicht einfach ausliefern wollen, dann müssen wir handeln und zwar mit dem Anspruch, den GBN in seinem Geschäft an die Weltspitze zu bringen' so Bernd Gottschalk, Leiter des Geschäftsbereiches Nutzfahrzeuge. Der GBN - Vorstand hat gemeinsam mit seinem Direktionskreis beschlossen, dies mit einem Programm unter dem Namen '**plus 100**' zu starten und aktiv zu steuern. Ziel hierbei ist der Quantensprung der gesamten Organisation. Es gilt, über eine Kombination von Weltklasseelementen die Neuausrichtung des GBN einzuleiten. Diese umfaßt alles: die Abläufe und Prozesse, die Einstellung und das Verhalten. Dieser Weg an die Weltspitze kann nur mit einer exzellenten Mannschaft gelingen', so der GBN - Vorstand in der Überzeugung, daß bei uns ein großes Potential fähiger und engagierter Mitarbeiter auf allen Hierarchiestufen vorhanden ist."*[34] (Hervorhebungen im Orginal).

Die beschriebene Phase im Frühjahr 1994 kann charakterisiert werden durch eine enorme positive Veränderungsenergie (bzw. ein positives Kraftfeld) auf allen Ebenen und (insbeson-

[34] Mercedes-Benz (1994), S. 1.

dere im PA und der Ebene 1) und eine vorher nie dagewesene Freiheit, über Lösungsansätze nachzudenken und diese aufzuzeigen. Um Überschneidungen und Redundanzen zwischen den PA-Aufträgen zu reduzieren, erfolgte im Verlauf eine Verdichtung der 38 PA-Aufträge zu 15 sogenannten Großbaustellen, wie in Abbildung A-7 dargestellt. Thematisch konnte man die 15 Großbaustellen sechs Themenblöcken zuordnen, nämlich: Kundenorientierung, Produktentwicklung einschließlich Dokumentation, Varianten- und Teilevielfalt (Komplexität), aktive Marktbearbeitung, Internationalität und Führungsbeziehungen.[35]

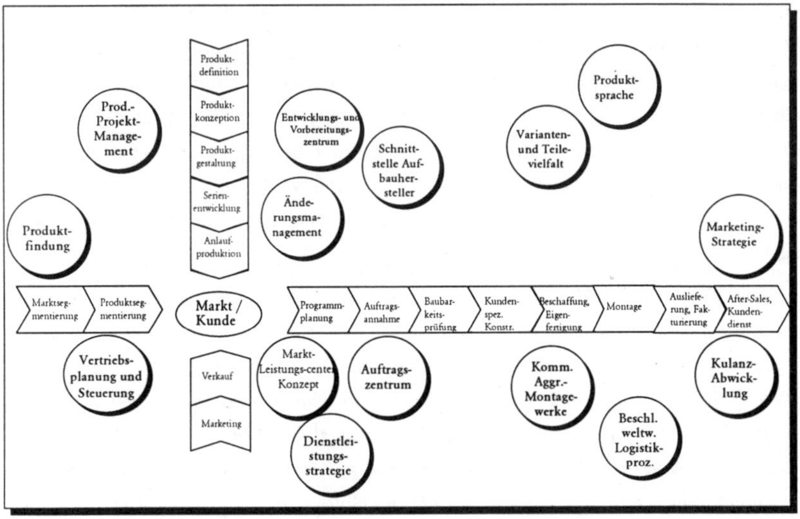

Abbildung A-7: Die 15 Großbaustellen

Die Umorientierungsphase von PLUS100

Trotz dieser Verdichtung zeigte sich

- in Wettbewerberbenchmarks[36] (z.B. mit MAN, Scania, VW-Transporter),
- in der Arbeit der PA-Teams
- und im Rahmen der Verdichtungsanstrengungen im Prozeßausschuß

35 Vgl. Mercedes-Benz (1994b).

36 Dabei wurde sowohl auf externe Ressourcen als auch auf interne Ressourcen (z.B. Händlernetz, entsprechende Unternehmensabteilungen) zugegriffen.

immer deutlicher, daß die Umsetzung der Großbaustellen zwar sinnvoll und wertvoll sein würde, tendenziell aber einer Symptomlösung entspräche, beziehungsweise sie ohne Veränderungen in der bis dahin funktionalen Struktur kaum umsetzbar sein würden. Zu dieser Einsicht ergab sich die Erkenntnis, daß die Strukturen und Prozesse von einer zu diesem Zeitpunkt nicht eindeutig definierten strategischen Stoßrichtung des Unternehmens abgeleitet werden müßten.

Abbildung A-8: PLUS100 - Die Sicht bis April 1994[37]

Abbildung A-9: PLUS100 - Die Sicht ab April 1994[38]

37 Aus einem Fax, das im Prozeßausschuß verschickt wurde.
38 Aus einem Fax, das im Prozeßausschuß verschickt wurde.

Abbildung A-7 und A-8 zeigen bildlich (Anhand eines intern verschickten Fax) die Entwicklung des Erkenntnisprozesses. PLUS100 brauchte einen breiteren Fokus, der neben Prozessen auch Strukturen, Strategien und Human Capital integrierte. Aus einer strategischer Perspektive wurde daher für dieses Aufgabenpaket und das spätere Labor gezielt eine externe Unternehmensberatung beauftragt. In Zusammenarbeit mit dieser wurden die möglichen drei Stoßrichtungen

- **Product Leadership** (Technologieführer mit stark verkürzter Entwicklungszeit),
- **Customer Intimacy** (beste individualisierte Problemlösung für den Kunden) und
- **Operational Excellence** (Kostenführer)

für den GBN identifiziert. Auf Basis der gewählten Stoßrichtung ergäben sich die relevanten Kernkompetenzen, Organisationsformen und Prozesse, über die der GBN verfügen sollte.[39]

Prozessorientierter Wandel stößt schnell an strukturelle Barrieren

Anfang Juni 1994 forderte der Prozeßausschuß nach dieser Erkenntnis eine Vorstandsklausur, in der einerseits die Ergebnisse der ersten Phase präsentiert, aber auch das Grundproblem des zu engen Fokus bearbeitet werden sollte. PLUS100 kam in eine heiße Phase. Nachdem der GBN-Vorstand als Auftraggeber damit konfrontiert wurde, daß dieses Programm so zwar sinnvoll und gut sei, aber den anvisierten Quantensprung nicht zulassen würde, schlugen die emotionalen Wellen hoch. Aus psychologischer Perspektive läßt sich die Situation so beschreiben, daß der Auftraggeber als Ergebnis nicht die Erfüllung des Auftrages erhielt, sondern daß der Auftragnehmer (PA) mit Resultaten aufwartete, die nicht Teil des ursprünglichen Auftrages durch den Vorstand waren und jetzt einen Vorschlag unterbreitete, der massiv in das gesamte Macht- und Strukturgefüge der Organisation eingreifen sollte. Hier wird das Entscheidungsdilemma zwischen sachlicher Richtigkeit und potentieller Gefahr zu einer Frage der Risikoaversion beziehungsweise Risikofreudigkeit des Top-Management. Nur durch intensive, offene und insbesondere engagierte Diskussion konnte PLUS100 in die nächste Phase kommen. Das Engagement der Akteure des Wandels (insbesondere des PA) war so hoch, daß sie eher den Auftrag PLUS100 zurückgeben und zurücktreten wollten, als mit dem bisherigen zu eng gefaßten Fokus weiterzuarbeiten. Es ist bemerkenswert, wie hoch die Veränderungsbereitschaft und -konsequenz des PA zu diesem Zeitpunkt war; dieses konnte nur durch emotionales Zusammenwachsen über den Einzelnen hinaus als Team erreicht werden. Bemerkenswert war auch, wie groß die Bereitwilligkeit auf Top Management-Ebene (insbesondere Ebene 1, die durch das bisherige Vorgehen bedingt mit deutlicher Mehrheit hinter

39 Zu genaueren Ausführungen siehe Kutzim/Schnorr (1997), S. 179 f.

dem Veränderungsprozeß stand) war, kritisch und nicht opportunistisch mit dem Vorstand zu diskutieren. Das Ergebnis dieser Phase schien vielversprechend. Der Projektauftrag war formal wesentlich erweitert worden: PLUS100 erhielt den Auftrag zur Betrachtung der Gesamtprozesse (1. Schritt) und zur Betrachtung von Struktur und Strategie des GBN (2. Schritt).

Die Hochphase von PLUS100

Nach der Auftragsausweitung gliederte sich PLUS100 in drei Handlungsstränge. Erstens wurde der Prozeß der Spartenbildung eingeleitet, indem über deren Notwendigkeit diskutiert und der Handlungsbedarf deutlich wurde. Zweitens wurden die Großbaustellen weiterverfolgt und drittens wurden in einem innovativen Prozeß neue Geschäftsmodelle für den GBN am Beispiel einer Produktlinie entwickelt. Im sogenannten „Labor" wurden 38 Führungskräfte für 12 Wochen fast vollständig von ihrer bisherigen Tätigkeit freigestellt und räumlich konzentriert, um Geschäftsstrategien, Geschäftsprozesse und organisationale Strukturen zu entwerfen.[40] Die hochrangige Zusammensetzung des Labors zeugte abermals von der enormen Veränderungsenergie, die von PLUS100 freigesetzt wurde. Das Labor erhielt explizit den Auftrag, unter Einbezug der Analyseergebnisse aus den 15 Großbaustellen neue Wege zu gehen. Nach einer Anlaufphase entwickelte das Labor (im Kontext) des bisherigen Geschäftssystems ein revolutionär neues Geschäftssystem, das grundlegend nach Standardprodukten und Engineeringprodukten unterscheidet.[41] Während des Labors entwickelte sich unter den Labormitgliedern eine kulturelle Vernetzung und eine allgemeine Begeisterung für die entwickelten Vorschläge. Neben den sachlogischen Vorteilen hat das Labor gezeigt, wie eine derartige Arbeitsform Mitarbeiter unterschiedlichster funktionaler und regionaler Herkunft vereinen kann, positive kulturelle Effekte erzeugte und so Ansätze ermöglichte, funktionale Barrieren zu überwinden. Durch gezielte Information der obersten Führungsebene des GBN unter dem Vorstand (Ebene 1), wurde deren Unterstützung für den Prozeß und die Ergebnisse des Labors abgesichert. Trotz des Stimmungshochs im Labor war im Herbst 1994 die latent kritische Meinung des Vorstandes gegenüber der sofortigen Umsetzung solch radikaler Vorschläge samt ihrer Konsequenzen nicht übersehbar. Ein Indikator war zum Beispiel, daß eine Informationsbroschüre über die Ergebnisse der Modellierungsphase, die als Teil einer Kommunikationskampagne geplant war, nicht publiziert wurde. Der Prozeßausschuß, der durch eine Benchmarkreise in die USA sowohl inhaltliche Erkenntnisse sammelte als auch in seinem Zusammenhalt nochmals verstärkt wurde, sah seine wichtigste Aufgabe in einem aktiven Stakeholdermana-

40 Zur Idee des Labors siehe CSC Index (1993), CSC Index (1994).
41 Zu den Geschäftsmodellen siehe Kutzim/Schnorr (1997), S. 182 ff.

gement.[42] Trotz des allgemeinen Stimmungshochs im Prozeßausschuß konnte man im Herbst 1994 auch hier Risse in der Begeisterungsfront sehen (man könnte auch von einer realistischen Erwartungshaltung sprechen). Allgemein läßt sich eine Fokussierung der Veränderungsanstrengungen weg von den Großbaustellen hin zur Spartenbildung und dem Labor feststellen. Dies ist nachvollziehbar, da man wie beschrieben erkannt hatte, daß die effektive Umsetzung der Großbaustellen zu großen Teilen erst nach einer strukturellen Veränderung möglich wäre. Die Großbaustellen wurden im Sommer/Herbst 1994 mit verschiedener Intensität weiterbearbeitet, je nach Sponsor und Art des Projektes. Während einige Großbaustellen (z.B. Änderungsmanagement oder Reduktion der Varianten- und Teilevielfalt) relativ unabhängig von strukturellen Voraussetzungen - insbesondere der funktionalen Organisation - waren, konnten andere Großbaustellen nur begrenzt vorangetrieben werden.

Die Durchhaltephase von PLUS100

Die folgende Phase ab November 1994 kann als Durchhaltephase charakterisiert werden. Während der Prozeß der Spartenbildung kontinuierlich fortschritt, an Gestalt gewann und aufgrund eines klaren erwarteten Nutzens aus der Perspektive vieler Beteiligter nicht mehr aufzuhalten schien, war die Annahme der Laborergebnisse und die Bereitschaft zur Umsetzung sehr problematisch. Die Phase ist gekennzeichnet von Entscheidungsvertagungen seitens des Vorstandes und Andeuten von Bedenken. So sah man die (berechtigte) Gefahr, daß durch Umsetzung der Laborergebnisse der für 1996 geplante Anlauf der neuen „Schweren Klasse" (SKN) gefährdet werden könnte. Auf einer kulturellen Ebene schien die positive Überzeugung wesentlicher Entscheider gegenüber den radikalen Laborergebnissen nicht genügend vorhanden. PLUS100 schien ab Herbst 1994 für drei Monate auf der Stelle zu treten, es wurden zwar Konzepte präsentiert, aber keine weiterführenden Entscheidungen getroffen. Es ist nicht verwunderlich, daß das Stimmungstief Ende 1994/Anfang 1995 auch den Prozeßausschuß erfaßte. Der sich selbstverstärkende Prozeß des Abbremsens wurde dadurch verstärkt, daß sich einige der bisherigen Treiber des Prozesses anderen für sie vielversprechenderen Aufgaben zuwandten, insbesondere der Spartenbildung. Der Fortschrittsverlauf der Großbaustellen in dieser Episode wurde von mehreren Faktoren beeinflußt:

- Verschiedene inhaltliche Abhängigkeit der Großbaustellen von neuen Strukturen
- Verankerung des jeweiligen Projektteams
- Allgemeine Energieverlagerung zur Spartenbildung mit Auswirkung auf die jeweiligen Teams und auf den Prozeßausschuß

42 Vgl. auch Jensen (1997), S. 230.

Insgesamt setzte sich das schon oben skizzierte durchwachsene Bild der Umsetzung der Großbaustellen fort und eine Tendenz zu Energieverlust der Umsetzung allgemein und zu Integrationsverlust zwischen den Großbaustellen war zu verzeichnen.

Die Spartenbildungsphase von PLUS100

Die erste Hälfte des Jahres 1995 war durch die Vorbereitung der Spartenbildung gekennzeichnet und zog die meiste Veränderungsenergie auf sich. Die Umsetzung der Großbaustellen schritt im beschriebenen Muster voran, während die Umsetzung der Laborergebnisse im wesentlichen nicht stattfand. Die Spartenorganisation, die am 1.7.1995 eingeführt wurde, stellte (so natürlich sie aus einer heutigen Sicht scheint) für das Geschäftsfeld Nutzfahrzeuge einen Meilenstein dar, der seit langem von Organisationsexperten befürwortet wurde, aber mangels ausreichender Veränderungsenergie erst durch PLUS100 realisiert werden konnte. Vorteile dieser Unternehmensform gegenüber dem bisher funktional ausgerichteten Struktur GFN liegen in der Übertragung der Verantwortung von Produkt, Menge, Preis und Region in die Spartenverantwortung.

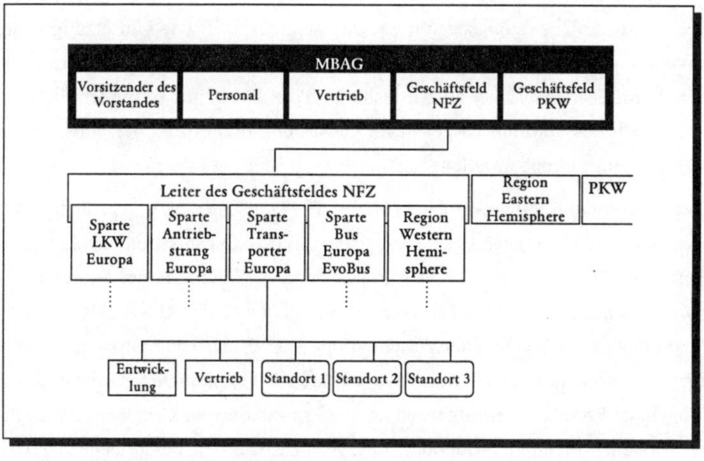

Abbildung A-10: Die Spartenstruktur (Stand Juli 1995)

Im Lebenszyklus von PLUS100 stellte die Umsetzung der Spartenorganisation einen wichtigen Meilenstein dar, da sie den Übergang in eine weitere Phase bedeutet.

Die Auslaufphase von PLUS100

Da wie beschrieben die Veränderungsenergie von PLUS100 seit Anfang 1995 stark auf die Spartenbildung gerichtet war, hatte PLUS100 aus Sicht einiger Treiber des Prozesses erfolgreich ein natürliches Ende des Lebenszyklus erreicht. Mit der Spartenbildung wurden bewußt neue Regeln, mehr Eigenverantwortlichkeit und beabsichtigte Spartenegoismen geschaffen und toleriert. Während die Umsetzungsorganisation der Großbaustellen bisher auf der Prämisse einer funktionalen Organisationsform und entsprechendem Rollenverständnis der Akteure des Wandels aufbaute, so galt dies ab Mitte 1995 (beabsichtigterweise) nicht mehr. Es ist in diesem Zusammenhang wichtig, zwischen dem Programm PLUS100, seinen (bisherigen) Trägern einerseits und den Inhalten von PLUS100 andererseits zu unterscheiden. Es ergab sich ein „natürlicher" Trend der Dezentralisierung (der Träger) vieler im Rahmen der Großbaustellen behandelten Inhalte (was nicht für alle Großbaustellen gleicherweise galt. Je nach Charakter einer Baustelle verblieb eine Tendenz zur übergreifenden Verankerung des Inhaltes). Der beschriebene Trend zeigt sich einerseits in der Weiterentwicklung des „alten" PLUS100, andererseits in der Verankerung der Themen in den neu geschaffenen Sparten. Abbildung A-11 zeigt die Umsetzungsorganisation im Kontext der neu geschaffenen Sparten. Für jede Großbaustelle wurden übergreifende Umsetzungsbeauftragte und spartenspezifische Umsetzungsbeauftragte benannt. Weiterhin wurde der Prozeßausschuß im Sommer 1995 angepaßt. Dieser war aus Sicht vieler Betroffener schwächer als der bisherige Prozeßausschuß bezüglich der Besetzung als auch bezüglich des von ihm ausgehenden Umsetzungsdrucks und der Umsetzungsunterstützung der einzelnen Großbaustellen.

In den einzelnen Produktsparten wurden ab Herbst 1995 verschiedene eigenständige Veränderungsprogramme mit einer jeweiligen spartenspezifischen Organisation ins Leben gerufen (z.B. „Open House" in der Sparte LKW Europa oder „Maximum" in der Sparte Transporter Europa). Mit verschiedener Intensität wurden in den Sparten an den Großbaustellen weiter gearbeitet. Insbesondere in Sparte Transporter Europa sind die meisten Großbaustellen konsequent fortgeführt worden. Beispielsweise hat sich die Ausgestaltung der Organisation für die Entwicklung neuer Produkte weitestgehend an den Ergebnissen der Großbaustelle 2 (Produktprojektmanagement) orientiert. Abbildung A-13 verdeutlicht den beschriebenen Zusammenhang hinsichtlich der zunehmenden Veränderungsenergie in den Sparten zur Umsetzung der Großbaustellen und der abnehmenden Veränderungsenergie des zentralen Programmanagement. Heute zeigt sich, wie in der Abbildung dargestellt, daß Konzepte des Labors (wieder) an Veränderungsenergie gewinnen (insbesondere die Trennung nach Standard- und Engineeringprodukten).

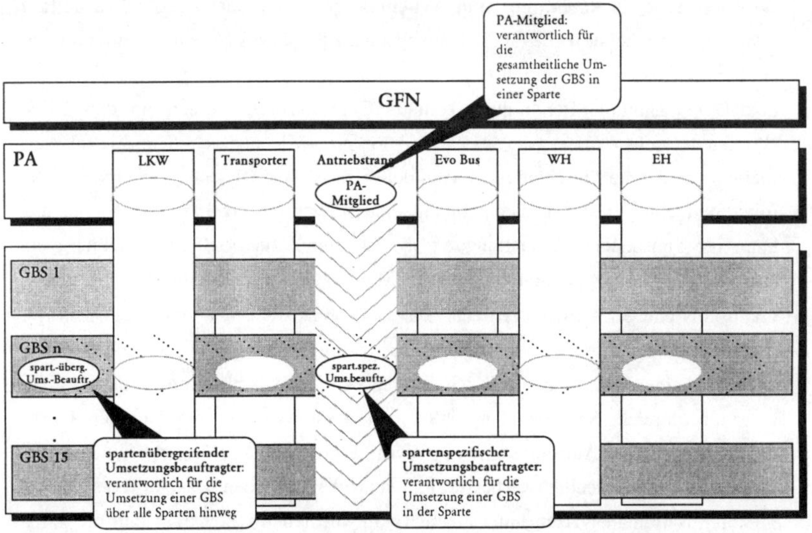

Abbildung A-11: Die Organisationsstruktur der Umsetzungsverantwortlichen in der geschaffenen Spartenorganisation

A.7 PLUS100 - Versuch einer Bewertung

Die konkrete Erfolgsbeurteilung von PLUS100 ist nicht einfach oder eindeutig, da verschiedenste Teilaspekte betrachtet werden müssen (siehe Abbildung A-12). Erfolge wurden definitiv durch die Umsetzung von Großbaustellen erzielt. Exemplarisch seien die Großbaustellen 6 bis 8 genannt.

- **Großbaustelle 6: Änderungsmanagement.** Durch Großbaustelle 6 konnte die Durchlaufzeit von Konstruktions-Änderungs-Anträgen um über 50% (von durchschnittlich 530 Arbeitstagen auf unter 270 Arbeitstage) reduziert werden. Weiterhin erlaubt der neue Prozeß eine höhere Transparenz über Einsatztermine und Kosten, ist frei von Medienbrüchen und integriert das Änderungsmanagement in den Gesamtprozeß. Andere positive Merkmale des reengineerten Ablaufes sind durchgängige Realisierungsverantwortung, produktbezogene Serienbetreuung im Werk, Vereinheitlichung der Prozesse und konsequente Delegation der Entscheidungskompetenz. Erreicht werden diese deutlichen Verbesserungen durch Einrichtung eines Simultaneous Engineering- und eines Produkt-Teams im Werk und durch IV-Unterstützung auf Basis von Lotus Notes.

- **Großbaustelle 7: Varianten- und Teilemanagement.** Ziele der Großbaustelle 7 waren das bestehende Teilevolumen abzubauen, zukünftiges zu reduzieren und letztendlich die Kosten der Vielfalt gezielt zu minimieren. Durch die durchgeführte Produkt-Dokumentations-Bereinigung konnten 272.000 Sachnummern in den GFN-Werken gelöscht werden, was einer Reduktion um 43% entspricht. Zur Vielfaltsvermeidung sind neue Entscheidungsregeln definiert, ist eine Gleichteilrecherche vorbereitet und eine Vielfaltskostenrechnung erstellt worden. Nach Expertenschätzung kann die konsequente Einhaltung des Regelsystems zur Vielfaltsvermeidung ein langfristiges Einsparpotential von 300-500 Mio. DM pro Jahr erbringen.
- **Großbaustelle 8: Auftragszentren.** Durch Großbaustelle 8 konnte der Auftragsdurchlauf qualitativ verbessert werden. Der ursprüngliche Auftragsabwicklungsprozeß war charakterisiert durch mangelnde Transparenz, fehlende klare Verantwortlichkeit und zahlreiche Schnittstellenprobleme mit allen negativen Implikationen. Durch die Einrichtung der Auftragszentren in Wörth, Ludwigsfelde, Düsseldorf und Vitoria konnte der Prozeß deutlich verbessert und verschlankt werden. Das Auftragszentrum als interdisziplinäres Team unter einem verantwortlichen Leiter trägt nun die ganzheitliche Verantwortung für den Auftrag einschließlich der Fahrzeugauslieferung.

Für eine ganzheitliche Bewertung darf man nicht verschweigen, daß andere Großbaustellen mit teilweise deutlich weniger Erfolgen aufwarten können, da sie kaum in eine wirkliche Implementierungsphase gelangt sind.

Schwierig ist die Zurechnung von Folgeaktivitäten, die innerhalb der Veränderungsprozesse in den Produktsparten ab 1995 teilweise unter neuem Namen stattgefunden haben. Je nachdem, wie weit man die Grenze zieht, kann man beispielsweise argumentieren, daß die Veränderungsprogramme in den einzelnen Sparten nur stattfinden konnten, weil PLUS100 zur Spartenbildung geführt hat. Festzuhalten ist, daß Folgeaktivitäten zumindest (teilweise) im Rahmen der Nutzenbilanz von PLUS100 aufgeführt werden müssen.

Die (ursprünglich nicht bewußt angestrebte) Spartenbildung muß im Nachhinein klar auf der Nutzenseite von PLUS100 verbucht werden.[43] Hier wird deutlich, daß eine Bewertung von Veränderungsprozessen an zu Beginn des Prozesses festgelegten Zielen kritisch zu beurteilen ist. Würde man dementsprechend verfahren, so könnte man die Spartenbildung nicht als Nutzen aufführen, da sie wie angesprochen nicht Teil des ursprünglich formulierten Zieles

---

43 Ob die Spartenbildung allgemein einer funktionalen Organisationsform überlegen sein muß, ist anhand einer Einzelfallstudie kaum zu bewerten. Vgl. auch Kirsch/Esser/Gabele (1979), S. 13.

war. Auf der anderen Seite muß man aufpassen, daß man nicht im Nachhinein jedes erreichte (aktionsseitige) Ziel als Erfolg verbucht.[44]

Der Erfolg einer Veränderungsinitiative muß langfristig bewertet werden

Die Bewertung des Labors muß vielschichtig erfolgen. Hätte man Auswirkungen des Labors zum Stand Ende 1994 bewertet, so mußte man vom damals geringen Umsetzungsstand zwingend auf einen Mißerfolg des Labors schließen. Obwohl der aktuelle LKW („Actros") trotz Komplexitätsreduktion durch Modularisierung ein Full Line Produkt ist, das eine enorm hohe Zahl möglicher Varianten ermöglicht, entwickelt sich die Idee der Trennung in Standard- und Engineering-Produkte in der Organisation weiter. Aufgrund dieser noch andauernden Latenzphase der Laborideen ist auch zum heutigen Zeitpunkt eine Bewertung schwierig.

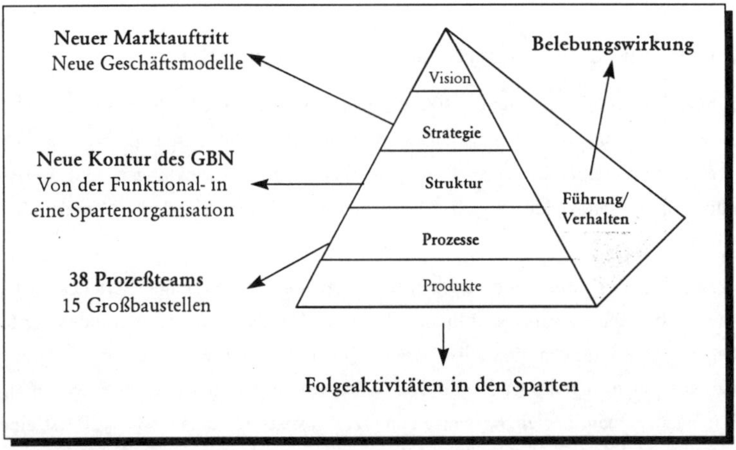

Abbildung A-12: Nutzendimensionen von PLUS100

Nicht zu unterschätzen ist die allgemeine Belebungswirkung, die von PLUS100 und der Laborphase ausging. Eine derartige funktionsübergreifende Ideenwerkstatt war ein absolutes Novum im GFN.[45] Auch die allgemeine Veränderungsenergie, die 1994 durch PLUS100 erzeugt und gebündelt werden konnte und in deren Kontext sich auch das Top Management (Ebene 1) gegenüber dem Vorstand zu kritischen und innovativen Ideen bekannte, hatte es bis zu diesem

44 Zur Unterscheidung nach effektseitigen und aktionsseitigen Ziel siehe Kapitel 4.2.1.

45 Vgl. Jensen (1997), S. 234.

Zeitpunkt im GFN nicht gegeben. Fraglich ist, ob die bisher aufgeführten positiven Effekte nicht durch wesentlich weniger Aufwand (Kosten) hätten erreicht werden können.

Anhand von PLUS100 zeigt sich, wie vielschichtig die Bewertung eines komplexen Veränderungsprozesses sein muß, da sich im Zeitverlauf Ziele und Bedingungen ändern, subjektive Wahrnehmungen von Erfolg und Mißerfolg verschieden sind und Auswirkungen von Handlungen selten nur im „hier und jetzt" sichtbar sind. Erfolg beziehungsweise Mißerfolg von Veränderungsprozessen darf allgemein nicht zu kurzatmig gemessen werden. Würde man PLUS100 nur an den durch die Großbaustellen erreichten Verbesserungen messen, griffe dies viel zu kurz. Man muß auch beachten, daß sich Programme überholen, Ideen aber weiterleben. Wenn man PLUS100 nur danach bewerten würde, ob es alle Ideen umgesetzt hat, die es sich als *Programm* auf die Fahne geschrieben hat, würde man zu verfälschten Ergebnissen gelangen.[46]

A.8 Dynamiken und Interventionsverläufe von PLUS100

Nach einer Beschreibung von PLUS100 aus einer mitfließenden Perspektive des Lesers *in* der Zeit über eine Folge von Zeitpunkten, wird nun die Betrachtungsperspektive gewechselt. Es wird eine Zeitverlaufsperspektive[47] eingenommen, um Entwicklungen und Verläufe von Handlungen, Zustandsfaktoren (z.B. Motivationsgrad, Kraftfeldverlauf) *über* der Zeit zu beschreiben.

Der erste Teil des Abschnittes konzentriert sich dabei insbesondere auf das Konzept der Kraftfelder beziehungsweise Kraftlinien. Neben der Beschreibung des Verlaufes der Kraftlinien einzelner Teilgruppen (bzw. Teilaspekte) über der Zeit wird auf die Erklärung dieser Dynamiken eingegangen. Der zweite Teil befaßt sich mit zeitbezogenen Fragestellungen des Change Management beziehungsweise deren Ausgestaltung bei PLUS100 (z.B. ist eine Fragestellung die des Timings einer Veränderungsinitiative. Bei PLUS100 ist ein relativ spätes Timing festzustellen. Ein anderes Beispiel ist der Verlauf der Formalisierung der Veränderungsanstrengungen über der Zeit). Das Ziel ist, eine Auswahl der zeitbezogenen Fragestellungen, die im Verlauf der Arbeit untersucht worden sind, in ihren Ausprägungen bei PLUS100 zu beschreiben und die erkennbaren Konsequenzen zu analysieren. Dadurch ist eine „ansatzweise" Verifizierung und Exemplifizierung der entsprechenden Handlungsheuristiken und zugehörigen Erklärungsmuster im theoretischen Teil der Arbeit möglich.[48] Derjenige Leser, der

---

46 Zu einer tendenziell kritischen Bewertung gelangen Kutzim/Schnorr (1997), S. 188 f.

47 Vgl. Kapitel 4.3.2.

48 Bisher wurde PLUS100 als ein komplexer Veränderungsprozeß beschrieben, in dem eine Vielfalt inhaltlicher und zeitlicher Vernetzungen von Interventionen, Situationen, Reaktionen, etc. wirkt. Wenn schon die reine Deskription - wie im letzten Abschnitt geschehen - von PLUS100 komplex ist, dann ist die ein-

mit den genauen Inhalten der Arbeit nicht vertraut ist, erhält so außerdem eine bessere Vorstellung von den erarbeiteten Konzepten, Begriffen und Zusammenhängen.

Die Entwicklung des Kraftfeldes von PLUS100

Aus der Perspektive des Kraftfeldes (bzw. der Kraftlinien der verschiedenen Gruppen von Akteuren, Betroffenen und Beteiligten über der Zeit)[49] zeigt PLUS100 einen typischen Verlauf. Während einer relativ langen Gärphase steigt die Veränderungsenergie kontinuierlich an und hat zum offiziellen Programmstart ein beachtliches Niveau erreicht. Im Verlauf des Frühjahrs 1994 steigt diese durch Zusammenwachsen des PA, die Arbeit der enorm motivierten 38 Analyseteams (Großbaustellen), die Einbindung der Ebene 1 (Direktoren) durch die „follow ups", etc. weiter an. Ab Sommer 1994 ist eine differenzierte Betrachtung des Prozesses notwendig, da sich durch die Erweiterung des Betrachtungsumfanges von PLUS100 (Strategie, Geschäftsmodelle, Spartenbildung) der Bezugsrahmen grundlegend verändert hat. Während das Labor einen enorm hohen positiven Energiebeitrag liefert, der Prozeßausschuß zumindest in der Anfangsphase des Labors von Umsetzbarkeit und Machbarkeit überzeugt ist, so sind seitens des Top Management Zweifel zu spüren. Diese Bedenken haben im Herbst 1994 Auswirkungen auf den Motivationsgrad der Labormitglieder und auf den Prozeßausschuß. Die Großbaustellen werden im Sommer/Herbst 1994 mit durchwachsener Energie fortgeführt, allerdings ist auch hier tendenziell eine Abnahme des Energieniveaus bedingt durch den Stimmungsverlauf in den anderen Handlungssträngen und durch die allgemeine Energieverlagerung auf die Spartenbildung ab Herbst/Winter 1994/1995 zu beobachten. Im Jahr 1995 ist der Fokus der Veränderungsenergie auf die Spartenbildung gerichtet. Mit deren Einrichtung im Sommer 1995 muß man zwischen dem bisherigen PLUS100 als Programm und Inhalten von PLUS100 in Form der Großbaustellen differenzieren. Das *Programm* PLUS100 verliert bedingt durch seine Phase im Lebenszyklus (die Spartenbildung ist erreicht) und die gewollte Tendenz zur Dezentralisierung mit intendierten Spartenegoismen an Bewegungsenergie. Ein neuer Prozeßausschuß hat nicht die Schlagkraft des alten. Andererseits entsteht in den Sparten Veränderungsenergie hinsichtlich der *Inhalte* von PLUS100, die dort teilweise fortgeführt werden. Die gestrichelten Linien in Abbildung A-13 verdeutlichen den beschriebenen Zusammenhang. Die gemachte Trennung ist allerdings keineswegs trennscharf. Manche Aspekte wurden explizit unter dem Programm PLUS100 fortgeführt, andere teilweise oder gar nicht. Die obige relativ grobe Betrachtung der Entwicklung des Kraftfeldes ist gezwungenermaßen sehr unvollständig und muß

deutige Bewertung von einzelnen Interventionsverläufen nur sehr begrenzt möglich. Diese Relativierung liegt der folgenden Betrachtung und der Auswahl der analysierten Aspekte zugrunde.

49 Vgl. Kapitel 7.3.3. Siehe auch Kapitel A.2.

erweitert werden.[50] So ist im Verlauf zu beobachten, daß Akteure (z.B. durch Teilnahme am Labor) im Prozeßverlauf von PLUS100 persönliche Ziele erreichen und danach weniger konsequent an der Umsetzung der erarbeiteten Ergebnisse interessiert sind.

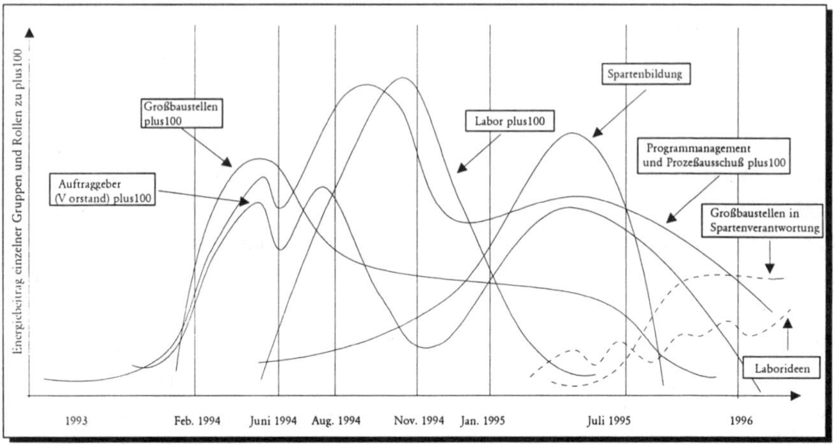

Abbildung A-13: Der skizzenhafte Verlauf der einzelnen Kraftbeiträge zu PLUS100

Abbildung A-13 versucht, den Verlauf der einzelnen Energiebeiträge zu PLUS100 im Überblick darzustellen. Bei genauerer Analyse ist dies allerdings nicht trennscharf möglich, da sich die Ziele von PLUS100 (diese werden unterstützt oder nicht) im Zeitverlauf zumindest auf der Aktionsebene gewandelt haben.[51] In Abbildung A-13 wird die Unterstützung (Kraftbeitrag) zu PLUS100 auf den jeweiligen Zielanspruch zum aktuellen Zeitpunkt (Prozeßoptimierung, Strukturverbesserung, etc.) beschrieben. Außerdem wird in der Auslaufphase nach der Unterstützung von PLUS100 als Programm, das inhaltliche Veränderungen vorantreiben soll und der Unterstützung von Inhalten (insbesondere der Großbaustellen) seitens der Akteure in den Sparten unterschieden. Wenn auch im Rahmen von PLUS100 die Unterstützungsbereitschaft der Umsetzung von Vorschlägen aus dem Labor ab Anfang 1995 relativ gering ist, ist schwer abzuschätzen, bis zu welchem Grad die erarbeiteten Inhalte in der Organisation „gären" (sich latent weiterentwickeln oder erst nach einer Inkubationszeit wieder an die Oberfläche des Handelns treten) und zukünftig an Unterstützung gewinnen. Aus diesem Grund wird diese Kraftlinie in Abbildung 13 nur am Rande angedeutet.

50 Zu differenzierteren Ausführungen siehe Kapitel 7.3.3.

51 Zur Beschreibung der Kraft als gerichtete Vektoren siehe auch Kapitel 7.4.3.1.

Zeitbezogene Gestaltungsaspekte bei PLUS100

Ein wichtiger zeitbezogener Aspekt ist das **Timings** eines Veränderungsprozesses.[52] Für spätes Timing spricht ein dadurch tendenziell steigender Leidensdruck, dagegen die steigende Gefahr der Kurzfristorientierung der Akteure und der negative Trend zu Symptomlösungen. PLUS100 kann als Beispiel eines späten Timings verbunden mit einem hohen Leidensdruck und dennoch einer strategischen Ausrichtung gesehen werden. Die im Verlauf von 1994 entwickelten Konzepte (Insbesondere das Labor ab August 1994) kann durchaus als visionäre Phase bezeichnet werden. In der Gärphase und erst recht zum Zeitpunkt des offiziellen Programmstarts ist der allgemeine Leidensdruck des GBN durch objektive Faktoren wie Umsatzeinbußen, Personalabbau, allgemeine Wettbewerbssituation hoch und schon auf allen Managementebenen ausgeprägt.[53] PLUS100 hatte eine lange Gärphase im Jahr 1993, in der gezielt der Leidensdruck insbesondere durch die Organisationsexperten weiter aufgebaut wurde. Nach Ansicht wesentlicher Treiber des Prozesses hätte sich die hohe Veränderungsdynamik im Jahr 1994 niemals ohne den hohen Grad an Leidensdruck entfalten können. Plus100 hat gezeigt, daß ein hoher Leidensdruck nicht unbedingt einer kurzfristigen Optimierung beziehungsweise einer Symptomlösung entsprechen muß. Neben dem Leidensdruck hat man in der Gärphase gleichzeitig Perspektiven und Ziele in Form von PLUS100 aufgezeigt. Dadurch konnte man die Langfristorientierung in PLUS100 verankern. Die im Grundsatz konsensorientierte Unternehmenskultur bei Daimler-Benz hat auch dazu beigetragen, daß das späte Timing und der hohe Leidensdruck nicht zu einer Kurzfristorientierung geführt haben.

PLUS100 hat als Programm einen ungefähr dreijährigen Lebenszyklus (**Dauer**) gehabt.[54] Anhand des Programmes zeigt sich, daß es enorm schwierig ist, sehr lang andauernde Programme durchzuführen. Veränderungsprogramme werden letztendlich von Personen getragen, eine Entkopplung ist kaum möglich. Je länger Programme andauern, desto wahrscheinlicher ist es, daß Treiber des Prozesses ihre persönlichen Ziele erreichen, aus dem Prozeß ausscheiden oder aufgrund mangelnder Erfolgserlebnisse die Treiberrolle verlieren. Ein Beispiel ist die Laborphase im Sommer 1994. Während dieses intensiven Prozesses hatten Akteure auch die Gelegenheit, auf sich aufmerksam zu machen.[55] Dies war zu diesem Zeitpunkt enorm förderlich für die Motivation dieser Akteure, barg mittelfristig aber die Gefahr, daß so das langfristige Interesse an der Umsetzung der Ergebnisse in Mitleidenschaft gezogen würde.[56] PLUS100 war auch ein Programm des Vorstandes (beziehungsweise des Vorsitzenden) des GBN. Durch

---

52 Vgl. Kapitel 6.2.
53 Vgl. Mercedes-Benz (1993), S. 13 oder Mercedes-Benz (1992), S. 22.
54 Zur Dauer von Veränderungsprozessen siehe Kapitel 6.3.
55 Vgl. Jensen (1997), S. 233.

die zunehmende Dynamik hinsichtlich der Spartenbildung kam es zu (gewollten) Dezentralisierungstendenzen mit verbundenen Machtverschiebungen. Die erstarkten Akteure (insbesondere Spartenleitungen) hatten berechtigterweise weniger Interesse am Programm PLUS100 als an den Inhalten, die mehr oder minder intensiv in Veränderungsprozesse in den Produktsparten integriert wurden.

Vor PLUS100 wurde im Jahr 1992 das MB-Erfolgsprogramm initiiert, das im wesentlichen auf eine Veränderung der Unternehmenskultur gerichtet war, ohne strukturelle Rahmenbedingungen zu verändern.[57] Erst zwei Jahre später wurde im GBN durch PLUS100 mit der Veränderung struktureller Bedingungen begonnen. Man erkennt also eine Reihung gemäß „structure follows culture". Eine Bewertung ist an dieser Stelle schwierig. Aus verschiedenen Expertenbefragungen ergab sich allerdings die Tendenzaussage, daß zum Startpunkt von PLUS100 eine sehr hohe Notwendigkeit von strukturellen Veränderungen gesehen wurde. Es ist damit fraglich, ob Strukturveränderungen nicht wesentlich schneller oder gar zuerst erfolgen sollten.[58]

Bei einem Veränderungsprozeß kann man zwischen **synoptischen** und eher **evolutionären Vorgehensstrategien** über der Zeit unterscheiden.[59] Synoptisches Vorgehen weist dabei eine tendenziell höhere Veränderungsgeschwindigkeit, weniger Partizipation der Betroffenen und vor allem einen höheren Grad an Planung auf. Während PLUS100 durch seine strukturellen Anlagen (z.B. Programmanagement, Prozeßausschuß, Top Management - Regeln) einerseits einen synoptischen Charakter hat, beinhaltet es auch stark evolutionäre Elemente. Da es das erklärte Ziel war, den Fokus auf die Umsetzung zu legen, wurden sukzessive sehr schnell verschiedenste PA-Aufträge formuliert, die von den 38 Teams bearbeitet wurden. Dadurch konnte PLUS100 in kurzer Zeit und vor allem sichtbar aus der Startphase kommen und in Sinne der „quick hits" Fortschritte erzielen. Nach dieser eher evolutionären Phase mußte eine Integration der Ergebnisse erfolgen, während der die Einsicht reifte, daß der Betrachtungsumfang des Veränderungsprozesses erweitert werden mußte. Durch die Schwerpunktverschiebung und Prämissenveränderung von PLUS100 wurde Reibung, Unsicherheit und auch Widerstand erzeugt. Nach einer Durchhaltephase - in der die Veränderungsdynamik niedrig war - im Herbst 1994 stieg diese 1995 im Zuge der Spartenbildung wieder an. Hätte PLUS100 zu Beginn einen höheren Grad an Synoptik gehabt, wäre die Integrations- und Umorientierungsphase im Frühjahr 1994 wahrscheinlich nicht notwendig gewesen. In Konsequenz kann man argumentieren, daß so weniger Blindleistung (d.h. dem Veränderungsprozeß nicht dienliche

[56] Vgl. auch Kapitel 7.5.4.1, indem auf die motivierende Wirkung insbesondere für Mitglieder des unteren Managements hingewiesen wird, wenn diese durch Partizipation die Chance zum direkten Kontakt mit Mitgliedern des oberen Managements bekommen.

[57] Vgl. Fischer (1997i), S. 258 ff.

[58] In Kapitel 6.4.4.3.1 und Kapitel 6.4.4.2 wurde daher für eine Reihung „Kultur nach Struktur" argumentiert, was im Kontext des GBN nicht realisiert wurde.

Energie) erzeugt worden wäre und ein synoptischeres Vorgehen sinnvoller gewesen wäre. Allerdings muß man auch kritisch hinterfragen, ob PLUS100 mit einer notwendigerweise längeren und intensiveren Analysephase dann die hohe notwendige Veränderungsenergie erzeugt hätte oder nicht eines der vielen vorangegangenen *Analyse*projekte geworden wäre, die relativ wenig Umsetzungskonsequenz nach sich zogen. Daß diese Gefahr nicht zu unterschätzen ist, zeigt die Tatsache, daß die Spartenbildung schon lange auf der Agenda von Organisationsexperten stand, aber bis dato nicht umsetzbar war. Es spricht einiges dafür, daß zumindest Teile der angesprochenen Blindleistung notwendig waren, um die Veränderungsdynamik zu erzeugen - man also einer Scheinsynoptik nicht unkritisch gegenüber stehen sollte.

In diesem Zusammenhang sieht man an PLUS100 auch, daß die Trägheit und Indirektheit von Effekten eine wesentliche Determinante von Veränderungsprozessen ist. Hatte man im Juni 1994 den Bogen scheinbar überspannt, so entwickelte sich (träge beziehungsweise mit einer Inkubationszeit) ein Kraftfeld für eine umfassende strukturelle Veränderung. Während PLUS100 im Herbst 1994 an der Oberfläche scheinbar stark an Dynamik und Veränderungsenergie verlor, erhielt die im Verlauf von PLUS100 gereifte Einsicht, daß die Aufgliederung des GBN nach Sparten Voraussetzung für eine kundenorientierte Umsetzung der Großbaustellen ist, zunehmend Aufmerksamkeit. Ab 1995 nahm die sichtbare Energie des Wandels wieder entscheidend zu.

Der **Formalisierungsverlauf** der Partizipation durch Veränderungscontrolling wurde (in Kapitel 7.4.5.2) aus einer theoretischen Perspektive analysiert. Der Formalisierungsgrad beschreibt die Art, den Umfang und die Strenge von Regeln, innerhalb derer der Veränderungsprozeß abläuft. Es wurde die Wichtigkeit des letzteren herausgestellt und verdeutlicht, daß sich dessen Umfang und Art und Weise im Zeitverlauf eines Veränderungsprozesses wandeln müssen. Bei PLUS100 wurden zu Beginn 1994 sowohl im Prozeßausschuß, mit dem Auftraggeber und bezüglich der Zusammenarbeit mit den Prozeßteams Regeln der Zusammenarbeit ausgearbeitet. Diese bezogen sich beispielsweise auf Berichtstermine der Prozeßteams im Prozeßausschuß, Anwesenheitspflicht, Zugang zu Vorstandssitzungen, etc. Im wesentlichen bezogen sich diese Regeln (als Ausprägung des Controllings) auf den *Prozeß* selbst, nicht aber auf die *Inhalte* der Arbeitspakte (z.B. konkrete Meßkriterien, die durch ein Arbeitspaket verbessert werden sollen). Zur effizienten Umsetzung der Großbaustellen war ein Umsetzungscontrolling notwendig, das einerseits Träger definiert und vor allem Inhalte (z.B. Umsetzungsgrade) festlegt. Dieses inhaltliche Umsetzungscontrolling wurde in PLUS100 nur teilweise realisiert.[60] Zu Beginn des Jahres 1996 wurde versucht, differenzierte Nutzen-, Kosten- und Statuskriterien zu identifizieren, was zu spät war. Die schwache Resonanz der Umsetzungsbe-

[59] Vgl. Kapitel 6.4.4.3.5 und Kapitel 7.4.6.

auftragten auf diesen Versuch war aus sachlicher als auch emotionaler Perspektive verständlich, wenn man bedenkt, daß zu diesem sehr späten Zeitpunkt und der Spätphase im Lebenszyklus von PLUS100 (Auslaufphase) ein Meßsystem nachgeschoben werden sollte. Dies hätte potentiell die bisherigen Prämissen für einen Akteur verändert. Betrachtet man die teilweise stürmische Entwicklung von PLUS100 im Jahr 1994, so muß man feststellen, daß ein erfolgversprechenderes Controlling durch die Evolution des Programmes und seiner Schwerpunkte nur teilweise möglich gewesen wäre. Das Messen in Veränderungsprozessen muß sich auf stabile Prämissen (z.B. Ziele, Stoßrichtungen, Schwerpunkte, Grenzen) beziehen. Durch den evolutionären, offenen Verlauf von PLUS100 wäre dies enorm schwierig gewesen. Prämissen hätten sich dann geändert, Annahmen (z.B. reine Prozeßoptimierung) wären durch den faktischen Verlauf von PLUS100 hinfällig geworden, etc.. Die beschriebenen (potentiell kritischen) Auswirkungen eines stark evolutionären Prozesses auf ein Change Controlling müssen bei der Frage eines optimalen Planungsgrades berücksichtigt werden. Dies impliziert tendenziell einen nicht zu geringen Planungsgrad.

In Kapitel 7.4.4. wurde auf den **Verlauf des Partizipationsumfanges** und in diesem und anderen Zusammenhang auf die Frage nach der **Partizipationsrichtung** (top down versus bottom up[61]) eingegangen. Dabei wurde die These aufgestellt, daß Restrukturierungen tendenziell top down verlaufen sollten. Der Grund ist, daß sie inhaltlich meist stark vernetzt sind, viele Unternehmensbereiche betreffen und in das Machtgefüge der Organisation eingreifen. PLUS100 hatte als ein solcher struktureller Veränderungsprozeß eine klare top down Orientierung bei einer zunehmenden Partizipationsweite über der Zeit (d.h. der Kreis der Involvierten wird größer). Man hat sich in der Gärphase auf zentrale Entscheidungs- und Machthaber konzentriert und diese für den anstehenden Prozeß begeistert. Der Prozeßausschuß war mit Mitgliedern des obersten Management des Nutzfahrzeugbereichs besetzt. Die Mitglieder der 38 Prozeßteams wurden gezielt danach ausgesucht, wer bezüglich des Auftrages den höchsten Input beziehungsweise höchsten Energiebeitrag versprach. Je nach Maßstab kann man von einer hohen Partizipationsweite zu diesem Zeitpunkt sprechen oder nicht. Einerseits erscheint ein Partizipationsgrad von 150 Akteuren des mittleren und oberen Managements hoch, bezieht man ihn aber auf den Gesamtpersonalstand des GBN von ca. 81.000 Beschäftigten[62], so ist die Partizipation verschwindend gering (nämlich 0,185%).

Durch den Anspruch, „die Besten" für die Prozeßteams zu gewinnen, wurde der top down Charakter teilweise unterbrochen, da auch Kompetenzen von Fachspezialisten bei der Aus-

---

60 Vgl. Kutzim/Schnorr (1997), S. 189.

61 Top down steht für die Strategie, die Reihenfolge der Partizipanten an der Aufbauorganisation des Unternehmens zu orientieren.

62 Vgl. Mercedes-Benz (1993), S. 23.

wahl der Partizipanten wichtig waren. Dennoch blieb die top down Tendenz weiter bestehen, indem man gezielt Akteure gesucht hat, die eine möglichst hohe Machtbasis im Unternehmen haben, um die erwarteten Analyseergebnisse auch umsetzen zu können. Die sogenannten „follow ups“ als Informationsveranstaltungen mit der Führungsebene 1 (Direktoren) trugen auch zur top down Tendenz bei. Insgesamt wurde während PLUS100 wenig Breitenkommunikation durchgeführt.[63] Dies war nach Ansicht von mehreren Prozeßtreibern allerdings zu wenig. Da allerdings insbesondere die unteren Führungsebenen anstehenden Veränderungen positiv gegenüberstanden, mußte und konnte die Energie auf das obere Management konzentriert werden. Dies unterstützt die These, daß der Partizipationsgrad um so geringer gehalten werden kann, je geringer der zu erwartenden Widerstand seitens der Betroffenen ist.[64] Insgesamt zeigt sich, daß die top down-Tendenz bei PLUS100 sinnvoll war.

Ein zentraler Erfolgsfaktor für einen Veränderungsprozeß ist die richtige Form und der richtige **Zeitverlauf der Einbindung des Auftraggebers** als Machtgarant in den Prozeß. Verliert der Prozeß dessen Unterstützungsenergie, so ist ein Scheitern wahrscheinlich.[65] In PLUS100 hat man - analog zu den theoretischen Überlegungen - zu Beginn des Veränderungsprozesses Regeln der Zusammenarbeit mit dem Auftraggeber aufgestellt. Während man auf einer allgemeinen Ebene von Quantensprüngen, radikalen Verbesserungen, ganzheitlichen Ansätzen, Denkfreiheit und ähnlichem sprach, unterblieb allerdings eine genauere Klärung der Handlungsspielräume (z.B. ist eine Umstrukturierung erlaubt oder nicht) mit dem Auftraggeber und auch eine Analyse der potentiellen Konsequenzen. Während innerhalb des Kernteams von PLUS100 im Frühjahr 1994 langsam die Erkenntnis reifte, daß der Betrachtungsumfang des Programms erweitert werden müßte, wird der Auftraggeber mit dieser Wende im Juni 1994 relativ hart konfrontiert und reagiert dementsprechend. Aus diesem Einzelfall ist eine Bewertung des Einbindungsverlaufes des Auftraggebers kaum möglich. Es läßt sich argumentieren, daß durch eine gezieltere Einbindung des Auftraggebers dieser kontinuierlich aufgebaut hätte werden können, um so die spannungsgeladene Umorientierung vom Juni 1994 abzufedern und Reibungsverluste in der Folge zu vermeiden. Auf der anderen Seite kann man anführen, daß erst so ein Spannungsbogen und eine Veränderungsenergie aufgebaut werden konnte, die schließlich zu Spartenbildung geführt hat.

In der folgenden Laborphase wurde der Auftraggeber von PLUS100 zwar informiert und Labormitglieder berichteten über den Stand der Dinge, dennoch war im Herbst 1994 eine Differenz in der Veränderungsenergie bei Labor und Top Management wahrnehmbar.[66] Es stellt

---

63 Eine der Kommunikationsmaßnahmen war beispielsweise ein „aktuell“ (Information für Führungskräfte) Ende März 1994 (vgl. Mercedes-Benz (1994)).

64 Vgl. Kapitel 7.4.4.

65 Vgl. Kapitel 7.4.5.1.1.

66 Vgl. Abbildung A.13.

sich die Frage, ob hier nicht eine bessere und umfassendere Einbindung realisierbar gewesen wäre (z.B. durch vorbereitende Maßnahmen, Informationen vor Ort).[67] So erhielt der GBN-Vorstand Materialien über anstehende Informationsveranstaltungen teilweise erst einen Tag im voraus. Insgesamt bestätigen sich bei PLUS100 die im theoretischen Teil angestellten Überlegungen zur Einbindungsstrategie des Auftraggebers: Festlegen von Regeln, Abklären des Gestaltungsspielraumes, gemeinsame Analyse von Szenarien zu Beginn. Kontinuierliche Berichte über Erfolge, Einbindung an allen wichtigen Entscheidungspunkten und gezielte Einbindung in die Entscheidungsvorbereitung. Nutzung direkter Information (z.B. Besuche vor Ort).

Einen nicht zu vernachlässigenden Erfolgsfaktor bei Veränderungsprogrammen stellt der situationsgerechte **Partizipationsverlauf der Interessenvertretungen der Betroffenen** dar (insbesondere Betriebsrat). Bei PLUS100 wurde eine tendenziell umfassende Zusammenarbeit mit dem Betriebsrat durch formalisierte Informationspunkte des Gesamtbetriebsrates realisiert. Die Zusammenarbeit erfolgte (auch durch die bisherige Form der Zusammenarbeit bedingt) im wesentlichen in einer konstruktiven Atmosphäre, da die Betriebsräte die Notwendigkeit umfassender Veränderungen im GBN auch sahen. In seiner generellen Zielsetzung hat der Betriebsrat in diesem Zusammenhang das Programm begrüßt. Das positive Ergebnis einer umfassenden Einbindungsstrategie bei PLUS100 muß auch im Kontext einer tendenziell konsensorientierten Unternehmenskultur gesehene werden.[68]

Bei Veränderungsprozessen ist die Art und Weise des inhaltlichen und **zeitlichen Einsatzes externer Berater** zu klären. Für einen umfangreichen und frühen Einsatz sprechen dessen Betrachtungsperspektive, fachliche und methodische Kompetenzen, kapazitive Unterstützung, etc.. Kritisch zu beachten ist deren potentiell kurzfristige Orientierung, ihre begrenzte Implementierungsmacht, die resultierende Schwächung des Selbstvertrauens der Organisationsmitglieder, usw.. Je nach situativen Gegebenheiten (z.B. Existenz von Kompetenzen in der Organisation) sind verschiedene Partizipationsverläufe externer Berater sinnvoll.[69] Externe Berater wurden formal an PLUS100 lediglich in der Laborphase beteiligt. Allerdings spielte auf der informalen Ebene die Partizipation einer Unternehmensberatung während der Gärphase eine nicht zu unterschätzende Rolle. Während der Laborphase war der Einsatz eines externen Beraters sinnvoll, da dieser einen hohen methodischen Input erbringen konnte. Diese informale Zusammenarbeit während der Gärphase hatte sowohl den Vorteil, daß auch hier methodisches Wissen eingebracht werden konnte, als auch den Nutzen, daß die Akteure durch die Tatsache, den Prozeß selbst „durchzuziehen", beflügelt wurden. Dieses Selbstvertrauen war

67 im Sinne der in Kapitel 7.5.5.1.1 angedeuteten Möglichkeiten.

68 Zu entsprechenden Aussagen siehe auch Kapitel 7.4.5.1.2.

69 Vgl. Kapitel 7.4.5.1.3.

ein wesentlicher Grund für die hohe Veränderungsenergie von PLUS100 im Jahr 1994. Hätte man sich - wie in vielen vergangenen Veränderungsprojekten - stark auf die inhaltliche und methodische Kompetenz eines externen Beraters verlassen, wäre nach Ansicht wesentlicher Prozeßtreiber die Wahrscheinlichkeit höher gewesen, daß es nicht zu nennenswerten Umsetzungsmaßnahmen erarbeiteter Konzepte gekommen wäre. Die konkreten, eher positiven Erfahrungen mit der lediglich begrenzten Einbindung externer Berater bei PLUS100 fügen sich in die differenzierteren Ausführungen des entsprechenden Theorieteils.

Ein etwas anders als die bisherigen Fragestellungen gearteter Zeitaspekt betrifft die Frage nach der **Zeitintensität der Partizipation** der Akteure. Diese ist definiert als relativer Anteil der Zeit, die Akteure dem Veränderungsprozeß widmen.[70] Je nach Rolle einer Person im Veränderungsprozeß, seiner Rolle in der Organisation allgemein und den Anforderungen des Prozesses können verschiedene Intensitätsgrade sinnvoll sein. Das Programmanagement von PLUS100 war im wesentlichen eine Vollzeitfunktion des entsprechenden Kernteams, was nach Einschätzung zentraler Akteure enorm wichtig war und der entsprechenden Forderung der theoretischen Ausführungen entspricht. Die Mitglieder des Prozeßausschusses widmeten PLUS100 einen signifikanten Teil ihrer Kapazität, ebenso die Prozeßteammitglieder. Die insgesamt hohe Zeitintensität hat wesentlich dazu beigetragen, daß im Frühjahr 1994 eine enorm hohe Veränderungsenergie als Momentum freigesetzt werden konnte. Dadurch, daß die Akteure meist noch in Linienaufgaben eingebunden waren, konnte die Gefahr gesenkt werden, daß die Anschlußfähigkeit zwischen Veränderungsorganisation (Projekt) und Restorganisation (Linie) verloren ging. Die Laborphase im Herbst 1994 war geprägt durch enorm hohe Zeitintensität dieser Akteure und hat für entsprechenden Zusammenhalt und für höchste Veränderungsenergie beziehungsweise -bereitschaft gesorgt. Aus dem leichten Auseinanderdriften zwischen dem Labor und dem Rest des Change Teams (insbesondere PA) im Verlauf des Labors könnte man schließen, daß eine stärkere Involvierung der Letztgenannten sinnvoll gewesen wäre und damit eine stärkere Angleichung der Zeitintensitäten der verschiedenen Akteure. Auf die zeitliche Einbindung des Auftraggebers wurde schon weiter oben eingegangen. Die angedeuteten Ausführungen stützen die Aussagen, die zur Zeitintensität im Theorieteil gemacht wurden.

A.9 Schlußbemerkungen

Die Analyse von PLUS100 hat gezeigt, daß Veränderungsprozesse enorm vielschichtig sind und eine hohe inhaltliche und zeitliche Vernetzung der einzelnen Elemente, Aktionen, Handlungsstränge aufweisen. Einfache „Kochrezepte" oder starre Phasenkonzepte des Wandels

[70] Vgl. Kapitel 7.4.5.2.

greifen damit zu kurz oder sind zu aggregiert.[71] So weit es im Rahmen einer Einzelfallstudie möglich ist, lassen sich durch PLUS100 mehrere Indizien hinsichtlich Zugang zu Beschreibung und Verständnis von Veränderungsprozessen und bezüglich sinnvoller Handlungsstrategien bei Restrukturierungen erkennen.

Der in der Arbeit vorgestellte Modellansatz, Veränderungen aus einer grundlegend dynamischen Perspektive durch selbstreferentielle Kraftfelder zu charakterisieren, erweist sich sowohl zu deren Beschreibung als auch zum Verständnis als fruchtbar. Es ist so insbesondere möglich, die Entwicklung (bzw. den Verlauf) von Veränderungsprozessen über der Zeit zu erklären und zu analysieren. PLUS100 hat durch die angesprochene Komplexitätsproblematik gezeigt, daß man einen Veränderungsprozeß (wie in der Modellbildung geschehen) nur als ein eng verflochtenes Netz verstehen kann, in dem Wirkungen inhaltlich vielschichtig und vielseitig auftreten und zeitlich träge, versetzt, etc. entstehen. Hinzu kommen prinzipielle Indeterminismen (z.B. im Rahmen des menschlichen Verhaltens) und externe Einflüsse, die im Zeitverlauf eintreten. Bei PLUS100 hat sich dies beispielsweise durch die Veränderung der Programmziele im Zeitverlauf oder allgemein durch die nicht von Anfang an geplante Evolution der Inhalte und Schwerpunkte gezeigt.

Bezüglich der Gestaltung von Restrukturierungen hat PLUS100 deutlich gemacht, daß neben der inhaltlichen insbesondere die zeitliche Form der Gestaltung von Handlungen wichtig ist. Aufgrund der Komplexität können auf die meisten Gestaltungsfragen Antworten - wenn überhaupt - nur in Form von situativ abhängigen Heuristiken gegeben werden. Eine entsprechend differenzierte Betrachtung zeitbezogener Gestaltungsprobleme ist im theoretischen Teil der Arbeit erfolgt. PLUS100 bestätigt in diesem Rahmen insbesondere folgende - nochmals knapp angedeutete - Erfolgsfaktoren der Gestaltung:

- Spätes Timing des Wandels (d.h. hoher Leidensdruck) ist in einer konsensorientierten Unternehmenskultur möglich und potentiell sinnvoll, wenn neben dem Aufbau von Leidensdruck gleichzeitig ein Aufzeigen von Perspektiven und Lösungen erfolgt.
- Eine längere Gärphase - in der *zentrale* Akteure überzeugt und gewonnen werden - ist sinnvoll, um genügend Veränderungsenergie aufzubauen. Die Einbindung der breiten Masse der Betroffenen zu diesem Zeitpunkt ist nicht anzustreben.
- Ein der Lebenszyklusphase des Prozesses angepaßtes Veränderungscontrolling ist unablässig.
- Das Bestreben, schnell von einer Analysephase in eine Umsetzungsphase zu gelangen ist *grundsätzlich* gut. Dadurch kann die Gefahr reduziert werden, daß Programme in der Umsetzung versanden. Allerdings steigt durch die so implizierte evo-

[71] Vgl. Osterloh/Frost (1998), S. 39 ff.

lutionäre Vorgehensstrategie die Gefahr, daß im weiteren Verlauf des Veränderungsprozesses Inhalte und Ziele neu definiert werden müssen und kein verbindliches Veränderungscontrolling möglich ist (s.o.). Dadurch entstehen Unsicherheiten und Reibungsverluste. Als Konsequenz sollte man versuchen, evolutionäre und planende (synoptische) Elemente zu verbinden, indem im Rahmen einer fundierten Planung genügend Raum für ein evolutionäres Vorgehen geschaffen wird.[72]

- Eine top down-Tendenz ist sinnvoll, da Restrukturierungen meist einen hohen inhaltlichen Vernetzungsgrad aufweisen. Dennoch kann und sollte eine gezielte Breitenkommunikation nicht erst in einer Umsetzungsphase erfolgen.
- Der Auftraggeber muß gezielt eingebunden werden. Dazu zählen Maßnahmen zu Beginn des Prozesses und während des Verlaufes.
- Eine hohe Zeitintensität der intensiv am Veränderungsprozeß beteiligten Akteure ist förderlich.

Mit diesen Ausführungen ist die Fallstudie abgeschlossen. Für genauere Beschreibungen hinsichtlich der verwendeten Konzepte sei auf die entsprechenden Kapitel in der Arbeit verwiesen. Dies gilt insbesondere auch für Gestaltungsheuristiken, die in der Regel vielschichtiger und differenzierter sind, als es dieses knappe Fazit zu implizieren scheint.

---

72 Vgl. Kapitel 6.4.4.3.5.

Literaturverzeichnis

Adizes, I. (1975), On Self-Management. An organizational Definition, a Typology of various Experiments in the World and a Discussion of the Role of Management, in: Adizes, I., Borgese, E.M. (Hrsg., 1975), S. 3-37

Adizes, I. (1979), Organizational Passages - Diagnosing and Treating Lifecycle Problems of Organizations, in: Organizational Dynamics, 8 (1979) Summer, S. 3-25

Adizes, I. (1981), Wie man Mißmanagement überwindet. Erkennen und Beseitigen der Ursachen, München 1981

Adizes, I. (1988), Corporate Life Cycles: How and why Corporations grow and die and what to do about it, New York 1988

Adizes, I., Borgese, E.M. (Hrsg., 1975), Self-Management. New Dimensions to Democracy, Santa Barbara, Oxford 1975

Adler, N. (1997), International Dimensions of organizational Behavior (3. Aufl.), Cincinnati/Ohio 1997

Aebi, R., Mini, G. (1998), Distribution Performance Audit, in: io Management Zeitschrift, 67 (1998) 3, S. 98-105

Al-Ani, A. (1993), Machtspiele in Organisationen. Eine Ergänzung marktlicher und hierarchischer Regelsysteme, in: Journal für Betriebswirtschaft, 43 (1993) 3/4, S. 130-154

Albach, H (Hrsg., 1989), Organisation: Mikroökonomische Theorie und ihre Anwendung, Wiesbaden 1989

Alderfer, C.P. (1969), An empirical Test of a new Theory of human Needs, in: Organizational Behavior and human Decision Processes, (1969) 4, S. 142-175

Alderfer, C.P. (1972), Existence, Relatedness, and Growth. Human Needs in organizational Setings, New York, London 1972

Aldrich, H., Auster, R.E. (1986), Even Dwarfs started small: Liabilities of Age and Size and their strategic Implications, in: Research in Organizational Behavior, (1986), S. 165 ff.

Aldrich, H., Mueller, E. (1982), The Evolution of Organizational Forms: Technology, Coordination and Control, in: Research in Organizational Behavior, (1982), S. 33 ff.

Aldrich, H., u.a. (1984), Design Strategy from the Population Perspective, in: Journal of Management, (1984), S. 67ff.

Aldrich, H.E. (1992), Incommensurable Paradigms? Vital Signs from three Perspectives, in: Reed, M., Hughes, M. (Hrsg., 1992), S. 17-45

Alexander, L.D. (1997), Successfully implementing strategic Decisions, in: Carnall, C.A. (Hrsg.,1997), S. 174-186

Allen, D.P., Nafius, R. (1993), Dreaming and Doing: Reengineering GTE Telephone Operations, in: Planning Review, (1993), 2, S. 28-32

Alteslander, A. (1984), Methoden der empirischen Sozialforschung, Berlin 1984

AMA (1996), 1995 AMA Survey: Corporate Downsizing and Job Creation, New York 1996

Amstutz (1997), Tournaround-Management als "normale" Führungsaufgabe, in: Berndt, R. (Hrsg., 1997), S. 35-40

Anderson, D. (1997), Agile Product Development for Mass customization: How to develop and deliver Products for Mass Customization, Niche Markets, JIT, Build-to-Order and flexible Manufacturing, Chicago 1997

Anderson, N.B. (Hrsg., 1980), The human side of Information Processing, North Holland, Amsterdam 1980

Ansoff, H.I. (1980), Managing the Process of discontinous Change - Behavioral Resistance. Working Paper 80-26 des European Institute for Advanced Studies in Management, Brüssel 1980

Ansoff, H.I. (1984), Implanting strategic Management, Englewood Cliffs, New York 1984

Ansoff, H.I. (1988), The new corporate Strategy (3.Aufl.), New York u.a. 1988

Antoni, C.H. (1990), Qualitätszirkel als Modell partizipativer Gruppenarbeit: Analyse der Möglichkeiten und Grenzen aus Sicht der betroffenen Mitarbeiter, Bern, Stuttgart 1990

Appt, S., Fischer, H.-P. (1997), Eine neue Idee transportieren, in: Fischer, H.-P. (Hrsg., 1997), S. 278-306

Arbeitskreis 'Organisation' der Schmalenbach-Gesellschaft (1996), Organisationen im Umbruch, in: Zeitschrift für betriebswirtschaftliche Forschung, 48 (1996) 6, S. 621-665

Archer, R., Bowker, P. (1995), BPR Consulting. An Evaluation of the Methods empolyed, in: Business Process Re-Engineering & Management Journal, 1 (1995) 2, S. 27-46

Argyris, C (1990), Overcoming organizational Defenses: Facilitating organizational Learning, Boston u.a. 1990

Argyris, C., Schön, D.A. (1978), Organizational Learning: A Theory of Action Perspective, Reading/California 1978

Aschoff, J. (1983), Die innere Uhr des Menschen, in: Peisl, A., Mohler, A. (Hrsg., 1983), S. 133-144

Ashby, W.R. (1957), An Introduction into Cybernetics, London 1956

Assmann, J. (1983), Das Doppelgesicht der Zeit im altägyptischen Denken, in: Peisl, A., Mohler, A. (Hrsg., 1983), S. 189-224

Astely, W.G., Van de Ven, A.H. (1983), Central Perspectives and Debates in Organization Theory, in: Administrative Science Quarterly, 28 (1983) 2, S. 245-273

Atkinson, J.W. (1975), Einführung in dieMotivationsforschung, Stuttgart 1975

Atkinson, J.W., Birch, D. (1970), The Dynamics of Action, New York u.a. 1970

Audresch, J., Mainzer, K. (Hrsg., 1994), Philosophie und Physik der Raumzeit (2. Aufl.), Mannheim u.a. 1994

Auerbach, D. (1993), Von der physikalischen Zeit zum Zeiterkennen, in: Kniebe, G. (Hrsg., 1993), S. 138-162

Axelrod, R. (1997), Die Evolution der Kooperation (4. Aufl.), München 1997

Bach, N., Homp, C. (1998), Objekte und Instrumente des Wissensmanagement, in: Zeitschrift Führung und Organisation, 67 (1998) 3, S. 139-146

Backhaus, K., Bonus, H. (Hrsg., 1994), Die Beschleunigungsfalle oder der Triumph der Schildkröte Stuttgart 1994

Backhaus, K., Gruner, K. (1994), Epidemie des Zeitwettbewerbs, in: Backhaus, K., Bonus, H. (Hrsg., 1994), S. 19-46

Baeuerle, J.-U., Gleich, R., Störk, A. (1998), Performance Measurement zur Projektsteuerung unter Einsatz von SAP R/3 bei der Siemens ElectroCom GmbH, in: Controlling, 10 (1998) 2, S. 110-119

Bak, P., Chen, K. (1991), Self-Organized Criticality, in: Scientific American, (1991) 1, 46-53.

Balck, H. (1996), Wandlungsprojekte: Von Strukturbrüchen zur polaren Organisation, in: Bullinger, H.-J., Warnekte, H.J. (Hrsg., 1996), S. 1032-1044

Banaschek, J. (1995), Die Zeit als treibende Kraft für die Steigerung der Produktivität, in: Zeitschrift für Betriebswirtschaft, (1995) 2, S. 13-23

Bandura, A. (1979), Sozial-kognitive Lerntheorie, Stuttgart 1979

Bange, C., Schinzer, H.D. (1998a), Data Mining (Teil 2), in: IS Report, 2 (1998) 5, S. 22-26

Barbitsch, C. (1997), Ein Phasenmodell zur erfolgreichen Einführung integrierter Standardsoftware, in: IS Report, 1 (1997) 10, S. 6-11

Barbitsch, C. (1997a), Ein Phasenmodell zur erfolgreichen Einführung integrierter Standardsoftware (Teil 2), in: IS Report, 1 (1997) 11, S. 30-35

Bartölke, K. u.a. (Hrsg., 1978), Arbeitsqualität in Organisationen, Wiesbaden 1978

Barton, L. (1993), Crisis in Organizations. Managing and Communicating in the Heat of Chaos, Cincinnati 1993

Barzen, D., Wahle, P. (1990), Das PIMS - Programm - was es wirklich wert ist, in: Harvard Business Manager, 12 (1990) 1, S. 100-109

Bashein, B., Markus, L., Riley, P. (1994), Preconditions for BPR Success, in: Information Systems Management, (1994) 1, S. 7-13

Bass, B.M. (1990), Bass & Stockdill's Handbook of Leadership - Theory, Research & managerial Applications (3.Aufl.), New York 1990

Bass, B.M. (1990a), From transactional to transformation Leadership: Learning to share the Vision, in: Organizational Dynamics, 18 (1990) Winter, S. 19-31

Bass, B.M., Avolio, B.J. (1990), The Implications of transactional and transformal Leadership for individual, team, and organizational Development, in: Pasmore, W.A., Woodman, R.W. (Hrsg., 1990), S. 231-272

Bateson, G. (1982), Geist und Natur: Eine notwendige Einheit, Frankfurt 1982

Bateson, G. (1985), Die Ökologie des Geistes. Anthropologische, physiologische, biologische und epistemologische Perspektiven, Frankfurt 1985

Bauer, S. (1996), Perspektiven der Organisationsgestaltung, in: Bullinger, H.-J., Warneke, H.J. (Hrsg., 1996), S. 87-118

Bauwens, M. (1998), Das Controlling der Veränderung: Change Controlling - Ein Instrument für mehr Serviceorientierung im Handel - Das Beispiel Marks & Spencer, Köln, in: Spaling, H. (Hrsg., 1998), S. 234-243

Bea, R.W., Haas, J. (1995), Strategisches Management, Stuttgart u.a. 1995

Beatty, R.W., Ulrich, D.O. (1991), Reenergizing the mature Organization, in: Organizational Dynamics, (1991) Summer, S. 16-30

Beckhard, R., Harris, R.T. (1994), Organizational Transitions (2. Aufl.), Reading/Mass. 1994

Beckhard, R., Pritchard, W. (1994), Changing the Essence - The Art of Leadning fundamental Change in Organisations, San Francisco 1994

Beecker, R. (1996), Speed Management zur Steigerung des Unternehmenswertes, Wien 1996

Beer, M. (1989), The critical Path for Change: Keys to Success and Failure in six Companies, in: Kilman, R.H., Covin, T.J. (Hrsg., 1988), S. 17-45

Beer, M., Eisenstat, R.A., Spector, B. (1990), The critical path to corporate renewal, Cambridge 1990

Beer, M., Eisenstat, R.A., Spector, B. (1990a), Why Change Programs don't produce Change, in: Harvard Business Review, (1990) Nov-Dec., S. 158-166

Beer, S. (1959) Cybernetics and Management, London 1959

Beer, S. (1966) Decision and Control, New York 1966

Belardo, S., Crnkovic, J. (1998), Change and the Learning Organization, in: Berndt, R. (Hrsg., 1998), S. 41-58

Bellmann, K, Mildenberger, U. (1996), Komplexität und Netzwerke, in: Bellmann, K., Hippe, A. (Hrsg., 1996), S. 121-156

Bellmann, M. (1995), Zeitmanagement, in: Corsten, H., Reiß, M. (Hrsg., 1995), S. 767-777

Belz, C., Schögel, M. (1998), Integrierte und agile Konzepte für eine erfolgreiche Marktbearbeitung, in: io Management Zeitschrift, 67 (1998) 3, S. 43-47

Benett, S., Müller, M., Trockenbürger, L. (1998), Europäisches Change Management, in: io Management Zeitschrift, 67 (1998) 3, S. 22-29

Bennis, W.G., Benne, K.D., Chin, R. (Hrsg., 1975), Änderung des Sozialverhaltens, Stuttgart 1975

Berger, R., Schwenker, B. (1996), Vorgehensplan zum Transformationsprozeß, in: Bullinger, H.-J., Warnekte, H.J. (Hrsg., 1996), S. 1045-1054

Berndt, R. (Hrsg., 1997), Business Reengineering. Effizientes Neugestalten von Geschäftsprozessen, Berlin u.a. 1997

Berndt, R. (Hrsg., 1998), Unternehmen im Wandel - Change Management, Berlin u.a. 1998

Bertalanffy, L. v. (1951), General Systems Theory: A New Approach to Unity of Science, in: Human Biology, (1951) 23, S. 302ff.

Bertalanffy, L. v. (1972), Systemtheorie, Berlin 1972

Betzl, K. (1996), Entwicklungsansätze in der Arbeitsorganisation und aktuelle Unternehmenskonzepte - Visionen und Leitbilder, in: Bullinger, H.-J., Warneke, H.J. (Hrsg., 1996), S. 29-64

Beutel-Wedewarth, K. (1994), Multiplikatorenkonzepte - ein Einstieg in die lernende Organisation?, in: Sattelberger, T. (Hrsg., 1994), S. 261-272

Beyer, H. (1996), Information, Kommunikation und Partizipation, Gütersloh 1996

Bickenbach, F., Soltwedel, R. (1996), Freiräume schaffen - Motivation stärken - Potentiale fördern: Bausteine partizipativer Führung und Unternehmensorganisation Kiel 1996

Bieri, P. (1972), Zeit und Zeiterfahrung. Exposition eines Problembereichs, Frankfurt a.M. 1972

Biervert, B., Held, M. (1995a), Time Matters - Zeit in der Ökonomik und Ökonomik in der Zeit, in: Biervert, B., Held, M (Hrsg., 1995), S. 7-32

Biervert, B., Held, M. (Hrsg., 1995), Zeit in der Ökonomik - Perspektiven für die Theoriebildung, Frankfurt a.M., New York 1995

Bizer (1997), Interview: Vom Wirbeln und Wandeln, in: Trojaner, 4 (1997) 3, S. 25-30

Black, A., Wright, P., Bachman, J.E. (1998), In Search of Shareholder Value - Managing the Drivers of Performance, London 1998

Blanchard, K.H., Carlos, J.P., Randolph, A. (1998), Management durch Empowerment: das neue Führungskonzept: Mitarbeiter bringen mehr, wenn sie mehr dürfen, Reinbeck 1998

Blaser, J.-P. (1983), Die Zeit in der Physik, in: Peisl, A., Mohler, A. (Hrsg., 1983), S. 1-16

Bleicher, K. (1994), Normatives Management: Politik, Verfassung und Philosophie des Unternehmens, Frankfurt a.M., New York 1994

Bleicher, K. (1995), Vertrauen als kritischer Faktor einer Bewältigung des Wandels, in: Zeitschrift Führung und Organisation, (1995) 6, S. 390-395

Bleicher, K. (1996), Das Konzept integriertes Management, Frankfurt, New York 1996

Bleicher, K. (1996a), Integrationsmanagement, in: Bullinger, H.-J., Warnekte, H.J. (Hrsg., 1996), S. 346-359

Bleicher, K. (1997), Unternehmenskultur und strategische Unternehmensführung, in: Hahn, D., Baylor, B. (Hrsg., 1997),, S. 223-265

Bobbit, H.R., Ford, J.D. (1908), Decision-maker Choice as Determinant of organizational Structure, in: Academy of Management Journal, (1980) 1, S. 13-23

Bochum, U., Dörrenbächer, C. (1994), Reaktionen in der Krise - Beschäftigungsabbau, Arbeitszeitverkürzung, Einkommenseinbußen und dann auch noch Business Reengineering in der deutschen Automobilindustrie, Berlin 1994

Bock, F. (1996), Der Hochleistungsansatz von Arthur D. Little, in: Nippa, M., Picot, A. (Hrsg., 1996), S. 78-92

Bohm, D. (1980), Wholeness and the implicate Order, New York 1980

Böhm, D. (1997), Wechselspiel der Kräfte, in: Diebold Management Report, (1997) 10, S. 9-11

Böhnisch, W. (1979), Personale Widerstände bei der Durchsetzung von Innovationen, Stuttgart 1979

Bol, G. (1989), Deskriptive Statistik, München/Wien 1989

Bonora, E.A., Revang, O. (1993), A Framework for analysing the Storage and Protection of Knowledge in Organisations: Strategic Implications and structural Arrangements, in: Lorange, P. u.a. (1993, Hrsg.), S. 190-213

Bonsen, M. zur (1995), Simultaneous Change - Schneller Wandel mit großen Gruppen, in: Organisationsentwicklung, (1995) 4, S. 31-41

Bonsen, M. zur (1998), Mit der Konferenzmethode Open Space zu neuen Ideen, in: Harvard Business Manager, 20 (1998) 3, S. 19-26

Bonus, H. (1994), Die Langsamkeit von Spielregeln, in: Backhaus, K., Bonus, H. (Hrsg., 1994), S. 1-19

Bora, A. (1994), Grenzen der Partizipation?: Risikoentscheidungen und Öffentlichkeitsbeteiligung im Recht, in: Zeitschrift für Rechtswissenschaft, 15 (1994) 2, S. 126-152

Boston Consulting Group (1993), Reengineering. Die Managementperspektive, Arbeitspapier der Boston Consulting Group, München 1993

Bouhs, G. (1987), Management der Reorganisation, Münster 1987

Boutellier, R., Hänggi, R. (1996), Parallelisieren im Innovationsprozeß: Simultaneous Engineering reduziert die Risiken, in: io Management Zeitschrift, 65 (1996), 7-8, S. 29-33

Bower, G.H., Hilgard, E.R. (1983), Theorien des Lernens I (5.Aufl.), Stuttgart 1983

Bower, G.H., Hilgard, E.R. (1984), Theorien des Lernens II (5.Aufl.), Stuttgart 1984

Brandenburger, A.M., Nalebuff, B.J. (1996), Mehr Geschäftserfolg - dank der Spieltheorie, in: Harvard Buiness Manager, (1996) 2, 82-93

Braun, C.-F. (1990), Die Beschleunigungsfalle, in: Zeitschrift für Planung, (1991) 1, S. 51-70

Braun, J. (1996), Leitsätze moderner Organisationsgestaltung, in: Bullinger, H.-J., Warnekte, H.J. (Hrsg., 1996), S. 119-146

Breilmann, U. (1990), Die Berücksichtigung der strategischen Wahl im Rahmen eines neokontingentheoretischen Ansatzes. Europäische Hochschulschriften, Reihe 5, Bd. 1084, Frankfurt a.M. 1990

Breuer, R. (1984), Die Pfeile der Zeit: Über das Fundamentale in der Natur, München 1984

Briese-Neumann, G. (1997), Zeitmanagement im Beruf, Niedernhausen/Ts. 1997

Briggs, J., Peat, F. (1990), Turbulent Mirror, New York u.a. 1990

Brinkmann, U. (1997), Auswirkungen neuer Betriebsorganisationsmethoden auf die Beschäftigten, Düsseldorf 1997

Brittain, C. (1994), Reengineering Complements Bellsouth's major Business Strategies, in: Industrial Engineering, (1994) 2, S. 34-36

Broekstra, G. (1986), Organizational Humanity and Architecture: Duality and Complimentarity of Papa-Logic and Mama-Logic in managerial Conceptualizations of Change, in: Cybernetics and Systems, (1986) 17, S. 13-41

Brose, P., Corsten, H. (1983), Verhaltenstheoretische Überlegungen zur Partizipation - Entwurf eines interaktiven Ansatzes, in: Zeitschrift für Betriebswirtschaft, 53 (1983) 1, S. 26-44

Brösse, U. (1998), Einführung in die Volkswirtschaftslehre, Mikroökonomie (2. Aufl.), München 1998

Brunner, J. (1998), Performance Measurement und Balanced Scorecard, in: io Management Zeitschrift, 67 (1998) 6, S. 30-36

Bruns, W.J., Kaplan, R.S. (1987), Field Studies in Management Accounting, in: Bruns, W., Kaplan, R.S. (Hrsg., 1987), S. 1-14

Brynjolfsson, E., Renshaw, A.A., Alstyne, M.van (1997), The Matrix of Change, in: Sloan Management Review, (1997) Winter, S. 37-54

Büchi, R., Chrobok, R. (1997), GOM-Ganzheitliches Organisationsmodell (2.Aufl.), Wiesbaden 1997

Bühl, W.L. (1982), Struktur und Dynamik des menschlichen Sozialverhaltens, Tübingen 1982

Bühner, R. (1978), Erfolgskriterien der Organisation von Abteilungen: Empirische Forschungsergebnisse, in: Zeitschrift für BetriebswirtschaftB, 48 (1978) 8, S. 686-701

Bühner, R. (1991), Betriebswirtschaftliche Organisationslehre (5.Aufl.), München, Wien 1991

Bullinger, H.-J., Hermann, S. (1997), Kreativität als Leitbild für Unternehmen der Zukunft, in: Office Management, 45 (1997) 10, S. 12-16

Bullinger, H.-J., Stiefel, K.-P. (1997), Unternehmenskultur und Implementierungsstrategien, in: Nippa, M., Scharfenberg, H. (Hrsg., 1997), S. 133-154

Bullinger, H.-J., u.a. (1995), Arbeitsstrukturen der Zukunft, in: Technische Rundschau, 87 (1995) 38, S. 10-15

Bullinger, H.-J., u.a. (Hrsg., 1990), Wettbewerbsfaktor Zeit. Tagungsband, München 1990

Bullinger, H.-J., Warneke, H.J. (Hrsg., 1996), Neue Organisationsformen im Unternehmen, Berlin u.a. 1996

Bullinger, H.-J., Wiedmann, G., Niemeier, J. (1995), Business Reengineering: Aktuelle Managementkonzepte in Deutschland. Zukunftsperspektiven und Stand der Umsetzung, Stuttgart 1995

Bungard, W. (1996), Zur Implementierungsproblematik bei Business-Reengineering Projekten, in: Perlitz, M., Offinger, A., Reinhardt, M, Schug, K. (Hrsg., 1996), S. 253-276

Burgelman, R.A. (1991), Intraorganizational Ecology of strategy Making and organizational Adaption: Theory and Field Research, in: Organization Science, (1991) 2/3, S. 239-262

Burgeois, L., Brodwin, D.R. (1984), Strategic Implementation. Five Approaches to an Elusive Phenomen, in: Strategic Management Journal, 5 (1984) 3, S. 241-264

Burghardt, M. (1993), Projektmanagement. Leitfaden für die Planung, Überwachung und Steuerung von Entwicklungsprojekten, 2. Aufl., Berlin, München 1993

Burns, J.M. (1978), Leadership, New York 1978

Burns, T., Stalker, G.M. (1971), The Management of Innovation (3.Aufl.), London 1971

Busch, D. (1991), the new critical Path Method: the State-of-the-Art in project modeling and time reserve Management, Chicago/Ill. 1991

Buscher, S. (1996), Business Reengineering, in: Management und Seminar, (1996) 4, S. 30-48

Buzacott, J.A. (1996), Commonalities in Reengineered Business Processes: Models and Issues, in: Management Science, 42 (1996) 5, S. 768 ff.

Cancik, H. (1983), Die Rechtfertigung Gottes durch den Fortschritt der Zeiten, in: Peisl, A., Mohler, A. (Hrsg., 1983), S. 257-288

Capra, F. (1988), Wendezeit. Bausteine für ein neues Weltbild (3.Aufl.), München,Bern, Wien 1988

Carnall, C.A. (Hrsg., 1997), Strategic Change, London 1997

Carr, C. (1992), Planning Priorities for empowered Teams, in: Journal of Business Strategy, (1992) September/October, S. 43-47

Carrell, M.R., Jennings, D.F., Heavrin, C. (1997), Fundamentals of organizational Behavior, Upper Saddle River/NY 1997

Case, J. (1990), The Time Machine, in: Inc. (1990) 6, S. 48-55

Cevey, B., Prange, P. (1998), Vom Nutzen der Veränderung - Personalentwicklung und Organisationsentwicklung im Zeichen des Wandels, in: Spalink, H. (Hrsg., 1998), S. 113-142

Champy, J. (1995), Reengineering Management: The Mandate for a new Leadership, New York 1995

Champy, J., Nohria, N. (Hrsg., 1996), Fast forward: The best Ideas on managing Business Change, Boston/Mass. 1996

Chandler, A.D. (1962), Strategy and Structure. Chapters in the History of the American industrial Enterprise, New York 1962

Chandler, A.D. (1977), The visible hand: The managerial Revolution in American Business, Cambridge/Mass. 1977

Chandler, A.D. (1993), Strategy and Structure - Chapters in the History of the American industrial Enterprise (18. Aufl.), Cambridge u.a. 1993

Child, J. (1972), Organizational Structure, Environment and Performance: The Role of strategic Choice, in: Sociology (1972) 6, S. 1-22

Child, J. (1984), Organization, London 1984

Child, J., Kieser, A. (1981), Development of Organizations over Time, in: Nystrom, P.C., Starbuck, W.H. (Hrsg., 1981), S. 28-64

Claasen, U. (1997), Was Führungskräfte aus der Hirnforschung lernen können, in: Harvard Manager, 9 (1997) 4, S. 118-122

Clarke, L. (1994), The Essence of Change, New York u.a. 1994

Classe, D., Mundle, J. (1997), Fallstudie: Geschäftsprozeßgestaltung im Rahmen des CIP-Prozesses bei Bosch, in: Riekhof, H.C. (Hrsg., 1997), S. 211-224

Clement, M., Litfin, T., Vanini, S. (1998), Ist die Pionierrolle ein Erfolgsfaktor?, in: Zeitschrift für Betriebswirtschaft, 68 (1998) 2, S. 205-226

Coch, L., French, J.R. (1948), Overcoming Resistance to Change, in: Human Relations, 1 (1948), S. 512-532

Cohen, D. (1998), Fehldiagnose Globalisierung: Die Neuverteilung des Wohlstandes nach der dritten industriellen Revolution, Frankfurt 1998

Cohen, J. (1981), Subjective Time, in: Fraser, J.T. (Hrsg., 1981), S. 257-275

Collins, J.C., Porras, J.I. (1994), Built to last, New York 1994

Colpe, C. (1983), Die Zeit in drei asiatischen Hochkulturen, in: Peisl, A., Mohler, A. (Hrsg., 1983), S. 225-257

Conner, D.R., Clements, E. (1998), Die strategischen und operativen Gestaltungsfaktoren für erfolgreiches Implementieren, in: Spalink, H. (Hrsg., 1998), S. 22-64

Considine, D.M. (Hrsg., 1994), Van Nostrand's Scientific Encyclopedia (8. Aufl.), New York u.a. 1994

Corazza, R. (1985), Zeit, social time und die zeitliche Ordnung des Verhaltens. Grundlagen einer Sozialzeitforschung und Sozialzeitpolitik, Dissertation an der Univerisität St. Gallen, St.Gallen 1985

Corsten, H. (1996), Schriften zum Produktionsmanagement Nr.4. Grundlagen und Elemente des Prozeßmanagements, Arbeitspapier des Lehrstuhls für Produktionswirtschaft der Universität Kaiserslautern, Kaiserslautern 1996

Corsten, H., Reiß, M. (Hrsg., 1995), Handbuch Unternehmensführung: Konzepte, Instrumente, Schnittstellen, Wiesbaden 1995

Cotton, J. L., Vollrath, D.A., Froggatt, K.L. (1988), Employee Participation: Diverse Forms and different Outcomes, in: Academy of Management Review , 13 (1988) 1, S. 8-22

Cotton, J. L., Vollrath, D.A., Froggatt, K.L. (1990), Fact: The Form of Participation does matter - a Rebuttal to Leana, Locke, and Schweiger, in: Academy of Management Review , 15 (1990) 1, S. 147-153

Covey, S.R., Merill, A.R., Merill, R.R. (1997), Der Weg zum Wesentlichen: Zeitmanagement der vierten Generation, Frankfurt u.a. 1997

Coyle, R.G. (1977), Management System Dynamics, London u.a. 1977

Craemer, D. (1985), Mathematisches Modellieren dynamischer Vorgänge, Stuttgart 1985

Crux, A., Schwilling, A. (1996), Business Reengineering. Ein Ansatz der Roland Berger & Partner, in: Nippa, M., Picot, A. (Hrsg., 1996), S. 206-226

CSC Index (1993), Human Resource und Transformatorische Veränderungen, Cambridge 1993

CSC Index (1994), State of Reengineering Report, Cambridge 1994

Cummings, L.L., Staw, B.M. (Hrsg., 1983), Research in organizational Behavior, Vol.5, Greenwich/Mass. 1983

Cummings, L.L., Staw, B.M. (Hrsg., 1985), Research in organizational Behavior Vol.7, Greenwich/Conn. 1985

Currie, M., Steedman, I. (1990), Wrestling with time. Problems in economic Theory, Manchester 1990

Cyert, R. M., March, J.G. (1995), Eine verhaltenswissenschaftliche Theorie der Unternehmung, Stuttgart 1995

Czichos, R. (1990), Change Managment, München 1990

Dachler, H.P. (1984), Grenzen der Erklärungskraft biologischer und organismischer Analogien im Lichte von grundsätzlichen, in den Sozialwissenschaften begründeten Eigenschaften von Humansystemen, in: Ulrich, H., Probst, G.J.B. (Hrsg., 1984), S. 190-225

Dachler, H.P., Wilpert, B. (1976), On the theoretical Dimensions and Boundaries of the Concept of Participation within Organizations: Implications for Research and Practice, Berlin 1976

Dachler, H.P., Wilpert, B. (1980), Dimensionen der Partizipation. Zu einem organisationswissenschaftlichen Analyserahmen, in: Grunwald, W., Hilge, H.-G. (Hrsg., 1980),S. 80-98

Daft, R.L. (1992), Organizational Theory and Design, San Francisco 1992

Daft, R.L., Huber, G.P (1987), How Organizations learn: A Communication Framework, in: Dittomaso, N., Bacharach, S. B. (Hrsg., 1987),S. 1-36

Daft, R.L., Weick, K.E. (1984), Towards a Model of Organizations as interpretation Systems, in: Academy of Management Review, 9 (1984) 2, S. 284-295

Dähler, S., Mannes, E. (Hrsg., 1994), Process Reengineering in der Praxis, in: io Management Zeitschrift, 63 (1994) 5, S. 37-40

Daimler-Benz AG (1995), Geschäftsbericht Stuttgart 1995

Daimler-Benz AG (1998), Äußerst erfolgreiches Jahr: Kapitalrendite fast verdoppelt, in: Headline (1998) 5, S. 42-45

Daimler-Benz AG (1998a), Rekordjahr durch neue Produkte, in: Headline (1998) 5, S. 47

Daimler-Benz AG (1998b), Geschäftsbericht Stuttgart 1998

Dalheimer, V. (1998), Change Management auf Biegen und Brechen?: Revolutionäre und evolutionäre Strategien der Organisationsveränderung, Wiesbaden 1998

Davenport, T.H. (1993), Process Innovation - Reengineering work through automation Theory, Boston 1993

Davenport, T.H. (1993a), Need radical Innovations a continuous Improvement? Integrarte Process Reengineering and TQM, in: Planning Review, (1993) May/June, S. 6-12

Davenport, T.H., Short, J.E. (1990), The new industrial Engineering: Information Technology and Business Process Redesign, in: Sloan Management Review, (1990) 2, S. 11-27

Davies, P.C.W. (1992), Time, Morris, C. (Hrsg., 1992), S. 1284-1285

Denisow, K. (Hrsg., 1996), Partizipation und Produktivität: zu einigen kulturellen Aspekten der Ökonomie, Bonn 1996

Dennis, L (1997), Projektmanagement: Projektplanung, Projektfinanzierung, Projektcontrolling, Computersysteme, Netzplantechnik, Notfallmodifizierung, Verträge, Fallstudien, Wien 1997

Deppert, W. (1989), Die Zeit, Stuttgart 1989

Dernbach, W. (1996), Geschäftsprozeßoptimierung. Der neue Weg zur marktorientierten Unternehmensorganisation, in: Nippa, M., Picot, A. (Hrsg., 1996), S. 187-205

Deutsch, K. (1997), Gewinnen mit Kernkompetenzen: die Spielregeln des Marktes neu definieren, München, Wien 1997

Dewan, S., Mendelson, H. (1998), Information Technology and Time-Based Competition in Financial Markets in: Management Science, 44 (1998) 5, S. 595-609

Dewey, J. (1951), Wie wir denken, Zürich 1951

Dichter, S.F., Gagon, C., Alexander, A. (1993), Memo to a CEO: Leading organizationale Transformation, In : The McKinsey Quarterly, (1993) 1, S. 89-106

Dichtl, E. (1995), Weswegen im Wettbewerb Zeit zählt, in: Wirtschaftswissenschaftliches Studium, (1995) 1, S. 33-34

Diekmann, A. (1997), Flexibilität als Wettbewerbsfaktor in der Textilwirtschaft - Elemente und Verbreitung von Quick Response - Strategien, in: Riekhof, H.C. (Hrsg., 1997), S. 139-150

Dierkes, M., Bievert, B. (Hrsg., 1992), European Social Sciences in Transition, Frankfurt, New York 1992

Dierkes, M., Hähner, K., Raske, B. (1996), Theoretisches Konzept und praktischer Nutzen der Unternehmenskultur, in: Bullinger, H.-J., Warneke, H.J. (Hrsg., 1996), S. 315-332

Dlugos, G., Eberlein, G., Steinmann, H. (Hrsg., 1972), Wissenschaftstheorie und Betriebswirtschaftslehre, Düsseldorf 1972

Dohrn-Van Rossum, G. (1989), Schlaguhr und Zeitorganisation, in: Wendorff, R. (Hrsg., 1989), S. 49-60

Dohrn-Van Rossum, G. (1992), Die Geschichte der Stunde: Uhren und moderne Zeitordnung, München, Wien 1992

Doll, H.-D., Heitkamp, D. (1997), Fall 15: Der mentale Aufbruch eines Produktionswerkes - Das Werksentwicklungsprogramm FIT, in: Fischer, H.-P. (Hrsg., 1997), S. 362-377

Dombois, R. (1997), Neoliberalismus und Arbeitsbeziehungen in Lateinamerika, Frankfurt a.M. 1997

Doppler, K., Lauterburg, C. (1996), Change Management. Den Unternehmenswandel gestalten (5. Aufl.) Frankfurt a. M. 1996

Dörner, D. (1994), Die Logik des Mißlingens, Reinbeck 1989

Douglass, M.E., Douglass, D.N. (1992), Team Planning can be simple and effective, in: HR Focus, (1992) Sept., S. 7

Douthwaite, R., Diefenbacher, H. (1998), Das Ende der Globalisierung: Handbuch für ein lokales Wirtschaften, Mainz 1998

Drazin, R., Van de Ven, A.H. (1985), Alternative Forms of Fit in contingency Theory, in: Administrative Science Quarterly, 30 (1985) 4, S. 514-539

Droege & Comp. (1995), Unternehmensorganisation im internationalen Vergleich, Frankfurt 1995

Drösser, A. (1997), Wettbewerbsvorteile durch Qualitätskommunikation: Berwertungsmodell für traditionelle Marktsignale und zertifizierte Managementsysteme, Wiesbaden 1997

Dshalalow, J.I. (1997), Frontiers in Queueing: Models amd Applications in Science and Engineering, Boca Raton 1997

Dumaine, B. (1989), How Managers can succeed through Speed, in: Fortune, 13.02.1989, S. 54-58

Duncan, R., Weiss, A. (1979), Organizational Learning: Implications for organizational Design, in: Staw, B.M. (Hrsg., 1979), S. 75-123

Dunette, M.D., Leatta, M.H., (Hrsg., 1990), Handbook of industrial and organizational Psychology, Vol 2, Paolo Alto 1990

Eck, C.D. (1997), Wissen - ein neues Paradigma des Managements, in: Die Unternehmung, (1997) 3, S. 155-179

Edelsbacher, R., Starmüller, H. (1992), Slow motion. Die neue Langsamkeit, in: Cash Flow, (1992) 2, S. 87-90

Eigen, M. (1983), Evolution und Zeitlichkeit, in: Peisl, A., Mohler, A. (Hrsg., 1983), S. 35-58

Eigen, M., McCaskill, J., Schuster, P. (1988), Molecular Quasi-Species, in: The Journal of Physical Chemistry, 92 (1988) 24, S. 6881-6891

Eigen, M., Schuster, P. (1979), The Hypercycle: A Prinziple of Self Organization, Heidelberg 1984

Eigler, J. (1996), Transaktionskosten als Steuerungsinstrument für die Personalwirtschaft, Frankfurt a.M. u.a. 1996

Eisenhardt, K. (1989), Building Theories from Case Study Research,, in: Academy of Management Review, 14 (1989) 4, S. 532-551

Eisenhardt, K.M., Brown, S.L. (1998), Time Pacing: Competing in Markets that won't stand still, in: Harvard Business Manager, 76 (1998) 2, S. 59-69

Elias, N. (1984), Über die Zeit, Frankfurt a.M. 1984

Elton, J., Roe, J. (1998), Bringing Discipline to Project Management, in: Harvard Business Manager, 76 (1998) 2, S. 153-158

Englert, N., Dielacher, M. (1996), Re-Engineering - Kommunikation als Schlüssel zum Erfolg, in: Perlitz, M., Offinger, A., Reinhardt, M, Schug, K. (Hrsg., 1996), S. 277-297

Erdenberger, C. (1996), Strategisches Personalmanagement Frankfurt a.M., Berlin u.a. 1996

Eschenbacher, P. (1995), Konzeption einer deklarativen und zustandsorientierten Sprache zur formalen Beschreibung und Simulation von Warteschlangen- und Transportmodellen, Erlangen 1995

Esser, W.M., Schneider, J. (1973), Projektmanager und Change Agent - Studie über zwei Aktoren im Prozeß des geplanten organisatorischen Wandels, Mannheim 1973

Falkner, G. (1998), Business Network Management: umfassende Unternehmensaktivitäten prozeßorientiert führen und gestalten, Zürich 1998

Fatzer, G. (Hrsg., 1993), Organisationsentwicklung für die Zukunft - Ein Handbuch, Köln 1993

Fechtner, H.J. (1970), Grundbegrife der Kybernetik (5.Aufl.), Stuttgart 1970

Fench,W.H., Bell, C.H. (1977), Organization Development, Englewood Cliffs 1977

Festinger, L. (1978), Theorie der kognitiven Dissonanz, Bern, Stuttgart, Wien 1987

Festinger, L. (1978a), A Theory of cognitive Dissonance, Evanston 1978

Fickert, R., Anger, C. (1998), Accounting - Servicefunktion der Unternehmensführung, in: io Management Zeitschrift, 67 (1998) 3, S. 54-61

Fiol, C.M., Lyles, M.A, (1985), Organizational Learning, in: Academy of Management Review, 10 (1985) 4, S. 803-813

Fischer, H.-P. (1997a), Leben und Überleben im Treibsand der Transformation, in: Fischer, H.-P. (Hrsg., 1997), S. 15-22

Fischer, H.-P. (1997b), Wir sind doch in Bewegung, in: Fischer, H.-P. (Hrsg., 1997), S. 41-54

Fischer, H.-P. (1997c), Fall 8: Gelegenheiten ermöglichen der Durchbruch von Ideen, in: Fischer, H.-P. (Hrsg., 1997), S. 241-257

Fischer, H.-P. (1997d), Die geistige Landkarte der Transformation, in: Fischer, H.-P. (Hrsg., 1997), S. 23-27

Fischer, H.-P. (1997e), Die Keimzelle einer Lawine, in: Fischer, H.-P. (Hrsg., 1997), S. 105-113

Fischer, H.-P. (1997f), Best-practice Reinventing the Company, in: Fischer, H.-P. (Hrsg., 1997), S. 113-151

Fischer, H.-P. (1997g), Aufbruch in die Zukunft, in: Fischer, H.-P. (Hrsg., 1997), S. 199-222

Fischer, H.-P. (1997h), 3 x 7 Antworten als Leitlinien der Transformation, in: Fischer, H.-P. (Hrsg., 1997), S. 573-578

Fischer, H.-P. (1997i), Der doppelte Boden unseres Auftrages, in: Fischer, H.-P. (Hrsg., 1997), S. 258-277

Fischer, H.-P. (Hrsg., 1997), Die Kultur der schwarzen Zahlen: das Fieldbook der Unternehmenstransformation bei Mercedes Benz, Stuttgart 1997

Fischer, R. (1991), Zeit - ein besonderer Rohstoff alles Seins, in: Verband für Arbeitsstudien und Betriebsorganisaiton e.V. - Industrial Engineering (Hrsg., 1991), S. 1-15

Fischer, T.M., Schmitz, J. (1997), Messung von Prozeßverbesserung mit dem Half-Life Konzept - Empirische Ergebnisse aus der Elektronikindustrie, in: Zeitschrift für betriebswirtschaftliche Forschung, 49 (1997) 5, S. 384-406

Fogel, D.B. (1996), Prisoner's Dilemma, Amsterdam 1996

Forrester, J. (1961), Industrial Dynamics, Cambridge 1961

Forrester, J. (1969), Urban Dynamics, Cambridge 1969

Forrester, J. (1971), World Dynamics, Cambridge 1971

Fraisse, P. (1985), Psychologie der Zeit: Konditionierung, Wahrnehmung, Kontrolle, Zeitschätung, Zeitbegriff, München 1985

Fraisse, P. (Hrsg., 1989), Time and Mind. The Study of Time VI, Amherst 1989

Fraser, J.T. (1989), Von der Suche nach Zeitlosigkeit, in: Wendorff (Hrsg., 1989), S. 61-68.

Fraser, J.T. (1991), Die Zeit, München 1991

Fraser, J.T. (Hrsg., 1981), The Voices of Time. A Cooperative Survey of Man's View of Time as expressed by the Sciences and by the Humanities (2.Aufl.), Amherst 1981

Fraunhofer-Institut für Arbeitswissenschaft und Organisation (Hrsg., 1991), F&E-Studie bei Groß- und Mittelbetrieben der Technikbranche, Stuttgart 1991

French, J.R.P., Raven, B.H. (1959), The Bases of social Power, in: Cartwright, D. (Hrsg., 1959), S. 150-167

Frese, E. (1992), Organisationstheorie. Historische Entwicklungen - Ansätze - Perspektiven, Wiesbaden 1992

Frese, E. (1995), Grundlagen der Organisation, 6. Aufl., Wiesbaden 1995

Frese, E., Maly, W. (Hrsg., 1994), Organisationsstrategien zur Sicherung der Wettbewerbsfähigkeit - Lösungen deutscher Unternehmungen, Düsseldorf 1994

Frese, E., von Werder, A. (1994), Organisation als strategischer Wettbewerbsfaktor - Organisationstheoretische Analyse gegenwärtiger Umstrukturierungen, in: Frese, E., Maly, W. (Hrsg., 1994), S. 1-27

Frey, B.S., Osterloh, M. (1997), Sanktionen oder Seelenmassage? Motivationale Grundlagen der Unternehmensführung, in: Die Betriebswirtschaft, 57 (1997) 3, S. 307-321

Friedrichs, J. (1990), Methoden empirischer Sozialforschung, Oplanden 1990

Fries, S. (1994), Neuorientierung der Qualitätskostenrechnung in prozeßorientierten TQM-Unternehmen, Dissertation an der Universität St. Gallen, St.Gallen 1994

Fromm, E. (1996), Haben oder Sein: die seelischen Grundlagen einer neuen Gesellschaft, Stuttgart 1996

Fromm, H. (1992), Das Management von Zeit und Variabilität in Geschäftsprozessen, in: CIM-Management, 8 (1992) 5, S. 7-14

Fromm, S. (1979), Wittgensteins Erkenntnisspiele contra Kants Erkenntnislehre, Freiburg, München 1979

Fuchs, H. (1973), Systemtheorie und Organisation, Wiesbaden 1973

Fuchs, J. (1995), Manager, Menschen und Monarchen. Denk-Anstössiges für Leitende und Leidende, Frankfurt a.M. 1995

Funk, R. (1997), Konzerngemeinschaft Samsung - Der andere Weg zum Reengineering, in: Maier, P. (Hrsg., 1997), S. 117-130

Fussan, C. (1997), Wettbewerbsvorteile durch Unternehmensevolution, Wiesbaden 1997

Gabele, E. (1992), Reorganisationen, in: Frese, E. (Hrsg., 1992), Sp. 2196-2211

Gabriel, L., Boff, L. (1997), Die globale Vereinnahmung und der Widerstand Lateinamerikas gegen den Neoliberalismus, Frankfurt a.M. 1997

Gaitanides, M. (1983), Prozeßorganisation: Entwicklung, Ansätze und Programme prozeßorientierter Organisationsgestaltung, München 1983

Gaitanides, M. (1998), Business Reengineering / Prozeßmanagement - von der Managementtechnik zur Theorie der Unternehmung, in: Die Betriebswirtschaft, 58 (1998) 3, S. 369-377

Gaitanides, M., Scholz, R., Vrohlings, A., Raster, M. (1994), Prozeßmanagement: Konzepte, Umsetzungen und Erfahrungen des Reengineering, München 1994

Gaitanides, M., Sjurts, I. (1995), Wettbewerbsvorteile durch Prozeßmanagement - Eine ressourcenorientiere Analyse, in: Corsten, H., Will, T. (Hrsg., 1995), S. 61-82

Galbraith, J.R. (1983), Designing the innovating Organization, in: Organizational Dynamics, 10 (1983) 2, S. 5-25

Gallivan, M.J., Hofman, J.D.Orlikowsky, W.J. (1994), Implementing radical Change: Gradual versus rapid pace, in: o.V. (1994a), S. 325-339

Gälweiler, A. (1997), Determinanten des Zeithorizontes in der Unternehmensplanung, in: Hahn, D., Taylor, B. (Hrsg., 1997), S. 354-371

Garrat, B. (1991), Creating a learning Organization. A Guide to Leadership, Learning & Development (2.Aufl.), Cambridge 1991

Garvin, D.A. (1993), Building a Learning Organization, in: Harvard Business Review, 71 (1993) 4, S. 78-92

Garvin, D.A. (1994), Das lernende Unternehmen I: Nicht schöne Worte - Taten zählen, in: Harvard Business Manager, 72 (1994) 1, S. 74-83

Gaugler, E. (1996), The Principles of scientific Management - Bedeutung und Nachwirkungen, Düsseldorf 1996

Gaugler, E., Weber, W. (Hrsg., 1992), Handwörterbuch des Personalwesens (2. Aufl.), Stuttgart 1992

Gausemeier, J., Fink, A. Schlake, O. (1996), Szenario-Management: Planen und Führen mit Szenarien (2.Aufl.), München 1996

Gebert, D., Rosenstiel, L. (1996), Organisationspsychologie (4.Aufl.), Stuttgart, Berlin u.a. 1996

Gebser, J. (1986), Ursprung und Gegenwart, Teil 1 und 2 in drei Bänden, Stuttgart 1986

Geissler, G.A., Orthey, F.M. (1997), Lernende Organisation - Schwindlige Etiketten, in: Grundlagen der Weiterbildung, 6 (1997) 2, S. 74-77

Geissler, H. (Hrsg., 1994) Organisationslernen und Weiterbildung Darmstadt 1994

Geits, M., Köhler, R. (Hrsg., 1982), Die Führungs des Betriebes, Stuttgart 1982

Gelinas, M.V., James, R.G., Akiyoshi, L.F., Wüst, P. (1998), Implementierungsqualität gestalten durch Collaborative Organizational Design, in: Spalink, H. (Hrsg., 1998), S. 65-94

Gempper, S. (1995), Optimierung der Unternehmeragenda im Lean Management: Zeitmanagement für den Unternehmer, Regensburg 1995

Gemünden, H.-G. (1992), Zeit - Strategischer Erfolgsfaktor in Innovationsprozessen, Arbeitspapier des Instituts für angewandte BWL und Unternehmensführung der Universität Karlsruhe, Karlsruhe 1992

George, J.M. (1992), The Role of Personality in organizational Life: Issues and Evidence, in: Journal of Management, 18 (1992) 2, S. 185-207

George, J.M., Jones, G.R. (1996), Understanding and Managing organizational Behavior, Reading/Mass. 1996

Georgescu-Roegen (1988), Time and Change in Economics, in: Seifert, E.G. (Hrsg., 1988), S. 29-52

Gerken, G. (1986), Der neue Manager, Freiburg i.Br. 1986

Gerpott, T.J., Wittkemper, G. (1991), Verkürzung von Produktentwicklungszeiten: Vorgehensweise und Ansatzpunkte zum Erreichen technologischer Sprintfähigkeit, in: Booz, Allen & Hamilton (Hrsg., 1993), S. 117 - 145

Gerpott, T.J., Wittkemper, G. (1996), Business Process Redesign. Der Ansatz von Booz, Allan & Hamilton, in: Nippa, M., Picot, A. (Hrsg., 1996), S. 144-164

Gertz, D.L., Baptista, J.P.A. (1996), Grow to be great. Wider die Magersucht im Unternehmen, Landsberg/Lech 1996

Gerybadze, A. (1995), Innovationsmanagement, in: Corsten, H., Reiß, M. (Hrsg. 1995), S. 829-846

Geschka, H. (1993), Wettbewerbsfaktor Zeit: Beschleunigung von Innovationsprozessen, Landsberg/Lech 1993

Giddens, A. (1988), Die Konstitution der Gesellschaft, Frankfurt, New York 1988

Gilks, W.R. (1997), Markov Chains Monte Carlo in Practice, London 1997

Gilmore, T.N. (1988), Making a Leadership Change. How Organizations and Leaders can handle Leadership Tranisations successfully, San Francisco 1988

Glasl, F., Lievegood, B.C.J. (1993), Dynamische Unternehmensentwicklung, Bern 1993

Göbel, E. (1993), Selbstorganisation - Ende oder Grundlage rationaler Organisationsgestaltung?, in: Zeitschrift Führung und Organisation, 62 (1993) 6, S. 391-395

Goeudevert, D. (1996), Wie ein Vogel im Aquarium, Berlin 1996

Goldman, S.L. (1996), Agil im Wettbewerb: Die Strategie der virtuellen Organisation zum Nutzen der Kunden, Berlin, Heidelberg 1996

Gomez, P. (1981), Modelle und Methoden des systemorientierten Managements, Bern, Stuttgart 1981

Gomez, P. (1992), Neue Trends in der Konzernorganisation, in: Zeitschrift Führung und Organisation, 61 (1992) 3, S. 166.172

Gomez, P. (1998), Ganzheitliches Wertmanagement - Von der Vision zur Prozeßorganisation, in: io Management Zeitschrift, 67 (1998) 3, S. 62-65

Gomez, P. , Müller-Stewens, G. (1993), "New Winners?" Fundamentaler Wandel in führenden europäischen, amerikanischen und japanischen Unternehmen, in: ISC (Hrsg., 1993),S. 101-108

Gomez, P., Hahn, D., Müller-Stewens, G (Hrsg.) (Hrsg., 1994), Unternehmerischer Wandel: Konzepte zur organisatorischen Erneuerung, Wiesbaden 1994

Gomez, P., Müller-Stewens, G. (1994), Corporate Transformation. Zum Management fundamentalen Wandels großer Unternehmen, in: Gomez, P., Hahn, D., Müller-Stewens, G (Hrsg.,. 1994), S. 135-198

Gomez, P., Probst, G. (1997), Die Praxis des ganzheitlichen Problemlösens (2. Aufl.), Bern, Stuttgart, Wien 1997

Gomez, P., Zimmermann, T. (1997), Unternehmensorganisation: Profile, Dynamik, Methodik (3. Auf.), Frankfurt 1997

Goodstein, L., D., Burke, W. (1997), Creating successful organization Change, in: Carnall, C.A. (Hrsg., 1997), S. 159-173

Götz,K., Lackner, C. (1995), Zeit und Management, in: Didaktik der Berufs- und Arbeitswelt, 14 (1995) 3, S. 44-53

Götz,K., Lackner, C. (1996), "Zeit" und Führung - "Zeit" und Organisation, in: Organisationsentwicklung, 15 (1996) 2, S. 17-28

Götzer, K.G. (1991), Kürzere Durchlaufzeit um jeden Preis? - Zielkonflikte bei der Prozeßoptimierung, in: Zeitschrift für Führung und Organisation, 60 (1991) 2, S. 112-114

Grabatin, G. (1981), Effizienz von Organisationen, Berlin 1981

Graichen, W. (1997), Das ABC der Arbeitsfreude: Techniken, Tips und Tricks für Vielbeschäftigte (10. Aufl.), Offenbach 1997

Grässle, A. (1993), Quantensprung. Durch Veränderungsmanagement zur Unternehmensidentiät, München 1993

Greene, R.T. (1997), Von planmäßiger zu eigendynamischer organisatorischer Veränderung, in: Nippa, M., Scharfenberg, H. (Hrsg., 1997),S. 59-78

Greenwood, R., Hinings, C.R. (1988), Organizational Design Types, Tracks and the Dynamics of strategic Change, in: Organization Studies, 9 (1988) 3, S. 293-316

Greenwood, R., Hinings, C.R. (1993), Understanding strategic Change: The Contribution of Archetypes, in: Academy of Management Journal, 36 (1993) 5, S. 1052-1081

Greifenstein, R., Jansen, P., Kißler, L. (1993), Gemanagte Partizipation München, Mehring 1993

Greiner, L.E. (1967), Patterns of Organization Change, in: Harvard Business Review, 45 (1967) 3, S. 119-130

Greiner, L.E. (1972), Evolution and Revolution as Organizations grow, in: Harvard Business Review, 50 (1972) July/August, S. 37-47

Greiner, L.E. (1982), Die Macht teilen, in: Manager Magazin, (1982) 4, S. 141-146

Greiner, L.E. (1998), Evolution and Revolution as Organizations grow, in: Harvard Business Manager, 76 (1998) 3, S. 55-58

Grimmeisen, M. (1995), Perspektiven eines Implementierungscontrolling, in: Zeitschrift Führung und Organisation, 64 (1995) 5, S. 290-296

Grimmeisen, M. (1997), Controllingunterstützung im Change Management, in: Reiß, M., Rosenstiel, L., Lanz, A. (Hrsg., 1997),S. 31-90

Grob, R. (1993), "Lean" - mehr als ein Aufguß bekannter Methoden, in: FB/Industrial Engineering, 43 (1993) 3, S. 122-127

Grochla, E (Hrsg. (Hrsg., 1980), Handwörterbuch der Organisation, Stuttgart 1980

Groothuis, U. (1997), Großer Wurf. Was hat das Reengineering deutschen Unternehmen wirklich gebracht?, Wirtschaftswoche Nr.31, 24.07.1997, S. 67-71

Gropengießer, F. (1997), Das P/3S - Programm bei Phoenix: Der Weg zur "lean company", in: Riekhof, H.C. (Hrsg., 1997), S. 197-210

Großfeld, B. (1994), Rechte Zeit, in: Backhaus, K., Bonus, H. (Hrsg., 1994), S. 111-128

Grove, A.S. (1997), Nur die Paranoiden überleben: strategische Wendepunkte vorzeitig erkennen, Frankfurt a.M. 1997

Grunwald, W. (1995), Wie man Vertrauen erwirbt: Von der Misstrauens- zur Vertrauensorganisation, in: io Management Zeitschrift, 64 (1995) 1/2, S. 73-77

Grunwald, W., Hilge, H.-G. (Hrsg., 1980), Partizipative Führung, Bern, Stuttgart 1980

Grüsser, O.-J. (1983), Zeit und Gehirn, in: Peisl, A., Mohler, A. (Hrsg., 1983), S. 79-132

Güllmann, A. (1997), Reengineering in der Pharma-Produktion - PLUTO bei Rhône-Poulenc Rorer, in: Maier, P. (Hrsg., 1997a), S. 83-102

Günther, T. (1997), Unternehmeneswertorientiertes Controlling, München 1997

Güth, W. (1992), Spieltheorie und ökonomische Beispiele, Heidelberg, New York, Tokyo 1992

Gzuk, R. (1975), Messung der Effizienz von Entscheidungen - Beitrag zu einer Methodologie der Erfolgsfeststellung betriebswirtschaftlicher Entscheidungen, Tübingen 1975

Haber, H. (1987), Die Zeit. Geheimnis des Lebens, München, Wien 1987

Habermas, J. (1981), Theorie des kommunikativen Handelns, Band1: Handlungsrationalität und gesellschaftliche Rationalisierung, Frankfurt a.M. 1981

Habermas, J. (1981a), Theorie des kommunikativen Handelns, Band2: Zur Kritik der funktionalistischen Vernunft, Frankfurt a.M. 1981

Habermas, J. (1984a) Erläuterungen zum Begriff des kommunikativen Handelns, in: Habermas, J. (Hrsg., 1984), S. 571-606

Habermas, J. (Hrsg., 1984), Vorstudien und Ergänzungen zur Theorie des kommunikativen Handelns, Frankfurt a.M. 1984

Haferkamp, H., Schmid, M. (Hrsg., 1987), Sinn, Kommunikation und soziale Differenzierung. Beiträge zu Luhmanns Theorie sozialer Systeme, Frankfurt a.M. 1987

Hahn, D., Taylor, B. (Hrsg., 1997), Strategische Unternehmensplanung. Strategische Unternehmensführung (7. Aufl.), Heidelberg 1997

Haken, H. (1981), Erfolgsgeheimnisse der Natur, Frankfurt 1981

Haken, H. (1984), Can Synergetics be of Use to Management Theory?, in: Ulrich, H., Probst, G.J.B. (Hrsg., 1984),S. 45-56

Hamann, A., Huber, J.H. (1997), Coaching: der Vorgesetzte als Trainer (2. Aufl.), Leonberg 1997

Hammer, M. (1995), Reengineering I: Der Sprung in eine andere Dimension, in: Harvard Business Manager, 17 (1995) 2, S. 95-104

Hammer, M. (1997), Das prozeßzentrierte Unternehmen: Die Arbeitswelt nach dem Reengineering, Frankfurt 1997

Hammer, M., Champy, J. (1994), Business Reengineering. Die Radikalkur für das Unternehmen, Frankfurt a.M., New York 1994

Hammer, M., Champy, J. (1994a), Reengineering the Corporation, New York 1994

Hammer, M., Stanton, S.A.. (1995), The Reengineering Revolution: A Handbook, New York 1995

Hammer, R.M. (1992), Strategische Planung und Frühaufklärung, München, Wien 1992

Hannan, M.T., Freeman, J. (1977), The Population Ecology of Organizations, in: American Journal of Sociology, 82 (1977) 5, S. 929-964

Hannan, M.T., Freeman, J. (1984), Structural Inertia and organizational Change, in: American Sociological Review, 49 (1984) 2, S. 149-164

Hannan, M.T., Freeman, J. (1989), Organizational Ecology, Cambridge/Mass. 1989

Hanser, P. (1992), "Leidensdruck" fördert Wandel, in: Absatzwirtschaft, (1992) 9, S. 100-105

Harrington, H.J. (1991), Business Process Improvement: The Breakthrough Strategy for Total Quality and Competitiveness, New York 1991

Harrison, R.J., Torres, D.L., Kukalis, S. (1988), The changing Guard: Turnover and structural Change in the Top Management Positions, in: Administrative Science Quarterly, 33 (1988), S. 211-232

Hässig, K. (1994), Zeit als Wettbewerbsstrategie, in: Die Unternehmung, (1994) 4, S. 249-263

Hauschildt, J. (1993), Innovationsmanagement, München 1993

Hauschildt, J., Chakrabarti, A.K. (1988), Arbeitsteilung im Innovationsmanagement. Forschungsergebnisse, Kriterien und Modelle, in: Zeitschrift Führung und Organisation, 57 (1988) 6, S. 378-388

Hauser, H., Bortis, H. (1998), Die Märkte verflechten sich weltweit: Neu sind die Geschwindigkeit und die Internsität der Globalisierung, in: MWF, (1998) 1/2, S. 6-9

Hax, H., Kern, W., Schröder, H.-H. (Hrsg., 1989), Zeitaspekte in betriebswirtschaftlicher Theorie und Praxis, Stuttgart 1989

Hayek, F. (1969), Freiburger Studien, Tübingen 1969

Haynes, M.E. (1991), Persönliches Zeitmanagement: So entkommen Sie der Zeitfalle, Wien 1991

Hedberg, B. (1981), How Organizations learn and unlearn, in: Nyström, P.C., Starbuck, W.H. (Hrsg., 1981), S. 3-27

Heidegger, M. (1989), Der Begriff der Zeit, Tübingen 1989

Heifetz, R.A., Laurie, D.L. (1997), Den Wandel steuern - nicht vorschreiben, in: Harvard Business Manager, 19 (1997) 4, S. 55-64

Heimann, H. (1983), Zeitstrukturen in der Psychopathologie, in: Peisl, A., Mohler, A. (Hrsg., 1983), S. 59-78

Heineke, A., von der Oelsnitz, D. (1992), Entscheidungspartizipation und Krisenmanagement, in: Wirtschaftsstudium, 21 (1992) 12, S. 943-948

Hejl, P. (1982), Die Theorie autopoietischer Systeme: Perspektiven für eine soziologische Systemtheorie, in: Rechtstheorie, 13 (1982), S. 45-88

Hejl, P. (1982a), Sozialwissenschaft als Theorie selbstreferentieller Systeme, Frankfurt a.M., New York

Hejl, P. (1984), Towards a Theory of social Systems: Self-Organization and Self-Maintenance, Self-Reference and Syn-Reference, in: Ulrich, H., Probst, P. (Hrsg., 1984), S. 60-78

Hejl, P. (1986), Soziale Systeme: Körper ohne Gehirne oder Gehirne ohne Körper?, in: Delfin, (1986) 6, S. 56-67

Hejl, P. (1987), Konstruktion der sozialen Konstruktion: Grundlinien einer konstruktivistischen Sozialtheorie, in: Schmid, S. (Hrsg., 1987a), S. 303-339

Hellriegel, D., Slocum, J.W., Woodmann, R.W. (1986), Organizational Behavior (4. Aufl.), St. Paul u.a. 1986

Hempelmann, B. (1997), Ein dynamisches Modell der optimalen Produktsicherheit im Duopol, in: Zeitschrift für betriebswirtschaftliche Forschung, 49 (1997) 5, S. 437-449

Henderson, B. (1984), Die Erfahrungskurve in der Unternehmensstrategie (2. Aufl.), Frankfurt/ New York 1984

Herder-Dorneich, P. (1993), Ökonomische Systemtheorie: Eine kurzgefaßte Hinführung, Baden-Baden 1993

Herlmstädter, E. (1995), Zeit in der Ökonomie und wie geht die Ökonomik damit um, in: Biervert, B., Held, M. (Hrsg., 1995), S. 33-47

Herp, T. (1996), Reengineering heißt Veränderungsmanagement, in: Perlitz, M., Offinger, A., Reinhardt, M, Schug, K. (Hrsg., 1996), S. 299-328

Herp, T., Brand, S. (1996), Reengineering aus Management-Sicht, in: Nippa, M., Picot, A. (Hrsg., 1996), S. 126-143

Hersey, P., Blanchard, K.H., Johnson, D.E. (1996), Management of organizational Behavior: utilizing human Resources (7.Aufl.), London 1997

Herzberg, F. (1968), One more Time: How do you motivate Employees, in: Harvard Business Review, 46 (1968), S. 53-62

Herzberg, F.Mausner, B., Snyderman, B.B. (1967), The Motivation to work (2.Aufl.), New York u.a. 1967

Hespe, G., Little, A. (1971), Some Aspects of Employee Participation, in: Warr, G. (Hrsg., 1971), S. 322-346

Hierholzer, K., Wittmann, H.-G. (Hrsg., 1987), Phasensprünge und Stetigkeit in der natürlichen und kulturellen Welt, Stuttgart 1987

High Performance Systems, Inc. (1992), Stella II. An Introduction to Systems Thinking, Hanover/NH 1992

High Performance Systems, Inc. (1992a), Stella II. Applications, Hanover/NH 1992

Hild, M., Schwarzgruber, M., Rombach, G. (1997), Business Process Reengineering bei der Süddeutschen Klassenlotterie, in: Nippa, M., Scharfenberg, H. (Hrsg., 1997), S. 201-222

Hilse, H., Fischer, H.P., Willke, H. (1997), Den Kern der Organisation erkunden, in: Fischer, H.-P. (Hrsg., 1997), S. 554-572

Hinderer, W. (1986), Strategische Unternehmensführung in der Stagnation, München 1986

Hinings, C.R., Brown, J.L., Greenwood, R. (1991), Change in an autonomous professional Organization, in: Journal of Management Studies, 28 (1991) 4, S. 375-393

Hinings, C.R., Greenwood, R. (1988), The Dynamics of strategic Change, Oxford 1988

Hinterhuber, H.H., Handlbauer, G., Matzler, K. (1997), Kundenzufriedenheit durch Kernkompetenzen: eigene Potentiale erkennen - entwickeln - umsetzen, München 1997

Hinterhuber, H.H., Valdani, E. (1998), Die neuen Spielregeln des Wettbewerbs - Von der Evolution zur Ko-Evolution, in: Berndt, R. (Hrsg., 1998), S. 3-18

Hirzel, Leder & Partner (Hrsg., 1992), Speed Management: Geschwindigkeit zum Wettbewerbsvorteil machen, Wiesbaden 1992

Hirzel, M. (1990), Prinzipien des Speed Managements - wie Ihr Unternehmen reaktionsfähiger wird, in: Gablers Magazin, 4 (1990) 8, S. 39-39

Hock, N. C. (1996), Queueing Modelling Fundamentals, Chichester 1996

Hoerner, R., Vitinuis, K. (1997), Die Rettung des Vorstandes, in: IS report, 1 (1997) 9, S. 38-41

Hoerner, R., Vitinuis, K. (1997a), Heisse Luft in neuen Schläuchen: ein kritischer Führer durch die Managementtheorien, Frankfurt 1997

Hofmann, K., Bungard, W. (1996), Anlaufmanagement am Beispiel der Automobilindustrie, in: Bullinger, H.-J., Warnekte, H.J. (Hrsg., 1996), S. 1085-1102

Hofstadter, D.R. (1995), Gödel, Escher, Bach- ein endloses, geflochtenes Band (4. Aufl.), München 1995

Holzamer, H.-H. (Hrsg., 1996), Management des Wandels, München 1996

Holzkamp, K. (1993), Lernen, Frankfurt 1993

Homburg, C. (1991), Modellgestützte Unternehmensplanung, Wiesbaden (1991)

Homburg, C., Schneeweiß, C. (1997), Hierarchisch-partizipative Koordinationsprozesse in dezentralen Organisationen, in: Zeitschrift für Betriebswirtschaft, 67 (1997) 7, S. 759-779

Hoover, W.E. (1990), Using Speed to drive Cost and Quality in Development, Stockholm 1990

Horvárth, P. (Hrsg., 1994), Zurück zur Basis - was Reengineering den Controller lehrt, in: Horvárth, P. (Hrsg., 1994a), S. 1-7

Horvárth, P. (Hrsg., 1994a), Kunden und Prozesse im Fokus Stuttgart 1994

Hörz, P., u.a. (Hrsg., 1996), Philosophie und Naturwissenschaften, Band 2, Berlin 1996

Hostettler, C. (1997), Time Based Management: Controlling von zeitorientierten Strategien, Bern 1997

Hout, T.C., Carter, J.C. (1996), Es liegt beim Firmenchef, ob der Wandel gelingt, in: Harvard Business Manager, 18 (1996) 2, S. 59-69

Howell, J.M.Higgins, C.A. (1990), Champions of technological Innovation, in: Administrative Science Quarterly, 35 (1990) 3, S. 317-341

Huber, G.P. (1991), Organizational Learning: The contributing Processes and the Literature, in: Organizational Science Quarterly, 2 (1991) 2, S. 88-115

Huber, G.P., Glick, W.H. (Hrsg., 1993), Organizational Change and Redesign, New York, Oxford 1993

Hübner, H. (1989), Die Realisierung kürzerer Innovationszeiten durch Consensus Managment, in: Hax, H., Kern, W., Schröder H. (Hrsg., 1989), S. 145-158

Hummel, T.R., Zander, E. (1998), Erfolgsfaktor Unternehmensberatung: Auswahl, Zusammenarbeit, Kosten, Köln 1998

Hüpen, R. (1995), Über die Bedeutung der Modellierung von Zeit für die Wirtschaftstheorie, in: Biervert, B., Held, M. (Hrsg., 1995), S. 48-68

Hurst, D. (1995), Crisis and Renewal. Meeting the Challenge of organizational Change, Boston/Mass. 1995

Hütten, M. (1997), Geschäftsstrukturen bewegen in: Maier, P. (Hrsg.1997a), S. 103-110

IBM (1995), In a World of Business Transformation - What is the Role of Information Technology, Arbeitspapier der IBM Consultung Group, 1995

ILOI (1997), Management of Change. Erfolgsfaktoren und Barrieren organisatorischer Veränderungsprozesses, München 1997

Imai, M. (1996), Kaizen: Der Schlüssel zum Erfolg der Japaner imi Wettbewerb (7. Aufl.), Berlin u.a 1996

Inglis, S. (1994), Making the Most of Action Learning, Aldershot 1994

Irle, M (1971), Macht und Entscheidung in Organisationen: Studie gegen das Linie-Stab-Prinzip, Frankfurt, a.M. 1971

Istvan, R.L. (1994), Zeit: Die vierte Dimension des Wettbewerbs, in: Oetinger, .B.v. (Hrsg., 1994), S. 559-591

Jantsch, E. (1992), The Self-Organizing Universe, New York 1992

Jantzen, D. (1994), Unternehmungswandel - eine explorative Untersuchung von Wandlungsformen in Unternehmungen, Arbeitspapier Nr. 2/94 der Professur für Betriebswirtschaftslehre der Universität Giessen, Giessen 1994

Jarmai, H. (1997), Die Rolle externer Berater im Change Management, in: Reiß, M., Rosenstiel, L., Lanz, A. (Hrsg., 1997), S. 91-108

Jensen, E. (1997), Die "Grüne-Wiese-Situation" nutzen - der Lernansatz im Reengineering-Labor, in: Fischer, H.-P. (Hrsg., 1997), S. 223-234

Jick, T.D. (1993), Managing Change. Cases and Concepts, Boston 1993

Johannessen, J.-A., Olsen, B., Olaisen, J. (1997), Organizing for Innovation, in: Long Range Planning, 30 (1997) 1, S. 96-109

Johnasson, H.J. u.a. (1993), Business Process Reengineering: Breakpoint Strategies for Market Dominance, Chichester u.a. 1993

Johnsson, T. (1992), Relevance Regained: From Top Down Control to Bottom-Up Empowerment, New York 1992

Kamiske, G., Füermann, T. (1995), Reengineering versus Prozeßmanagement, in: Zeitschrift Führung und Organisation, 64 (1995) 3, S. 142-148

Kanigel, R. (1997), The one best Way: Frederick Winslow Taylor and the Enigma of Efficiency, New York 1997

Kant, I. (1781), Kritik der reinen Vernunft, Köln 1781

Kanter, R.M. (1988), The Change Masters. Corporate Enterprises at Work (4.Aufl.), London u.a. 1988

Kanter, R.M., Stein, B.A., Jick, T.D. (1992), The Challenge of organizational Change. How Companies experience it and Leaders guide it, New York 1992

Kaplan, R.S. (1992), The balanced Scorecard - Measures that drive Performance, in: Harvard Business Review, 70 (1992) February, S. 71-79

Kaplan, R.S., Cooper, R. (1998), Cost & Effect - Using integrated Cost Systems to drive Profitability and Performance, Boston 1998

Kaplan, R.S., Norton, D.P. (1992), The balanced Scorecard - Measures that drive Performance, in: Harvard Business Review, 70 (1992) 1-2, S. 71-79

Kaplan, R.S., Norton, D.P. (1997), The balanced Scorecard - Translating Strategy into Action, Boston 1997

Kappler, E. (1980), Partizipation, in: Grochla, E (Hrsg., 1980), Sp. 1845-1855

Kartashov, N.V. (1996), Strong stable Markov Chains, Utrecht 1996

Kast, F.E., Rosenzweig, J.E. (1986), Organization and Management, a Systems and Contingency Approach (4. Aufl.), Tokio u.a. 1985

Kauffman, S., A. (1991), Antichaos and Adaption, in: Scientific American, (1991) 8, S. 78-84.

Kauffman, S., A. (1991a), Leben am Rande des Chaos, in: Spektrum der Wissenschaft, (1991) 10, S. 90-99

Kelders, C. (1996), Unterstützung strategischer Entscheidungsprozesse: Konzeption und Implementation eines computerunterstützten Früherkennungssystems, Stuttgart 1996

Kelley, J.L. (1997), Bringing the Market back in: the political Revitalization of Market Liberalism, Basingstoke 1997

Kern, W. (1992), Die Zeit als Dimension des betriebswirtschaftlichen Denkens und Handelns, in: Die Betriebswirtschaft, 52 (1992) 1, S. 41-58

Kern, W., Schröder, H.-H., Weber, J. (Hrsg., 1995), Handwörterbuch der Produktionswirtschaft (2.Aufl), Stuttgart 1995

Kerst, C. (1997), Unter Druck - organisatorischer Wandel und Organisationsdomänen, Opladen 1997

Kettinger, W.J., Teng, J.T.C. (1998), Aligning BPR to Strategy: a Framework for analysis, in: Long Range Planning, 31 (1998) 1, S. 93-101

Khanwalla, P.N. (1973), Viable and ffective organizational designs of firms, in: Academy of Management Journal, (1973) 16, S. 481-495

Kickert, W.J.M. (1993), Autopoiesis and the Science of (public) Administration: Essence, Sense and Nonsense, in: Organization Studies, 14 (1993) 2, S. 261-278

Kieninger, M (1994), Wie man mit prozeßzeitenmanagement die Durchlaufzeit senkt, in: Horvárth, P. (Hrsg., 1994a), S. 233-247

Kieser, A. (1988), Darwin und die Folgen für die Organisationstheorie: Darstellung und Kritik des Population Ecology-Ansatzes, in: Die Betriebswirtschaft 48 (1988) 5, S. 603-620

Kieser, A. (1994), Fremdorganisation, Selbstorganisation und evolutionäres Management, in: Zeitschrift für betriebswirtschaftliche Forschung, 46 (1994) 3, S. 199-228

Kieser, A. (1995), Evolutionstheoretische Ansätze, in: Kieser, A. (Hrsg., 1995a), S. 237-268

Kieser, A. (1996), Moden und Mythen des Organisierens, in: Die Betriebswirtschaft, 56 (1996) 1, S. 21-39

Kieser, A. (1996a), Business Process Reengineering - neue Kleider für den Kaiser?, in: Zeitschrift Führung und Organisation, 65 (1996) 3, S. 179-185

Kieser, A. (1997), Implementierungsmanagement im Zeichen von Moden und Mythen des Organisierens, in: Nippa, M., Scharfenberg, H. (Hrsg.,1997),S. 81-102

Kieser, A. (Hrsg., 1995a), Organisationstheorien, Stuttgart 1995

Kilman, R.H., Covin, T.J. (Hrsg., 1988), Corporate Transformation. Revitializing Organizations for a competitive World, San Francisco 1988

Kim, D.H. (1993), The Link between individual and organizational Learning, in: Sloan Management Review, 34 (1993) 3, S. 37-50

Kim, D.H. (Hrsg., 1989), Corporate Transformation. Revitializing Organizations for a competitive World, 2.Aufl, Cambridge/MA 1989

Kim, W.C., Mauborgne, R. (1997), Fair Processes: Managing in the Knowledge Economy in: Harvard Business Review, 75 (1997) Jul/Aug., S. 65-75

Kimberly, J.R., Quinn, R.E. (Hrsg., 1984), New Futures: The Challenge of managing corporate Transitions, Homeodd/Ill 1984

Kirchmer, M. (1998), Business Process oriented Implementation of Standard Software: How to achieve competitive Advantage quickly and efficiently?, Berlin, Heidelberg 1998

Kirsch, W. (1972), Entscheidungs- und systemorientierte Betriebswirtschaftslehre, in: Dlugos, G., Eberlein, G., Steinmann, H. (Hrsg.,1972), S. 153-184

Kirsch, W. (1992), Kommunikatives Handeln, Autopoiesie, Rationalität. Sondierungen zu einer evolutionären Führungslehre, München 1992

Kirsch, W., Börsig, C., u.a. (1978), Empirische Explorationen zu Reorganisationsprozessen, München 1978

Kirsch, W., Esser, W.N., Gabele, E. (1978), Reorganisation: Theoretische Perspektiven d. geplanten organisatorischen Wandels, München 1978

Kirsch, W., Esser, W.N., Gabele, E. (1979), Das Management des geplanten Wandels von Organisationen, Stuttgart 1979

Kirsch, W., Scholl, W. (1977), Demokratisierung - Gefährdung der Handlungsfähigkeit organisatorischer Führungssysteme?, in: Die Betriebswirtschaft, 37 (1977), S. 235-246

Kirsch, W., zu Knyphausen, D. (1991), Unternehmen als "autopoietische" Systeme?, in: Staehle, W.H., Sydow, J. (Hrsg., 1991), S. 75-101

Kirsch, W.,Esser, W.-M., Galele, E. (1977), Reorganisation, München 1977

Kirschbaum, V. (1995), Unternehmenserfolg durch Zeitwettbewerb: Strategie, Implementation und Erfolgsfaktoren, München 1995

Kirschbaum, V. (1997), Organisation als Erfolgsfaktor im Zeitwettbewerb, in: Der Betriebswirt, 38 (1997) 2, S. 19-21

Kirstein, H., Münnich, E. (1997), Das KVP²-Programm der Volgswagen AG, in: Riekhof, H.C. (Hrsg., 1997), S. 225-236

Kistner, K.-P., Schmidt, R. (Hrsg., 1991), Unternehmensdynamik, Wiesbaden 1991

Kitzmann, A. (1992), Persönliche Arbeitstechniken und Zeitmanagement, Ehningen 1992

Kleinfeld, K. (1997), Optimierung, Restrukturierung, Wachstum und Innovation: Das Vorgehen bei SIEMENS, in: Riekhof, H.C. (Hrsg., 1997), S. 103-119

Kleinrock, L., Gail, R. (1996), Queueing Systems: Problems and Solutions, New York 1996

Klenter, G. (1995), Zeit - Strategischer Erfolgsfaktor von Industrieunternehmen, Hamburg 1995

Klimecki, R., Gmür, M. (1997), Organisationale Transformation - grenzenlos? Struktur und Prozeßmuster in der kollektiven Bewältigung von Unsicherheit, in: Schreyögg, G., Sydow, J. (Hrsg., 1997), S. 235-271.

Klimecki, R., Lassleben, H., Riexinger-Li, B. (1994), Zur empirischen Analyse organisationaler Lernprozesse im öffentlichen Sektor: Modellbildung und Methodik, Bussman, W. (Hrsg., 1994), S. 9-37

Klopp, M., Greth, T., Baisch, F. (1998), Herausforderung Zukunft - Intuition oder Methode?, in: io Management Zeitschrift, 67 (1998) 5, S. 31-35

Klotz, U. (1993), Lean Production - Lernfähige Organisation statt Management by Potemkin (Teil 2), in: Office Management, 41 (1993) 10, S. 69-73

Kluge, J. u.a. (1994), Wachstum durch Verzicht, Stuttgart 1994

Knaese, B. (1996), Kernkompetenzen im strategischen Management von Banken, Wiesbaden 1996

Kniebe, G. (1993a), Phänomenologische Betrachtungen zur "Zeit", in: Kniebe, G. (Hrsg., 1993), S. 11-56

Kniebe, G. (Hrsg., 1993), Was ist Zeit? Die Welt zwischen Wesen und Erscheinung, Stuttgart 1993

Knopf, R. (1976), Die Effizienz von Reorganisationsprozessen aus der Sicht der Praxis, München 1976

Kobi, J.-M. (1996), Management des Wandels. Die weichen und harten Bausteine erfolgreicher Veränderung (2.Aufl), Bern, Stuttgart, Wien 1996

Kobi, J.-M., Wüthrich, H. (1986), Unternehmungskultur verstehen, erfassen und gestalten, Landsberg 1986

Kolb, D.A. (1984), Experiental Learning: Experience as Source of Learning, Englewood Cliffs 1984

Komorek, C. (1991), Methoden und Denkweisen der Unternehmenskybernetik, Köln 1991

König, E., Volmer, G. (1994), Systemische Organisationsberatung. Grundlagen und Methoden (2.Aufl.), Weinheim 1994

Königswieser, R. , Exner, L., Pelikan, U. (1995), Systemische Intervention in der Beratung, in: Organisationsentwicklung, 14 (1995) 2, S. 52-65

Königswieser, R., Lutz, C. (1992), Das systemisch-evolutionäre Management, Wien 1992

Köster, O. (1998), Strategische Disposition, Konzept zur Bewältigung des Spannungsfeldes Kundennähe, Komplexität und Effizienz im Leistungserstellungsprozeß, Dissertation an der Universität St. Gallen, St. Gallen 1998

Kotter, J.P. (1997), Chaos, Wandel, Führung: Leading Change, Düsseldorf 1997

KPMG (1996), Managing Change Survey, Studie der KPMG, New York 1996

Krackhardt, D., Hanson, J. (1993), Informal Networks: The Company, in: Harvard Business Review, 71 (1993), S. 104-111

Krallmann, H. (1996), Systemanalyse im Unternehmen: Geschäftsprozeßoptimierung, partizipative Vorgehensmodelle, objektorientierte Analyse (2.Aufl.), München, Wien 1996

Krebsbach-Gnath, C. (1992a), Den Wandel im Unternehmen steuern, in: Krebsbach-Gnath, C. (Hrsg., 1992), S. 7-18

Krebsbach-Gnath, C. (Hrsg., 1992), Den Wandel in Unternehmen steuern: Faktoren für ein erfolgreiches Change Management, Frankfurt 1992

Kroeber-Riel, W. (1992), Konsumentenverhalten (5.Aufl), München 1992

Krogh, H. (1995), Zügig absetzen, in: Manager Magazin, (1993) 2, S. 141-144

Krohn, W., Küppers, G., (Hrsg., 1990), Emergenz und Selbstorganisation, Bremen, Florenz 1990

Krüger, W. (1988), Die Erklärung von Unternehmenserfolg: Theoretische Ansätze und empirische Ergebnisse, in: Die Betriebswirtschaft, 48 (1988) 1, S. 27-43

Krüger, W. (1989), Patterns of Success in German Businesses, in: Long Range Planning, 22 (1989) 2, S. 106-113

Krüger, W. (1992), Macht, in: Gaugler, E., Weber, W. (Hrsg.) S. 1313-1324

Krüger, W. (1993), Organisation der Unternehmung (2.Aufl.), Stuttgart 1993

Krüger, W. (1993a), Die Transformation von Unternehmungen und ihre Konsequenzen für die Organisation der Information und Kommunikation, in: Betriebswirtschaftliche Forschung und Praxis, (1993) 6, S. 577-601

Krüger, W. (1994a), Umsetzung neuer Organisationsstrategien: Das Implementierungsproblem, in: Frese, E., Maly, W. (Hrsg., 1994), S. 197-221

Krüger, W. (1994b), Transformationsmanagement. Grundlagen, Strategien, Anforderungen, in: Gomez, P., Hahn, D., Müller-Stewens, G., Wunderer, R. (Hrsg., 1994), S. 199-228

Krüger, W. (1994c), Organisation der Unternehmung (3.Aufl.), Stuttgart 1994

Krüger, W. (1995), Management-by-Konzepte, in: Corsten, H., Reiß, M. (Hrsg., 1995), S. 173-186

Krüger, W. (1997), Implementierung als Kernaufgabe des Wandlungsmanagement, in: Hahn, D., Taylor, B. (Hrsg., 1997), S. 821-849

Krüger, W., Schwarz, G. (1997), Strategische Stimmigkeit von Erfolgsfaktoren und Erfolgspotentialen, in: Hahn, D., Baylor, B. (Hrsg., 1997), S. 75-104

Krystek, U. (1997), Die Organisation des virtuellen Unternehmens, in: Riekhof, H.C. (Hrsg., 1997), S. 29-42

Krystek, U. (1997a), Vertrauen als Basis erfolgreicher strategischer Unternehmensführung, in: Hahn, D., Taylor, B. (Hrsg.), S. 266-288

Kubicek, H. (1980), Bestimmungsfaktoren der Organsiationsstrukur, in: Ponthoff, E. (Hrsg, 1980.), S. 1-62

Kubicek, H. (1987), Organisatorische Gestaltungsbedingungen, in: Welge, M.K. (Hrsg., 1987), S. 67-359

Kuepper, W., Ortmann, G. (Hrsg., 1992), Mikropolitik: Rationalität, Macht und Spiele in Organisationen, Opladen 1992

Kuhl, J. (1983), Motivation, Konflikt und Handlungskontrolle, Berlin 1983

Kuhn, J. (1996), Das zeitgesteuerte Unternehmen, Frankfurt a.M., New York 1996

Kuhn, J. (1998), Die Ressource Zeit im Spannungsfeld der Logistik, in: Zeitschrift für Betriebswirtschaft, 68 (1998) 2, S. 131-146

Kuhn, T. (1970), The Structure of scientific Revolutions, Chicago 1970

Kummer, W., u.a. (1993), Projekt Management. Leitfaden zu Methoden der Teamführung in der Praxis, Zürich 1993

Kunesch, H. (1993), Grundlagen des Prozeßmanagements, Wien 1993

Küpper, W., Ortmann, G. (Hrsg., 1986), Mikropolitik: Rationalität, Macht und Spiele in Organisationen, Opladen 1986

Kutzim, J., Schnorr, H. (1997), "Plus 100". Oder: Alles doppelt so schnell, von allem nur die Hälfte, in: Fischer, P. (Hrsg., 1997), S. 172-189

Laker, M. (1992), Change Management, mit Veränderungen umgehen: Aktion statt Reaktion, in: Gablers Magazin, 5 (1992) 5, S. 15-19

Landsberg, M. (1998), Das Tao des Coaching: Effizienz und Erfolg durch meisterhafte Führung, Frankfurt, New York 1998

Lane, D.C. (1993), The Road not taken: observing a Process of Issue Selection and Model Conceptionalization, in: System Dynamics Review, 9 (1993) 3, S. 239-264

Langton, C. (1986), Studying artificial Life with cellular Automata, in: Physica, (1986) 22d, S. 120-149

Langton, C. u. a. (Hrsg., 1992), Artificial Life II, Reading/Mass 1992

Laughlin, R.C. (1991), Environmental Disturbances and organizational Transitions and Transformations: Some alternative Models, in: Organization Studies, 12 (1991) 2, S. 209-232

Laux, H. (1995), Entscheidungstheorie, Berlin, New York u.a. 1995

Lawler, C. (1977), Motivierung in Organsiationen, Stuttgart 1977

Lay, G., u.a. (1996), Neue Produktionskonzepte leisten einen Beitrag zur Sicherung des Standortes Deutschland, Mitteilungen des Fraunhofer-Instituts/ISI, Karlsruhe 1996

Leavitt, H.J: (1965), Applied organizational Change in Industry, in: March, J.G. (Hrsg.), S. 1144-1170

Legasto, A.A., Forrester, J.W., Lyneis, J.M. (Hrsg., 1980), System Dynamics, Amsterdam, New York, Oxford 1980

Lehmann-Waffenschmidt, M. (1995), Neues in der Zeit - Konsequenzen für eine Ökonomik aus evolutorischer Perspektive, in: Biervert, B., Held, M. (Hrsg., 1995), S. 110-131

Lehmkühler, B. (1998), Controlling und Business Process Reengineering, in: Controlling, 10 (1998) 3, S. 150-156

Levinthal (1991), Organizational adaption and environmental Selection - interrelated Processes of Change, in: Organization Science, 2 (1991) 2, S. 140-145

Levitt, B., March, J.G. (1988), Organizational Learning, in: Annual Review of Sociology, 14 (1988), S. 319-340

Levy, A., Merry, U. (1986), Organizational Transformation. Approaches, Strategies, Theories, New York 1986

Lewin, K. (1943), Forces behind Food Habits and Methods of Change, in: Bulletin of the National Research Council, (1943) 108, S. 35-65

Lewin, K. (1947), Frontiers in Group Dynamics: Social Equilibra and Social Change, in: Human Relations, 1 (1947) 1, S. 5-41

Lewin, K. (1947a), Frontiers in Group Dynamics I/II: Concept, Method, and Reality in Social Science / Channels of Group Life in Social Planning and Action Research, in: Human Relations, 1 (1947) 1 , S. 143-153

Lewin, K. (1963), Die Feldtheorie in den Sozialwissenschaften, Bern, Stuttgart 1963

Lewin, K. (1966), Group Decision and social Change, in: Maccoby, E.E., Newcomb, T.M., Hartley, E.L. (Hrsg., 1996), S. 197-211

Lie, H.-H. (1995), Partizipation in Unternehmen: Analyse der Partizipation und Beitrag zur Problemlösung industrieller Arbeitsbeziehungen am Beispiel Koreas, Bayreuth 1995

Liebl, F. (1991), Schwache Signale und künstliche Intelligenz im strategischen Issue-Management, Frankfurt a.M. 1991

Liebl, F. (1996), Strategische Frühaufklärung, München 1996

Lietz, J.H. (1992), Braucht "lean production" einen neuen Manager-Typ?, in: Blick durch die Wirtschaft, Nr. 115,. 17.6.92, S. 7

Lievegood, B.C.J. (1974), Organisationen im Wandel, Bern, Stuttgart 1974

Linden, F.A. (1990), Kampf gegen die Zeit, in: Manager Magazin, 20 (1990) 11, S. 278-289

Lingg, H. (1992), Von der Bedeutung des Wettbewerbsfaktors "Zeit", in: io management Zeitschrift, 60 (1992) 7-8, S. 72-76

Linke, B. (1997), Die Entdeckung der politischen Bühne, in: Fischer, H.-P. (Hrsg., 1997), S. 434-442

Lippit, G.L., Langseth, P., Mossop, J. (1985), Implementing organizational Change. A practical Guide to managing Change efforts, San Francisco 1985

Lippitt, G.L., Schmidt, W.H. (1967), Crisis in a developing Organization, in: Harvard Business Review, 45 (1967), Nov/Dec, S. 102-112

Littkemann, J. (1998), Projektmanagement und Projektcontrolling, in: Zeitschrift Führung und Organisation, 67 (1998) 3, S. 68-73

Locher, K. (1989), Das Gefangenen-Dilemma: eine einfache Einführung anhand von Beispielen, Kehl 1989

Lochmann, H.-D., Rüsch-Kornasoff, M. (1996), Organization Change Strategy, in: Perlitz, M., Offinger, A., Reinhardt, M, Schug, K. (Hrsg., 1996), S. 329-340

Lock, D. (1997), Projektmanagement, Wien 1997

Lohse, J.-M. (1997), Neue Beratungsanforderungen bei der Implementierung von Reengineeringsprojekten, in: Nippa, M., Scharfenberg, H. (Hrsg., 1997), S. 189-200

Lorange, P. (1998), Strategy Implementation: the new Realities, in: Long Range Planning, 31 (1998) 1, S. 18-29

Lorange, P. u.a. (Hrsg., 1993) Implementing strategic Processes Oxford 1993

Lübbe, H. (1995), Schrumpft die Zeit? Zivilisationsdynamik und Zeitumgangsmoral - Verkürzter Aufenthalt in der Gegenwart, in: Weis, K. (Hrsg., 1995), S. 53-80

Ludwig, M. (1998), Globalisierung der Märkte: Motor oder Bremse für den Wohlstand hochentwickelter Volkswirtschaften?, Frankfurt a.M. u.a. 1998

Luhmann, N. (1968), Die Knappheit der Zeit und die Vordringlichkeit des Befristeten, in: Die Verwaltung, (1968) 1, S. 1-30

Luhmann, N. (1976), The Future cannot begin, in: Social Research, 43 (1976) 3, S. 130-152

Luhmann, N. (1984), Soziale Systeme. Grundriß einer allgemeinen Theorie, Frankfurt a.M. 1984

Luhmann, N. (1984a), Die Wirtschaft der Gesellschaft als autopoietisches System, in: Zeitschrift für Soziologie, (1984) 13, S. 308-327

Luhmann, N. (1987), Autopoiesis als soziologischer Begriff, in: Haferkamp, H., Schmid, M. (Hrsg., 1987), S. 307-320

Luhmann, N. (1990), Die Wissenschaft der Gesellschaft, Frankfurt a.M. 1990

Luhmann, N. (1992), Organisation, in: Küpper, W., Ortmann, G. (Hrsg., 1992), S. 165-185

Luhmann, N. (1995), Funktionen und Folgen formaler Organisationen, 4. Aufl., Berlin 1996

Lüscher, E. (1983), Zusammenfassende Bemerkungen zur physikalischen Zeitdefinition, in: Peisl, A., Mohler, A. (Hrsg., 1983), S. 365-368

Luthans, F. (1985), Organizational Behavior (4.Aufl.), Tokio u.a. 1985

Lutz, R.A. (1996), Change Management am Beispiel von Chrysler, in: io Management Zeitschrift, 65 (1996) 1-2, S. 36-40

Maccoby, E.E., Newcomb, T.M., Hartley, E.L. (Hrsg., 1966), Readings in social Psychology (3.Aufl.), London 1966

Machiavelli, N. (1990, 1513), Der Fürst. Aus dem Italienischen von Frierich von Oppeln-Bronikowski, Frankfurt a.M. 1990

Madauss, B.J. (1994), Handbuch Projektmanagement: Mit Handlungsanleitungen für Industriebetriebe, Unternehmensberater und Behörden (5. Aufl.), Stuttgart 1994

Magretta, L. (1998), The Power of virtual Integration: An Interview with Dell Computer's Michaell Dell, in: Harvard Business Manager, 76 (1998) 2, S. 73-84

Maier, P. (1997), Internationales Business Reengineering heute - Einklang und Widerspruch, in: Maier, P. (Hrsg., 1997a), S. 9-21

Maier, P. (Hrsg., 1997a), Reengineering - Fluch oder Segen? Die Erfahrungen namhafter Unternehmen, Wiesbaden 1997

Mainzer, K. (1994), Philosophie und Geschichte von Raum und Zeit, in: Audresch, J., Mainzer, K. (Hrsg., 1994), S. 11-31

Malik, F. (1984), Strategie des Managements komplexer Systeme, Bern, Stuttgart 1992

Malik, F. (1992), Strategie des Managements komplexer Systeme: Ein Beitrag zur Management-Kybernetik komplexer Systeme (4.Aufl.), Wien 1992

Malone, T.W. (1997), Is Empowerment just a Fad? Control, Decision Making, and IT, in: Sloan Management Review, 38 (1997) Winter, S. 37-54

Marais, D., Taylor, J., Kaplan, A. (1997), Action Learning for Development: Use your Experience to improve your Effectiveness, Woodstock 1997

March, J.G. (1990a), Macht der Macht, in: March, J.G. (Hrsg., 1990), S. 131-168

March, J.G. (1991), Exploration and Exploitation in organizational Learning, in: Organization Science, 2 (1991) 2, S. 71-87

March, J.G. (1994), A Primer on Decision Making, New York 1994

March, J.G. (Hrsg., 1965), The Handbook of Organizations, Chicago 1965

March, J.G. (Hrsg., 1990), Entscheidung und Organisation: kritische und konstruktive Beiträge, Entwicklungen und Perspektiven, Wiesbaden 1990

March, J.G., Ohlsen, J.P. (1975), Die Unsicherheit der Vergangenheit. Organisatorisches Lernen unter Ungewißheit, in: March, J.G. (Hrsg., 1990), S. 373-398

March, J.G., Ohlsen, J.P. (1976), Ambiguity and Choice in Organizations, Universitetsforlaget, Bergen 1976

Markham, S.K., Green, S.G., Basu, R. (1991), Champions and Antagonists: Relationships with R&D Project Charakteristics and Management, in: Journal of Engineering and Technology Management, (1991) 8, S. 217-242

Markus, M.L., Benjamin, R.I. (1997), The Magic-Bullet Theory of IT-enabled Transformation, in: Sloan Management Review, 37 (1997) Winter, S. 55-68

Maruyama, M. (1963), The second Cybernetics: Deviation amplifying mutual causal Processes, in: American Scientist, 51 (1963), S. 323-332

Marx, W. (1991), Die Struktur lebendiger Systeme. Zu ihrer wissenschaftlichen und philosophischen Bestimmung, Frankfurt a.M. 1991

Maslow, A.H. (1943), A Theory of human Motivation, in: Psychological Review, (1943), S. 370-396

Maslow, A.H. (1954), Motivation and Personality, New York u.a. 1954

Maslow, A.H. (1981), Motivation und Persönlichkeit, Reinbeck 1981

Masuch, M. (1997), Viscious Circles, in: Carnall, C.A. (Hrsg., 1997), S. 216-238

Matschke, M.J., Sieben, G. (1998), Unternehmensberatung und Wirtschaftsprüfung, Stuttgart 1998

Mattes, F. (1992), Mehr Speed durch mehr Qualität, in: Hirzel, Leder & Partner (Hrsg., 1992), S. 217 - 244

Maturana, H.R., Varela, F.J. (1982), Erkennen: Die Organisation und Verkörperung von Wirklichkeit, Braunschweig, Wiesbaden 1982

Maturana, H.R., Varela, F.J. (1987), Der Baum der Erkenntnis, Bern 1987

Matz, J. (1998), Verkürzen der Innovationsdauer durch Simultaneous Engineering, Disseration Mannheim 1998

Maucher, H. (1994), Führung im Wandel - Das Management des Wandels, in: io Management Zeitschrift, 63 (1994) 10, S. 19-23

Maul, C. (1993), Der Beitrag der Systemtheorie zum strategischen Führungsverhalten in komplexen Situationen, in: Zeitschrift für Betriebswirtschaft, 63 (1993) 7, S. 715-740

Mayer, G. (1975), Divisionalisierung - Beispiel eines geplanten Wandels von Organisationen: Eine empirisch-explorative Studie, Mannheim 1975

Mayer, R. (1997), Prozeßorganisation bei einem IT-Dienstleister, in: Office Management, 45 (1997) 10, S. 40-42

Mayntz, R. (1987), Soziale Diskontinuitäten: Erscheinungsformen und Ursachen, in: Hierholzer, K., Wittmann, H.-G. (Hrsg., 1987), S. 15-38

McClelland, D.C. (1971), Assesing human Motivation, New York 1971

McClelland, D.C., Burnham, D.H. (1995), Power is the great Motivator, in: Harvard Business Review, 73 (1995) 1/2, S. 126-139

McGill, M.E., Slocum, J.W., Lei, D. (1992), Management Practices in learning Organizations, in: Organizational Dynamics, 21 (1992) 1, S. 5-17

McGrath, J.E., Rotchford, N.L. (1983), Time and Behavior in Organizations, in: Cummings, L.L., Staw, B.M. (Hrsg., 1983), S. 57-101

McKelvey, B. (1979), Comment on the biological Analoy in organisational Sciences on the Occasion of Van de Ven's Review of Aldrich, in: Administrative Sciences Quarterly, 24 (1979) 4, S. 479-524

McKelvey, B. (1982), Organizational Systematic: Taxonomy, Evolution, Classification, New York 1982

McKelvey, B., Aldrich, H. (1983), Populations, Natural Selection, and applied organizational Science, in: Administrative Sciences Quarterly, 28 (1983) 1, S. 101-142

Meinefeld, W. (1995), Realität und Konstruktion. Erkenntnistheoretische Grundlagen einer Methodologie der empirischen Sozialforschung, Opladen 1995

Mende, W., Bieta, V. (1997), Projektmanagement: Praktischer Leitfaden, München 1997

Mercedes-Benz (1992), Geschäftsbericht Stuttgart 1992

Mercedes-Benz (1993), Geschäftsbericht Stuttgart 1993

Mercedes-Benz (1994), "Plus 100" - Ziel der Neuausrichung im GBN: Weltklasse, interne Publikation "aktuell" der Mercedes-Benz AG vom 30.4.1994, Stuttgart 1994

Mercedes-Benz (1994a), "Plus 100" - Programm und aktueller Stand, interne Publikation der Mercedes-Benz AG im Juni 1994, Stuttgart 1994

Mercedes-Benz (1994b), Gesagt getan, interne Publikation der Mercedes-Benz AG im Mai 1994, Stuttgart 1994

Mercedes-Benz (1995), Geschäftsbericht Stuttgart 1995

Merz, E. (1996), Einbeziehung externer Berater, in: Bullinger, H.-J., Warneke, H.J. (Hrsg., 1996), S. 1078-1084

Meyer, A.D., Tsui, A.S., Hinings, C.R. (1993), Configurational Approaches to organizational Analysis, in: Academy of Management Review, 36 (1993) 6, S. 1175-1195

Mildenberger, J. (1997), Lernen durch Außenreize, in: Fischer, H.-P. (Hrsg., 1997), S. 378-390

Mildenberger, U. (1997), "Selbstorganisation" als Motor der Evolution von Produktionsnetzwerken.Ein systemanalytisches Simulationsmodell, Forschungsseminar des Lehrstuhls für ABWL und Produktionswirtschaft der Universität Mainz, Mainz 1997

Miller, D. (1997), The Icarus Paradox, in: Carnall, C.A. (Hrsg., 1997), S. 77-90

Miller D., Friesen, P.H. (1980a), Momentum and Revolution in organizational Adaption, in: Academy of Management Journal, 23 (1980) 4, S. 591-614

Miller D., Friesen, P.H. (1980b), Archetypes of organizational Adaption, in: Administrative Sciences Quarterly, 25 (1980) 3, S. 269-299

Miller D., Friesen, P.H. (1982), Structural Change and Performance: Quantum vs. piecemeal Approaches, in: Academy of Management Journal, 25 (1982) 4, S. 867-892

Miller, D., Friesen, P.H. (1984), Organizations - A Quantum View, Englewood Cliffs 1984

Miller, M. (1986), Kollektive Lernprozesse. Studien zur Grundlegung einer soziologischen Lerntheorie, Frankfurt 1986

Milling, P. (1984), Leitmotive des System Dynamics Ansatzes, in: Wirtschaftswissenschaftliches Studium, 13 (1984) 10, S. 507-513

Milling, P., Zahn, E. (Hrsg., 1989), Computer-Based Management of Complex Systems, Heidelberg, New York 1989

Mills, T. (1969), Soziologie der Gruppe, München 1969

Mintzberg, H. (1979), The structuring of Organizations, Englewood Cliffs/NY 1979

Mintzberg, H. (1981), Organization Design: Fashion or Fit?, in: Harvard Business Review, 59 (1981) 1, S. 103-116

Mintzberg, H. (1983), Structure in fives: Designing effective Organizations, Englewood Cliffs/NY 1983

Mintzberg, H. (1984), Power and organizational Life Cycles, in: Academy of Management Review, 9 (1984) 2, S. 207-224

Mintzberg, H. (1985), The Organization as political Arena, in: Journal of Management Studies, 22 (1985) 2, S. 133-154

Mintzberg, H. (1991), Mintzberg über Management: Führung und Organisation, Mythos und Realität, Wiesbaden 1991

Mintzberg, H. (1994), The Rise and Fall of strategic Plannung. Reconceving Roles for Planning, Plans, Planners, New York u.a. 1994

Mintzberg, H., Quinn, J.B., Ghoshal, S. (1998), The Strategy Process, London 1998

Minx, E., Roehl, H. (1998), Von Inseln und Brücken - Wissensentwicklung durch Szenarien bei der Daimler-Benz AG, in: Zeitschrift Führung und Organisation, 67 (1998) 3, S. 167-170

Mischak, R.F. (1997), Business Reengineering - Der Weg vom funktions- zum prozeßorientieren Denken im Unternehmen, in: Berndt, R. (Hrsg., 1997), S. 3-18

Mißlbeck, G. (1993), Früherkennung als betriebliches Informationssystem: ein operationaler Ansatz mit Hilfe wissensbasierter Informationsverarbeitung, Frankfurt a.M. 1993

Mohr, N. (1997), Kommunikation und organisatorischer Wandel. Ein Ansatz für ein effizientes Kommunikationsmanagement im Veränderungsprozeß, Wiesbaden 1997

Monden, Y. (1996), The Toyota Production System. An integrated Approach to Just-In-Time (3. Aufl.), Norcross/Georgia 1996

Morgan, G. (1986), Images of Organization, Beverly Hills/California 1986

Morrison, J. (1997), Die zweite Kurve: Wie man Geschwindigkeit von Veränderungen erkennt und nutzt, Stuttgart 1997

Moss Kanter, R. (1993), Mastering Change, in: ISC (Hrsg., 1993), S. 33-42

Moss-Kanter, R., Stein, B.A., Jick, T.J. (1992), The Challenge of Organizational Change. How Companies experience it and Leaders guide it, New York 1992

Müller, B. (1997), Reengineering: Eine Einführung, Stuttgart 1997

Müller, K.G. (1997), Zielwirksam arbeiten: Technik, Methodik und Praxis des persönlichen Zeitmanagement, Renningen-Malmsheim 1997

Müller, W.R., Hill, W. (1980), Die situative Führung, in: Grunwald, W., Hilge, H.-G. (Hrsg., 1980), S. 129-161

Müller-Hagedorn, L. (1986), Das Konsumentenverhalten, Wiesbaden 1986

Müller-Klement, K.G. (1995), Zielwirksam arbeiten: Technik, Methodik und Praxis des Persönlichen Zeitmanagement, Renningen-Malmsheim 1995

Müller-Stewens, G. (1995), Zur Anschlußfähigkeit von Führungsinterventionen am Beispiel Daimler Benz, in: Müller-Stewens, G., Spickers, J. (Hrsg., 1995), S. 139-180

Müller-Stewens, G., Pautzke, G. (1994), Führungskräfteentwicklung und organisatorisches Lernen, in: Sattelberger, T. (Hrsg., 1994), S. 183-206

Müller-Stewens, G., Spickers, J. (Hrsg., 1995), Unternehmerischen Wandel erfolgreich bewältigen, Wiesbaden 1995

Müller-Wichmann, C. (1991), Visionen einer entschleunigten Gesellschaft, in: Innovatio, (1991) 12, S. 39-42

Nadler, D.A. (1989), Organizational Frame-Bending: Types of Change in complex Organizations, in: Kilman, R.H., Covin, T.J. (Hrsg., 1989), S. 66-83

Nadler, D.A. et al. (1995), Discontinous Change, San Francisco 1995

Nadler, D.A., Tushman, M.L. (1986), Managing strategic organizational Change. Frame-Bending and Frame-Breaking, New York 1986

Nadolny, S. (1995), Die Entdeckung der Langsamkeit (31. Aufl.), München, Zürich 1995

Nelson, D.L., Quick, J.C. (1997), Organizational Behavior: Foundations, Realities and Challenges (2. Aufl.), St.Paul/Minneapolis 1997

Neuberger, O. (1995), Mikropolitik: der alltägliche Aufbau und einsatz von Macht in Organisationen, Stuttgart 1995

Newton, I. (1678), Philosophiae naturalis principia mathematica, Deutsche Ausgabe: Wolfers, J.P. (Hrsg., 1972), Mathematische Prinzipien der Naturlehre, Robert Oppenheim, Berlin 1872

Nicholson, N. (Hrsg., 1997), The Bleckwell encyclopedic Dictionary of organizational Behavior, Cambridge/Mass. 1997

Niemeyer, G. (1977), Kybernetische System- und Modelltheorie, München 1977

Nippa, M. (1996), Bestandsaunahme des Reengineering-Konzeptes. Leitgedanken für das Management, in: Nippa, M., Picot, A. (Hrsg., 1996), S. 61-77

Nippa, M. (1997), Erfolgsfaktoren organisatorischer Veränderungsprozesse - Ergebnisse einer Expertenbefragung, in: Nippa, M., Scharfenberg, H. (Hrsg., 1997), S. 21-58

Nippa, M., Klemmer, J. (1996), Zur Praxis prozeßorientierter Unternehmensgestaltung. Von der Analyse bis zur Umsetzung, in: Nippa, M., Picot, A. (Hrsg., 1996), S. 165-186

Nippa, M., Picot, A. (Hrsg., 1996), Prozeßmanagement und Reengineering (2.Aufl.), Frankfurt a.M./ New York 1996

Nippa, M., Scharfenberg, H. (Hrsg., 1997), Implementierungsmanagement. Über die Kunst, Reengineeringkonzepte erfolgreich umzusetzen, Wiesbaden 1997

Noll, P., Bachmann, H.R. (1995), Der kleine Machiavelli, München/Zürich 1995

Nonaka, I. (1991), The Knowledge-creating Company, in: Harvard Business Review, 69 (1991) 6, S. 96-104

Nonaka, I. (1992), Wie japanische Konzerne Wissen erzeugen, in: Harvard Manager, 14 (1992) 2, S. 95-102

Nonaka, I. (1994), A Dynamic Theory of organizational Knowledge Creation, in: Organization Science, 5 (1994) 1, S. 14-37

Nonaka, I., Takeuchi, H. (1995), The Knowledge-Creating Company. How japanese Companies create the Dynamics of Innovation, Oxford 1995

Nonaka, I., Takeuchi, H. (1997), Die Organisation des Wissens, Frankfurt, New York 1997

Norris, J.R. (1997), Markov Chains, Cambridge 1997

North, K., Probst, G.J.B., Romhardt, K. (1998), Wissen messen - Ansätze, Erfahrungen und kritische Fragen, in: Zeitschrift Führung und Organisation, 67 (1998) 3, S. 158-199

Nossek, H., Drapal, B. (1998), Veränderungen durch Lernen meistern, in: Gablers Magazin, 11 (1998) 4, S. 13-15

Nowotny, H. (1989), Eigenzeit, Entstehung und Strukturierung eines Zeitgefühls, Frankfurt a.M. 1989

Nowotny, H. (1992), Time in the Social Sciences - Theoretical and Empirical Approaches, in: Dierkes, M., Bievert, B. (Hrsg., 1992), S. 481-525

Nutt, P.C. (1986), The Tactics of Implementation, in: Academy of Management Journal, 29 (1986) 2, S. 230-261

Nystrom, P.C., Starbuck, W.H. (Hrsg., 1981), Handbook of organizational Design Vol.1, New York 1981

o.V. (1994), Veraltetes Denken aufgeben, in: Gablers Magazin, (1994) 4, S. 6-9

o.V. (1998), Virtuelles Tracking, in: Mercedes-Benz Transport Magazin, (1998) 3, S. 48-50

o.V. (1998a), Keine Zeit für innovative Ideen, in: io Management Zeitschrift, 67 (1998) 6, S. 7

o.V. (1998b), Aufregung in Japan über den Daimler-Deal, in: Handelsblatt Nr. 88, 8/9.5.1998, S. 11

o.V. (1998c), Die Megafusion ist beschlossen, in: Handelsblatt Nr. 88, 8/9.5.1998, S. 1

Oetinger, .B.v. (Hrsg., 1994), Das Boston Consulting Group Strategie-Buch (2.Aufl.), Düsseldorf u.a. 1994

Ohno, T. (1993), Das Toyota Produktionssystem, Frankfurt 1993

Orlikowski, W.J. (1996), Improvising organizational Transformation over Time: A situated Change Perspective, in: Information Systems Research, 7 (1996) March, S. 63-92

Orlikowski, W.J., Hofman, J.D. (1997), An improvisational Model for Change Management: The Case of Groupware Technologies, in: Sloan Management Review, 38 (1997) Winter, S. 11-21

Ortmann, H. (1996), Der Alltag, die Zeit und das Nicht-Alltägliche, Frankfurt a.M. 1996

Osterhold, G. (1996), Veränderungsmanagement, Wiesbaden, New York 1996

Osterloh, M., Frost, J. (1998), So wird Reengineering zum Erfolg, in: Gablers Magazin, 11 (1998) 4, S. 39-41

Ottaway, R.N. (1979), Change Agents at Work, London 1979

Ottaway, R.N. (1983), The Change Agent: A Taxonomy in Relation to the Change Process, in: Human Relations, (1983) 4, S. 361-392

Paashuis, V. (1998), The Organisation of integrated Product Development, London u.a. 1998

Paflik, H. (Hrsg., 1987), Das Phänomen Zeit in Kunst und Wissenschaft, Weinheim 1987

Parker, S.P. (Hrsg., 1987), McGraw-Hill Encyclopedia of Science and Technology, Vol. 18, New York u.a. 1987

Parson, T. (1951), The social System, Glencoe/Ill. 1951

Parson, T. (1960), Structure and Process in modern Society, New York 1960

Patzak, G., Rattay, G. (1997), Projektmanagement: Leitfaden zum Management von Projekten, Projektportfolios und projektorientierten Unternehmen (2.Aufl.), Linde, Wien 1997

Pautzke, G. (1989), Die Evolution der organisatorischen Wissensbasis. Bausteine zu einer Theorie des organisationalen Lernens, München 1989

Pawlow (1972), Die bedingten Reflexe, München 1972 (Orginal: "Conditioned Reflexes", London 1927)

Pawlowsky, P. (1992), Betriebliche Qualifikationsstrategien und organisationales Lernen, in: Staehle, W.H., Conrad, P. (Hrsg., 1992), S. 177-238

Pawlowsky, P. (1994), Wissensmanagement in der lernenden Organisation, Habilitationsschrift an der Universität Paderborn, Paderborn 1994

Payk, T.R. (1989), Zeit - Lebensbedingung, Anschauungsweise oder Täuschung?, in: Wendorff, R. (Hrsg.), Im Netz der Zeit. Menschliches Zeiterleben interdisziplinär, Hirzel Wissenschaftliche Verlagsgesellschaft Edition Universitas, Stuttgart 1989, S. 69-78.

Pedler, M., Boydell, T., Burgoyne, J. (1994), Auf dem Weg zum "Lernenden Unternehmen", in: Sattelberger, T. (Hrsg.), Die Lernende Organisation (2.Aufl.), Gabler, Wiesbaden 1994, S. 57-66

Pedler, M., Burgoyne, J., Boydell, J. (1991), The Learning Company: A Strategy for sustainable Development, McGraw-Hill, Maidenhead 1991

Peisl, A., Mohler, A. (1983), Die Zeit, Oldenbourg, München/Wien 1983

Pellegrinelli, S., Bowman, C. (1994), Implementing Strategy through Projects, in: Long Range Planning, 27 (1994) 4, S. 125-132

Perich, R. (1992), Unternehmensdynamik: Zur Entwicklungsfähigkeit von Organisationen aus zeitlich-dynamischer Sicht., Bern, Stuttgart, Wien 1992

Perillieux, R. (1987), Der Zeitfaktor im strategischen Technologiemanagement: früher oder später Einstieg bei technischen Produktinnovationen, Berlin 1987

Perlitz, M., Offinger, A., Reinhardt, M. (1995), Business Process Reengineering - Ergebnisse einer empirischen Studie, Arbeitspapier an der Universität Mannheim, Mannheim 1995

Perlitz, M., Offinger, A., Reinhardt, M., Schug, K. (1996a) , Reengineering - Projekte erfolgreich umsetzen - Ergebnisse einer Erfolgsfaktorenstudie, in: Perlitz, M., Offinger, A., Reinhardt, M, Schug, K. (Hrsg., 1996), S. 181-208

Perlitz, M., Offinger, A., Reinhardt, M., Schug, K. (1996b), BPR - ein integrativer Ansatz, in: Perlitz, M., Offinger, A., Reinhardt, M, Schug, K. (Hrsg., 1996), S. 341-360

Perlitz, M., Offinger, A., Reinhardt, M., Schug, K. (Hrsg., 1996), Reengineering zwischen Anspruch und Wirklichkeit. Ein Managementansatz auf dem Prüfstand, Wiesbaden 1996

Peters, T., Waterman, R. (1982), In Search of Excellence, New York 1982

Peterson, D.W., Eberlein, R.L. (1994), Reality Check: A Bridge between Systems Thinking and System Dynamics, in: System Dynamics Review, 19 (1994) 2/3, S. 159-174

Pettigrew, A.M. (1980), The Politics of organisational Change, in: Anderson, N.B. (Hrsg., 1980)

Pettigrew, A.M. (1985), The Awakening Giant. Continuity and Change in Imperical Chemical Industries, Oxford 1985

Pettigrew, A.M. (1987), Context and Action in the Transformation of the Firm, in: Journal of Management Studies, 24 (1987) 6, S. 649-670

Pettigrew, A.M. (1991), The Politics of organisation Decision Making (2.Aufl.), London 1991

Pettigrew, A.M., Whipp, R. (1993), Strategic Change Capabilities, in: Lorange, P. u.a. (Hrsg., 1993), S. 3-42

Pfeffer, J. (1981), Power in Organizations, Marshfield/Mass. 1981

Pfohl, H.C., Linn, N., Kunz, T. (1989), Zum Problem der Unabhängigkeit der Erfolgsmessung von Reorganisationsprozessen, in: Journal für Betriebswirtschaft, (1989), 4/5, S. 220-243

Pfohl, H.C., Zöllner, W. (1991), Effizienzmessung in der Logistik, in: Die Betriebswirtschaft, 51 (1991) 3, S. 323-339

Picot, A. (1990), Organisation, in: Vahlen (Hrsg., 1990), S. 99-163

Picot, A., Böhme, M. (1996), Zum Stand der prozeßorientierten Unternehmensgestaltung in Deutschland, in: Nippa, M., Picot, A. (Hrsg., 1996), S. 227-247

Picot, A., Dietl, H., Franck, E. (1997), Organisation: eine ökonomische Perspektive, Stuttgart 1997

Pieske, R. (1997), Kundenzufriedenheit im Focus von Reengineering und lernender Organsiation, in: Riekhof, H.C. (Hrsg., 1997), S. 63-84

Pindyck, R.S., Rubinfeld, D.L. (1998), Microeconomics (4. Aufl.), Upper Saddle River/ NJ 1998

Polanyi, M. (1985), Implzites Wissen, Frankfurt 1985

Ponthoff, E. (Hrsg, 1980), RKW-Handbuch Führungstechnik und Organisation Aachen 1980

Pöppel, E. (1978), Time Perception, in: Handbook of Sensory Physiology, Vol VIII, Berlin, New York, u.a. 1978

Pöppel, E. (1983), Erlebte Zeit und die Zeit überhaupt: Versuch einer Integration, in: Peisl, A., Mohler, A. (Hrsg., 1983), S. 369-382

Porter, M.E. (1996), Wettbewerbsvorteile: Spitzenleistungen erreichen und behaupten (4. Aufl.), Frankfurt 1996

Porter, M.E. (1997), Wettbewerbsstrategie: Methoden zur Analyse von Branchen und Konkurrenten (9. Aufl.), Frankfurt/Main 1997

Portner, F., Beaven, J. (1994), The latest business buzzword, in: Mortage Banking, (1994) 1, S. 55-63

Prabhu, N.U. (1998), Stochastic storage Processes: Queues, Insurance Risk, Dams and Data Communication, New York u.a. 1998

Pretty, J.N. (1995), A Trainer's Guide for participatory Learning and Action, Londen 1995

Prigogine, I. (1979), Vom Sein zum Werden, München, Zürich 1979

Prigogine, I., Stengers, I. (1984), Order out of Chaos. Man's new Dialogue with Nature, New York u.a. 1984

Probst, G.J.B. (1987), Selbst-Organisation. Ordnungsprozesse in sozialen Systemen aus ganzheitlicher Sicht, Berlin 1987

Probst, G.J.B. (1992), Organisation: Strukturen, Lenkungsinstrumente, Entwicklungsperspektiven, Landsberg/Lech 1992

Probst, G.J.B., Büchel, B. (1994), Organisationales Lernen. Wettbewerbsvorteil der Zukunft, Wiesbaden 1994

Probst, G.J.B., Gomez, P. (1991), Die Methodik des vernetzten Denkens zur Lösung komplexer Probleme, in: Probst, G.J.B., Gomez, P. (Hrsg., 1991a), S. 3-22

Probst, G.J.B., Gomez, P. (1997), Vernetztes Denken - Die Methodik des vernetzten Denkens zur Lösung komplexer Probleme, in: Hahn, D., Taylor, B. (Hrsg., 1997), S. 934-952

Probst, G.J.B., Gomez, P. (Hrsg., 1991a), Vernetztes Denken. Ganzheitliches Führen in der Praxis (2. Aufl.), Gabler, Wiesbaden 1991

Pulczynski, J. (1991), Interorganisationales Innovationsmanagement - Eine kritische Analyse des Forschungsprojektes Growian, Kiel 1991

Pümpin, C. (1992), Das Dynamik Prinzip. Zukunftsorientierungen für Unternehmer und Manager, Düsseldorf, Wien 1992

Pümpin, C., Imboden, C. (1991), Unternehmungs-Dynamik. Wie führen wir Unternehmungen in neue Dimensionen, Bern 1991

Pümpin, C., Prange, J. (1991), Management der Unternehmensentwicklung - Phasengerechte Führung und der Umgang mit Krisen, Frankfurt, New York 1991

Purser, R.E. (1986), Zeit in Organisationen: Die geheimnisvolle Dimension - Grundprobleme des Zeitbewußtseins in modernen Organisationen, in: gdi-impuls, (1986), S. 41-46

Quinn, J.B. (1978), Strategic Change: Logical Incrementalism, in: Sloan Management Review, 20 (1978) Fall, S. 7-21

Quinn, J.B. (1980), Strategies for Change. Logical Incrementalism, Homewood 1980

Quinn, R.E., Cameron, K.S. (1983), Organizational Life Cycles and shifting Criteria of Effectiveness: Some preliminary Evidence, in: Management Science, 29 (1983) 1, S. 33-51

Raffeé, H., Abel, B. (1979), Wissenschaftstheoretische Grundfragen der Wirtschaftswissenschaften, München 1979

Raffée, H., Sauter, B., Silberer, G. (1973), Theorie der kognitiven Dissonanz und Konsumguter-Marketing: Der Beitrag der kognitiven Dissonanz zur Erklärung und Gestaltung von Kaufentscheidungen bei Konsumgütern, Wiesbaden 1973

Raiser, H. (1983), Systemtheoretische Untersuchung bürokratischer und partizipativer Organisationsformen, Spardorf 1983

Ranson, S., Hinings, C.R., Greenwood, R. (1980), The Structuring of Organization Structures, in: Administrative Science Quarterly, 25 (1980) 1, S. 1-17

Rappaport, A. (1995), Shareholder Value: (Wertsteigerung als Maßstab für die Unternehmensführung, Stuttgart 1995

Raven, B.H.Kruglansky, A.W. (1970), Conflict and Power, in: Swingle, P.(Hrsg. 1970)

Rechtschaffen, S. (1993), Time-Shifting, in: Psychology Today, (1993) 11-12, S. 32-37

Reed, M., Huges, M. (Hrsg., 1992), Rethinking Organization, London et al. 1992

Regenscheid, U. (1997), Die meisterhafte Zeitvermehrung: Wege zum bewußten Umgang mit der Zeit - Zeitmanagement als Gestaltungschance, Würzburg, München 1997

Reichwald, R. (1990), Entwicklungszeiten als wettbewerbsentscheidender Faktor für den langfrisitgen Erfolg eines Industriebetriebes, in: Reichwald, R. , Schmelzer, H.J.(Hrsg., 1990), S. 9-25

Reichwald, R. , Schmelzer, H.J. (Hrsg., 1990), Durchlaufzeiten in der Entwicklung. Praxis des industriellen F&E Managements, München 1990

Reinhardt, R. (1993), Das Modell organisationaler Lernfähigkeit und die Gestaltung lernfähiger Organisationen, Frankfurt a.M. u.a. 1993

Reiß, M. (1989), Die Früherkennungseffizienz des Gemeinkosten-Managements, in: Hax, H., Kern, W. Schröder, H.-H. (Hrsg.), Zeitaspekte in betriebswirtschaftlicher Theorie und Praxis, Stuttgart 1989, S. 89-102

Reiß, M. (1992), Mit Blut, Schweiß und Tränen zur schlanken Organisation, in: Harvard Manager, 14 (1992) 2, S. 57-62

Reiß, M. (1993), Erfolgreiche Gruppenarbeit nur via professionelle Einführung, in: Personalführung, 26 (1993) 9, S. 772-779

Reiß, M. (1993a), Führungsaufgabe Implementierung, in: Personal, 45 (1993) 12, S. 551-555

Reiß, M. (1993b), Komplexitätsmanagement II, in: Wirtschaftsstudium, 22 (1993) 2, S. 132-137

Reiß, M. (1993c), Die Rolle der Personalführung im Lean Management, in: Zeitschrift für Planung, 7 (1993) 2, S. 171-194

Reiß, M. (1993d), Komplexitätsmanagement I, in: Wirtschaftsstudium, 22 (1993) 1, S. 54-60

Reiß, M. (1994a), Reengineering: radikale Revolution oder realistische Reform?, in: Horvárth, P. (Hrsg., 1994a), S. 9-26

Reiß, M. (1994b), Komplexität beherrschen durch „ORGA-TUNING", in: Reiß, M., Gassert, H., Horvarth, P. (Hrsg., 1994), S. 2-41

Reiß, M. (1994c), Mit Blut, Schweiß und Tränen zur schlanken Organisation, in: Steinle, C. (Hrsg., 1994)

Reiß, M. (1995), Implementierung, in: Corsten, H., Reiß, M. (Hrsg., 1995), S. 291-301

Reiß, M. (1995a), Projektmanagement, in: Kern, W., Schröder, H.-H., Weber, J. (Hrsg., 1995), Sp. 1656-1668

Reiß, M. (1995b), Implementierungsarbeit im Spannungsfeld zwischen Effektivität und Effizienz, in: Zeitschrift für Organisatiton, 64 (1995) 5, S. 278-282

Reiß, M. (1995c), Projektmanagement, in: Corsten, H., Reiß, M. (Hrsg., 1995), S. 447-458

Reiß, M. (1996), Organisatorische und personelle Barrieren. Virtuelle Unternehmung, in: Office Management, 44 (1996) 5, S. 10-13

Reiß, M. (1997), Virtuelle Organisationen auf dem Prüfstand, in: VDI-Zeitschrift, 139 (1997) 1/2, S. 24-27

Reiß, M. (1997a), Change Management als Herausforderung, in: Reiß, M., Rosenstiel, L., Lanz, A. (Hrsg., 1997), S. 5-30

Reiß, M. (1997b), Aktuelle Konzepte des Wandels, in: Reiß, M., Rosenstiel, L., Lanz, A. (Hrsg., 1997), S. 31-90

Reiß, M. (1997c), Optimierung des Wandels, in: Reiß, M., Rosenstiel, L., Lanz, A. (Hrsg., 1997), S. 123-144

Reiß, M. (1997d), Instrumente der Implementierung, in: Reiß, M., Rosenstiel, L., Lanz, A. (Hrsg., 1997), S. 91-108

Reiß, M. (1997e), Chancen- und Risikenmanagement im Change Management, in: Reiß, M., Rosenstiel, L., Lanz, A. (Hrsg., 1997), S. 109-122

Reiß, M. (1998a), Integrierte Organisations- und Personalarbeit, Unveröffentlichtes Lehrstuhlmaterial des Lehrstuhls für Organisationslehre und allgemeine Betriebswirtschaftslehre der Universität Stuttgart, Stuttgart 1998

Reiß, M., Beck, T. (1994), Mass Customization - ein Weg zur wettbewerbsfähigen Fabrik, in: Zeitschrift für wirtschaftliche Fertigung und Automatisierung, 89 (1994) 11, S. 570-573

Reiß, M., Gassert, H., Horvarth, P. (Hrsg., 1994), Komplexität meistern, Wettbewerbsfähigkeit sichern, Stuttgart 1994

Reiß, M., Morelli, F. (1994), Projektmanagement im Zeichen von Lean Management, in: Office Management, (1994) 3, S. 54-58

Reiß, M., Rosenstiel, L., Lanz, A. (Hrsg., 1997), Change Management, Programme, Projekte und Prozesse, Stuttgart 1997

Reiß, M., Zeyer, U. (1994), Widerstände vermeiden durch Opportunismus, in: io Management, 63 (1994) 7-8, S. 87-90

Reiß, W. (1998), Mikroökonomische Theorie: historisch fundierte Einführung, München 1998

Rennings, K. (1997), A regulatory Framework for a policy of Sustainability: Lessons from the neo-liberal School, Mannheim 1997

Renschler, A., Brunner, P. (1997), Das fünffach Neue, in: Fischer, H.-P. (Hrsg., 1997), S. 152-171

Revers, W.J. (1985), Psyche und Zeit: Das Problem des Zeierlebens in der Psychologie, Salzburg 1985

Richmond, B. (1993), Systems Thinking: Critical Thinking Skills for the 1990s and beyond, in: System Dynamics Review, 9 (1993) 2, S. 113-133

Richmond, B. (1994), Systems thinking/system dynamics: let's just get on with it, in: System Dynamics Review, 10 (1994) 2/3, S. 135-157

Richter, F.-J. (1995), Die Selbstorganisation von Unternehmen in strategischen Netzwerken. Bausteine zu einer Theorie des evolutionären Managements, Frankfurt a.M. 1995

Rieck, C. (1993), Spieltheorie: Einführung für Wirtschafts- und Sozialwissenschaftler, Wiesbaden 1993

Riekhof, H.C. (1997a), Die Idee des Geschäftsprozesses: Basis der lernenden Organisation, in: Riekhof, H.C. (Hrsg., 1997), S. 7-28

Riekhof, H.C. (1997b), Geschäftsprozesse und die Beschleunigung von Innovationszyklen, in: Riekhof, H.C. (Hrsg., 1997), S. 123-138.

Riekhof, H.C. (Hrsg., 1997), Beschleunigung von Geschäftsprozessen: Wettbewerbsvorteile durch Lernfähigkeit: Mit Fallstudien v. AFG, Bosch, Phoenix, Siemens, Volkswagen, Wuerth, Stuttgart 997

Rifkin, J. (1989), Time Wars, New York 1989

Robbins, S.P. (1998), Organizational Behavior: Concepts, Controversies, Applications (8. Aufl.), Upper Saddle River/NY 1998

Roberts, N., u.a. (1983), Introduction to Computer Simulation - A System Dynamics Modelling Approach, Reading/MA 1983

Roggenkamp, V. (1993), Gegen die Uhr, in: Die Zeit, 31.12.1993, S. 56

Rohe, C. (1998), Risiko- und Erfolgsfaktor Nr. 1: Implementierung, in: Spalink, H. (Hrsg., 1998), S. 13-21

Röhrig, L. (1997), Einführung von systematischen Regelkreisen und ihr Einfluß auf die wahrgenommene Arbeitssituation, Dissertation an der Universität Essen, Essen 1997

Romanelli, E., Tushman, M.L. (1994), Organizational Transformation as punctuated Equilibrum: an empirical Test, in: Academy of Management Journal, 37 (1994) 5, S. 1141 - 1166

Rosenstiel, L. von (1997), Verhaltenswissenschaftliche Grundlagen von Veränderungsprozessen, in: Reiß, M., Rosenstiel, L., Lanz, A. (Hrsg., 1997), S. 191-212

Rosenstiel, L. von, Molt, W., Rüttinger, B. (1995), Organisationspsychologie (8.Aufl.), Stuttgart u.a. 1995

Roters, M. (1989), Komplexität und Dynamik als Einflußgrößen der Effizienz von Organisationen, Frankfurt 1989

Roth, S. (1997), Neue Denkweisen statt wechselnde Konzepte, in: Maier, P. (Hrsg., 1997a), S. 37-68

Rudolph, H. (1997), Wie lernt das "lernende Unternehmen"?, in: Zeitschrift Führung und Organisation, 66 (1997) 4, S. 202-205

Rüegg-Stürm, J. (1998), Neuere Systemtheorie und unternehmerischer Wandel, in: die Unternehmung, 52 (1998) 1, S. 3-17

Rüegg-Stürm, J. (1998a), Implikationen einer systemisch-konstruktivistischen „Theory of the Firm" für das Management von tiefgreifenden Veränderungsprozessen, in: die Unternehmung, 52 (1998) 2, S. 81-88

Saalbach, K.-P. (1996), Das Konzept der Transaktionskosten in der neuen Institutionenökonomik, Marburg 1996

Sachs, S. (1997), Evolutionäre Organisationstheorie, in: Die Unternehmung, 51 (1997) 2, S. 91-104

Sackmann, S. (1993), Die lernfähige Organisation: Theoretische Überlegungen, gelebte und reflektierte Praxis, in: Fatzer, G. (Hrsg., 1993), S. 227-254

Sattelberger, T. (1996), Unternehmerisches Personalmanagement, in: Perlitz, M., Offinger, A., Reinhardt, M, Schug, K. (Hrsg., 1996), S. 61-88

Sattelberger, T. (Hrsg., 1994), Die Lernende Organisation (2.Aufl.), Wiesbaden 1994

Sattelberger, T. (Hrsg., 1996a), Human Resource Management im Umbruch: Positionierung, Potentiale, Perspektiven, Wiesbaden 1996

Schad, W. (1993), Vom Verstehen der Zeit, in: Kniebe, G. (Hrsg., 1993), S. 233-275

Schaffer, R.H., Thomson, H.A. (1996), Successful Change Programs begin with Results, in: Champy, J., Nohria, N. (Hrsg., 1996), S. 141-156

Scharfenberg, H. (1997), Implementierungsmanagement - effektiv und effizient, in: Nippa, M., Scharfenberg, H. (Hrsg., 1997), Wiesbaden 1997, S. 11-18

Scheer, A.-W., Hagemeyer, J., Schmidt, Y. (1997), Von der Idee zur Sollprozeßgestaltung, in: Office Management, 45 (1997) 10, S. 29-34

Schein, E.H. (1977), Individual Power and political Behaviors, in: Academy of Management Review, (1977) 2, S. 64-72

Schein, E.H. (1997), Wenn das Lernen im Unternehmen wirklich gelingen soll, in: Harvard Business Manager, 19 (1997) 3, S. 61-73

Scherer, A.G., Beyer, R. (1998), Der Konfigurationsansatz im Strategischen Management - Rekonstruktion und Kritik, in: Die Betriebswirtschaft, 58 (1998) 3, S. 332-347

Schertler, W. (1995), Unternehmensorganisation(6.Aufl.), München u.a. 1995

Scheurer, S. (1997), Strategische Steuerung zwischen Planung und Selbstorganisation, in: Die Unternehmung, 51 (1997) 3, S. 215-236

Scheurer, S. (1997a), Bausteine einer Theorie der strategischen Steuerung von Unternehmen. Betriebswirtschaftliche Forschungsergebnisse, Band 106, Berlin 1997

Scheurer, S., Zahn, M. (1998), Organisationales Lernen, in: Zeitschrift Führung und Organisation, 67 (1998) 3, S. 174-180

Schewe, R., Hill, P., Esser, E. (1993), Methoden der empirischen Sozialforschung, München,Wien 1993

Schinzer, H.D., Bange, C. (1998), Data Mining (Teil 1), in: IS Report, 2 (1998) 5, S. 6-13

Schleef, H. (1997), Jenoptik - Business Reengineering eines planwirtschaftlichen Unternehmens, in: Maier, P. (Hrsg., 1997a), S. 149-167

Schmelzer, H.J. (1992), Organisation und Controlling von Produktentwicklungen - Praxis des wettbewerbsorientierten Entwicklungsmanagements, Stuttgart 1991

Schmid, S. (1987), Der radikale Konstruktivismus: Ein neues Paradigma für den interdisziplinären Diskurs, in: Schmid, S. (Hrsg., 1987a), S. 11-88

Schmid, S. (1987a), Der Diskurs des radikalen Konstruktivismus, Frankfurt a.M 1987

Schmidt, H.-J. (1996), Analyse der Ausgangssituation: Aufgaben und Tätigkeiten, in: Bullinger, H.-J., Warnekte, H.J. (Hrsg., 1996), S. 1023-1031

Schneider, D. (1996), Biologische Vorbilder für eine evolutorische Theorie der Unternehmung?, in: Zeitschrift für betriebswirtschaftliche Forschung, 48 (1996) 12, S. 1098-1114

Schneider, J. (1997), Change Management: vom Prozeßreengineering zur Unternehmenstransformation, in: Riekhof, H.C. (Hrsg., 1997), S. 89-101

Schnyder, A.B. (1998), Corporate Identity als Programm zur Kulturentwicklung, in: Zeitschrift Führung und Organisation, 67 (1998) 2, S.101-106

Scholl, W., Gerl, K., Paul, G. (1978), Berdürfnisartikulation und Bedürfnisberücksichtigung in Unternehmen - Theoretische Ansätze zur Analyse der Mitbestimmungsregelungen, in: Bartölke, K. u.a. (Hrsg., 1978), S. 157-172

Scholz, C. (1992), Effektivität und Effizienz, organisatorische, in: Frese, E. (Hrsg., 1992a), Sp. 533-552

Scholz, C. (1994), Personalmanagement: informationsorientierte und verhaltenstheoretische Grundlagen (4. Aufl.), München 1994

Scholz, C. (1997), Strategische Organisation: Prinzipien zur Vitalisierung und Virtualisierung, Landsberg/Lech 1997

Scholz, R. (1995), Geschäftsprozeßotimierung: Crossfunktionale Rationalisierung oder strukturelle Reorganisation (2. Aufl.), Bergisch Gladbach, Köln 1995

Schräder-Naef, R. D. (1989), Die Zeit als Belastung?, in: Wendorff (Hrsg., 1989), S. 17-26

Schreyögg, A. (1998), Coaching: eine Einführung für Praxis und Ausbildung, Frankfurt 1998

Schreyögg, G. (1990), Organisation V: Politische und symbolische Prozesse in Organisationen, Arbeitsheft der Fernuniversität Hagen, Hagen 1990

Schreyögg, G. (1996), Organisation: Grundlagen moderner Organisationsgestaltung, Wiesbaden 1996

Schreyögg, G., Noss, C. (1995), Organisatorischer Wandel: Von der Organisationsentwicklung zur Lernenden Organisation, in: Die Betriebswirtschaft, 55 (1995) 2, S. 169-185

Schreyögg, G., Sydow, J. (Hrsg., 1997), Gestaltung von Organisationsgrenzen, Berlin 1997

Schuh, G., Schwenk, U., Speth, C. (1998), Komplexitätsmanagement im St. Galler Management-Konzept, in: io Management Zeitschrift, 67 (1998) 3, S. 78-85

Schui, H. (1997), Wollt Ihr den totalen Markt: der Neoliberalismus und die extreme Rechte, München 1997

Schuler, R.S., Jackson, S.E. (1998), Managing Organizational Changes and the Role of Human Resource Management in: Berndt, R. (Hrsg., 1998), S. 395-418

Schüppel, J. (1994), Organisationslernen und Wissensmanagement, in: Geissler, H. (Hrsg., 1994), S. 185-219

Schuppli, U.N. (1998), "Change Management" - doe Vorgesetzten in einer Schlüsselrolle, in: io Management Zeitschrift, 67 (1998) 6, S. 46-53

Schüren, P. (1997), Arbeitsrecht als Bestandteil strategischer Planung von Veränderungen im Unternehmen: Innovative Personalanpassung als Beipiel, in: Reiß, M., Rosenstiel, L., Lanz, A. (Hrsg., 1997), S. 159-170

Schuster, H. (1997), Die stille Revolution bei Volkswagen, in: Maier, P. (Hrsg., 1997a), S. 111-114

Schwarz, G. (1989), Unternehmungskultur als Element des strategischen Managements, Berlin 1989

Schwickert, A.C. (1995), Speed Management durch IuK-Systeme, München 1995

Schwiegershausen, M. (1997), Ein Verfahren zur Optimierung heterogener Multiprozessorsysteme mittels linearer Programmierung, Düsseldorf 1997

Schwuchow, K., Gutmann, J., Scherer, H.-P. (Hrsg., 1994), Jahrbuch Weiterbildung, Düsseldorf 1994

Scott, M. (1993), Zeitgewinn durch Selbstmanagement: Schlankheitkur für Zeitfresser, Frankfurt u.a. 1993

Scott, W.R. (1992), Organizations. Rational, natural, and open Systems (3. Aufl.), Englewood Cliffs 1992

Scott-Morgan, P. (1994), The unwritten Rules of the Game: Master them, shatter them and break through the Barrier of organizational Change, New York u.a. 1994

Scott-Morgan, P. (1994a), Die heimlichen Spielregeln. Die Macht der ungeschriebenen Gesetze im Unternehmen, Frankfurt a.M. 1994

Segler, T. (1985), Evolution von Organisationen, Frankfurt a.M. 1985

Seibt, F. (1983), Die Zeit als Kategorie der Geschichte und als Kondition des historischen Sinns, in: Peisl, A., Mohler, A. (Hrsg., 1983), S. 145-188

Seidel, E. (1987), Indikatoren der Organisationseffizienz: Betriebswirtschaftliche Begleitforschung eines Organisationsentwicklungsprojektes in der mittelständischen Industrie, in: Zeitschrift Führung und Organisation, 56 (1987) 3, S. 172-178

Seidenbiedel, C. (1996), Der Sozialstaat im Gefangenendilemma: eine ökonomische Untersuchung der Anwendungsmöglichkeiten spieltheoretischer Modelle auf Fragestellungen der Sozialstaatdiskussion, Marburg 1996

Seifert, E.G. (Hrsg., 1988), Ökonomie und Zeit. Beiträge zur interdisziplinären Zeitökonomie. Arnoldshainer Schriften zur Interdisziplinären Ökonomie, Bd.15, Frankfurt a.M 1988

Seitz (1988), Aktuelle Entwicklungstendenzen der Konjunkturforschung, in: Ifo-Studien, (1988) 34, S. 161-173

Seiwert, L.J. (1997), Das neue 1x1 des Zeitmanagement, Offenbach 1996

Senge, P. (1990), The fifth Discipline: The Art and Practice of the Learning Organization, New York 1990

Senge, P. (1990a), The Leader's new Work: Building Learning Organizations, in: Sloan Management Review, 31 (1990) 4, S. 7-23

Senge, P. (1991), The Learning Organization made plain, in: Training and Development, (1991) 10, S. 37-44

Senge, P. (1994), The fifth Discipline Fieldbook, New York 1994

Sepp, H.M. (1996), Strategische Frühaufklärung: eine ganzheitliche Konzeption aus ökologieorientierter Perspektive, Wiesbaden 1996

Servatius, H.-G. (1991), Vom Strategischen Management zur evolutionären Führung. Auf dem Weg zu einem ganzheitlichen Denken und Handeln, Stuttgart 1991

Servatius, H.-G. (1994), Reengineering-Programme umsetzen, Stuttgart 1994

Servatius, H.-G. (1994a), Evolutionäre Führung in chaotischen Umfeldern, in: Zeitschrift Führung und Organisation, 63 (1994) 3, S. 157-164

Sevcenko, V.N. (1997), Qualitative Topics in integer linear Programming, Providence 1997

Shimizu, K. (1994), Japan - Das Ende des Toyotismus, in: Manager Magazin, 24 (1994) 8, S. 20-25

Shrivastava, P. (1983), A Typology of Learning Systems, in: Journal of Management Studies, 20 (1983) 1, S. 7-20

Shrivastava, P. (1986), Learning Structures for Top Management, in: Human Systems Management, 6 (1986), S. 35-44

Shumsky, R.A. (1998), Optimal Updating of Forecasts for the Timing of Future Events, in: Management Science, 44 (1998) 3, S. 321-335

Sierksma, G. (1996), Linear and Integer Programming: Theory and Practice, New York 1996

Simon, H. (1989a), Die Zeit als Strategischer Erfolgsfaktor, in: Hax, H., Kern, W., Schröder H. (Hrsg., 1989), S. 117-130

Skinner, B.F. (1973), Jenseits von Freiheit und Würde, Reinbeck 1973

Smith, A. (1937), The Wealth of Nations, New York 1937 (Orig. 1776)

Sommer, O. (1994), Krisen erfolgreich bewältigen, in: Gablers Magazin, (1994) 6/7, S. 42-44

Song, L. (1997), Design and Implementation of an agile Manufacturing System, Ann Arbor/Mich. 1997

Soukup, C., Fischer, H.-P. (1997), Kontexteingriffe plazieren, in: Fischer, H.-P. (Hrsg.), Die Kultur der schwarzen Zahlen: das Fieldbook der Unternehmenstransformation bei Mercedes Benz, Stuttgart 1997, S. 55-69

Spaling, H. (Hrsg., 1998), Werkzeuge für das Change Management: Prozesse erfolgreich optimieren und implementieren, Frankfurt a.M. 1998

Spalink, H. (1998a), Das Management der Implementierung, in: Spalink, H. (Hrsg., 1998), S. 95-112

Spender, J.-C. (Hrsg., 1996), Scientific Management: Frederick Winslow Taylor's Gift to the World?, Boston 1996

Sperling, H.J. (1997), Restrukturierung von Unternehmens- und Arbeitsorganisation - eine Zwischenbilanz; Trend-Report, Partizipation und Organisation, Marburg 1997

Staehle, W.H. (1994), Management: eine verhaltenswissenschaftliche Perspektive (7.Aufl.), München 1994

Staehle, W.H., Conrad, P. (Hrsg., 1992), Managementforschung 2, Berlin, New York 1992

Staehle, W.H., Sydow, J. (Hrsg., 1991), Managementforschung I, Berlin, New York 1991

Stähler, F. (1996), Markov Perfection and Cooperation in repeated Games, Kiel 1996

Stalk, G. (1988), Time - The next source of competitive Advantage, in: Harvard Business Review, 66 (1988) 7-8, S. 41-51

Stalk, G. (1994), Zeitwettbewerb: Reaktionsgeschwindigkeit: 4 Regeln, in: Oetinger, B.v. (Hrsg., 1994), S. 574-576

Stalk, G., Hout, T.M. (1990), Zeitwettbewerb. Schnelligkeit entscheidet auf den Märkten der Zukunft, Frankfurt a.M.. 1990

Stalk, G., Hout, T.M. (1997), Competing against Time, in: Carnall, C.A. (Hrsg., 1997), S. 187-200

Stalk, G., Webbert, A.M. (1993), Japan's dark side of time, in: Harvard Business Review, 71 (1993) Jul.-Aug., S. 93-102

Stamm, M. (1998), Controlling als Managementsinstrument für den organisatorischen Wandel, in: Spaling, H. (Hrsg., 1998), S. 143-180

Stanke, L., Ritsert, H.-J. (1994), Zeit als Kategorie der Sozialwissenschaften - Eine Einführung, Münster 1994

Steers,R.M., Black, J.S. (1996), Organizational Behavior (5. Aufl.), New York 1996

Stein, F. (1987), Die Theorie der kognitiven Dissonanz und die Selbstwahrnehmungstheorie als Paradigma der Einstellungsforschung -Eine Vergleichsanalyse konsistenz- und attributionszentrierter Ansätze, Schriften aus dem Arbeitskreis Betriebswirtschaftliche Verhaltensforschung der Universität Paderborn, Paderborn 1987

Steinbach, R. (1997), Integratives Qualitäts-, Zeit- und Kostenmanagement: Entwicklung und Implementierung eines ganzheitlichen Managementkonzeptes, Frankfurt u.a. 1997

Steinbuch, P.A. (1998), Prozeßorgansiation - Business Reengineering - Beispiel R/3, Ludwigshafen/Rhein 1998

Steiner, M., Tebroke, H.-J. (1998), Sharholder-Value-Konzepte für das Management von Unternehmen im dynamischen Umfeld in: Berndt, R. (Hrsg., 1998), S. 319-332

Steinle, C. (1994), Lean Management - Visionen, Konzepte, Erfahrungen, Hannover 1994

Steinle, C., Kirschbaum, V. (1997), Schlank und Schnell durch Zeitmanagement - Empirische Erfahrungen, in: Der Betriebswirt, 57 (1997) 1, S. 20-23

Steinle, K. (1985), Organisation und Wandel, Berlin, New York u.a. 1985

Stewart, A.M. (1997), Mitarbeitermotivation durch empowerment: mehr Kompetenzen, bessere Arbeitsergebnisse, Niedernhausen/Ts. 1997

Störig, H. J. (1990), Kleine Weltgeschichte der Philosophie (15. Aufl.), Stuttgart, Berlin, Köln 1990

Strasmann, J. (1996), Kernkompetenzen: was ein Unternehmen wirklich erfolgreich macht, Stuttgart 1996

Strebel, P. (1998), Überraschende Lösungen sind oft die besten, in: Handelsblatt Nr. 120, 26./27.9.1998, S. K7-K8

Streich, R.K. (1997), Veränderungsprozeßmanagement, in: Reiß, M., Rosenstiel, L., Lanz, A. (Hrsg., 1997), S. 237-256

Striening, H.-D. (1988), Prozeßmanagement: Versuch eines integrierten Konzeptes situationsadäquater Gestaltung von Verwaltungsprozessen - dargestellt am Beispiel in einem multinationalen Unternehmen - IBM Deutschland GmbH, Frankfurt a.M. 1988

Sundhoff, E. (1979), Dreihundert Jahre Handelswissenschaft, Göttingen 1979

Swingle, P. (Hrsg., 1970), The Structure of Conflict, New York 1970

Sydow, J. (1985), Organisationsspielraum und Büroautomation, Berlin, New York u.a. 1985

Sydow, J. (1992), Strategische Netzwerke, Wiesbaden 1992

Széll, G. (1992), Concise Encyclopedia of Participation and Co-Management, Berlin, New York u.a. 1992

Szymanski, R. (1996), Mathematische Optimierung und betriebliche Anwendungen, Berlin 1996

Talwar, R. (1997), Business Reengineering - A Strategy-driven Approach, in: Carnall, C.A. (Hrsg., 1997), S. 102-129

Talyor, F.W. (1996, 1911), Principles of Scientific Management, New York 1911

Taylor, B. (1997), The New Strategic Leadership - Driving Change, Getting Results, in: Hahn, D., Taylor, B. (Hrsg., 1997), S. 174-192

Terreberry, S. (1967), The Evolution of organizational Environments, in: Administrative Science Quarterly, 12 (1967) 4, S. 590-613

Teubner, G. (1987), Hyperzyklus in Recht und Organisation. Zum Verhältnis von Selbstbeobachtung, Selbstkonstitution und Autopoise, in: Haferkamp, H., Schmid, M. (Hrsg., 1987), S. 87-128

Teubner, G. (1989), Recht als autopoietisches System, Frankfurt a.M. 1989

Teubner, G. (1990), Die vielköpfige Hydra: Netzwerke als kollektive Akteure höherer Ordnung, in: Krohn, W., Küppers, G. (Hrsg., 1990)

Theuvsen, L. (1997), Interne Organisation und Transaktionskostenansatz. Entwicklungsstand - weiterführende Überlegungen - Perspektiven, in: Zeitschrift für Betriebswirtschaft, 67 (1997) 9, S. 971-996.

Theuvsen, L. (1997a), Merkmale und Problemfelder aktueller Organisationskonzepte, in: Nippa, M., Scharfenberg, H. (Hrsg., 1997), S. 103-132

Thom, N. (1995), Change Management, in: Corsten, H., Reiß, M. (Hrsg., 1995), S. 869-879

Thom, N. (1997), Management des Wandels. Grundelemente für ein differenziertes und integriertes Change Management, in: Die Unternehmung, 51 (1997) 3, S. 201-214

Thom, N., Bayard, N. (1997), Ideenrealisierung in Innovationsprozessen - organisatorische und personalwirtschaftliche Aspekte der Implementierung, in: Nippa, M., Scharfenberg, H. (Hrsg., 1997), S. 155-166

Thomas, A.M. (1998), Coaching in der Personalentwicklung, Bern u.a. 1998

Thompson, J. (1967), Organizations in Action, New York 1967

Thorndike, E.L. (1931), Human Learning, Cambridge/Mass. 1931

Tichy, N.M. (1983), Managing strategic Change. Technical, political and cultural Dynamics, New York 1983

Tichy, N.M. (1995), Regieanweisungen für Revolutionäre. Unternehmenswandel in drei Akten, Frankfurt a.M. 1995

Tichy, N.M., Sherman, S. (1994), Control you Destiny or someone else will: Lessons in mastering Change - from the Principles Jack Welch is using to revolutionize GE, New York 1994

Tober, J. (1997), Echte Reform muß Widerstand erzeugen, in: Office Management, 45 (1997) 10, S. 36-39

Tolman, E.C. (1932), Purposive Behavior in Animals and Men, New York 1932

Töpfer, A. (1997), Erfolgreicher Übergang in die Marktwirtschaft. Empirische Analyse der Anforderung an die Führung ostdeutscher Unternehmen, in: Zeitschrift Führung und Organisation, 66 (1997) 5, S. 296-301

Töpfer, A., Mehdorn, H. (1993), Total Quality Management. Anforderungen und Umsetzung im Unternehmen (2. Aufl.), Berlin 1993

Töpfer, A., Mehdorn, H. (1995), Total Quality Management: Anforderungen und Umsetzung im Unternehmen (4. Aufl.), Neuwied 1995

Tropitzsch, H. (1997), Vorwort des Promotors, in: Fischer, H.-P. (Hrsg., 1997), S. 3-5

Türk, K. (1989), Neuere Entwicklungen der Organisationsforschung. Ein Trend-Report, Stuttgart 1989

Tushman, M.L., Nadler, D. (1986), Organizing for Innovation, in: California Management Review, 28 (1986) 3, S. 74-92

Tushman, M.L., Newman, W.H., Nadler, D.A.. (1988), Executive Leadership and organizational evolution: Managing incremental and discontinuous Change, in: Kilman, Covon, T.J. (Hrsg., 1988), S. 102-130

Tushman, M.L., O'Reilly, C.A. (1998), Unternehmen müssen auch den sprunghaften Wandel meistern, in: Harvard Business Manager, 20 (1998) 1, S. 30-44

Tushman, M.L., Romanelli, E. (1985), Organizational Evolution: A Metamorphosis Modell of Convergence and Reorientation, in: Cummings, L.L., Staw, B.M. (Hrsg., 1985), S. 171-222

Ulrich, H. (1968), Die Unternehmung als produktives soziales System, Bern, Stuttgart 1968

Ulrich, H. (1982), Die Betriebswirtschaftslehre als anwendungsorientierte Sozialwissenschaft, in: Geits, M., Köhler, R. (Hrsg., 1982), S. 1-26

Ulrich, H., Probst, G.J.B. (1984), Self-organization and Management of social Systems, Berlin, Heidelberg u.a 1984

Ulrich, H., Probst, G.J.B. (1991), Anleitung zum ganzheitlichen Denken und Handeln (3.Aufl.), Bern, Stuttgart 1991

Ulrich, P. (1983), Konsensus-Management: Die zweite Dimension rationaler Unternehmensführung, in: Betriebswirtschaftliche Forschung und Praxis, (1983), 1, S. 70-84

Ulrich, P. (1984), Systemsteuerung und Kulturentwicklung, in: Die Unternehmung, 38 (1984) 4, S. 303-325

Unterstöger, H. (1992), Bremsspuren auf dem Ziffernblatt, in: Süddeutsche Zeitung, 26.12.1992, S. 3

Üsdiken, B. (1992), The Impact of environmental Change on the Characteristics of Top Management Teams, in: British Journal of Management, 3 (1992) 4, S. 207-220

Vaghefi, R., Huellmantel, A.B. (1998), Strategic Leadership at General Electric, in: Long Range Planning, 31 (1998) 2, S. 280-294

Vahlen (Hrsg., 1990), Vahlens Kompendikum der Betriebswirtschaftslehre, Band 2 (2.Aufl.), München 1990

Varela, F.J. (1981), Describing the Logic of Living, in: Zeleny, M. (Hrsg., 1981), S. 36-48

Varela, F.J. (1984), Two Principles of Self-Organization, in: Ulrich, H., Probst, G.J. (Hrsg., 1984), S. 25-32

Varela, F.J. (1987), Autonomie und Autopoiese, in: Schmid, S. (Hrsg., 1987a), S. 119-132

Varian, H.R. (1996), Intermediate Microeconomics: a modern approach (4. Aufl.), New York 1996

Veil, P. (1995), Geschäftsprozeßmanagement als Meilenstein zur Lernenden Organsiation, Diplomarbeit am Insititut für Industrielle Produktion der Universität Karlsruhe, Karlsruhe 1995

Verband für Arbeitsstudien und Betriebsorganisaiton e.V. - Industrial Engineering (1991), IE-Offensive "Logistik und Produktivität", Deutsches IE-Jahrbuch, Darmstadt 1991

Vester, F. (1980), Neuland des Denkens, München 1980

Vester, F. (1992), Methodenhandbuch zum Sensitivitätsmodell Prof. Vester, München 1992

Vidal, M. (1995), Strategische Pioniervorteile, in: ZfB - Ergänzungsheft 1/1995, S. 43-58

Vier, C. (1996), Unternehmenstransformation und Netzwerkorganisation, Stuttgart, Wien 1996

Virilio, P. (1992), Rasender Stillstand, München, Wien 1992

von Eiff, W. (1977), Perspektiven einer Theorie und Politik der Reorganisation von Unternehmenungen, Tübingen 1977

von Felbert, D. (1997), Mehr als Kult um die Kultur, in: Trojaner, 4 (1997) 3, S. 18-22

von Foerster, H. (1960), On self-organizing Systems and their Environments, in: Yovits, M.C., Cameron, S. (Hrsg., 1960), S. 31-50

von Foerster, H. (1984), Principles of Self-Organization - In a sociomanagerial Context, in: Ulrich, H., Probst, G.J.B. (Hrsg., 1984), S. 3-25

Vroom, V.H., Jago, A.G. (1991). Flexible Führungsentscheidungen: Management der Partizipation in Organisationen, Stuttgart 1991

Vroom,V.H., Yetton, P.W. (1973), Leadership and Decision Making, Pittsburg 1973

Wahren, H.-K., E. (1997), Coaching, Eschborn 1997

Waldrop, M. (1993), Complexity. The emerging Science at the Edge of Order and Chaos, New York u.a. 1993

Walger, G. (1995), Formen der Unternehmensberatung, Köln 1995

Walker, A. (1998), Project Management in Construction, Oxford 1998

Wall, T.D., Lischeron, J.A. (1980), Zum Begriff der Partizipation, in: Grunwald, W., Hilge, H.-G. (Hrsg., 1980), S. 73-79

Waragai, T. (1989), Der Einfluß von Reorganisationen auf die Unternehmensentwicklung: Eine ökonomische Analyse, in: Albach, H. (Hrsg.), S. 209-228

Warnecke, H.J. (1992), Die fraktale Fabrik: Revolution der Unternehmenskultur, Berlin u.a. 1992

Warneke, H.J. (1993), Mit Investitionen in Ausbildung der Mitarbeiter Kompetenz sichern, in: Handelsblatt Nr 71, 14.4.1993, S. B6

Waterman, R.H., Peters, T.J., Phillips, J.R. (1980), Structure is not Organization, in: The McKinsey Quarterly, (1980) Summer, S. 2-20

Watson, G. (1975), Widerstand gegen Veränderungen, in: Bennis, W.G., Benne, K.D., Chin, R. (Hrsg., 1975), S. 415-429

Watzlawick, P. (1988), Wie wirklich ist die Wirklichkeit? (16. Aufl.), München, Zürich 1988

Watzlawick, P. (Hrsg., 1986), Die erfundene Wirklichkeit. Wie wissen wir, was wir zu wissen glauben? Beiträge zum Konstruktivismus (4.Aufl.), München, Zürich 1986

Weber, B. (1996a), Die fluide Organisation. Konzeptionelle Überlegungen für die Gestaltung und das Management von Unternehmen in hochdynamischen Umfeldern, Bern, Stuttgart, Wien 1996

Weibler, J. (1997), Unternehmenssteuerung durch charismatische Persönlichkeiten? Anmerkungen zur gegenwärtigen Transformationsdebatte, in: Zeitschrift Führung und Organisation, 66 (1997) 1, S. 32-32

Weibler, J., Deeg, J. (1998), Virtuelle Unternehmen - Eine kritische Analyses aus strategischer, struktureller und kultureller Perspektive in: Zeitschrift für Planung, (1998) 9, S. 107-124

Weick, K.E. (1977), Organization Design: Organizations als self-designing Systems, in: Organizational Dynamics, 6 (1977) 2, S. 31-46

Weick, K.E. (1979), The social Psychology of Organizing (2.Aufl.), Reading/Mass 1979

Weick, K.E. (1985), Der Prozeß des Organisierens, Frankfurt 1985

Weick, K.E. (1988), Enacted Sensemaking in Crisis Situations, in: Journal of Management Studies, 25 (1988) 4, S. 305-317

Weick, K.E. (1993), Organizational Redesign as improvisation, in: Huber, G.P., Glick, W.H. (Hrsg., 1993), S. 346-379

Weick, K.E. (1995), Sensemaking in Organizations, Thousand Oaks 1995

Weihrich, H., Belardo, S. (1997), Beyond Reengineering - Toward a Systems Approach to Management by Processes, in: Berndt, R. (Hrsg., 1997), S. 19-24

Weiner, J. (1995), The Beak of the Finch, New York 1995

Weis, K. (Hrsg., 1995), Was ist Zeit, München 1995

Weiskopf, R. (1994), Motivation und Lernen in Organsiationen, in: Schwuchow, K., Gutmann, J., Scherer, H.-P. (Hrsg., 1994), S. 214-216

Weiss, H.M. (1990), Learning Theory and industrial and organizational Psychology, in: Dunette, M.D., Leatta, M.H., (Hrsg., 1990), S. 171-221

Welge, M.K. (Hrsg., 1987), Unternehmungsführung, Bd.2: Organisation, Stuttgart, 1987

Wendorff, R. (1987), Zur Erfahrung und Erforschung von Zeit im 20. Jahhundert, in: Paflik, H. (Hrsg., 1987), S. 65-85

Wendorff, R. (1988), Der Mensch und die Zeit - ein Essay, Opladen 1988

Wendorff, R. (Hrsg., 1989), Im Netz der Zeit. Menschliches Zeiterleben interdisziplinär, Stuttgart 1989

Wengenroth, W. (1997), Das Customer-Relationship-Management der IBM, in: Maier, P. (Hrsg., 1997a), S. 71-82

Wheeler, J.A. (1983), Jenseits aller Zeitlichkeit, in: Peisl, A., Mohler, A. (Hrsg., 1983), S. 17-34

Wiedemann, H. (1996), Mitarbeiter richtig führen (4. Aufl.), Ludwigshafen 1996

Wiegand, M. (1996), Prozesse organisationalen Lernens, Wiesbaden 1996

Wiendieck, G. (1992), Akzeptanz, in: Frese, E. (Hrsg., 1992), Sp. 89-98

Wiener, N. (1948), Cybernetics, New York 1948

Wildemann, H. (1991), Zeit - entscheidender Wettbewerbsvorteil in F&E - Produktion - Logistik, in: Bullinger, H.-J. u.a. (Hrsg.), S. 241-320

Wildemann, H. (1992), Betriebswirtschaftliche Beurteilung von Zeitwirkungen in Forschung und Entwicklung, Produktion und Zulieferung, in: Wildemann, H. (Hrsg., 1992d), S. 15-24

Wildemann, H. (1992a), Zeit als Wettbewerbsinstrument der Informations- und Wertschöpfungskette, in: Wildemann, H. (Hrsg.), S. 15-24

Wildemann, H. (1992b), Zeitgewinn in Produktion und Forschung, in: Blick durch die Wirtschaft 128, 7.7.1992, S. 7

Wildemann, H. (1992c), Das Just-In-Time-Konzept. Produktion und Zulieferung auf Abruf (3. Aufl.), St. Gallen 1992

Wildemann, H. (1994), Fertigungsstrategien. Reorganisationskonzepte für eine schlanke Produktion und Zulieferung (2.Aufl.), München 1994

Wildemann, H. (1996), Kernkompetenzen: Leitfaden zur Ermittlung von Kernfähigkeiten in Produktion, Entwicklung und Logistik, München 1996

Wildemann, H. (Hrsg., 1992d), Zeitmanagement - Strategien zur Steigerung der Wettbewerbsfähigkeit, Frankfurt a.M. 1992

Wildemann, H. (Hrsg., 1995), Schnell lernende Unternehmen - Quantensprünge in der Wettbewerbsfähigkeit, München 1995

Wilkens, H., Pasquale, T. (1996), Geschäftsprozeßoptimierung in den Servicebereichen. Das Beispiel der HT Troplast AG, in: Nippa, M., Picot, A. (Hrsg., 1996), S. 293-307

Williamson, O.E. (1996), Transaktionskostenökonomik (2. Aufl.), Hamburg 1996

Willke, H. (1993), Systemtheorie (4.Aufl.), Stuttgart, Jena 1993

Wilson, D.C. (1992), A Strategy of Change. Concepts and Controversities in teh Management of Change, London 1992

Wimmer, R. (1995), Organisationsberatung - Neue Wege und Konzepte, Wiesbaden 1995

Wingert, G.M. (1997), Wettbewerbsvorteile durch Lieferantenintegration, Wiesbaden 1997

Winston, G.C. (1982), The Timing of economic Activities. Firms, Households, and Markets in time-specific analysis, Cambridge 1982

Wischnewski, E. (1998), Wie Sie Risiken erkennen und Probleme vermeiden, in: Gablers Magazin, 11 (1998) 4, S. 42-44

Witt, T., Klaus, H. (1997), Erfolge hängen an der Akzeptanz bei Mitarbeitern, in: Office Management, 45 (1997) 10, S. 23-28

Witte, E. (1973), Organisation für Innovationsentscheidungen. Das Promotorenmodell, Göttingen 1973

Wittgenstein, L. (1918), Tractatus Logico-philosophicus, Heidelberg 1918

Wolff, G. (1997), Personalstrategische Konsequenzen des Reengineering, in: Maier, P. (Hrsg., 1997a), S. 203-220

Womack, J.P., Jones, D.T., Roos, D. (1997), Die zweite Revolution in der Automobilindustrie (6.Aufl.), Frankfurt a.M/New York 1997

Woodman, R.W. (1989), Evaluation Research on organizational Change: Arguments for a "combined paradigm" approach, in: Woodman, R.W., Pasmore, W.A. (Hrsg., 1989), S. 161-180

Woodman, R.W., Pasmore, W.A. (Hrsg., 1989), Research in organizational Change and Development, Vol 3, Greenwich/Conn. 1989

Woodward, H., Buchholz, S. (1987), Aftershock. Helping People through corporate Change, New York u.a. 1987

Woodward, J. (1958), Management and Technology, London 1958

Wunderer, R. (1993), Führung und Zusammenarbeit, Stuttgart 1993

Wunderer, R. (1994), Der Beitrag der Mitarbeiterführung für unternehmerischen Wandel. Ansätze zur unternehmerischen Mitarbeiterführung, in: Gomez, P., Hahn, D., Müller-Stewens, G (Hrsg., 1994), S. 229-272

Wyatt (1993), Best Practices in Corporate Restructuring. Wyatt's 1993 Survey of Corporate Restructuring, Chicago 1993

Yasuda, Y. (1994), Mitarbeiterkreativität in Japan: So nutzt Toyota das betriebliche Vorschlagswesen, Landsberg 1994

Yin, G.G., Zhang, Q. (1998), Continous Time Markov Chains and Applications: A singular Pertubation Approach, New York u.a. 1998

Young, R.C. (1988), Is Population Ecology a useful Paradigm for the Study of Organizations?, in: American Journal of Sociology, 94 (1988) 1, S. 1-24

Yovits, M.C., Cameron, S. (Hrsg., 1960), Self-organizing Systems, New York 1960

Yukl, G.A. (1994), Leadership in Organizations (3.Aufl), Englewood Cliffs /NY

Zahn, E (Hrsg., 1994), Handbuch Technologiemanagement, Stuttgart 1994

Zahn, E. (1996), Führungskonzepte im Wandel, in: Bullinger, H.-J., Warnekte, H.J. (Hrsg., 1996), S. 279-296

Zahn, E., Weidler, E. (1994), Integriertes Innovationsmanagement, in: Zahn, E. (Hrsg., 1994), S. 351-376

Zeira, Y., Avedisian, J. (1989), Organizational planned Change: Assesing the Chances for Success, in: Organizational Dynamics, (1989) Spring, S. 31-45

Zeleny, M., (Hrsg., 1981), Autopoiesis. A Theory of living Organization, New York u.a. 1981

Zeller, R. (1996), Maßgeschneidertes Reengineering. Ein pragmatischer Ansatz von Bain&Company, in: Nippa, M., Picot, A. (Hrsg., 1996), S. 108-127

Zeyer, U. (1995), Zeitaspekte bei der Implementierung aktueller Managementkonzepte, in: Zeitschrift Führung und Organisation, 64 (1995) 5, S. 283-289

Zeyer, U. (1996), Implementierungsmanagement. Ein konzeptioneller Ansatz am Beispiel der Implementierung von Lean Management, München, Mering 1996

Ziegler, K. (1997), Die Spielzüge eines Basketballers auf dem Fußballfeld, in: Fischer, H.-P. (Hrsg., 1997), S. 425-433

Zinn, K.G. (1997), Jenseits der Markt-Mythen: Wirtschaftskrisen: Ursachen und Auswege, Hamburg 1997

zu Knyphausen, D. (1988), Unternehmungen als evolutionsfähige Systeme, München 1988

zu Knyphausen, D. (1991), Selbstorganisation und Führung: Systemtheoretische Beiträge zu einer evolutionären Führungskonzeption, in: Die Unternehmung, 45 (1991) 1, S. 47-64

zu Knyphausen, D. (1993), Überleben in turbulenten Umwelten: Zur Behandlung der Zeitproblematik im strategischen Management, in: Zeitschrift für Planung, 4 (1993) 3, S.39.48